安徽省志

Chorography of Anhui Province

保险志

Insurance

(1986—2005)

安徽省地方志编纂委员会办公室
Compilatory Commission of Anhui Chorography

方志出版社
Publishing House of Local Records

图书在版编目（CIP）数据

安徽省志·保险志：1986—2005 / 安徽省地方志编纂委员会编.—北京：方志出版社，2018.8
ISBN 978-7-5144-2508-6

Ⅰ.①安… Ⅱ.①安… Ⅲ.①安徽—地方志②保险业—概况—安徽—1986—2005 Ⅳ.①K295.4

中国版本图书馆CIP数据核字（2017）第220331号

安徽省志·保险志（1986—2005）

编　　者：安徽省地方志编纂委员会办公室
责任编辑：李　静

出 版 人：冀祥德
出 版 者：方志出版社
地址　北京市朝阳区潘家园东里9号（国家方志馆4层）
邮编　100021
网址　http://www.fzph.org
发　　行：方志出版社图书经销中心
电话（010）67110500
经　　销：各地新华书店
印　　刷：安徽联众印刷有限公司

开　　本：889×1194　1/16
印　　张：36.75
字　　数：748千字
版　　次：2018年8月第1版　2018年8月第1次印刷
印　　数：0001-1500册

ISBN 978-7-5144-2508-6　定价：420.00元

安徽省地方志编纂委员会

曾任安徽省地方志编纂委员会成员

（按姓氏笔画为序）

马新民	王　信	王　洵	王守亚	王宇铭	王佛生
王金山	王林建	王学银	王宜斌	方志华	邓顺华
叶如强	田唯谦	毕美家	吕振凡	朱　宁	朱文根
仲建成	任兆祥	刘　泉	刘成典	刘志祥	刘战平
江明安	孙永吉	孙亚军	李　明	李　斌	李玉华
李迎春	李抗美	李明阳	李维勇	杨本清	杨绿章
肖桂兰	吴　浩	吴韦人	吴世平	吴桂和	余　群
汪华东	汪建国	汪炳瑜	沈　毅	张　永	张少国
张正耀	张华建	张武扬	张岳峰	陈　平	陈亚萍
陈运才	陈素伟	林　红	罗　宏	罗建国	罗曙生
周　庆	周建春	郎　涛	郑　宏	赵卫弘	胡　冰
俞凤翔	洪治社	洪禹候	秦亚东	聂庆义	聂皖辉
莫　欣	夏邦文	夏育才	徐礼国	徐家声	高　莉
高维岭	郭　敏	郭本纯	黄发友	黄玉明	黄红文
黄家华	曹承锋	崔海燕	董　庆	董介林	蒋传华
蒋福亮	谢广祥	楚建平	蔡建平	樊　勇	

《安徽省志》总编室

主　任：郭德成

副主任：吴　静　吴良琴

成　员：（按姓氏笔画为序）

王富宏　计媛媛　史五一　朱海滨　孙　平　苏爱梅

杜中文　李宇涵　杨永成　余祖本　张　军　周小平

胡　利　胡卫星　章慧丽

《安徽省志•保险志（1986—2005）》审稿组

初　审：吴良琴　孟灯旺

复　审：刘成典　璩　斌

核　审：郭德成　王　柱

审查验收

安徽省人民政府

《安徽省志·保险志（1986—2005）》编纂委员会

主　　任： 王　柱

副 主 任： 张绪风　璩　斌

委　　员：（按姓氏笔画为序）

于　军　王献良　邓成钊　邓　蕴　朱　宝
刘其森　刘新宇　李　山　张志鹏　张　瑾
陈　默　林守道　罗　文　孟灯旺　赵皖平
胡京宏　胡　皖　顾旭之　徐　慧　章勇军
梁　建　董晓朗　程长虹　程　航　傅　平
雷经升　鲍旭东

《安徽省志·保险志（1986—2005）》编辑室

主　编： 孟灯旺

副主编： 李殿平　卢兴祥

编　辑：（按姓氏笔画为序）

丁旭东　谷　晶　张在来　陈　潺　徐　炜
杨　林　余高安　张忆农　张庆斌　桂鸿寿
夏益国　徐　扬　徐婷婷　郭为民　熊治家

安徽保监局局长王柱（右一）参加全国保险监管工作会议

安徽保监局副局长张绪风（前）在庐江柯坦镇蛋鸭农业合作社调研小额贷款保证保险、特色农业保险服务情况

安徽保监局副局长璩斌（右）为北照村学生送上助学金

安徽省保险学会会长胡皖（右二）到中国科学技术大学国家火灾实验室调研

安徽省保险行业协会会长董晓朗在保险公众宣传日安徽保险快步走活动上讲话

2000年3月，中国保监会主席马永伟（前中）一行到安徽调研

2003年11月，中国保监会副主席魏迎宁（右二）到安徽调研县域保险工作

1995年7月8日，省长回良玉（右三）会见到安徽查看汛情的中国人民保险公司副总经理吴小平一行

1999年11月16日，中共安徽省委常委、常务副省长张平（中）调研平安产险合肥分公司

2000年9月28日，中国保险监督管理委员会合肥保险监管特派员办事处成立

2004年2月6日，经中国保险监督管理委员会批准，中国保险监督管理委员会安徽监管局挂牌成立

2001年2月，全省保险监管工作会议在合肥召开

1987年10月，安徽省保险学会成立大会在合肥召开

1999年1月11日，安徽省保险学会在中保大厦召开《安徽省保险志》出版座谈会

1999年12月28日，安徽省保险学会在合肥百花宾馆召开三届三次常务理事会

2001年2月，安徽省保险学会第四届会员代表大会在合肥召开

2001年6月，安徽省保险行业协会成立大会在合肥举行

2001年12月11日，财产专业委员会工作会议在平安产险召开

2001年12月21日，团体人身险专业委员会会议在保险行业协会秘书处召开

2001年12月25日，机动车辆专业委员会会议在合肥中保大厦召开

2002年1月28日，安徽省保险学会召开2001年重点课题研究论文评审会议

2003年，安徽省保险行业在合肥市府广场开展大型保险宣传活动

2003年1月，安徽省保险工作会议在合肥召开

2003年4月18日，安徽省保险学会在合肥召开宣传贯彻新保险法座谈研讨会

2003年7月，安徽保险业抗洪救灾工作会议在合肥召开

2003年9月，安徽省保险行业协会滁州办事处成立

2004年，安徽保险业开展保险诚信服务签名活动

2004年1月，安徽保监局主办“保险之春”文艺汇演

2004年3月9日，安徽省保险行业协会第二次会员大会、安徽省保险学会第五次会员代表大会在合肥稻香楼宾馆召开

2005年5月，安徽省保险行业协会举办安徽省机动车辆保险理赔服务标准新闻发布会

2005年8月，安徽省保险行业协会举办人身保险合同小额理赔裁决纠纷员培训班

2005年12月24日，安徽省保险学会、安徽省消费协会联合承办的第三届安徽科技论坛消防与保险互动协调发展研讨会在合肥召开

2013年12月20日，安徽保监局组织召开《安徽省志•保险志》评稿会

安徽省保险行业协会召开保险代理人资格证书管理会议

安徽省保险学会会刊《安徽保险》

1995年3月24日，中国人民保险公司安徽省公司在六安地区召开人身险新险种推广座谈会

1995年5月，中国人民保险公司合肥分公司开办子女婚嫁金保险业务

1998年，平安产险合肥分公司召开客户座谈会

1996年，平安产险合肥分公司黄山支公司召开6•30特大洪灾赔款兑现会

1999年，平安产险合肥分公司开展业务内勤达标比赛

2000年，平安产险合肥分公司首届客服节活动

2000年8月1日，中国建设银行安徽省分行行长张天保（左前）与平安保险公司合肥分公司产险总经理祝学林（右前）在平安签署保险合作协议

2001年3月，天安保险股份有限公司合肥分公司正式开业

2001年8月1日，中国平安财产保险股份有限公司合肥分公司与农行安徽省分行签署保险全面代理合作协议

2001年11月，太平洋人寿合肥分公司“员工团体年金保险（万能型）”产品新闻发布会在合肥召开

2002年2月，安徽“太平洋车险服务年”新闻发布会在合肥召开

2002年4月12日，新华人寿保险公司合肥分公司正式开业

2002年5月23日，泰康人寿合肥分公司在安徽饭店举行开业庆典暨“新生活广场”揭牌仪式

2002年国庆期间，泰康人寿合肥分公司在合肥设立多个服务咨询点开展服务咨询活动

2003年，人保财险安徽省分公司参加灾后重建汇报会

2003年8月，安徽安和保险代理有限公司开业

2004年5月，太平洋人寿2004年度总公司片区督导第五期团险经理培训班在合肥举行

平安产险合肥分公司举办信息系统培训班

平安产险合肥分公司省直机关财政统保车辆保险座谈会

泰康人寿合肥分公司召开2003年营业部经理计划工作会议

1997年，中保财产保险安徽省分公司参加迎接香港回归游行

1997年，中保财产保险安徽省分公司举办迎港归歌咏比赛

1998年，中保人寿保险安徽省分公司捐助安徽省青少年发展基金会41万元。寿险安徽省六安分公司提供

1999年，平安产险合肥分公司召开责任意识民主评议会

1999年，人保财险安徽省公司成立50周年演讲比赛

1999年，中保人寿保险安徽省分公司捐赠金寨县希望小学15万元

1999年4月23日，中国人寿黄山分公司在安徽休宁中学举行资助特困生仪式

2000年，平安产险合肥分公司举办法律法规知识竞赛

2001年，三八妇女节前夕，太平洋产险合肥分公司表彰一批女展业能手、女服务标兵

2003年，人保财险安徽省分公司向受灾地区捐款

2003年，中国人寿黄山分公司举办首届欢乐家庭卡丁车大奖赛

2003年1月，天安保险合肥分公司举办新春联谊会

2005年9月，太平洋产险安徽分公司举办先进性教育活动知识竞赛

总 凡 例

一、编纂《安徽省志（1986—2005）》，坚持以马克思列宁主义、毛泽东思想、邓小平理论、“三个代表”重要思想、科学发展观、习近平新时代中国特色社会主义思想为指导，坚持辩证唯物主义和历史唯物主义的立场、观点和方法，全面、客观、系统地记述1986—2005年间安徽省自然、政治、经济、文化、社会等方面的情况。

二、本志贯彻国务院《地方志工作条例》《安徽省地方志工作条例》，依法修志。

三、本志遵循中国地方志指导小组《地方志书质量规定》，力求存真求实、客观公正、全面系统，寓观点于记述之中。

四、本志各分志名称为《安徽省志 · ×× 志（1986—2005）》。

五、本志记述的地域范围为2005年的安徽省行政区域；时间上限为1986年，下限为2005年，少数分志的时限根据情况作适当上溯或下延，特色分志不设时限。

六、本志采用述、记、志、传、图、表、录等体裁，以志为主。各分志一般为篇章节条目体，部分为章节条目体，个别分志根据实际需要采用条目体。

七、入志人物坚持生不立传的原则，除人物志外，各分志坚持以事系人、人随事出的原则，不设人物录、人物简介。

八、本志采用规范书面语体文、记述体。表述力求严谨、朴实、简洁、流畅。语言文字、标点符号、计量单位等使用规范，按国家规定执行。

九、本志资料由各承编单位搜集整理，文中不注明出处。

十、本志采用省统计部门公布的法定数据，没有列入统计范围的，采用业务主管部门的统计数据。

十一、本志所涉组织、机构、法律法规、文件、会议等专有名称，第一次使用时用全称，简称括注于全称之后。各类译名以新华通讯社译文为准。

十二、本志所用地图均以安徽省测绘部门和有关部门绘制或审定的为准。

十三、本志设总凡例，各分志设凡例。

凡　例

一、《安徽省志·保险志（1986—2005）》坚持实事求是的原则，全面、系统、准确记录安徽保险业发展历程。突出行业特点，保险姓保，以史为鉴，服务当代。

二、志书上限从1986年开始，下限至2005年。根据志体要求，纵述发展过程。志书结构层次分为篇、章、节、目四个层次。每篇设篇下序，简要介绍本篇主要内容。每章设章下序，简述本章主要内容。

三、本志表格排列按篇章编排顺序。如“表2–3–2”为第二篇第三章第二表。

四、第二篇中的第一章第十节分险种提供财产保险重大赔付，第三篇中的第一章第三节产险公司的理赔服务是依次提供各家公司的理赔情况，两部分内容有交叉，因保证志书结构的完整和说明的需要，予以保留。第二篇中的第二章第四、五节与第三篇中的第一章第二、三节部分内容有交叉，同样予以保留。

五、部分公司由于历史数据缺失，导致提供的数据不完整，出现有的年份无数据，或者不能提供到2005年的历史数据。对于无法查找的数据，在表中用“—”表示。志书中的公司经营数据由各家公司提供，早期部分数据来源无法考证，仅作参考之用。

六、少量图片由于考虑到其重要历史价值等多方面的原因，突破志书涵盖的时间下限，予以采用。

目　　录

Main Contents

概　　述

风险管理是人类永恒话题，人类发展史就是一部与风险的搏斗史。远古时期人类生产力水平低下，力量弱小，在与大自然的关系中处于被动地位，只有依靠群体力量才能生存，人类进化过程形成的很多社会关系都源于人类需要依靠群体力量应对外部风险，家庭的出现、氏族的产生、亲戚社会网络的形成甚至私有制、国家建立无不与人类抵御风险相关。作为人类历史上最古老、最伟大的发明之一，保险诞生于商品经济，成熟于市场经济，是市场经济条件下经济主体以确定成本化解不确定损失的基本方法，是人类应对风险的重大制度创新，也是人类文明史的重要里程碑。保险运行以特定风险存在为前提，以集合尽可能多的单位和个人风险为条件，以大数法则为数理基础，以经济补偿和给付为基本职能，实现由多数人分摊少数人由于事故发生造成的实际损失。保险是社会化的互助机制，是市场化的互助机制，是运用商业化手段实现人类扶危济困理想的典范，能够可持续地应对人类所面临的风险损失问题。在现代市场经济条件下，保险的职能大大扩展，保险的金融功能和社会管理功能比以往任何时候都得到更多关注，政府在社会管理中也更多地利用保险机制。

安徽地处祖国的中东部，长江、淮河两大水系贯穿安徽，属东亚显著季风气候区、暖温带与亚热带的过渡地带，冷暖气团活动频繁，气候年际变动较大；地势西南高，东北低，地形多种多样。正是由于这些因素，使得安徽自然灾害种类繁多、发生频繁，具有明显的季节性和地域性特点。在各类自然灾害中，除了天文灾害、地质灾害中的火山爆发、海啸灾害以外，其余灾害都在江淮大地发生过，主要有干旱、洪涝、寒潮、连阴雨、暴雨、冰雹、龙卷风、干热风、台风、霜害、地震、滑坡、泥石流、病虫害等。在各类灾害中，尤以水灾、旱灾危害最大。因此，以风险管理为己任的保险对安徽来说极为重要。

现代保险在中国属舶来品，在鸦片战争后传入中国。外资保险公司于清末开始在芜湖设立保险代理处，但在中华人民共和国成立前，省内没有独立经营的保险公司，只有外埠保险公司设立的代理机构。中华人民共和国成立后，安徽的保险事业才有了真正的发展。1949 年 12 月，皖南、皖北分别建立了中国人民保险公司办事处；1952 年 10 月，正式成立中国人民保险公司安徽省分公司。县一级相继建立保险机构。之后人民保险事业不断调整，机构变化频繁，1959 年至 1978 年，停办业务，撤销机构。安徽保险业的大发展、大繁荣，是在1980年恢复保险业务之后，伴随着改革开放取得的。1980年至1985年是安徽省保险业恢复阶段，这段时间主要是以恢复中国人民保险公司各级经营机构和充实保险机构经营管理人员为主要任务。

1986—2005年的20年，是安徽保险市场萌芽、破土、发展和完善的20年，是安徽保险人促进改革、保障经济、稳定社会、服务民生的20年。在20世纪80年代，安徽保险业与全国保险业一样处于恢复发展阶段，伴随着有计划的商品经济理论的提出，安徽省保险市场开始萌芽。进入20世纪90年代，随着中国改革开放的深入，尤其是中共十四大提出以建立社会主义市场经济体制为我国经济体制改革的总目标，全省保险业发展迎来了重大的历史机遇。作为市场经济产物的保险，为适应社会主义市场经济体制的要求，需要对保险业自身进行改革创新，以适应市场经济发展的内在要求，因此，整个20世纪90年代，是安徽省保险市场改革创新、深化发展的时期，也是建规立制、不断规范发展的时期。

1992年中国平安保险公司和中国太平洋保险公司进驻安徽，标志着安徽保险业打破之前由中国人民保险公司独家垄断经营，开始进入寡头竞争格局。中国平安保险公司是在中国改革开放大潮风起云涌的年代诞生的，在其诞生之时，就以中国保险业第一家股份制公司的姿态，挑战当时处于绝对垄断地位的中国人民保险公司。1992年，中国平安保险公司和中国太平洋保险公司几乎同时进驻安徽，打破了之前中国人民保险公司在安徽一统天下的局面，给当时的安徽保险业带来强烈的“鲶鱼效应”，市场主体增加必然会带来竞争，而竞争正是市场的基本要素之一。此后的安徽保险业不能再主要靠政府下发红头文件去开展业务，保险公司必须更主动地走向市场、开拓市场，保险公司必须通过为客户提供有效的产品和服务赢得市场。由此，安徽省保险市场才真正得到萌芽、破土和发展。可以说中国平安保险公司和中国太平洋保险公司入驻安徽是安徽保险市场发展的真正起点，此后，随着更多的市场主体不断涌入，安徽保险市场竞争日趋激烈，成为驱动安徽保险市场发展的重要动力。进入21世纪后，随着市场经济体制的建立，随着中国经济突飞猛进的发展，尤其是中国加入世界贸易组织、保险业率先对外开放后，安徽保险市场迎来了加速发展的历史新机遇，保险市场主体快速增加，至2005年拥有省级保险公司16家；保险中介机构从无到有，至2005年拥有保险经纪公司10家，保险公估公司5家；保险费收入从1986年不足亿元增至2005年的133.2亿元；保险赔偿给付额从1986年4000多万元增加至2005年的30多亿元。2001年，中国保险监督管理委员会安徽监管局正式成立，保险市场监管体系初步形成，标志着安徽保险市场体系初步建立。2001年6月安徽省保险行业协会正式成立，标志着安徽省保险市场监管从“他律”走向“他律”与“自律”相融合的新时代，保险监管更趋完善。

1986—2005年的20年，是安徽财产保险人栉风沐雨、艰辛开拓的20年，是安徽财产保险以其风险管理职能支持安徽省市场化改革的20年。安徽财产保险人从企业财产保险、家庭财产保险、机动车辆保险、船舶保险和农业保险等险种入手，服务于经济体制从“大一统”的计划经济向商品经济和社会主义市场经济过渡，适应了市场经济条件下作为自负盈亏、自担风险的企业法人应对各种不确定风险的需求，为企业生产经营和改革开放保驾护航。1986年12月16日，滁州市第一百货商店发生特大火灾，烧毁2450平方米营业大楼及全部商品，人保公司及时将117万元赔付到位，使该企业很快恢复了经营。1988年1月2日，宁国水泥厂因工作人员操作失误，发生重大火灾，直接经济损失达200万元，人保公司经过勘查，及时赔偿该厂经济损失197.66万元。1991年6月中旬至8月上旬，马鞍山市连降特大暴雨，总量1059.8毫米，给马钢公司厂房、机器设备以及煤炭等原材料造成严重损失，人保马鞍山公司当年赔付615.7万元，上述损失事件成为一时期安徽省财产保险业支持企业走向市场过程中进行风险管理的典范，同时极大地推动了安徽省财产保险业的发展。安徽省保险业在复业之初就重视农村保险市场的拓展，在开展传统的种植业保险的基础上，开办了蔬菜保险、养鸡保险、小麦种植保险、杂交水稻制种保险、棉花增产新技术保险等险种，使保险保障延伸至农村，同时把保险业务的触角延伸至农房、室内财产以及刚刚兴起的乡镇企业，服务于农村、农业和农民，为刚刚解决温饱但尚未脱贫的安徽省广大农民应对家庭联产承包责任制这一新型农业经营制度下的农业高风险提供了有效保障工具。1991年安徽省淮河流域发生严重洪灾，5月下旬，安徽全省连降大雨10多天，多个地区遭到了历史上罕见的特大洪涝灾害，损失惨重，安徽省财产保险业累计支付农村农房倒塌赔款1.6亿元；支付农村家庭财产损失赔款380万元；支付5882户城乡企业水灾损失赔款1.7亿元；支付农村种植业、养殖业保险赔款5200万元，为农村灾后恢复生产奠定了经济基础，也为今后开拓农村保险市场赢得了良好的信誉。在这一时期，安徽省财产保险业在稳妥发展传统的财产保险业务的同时，积极开拓市场，大力发展责任保险，充分发挥保险业参与社会管理，化解社会矛盾，为保障社会稳定作出了重要贡献。这一时间，安徽省保险业相继推出产品质量责任保险、雇主责任保险、医疗责任保险、公众责任保险、工程设计责任保险、工程勘探责任保险、公司高管人员责任保险、校方责任保险等多款责任保险产品，丰富和完善了安徽省财产保险市场产品体系。这一时期，安徽省财产保险人克服重重困难，在非常简陋的条件下进工厂，下农村，向全社会宣传保险，推广保险，开创了自安徽省保险业复业以来安徽省财产保险业发展黄金期，铸就了阶段性历史辉煌。全省家庭财产保险和农业保险保险费收入在1993年达到阶段性历史最高点，分别达25617万元和7062万元；企业财产保险也在2002年达到阶段性的历史高点，保险费收入34529.29万元。

1986—2005年的20年，是安徽人身保险人筚路蓝缕、艰辛创业的20年，是安徽人身保险业服务社会、服务民生的20年。这一时期安徽人身保险业从无至有，不断开拓，由最初以人身意外伤害保险、简易人身保险为主体的不足30个险种发展至2005年以人寿保险、健康保险、养老保险为主体，在销的人身保险险种近150个，显现出人身保险险种的多样性、全面性、保障性，使投保人在投保时有了更多的选择。这一时期人身保险市场快速发展，保险费收入快速增长，至2000年人身保险费收入23.75亿元，人身保险费收入比重首次历史性地超越财产保险费收入，占安徽保险市场总保险费收入的62%，至2005年，安徽省人身保险的保险费收入首次突破百亿元大关，显示了人身保险旺盛的社会需求。这一时期正是中国由传统的计划经济体制向社会主义市场经济体制过度阶段，也是安徽省企事业单位传统的公费医疗和养老制度走向消亡，而社会保障体系尚未建立健全时期，安徽省人身保险人主动作为，知难而进，积极介入，大力开办健康保险、养老（年金）保险，满足社会需求，为安徽省经济社会全面改革分忧解难，为保障安徽省改革开放事业顺利进行做出了重要贡献。早在1986年，中国人民保险公司安徽省分公司就提出要发展养老金保险，为使各级公司重视人身保险业务，省分公司决定将养老金保险等储蓄性险种的收入作为保险费收入，以提高各公司开展人身保险业务的积极性。安徽省保险业率先开展集体企业养老统筹保险，1986年首次在贵池县（现贵池市）试办集体企业退职、退休职工养老保险业务，至1991年全省有2088户集体企业，在职职工23．8万多人参加了养老统筹保险，对34192名离退休职工发放退休金。在个人养老保险领域，1987年，中国人民保险公司安徽省公司就推出《个人养老金保险》《义务兵养老保险》《乡村干部养老保险》《民办教师养老保险》等年金保险险种，使个人养老保险承保对象扩大至社会各阶层，使社会不同行业人员都能根据需求选择适合自己的险种投保；1996年，安徽省城镇职工社会养老保障体系建立，根据当时城镇职工养老保障体系低保障和绝大多数农民和城镇居民无养老保险的现实，安徽省人身保险业重点推出弥补社会养老保险不足和空白领域的保险产品，陆续推出了企事业职工补充养老保险和个人养老保险、确定性年金保险、团体养老保险等养老保险产品，为完善社会养老保障体系做出了应有的贡献。在健康保险领域，针对当时公费医疗体系风雨飘摇，全社会绝大多数成员无医疗保险的社会现实，积极开发低保费、高保障性的医疗保险产品，满足广大人民对医疗保险的需要，1986—1995年期间，中国人民保险公司安徽省分公司在安徽保险市场推出医疗附加险，如意外伤害保险附加的意外伤害医疗保险，师生平安保险附加的意外伤害医疗保险；此后相继推出师生团体平安保险中的附加医疗保险、个人住院医疗保险等；1997年中国人寿保险公司安徽省分公司率先推出两款中长期健康保险，即重大疾病终身保险、重大疾病定期保险，该险种满足了社会成员对大病医疗保险的需求，取得重大的社会反响。这一时期，平安人寿、太平洋人寿、新华人寿、泰康人寿等主流寿险公司均推出中长期健康保险产品，扩大了消费者选择面，极大地丰富了健康保险产品。安徽省人身保险业在健康保险和养老保险领域的积极探索也为后来安徽省建立社会统筹养老保险和社会医疗保险提供了宝贵的经验。

1986—2005 年的 20 年，是安徽保险业彰显保险损失补偿和给付功能的 20 年，也是安徽保险业社会管理功能逐步显现的 20 年。这一时期，安徽保险人紧紧把握经济发展、改革开放和经济社会体制改革的脉博，知难而上，奋发有为，充分发挥保险的损失补偿和给付功能，为安徽省经济发展、民生改善和社会和谐作出了自己的贡献。这一时期仅企业财产保险就为企业挽回经济损失 24.8 亿元；在 1986 年滁州百货一店特大火灾、1991 年马钢遭受的特大水灾、1991 年阜阳电业局因特大暴雨造成的输变设备和设施的严重损失、滁州电视机厂成品仓库发生的特大火灾、1993 年黄山市遭遇“6•30”“7•4”两次特大洪水灾害、1996 年宣州市糖酒食品商场等 11 户库存商品因水灾受损、1998 年铜陵有色铜山矿损失、1999 年宣州市粮贸总公司 5 个粮库遭受水灾、1999 年安庆宿松县华阳河农场特大洪水、1999 年安庆望江特大水灾、2002 年安徽佳通轮胎有限公司仓库火灾、2003 年滁州卷烟厂水灾、2003 年安徽省供电系统因特大暴雨造成的损失、2003 年安徽丰原集团有限公司污水处理厂遭受洪灾、2003 年安徽电力股份有限公司的供电设施遭受洪灾、2003 年安徽省蚌明高速公路施工工地遭受洪灾、2005 年安庆枞阳海螺股份有限公司遭受特大龙卷风损失等一系列赔偿超百万元的赔案中，保险人在坚持实事求是原则前提下，主动、迅速、准确、合理地完成赔付工作，为企业及时恢复生产，为社会再生产的顺利运行做出了贡献，赢得了社会的认同。其中，2002 年佳通轮胎火灾案赔款 6211.03 万元，2003 年省供电系统特大暴风雨灾害赔款 7322.91 万元；另外，2003 年滁州卷烟厂水灾赔案、安徽丰原集团有限公司污水处理厂洪灾赔案和安徽电力股份有限公司的洪灾赔案中的赔款均超过千万元。

这一时期，随着经济发展，安徽省交通运输业也快速发展，机动车辆和船舶的数量剧增，随之而来的交通事故数量也急剧增长，不仅造成被保险人机动车辆本身的损失，更为严重的是造成重大人员伤亡，由此引发的社会问题也层出不穷。安徽省财产保险人克服困难，主动作为，积极与政府部门进行协调，促使安徽省人民政府 1994 年 2 月 3 日颁发并实施安徽省人民政府 51、52 号令，发布实施《安徽省机动车辆、船舶法定保险暂行规定》和《安徽省旅客意外伤害保险暂行规定》。51 号令规定机动车辆实行车辆损失和第三者责任保险以及附加车上人员责任保险、承运货物责任保险，营业性运输船舶实行船舶损失和碰撞保险，对摩托车、简易机动三轮车和既从事农田作业又从事运输的拖拉机，实行第三者责任保险。52 号令规定旅客意外伤害保险属于法定保险对象的车辆、船舶都必须按规定在当地的保险机构办理法定保险。51、52 号令的颁布具有重要的社会意义，是安徽省人民政府在市场经济体制建立初期运用保险进行社会管理的重要尝试，运用保险保障功能，实现事故赔偿责任的有效履行，化解了机动车辆使用过程中大量交通事故引发的社会矛盾。这一时期，安徽省机动车辆和船舶损失保险赔款分别达88.23亿元和3.03亿元。1993—1994年，铜陵有色金航轮船公司的轮船发生整船沉没事故，赔付金额1500万元。1993年7月15日，安庆宿松县洲头乡个体户胡某的中巴客车行至九姑油坊岭路段时，因一旅客携带的自制鞭炮土硝起火喷发，造成3人死亡，12人致伤的重大恶性事故，中国人民保险公司勘察认定责任后，支付赔款6万元，对事故的善后发挥了至关重要的作用。2003年4月28日，皖L01731号货车，在甘肃景泰县因操作不当与另一客车相撞，事故造成对方车上乘客死亡27人，伤20多人，本车死亡2人，伤1人的重大恶性交通事故，经中国人民保险公司核定协商赔付90多万元。

这一时期，安徽人身保险业积极契合社会需求，抓住经济社会体制转轨时期城乡居民和职工对人身意外伤害、养老、健康风险的规避需求，积极开发社会需求产品，满足广大人民群众保险保障需求，为弥补社会保障体系不足、完善转轨时期的社会保障体系做出贡献，使得商业人身保险成为市场经济条件下社会保障体系的重要补充。1992年美国友邦保险公司将个人保险代理人营销制度引入到上海保险市场，中国保险市场开始出现了第一批保险营销员。1995年10月平安保险公司率先在安徽开展由保险营销员营销个人寿险业务，随后其他公司陆续效仿这一做法，保险营销员模式迅速发展成为安徽省寿险公司重要的销售方式之一，成为保险公司连接投保人、被保险人的桥梁和纽带。为贯彻1995年10月1日实施《中华人民共和国保险法》关于产寿险分业经营和分业管理的要求，1996年7月中国人民保险公司安徽省分公司实行产、寿险分业经营，成立中保财产保险有限公司安徽省分公司和中保人寿保险有限公司安徽省分公司。随后平安保险公司和太平洋保险公司也相继分业经营。寿险个人营销制度和专业寿险公司成立极大地激发了人身保险市场的巨大潜力，此后的人身保险市场快速发展，至2000年，安徽省人身保险市场的规模已经超过产险市场，可以说1995—1996年才是安徽人身保险市场发展的真正起点。1996—2005年的10年中，安徽省意外伤害保险给付保险金81176.77万元，虽然保险不能使事故受害者起死回生，但保险金给付却能大大缓解受害者亲人因家庭主要收入者遭遇不幸导致的经济困境，可谓雪中送炭，体现了保险的扶危济困宗旨。1990年1月24日，东至114号客渡轮与大庆407号油轮因在安庆港区意外相撞，造成船上乘客80人死亡，32人失踪。东至114号客渡轮于1990年1月9日在人保安庆公司投保了乘客意外伤害保险，每位乘客的保险金额为3000元，经调查核实确认该事故属保险责任范围，人保安庆公司及时落实赔付责任，将保险金及时给付至所有受益人。累计给付金额为33.7万元。这次重大事故充分展现了保险业在参与社会风险管理、化解社会矛盾方面的优势，发挥了保险的社会管理职能，加深了政府对保险功能和作用的新认识。2003年5月13日安徽省淮北市芦岭煤矿发生井下瓦斯爆炸，死亡54人，受伤住院6人。该起事故寿险公司给付人身意外伤害保险金27万元，住院医疗保险金22139.32元。这次事故也暴露了企业财产保险和相关责任保险的缺失，人身保险保障程度较低的现实。1996—2005年的十年中，健康保险累计给付保险金88645.97万元，养老保险金给付72223.64万元，健康保险金给付使身患重大疾病的患者巨额医疗费支付压力得到缓解，使患者得到及时有效的治疗；养老金支付实现了被保险人老有所依、老有所养和安享晚年的夙愿，成为社会养老保障体系的重要补充，为经济社会转轨时期社会平稳过渡做出了保险业的贡献，发挥了保险的社会管理职能。

为了更科学地核算保险业务利润，从1991年开始，保险公司用保险精算的方法计提未到期责任准备金。

1986—2005年的20年，是安徽保险业监管体系创立和完善的20年。我国保险业复业之初，作为当时唯一市场主体中国人民保险公司既是保险业务的经营者，同时也是保险业的实际管理者和领导者。随着国内经济体制市场化改革的启动，从1984年开始中国人民银行专门行使中央银行职能，保险监管是其中一项重要工作。中国人民保险公司于1984年从中国人民银行分设出来，成为国务院直属局级经济实体。至此，正式明确中国人民银行为保险业的监管者。1985年至2000年9月，中国人民银行安徽省分行履行安徽省辖区内保险业的监督管理职能。1995年正式实施的《中华人民共和国中国人民银行法》《中华人民共和国商业银行法》和《中华人民共和国保险法》实际上确立了我国金融业实行分业经营、分业监管的法律框架。为了适应分业经营、分业监管的要求，1998年11月18日中国保险监督管理委员会正式成立，2000年9月28日，中国保监会在安徽设立派出机构“中国保监会合肥保险监管特派员办事处”，2004年2月6日，中国保监会合肥保险监管特派员办事处正式更名为中国保监会安徽监管局。至此，安徽保险监管机构几经变迁，最终尘埃落定，至2005年，安徽保监局内部机构设置趋于完善。安徽保险监管部门依据不同时期的保险法律法规，按照监管体制安排，不断建立健全保险业市场运行规则，细化并执行监管规章，规范市场秩序，促进安徽保险市场健康持续发展。自1980年至1995年10月1日《中华人民共和国保险法》颁布前的15年间，国家有关保险的法律法规尚不健全。人行安徽省分行主要依据1982年颁布施行的《中华人民共和国经济合同法》和1985年颁布施行的《保险企业管理暂行条例》对保险业进行监管。1995年《中华人民共和国保险法》实施后，人行安徽省分行依据《中华人民共和国保险法》建立完善执法机制，在保险机构市场准入、保险机构高管人员任职管理、保险条款费率管理、保险代理人管理、违规行为查处等方面，制订规章和监管细则，对违反保险法规的行为依法查处和违法追究，保险监管法律法规在中国保险监督管理委员会成立之后日趋完善。

1986—2005年的20年，是安徽保险业不断加强保险文化建设的20年。保险文化是保险行业和保险企业的灵魂，是维系保险行业和保险企业可持续发展的基石。保险企业文化是保险企业在发展中逐步形成的一种为全体员工所认同并遵守的、带有本组织特点的使命、愿景、宗旨、精神、价值观和经营理念，以及这些理念在生产经营实践、管理制度、员工行为方式与保险企业对外形象体现的总和。

在保险企业文化建设方面，这一时期是保险企业文化培育、成型阶段。各公司以各自保险经营理念为导向，培育本公司的企业文化。中国人民财产保险股份有限公司安徽省分公司以“人民保险、服务人民”为使命，秉承“以人为本、诚信服务、价值至上、永续经营”的经营理念，弘扬“求实、诚信、拼搏、创新”的企业精神，坚持以市场为导向、以客户为中心，积极履行优秀企业公民责任，为促进改革、保障经济、稳定社会、造福人民提供了强大的保险保障。中国人寿保险股份有限公司安徽省分公司的企业文化的核心理念是“成己为人，成人达己”。中国太平洋财产保险股份有限公司安徽省分公司秉承“对客户负责、对员工负责、对股东负责、对社会负责、对其他利益相关者负责”。企业核心价值观是诚信天下，稳健一生，追求卓越。中国平安倡导以价值最大化为导向，以追求卓越为过程，做品德高尚和有价值的人，形成了“诚实、信任、进取、成就”的个人价值观，和“团结、活力、学习、创新”的团队价值观。各公司重视通过教育培训、开展提升职工业务和文化素质，把企业文化根植于企业经营管理之中；通过开展各种形式的文体活动和社会公益活动让员工接受保险企业文化的熏陶；这一时期，各公司注重通过运用传媒工具宣传本企业文化，形成了一批耳熟能详的反映保险企业文化的广告语，如太平洋保险的“太平洋保险保太平”，极大地提升了社会大众对保险企业文化的认识。

保险行业文化是指保险业发展过程中所形成的相对稳固并为保险行业共有和认同的观念、制度及行为，核心是贯穿于保险业发展过程中的，长期形成的较稳定的思维模式、行为准则、道德观念和价值取向的总和，反映保险行业的核心价值观。这一时期，尤其是安徽保监局成立以后，特别注重保险行业文化建设，把保险行业文化建设和保险监管有机结合，以加强行业诚信文化建设为目标，以整顿人民群众反映强烈的保险行业痼疾为契机，推动保险行业诚信建设。2004年，安徽保监局全面启动安徽保险业信用体系建设，制定下发《安徽省保险信用体系建设实施纲要》及2004年度实施细则和考评办法，跟踪检查信用体系建设工作落实情况。2005年，安徽保监局着力探索建立诚信建设的长效机制，确定2005年诚信建设的八项重点工作，完善诚信服务奖考评办法；加强社会监督，要求全省各保险公司在营业网点普遍张贴“投保指南”和“服务承诺”，公布保监局监督电话和公司客服电话；联合省保险行业协会，在全省8个地市开展保险公司社会满意度调查工作，摸清行业诚信现状，为下一步更好地开展诚信建设工作提供依据，这些举措有效地改善了保险业服务质量，改善了保险行业的社会形象。

20年在历史长河里可谓弹指一挥间，但对安徽保险人来说是创造历史的20年。过去20年历程，是安徽保险人承前启后、继往开来的20年，是安徽保险人筚路蓝缕、艰辛开拓的20年，是安徽保险人锐意进取、创新发展的20年，是安徽保险市场萌芽、破土、发展的20年，也是安徽保险人建规立制、不断规范发展的20年。安徽保险人紧紧抓住了经济社会转型发展的机遇，充分发挥保险的损失补偿和给付功能，全面参与社会风险管理，为促进改革、保障经济、稳定社会、服务民生做出了自己的应有贡献。安徽保险行业在这块沃土上由改革开放之初无人知晓的一颗小苗逐渐成长为能够避风挡雨的参天大树。读史使人明智，回顾安徽保险业20年的发展历程，对于在新的历史起点上安徽保险业发展不无启迪。我们有理由相信，安徽保险业在未来全省全面实现小康的奋斗目标中将发挥更大更强的作用。

第一篇 机 构

保险机构团体包括保险监管机构、保险公司、保险中介机构和保险社会团体。保险市场上保险公司是保险商品的供给方，投保人作为需求方，保险中介机构充当供需方的媒介。安徽保险监管机构通过制定、执行法律保证保险业健康发展，实现市场有序竞争。安徽保险社会团体包括保险行业协会和保险学会。安徽保险行业协会由各商业保险公司自愿结成的行业性自律组织，主要宗旨是加强会员之间的协调和自律，规范业务活动，维护市场秩序。安徽保险学会是全省从事保险理论和实务研究的群众性学术团体，通过开展保险理论研究、学术活动和教育培训，促进安徽省保险理论水平的提高，推动保险事业的健康发展。

安徽保险业监管最初是由中国人民银行安徽省分行实施， 2000 年 9 月成立中国保监会合肥特派员办事处，2004 年 2 月 6 日正式更名为中国保险监督管理委员会安徽监管局。为满足专业化监管需要，监管机构增设职能部门，实现监管水平不断提升。根据 1995 年《中华人民共和国保险法》规定，保险公司实行分业经营。1986—2005 年，省级保险公司机构数量从最初中国人民保险公司安徽省分公司一家发展到多家公司，省内网点数迅速增加，保险公司经营范围不断拓宽，实现业务规模快速增长。保险业的成长促进了社会和谐和经济增长，行业的社会管理功能不断提升，在社会治理中发挥愈来愈重要的作用。

安徽的保险业始于清代末。当时，安徽基本上处于半封建的自然经济状态。生产的缓慢发展促进了商业、手工业的同步发展，同时金融业随之逐步兴起，派生而来的保险业也相继出现。外资保险公司于清光绪二十年（1894 年）在芜湖设立保险代理处。20 世纪 30 年代，保险机构以蚌埠、安庆、芜湖、屯溪为基点，并向邻地延伸。但在中华人民共和国成立前夕，省内没有独立经营的保险公司，只有外资保险公司设立的代理机构，大部分由银行或经纪人代办。

中华人民共和国成立以后，安徽的保险事业有了发展。1949 年 12 月，皖南、皖北分别建立了“中国人民保险公司办事处”。1952 年 10 月，正式成立“中国人民保险公司安徽省分公司”（以下简称人保省公司）。县一级相继建立保险机构。之后人民保险事业不断调整，机构变化频繁，1959 年至 1978 年，停办业务，撤销机构。中共十一届三中全会后，为贯彻中央关于建设有中国特色社会主义的基本路线，安徽省各级保险机构相继恢复，保险事业得到迅速发展。

20 世纪 50 年代至 1991 年 5 月，安徽境内的保险业务由人保省公司独家经营。1991 年 6 月至 1999 年，安徽保险市场形成以人保省公司为主渠道，太平洋、平安保险公司公平竞争的市场格局。1997 年至 2005 年，市场经营主体不断增加，安徽保险市场形成以保险监管部门为领导，保险公司、代理公司、经纪公司、公估公司、保险行业协会及保险学会等共存的较完善的保险市场体系。

第一章　保险监管机构

第一节　中国人民银行安徽省分行

自 1985 年 1 月起，经中国人民银行授权，中国人民银行安徽省分行在省内对安徽保险业实施监管，主要职能是：审核保险机构的市场准入、退出，核准高级管理人员的任职资格，实施对保险业务的监督管理等。1986 年 12 月 9 日，经中国人民银行批准，中国人民银行安徽省分行理事会成立，对涉及全省的金融事业重大政策问题，由理事会研究决定。理事会成员由中国人民银行安徽省分行、安徽省各专业银行、人保省公司、安徽省人民政府有关部门领导组成。

中国人民银行安徽省分行非银行金融机构管理处于 1994 年正式成立，下设保险科，分管副行长为郭义明，首任处长韩林，副处长王晓红；1995 年分管副行长为陈秀生。自 1995 年 1 月起至 2000 年 9 月 28 日，由中国人民银行安徽省分行对安徽保险业行使监管职能，由非银行金融机构管理处具体实施，随后移交至中国保险监督管理委员会合肥保险监管特派员办事处。

第二节　中国保险监督管理委员会安徽监管局

2000 年 9 月 21 日，中国保险监督管理委员会（以下简称中国保监会）下发《关于成立中国保险监督管理委员会合肥保险监管特派员办事处的通知》，决定在安徽成立中国保监会合肥特派员办事处（简称“合肥保监办”），作为安徽省商业保险行业的监管机构。中国保监会任命何勇生为合肥保监办主任、李迎春为副主任；合肥保监办内设办公室、机构管理处、稽核检查处 3 个职能处室。9 月 28 日，中国保监会合肥特派员办事处正式挂牌成立，根据《中国保监会派出机构监管职责暂行规定》中明确的职责权限，在中国保监会授权范围内，负责安徽省辖区内的保险企业经营监管工作。

2003 年，为进一步加强组织机构建设，强化专业化监管，切实提高监管水平，保证各项监管工作的顺利开展，合肥保监办对内设机构职能进行调整，主要是对机构管理处和稽核检查处的职能进行调整，调整后，机构管理处主要负责对安徽省人身保险市场进行监管，稽核检查处主要负责对安徽省财产保险市场（包括财产保险公司经营的意外险和健康险业务）进行监管。

2004年2月3日，中国保监会下发《关于合肥保监办更名的通知》。2月6日起，中国保监会合肥保险监管特派员办事处正式更名为中国保险监督管理委员会安徽监管局，简称安徽保监局，何勇生任安徽保监局局长、李迎春任副局长。安徽保监局作为中国保监会的派出机构，主要职责是：根据中国保监会的授权，对辖区内保险机构的经营活动进行监督管理；依法查处辖区内保险经营中违法、违规行为，维护保险市场秩序，依法保护被保险人利益；监测、分析辖区内保险市场运行情况，预警与防范辖区内保险经营中的风险，并将有关重大事项及时上报。同年6月，局长何勇生调任大连，副局长李迎春主持工作，胡皖任副局长、纪委书记，葛翎任副局长。

2004年7月，安徽保监局调整了内部处室设置，内设六个职能处室，分别是：办公室（行政、党委合署办公），王毅任负责人；财产保险监管处，张绪风任负责人；人身保险监管处，张松任负责人；保险中介监管处，程长虹任负责人；统计研究处，赵皖平任负责人；人事教育处（党委组织部、党委宣传群工处、纪检监察处），王毅兼任负责人。

2005年11月，中国保监会任命李迎春为安徽保监局局长、党委书记。

中国保险监督管理委员会安徽监管局领导班子成员一览表

表1-1-1

成立时间	机构名称	职 务	姓 名	任职时间
2000.09	中国保险监督管理委员会合肥特派员办事处	主任	何勇生	2000.09—2004.02
		副主任	李迎春	2000.09—2004.02
2004.02	中国保险监督管理委员会安徽监管局	局长	何勇生	2004.02 — 2004.06
		副局长	李迎春	2004.02 — 2004.06
		副局长（主持工作）	李迎春	2004.06 — 2005.11
		副局长	胡 皖	2004.06 — 2005.11
		副局长	葛 翎	2004.06 — 2005.11
2005.11	中国保险监督管理委员会安徽监管局	局长	李迎春	2005.11—
		副局长	胡 皖	2005.11—
		副局长	葛 翎	2005.11—

第二章　保险公司

第一节　中国人民财产保险股份有限公司安徽省分公司

中国人民保险公司成立于1949年10月20日。1958年停办国内业务，1980年又开始在全国逐步恢复国内保险业务。

1980年4月，经中国人民银行安徽省分行批准，中国人民保险公司安徽省分公司（以下简称“人保省公司”）成立，是中国人民银行安徽省分行处级独立核算的企业单位，是中国人民保险公司在安徽设立的分支机构，受中国人民保险公司和中国人民银行安徽省分行双重领导，主要经营财产保险、农业保险、人身保险、涉外保险等保险业务。截至1980年年底，人保省公司在全省设立保险机构6个（其中，省分公司1个，省辖市支公司5个），职工154人。

1984年3月，人保省公司正式从中国人民银行安徽省分行分出，升格为副厅级机构，独立行使职权。任命戴纯为人保省公司总经理，王逢庆、陈冬至为副总经理；同年6月成立中共人保省公司党组，任命戴纯为书记。是年，全省保险机构79个（其中，省公司1个，地市支公司15个，县支公司63个），职工1163人。

1986年6月，人保省公司升格为正厅级机构。同年8月，中国人民保险公司党组调整人保省公司领导班子，任命戴藏忠为副总经理、党组副书记，陈冬至、杨登明为副总经理、党组成员，王逢庆为纪检组长，戴纯为顾问。是年，全省保险机构91个（其中，省公司1个，地市支公司16个，地辖市及县支公司74个），职工1958人。

1988年4月，徽州地区行政区划变更，徽州地区中心支公司更名为黄山市分公司。5月黄山市、屯溪市支公司更名为黄山、屯溪支公司，新设徽州支公司。年底，全省保险机构92个（其中，省分公司1个，地市支公司16个，县及地辖市支公司75个），职工2482人。

1989年年初，合肥支公司、淮南支公司设立城市办事处，如合肥市在市区设立第一、第二、第三和郊区办事处。因池州地区行政区划变更成立中心支公司。1989年3月，人保省公司成立监察室和稽核审计处；4月，人保省公司机关办公室与行政处分设。1989年12月，中国人民保险公司任命戴藏忠为安徽省分公司总经理、党组书记（正厅局级）。年底，全省保险机构 99 个（其中，省分公司 1 个，地市支公司 16 个，县及地辖市支公司 75 个，城市办事处 7 个），职工 2660 人。

1990 年 2 月，蚌埠市支公司在市区设立办事处，6 月安庆市支公司在市区相继设立办事处。年底，全省保险机构 104 个（其中省分公司 1 个，地市支公司 16 个，县及地辖市支公司 75 个，城市办事处 12 个），职工 2947 人。

1996 年 2 月，设产险地（市）级分公司 16 个，县（市）级支公司 62 个，营业部 5 个；1996 年 7 月，经中国保监会批准，人保省公司实行产、寿险分业经营，设立中保财产保险有限公司安徽省分公司和中保人寿保险有限公司安徽省分公司。中保财产保险有限公司安徽省分公司隶属于中国人民保险（集团）公司，公司性质为国有企业，办公地点在合肥市寿春路 90 号。分设时，中保财产保险有限公司安徽省分公司在全省的机构为 122 个（其中，省分公司 1 个，省分公司营业部 1 个，地市支公司 17 个，县支公司 103 个），职工 2537 人。

1999 年 4 月，经国务院批准，中保财产保险有限公司承继人保品牌，再次更名为中国人民保险公司安徽省分公司。主要经营企业财产保险、机动车辆保险、货物运输保险、责任保险、信用保险、保证保险、意外伤害保险、短期健康保险等业务；机器再保险的服务与咨询业务；代理保险机构办理有关业务；国家法律法规允许的投资和资金运用业务；国家法律法规规定的或国家保险监管机构批准的其他业务。更名前全省保险机构 123 个（其中，省分公司 1 个，省分公司营业部 1 个，地市支公司 17 个，县支公司 103 个，县级营业部 1 个），职工 2614 人。

图1-2-1　中国人民保险公司安徽省分公司办公大楼

2000 年 2 月，人保省公司办公地点由合肥市寿春路 90 号迁至梅山路 2 号银保大厦。

2003 年 7 月，中国人民保险（集团）公司重组改制为中国人保控股公司，同年6月23日，经国务院同意，中国保险监督管理委员会批准独立发起设立中国人民财产保险股份有限公司，相继人保省公司更名为中国人民财产保险股份有限公司安徽省分公司。截至2003年年底，全省保险机构126个（其中，省分公司1个，地市支公司17个，区县支公司108个），职工2252人。

2005年，中国人民财产保险股份有限公司安徽省分公司在全省的保险机构发展为169个（其中，省分公司1个，地市支公司17个，区县支公司115个，营销服务部36个），职工2263人。

中国人民财产保险股份有限公司安徽省分公司负责人一览表

表1-2-1

时 间	机构名称	职 务	姓 名	任职时间
1980.04	人保省分公司	经理	戴 纯	1984.03—1986.08
		副经理	王逢庆	1984.04—1986.08
1986.06	人保省分公司	副总经理	戴藏忠	1986.08—1989.12
		副总经理	陈冬至	1984.01—1989.12
		副总经理	杨登明	1986.08—1996.08
1989.12	人保省分公司	总经理	戴藏忠	1989.12—1996.08
		副总经理	陈冬至	1989.12—1996.08
		副总经理	杨登明	1989.12—1996.08
1996.08	中保财产保险有限公司安徽省分公司	总经理	刘政焕	1996.08—2000.01
		副总经理	赵家顺	1996.8—1998.9
		副总经理	熊吉平	1996.8—2001.10
		副总经理	宋泽湖	1996.08—2000.02
1998.10	人保省分公司	总经理	刘政焕	1996.08—2000.01
		总经理	陈思讯	2000.01—2003.06
		副总经理	赵家顺	1996.08—2004.02
		副总经理	段宗华	2000.01—2003.06
		副总经理	潘大同	2000.01—2004.07
2003.07	中国人民财产保险股份有限公司安徽省分公司	总经理	潘大同	2004.07—2005.12
		副总经理	段宗华	2003.06—2004.07
		副总经理	赵家顺	1996.08—2004.07

第二节 中国人寿保险股份有限公司安徽省分公司

中国人寿保险股份有限公司安徽省分公司（以下简称人寿省公司）历史可以追溯到成立于1949年10月20日的原中国人民保险公司的人身险业务。1978年的改革开放，使中断了20余年的国内保险业务全面恢复，中国人寿迎来了新生。1987年10月16日，经中国人民保险公司批准，设置中国人寿保险股份有限公司安徽省分公司，并同时在蚌埠、芜湖、安庆、合肥设置支公司。要求“新设的寿险与原保险公司对内一个机构，对外两块牌子，独立盈亏”。1996年，依据我国第一部《中华人民共和国保险法》，中保人寿保险有限公司成立，对寿险实行专业化经营。中保人寿安徽省分公司是在中国人民保险公司，实行产、寿险分业经营的基础上组建的，是中保人寿保险公司在安徽的分支机构，也是当时安徽省唯一的专业性寿险公司，成立之初设有16个地市分公司和96个县级支公司和城市办事处，从业人员1500人，此外，拥有遍布城乡的营销代理网点，拥有6000多人的营销和代理人员队伍，初步形成覆盖全省的服务网点。

1999年4月25日，中保人寿保险有限公司更名为中国人寿保险公司，中保人寿保险公司安徽省分公司更名为中国人寿保险公司安徽省分公司。

2000年，省公司对机构改革进行了新的探索，本着业务有规模，市场有需求，经营有效益的原则，突破原来按行政区划设立机构的界限，对铜陵、池州分公司机构进行了合并。

2001年3月28日，省公司根据安徽省人民政府《关于调整阜阳市行政区划设立地级亳州市的通知》和公司业务发展需要，经中国保监会合肥保监办同意，决定调整“中国人寿保险公司亳州市支公司”的经营管理范围，将蒙城、涡阳、利辛3个县支公司（营业部）划归亳州市支公司管理。省公司对其实现单独核算、单独管理。

2002年1月10日，省公司批复铜陵（池州）分公司《关于铜陵（池州）分公司机构分设方案的请示》，同意恢复设立“中国人寿保险公司池州分公司”。

2003年8月28日，中国人寿保险（集团）公司、中国人寿保险股份有限公司在北京举行揭牌仪式。经国务院同意，中国保监会批准中国人寿保险公司更名为中国人寿保险（集团）公司，并发起设立中国人寿保险股份有限公司，原中国人寿保险公司下属分支机构及营销服务部全部划归中国人寿保险股份有限公司，变更后分支机构成立日期统一为2003年6月30日。中国人寿保险公司安徽省分公司更名为人寿省公司，并从10月1日起正式启用新印章。

同年，合肥保监办批复人寿省公司在省会城市和地级市设立的分支机构统一规范为中国人寿保险股份有限公司的分公司，在区、县及县级市设立的分支机构规范为中国人寿保险股份有限公司的支公司，在支公司以下设立的营业性机构规范为“营业部”，批准公司更名分支机构 113 家，其中地市级分公司 17 家，县级支公司 95 家。同意原人寿省公司营业部变更为中国人寿保险股份有限公司合肥市分公司；同意原人民银行批准设立的蚌埠、芜湖等 11 个市级分公司的营业部变更为城区支公司，在区、县及县级市设立的营业部变更为中国人寿保险股份有限公司的支公司；鉴于安徽省亳州市已升格为地级市，同意原中国人寿保险公司亳州支公司变更为中国人寿保险股份有限公司亳州分公司。

2005 年 5 月 17 日，安徽保监局批准人寿省公司筹建黄山风景区、谯城 2 家支公司，年底，经保监局批准，新增设了黄山风景区支公司和亳州谯城支公司，全省有正式机构 115 个。

公司经营范围为：人寿保险、健康保险、意外伤害保险等各类人身保险业务，人身保险的再保险业务，国家法律、法规允许的或国务院批准的资金运用业务，各类人身保险服务、咨询和代理业务，国家保险监督管理部门批准的其他业务。

图1-2-2 中国人寿保险股份有限公司安徽省分公司办公大楼

中国人寿保险股份有限公司安徽省分公司负责人一览表

表 1-2-2

时　间	机构名称	职　务	姓　名	任职时间
1996	中保人寿保险有限公司安徽省分公司	总经理	陈冬至	1996.08—1999.04
		副总经理	管向东	1996.08—1999.04
1999	中国人寿保险公司安徽省分公司	总经理	陈冬至	1999.04—1999.08
		副总经理	管向东	1999.04—1999.08
		纪委书记	刘英齐	1999.04—1999.08
		总经理助理	马胜杰	1999.04—1999.08
1999	中国人寿保险公司安徽省分公司	总经理	陈冬至	1999.08—2000.08
		副总经理	管向东	1999.08—2000.08
		副总经理	刘英齐	1999.08—2000.07
		总经理助理	马胜杰	1999.08—2000.08
2000	中国人寿保险公司安徽省分公司	总经理	陈冬至	2000.08—2000.09
		副总经理	管向东	2000.08—2000.09
		纪委书记	宣善江	2000.08—2000.09
		总经理助理	马胜杰	2000.08—2000.09
2000	中国人寿保险公司安徽省分公司	总经理	陈冬至	2000.09—2000. 11
		副总经理	管向东	2000.09—2000. 11
		纪委书记	宣善江	2000.09—2000. 11
		总经理助理	马胜杰	2000.09—2000. 11
		总经理助理	顾成林	2000.09—2000. 11
2000	中国人寿保险公司安徽省分公司	副总经理	管向东	2000.11—2001.11
		副总经理	陈宏章	2000.11—2001.11
		纪委书记	宣善江	2000.11—2001.11
		总经理助理	马胜杰	2000.11—2001.11
		总经理助理	顾成林	2000.11—2001.11
2001	中国人寿保险公司安徽省分公司	总经理	赵　猛	2001.11—2002.12
		副总经理	管向东	2001.11--2002.04
		副总经理	陈宏章	2001.11—2002.12
		副总经理	马胜杰	2001.11—2002.12
		纪委书记	宣善江	2001.11—2002.12
		副总经理	顾成林	2001.11—2002.12

续表 1-2-2

时　间	机构名称	职　务	姓　名	任职时间
2002	中国人寿保险公司安徽省分公司	总经理	赵　猛	2002.12—2003. 09
		副总经理	陈宏章	2002.12—2003.09
		副总经理	马胜杰	2002.12—2003.09
		副总经理	顾成林	2002.12—2003.09
		副总经理	朱宏伟	2002.12—2003.09
		纪委书记	宣善江	2002.12—2003.09
2003	中国人寿保险股份有限公司安徽省分公司	总经理	赵　猛	2003.09—2005.12
		副总经理	马胜杰	2003.09—2005.12
		副总经理	顾成林	2003.09—2005.12
		副总经理	朱宏伟	2003.09—2005.12
		副总经理	吴冬香	2003.09—2005.01
		纪委书记	宣善江	2003.09—2005.12

第三节　中国太平洋财产保险股份有限公司安徽分公司

中国太平洋保险公司成立于 1991 年 5 月 13 日，是交通银行于 1991 年全额注资组建的股份制有限公司；成立之初注册资本金 77 亿元，总部设在上海。中国太平洋保险公司合肥分公司建立、发展可追溯至 1992 年。1992 年 9 月，经南京交通银行批准，交通银行合肥分行成立保险业务部，日常行政事务由交通银行合肥分行管理，业务接受中国太平洋保险公司南京分公司指导，全面代办各类保险业务，营业场所设在合肥市安庆路 365 号。1994 年经批准，在交通银行合肥分行保险业务部基础上，正式挂牌成立中国太平洋保险公司合肥办事处，独立经营各类保险业务，直属中国太平洋保险公司管理，办公地点及营业厅位于合肥市寿春路 3 号；1996 年 9 月，经中国太平洋保险公司授权，中国太平洋保险公司合肥办事处负责管理设在安徽境内的太平洋保险分支机构，1996 年 11 月，经批准中国太平洋保险公司合肥办事处变更为中国太平洋保险公司合肥分公司，次年 6 月迁至合肥市花园街 38 号交行大厦办公。

2000 年 12 月，经中国保险监督管理委员会批准，中国太平洋保险公司合肥分公司实行产、寿险分业经营，正式设立中国太平洋财产保险股份有限公司安徽分公司和中国太平洋人寿保险股份有限公司安徽分公司。原中国太平洋保险公司合肥分公司辖安徽境内的分支公司，蚌埠、淮南、芜湖、安庆公司也都实行分业经营，对外挂牌设立财产保险公司、人寿保险公司。

中国太平洋财产保险股份有限公司安徽分公司业务经营范围：承保人民币或外币的各种财产保险业务，包括财产损失保险、责任保险、信用保险等保险业务；承保人民币或外币的短期健康保险业务和意外伤害保险业务；办理各种法定财产保险业务；与国内外保险及有关机构建立关系和业务往来关系，代理外国保险机构办理对损失鉴定和理赔业务及其委托的其他有关事宜。

2002 年 5 月，中国太平洋财产保险股份有限公司安徽分公司和中国太平洋人寿保险股份有限公司安徽分公司，从合肥市花园街 38 号交行大厦迁址至合肥市阜阳北路 1 号办公。

中国太平洋财产保险股份有限公司安徽分公司省内下设机构情况：1992 年 10 月，交通银行淮南支行、蚌埠支行均设立保险业务代理部，为太平洋财产保险股份有限公司南京分公司全面代理各类保险业务。1994 年 8 月，中国太平洋保险公司蚌埠代理处变更为中国太平洋保险公司蚌埠办事处。1994 年 9 月，中国太平洋保险公司淮南代理处变更为中国太平洋保险公司淮南办事处。1996 年 12 月，人民银行淮南分行批准淮南办事处更名中国太平洋保险淮南分公司。

1996 年 3 月，中国太平洋保险公司芜湖、安庆代理处成立。同年 10 月，中国太平洋保险公司合肥分公司在合肥市南七、西门两地设立办事处。不久，根据人民银行合肥分行意见撤销。

1997 年 12 月，中国太平洋保险公司安庆、芜湖支公司正式挂牌，对外营业。

2002 年 7 月，马鞍山中心支公司、滁州中心支公司、阜阳中心支公司开业。同年 10 月，肥东、肥西、长丰、芜湖县、南陵、繁昌、桐城、怀宁、望江、岳西、潜山、太湖、宿松、枞阳、五河、怀远、固镇、来安、全椒、天长、凤阳、当涂、太和、临泉、阜南 25 家营销服务部成立。

2003 年 2 月，铜陵中心支公司、宣城中心支公司开业。

图1-2-3　中国太平洋财产保险安徽省分公司办公大楼

中国太平洋财产保险股份有限公司安徽分公司负责人一览表

表 1-2-3

<table>
<tr><th>时 间</th><th>机构名称</th><th>职 务</th><th>姓 名</th><th>任职时间</th></tr>
<tr><td>1992</td><td>交通银行
合肥分行保险业务部</td><td>负责人</td><td>虞善生</td><td>1992. 09—1994. 08</td></tr>
<tr><td rowspan="2">1994</td><td rowspan="2">中国太平洋保险公司
合肥代理处</td><td>副经理</td><td>虞善生</td><td>1994. 08—1996. 06</td></tr>
<tr><td>副经理</td><td>袁昌义</td><td>1994. 08—1996. 06</td></tr>
<tr><td rowspan="2">1996</td><td rowspan="2">中国太平洋保险公司
合肥办事处（1996 年 6 月
管理安徽境内分支机构）</td><td>经理</td><td>虞善生</td><td>1996. 6—1996. 11</td></tr>
<tr><td>副经理</td><td>马美玲</td><td>1996. 6—1996. 11</td></tr>
<tr><td rowspan="4">1996</td><td rowspan="4">中国太平洋保险公司
合肥分公司</td><td>总经理</td><td>虞善生</td><td>1996. 11—2000. 12</td></tr>
<tr><td>副总经理</td><td>袁昌义</td><td>1996. 11—2000. 05</td></tr>
<tr><td>副总经理</td><td>马美玲</td><td>1996. 11—2000. 12</td></tr>
<tr><td>副总经理</td><td>陈兆凯</td><td>1996. 04—2000. 12</td></tr>
<tr><td rowspan="2"></td><td rowspan="2"></td><td>总经理助理</td><td>陈建明</td><td>2000. 09—2000. 03</td></tr>
<tr><td>总经理助理</td><td>费建国</td><td>2000. 09—2000. 12</td></tr>
<tr><td rowspan="7">2000</td><td rowspan="7">中国太平洋财产保险股份
有限公司合肥分公司</td><td>总经理</td><td>虞善生</td><td>2000. 12—2002. 03</td></tr>
<tr><td>总经理</td><td>孔 兵</td><td>2002. 03—2004. 12</td></tr>
<tr><td>副总经理</td><td>马美玲</td><td>2000. 12—2004. 12</td></tr>
<tr><td>副总经理</td><td>陈建明</td><td>2002. 03—2004. 01</td></tr>
<tr><td>副总经理</td><td>张 跃</td><td>2004. 01—2004. 12</td></tr>
<tr><td>总经理助理</td><td>陈建明</td><td>2000. 12—2002. 03</td></tr>
<tr><td>总经理助理</td><td>程 辉</td><td>2003. 11—2004. 12</td></tr>
<tr><td rowspan="6">2004</td><td rowspan="6">中国太平洋财产保险股份
有限公司安徽分公司</td><td>总经理</td><td>孔 兵</td><td>2004. 12</td></tr>
<tr><td>副总经理</td><td>马美玲</td><td>2004. 12</td></tr>
<tr><td>副总经理</td><td>张 跃</td><td>2004. 12</td></tr>
<tr><td>副总经理</td><td>赵兴泉</td><td>2005. 04</td></tr>
<tr><td>总经理助理</td><td>程 辉</td><td>2004. 12</td></tr>
<tr><td>总经理助理</td><td>魏志山</td><td>2005. 04</td></tr>
</table>

第四节　中国太平洋人寿保险股份有限公司安徽分公司

中国太平洋保险公司成立于 1991 年 5 月 13 日，成立之初注册资本金 77 亿元，总部设在上海。2000 年 11 月 6 日，中国保险监督管理委员会同意《中国太平洋保险公司分业经营机构体制改革实施方案》。2000 年 11 月，成立中国太平洋保险（集团）股份有限公司，下设人寿保险股份有限公司、财产保险股份有限公司、资产管理公司。

经批准，2000 年 12 月 5 日，撤销中国太平洋保险公司安徽分公司，分设中国太平洋人寿保险股份有限公司安徽分公司（以下简称太平洋寿险）、中国太平洋财产保险股份有限公司安徽分公司。

中国太平洋人寿保险股份有限公司安徽分公司的前身为中国太平洋保险公司合肥分公司人身保险部。1995 年年初，太保合肥办事处进行三个方面的准备：从同业引进具有寿险管理和从业经验人员，充实人险队伍，并初步确立了人身保险部的负责人选；硬件设施配备及微机处理业务调试完成，具备了电脑处理人险业务基础；完成了产、寿险业务上的分账管理，单独核算，保证了寿险责任准备金的保值增值。同年 4—8 月，太保合肥办事处三次向太保总公司呈报《关于设立人身保险部的报告》和《关于开办长期人身险业务的申请报告》，后经太保总公司检查验收，认为太保合肥办事处已具备开办长期寿险业务的条件和能力，于 1995 年 8 月 9 日下文批复：同意太平洋保险合肥办事处设立人身保险部，同意开展长期寿险业务。人险部成立时，正式员工 4 人，聘用制员工 3 人，主要职责是负责寿险业务管理兼大项目业务拓展承保工作。1995 年 9 月，合肥办事处经总公司同意，推行寿险营销员营销体制；第一批寿险营销人员通过从人才市场招聘、筛选，确定 100 人参加司规司训、业务技能培训学习，后经过考核与考试，最终选定有 30 名人员同公司签订聘用合同，正式成为太保合肥办事处寿险营销员。10 月 23 日寿险营销员正式上岗，销售太保的寿险产品；1996 年 11 月，太保合肥分公司根据寿险业务的发展，以及太保总公司对寿险“五分开”的要求，将人身保险部分设寿险业务管理部、寿险营销管理部、寿险综合管理部。1995 年太保合肥分公司人身保险部的成立和运作以及寿险营销体制的确立，为安徽太保寿险业务发展，后期分业经营起到了必要的铺垫作用。

1995 年 11 月，蚌埠、淮南办事处同时设立人身保险部，开展长期人身保险业务和实行寿险业务员营销体制，为当地 2000 年以后产、寿险分业经营奠定了基础。

1996 年 3 月，中国太平洋保险公司芜湖、安庆保险代理处成立。1996 年 11 月，经批准，中国太平洋保险公司合肥办事处升格为中国太平洋保险公司合肥分公司，指导安徽省内蚌埠、淮南、芜湖、安庆支公司业务经营。

1997 年 12 月，中国太平洋保险公司安庆、芜湖保险代理处升格为保险支公司，对外独立管理、拓展保险业务。

2000 年 12 月，经中国保险监督管理委员会批准，中国太平洋保险公司合肥分公司实行产、寿险分业经营，正式设立“中国太平洋人寿保险股份有限公司安徽分公司”。原中国太平洋保险公司合肥分公司辖安徽境内的分支公司，蚌埠、淮南、芜湖、安庆公司均实行分业经营，设立人寿保险公司。

2001 年，中国太平洋人寿保险股份有限公司安徽分公司下设业务管理部、营销管理部、团险管理部、计划财务部、稽核室、综合管理部等管理部门；下辖蚌埠、淮南、芜湖、安庆中心支公司和合肥营业部，2004 年合肥营业部变更为合肥中心支公司。

2002 年设立中国太平洋人寿保险股份有限公司阜阳、滁州中心支公司；2003 年设立中国太平洋人寿保险股份有限公司铜陵、马鞍山、宣城中心支公司。

中国太平洋人寿保险股份有限公司安徽分公司业务经营范围：人寿保险、意外伤害保险、健康保险等人身保险业务，国家保险监管机构批准的其他业务。

相关人员任职情况：1995 年 8 月—2000 年 5 月，人寿险分管总经理袁昌义，2000 年 5 月—2000 年 12 月人寿险分管总经理孙士武，1995 年 8 月—2000 年 12 月，人险部负责人张庆斌。2000 年 12 月，程劲松任中国太平洋人寿保险股份有限公司安徽分公司总经理，主持工作，孙士武为副总经理、费建国为总经理助理。2001 年 5 月，程劲松总经理调任总公司任职，朱琛任副总经理、主持工作，孙士武为副总经理，费建国、唐晓华为总经理助理；2003 年 3 月，朱琛任总经理，许丽莉、费建国为副总经理，唐晓华、鱼建光为总经理助理；2005 年 12 月，梁晴艳任总经理，费建国、唐晓华为副总经理，杨丙龙为总经理助理，许丽莉、鱼建光不再担任总经理助理。

图1-2-4　中国太平洋人寿保险安徽省分公司办公大楼

中国太平洋人寿保险股份有限公司安徽分公司负责人一览表

表 1-2-4

时 间	机构名称	职 务	姓 名	任职时间
2000	中国太平洋人寿保险股份有限公司合肥分公司	总经理	程劲松	2000.12—2001.05
		副总经理	孙士武	2000.12—2001.11
		总经理助理	费建国	2000.12—2003.03
2001	中国太平洋人寿保险股份有限公司合肥分公司	副总经理（主持工作）	朱 琛	2001.3—2003.03
		副总经理	孙士武	2000.12—2001.11
		总经理助理	费建国	2000.12—2003.03
		总经理助理	唐晓华	2001.06—2005.02
2002	中国太平洋人寿保险股份有限公司合肥分公司	副总经理（主持工作）	朱 琛	2001.03—2003.03
		总经理助理	费建国	2000.12—2003.03
		总经理助理	唐晓华	2001.06—2005.02
		总经理助理	鱼建光	2002.08—2004.04
2003	中国太平洋人寿保险股份有限公司合肥分公司	总经理	朱 琛	2003.03—2005.11
		副总经理	费建国	2003.03—2008.10
		副总经理	许丽莉	2003.03—2005.02
		总经理助理	唐晓华	2001.06—2005.02
		总经理助理	鱼建光	2002.08--2004.04
2004	中国太平洋人寿保险股份有限公司合肥分公司	总经理	朱 琛	2003.03—2005.11
		副总经理	费建国	2003.03—2008.10
		总经理助理	唐晓华	2001.06—2005.02
		副总经理	许丽莉	2003.03—2005.02
		总经理助理	鱼建光	2002.08--2004.04
		总经理助理	杨丙龙	2004.08—2010.05
2005	中国太平洋人寿保险股份有限公司安徽分公司	总经理	朱 琛	2003.03—2005.11
		总经理	梁晴艳	2005.12—2010.03
		副总经理	费建国	2003.03—2008.10
		总经理助理	唐晓华	2001.06—2005.02
		副总经理	唐晓华	2005.02—2013.05
		总经理助理	杨丙龙	2004.08—2010.05

第五节　中国平安财产保险股份有限公司安徽分公司

中国平安保险集团公司是中国人民银行于 1988 年 3 月 21 日正式批准、在国家工商行政管理局登记注册的全国性、综合性股份制保险公司，诞生于深圳。1992 年 9 月 29 日，中国平安保险公司经国务院批准办理全国性的保险业务和国际再保险业务。

1997 年 1 月 6 日，经国家工商总局核准，更名为“中国平安保险股份有限公司”。公司经营区域为全国及设有分支机构的海外地区和城市，可经营一切险种（含各种法定保险）及国际再保险业务。2003 年 1 月 1 日，经国务院和中国保险监督管理委员会审核批准，中国平安保险股份有限公司正式完成分业改革，更名为中国平安保险（集团）股份有限公司。集团控股设立中国平安财产保险股份有限公司和中国平安人寿保险股份有限公司，并投资控股平安信托投资公司，平安信托投资公司依法持有平安证券优先责任公司股份，形成以保险为主，融证券、信托、投资和海外业务为一体的紧密、高效、多元的集团控股经营架构。中国平安财产保险股份有限公司安徽分公司隶属于中国平安保险（集团）股份有限公司。

中国平安保险股份有限公司安徽分公司的前身是平安保险公司安徽代理处，设立于 1992 年 12 月 18 日。随着业务规模的不断扩大，1994 年 7 月经中国人民银行安徽省分行批准，平安安徽代理处升格为中国平安保险股份有限公司合肥分公司。1995年年底，根据《中华人民共和国保险法》的要求，平安合肥分公司产、寿分设，分业经营；产、寿负责人各司其职，人、财、物各归己有的运行模式。根据国务院和中国保险监督管理委员会审核，同意中国平安保险股份有限公司分业经营方案。 2002 年，中国平安财产保险股份有限公司安徽分公司正式成立。

中国平安财产保险股份有限公司主要经营范围是：企业财产损失保险、家庭财产损失保险、建筑工程保险、安装工程保险、货物运输保险、机动车辆保险、船舶保险、能源保险、一般责任保险、保证保险、信用保险（出口信用保险除外）、短期健康保险、意外伤害保险、经中国保监会批准的其他财产保险业务。

中国平安财产保险股份有限公司安徽分公司负责人一览表

表 1-2-5

时 间	机构名称	职 务	姓 名	任职时间
1992	中国平安财产保险股份有限公司合肥分公司	总经理	杨晓秋	1992.12—1994.12
		总经理助理	单华家	1993.01—1994.12
1994	中国平安财产保险股份有限公司安徽分公司	总经理	吴君文	1994.12—1995.12
		总经理助理	单华家	1993.01—1994.12
		总经理助理	陈沈茅	1995.01—1995.04
		总经理助理	王小平	1995.05—1995.12
		总经理助理	杜永茂	1995.06—1995.12
1996	中国平安财产保险股份有限公司安徽分公司	总经理	杜永茂	1996.01—1997.02
		总经理助理	严 震	1997.02—1997.12

续表 1–2–5

时 间	机构名称	职 务	姓 名	任职时间
1997	中国平安财产保险股份有限公司安徽分公司	总经理	严　震	1997.02—1999.07
		总经理助理	董友根	1997.04—1998.12
		总经理助理	王　辉	1997.04—1999.03
		副总经理	吴洪俊	1997.10—1998.02
1999	中国平安财产保险股份有限公司安徽分公司	总经理	祝学林	1999.08—2000.02
		副总经理	严　震	1999.08—2000.12
		副总经理	董友根	1999.01—2000.12
2001-2005	中国平安财产保险股份有限公司安徽分公司	党委副书记兼工会主席	董友根	2001.01—2005.12
		总经理助理	朱友刚	2001.09—2003.07
		总经理助理	程孝忠	2005.04—2005.12

第六节　中国平安人寿保险股份有限公司安徽分公司

中国平安人寿保险股份有限公司安徽分公司是中国平安保险（集团）股份有限公司在安徽省设立的寿险分支机构。1992 年 12 月 18 日，中国人民银行安徽省分行批准中国平安保险公司安徽代理处成立，1993 年 3 月 18 日，中国平安保险公司安徽代理处正式挂牌开业，首任负责人杨晓秋。1994 年 7 月，平安安徽代理处升格为中国平安保险股份有限公司合肥分公司，首任负责人杨晓秋。1995 年 6 月，平安总公司聘任杜永茂为合肥分公司副总经理，主持工作。

1995 年年底，根据《中华人民共和国保险法》的要求，安徽平安保险公司人身险业务正式从产险剥离出来，产寿分设，王小平担任安徽平安分管寿险业务总经理。产寿负责人各司其职，在人、财、物各归已有的总体思路指导下，平安寿险业务加快了自我发展。截至 1996 年年底，合肥分公司寿险员工已由年初时的 42 人发展到 310 人；至 2005 年年底，员工队伍已达 787 人。内设部门也由最初的三处一室扩展成 2005 年的 15 个部室的成熟建制。

1996 年上半年，平安寿险安徽分公司在全省设立 9 个支公司、5 个办事处，共 14 个分支机构。2002 年 9 月 2 日，经保监部门批准设立 61 家营销服务部，分别是：临泉、太和、枞阳、太湖、桐城、望江、长江东路、昌皖、肥东、肥西、淮河、恒武、中兴、怀远、固镇、五河、青少年宫、火炬、和县、含山、无为、庐江、凤阳、来安、明光、全椒、天长、任楼、段园、凤阳、黄山区、祁门、黟县、歙县、当涂、砀山、灵璧、萧县、铜陵县、广德、泾县、宁国、颍上、潜山、宿松、岳西、临涣、濉溪、蔡家岗、潘集、汇通、徽州区、休宁、博望、姑山矿、新桥、符离、泗县、芦岭、繁昌、芜湖县营销服务部。截至2005年年底，平安寿险安徽分公司已在全省设立中心支公司15家，分别为：阜阳、安庆、铜陵、淮北、淮南、黄山、巢湖、滁州、宿州、蚌埠、芜湖、马鞍山、宣城、池州、六安中心支公司；另设有等同于三级机构运作的合肥销售本部。设立的县级支公司有21个，分别为：利辛、蒙城、亳州、歙县、天长、太和、太平、泾县、阜南、桐城、固镇、怀远、凤阳、全椒、当涂、凤台、汤山、宁国、太湖、界首、灵璧。

图1-2-5　20世纪90年代中国平安人寿安徽分公司办公楼

中国平安人寿保险股份有限公司安徽分公司负责人一览表

表1-2-6

时　间	机构名称	职　务	姓　名	任职时间
1992	中国平安保险股份有限公司合肥分公司	副总经理	杨晓秋	1992.12—1994.12
		副总经理	吴君文	1994.12—1995.05
		副总经理	杜永茂	1995.06—1997.02
		副总经理	王小平	1995.05—1997.02
		总经理助理	郑德顺	1996.12—1998.06
		总经理助理	刘维昌	1996.12—1998.04
1997	中国平安寿险安徽分公司	副总经理	李　春	1997.02—1998.03
		副总经理	吴洪俊	1998.03—1998.10
		总经理助理	葛　斌	1998.06—1999.06
		总经理助理	盛而群	1998.06—1999.12

续表 1-2-6

1998	中国平安寿险安徽分公司	副总经理	秦　斌	1998.10 — 2000.05
		总经理助理	王　鸣	2000.04 — 2003.10
		总经理助理	潘　亮	2001.01 — 2004.10
		总经理助理	廖　刚	2001.04 — 2002.11
		总经理助理	郑之炎	2002.11 — 2006.03
2003	中国平安寿险安徽分公司	副总经理	陶东胜	2003.10 — 2007.03
		总经理助理	叶　青	2003.06 — 2010.07
		总经理助理	杨树林	2004.11 — 2007.10
		总经理助理	刘海昶	2004.11 — 2008.03

第七节　天安保险股份有限公司安徽省分公司

天安保险股份有限公司成立于 1994 年 10 月，是按照现代企业制度和国际标准组建的股份制商业保险公司。总部设在上海浦东，注册资本金 21.72 亿元。

2001 年 3 月 9 日，天安保险股份有限公司安徽省分公司正式成立，是天安保险股份有限公司在安徽省设立的省级分支机构，内设部室有办公室、人事部、业务管理部、营销管理部、理赔管理部、客户服务部、计划财务部、资金结算中心、内部风险控制部共 9 个部门。公司地址位于合肥市濉溪路 99 号安徽民政大厦。总经理李静，副总经理梁力，总经理助理潘发强、刘新宇。

天安保险股份有限公司主要业务经营范围为：企业财产损失保险、家庭财产损失保险、建筑工程保险、安装工程保险、货物运输保险、机动车辆保险、船舶保险、能源保险、一般责任保险、保证保险、信用保险（出口信用保险除外）、短期健康保险、意外伤害保险、经中国保监会批准的其他财产保险业务。

图1-2-6　天安保险安徽省分公司办公地点

省内机构设立情况：

2001年3月9日，分公司营业部成立；2002年9月19日，安庆中心支公司成立。2003年1月16日，马鞍山中心支公司成立；2月18日，阜阳、淮北中心支公司成立；5月10日，铜陵、蚌埠、淮南中心支公司成立；11月3日，芜湖中心支公司成立；11月5日，黄山中心支公司成立。2004年12月28日，宣城中心支公司成立；12月27日，亳州中心支公司成立。2005年2月3日，六安中心支公司成立；3月7日，滁州中心支公司成立；3月15日，巢湖中心支公司成立；12月12日，池州中心支公司成立；12月30日，宿州中心支公司成立。

第八节　新华人寿保险股份有限公司安徽分公司

新华人寿保险股份有限公司成立于1996年8月，总部设于北京。2000年公司成功地吸收外资参股，实现了资本国际化，公司性质为股份有限公司。新华人寿保险股份有限公司合肥分公司成立于2002年4月4日，公司主要负责人为管向东，经营管理区域为合肥。公司办公地点为合肥市宿州路宏图大厦。2003年5月26日，公司办公地点变更至合肥市美菱大道507号行管大厦。2005年5月新华人寿保险股份有限公司合肥分公司更名为新华人寿保险股份有限公司安徽分公司。至2005年12月底，新华人寿保险股份有限公司安徽分公司先后设立了芜湖等10地市分（中支）公司，26个县级营销服务部，管辖区域为安徽省。

新华人寿在安徽的业务经营范围是：个人意外伤害保险；个人定期死亡保险；个人两全寿险；个人终身寿险；个人年金保险；个人短期健康保险；个人长期健康保险；团体意外伤害保险；团体定期寿险；团体终身寿险；团体年金保险；团体短期健康保险；团体长期健康保险；经中国保监会批准的其他人身保险业务。

图1-2-7 新华人寿保险安徽分公司办公地点

2002-2005 年新华人寿保险股份有限公司安徽分公司负责人一览表

表 1-2-7

时 间	职务	姓名	任职时间
2002	总经理	管向东	2002.04—2003.03
	副总经理	夏邦锁	2002.04—2004.03
2003	总经理	秦　奋	2003.03—2004.03
2004	总经理	夏邦锁	2004.03—2005.08
2005	总经理	余胜昔	2005.08—2005.12
	副总经理	程　曲	2005.12—2010.11

第九节　泰康人寿保险股份有限公司安徽分公司

1996 年 8 月 22 日经中国人民银行总行批准，泰康人寿保险股份有限公司成立，属全国性、股份制人寿保险公司，公司总部设在北京。泰康人寿股份有限公司合肥分公司成立于 2002 年 4 月，是泰康人寿股份有限公司在合肥设立的经营机构。公司办公地点位于合肥市阜南路 166 号润安大厦，主要负责人为尹建新。2005 年 6 月，泰康人寿合肥分公司更名为泰康人寿保险股份有限公司安徽分公司。2005 年 10 月，公司办公地点迁址至合肥市长江中路 419 号长安大厦。

2002 年 4 月，泰康人寿合肥分公司在安徽设立合肥、马鞍山中心支公司。2003 年，设立蚌埠、安庆、芜湖、滁州、宣城、淮南、六安 7 家中心支公司，2004 年，设立宿州、阜阳中心支公司，2005 年泰康人寿保险股份有限公司安徽分公司设立亳州、巢湖 2 家中心支公司。

2002 年 4 月，合肥分公司长江路营销服务部、合肥分公司金寨路营销服务部、合肥分公司肥东营销服务部、合肥分公司肥西营销服务部获批成立，开展业务。

2003 年，桐城、太湖、望江、当涂、怀远、固镇、五河、芜湖县、繁昌、芜湖开发区、南陵 11 家营销服务部获批开展业务。

2004 年，长丰、广德、泾县、宁国、凤台、谢家集、潜山、枞阳、天长、明光、全椒、舒城、霍邱、灵璧、泗县、砀山、萧县、临泉、太和、马鞍山向山、马鞍山新市、马鞍山博望、马鞍山太白 23 家营销服务部获批开展业务。合肥分公司金寨路营销服务部在该年更名为合肥分公司寿春路营销服务部。

2005 年，涡阳、蒙城、淮南潘集、绩溪、霍山、和县、巢湖乌江、阜南 8 家营销服务部获批开业。

2005 年，在安徽的经营管理区域扩大为：合肥、马鞍山、蚌埠、安庆、芜湖、滁州、宣城、淮南、六安、宿州、阜阳、亳州、巢湖。

泰康人寿在安徽的业务经营范围是：个人意外伤害保险、个人定期死亡保险、个人两全寿险、个人终身寿险、个人年金保险、个人短期健康保险、个人长期健康保险、团体意外伤害保险、团体定期寿险、团体终身寿险、团体年金保险、团体短期健康保险、团体长期健康保险、经中国保监会批准的其他人身保险业务。

2002 年 4 月—2004 年 6 月，主要负责人为尹建新，2004 年 7 月，公司主要负责人为何承周。

图1-2-8　泰康人寿合肥分公司办公楼

2002-2005 年泰康人寿合肥分公司负责人一览表

表 1-2-8

时　间	职务	姓名	任职时间
2002	总经理	尹建新	2002.04—2004.07
	副总经理	董玉祥	2002.04—2005.05
	副总经理	何承周	2002.07—2004.07
	总经理助理	王襄武	2002.04—2002.12
2003	总经理	尹建新	2002.04—2004.07
	副总经理	董玉祥	2002.04—2005.05
	副总经理	何承周	2002.07—2004.07
2004	总经理	何承周	2004.07—2010.06
	副总经理	董玉祥	2002.04—2005.05
2005	总经理	何承周	2004.07—2010.06
	副总经理	王　健	2005.01—2010.10

第十节　大众保险股份有限公司合肥分公司

图1-2-9　史带财产保险安徽分公司办公地点

2002 年 6 月 26 日，大众保险股份有限公司合肥分公司成立，经营管辖区域合肥地区；公司内设机构：总经理室、计财部、行政综合部、业务管理部、理赔部、业务一部、业务二部、业务三部、业务四部。总经理单华嘉。公司办公地点位于合肥市美菱大道 419 号优农大厦六楼。2005 年 11 月 18 日，迁址至合肥市清溪路 2 号。

公司经营范围：经营保监会批准的企业财产损失保险、家庭财产损失保险、建筑工程保险、安装工程保险、货物运输保险、机动车辆保险、船舶保险、能源保险、一般责任保险、保证保险、信用保险（出口信用除外）、短期健康保险、人身意外伤害保险以及中国保险监督委员会批准的其他财产保险业务。

2002 年 6 月至 2006 年 3 月，单华嘉担任大众保险股份有限公司合肥分公司总经理；2004 年 6 月至 2006 年 5 月，刘敏俊担任大众保险股份有限公司合肥分公司副总经理。

第十一节　中国出口信用保险公司合肥营业管理部

中国出口信用保险公司（以下简称“中国信保”）是承办政策性信用保险业务的金融机构，2001 年 12 月 18 日，挂牌成立，公司性质为国有独资公司。

2002 年 7 月，经中国保监会批准，在合肥设立中国出口信用保险公司营业部地方业务三处，负责安徽省的出口信用保险业务，由马卫星任处长，办公地址在合肥市淮河路 303 号邮电大厦。

2004 年，中国出口信用保险公司营业部地方业务三处更名为中国出口信用保险公司合肥营业管理部，负责安徽省出口信用保险外币及人民币业务、与出口信用保险相关的信用担保业务、出口信用保险服务及信息咨询业务，由马卫星任总经理。

2005 年 11 月，合肥营业管理部升格为一类营业管理部，行政级别为副厅级规格，内设业务发展处、业务管理处、综合财务处。

第十二节　大地财产保险股份有限公司安徽分公司

中国大地财产保险股份有限公司成立于2003年10月20日，总部设在上海。中国大地财产保险股份有限公司源于原中国人民保险公司。1996年7月原中国人民保险公司改建为中国人民保险（集团）公司，下设中保财产保险有限公司、中保人寿保险有限公司和中保再保险有限公司。1998年，经国务院批准，中保集团撤销，产、寿、再三家专业子公司独立为国务院直属保险企业。1999年3月，中保再保险有限公司改建为中国再保险公司。经国务院同意，中国保监会批准，2003年8月，中国再保险公司更名为中国再保险（集团）公司。中国再保险（集团）公司又以投资人和主发起人的身份控股设立了中国大地财产保险股份有限公司。

2005年3月14日，经安徽保监局批准，中国大地财产保险股份有限公司合肥分公司成立，办公地点设在合肥市花园街4号科技大厦8楼。主要负责人为陈靖云。2005年10月，中国大地保险合肥分公司经保监局批复，正式更名为中国大地财产保险股份有限公司安徽分公司。

公司的经营范围是：企业财产保险、家庭财产保险、建筑工程保险、安装工程保险、货物运输保险、机动车辆保险、船舶保险、飞机保险、航天保险、核电站保险、能源保险、法定责任保险、一般责任保险、保证保险、信用保险、种植业保险、养殖业保险、短期健康保险、意外伤害保险、上述保险业务的再保险业务、经中国保监会批准的资金运用业务和其他业务。

2005年，中国大地保险安徽分公司先后成立淮北、巢湖、宣城3家中心支公司及蚌埠、黄山、阜阳3家营销服务部。

2005年，陈靖云担任大地保险股份有限公司合肥分公司总经理，叶靖安担任副总经理，张琪担任总经理助理。

图1-2-10　大地保险安徽分公司办公地点

第十三节 太平保险有限公司安徽分公司

太平保险有限公司于民国18年（1929年）11月20日创立于上海。1956—2001年根据国家整体部署，太平保险有限公司停办国内业务，致力于开拓国际保险市场。2001年12月20日经国务院同意，保监会批准，太平保险有限公司全面恢复中国境内财产保险业务，并对公司进行股份制改造，总部设于深圳。公司的主要股东是：中国保险（控股）有限公司、中保国际控股有限公司、中国工商银行（亚洲）有限公司。公司性质是国有企业。

2005年4月18日，太平保险有限公司安徽分公司成立。办公地点在合肥市黄山路385号外运大厦。分公司设立的部门为总经理室、综合部、承保部、客服部、营业部、计财部。总经理为蒋素华。

同年10月30日，芜湖中心支公司、蚌埠支公司获安徽保监局批筹，并于2005年11月11日经总公司批准分别开业。

2005年,蒋素华担任太平保险有限公司安徽省分公司总经理,赵文彬担任副总经理,赵晓玉担任总经理助理。

第十四节 太平人寿保险有限公司安徽分公司

太平人寿于民国18年（1929年）始创于上海，1956年移师海外专营寿险业务。2001年11月，中国太平保险集团公司改称中国太平人寿保险有限公司，全面恢复经营国内人身保险业务。总部设在上海。太平人寿保险有限公司安徽分公司成立于2004年，公司办公地点设在合肥市淮河路303号邮电大厦。公司内设部门有人事行政部、财务部、运营部、企划部、教育培训部、个人业务部、银行销售支援部、银保业务发展部、团体保险部、团体运营部；2005年5月新增设机构发展部。业务范围为个人意外伤害保险、个人定期死亡保险、个人两全寿险、

图1-2-11 太平人寿保险安徽分公司办公地点

个人终身寿险、个人年金保险、个人短期健康保险、团体意外伤害保险、团体定期寿险、团体终身寿险、团体年金保险、团体短期健康保险、团体长期健康保险、经保监会批准的其他人身保险业务。

2005 年 4 月，太平人寿保险有限公司合肥分公司更名为太平人寿保险有限公司安徽分公司； 4 月 12 日，太平人寿安徽分公司淮北营销服务部正式成立； 6 月 15 日，中共太平人寿保险有限公司安徽分公司党委正式成立； 7 月 7 日，太平人寿淮南中心支公司正式成立，7 月 29 日，举办开业庆典。

2005 年，太平人寿保险有限公司安徽分公司主要负责人为孙玉德、邓蕴、汤峰、王光峰。

第十五节　华安财产保险股份有限公司安徽分公司

1996 年 10 月 18 日，华安财产保险股份有限公司成立，总部设于深圳。2005 年 5 月 31 日，华安财产保险股份有限公司安徽分公司成立，办公地点位于合肥市庐阳区阜南路 166 号润安大厦 A 座 19 楼。主要负责人是周晖。经营管辖业务区域为合肥、芜湖、马鞍山、阜阳、淮南、六安、黄山、宿州、蚌埠、铜陵 10 个城市。

安徽分公司经营范围包括企业财产损失保险、家庭财产损失保险、建筑工程保险、安装工程保险、货物运输保险、机动车辆保险、船舶保险、能源保险、一般责任保险、保证保险、信用保险（出口信用除外）、短期健康保险、人身意外伤害保险以及经中国保监会批准的其他财产保险业务。

2005 年，先后设立铜陵、马鞍山、芜湖、淮南、阜阳、宿州、六安、蚌埠 8 家中心支公司，成立了肥东、肥西、蜀山以及黄山 4 个营销服务部。

图1-2-12　华安财产保险安徽分公司办公地点

第十六节 安邦财产保险股份有限公司安徽分公司

2004 年 6 月 9 日，安邦财产保险股份有限公司获得中国保监会批准进行筹建，注册资本为 51 亿元，并于同年 9 月 30 日，经中国保监会批准，安邦财产保险股份有限公司正式成立，总部设在北京。安邦财产保险公司主要股东是上海汽车集团股份有限公司、中国石油化工集团公司。

2005 年 12 月 9 日经安徽保监局批准。安邦财产保险股份有限公司安徽分公司成立，公司办公地点设在合肥市长江中路 168 号招商大厦。内设部门包括总经理室、办公室、财务部、承保部、业务管理部、理赔部、客服部、培训部。主要负责人是尹超。

安邦财险安徽分公司业务经营范围主要包括企业财产损失保险、家庭财产损失保险、建筑工程保险、货物运输保险、机动车辆保险、船舶保险、能源保险、一般责任保险、保证保险、信用保险（出口信用除外）、短期健康保险、人身意外伤害保险以及经中国保监会批准的其他财产保险业务。

2005 年 12 月，滁州、淮南、阜阳、蚌埠、巢湖、宣城、黄山、芜湖 8 家分支机构获批筹建。

图1-2-13 安邦财产保险安徽分公司办公地点

第三章 保险中介机构

第一节 保险代理公司

安徽吉安保险代理有限责任公司是安徽成立较早的专业保险代理机构，设立于2001年9月。

保险代理机构是根据保险公司的委托，向保险公司收取保险代理手续费，在保险公司授权的范围内专门代为办理保险业务的单位。保险代理机构及其分支机构从事保险代理业务，是与被代理保险公司签订书面的委托代理合同，并按委托代理合同从事保险代理业务。

保险代理机构及其分支机构经营的业务范围包括代理销售保险产品、代理收取保险费、代理相关保险业务的损失勘查和理赔以及中国保监会规定的其他业务

2001年9月，安徽吉安保险代理有限责任公司成立，经营区域为安徽省行政辖区。地址位于合肥市巢湖路279号4楼，2002年8月6日，迁至合肥市大西门赵岗12号绿岛大厦5楼。

2002年4月1日，安徽兴安保险代理有限公司成立，经营区域为安徽省行政辖区。公司董事长王立保，总经理卢石麟。地址位于合肥市宿州路196号三楼。公司于2003年设立淮北、淮南、铜陵分公司；2005年设立阜阳、池州、亳州分公司。

2003年6月23日，安徽中诚保险代理有限公司成立，经营区域为安徽省行政辖区。公司董事长汪开建，总经理刘永明，地址位于合肥市金寨路196号明生大厦一楼。2004年3月18日变更董事长为曹凤祥；2005年1月24日，公司注册资本增加至600万元。

2003年7月10日，安徽安泰保险代理有限公司成立，经营区域为安徽省行政辖区，公司董事长兼总经理蒋鸿。公司地址位于安徽省合肥市霍山路84号五矿大厦四层，2003年9月17日，迁至合肥市绩溪路251号安徽畜产品进出口公司1楼。

2003年8月6日，安徽诚信保险代理有限公司成立，经营区域为安徽省行政辖区，公司董事长兼总经理王钟。公司地址位于合肥市屯溪路261号世纪云顶B座4楼。

2003年8月6日，安徽安和保险代理有限公司成立，经营区域为安徽省行政辖区，

公司总经理郑西宁。公司地址位于合肥市宿州路宏图大厦16楼。2004年7月25日，迁至合肥市宣城路85号依爱花园2楼。2004年10月26日设立亳州分公司。

2003年11月13日安徽金安保险代理有限公司成立，经营区域为安徽省行政辖区，公司董事长兼总经理方明成。公司地址位于合肥市美菱大道419号农业大厦903室。

2003年11月6日，安徽经略保险代理有限公司成立，经营区域为安徽省行政辖区，公司董事长兼总经理李光农。公司地址位于合肥市瑶海区长江东路工人文化宫13层。

2004年6月9日，安徽庆安保险代理有限公司成立，经营区域为安徽省行政辖区，公司董事长吴军，总经理吴磊。公司地址位于安庆市菱湖南路商住综合楼3楼。

2004年8月4日，安徽信合保险代理有限公司成立，经营区域为安徽省行政辖区，公司董事长刘臻，总经理王波。公司地址位于合肥市新站开发区五洲商城C区1号楼1219–1220室。

2004年10月14日，安徽春风保险代理有限公司成立，经营区域为安徽省行政辖区，公司董事长唐古文，总经理万成林。公司地址位于合肥市长江路红旗饭店3楼，2005年4月18日变更地址为合肥市包河区徽州大道1244号。

2004年12月9日，安徽阳光保险代理有限公司成立，经营区域为安徽省行政辖区，公司董事长屈新武。公司地址位于合肥市安庆路27号白厦商务中心308室。

2004年12月27日，安徽井中集团亳州市天良保险代理有限公司成立，经营区域为安徽省行政辖区，公司总经理杨玉芹。公司地址位于亳州市谯城区环城南路23号。

2005年2月，安徽太阳保险代理有限公司成立，经营区域为安徽省行政辖区，公司总经理丁丽萍。公司地址位于阜阳市河滨中路109号金苑名亭1栋102、103室。

2005年3月16日，安徽国泰保险代理有限公司成立，经营区域为安徽省行政辖区，公司董事长兼总经理张小妹。公司地址位于合肥市濉溪东路9号嘉华中心A座508；2005年10月，该公司在安徽国际汽车城服务大厅开设保险超市。

2005年4月11日，安徽恒安保险代理有限公司成立，经营区域为安徽省行政辖区，公司董事长兼总经理宣斌。公司地址位于合肥市凤阳路中州家具城市场后东兴小区1号商网。

2005年4月28日，安徽春秋保险代理有限公司成立，经营区域为安徽省行政辖区，公司董事长李全，总经理纵横。公司地址位于合肥市淮河路新安商城1–601。

2005年5月10日，安徽华安保险代理有限公司成立，经营区域为安徽省行政辖区，公司董事长兼总经理陶宏。公司地址位于芜湖市新时代广场A405。

2005年7月5日，合肥金象保险代理有限公司成立，经营区域为安徽省行政辖区，公司董事长部红兵，总经理仓嵘。公司地址位于合肥市寿春路95号华裔大厦B座第6层。

2005年8月26日，安徽捷诚保险代理有限公司成立，经营区域为安徽省行政辖区，公司董事长兼总经理高明。公司地址位于阜阳市颍州南路黄山大厦3楼。

2005年8月，安徽中信保险代理有限公司成立，经营区域为安徽省行政辖区，公司执行董事兼总经理付守成。公司地址位于蚌埠市火车站广场东侧5号区C楼东福弘业大厦12层。2005年9月公司名称变更为安徽光大保险代理有限公司。

2005年9月6日，安徽万吉保险代理有限公司成立，经营区域为安徽省行政辖区，公司执行董事兼总经理许磊。公司地址位于合肥市濉溪东路9号嘉华中心B座404室。

2005年10月1日，安徽新天地保险代理有限公司成立，经营区域为安徽省行政辖区，公司执行董事兼总经理周志东。公司地址位于芜湖市中山路步行街金鼎大厦金鼎阁1601室。

2005年11月，安徽华康保险代理有限公司成立，经营区域为安徽省行政辖区，公司董事长陈忠，总经理王颖。公司地址位于合肥市长江中路319号仁和大厦901室。

2005年11月30日，安徽协和保险代理有限公司成立，经营区域为安徽省行政辖区，公司执行董事兼总经理桑剑。公司地址位于合肥市金寨南路1090号名都花园14栋901室。

2005年12月，安徽民安保险代理有限公司成立，经营区域为安徽省行政辖区，公司总经理李凤梅。公司地址位于合肥市金寨南路1090号名都花园14栋901室。

第二节　保险经纪公司

安徽保险经纪公司发展起步较晚，外地经纪公司到安徽省开展业务直到2001年5月才开始出现，保险经纪法人机构或外地公司在皖设分支机构则更晚。

保险经纪机构及其分支机构经营保险经纪业务范围是：为投保人拟订投保方案、选择保险公司以及办理投保手续，协助被保险人或者受益人进行索赔，再保险经纪业务，为委托人提供防灾、防损或者风险评估、风险管理咨询服务及中国保监会规定的其他业务。保险经纪分支机构的业务范围和经营区域应当由所属保险经纪机构授权。

2003年8月20日，长城保险经纪公司合肥分公司成立，经营区域为安徽省行政辖区，公司总经理陶正别。公司地址位于合肥市蜀山区肥西路66号1608室。

2003年8月20日，北京联合保险经纪公司安徽分公司成立，经营区域为安徽省行政辖区，公司总经理路宏。公司地址位于安徽省合肥市长江西路77号。

2003年11月13日，江泰保险经纪公司合肥分公司成立，经营区域为安徽省行政辖区，公司董事长沈开涛，总经理范晓慧。公司地址位于合肥市庐阳区寿春路55号6楼。

2004年4月15日，安徽国元保险经纪公司成立，经营区域为中华人民共和国境内，公司董事长兼总经理黄啸声。公司地址位于安徽省合肥市长江中路168号招商大厦15

层。

2004年7月28日,恒泰保险经纪公司合肥分公司成立,经营区域为安徽省行政辖区,公司总经理刘晖。公司地址位于合肥市金寨路162号安徽国际商务中心A座921室。

2004年8月20日,安徽恒生源保险经纪公司成立,经营区域为中华人民共和国境内,公司董事长李思武,总经理郑国基。公司地址位于合肥市寿春路156号百花大厦B座2306室。

2004年8月6日,韦莱浦东保险经纪公司合肥分公司成立,经营区域为安徽省行政辖区,公司负责人吴军。公司地址于2005年9月从合肥市长江中路436号金城大厦8007室迁至合肥市长江中路436号金城大厦6009室。

2005年4月4日,北京世纪保险经纪公司安徽分公司成立,经营区域为安徽省行政辖区,公司总经理盛军。公司地址位于合肥市黄山路202号安徽省药物研究所三楼,2005年地址变更为合肥市望江路299号天地行大厦5楼。2005年11月1日成立六安营业部。

2005年8月31日,上海浦东五新保险经纪有限公司安徽分公司成立,经营区域为安徽省行政辖区,公司总经理王洪。公司地址位于合肥市金寨路327号新鸿安大厦1501室。

2005年11月2日,上海至诚保险经纪公司安徽分公司成立,经营区域为安徽省行政辖区,公司总经理朱力泓。公司地址位于合肥市长江中路319号仁和大厦1306室。

2005年11月10日,安徽泰平国际保险经纪有限公司成立,经营区域为中华人民共和国境内,公司董事长兼总经理王昊。公司地址位于合肥经济技术开发区芙蓉路南松谷路东。

第三节 保险公估机构

保险公估机构是接受保险当事人委托,专门从事保险标的评估、勘验、鉴定、估损、理算等业务的单位。保险公估机构业务范围是:保险标的承保前的检验、估价及风险评估,对保险标的出险后的查勘、检验、估损及理算,经中国保监会批准的其他业务。

安徽省保险公估公司出现于2004年,2月2日广东衡量行保险公估公司安徽省分公司成立,经营区域为安徽省行政辖区,公司总经理梁洪杰。公司地址位于合肥市寿春路156号百花大厦B座2306室。

2004年7月15日,安徽中太保险公估公司成立,经营区域为中华人民共和国境内,总经理为段铸生。公司地址位于黄山中路385号外运大厦10楼。

2004年10月14日,上海恒量保险公估公司安徽分公司成立,经营区域为安徽省行政辖区，公司总经理胡金钟。公司地址位于合肥市黄山路 446 号。

2004 年 12 月 3 日，上海大洋保险公估公司安徽分公司成立，经营区域为安徽省行政辖区，公司负责人胡长平，公司地址位于安徽省合肥市黄山路 33 号紫荆花园 10 栋 1206 室。

2005 年 5 月 26 日，安徽同正行保险公估有限公司成立，经营区域为中华人民共和国境内，公司董事长兼总经理余小静。公司地址位于安徽省合肥市安庆路市府广场天徽大厦 C 座 9B。

第四节　保险兼业代理机构

1980 年国内保险业务恢复后，人保各地公司开始抓兼业代理网点的建立，1985 年以后，着重建立基层专业代理网点。逐步委托工、农、中、建等银行、农村信用社、工商、税务营业所、车辆管理所、各中、小学校、航运管理站、公路客、货运站、铁路客、货运站、公社工办、居民组织等兼职代理保险业务。1990 年，人保总公司在总结实践经验的基础上提出了"因地制宜，专兼并存，巩固提高，稳步发展"的方针，之后一个专业与兼业相结合，多渠道，广代理，以办理家财险、企财险、各种意外伤害保险、简易人身险、子女教育 • 婚嫁保险为主的保险代理网逐步初具规模。

代理网点在保险事业发展中起了很大作用，得到各级党政的支持，扩大了保险服务领域。广大保险代理员土生土长，和本地党政领导比较接近，和群众息息相通，对当地情况也较为熟悉。通过他们的积极工作，当地党政领导理解支持保险事业，帮助打开工作局面；代理员走村串户，上门承保，发生灾害事故随叫随到，既扩大了保险影响，又沟通了保险和广大群众的血肉联系，使保险进一步扎根于群众之中；缓解了保险公司自身机构人员不足的矛盾，充实一线展业人员。保险代理网点，作为保险公司的代理机构，伸向农村乡镇、城市街道和企业事业单位，从而缓解了一线展业人员不足矛盾，使分散性业务的开展有了较为坚实的基础；增强防灾防损力量，加快查勘核赔速度。代理网点建立后，平时能使防灾工作经常化，不少代理员利用茶余饭后间歇时间，进行防灾宣传，特别在大面积灾害面前，广大代理员发挥积极的作用。

为了规范保险代理人代理行为，促进保险事业的健康发展，中国人民银行总行于 1996 年 2 月 2 日公布《保险代理人管理暂行规定》。明确了代理人的资格，并分专业代理人、兼业代理人、个人代理人，规定执业管理及罚则，以促进代理人规范化管理。

行业系统代理业务属于兼业保险代理。银行、邮电代理保险业务是保险业与银行业、邮电业的一种合作模式，并通过销售渠道、客户信息等资源的共享来达到双方价值的实现。银行、邮电等行业系统代理业务起步于 1995 年至 1996 年间。从 2001 年后，以中国人寿、太平洋、平安为代表；以新华、泰康为新生力量，先后大举进军银行保险领域，逐步成为与个险、团险业务并驾齐驱的“三大渠道”之一。

2003年，省中国人寿安徽省分公司成立中介代理部，全省425人，该渠道保费收入10.6亿元。2004年，全省812人，该渠道保费收入15.7亿元。2005年，全省1020人，该渠道保费收入22.5亿元。

2004年6月7日，太保寿险安徽分公司与农业银行合作，农行省分行营业部(合肥)、芜湖、蚌埠、安庆、滁州、阜阳、淮南、马鞍山、铜陵、宣城分行代理销售太平洋寿险“红葵花”少儿两全保险（分红型）。

2005年，保监局批准太保寿险安徽分公司申报的中国建设银行蚌埠高新技术产业开发区支行等4家保险兼业代理人资格。

平安产险、泰康人寿、新华人寿三家公司保险兼业代理情况统计表

表1-3-1

兼业代理机构数（个）	代理保费收入（万元）
2	13.8
57	1428.2
77	4425.3
104	8004.4
157	25581.4
166	39213.4
75	50223.2

第四章　保险社团

第一节　安徽省保险行业协会

安徽省保险行业协会成立于2001年6月18日，是由安徽省各商业保险公司自愿结成的行业性自律组织，是非营利性社会组织。其宗旨是：遵守宪法、法律、法规和国家政策，遵守社会道德风尚，维护保险当事人的合法权益，加强会员之间的协调和自律，规范业务活动，维护市场秩序，促进安徽省保险市场的健康发展。协会的职能是自律、协调和服务。

2000年7月，由中国保险监督管理委员会合肥特派员办事处牵头，开始着手筹备成立安徽省保险行业协会，筹备领导小组，组长由人保省公司总经理陈思迅担任，中国人寿保险公司安徽省分公司、中国太平洋保险公司合肥分公司、中国平安保险公司合肥分公司3家共同参与。

2001年6月18日，历经9个月筹备，安徽省保险行业协会第一届全体会员大会在合肥稻香楼宾馆举行。大会审议通过了《安徽省保险行业协会章程》和《安徽省保险行业自律公约》，选举产生了第一届理事会，选举产生1名理事长、4名副理事长、10名理事和1名秘书长。人保省公司总经理陈思迅当选为第一届理事会理事长。中国人民保险公司安徽省公司华开春当选为秘书长。大会通过了全省59家会员单位名单。同时各会员公司总经理签订了《安徽省保险行业自律公约》，庄严承诺依法合规经营，规范安徽省保险行业行为，保护保险活动当事人的合法权益，维护安徽省保险市场秩序。这是安徽省保险行业协会成立以来各会员公司共同协商签订的第一个自律公约。

2001年11月2日，第一届三次理事会议在合肥举行。会议讨论决定成立机动车辆保险专业技术委员会、财产保险专业技术委员会、个人人身保险专业技术委员会、团体人身保险专业技术委员会，并通过了四个专业技术委员会负责人及组成人员名单。

2003年1月28日，第一届五次理事会议讨论决定在芜湖、蚌埠、阜阳、淮南、滁州、马鞍山、安庆、铜陵8地设立协会办事处。会议还研究讨论新入会公司缴纳开办费问题。8月19日，安徽省民政厅批复，同意安徽省保险行业协会在芜湖、蚌埠、淮南、马鞍山、滁州、铜陵、安庆、阜阳8个地区，设立保险行业协会办事处。11月下旬，8个办事处陆续挂牌，并开展日常工作。

2004 年 3 月 9 日，安徽省保险行业协会第二次会员大会在合肥召开。大会审议并通过《安徽省保险行业协会第一届理事会工作报告》和新《安徽省保险行业协会章程》。大会通过了第二届理事会理事、常务理事、会长、副会长、秘书长名单，共产生 20 名理事，11 名常务理事。大会选举中国人寿安徽省分公司总经理赵猛为第二届理事会会长、安徽保监局副局长李迎春为常务副会长、原中国人保财险安徽省分公司副总经理赵家顺为副会长兼秘书长。理事会下设机动车辆保险专业技术委员会、财产保险专业技术委员会、个人人身保险专业技术委员会、团体人身保险专业技术委员会四个专业技术委员会和常务理事会。常务理事会设会长、副会长，下设秘书处。秘书处又分设办公室、市场协调办公室、信息咨询办公室、中介管理办公室 4 个部门。

2005 年 12 月 28 日，根据安徽保监局意见和全体中介会员的要求，安徽省保险行业协会保险中介工作委员会正式成立。全省 37 家保险代理公司、保险经纪公司 、保险公估公司负责人，省级保险公司总经理，省、市主要新闻媒体，参加成立大会，安徽保监局局长李迎春、副局长胡皖，保险协会秘书长赵家顺出席会议并讲话，并发布《安徽保险专业中介行业自律宣言》。

第二节　安徽省保险学会

安徽省保险学会成立于 1987 年 10 月 24 日。人保省公司于 1986 年 12 月 16 日成立安徽省保险学会筹备小组，由组长戴纯、副组长戴藏忠、陈冬至、杨登明、王逢庆等 16 人组成。1987 年，安徽省体制改革委员会办公室正式批准同意成立安徽省保险学会。

安徽省保险学会是全省从事保险理论和实务研究的群众性学术团体，其宗旨是遵守中华人民共和国宪法、法律法规和方针政策，遵守社会道德风尚，以社会主义市场经济理论为指导，团结和组织保险界和社会各有关方，积极开展保险理论研究、学术活动和教育培训，促进安徽省保险理论水平的提高，推动保险事业的健康发展。

1987 年 10 月 24 日，安徽省保险学会成立大会在合肥庐阳饭店举行。第一届会员代表大会选举产生了第一届理事会，通过了《安徽省保险学会章程》，聘请邵明（安徽省副省长）为安徽省保险学会名誉会长，会议经民主协商产生了 75 名理事、24 名常务理事。第一届理事会第一次会议选举戴纯（人保省公司原总经理、顾问）为会长，陈冬至（人保省公司副总经理）为秘书长。

1988 年 4 月，安徽省保险学会常务理事会决定成立秘书处、《安徽保险》编辑部和《保险志》办公室等职能部门，配备专职人员处理学会日常工作。

1993 年 2 月 21 日，安徽省保险学会举行第二届会员代表大会，通过了《安徽省保险学会第一届理事会工作报告》和新的《安徽省保险学会章程》。选举产生了 88 名理事、31 名常务理事。大会选举戴藏忠（人保省公司总经理）为第二届理事会会长，朱国祥为秘书长。聘请省政协副主席、省人民银行行长宋明为名誉会长，聘请藤茂同、陈瑞鼎、杨连珠、戴纯、杨登明等 7 人为理事会顾问。

1997 年 10 月 22 日，安徽省保险学会举行第三届会员代表大会，通过了第三届理事会理事、常务理事名单、新的《安徽省保险学会章程》《安徽省保险学会第二届理事会工作报告》。聘请汪洋（安徽省委常委、常务副省长）、崔扬（中国人民银行安徽省分行行长）为安徽省保险学会名誉会长。大会选举戴藏忠（人保省公司总经理）为安徽省保险学会会长，朱国祥为秘书长。增选中国人寿安徽省分公司、中国太平洋保险公司合肥分公司和中国平安保险公司合肥分公司为学会团体会员，至此，学会省级团体会员达到 4 家。第三届理事会由 117 名理事组成，其中 17 名为常务理事。常务理事会下设秘书处，由秘书长负责处理日常事务。

1999 年 3 月 28 日，第三届二次理事会通过了首批 289 名个人会员。

2000 年 8 月 2 日，第三届四次常务理事会接受戴藏忠因病辞去会长职务的请求，一致推举陈冬至（中国人寿安徽省分公司总经理）为学会会长。

2001 年 2 月 22 日，安徽省保险学会召开第四届会员代表大会，审议通过了会长陈冬至代表第三届理事会所作的工作报告和新的《安徽省保险学会章程》，选举产生了安徽省保险学会第四届理事会 104 名理事和 22 名常务理事。聘请张平（安徽省委常委、常务副省长）为名誉会长。选举管向东（中国人寿安徽省分公司副总经理）为会长，李殿平为秘书长。

2002 年 8 月 15 日和 12 月 9 日，召开四届二次常务理事（扩大）会议和 2002 年通讯理事会，审议同意管向东因工作变动辞去会长职务，审议通过了中国人寿安徽省分公司总经理赵猛为理事、常务理事、会长。

2004 年 3 月 9 日，学会召开第五次会员代表大会，审议通过会长赵猛代表第四届理事会所作的工作报告和新的《安徽省保险学会章程》，选举产生安徽省保险学会第五届理事会 149 名理事和 16 名常务理事。聘请何勇生（中国保险监督管理委员会安徽监管局局长）为学会名誉会长。选举孔兵（中国太平洋财产保险合肥分公司总经理）为会长，赵家顺（原中国人民财产保险安徽省份公司副总经理）为秘书长。

2004 年换届以后，安徽省保险学会秘书处与安徽省保险行业协会秘书处迁入新址，合署办公。

2004 年 6 月 5 日，五届一次常务理事会会议同意接纳大众财产保险合肥分公司、新华人寿合肥分公司，泰康人寿合肥分公司为会员。

2005 年 1 月 31 日，五届二次常务理事会审议通过了 2004 年工作报告、2004 年财务收支状况报告和《安徽省保险行业协会专业技术委员会工作规则》等。

2005 年 9 月 20 日，五届四次常务理事会审议通过了太平、大地、华安 3 家财产险公司要求加入学会的申请。至此，安徽省保险学会省级会员公司增加到 14 家。

第二篇　主要业务

保险实务是从财产保险、人身保险和保险中介业务三个方面概括保险业发展。财产保险是从险种的角度，按照年份纵向展开，在每一年份依次介绍各家公司该险种的业务发展情况。主要险种包括企业财产保险、家庭财产保险、机动车辆保险、国内船舶保险、货物运输保险、建筑工程保险、责任保险、农业保险和涉外保险等。人身保险包括人寿保险、意外伤害保险和健康保险三大类，大类再细分到小类。每一险种按照公司进行介绍。对于每家公司，按年份介绍该险种推出的产品。保险中介业务包括代理、经纪和公估业务。

为了管理自然灾害和各种意外事故风险，维护社会稳定，保证企业正常生产，保险公司和政府有关部门加强合作，适时推出多种财产保险产品，实现保险功能，实现行业的成长和壮大。为了保障人民的生命财产安全，加快经济体制改革步伐，保险公司推陈出新，实现人身保险产品销售规模不断升级。营销员制度的创新对于满足社会转型期人们的保障需求发挥了巨大作用。

第一章　财产保险

财产保险是人类在同自然灾害和意外事故长期斗争中产生发展而来，它以各种财产物质和有关利益为保险对象，补偿被保险人的经济损失。

财产保险的范围广泛，财产保险中的财产除了包括一切动产、不动产、固定的或流动的财产以及在制的或制成的等有形财产外，还包括运费、预期利润、信用及责任等无形财产和利益。

国务院于1979年批准恢复国内保险业务，1980年4月26日，中国人民银行安徽省分行发出《关于建立人保省公司的通知》，负责办理全省的国内保险业务。1980—1991年安徽省内的财产保险业务全部由人保省公司办理。随着国民经济的发展，改革开放的进一步深入，保险公司不断增加，从1992年开始，中国太平洋保险股份有限公司、中国平安保险股份有限公司在安徽设立了机构，从1992—2001年这十年时间，全省财产保险市场逐步形成了人保、平保、太保三家保险公司竞争的态势。2001—2005年年底，安徽省内保险市场获准经营财产保险业务的公司由3家发展到9家，全省财产保险业务也不断扩大。开办的主要财产保险业务有企业财产保险、家庭财产保险、机动车辆保险、国内船舶保险、货物运输保险、建筑工程保险、责任保险、农业保险、出口信用保险等。

第一节　企业财产保险

企业财产保险是保险公司经营的主要业务险种之一。中国人民银行于1979年9月颁发《企业财产保险条款》。中国人民银行、中华人民共和国财政部、中国农业银行于1979年10月18日联合发出《关于恢复办理企业财产保险的联合通知》。

保险财产范围很广，凡是被保险人所有或与他人共有而由被保险人负责的财产，由被保险人经营管理或替他人保管的财产、或其他法律上承认的与被保险人有经济利害关系的财产都可作为保险标的。但投保人或被保险人必须对其投保的财产具有保险利益，否则，不能投保。

《企业财产保险条款》规定：可保财产，是指投保人根据保险条款的规定可以向保险公司投保的财产，即为保险公司所接受的财产，如固定资产中的房屋、机器设备等财产和流动资产中的原材料、包装物、在产品、仓储物等。特约保险财产，是须经保险双方特别约定，并在保险单中注明名称和金额，方可投保的财产；如金银、珠宝、钻石、古玩等珍贵财物。不保财产，是指保险公司不予承保的财产，如土地、堤堰、有价证券、文件、账册等，不承保的原因是这些财产不属于一般性的生产资料或商品，又很难鉴定其价值。

1986—1990 年企业财产保险

1986 年到 1990 年这五年时期，全省企业财产保险由人保省公司（以下简称人保省公司）独家办理。

1986 年 5 月 3 日，安徽省人民政府办公厅批转省经委、财政厅、公安厅、人民银行、保险分公司五个部门《关于实行企业财产保险问题的报告》，要求各级人民政府、省政府各部门、各直属单位认真贯彻执行。

1986 年是全省企业财产保险的各项政策逐步规范之年，人保省公司对全省企业财产保险业务提出“要巩固、稳定老保户，力求保全保足”的工作目标，要求承保面由 1985 年的 80% 提高到 85%。全省除了巩固已保的中央企业和省属骨干企业外，其他业务也有新的进展。9 月 6 日，安徽省人民政府办公厅向各地政府、省人民政府各部门、各直属单位批转了人保省公司《关于加快发展保险事业的报告》，保险业务随之拓宽，过去一直没有参加保险的粮食企业，有部分市、县参加了财产保险。年底，蚌埠市有 8 个粮食单位的 1538 万元财产参加了保险，交保险费 4.5 万元。同年，部分地区商业企业附加了盗窃险，并从城市拓展到乡镇。企业财产保险业务规模扩大，保障范围拓宽。

1987 年，企业财产保险扩大承保面仍是业务发展的重点。第二季度始，人保省公司研究分析以往企业财产保险业务所取得成绩和存在问题，4 月 17 日省经委、财政厅、公安厅、人民银行联合向安徽省人民政府上报《关于实行企业财产保险问题的报告》。省人民政府办公厅发文要求全省所有国营、集体企业，都应按企业固定资产原值足额投保。驻皖中央企业应当就地参加企业财产保险。从发文之日起，凡企业发生保险责任范围内的财产损失，财政不再核销或拨款；银行和其他金融机构亦应将企业是否参加保险作为企业贷款的前提条件之一。这项政策的实施，促进全省各类企业的财产保险有了显著发展。如马鞍山、铜陵、淮南、淮北、宣城等地、市共有 11 家大型企业参加保险，增交保险费 103 万元。9 月 3 日，人保省公司又与安徽省商业厅联合下发文件，要求全省国营商业（含三类小企业）应将其全部商品物资、固定资产和其他设备、设施（包括租用的营业、生产用房等固定资产），足额向保险公司投保企业财产保险及有关附加险。全省 4 个地区和 4 个市粮食工业和库存的商品粮投保。10 月 17 日，国家投资的重点企业宁国水泥厂将 2.8 亿元的固定资产到人保公司宁国县支公司投保，这是安徽省自保险业务恢复以来，签发企财险保险金额最大的一份保险单。

1988 年 1 月，人保省公司城险处转发人保总公司城市业务部《电力系统保险座谈会议纪要》，该纪要对电力系统的投保，以及对电力系统投保、理赔、优惠费率等作了规定。人保省公司 10 月 31 日和省电力局签订协议，统一办理全省电力系统的财产保险，由人保省公司统一签发保险单，这是安徽省新中国成立以来保额最大的一份保单，保险金额 318960 万元，保险费 378.6 万元。根据这个协议，在以后每年的 11 月，省电力系统都按时办理续保手续。人保安徽省公司要求各地、市分公司创造条件全面作好保险服务工作。1988 年 4 月，人保省公司贯彻落实总公司《关于调查企业的资产及承保状况的函》，及时对全省大中型企业资产状况及保险情况进行调查。5 月，人保省公司在全省城险业务工作会议上，布置对企财险固定资产实行加成投保的工作（加成指在原数据基础上增加一定比例），要求各地、市公司积极开办新业务，扩大附加盗抢窃险承保范围，同时对赔款审批权限作新的规定，凡 10 万元以上赔案须报省公司审批，1 万元以上的赔案须报省公司备案。

1989 年 1 月 31 日，经中国人民银行批准，人保总公司下发新的企业财产保险条款和费率。4 月，总公司发文《关于新订中国人民保险公司〈企业财产保险条款〉适用范围的通知》，明确规定新条款也适于国家机关、事业单位、人民团体投保。人保省公司为全面贯彻新条款，做出相应规定：企财险新条款自 7 月 1 日起在全省各地统一执行，费率按 1986 年修订费率表执行；费率可以实行浮动，上下浮动幅度为 20%。同时，人保省公司又编印《企业财产保险业务手册》供各地基层公司工作中使用。在地方政府和各相关部门支持下，各地公司结合本地实际情况，加大保险宣传力度，采取有效措施，调动积极性，增扩业务。蚌埠市企财险业务加成面为 40.8%，加成幅度最高达 50%；宁国水泥厂按固定资产 20% 比例加成续保。经过省公司和马鞍山市公司共同努力，马鞍山钢铁公司 25 亿元财产参加保险。人保省公司根据保户需求，在全省各地新开办保险业务有机器设备损坏附加险、管道煤气用户责任险、电话机保险、医疗责任保险、用电安全保险、尾沙管附加管道破裂保险等。

1990 年，安徽省委、省政府关于“开发皖江、呼应浦东、强化自身、迎接辐射”战略决策付诸实施，一个以城市为中心、以大企业为依托、以行业联合为网络、以项目协作为纽带的多种联合经济发展新格局逐步形成。这不仅有利于巩固和发展保险业务，同时也促进省内业务在更大范围内开展。人保省公司为适应全省经济发展新要求，为全省提供更有力保险保障，全省各级保险公司借此东风深入贯彻新条款和费率，积极发展业务，针对存在问题，举办一期由各地市公司企财险业务科长或业务主办参加的学习班，集中精力学习条款，全面提高基层工作人员业务素质。当年全省国内外业务总收入 56700 万元，比 1989 年增长 28.6%，超出全国平均增长水平 4.1 个百分点，是安徽省保险业务恢复以来增长最多的一年。保费收入在全国排位由 1989 年第 14 位上升到第 11 位。

1991—2000 年的企业财产保险

1991 年，人保省公司把发展国营大中型企业财产保险作为业务工作重点，一方面在巩固原有业务基础上，不断扩大加成面和加成幅度，积极开办各种附加险；另一方面对国营大中型企业及行业系统统保工作实行优惠政策。3 月 18 日，人保省公司发文《关于在全省开办机器设备损坏保险的通知》，通知要求在全省统一使用此条款，以前已开办此项业务地、市公司原条款一律废止，要求各地在确定费率时考虑所承保机器设备危险程度及以往事故发生率、赔付率等因素，在 3‰～10‰幅度内自行掌握。是年，遵照国务院指示精神，为支持生产、稳定市场、解决国家储备糖储存安全问题，3 月 24 日，中国糖业酒类公司、中国人民保险公司城市业务部联合下发《关于国家储备糖统一参加保险的通知》，通知要求各地糖业烟酒（副食品）公司按国家规定调拨价向储糖所在地的中国人民保险公司投保，与保险公司共同做好投保前检查，注明库号货位，做好承保记录，若在保险期内如发生保险责任范围内损失，亦按投保价格理赔。投保保费及赔款由各地糖业烟酒（副食品）公司代缴代收。

12 月 16 日，人保省公司下发《关于做好电力系统财产保险工作的通知》。通知表明，1991 年度的电力系统企业财产保险正常续保，经人保省公司与省电力局充分协商，除淮南平圩电厂和铜陵电厂（集资）外，固定资产全部加成 20%，全省承保电力系统资产总额达 63 亿元，保费收入 708.7 万元，比 1990 年净增 20%。

1992 年 4 月，中国人民保险公司、中国烟草总公司下发《关于进一步作好财产保险工作的联合通知》。通知指出，烟草系统许多企业积极参加各种财产保险，一些企业因自然灾害和意外事故造成经济损失得到保险补偿，迅速恢复生产，稳定经营。要求各烟草企业单位树立风险管理意识，把生产、流通、仓储各个环节以及一些不能通过正常经营管理控制的风险，以参加保险方式转嫁给保险公司，要求各企业单位同当地中国人民保险公司分支机构密切合作，进一步做好财产保险工作。7 月 7 日，人保省公司、中国烟草总公司安徽省公司下发联合通知，要求所属各地单位认真贯彻执行，并将保险情况及时上报。

1992 年 5 月，安徽省供销合作社、人保省公司《关于进一步做好全省供销社系统财产保险工作的联合通知》下发。文件表明，1987 年至 1991 年间，安徽省供销社系统及所辖各专业公司发生保险责任内的灾害事故 6511 起，人保公司及时查勘定损支付保险赔款 4032.4 万元，特别是在 1991 年特大洪涝灾害中，人保省公司共处理供销系统各种赔案 2545 件，支付赔款 2632.5 万元，对支持供销系统灾后恢复经营发挥重要补偿作用。文件要求各级供销社根据自己财产情况，积极参加保险；各级保险公司本着“忠诚服务、笃守信誉”的保险职业道德，认真做好服务，积极协助供销社系统做好安全防灾防损工作，及时消除事故隐患。

1992 年 9 月，中国太平洋保险股份有限公司开始在安徽省内办理企业财产保险业务，该公司确定“大力发展企业财产保险业务”的战略思路，实行“努力挤进大项目市场”的政策，及时制定相关销售和承保政策，避免因“逆选择”造成大额赔付。1992 年，该公司企财险保费收入达 161 万元。

1992 年 12 月，中国平安保险股份有限公司开始在安徽省内办理企财险业务。

1993 年 4 月 21 日至 23 日，人保省公司全省城市保险业务工作会议在铜陵市召开。会议要求，全省各级保险公司要认真贯彻和全面落实《关于印发“搞好大中型企业保险工作的意见”的通知》，合理用好用活现有的各项政策，包括防灾费、安全奖、费率优待以及固定赔付率等四个方面。实行无赔款安全奖：对企财险保额在 50 万元以上的保户，从 1993 年元月起可比照机动车辆保险无赔款安全奖的办法执行，即一年无赔款返还 10%，连续二年无赔款返还 15%，连续三年无赔款返还 20%，但最多不超过 20%；对 50 万元保额以下保户，安全奖由各级公司集中使用，主要用于保险企业的防灾安全工作。实行费率优待：对保额在亿元以上或年缴保费 10 万元以上历年保险事故很少的大型企业，费率可在 30% 的幅度内给予优待，但需上报省分公司备案，其费率优待部分保费可用于企财险的加成或投保附加险。截至 1993 年年底，全省承保企财险共 18371 户，单项保费收入达 4.48 亿元，实现了年初保费大突破的目标。

1994 年，人保总公司的经营观念开始转变，提出 “以业务发展为中心，以提高经济效益为重点，转变观念，突出效益”的经营理念。省分公司开发新险种，增加附加险，大力增加效益险种收入，促进企业发展后劲。企业财产保险在调整中得到巩固，当年虽然放弃多年未交保费的一部分保户，但整体上，发展的后劲有所增强，特别是一些大中型企业，如马钢、电力系统等大的保户，企业财产保险又有新的发展。是年，人保全省承保企财险 15129 户，比 1993 年同期减少 3242 户，保费收入 15502.9 万元，比 1993 年同期减少 548.9 万元，下降 3.42%，但全省城险业务保费收入 6.69 亿元，比 1993 年同期净增 2.21 亿元，增长 49.63%，实现年初提出的保费收入 6 亿元的奋斗目标。

平安产险安徽分公司企业财产保险主要有财产保险基本险、财产保险综合险、财产保险一切险、涉外财产保险、利润损失险五个险种，并有数十个特约附加险条款，这些险种是企财险的主要保费来源，其保单件数和保费占比都在 90% 以上。另有一些小险种，如现金综合险、电梯财产一切险、计算机综合险、锅炉压力容器险等，之所以称之为小险种是因为其保单件数和保费数量不高，占比不足 10%。

1994 年，平安产险安徽分公司开单的企财险仅有财产保险综合险一个险种，保单笔数不足 300 笔。

1995 年，中国人民银行根据新的《中华人民共和国保险法》规定，保险公司产寿险须分业经营，向国务院报送关于《中国人民保险公司机构体制改革方案》。1995 年 10 月 23 日，国务院批准了改革方案，中国人民保险公司改为中国人民保险（集团）公司。下设中保财产保险有限责任公司、中保人寿保险有限责任公司、中保再保险有限责任公司。这一年，人保各级公司在做好机构改革调整的同时，着重做好业务的巩固发展工作，确保机构改革顺利进行，业务发展不受影响。全年，人保省公司企财险业务收入达 16887 万元。

1995 年，平安产险安徽分公司拓展企财险，险种增加到四个，分别为财产保险基本险、财产保险综合险、财产保险一切险和现金综合险，但仍以财产保险综合险为主，保单笔数占比达到 99%。

1996 年 7 月，中国人民保险公司实行产寿险分业经营，原人保省公司改组为中保财产保险安徽省分公司和中保人寿保险安徽省分公司两家，统归集团总公司领导。此后，实行财产保险、人寿保险业务分业经营。按照中国人民银行颁发的《保险管理暂行规定》限定的业务范围，财产保险公司继承了原人保公司所有的财产保险业务，在全省经营和办理企业财产保险、运输工具保险、货物运输保险、建筑工程保险、家庭财产保险、各种责任保险等。为适应市场发展的需要，中保财险总公司对原企业财产保险条款进行修订后报中国人民银行批准正式颁布执行。这次修改对加强企财险的管理，提高企财险的经营效益起到十分重要的作用。中保财险省分公司于 8 月下旬在合肥召开由各地市分公司业务部门负责人参加的《财产保险条款》贯彻和培训会议，就新条款的执行提出具体措施和明确要求，并将贯彻情况以专题材料上报总公司。11 月 21 日，中保财险省分公司为配合总颁《财产保险基本险》《财产保险综合险》条款的实施，根据原企财险附加险的经营状况，对条款的保险范围、保险责任及费率进行适当调整，上报中国人民银行安徽省分行。

1996 年，安徽平安产险拓展险种增加到 10 个，进一步满足了不同客户、不同标的的个性化需求，新增的 6 个险种为电梯财产一切险、计算机综合险、锅炉压力容器险、个体户综合险、现金险、利润损失险，开始为客户推荐个性化险种，财产综合险仍然为主打险种，但保单笔数已经降低到 89.6%。

1997 年 3 月 31 日，中国人民银行安徽省分行针对《关于中保财产保险有限公司安徽省分公司财产保险附加险条款、费率的复函》给以批复，同意财产保险附加险条款、费率在安徽省实施；要求财产保险附加险 A1、C 条款的费率规定必须严格按露堆财产费率分类表执行；对同一地区执行同一条款、同一费率的原则，条款如有修改或变更，仍须上报备案。该条款自 1997 年 2 月 1 日起执行，过去有关该条款的规定予以废止。5 月 4 日，中保财产省分公司下发《关于转发中保财产保险有限公司“财产保险（基本险、综合险）费率规章”的通知》。通知要求，各公司根据各投标企业实际情况，严格按照通知精神贯彻执行《财产保险基本险》和《财产保险综合险》条款和费率。1996年，为加强对财产保险（基本险、综合险）业务的管理，促进《财产保险基本险》和《财产保险综合险》条款和费率的贯彻实施，中保财产保险有限公司根据《保险管理暂行规定》，制定《财产保险（基本险、综合险）费率规章》，该,规章共八条。5月5日至5月7日，中保财险省分公司在合肥市召开全省财产险工作会议，会议要求各地要继续抓好企财险业务新条款宣传和贯彻落实工作，把好承保质量关，按新条款要求承保续保，力争保全保足；大力开发适销对路的附加险，认真落实供电和邮电部门的财产保险工作，确保1997年财产保险收入比上年增长20%以上。

1997年以后，平安产险安徽分公司企财险险种种类趋于稳定，一直到2004年皆维持在九个，其中个体户综合险因投保量极低后停止经营。

1998年5月12日，中国人民银行安徽省分行批复中保财险安徽省分公司《关于报备安徽省财产保险附加险条款、费率的报告》。根据《保险管理暂行规定》第42条要求，同意A4 —现金损失保险条款、A5- 附加第三者责任保险条款在省内备案实施。其中现金损失保险的年费率为8‰，附加第三者责任保险条款的费率按附加第三者责任保险费率规章执行。6月17日，中国人民银行批复中保财险省分公司《关于报备安徽省修订个体工商户和私营财产保险条款、费率的报告》。批复要求，原条款名称“个体工商户和私营企业财产保险条款”改为“个体工商户财产保险条款”；修订后的个体工商户保险费率按“个体工商户财产保险费率表”执行。10月，经国务院和国家保险监督管理委员会批准，“中保财产保险有限公司”更名为“中国人民保险公司”。人保省公司在业务发展上，坚持以增量调存量，在大力拓展市场的同时，积极调整优化业务结构，企财险业务在企业兼并破产增多的不利形势下，保费虽略有下降，但省电力系统、马钢公司、铜陵有色公司、安庆石化、两淮煤矿、美菱、荣事达等优质重点客户的业务仍然是有增无减。继续保持安徽省企业财产保险龙头地位。1998年，实收保险费较1997年同期增加了1250万元，同比增长4.3%。累计承担各类财产风险金额2500多亿元，同比增长18.2%。

1998年至2005年，太平洋保险安徽分公司企财险业务承保数量、入账保费一直保持在42%以上，并呈现出不断增长的趋势，1999年达到83.16%。

1995年，全省人保系统的龙头险种机动车辆险业务得到巩固，企财险业务经营规模稳健扩展，全年共为11522个企事业单位、128.8万户城乡家庭、29.4万辆（艘）机动车（船）等提供总额为1969.6亿元的风险保障，保险金额比上年增加13亿元，增长0.7%；全省保费收入115143.2万元，同比增收2994.3万元，增长2.67%；保户储金余额7378.1万元。全省有23个县（市）支公司和19个省辖市属支公司、办事处、营业部保费收入突破1000万元，有27个县级机构保费收入同比增长10%以上。1999年5

月 14 日，人保省公司根据省政府文件通知和总公司的要求，下发《关于亳州市支公司由省公司直管的通知》，将亳州市支公司从阜阳分公司划出单列，由省公司直接管理。

2000 年以后的企业财产保险

2000 年 2 月 20 日，为有效防范经营风险，严格控制地震风险责任，中国人民保险公司下发《关于转发保监会企业财产保险业务不得扩展承保地震风险的通知》。通知指出自文到之日起，各级公司各类企财险业务，不论本币外币，不论新保还是续保，一律不得扩展承保地震风险责任（原已经总公司批准同意扩展承保的地震责任在该保单到期终止前继续有效）。对擅自扩展承保的，将视为违规行为严肃处理。对于关系国计民生，具有重大社会政治影响，确需扩展承保地震风险的个别特殊项目，至少提前 15 个工作日将项目的有关情况（包括承保条件以及项目的重要性、项目所在地的地震风险状况、项目的抗震设防能力等内容）上报总公司财产保险部，由总公司审核后报保监会批准。3 月 13 日，人保省公司下发《关于转发总公司“关于转发保监会企业财产保险业务不得扩展承保地震风险的通知”的通知》，要求各级公司要充分认识这一政策的重要意义，以积极的态度认真贯彻落实文件的有关要求。8 月，中国人民保险公司财产保险部下发《关于下发企财险业务特批扩展地震责任的有关规定》，对扩展地震风险责任的承保做具体规定。

2000 年以后，安徽平安产险重点向大客户推荐保障更全面的财产保险一切险，至此该险种终于打破了个位数的保单件数，到 2002 年保单件数接近 200 件。

2001 年 3 月 13 日，人保省公司印发《关于对安徽省烟草公司系统统保财产保险实行费率下浮的决定》。安徽省烟草公司作为最优质的客户之一，多年来与人保公司保持长期良好的合作关系，赔付率一直较低，根据人保省公司的保费规模和综合实力，决定通过技术创新来承保烟草系统的财产保险业务，并承诺将人保省公司的《保险建议书》及《补充说明》中关于财产险的费率下浮 50%，并保证提供一流的保险服务。3 月 27 日，人保省公司印发《关于对企财险扩展地震险项目进行自查自纠的通知》，要求各地市公司将自查自纠的结果及时报省公司，并重申要求申报企财险扩展地震风险项目的公司，必须严格执行皖人保产文件有关规定。7 月 6 日，中国人民保险公司下发《关于印发“企财险扩展地震责任的有关规定”的通知》。该规定明确了企财险扩展地震责任的指导思想和总的原则，即在国家地震保险机制没有建立的情况下，为了适应市场竞争，既要努力满足客户对地震保险的要求，又要充分认识到的地震风险的特殊性，在重要项目的承保中本着谨慎管理、量力而行的原则扩展地震保险。同时，要通过业务技术的改进，日常管理的加强，承保风险的分散来确保业务的稳健经营。根据保监会规定，只有“关系到国计民生，具有重大社会政治影响的大型项目”才能扩展地震责任，标准是保险金额在 3 亿元人民币或美元 3500 万元以上的交通、能源、电力、冶金、电子通讯、环保、汽车、纺织、金融行业的企业、集团性统保、中外合资饭店等项目，可申请扩展地震责任。申报扩展责任项目必须根据保监委要求报送相关材料。企财险扩展地震责任项目的审批程序分为：各中资保险公司总公司或其职能部门出单的企财险项目扩展地震保险责任，由各总公司直接报送中国保监会审批；各中资保险公司分支机构出单的企财险项目扩展地震责任，经总公司批复后，由省级分公司报送当地保监办初审后，报中国保监会审批；各外资保险公司分支机构企财险项目扩展地震保险责任，由外资保险公司分公司报当地保监办初审后，报中国保监会审批。中国人民保险公司财产保险地震责任扩展条款明确了保险责任、除外责任和被保险人义务。每次事故最高赔偿限额为本保险保险金额的 80%。免赔额为每次事故人民币 40 万元或者损失金额的 5%，两者以高者为准。费率为本保险费率的 10%。人保芜湖市分公司，连续五年承保了芜湖电厂的营运保险，包括财产一切险和机器损害险等，保险期内，未发生任何超过免赔额的保险事故。该单位财产一切险的保额为 1.1 亿美元，被保险人要求续保条件保持不变，扩展地震和海啸责任。为此人保省公司根据保监委的严格规定，及时将情况上报总公司。9 月 21 日，中国人民保险公司（财产保险部）下发《关于承保芜湖电厂财产一切险扩展地震责任的批复》，同意芜湖电厂的财产一切险扩展地震责任，按规定加批地震条款和安排分保，并将有关材料报当地保监办审批。人保合肥市分公司承保的安徽佳通轮胎有限公司和合肥荣事达洗衣机、电冰箱有限公司，均为安徽省大型合资、外资企业，资产规模近 30 亿元，其生产总值在全省国民经济中占有重要的地位。这几家企业对保险的服务要求高、范围广，均要求采用财产一切险扩展地震责任的方式承保。为此，人保省公司及时向总公司财产险部报告。9 月 24 日，人保总公司财产险部《关于承保安徽佳通轮胎有限公司和合肥荣事达洗衣机、电冰箱有限公司财产一切险扩展地震责任的批复》的文件下发，同意为安徽佳通轮胎有限公司及合肥荣事达洗衣机、电冰箱有限公司的财产一切险扩展地震责任，需按规定加批地震条款和分保，要求将有关材料报当地保监办审批。

2001 年，天安保险安徽省分公司开始在安徽办理保险业务，当年企业财产险保费收入 83.59 万元。

2002 年 1 月，人保安庆市分公司与安庆长江公路大桥有限责任公司签署保险协议，独家承保金额达 2.2 亿人民币的安庆长江公路大桥主桥工程保险。1 月 15 日，人保芜湖市分公司营业部与广州立白企业集团有限公司签订企财险和水路、铁路、公路、集装箱运输货运保险协议书，总保额达 3 亿元。1 月 22 日，人保省公司下发《关于转发“中国人民保险公司中国建设银行财产保险合作协议书”的通知》。通知明确，中国人民保险公司是中国建设银行指定的财产保险独家保险人。协议的财产保险使用原由中国人民银行颁布的财产保险综合险条款（1996 年 7 月 1 日），并原则执行 0.5‰的统一费率。

保险标的主要是指中国建设银行全系统自有资产中的办公用房等固定资产（不包括计算机等）。要求各市分公司在提供财产保险服务的同时，尽可能拓宽保险服务范围，按照已有条款向中国建设银行系统提供计算机保险、现金保险、家庭财产保险、公众责任保险、雇主责任保险等险种，对其营业网点可推荐“金舵”营业场所综合保险服务。协议有效期为3年，协议期满时双方如无异议可自动延期两年，协议执行中如需变更或终止，应经双方协商一致并达成书面协议。6月28日，人保省公司与安徽省烟草公司双方本着互利、诚信的原则，经友好协商，签订2002—2003年度财产保险业务委托协议。协议要求安徽省烟草公司下属各单位，根据规定险种与费率，向所在地人保分支机构投保本单位的财产保险。7月8日，人保省公司和中国储备粮管理总公司安徽联络处联合下发《关于中央储备粮财产保险项目有关问题的通知》。中国储备粮管理总公司（简称中储粮总公司）将全国范围内的中央储备粮向中国人民保险公司统一投保财产综合保险。该保险采用中国人民保险公司“财产保险综合险”保单及十二个附加条款：《定值保险条款》《公共当局扩展条款》《罢工暴动或民众骚乱扩展条款》《自动喷淋水损条款》《自动恢复保险金额条款》《清理残骸条款》《专业费用条款》《灭火费用条款》《仓储财产确定条款》《错误和遗漏条款》《盗窃险条款》和《雇主责任险条款》，保险期限一年。并要求，中央储备粮若发生保险责任范围内的损失，各承储企业应迅速采取相应措施进行施救，同时注意保护事故现场，以避免损失进一步扩大。报案形式可以立即通知保险标的所在地的人保各分支机构，或通过24小时保险服务专线“95518”电话报案，同时立即向中国储备粮总公司安徽联络处报告，由中储粮安徽联络处与人保省公司协商处理。该通知对发生保险责任范围内的事项均作出明确具体的规定。8月10日，人保芜湖市分公司与安徽省第十届运动会签定保险协议，成为省十运会唯一指定财产和公众责任保险公司。此次保险保额达6.73亿元。10月26日，根据人保总公司统一安排，人保省公司全面完成财产险综合处理系统及核保核赔系统、单证管理系统、数据集中系统、收付费系统和账务系统升级工作。

2002年，平安产险安徽分公司大力推动企财险各险种的发展，促进了客户对险种差异的了解，各险种得到了快速的发展，财产综合险的保单件数占比首次降低到80%以下。

2002年，天安保险安徽省分公司企业财产险保费收入320.25万元。

2002年，大众保险合肥分公司开始在安徽办理保险业务，全年承保204件，保险金额45168.47万元，保费收入113.5万元。

2003年3月26日，人保省公司下发《关于转发总公司“广告综合保险条款”及其附加险条款的通知》。通知指出，人保总公司在充分调研的基础上，开发设计广告综合保险，该产品包括财产损失险和第三者责任险两部分，其中财产损失险的承保理赔权限按照企财险的承保理赔权限执行；第三者责任险的承保理赔权限按照公众责任险的承保理赔权限执行。财产损失险保费计算按费率3‰～5‰确定；第三者责任保险保费计算分为五类：年累计赔偿限额5万元的，费率为6‰；10万元的为5‰；20万元的为4.5‰；50万元的为4‰；最高50万元以上的费率为3.5‰。4月2日总公司根据市场需求设计开发了加油站综合保险条款。4月28日，人保省公司下发《关于转发“中国人民保险公司加油站综合保险条款”的通知》。指出该产品包含财产损失险、产品责任险、公众责任险、雇主责任险和现金险五个子险种，各子险种的承保权限和理赔权限均按照当时人保省公司相应险种的授权书规定执行。并要求各市分公司要严格按照授权范围经营该险种业务，在承保业务中严格执行总颁条款和费率规定，不得擅自对条款和费率进行变更。

2003年，太平洋产险安徽分公司承保安徽佳通轮胎有限公司财产一切险，保险金额为96000万元，保险范围为该公司的建筑物、机器设备及存货，保险期限为2003年12月31日至2004年12月31日。

太平洋产险安徽分公司针对工程险、财产险大客户、高风险（化工、电子、仓储等）行业客户、团车险客户、重大客户、位于沿江、低洼区域客户及历年有重大损失记录的客户以及重点客户的户外设施、仓库、地下设施等的防汛、防台、防涝能力，提前向企业发放《企业灾害天气应急指引》《企业灾害天气访问表》，帮助、督促企业制定和完善灾害天气预案，提高其抗灾自救能力，与客户一起逐一排查隐患并加以整改。

2003年，天安保险安徽省分公司企业财产险保费收入792.73万元。

2003年，大众财产保险安徽分公司企业财产险承保2361件，保险金额173039万元，保费收入1417.98万元。赔款50件，赔款金额101.31万元。

2004年2月5日，人保铜陵市分公司与铜陵精达特种电磁线股份有限公司签订协议，承保该公司及其子公司总保额数亿元的所有企财险、机损险、安装险及车险业务。6月23日，安徽省电力公司、人保财险省分公司下发《关于2003—2004年度电力系统财产险赔案处理的通知》。通知明确，2004—2005年度电力财产统一保险正常续保。新的保险年度采取新的保险方式，由原来的人保、平安、太保共同保险，人保公司独家查勘，改变为各市只由一家保险公司独家承保。从2004年5月1日起，各电力公司出险应向其承保公司报案，申请索赔。6月24日，人保财险省分公司下发《关于安徽电力统保业务调整的通知》。具体调整内容包括承保调整、出险报案、查勘定损、理算核赔等。合肥、淮南、芜湖、马鞍山、滁州、安庆、亳州、淮北、宣城公司按照原保险金额的50%承保，合肥市分公司按照各市供电公司及电厂资产的50%出具保险单。查勘定损对于估计损失在5万元以下的报案，各地市“95518”直接安排人员赶赴现场查勘定损；对于损失在5万元以上的报案，合肥市分公司“95518”在征询合肥市分公司电力系统统保总负责人后，确定是否通知各地市“95518”派人赶赴现场查勘定损。7月5日，人保财险省分公司印发《关于认真做好烟草系统财产保险续保工作的通知》，要求各地市分公司认真按协议规定内容做好统保险种的续保工作。为进一步加强对大型商业保险业务的归口管理，明确大型商业风险保险部的工作职能要求，规范大型商业保险业务经营资格的审批依据中国保监会相关规定，9月7日，人保财险省分公司制定下发《关于印发“中国人民财产保险股份有限公司安徽省分公司大型商业保险业务管理暂行办法”的通知》，该办法适用于公司系统内大型商业保险业务。大型商业保险是指保险金额（含责任限额）在1.5亿元人民币以上或保费在40万元人民币以上的大型工商企业、事业等团体单位的保险。大型商业保险业务包括属地大型商业保险业务、海外业务、统括保单业务、异地业务（以下提到的“异地业务”和“统括保单业务”均特指跨市级分公司所辖区域大型商业保险业务）以及由上述业务形成的共保和内部联保业务，主要涉及企财险、工程险、货运险、保证保险和农业保险等险种。该暂行办法共九章二十八条。根据规定，人保省公司对系统开展大型商业保险业务实行报批、报备、报告的管理方式。报批是市级分公司将须审批的项目以书面形式上报省分公司，经省分公司批准后方可办理，省公司大型商业风险保险部原则上应于接到申报后七个工作日内将审批结果答复申报分公司并抄送相关分公司；报备是市级分公司将须审核项目以书面形式上报省分公司，省公司视情况可对报备提出调整意见；报告是市级分公司将已承保项目定期上报省公司备案。对未经授权或转授权许可或违反有关监管部门规定，擅自开展业务的分支公司以机违反该办法有关规定的人员，均给予相应的处罚。2004—2005年度，安徽省电网财产统一保险采用划块承保方式，由人保财险公司独家承保淮南、芜湖、马鞍山、滁州、安庆、亳州六个地区。同时，人保财险公司通过投标，承保中国大唐集团所属在安徽的部分电厂。

2004年5月1日，太平洋保险安徽省分公司承保了安徽省电力公司财产一切险，保险金额为4224047388元，包括六安、铜陵、池州、蚌埠、淮北、宿州六个供电局城网固定资产及存货。

2004年，平安产险安徽分公司企财险完全打破财产综合险一支独秀的情况，财产综合险占比由1994年的100%降低到58.5%，安徽平安产险根据客户需求向其推荐财产保险基本险、财产保险综合险、财产一切险和其他个性化险种，其中财产保险基本险和财产一切险的保单件数占比达到了33.6%。

2004年，天安保险安徽省分公司企业财产险保费收入1219.55万元。

2004年，大众财产保险安徽分公司（现史带财险安徽分公司）承保3351件，保险金额212142.02万元，保费收入1097.04万元。赔款108件，赔款金额281.01万元。其中2004年12月承保的安徽商之都固定资产及存货的财产一切险，保险期限一年，总保额 2.2 亿元，保费 39.6 万元。该项目极大地扩大了该公司的品牌影响力。

2005 年 6 月 23 日，人保铜陵市分公司与安徽铜陵深能发电有限责任公司举行铜陵电厂四期 1×30 万千瓦发电机组财产保险签约仪式。这是人保铜陵市分公司第七次独家为该发电机组提供财产保险，累计保额达到 18.25 亿元。7 月 7 日，人保财险省分公司下发《关于印发大力发展县域业务指导意见的通知》。通知指出，发展县域业务意义重大，应始终坚持和把握以下原则：效益第一，协调发展；因地制宜，分类指导；梯度开发，循序渐进；着眼长远，精心培育。7 月中旬，人保铜陵市分公司主承保安徽铜陵海螺水泥有限公司三期 A 线保额 11 亿多元的财产保险，涉及财产一切险和机损险，承保份额为 70%。8 月 17 日，人保财险省分公司下发《转发总公司“关于大力发展县域业务指导意见”和安徽保监局“关于省政府有关部门在全省非寿险业务发展会议上的发言的摘要”的通知》。省金融办负责人张仁付在相关会议上介绍安徽省金融办工作职能，并就发展县域保险业务提出建议。他指出，需积极发挥保险的功能作用，支持“三农”和中小企业的发展；大力发展县域保险业务，促进安徽省保险业的快速发展；结合各地实际制定发展策略，树立与客户长期合作的理念，简化程序提高服务效率，注意处理好防范风险与保护投保人利益的关系。安徽省中小企业发展局金家锟在会上介绍了安徽省中小企业的基本情况，希望不断拓宽保险的覆盖面和服务领域；健全县域保险服务组织体系，因地制宜开发一些保费低廉、保障适度、方便购买的保险产品。是年，人保财险安徽省分公司企财险全年承保数量 12529 件，保险金额 14295.72 亿元，保费收入 17458.9 万元，赔款 5686 件，赔款金额 8690.8 万元。

2005 年，平安产险安徽分公司推出创新产品平安恒利达企业综合保险，该产品是为广大中小型企业、个体工商户量身打造的综合企业财产保险。保险责任涵盖传统的财产损失保险、公众责任保险和雇主责任保险，保额可大可小，责任全面，投保理赔方便快捷，解决了中小型企业购买保险保障不全、保费太高、不买又不行的问题，该产品填补了市场空白，是平安为中小型企业客户的全新奉献，首年签单 23 笔。

平安产险安徽分公司自成立以来，在企财险领域承保过的重大项目有安徽省电力公司、金隆铜业有限公司、安徽丰原集团、淮北矿业集团、淮化集团、奇瑞汽车、各地卷烟厂、九华电厂、中国联通等，为稳定当地社会经济做出贡献，为企业顺利经营保驾护航。

天安保险安徽分公司在 2005 年《防灾防损管理规定》中明确保险标的基本验险步骤，同时细化验险内容，如要求依据验险结果绘制投保企业平面示意图，平面图应明确每一危险单位的范围及与其相关或邻近危险单位的关系，显示各建筑物的高度，安全通道、消防设施（水喷淋系统、火灾报警系统、消防栓、消防水源等）的设置，特别危险物品仓库、有毒有害物品仓库、锅炉房、变电站等的位置；以及出具书面检验报告所应包括的主要内容，最终根据验险所取得的数据、资料；给出标的风险等级及费率档次，有效地增强了企业财产险的风险掌控能力。

2005 年，天安保险安徽省分公司企业财产险保费收入 1203.16 万元。

2005 年，太平财产保险安徽省分公司企业财产险保费收入 90.39 万元，赔款 51.60 万元。

2005 年，大地财产保险安徽省分公司企业财产保险承保 92 件，保险金额 135547.16 万元，保费收入 208.75 万元，赔款 11 件，赔款金额 8.52 万元。

2005 年，大众财产保险安徽分公司承保 3716 件，保险金额 184860.96 万元，保费收入 514.35 元，赔款 142 件，赔款金额 228.51 万元。

2005 年 11 月 2 日，华安财产保险股份有限公司安徽分公司承保铜陵华源麻业财产一切险，保险金额 3.17 亿元。同年 11 月 28 日，又承保皖江高速财产一切险，保险金额总计 10.83 亿元。2005 年，华安财产保险安徽省分公司企业财产保险承保 71 件，保险金额 367247.97 万元，保费收入 248.69 万元，赔款 3 件，赔款金额 0.18 万元。

2005 年年底，安邦财产保险公司在安徽开办保险业务，当年保费收入 131.59 万元。

1986—2005 年安徽省企业财产保险业务统计表

表 2-1-1

年度	承保数量	保险金额（万元）	保费收入（万元）	赔款（万元）	赔款件数（件）
1986	15886	1777277.00	3915.00	927.00	2431
1987	19162	2238315.00	5293.00	1013.00	3521
1988	20271	2908819.00	6911.00	1603.00	4076
1989	18262	37693063.00	8472.00	2679.00	5175
1990	18286	4309861.00	10521.00	2428.00	5153
1991	19013	5459495.00	12586.00	17275.00	11324
1992	19724	5650474.00	15247.00	4723.00	7841
1993	18371	6150659.00	16939.00	7105.00	8202
1994	15404	6257309.85	16995.72	8435.76	8675
1995	14523	7711553.92	20088.63	11514.51	7515
1996	15840	12544724.00	27448.08	25666.61	9191
1997	14192	14739548.49	34488.95	11507.88	7106
1998	14252	14010298.50	33478.06	17264.35	8642
1999	13129	13210945.47	33161.87	20366.07	7992

续表 2-1-1

年度	承保数量	保险金额（万元）	保费收入（万元）	赔款（万元）	赔款件数（件）
2000	13759	14881811.12	33009.71	13741.41	6639
2001	13053	13011900.93	32822.30	14394.95	6683
2002	14640	13698961.55	34529.29	19775.27	7046
2003	17172	18177624.70	32987.14	30606.13	7137
2004	19977	20054476.62	32349.14	21191.12	5384
2005	24437	25067207.40	29320.16	15835.21	7408

1986—2005 年人保财险安徽省分公司企业财产保险业务统计表

表 2-1-2

年度	承保数量	保险金额（万元）	保费收入（万元）	赔款（万元）	赔款件数（件）
1986	15886	1777277.00	3915.00	927.00	2431
1987	19162	2238315.00	5293.00	1013.00	3521
1988	20271	2908819.00	6911.00	1603.00	4076
1989	18262	37693063.00	8472.00	2679.00	5175
1990	18286	4309861.00	10521.00	2428.00	5153
1991	19013	5459495.00	12586.00	17275.00	11324
1992	19724	5650474.00	15086.00	4723.00	7841
1993	18371	6150659.00	16052.00	7065.00	8202
1994	15129	5980276.00	15503.00	8335.00	8650
1995	13687	6709645.00	16887.00	11235.00	7488
1996	13709	10672768.00	22135.00	23023.00	8927
1997	11940	11990351.00	28449.00	10183.00	6764
1998	12597	11695301.00	28760.00	15460.00	8157
1999	11522	10257765.00	28368.00	19119.00	7580
2000	12013	10985912.00	26430.00	12049.00	6235
2001	11563	8694952.00	25275.00	12174.00	6248
2002	12379	7935720.00	25909.00	15765.00	6280
2003	11984	9337983.00	21806.00	21281.00	6304
2004	12042	10901207.00	19122.00	11642.00	4300
2005	12529	14295723.00	17459.00	8691.00	5686

1994—2005年平安企业财产保险业务统计表

表2-1-3

年度	承保数量	保险金额（万元）	保费收入（万元）	赔款（万元）	赔款件数（件）
1994	275	277033.85	500.72	51.76	25
1995	836	1001908.92	1648.63	91.51	27
1996	2131	1871956.00	3780.08	2419.61	264
1997	1741	2174228.49	4871.95	743.88	273
1998	1045	1605329.50	3321.06	1416.35	404
1999	1022	1910113.47	3168.87	987.07	329
2000	1017	2646136.12	4758.71	1215.41	308
2001	894	2371418.93	5499.71	1792.95	350
2002	1178	3877183.08	5255.56	2533.63	566
2003	1256	4306474.70	5400.30	5041.75	407
2004	1482	5175927.60	6097.80	5574.09	556
2005	1468	5872770.30	6273.09	3330.71	856

1992—2005年太平洋财产保险公司企业财产保险业务统计表

表2-1-4

年度	承保数量	保险金额（万元）	保费收入（万元）	赔款（万元）	赔款件数（件）
1992	0	0.00	161.00	0.00	0
1993	0	0.00	887.00	40.00	0
1994	0	0.00	992.00	49.00	0
1995	0	0.00	1553.00	188.00	0
1996	0	0.00	1533.00	224.00	0
1997	511	574969.00	1168.00	581.00	69
1998	610	709668.00	1397.00	388.00	81
1999	585	1043067.00	1625.00	260.00	83
2000	729	1249763.00	1821.00	477.00	96
2001	596	1945530.00	1964.00	428.00	85
2002	879	1840890.00	3018.00	1446.00	200
2003	1017	3887773.00	3611.00	4163.00	389
2004	3102	3765200.00	5071.00	3601.00	315
2005	5690	3292471.00	3340.00	2991.00	397

大众财产保险 2002—2005 年企业财产保险业务统计表

表 2-1-5

年度	承保数量	保险金额（万元）	保费收入（万元）	赔款（万元）	赔款件数（件）
2002	204	45168.47	113.5	0.00	0
2003	2361	173039	1417.98	0.00	0
2004	3351	212142.02	1097.04	281.01	58
2005	3716	184860.96	514.35	228.51	142

天安财产保险 2001—2005 年企业财产保险业务统计表

表 2-1-6

年度	承保数量	保险金额（万元）	保费收入（万元）	赔款（万元）	赔款件数（件）
2001	0	0.00	83.59	0.00	0
2002	0	0.00	233.23	30.64	0
2003	554	472355.00	751.86	120.38	37
2004	—	—	961.30	93.02	155
2005	871	918587.01	1185.89	533.69	313

第二节　家庭财产保险

家庭财产保险是指以城乡居民的家庭财产作为保险标的一种保险。在被保险人的家庭财产遭受保险责任范围内的损失后，保险公司给予经济补偿的一种保险。国内保险业务恢复后，中国人民银行总行于 1979 年 9 月 28 日颁发了《家庭财产保险条款》。20 世纪 80 年代的家庭财产保险主要有普通家庭财产保险与家庭财产两全保险两种。这两种保险的主要特点和区别是，普通家庭财产保险是在被保险人的家庭财产遭受保险责任范围内的损失后，给予经济补偿。而家庭财产两全保险，除具有经济补偿性质外，还具有到期还本的储蓄性质。普通家庭财产保险，是保户直接向保险公司交纳保险费。家庭财产两全保险，是保户向保险公司缴纳一次性储金，而以其利息作为保险费，并在保险期满后不论是否发生赔款，都将保险储金全部退还被保险人。保险期限不同，前者期限为 1 年，期满续保；后者期限分为 3 年和 5 年两种。此外，保险金额不同，前者由被保险人确定；后者是按每份固定保险金额投保。1981 年 5 月，人保安庆市保险公司签发了安徽省国内业务恢复后的第一张家庭财产保险单。

1986 年，安徽省以农房统保为主要形式的农村家庭财产保险蓬勃发展，5 月 10 日，人保省公司与省民政厅向省政府呈送《关于试行农村保险与救灾相结合的报告》。

提出先在贵池、郎溪、繁昌、阜南、金寨、东至、涡阳、泾县、舒城、祁门、天长、凤台、含山、肥西、怀远、宿县、歙县 17 个县推行农房保险，以便摸索经验，组织推广。此报告经省人民政府办公厅以政办文件转发到全省各地，农房统保工作逐步在全省各地推开。1991 年年底，全省县及县以下居民和广大农民家庭财产保险承保面达到 61.16%。随着保险业务进一步的发展，出现以保险期限为一年一次交付保险费和缴纳储金的保险形式，以储金利息为保险费，保险期限长期有效，保险责任随着储金退还而终止投保需求。人保省公司在《关于进一步做好农村家庭财产保险工作的通知》中把以长效还本方式承保的条款更名为《农村长效还本家庭财产保险条款》。该保险是保险期限为一年期承保业务，各地、市公司在当时费率的 2% ~ 4% 幅度内调整，并需报省分公司备案。

1987 年 3 月，安徽省人保公司批复蚌埠市支公司，同意该司制订的《家用电器专项财产保险条款》，并按此项条款试行开办家用电器专项财产保险。6 月，又在部分辖区试办《治安责任保险》，月底，在青年路派出所辖区内 10 个段的 1610 户居民全部向市保险公司办理治安保险。

1988 年 4 月，人保省公司在淮南市召开全省城市保险工作会议，讨论了《城市家庭财产保险条款》《自行车全车失窃附加第三者人身伤亡责任保险条款》，交流了城险工作情况。

1988 年 5 月，人保省公司转发六安行署民政局、生产救灾办公室和地区保险公司《关于进一步做好农房等保险工作的联合通知》。六安地区至 1987 年底有农户 955 户，其中 668 户农民参加房屋保险，承保面达 70%，实现全区统保，处理赔案 4764 件，支付赔款 151.8 万元，占保险费收入的 104.3%，为农业生产和农民生活提供了经济保障。

1991 年，在家庭财产保险基础上，经人民银行安徽省分行批准，人保省公司于 5 月 17 日下发《转发省人行“关于对城市家庭财产附加用电安全保险条款”的批复》，希望各地开办家庭财产保险的同时注意附加用电安全保险的开展，以满足保户对保险需求。该保险条款规定，经供电部门接线的民用电表用户（以户为单位）在投保家庭财产保险时，作为附加险可一并投保用电安全保险，但不可单独投保。该保险产品保险人承担累计最高赔款金额为 3000 元，保险费每户每年 1.5 元或保险储金 15 元。4 月始，经人民银行安徽省分行批准在全省开办“长效还本家庭财产保险”保险业务。该险种开办后，原两全家财险到期后，即转为长效还本家财险；一年期普通家财险可以继续单独办理，作为长效还本家财险的补充。部分省辖市公司制定发展“长效还本家财险”计划，主动向地方党政领导汇报，争取有关部门支持和配合，业务有长足的发展，全年储金收入 727.6 万元，比 1990 年增收 509.7 万元，增长 233.9%；城市家财险承保 556593 户（含长效还本家财），增长 11.6%；保费及储金收入 1245.4 万元，净增

580.8 万元，增长 87.3%。

1992 年，人保省公司“长效”家财险超常规发展，形成一定规模。全省城市家财险共承保 68 万户，占省辖市人口户数 56%，承保面较 1991 年同期增长 10%，业务收入 6198 万元，其中储金收入增长 66.7 倍，占全省产险储金收入 26.9%。

1993 年，人保总公司利用其机构健全、分布广泛的整体优势，进一步满足市场需求多元化，广泛开拓潜在市场，在全系统开展家庭财产保险贺卡业务，全国发行、全国流通。12 月 11 日，人保省公司转发《中国人民保险公司财产险部关于家庭财产保险贺卡业务的通知》，要求合肥、芜湖等八个省辖市组织力量销售，必须在 1994 年 2 月底前完成 4 万份发行任务。

1994 年 4 月 27 日，人保省公司下发《关于合肥市分公司“家庭财产保险条款”的批复》。批复指出，针对合肥市家庭财产保险的实际需求，参照外地经验，努力开拓，从扩大家庭财产保险业务的深度和广度出发设计的《合肥市“家庭财产保险”条款》是可行的，可报合肥市人民银行批准后实行；该条款试行后，随着保险责任的扩大，承保、理赔的工作量也将大幅度上升，希望抓紧制定相应条款解释及实务规章。坚持展业与管理并举，以促进该项业务持续发展。是年，全省城市家财险承保 496936 户，保费收入 538.2 万元。

1995 年，全省保险工作会议后，安徽省农村家财险业务除了普遍提高基础保额外，承保质量也有进一步提高，保费比 1994 年同期增加 196.8 万元，赔付率下降 30 个百分点。在具体安排上，一些地区对险种结构进行调整，对于效益较差的农房保险严格控制，加大县、镇以上普通家财险、长效还本险等效益险种的业务量，各公司以务实的作风开展业务强化经营管理。城市家财险继续办好传统的业务，户均保额要求提高到 5000 元以上，扩大承保面，积极推销“吉祥家庭财产保险”。

1996 年 1 月 15 日，中国人民银行安徽省分行批准开办《城市住房保险条款》。批复指出，省人行同意在省辖市和地辖市试办城市住房保险，并核准条款和费率；要求人保公司严格按照核定的保险条款和费率办理保险业务，不得擅自修改；限定该险种只由人保公司试办，试办期限为 1 年。试办期间，其他保险公司不得办理。4 月 15 日，人保省公司印发《关于下发“城市住房保险条款”的通知》。通知要求，城市住房保险于 1996 年内在省辖市和地辖市开展；其条款适用于居民自建及购买的城市住房；职工在房改时购买的城市住房及公用住房出售后的共用部分建筑物；用抵押贷款购买的城市住房；投保本保险，须详细填写被保险房屋的坐落地址，楼层及门牌号码；对于房屋装潢及附属设备的特约保险，各地应慎重对待，从严掌握；对以长效还本储金参加保险的保户要求退保时，要严格按条款办事，对投保未满两周年申请退保的保户，只能返还 90% 的储金，任何人无权提高退保金额。投保三年期保险的保户要求退保时，对退保前的保费，应按短期费率计算；以长效还本储金参加保险，储金利息是保费的来源，因此要及时将储金转存为定期存款，不得挪以他用。鉴于该项业务在省内首次开展，涉及到千家万户，人保省公司要求各地要及时与当地房改部门和建行等专业银行联系，争取这些部门的支持配合，并及时总结经验，使该项业务可以健康发展。

太平洋保险家财险起始时间为1996年4月，初期对家财险的主要政策是其费用政策较其他险种的费用稍高。在家财险的发展过程中，分公司一直作为效益险种狠抓不放，开展过多种竞赛活动。在经营过程中还不断修改险种的责任范围，满足客户的需求，家财险业务已成为太平洋产险的核心业务险种。1998年至2005年，太平洋财险安徽分公司的家财险业务承保数量、入账保费呈不断增长的趋势，2005年略有下降，家财险在非车险总体业务占比较高的是2002年，比例高达12.59%，同比增长最高的是2000年，增速为592.29%。

平安产险安徽分公司家庭财产险包括三大类产品：家庭财产保障类产品，如平安家庭财产保险、家庭财产长效还本保险；个人购置房屋房贷类产品，如个人抵押贷款房屋保险、个人抵押商品住房综合保险；针对特定客户、标的制作的产品，如民用管道煤气综合保险。个财险主要保险责任是火灾、爆炸、自然灾害、高空物体坠落等造成的房屋及室内财产损失，另外还有十余种附加险可供客户选择，使保障范围大大增加；房贷类产品在此基础上增加了保障被保险人因意外事故丧失还贷能力的保险。

1996年，平安产险安徽分公司家庭财产保险、家庭财产长效还本保险正式在安徽发售，此时个人客户对家财险的了解还很少，因此平安产险安徽分公司推出了长效还本保险，用以加强客户对家庭财产保障的了解。

1997年，人保省公司在全省共为218万多户居民家庭提供了保险保障。家财险收入保费4304万元，同比增长5.5%。

1998年，随着我国经济的发展，人们生活水平不断提升，城市居民的住房需求更加迫切，人保公司的个人贷款抵押房屋保险应运而生。

1999年，人保省公司在业务发展遇到比往年更多困难的情况下，各级公司始终坚持业务发展不放松，加大展业力度，在优化业务结构的基础上完成了考核口径保费计划任务，家财险全年收入保险费2692.7万元。由于银行存款利率的不断下调，为保障储金性业务经营的顺利开展，国家保监会于12月13日下发《关于调整储金性保险业务储金率的通知》，决定对储金性业务的储金率进行调整。

1999年，平安产险安徽分公司新增个人抵押贷款房屋保险（凡符合中国人民银行《个人住房贷款管理办法》有关规定，同意以所购房屋作为抵押物购买的自用房屋，可作为本保险的保险财产，自用房屋的所有人为本保险的被保险人），首年便签单723笔，保费规模35.6万元，开创了安徽平安房贷类产品的先河，此外平安家庭财产保险得到了市场的认可，当年签单 648 笔，实现保费收入 134.8 万元。

2000 年 2 月 15 日，中国人民保险公司将修改后并报保监会批复的《个人抵押贷款房屋保险条款》及其附件一并下发，要求系统内各保险公司严格执行新条款，原条款同时废止。2 月 28 日，人保省公司下发《转发中国人民保险公司“关于修改后的（个人抵押贷款房屋保险条款）及其附件的通知”》。个人抵押贷款房屋保险费率规章主要有：该条款所规定的保险费率为年费率，保险金额以每千元计算；保险费率根据保险期限分为四档，一年至五年为 1‰，五年以上至十年为 0.8‰，十年以上至二十年为 0.6‰，二十年以上为 0.45‰；中途退保，保险人按如下《短期保险费率表》规定计算应收保险费，3 个月的 10%；6 个月的 20%；9 个月的 30%；12 个月的 40%、15 个月的 50%；18 个月的 60%；21 个月的 70%；24 个月的 80%；27 个月的 85%；30 个月的 90%；33 个月的 95%；36 个月的 100%。人保省公司于 6 月 16 日下发《关于转发保监会调整储金性保险业务储金率的通知》，自 2000 年 1 月 1 日起，储金性业务的储金率（含续转业务）按以下公式调整：储金率 = 经保险监管部门同意的费率 ÷ 利率；利率 = 人民银行公布的一年期定期存款利率 ×（1- 代扣联系税率）。各公司加强了对储金性业务的经营管理，提高储金性业务的承保质量。

2000 年，平安产险安徽分公司个人抵押贷款房屋保险得到了市场的高度认可，保费达到 325.3 万元的规模，签单 5316 笔。

2001 年，人保省公司重点推广总公司开发的“金锁”家财险新险种，开发“金舵”营业场所综合保险，对部分有市场潜力的责任险进行改造更新。4 月 20 日，人保省公司暨省分公司营业管理部举行“金锁”家庭财产综合保险推广新闻发布会，“金锁”家财综合保险在全省铺开。5 月 11 日，人保省公司下发《关于开展“大战红五月”“金锁”系列家财险业务劳动竞赛的通知》。5 月 14 日，人保省公司下发《关于印发“家财险业务中若干问题的规定”的通知》。通知规定，从收到该规定即日起，立刻停止使用除“金锁”系列产品外的所有普通家财险条款及保单（不含个贷房屋保险业务）。各地市公司如果需要开办农村统保业务，必须将条款、费率和保单格式报省公司财产险处，经批准后方可开办；在省公司未下发新的储金性家财险保单及条款之前，停办储金性家财险业务；“金锁”组合型保单中，保单明细表中的分项保险金额与条款规定不符的，以明细表中的分项保险金额为准。购买多份组合的，其各险种的保险总金额以每份组合中该险种的保险金额合计数为准。家庭财产综合保险附加盗抢保险条款中对便携式用品最高保险金额的规定，和家庭财产综合保险附加现金、首饰盗抢保险中对最高保险金额的规定，视为对含有该附加险的单份保单的最高保险金额规定，如多份组合含有该险种，则最高保险金额以累计为准。条款中对绝对免赔额的规定指对每次事故的绝对免赔额，如有多份组合，也不需累计；“金锁”自助型保单中，为控制自行车盗窃保险的逆选择风险，人保省公司规定保户在投保自助型保单时，总计保费（不含自行车盗窃保险保费）达到200元及以上者，可以投保自行车盗窃保险，最多可投保两辆自行车。保户投保自行车盗窃保险的，必须在批注中注明自行车牌照号码和户主，户主必须为被保险人本人或其家庭成员；个人投保“金锁”家财险，必须在保单中列明保险财产坐落地址。保险财产有两个或以上地址的，必须分别出具保险单；集体投保“金锁”家财险，可以采取附贴清单的方式出具一份保险单。清单上必须列明被保险人姓名、保险财产坐落地址、每人购买的组合和份数（组合型）或每人购买的各分项保险金额（自助型），如无法提供详细地址的，则应约定以户口簿上的家庭地址为准。采取附贴清单方式的，必须在保单正本上附贴清单一份，并加盖骑缝章，同时保险公司留底一份。10月26日，人保总公司下发《关于切实做好人保理财—金牛投资保障型家庭财产保险产品推广工作的通知》。“金牛”投资保障型家庭财产保险保险期限5年，年投资收益率为2.63%，按单利计息，不扣利息税。每份投资金2000元，5年到期返还本息2263元。每份每年提供保险保障15000元，受到保户的欢迎。

2001年，天安保险安徽省分公司实现家庭财产险保费8.77万元。

2002年3月14日，人保省公司下发《转发总公司“关于切实做好人保理财—金牛投资保障型家庭财产保险产品推广工作的通知”》。根据总公司《关于进一步推动金牛业务发展的紧急通知》文件精神，人保省公司在部分挑选验收合格的城市作为第二批申请开办金牛投资保障型家财险业务的城市上报总公司，要求充分做好开办金牛投资保障型家庭财产保险业务的各项前期准备工作。4月21日，人保总公司批复安徽省分公司上报的“金锁”农村版家庭财产综合保险组合型、自助型保险产品样式，并要求省分公司报当地保监办备案后执行。5月9日，省分公司在上报合肥保监办《关于报备“金锁”农村版家财险业务的报告》中说明，人保省公司在充分调研的基础上，拟定 “金锁”农村版家财现代式样和内容，并报总公司审批通过。由于“金锁”农村版家财险业务使用的是总颁家财综合险条款和费率，其综合保险产品样式分为组合型和自助型两类，其中组合型保险包括农家安保险、农家顺保险、农家康保险、农家泰保险。6月17日，中国人民保险公司《关于印发“中国人民保险公司个人贷款抵押房屋保险条款”和“中国人民保险公司个人贷款抵押房屋综合保险条款”及其附件的通知》下发。通知指出，中国人民保险公司个人抵押贷款房屋保险自1998年开办以来，适应市场需求，取得良好的经济效益和社会效益。同时人保总公司在调查研究的基础上对该项保险条款和费率进行修订并经中国保监会核准备案。要求各下属公司抓住机遇，尽快组织新条款及实务培训，办理业务时，注意新旧条款的衔接和过渡。中国人民保险公司个人贷款抵押房屋保险费率规章明确，该项保险的财产损失险基准保险费率为0.08%～0.10%，还贷保证险基准保险费率为0.04%～0.05%。每选择一项扩展条款，财产损失险基准保险费率上浮 5%；选择四项扩展条款的，财产损失险基准保险费率上浮 15%。

2002 年，平安产险安徽分公司房贷险再添新险种——平安个人抵押商品住房综合保险，此险种在个人抵押贷款房屋保险的责任上增加了对购房者更具保障的还贷责任保障，即被保险人因意外事故造成丧失还贷能力或还贷能力降低，由安徽平安产险负责相应的贷款偿还。该险种一经推出即得到了市场的广泛认可，首年便签单 2441 笔，实现保费 105.3 万元。当年房贷险保费超过了 1000 万元，险种进入了高速发展阶段。同时民用管道煤气综合保险也在省内发售，保障个人燃气用户因火灾爆炸等意外事故造成家庭财产损失及第三者财产和人身伤害的损失。

2002 年，天安保险安徽省分公司实现家庭财产保险 6.95 万元。

2003 年 4 月 22 日，人保总公司下发《关于印发“人保理财—金牛投资保障型（3 年期）家庭财产保险条款”的通知》。4 月 24 日，省分公司下发《关于转发总公司“人保财险——金牛投资保障型（3 年期）具体财产保险条款”的通知》。经中国保险监督管理委员会批准，人保省公司各开办城市分公司自 5 月 1 日起，启用人保理财—金牛投资保障型家庭财产保险条款（又称“金牛二代产品”）。“金牛二代产品”在全省开办的 7 个城市分别是合肥、芜湖、安庆、阜阳、六安、宣城、滁州。5 月 8 日，人保省公司印发《关于进一步贯彻落实中国人民保险公司金牛产品升级换代视频会议的通知》，要求各市分公司要从开办前准备、对该险种实务管理规定、实施细则、财务管理规定、资金管理规定、培训方案等七个方面写出专题书面报告（总结），于 5 月 15 日前上报人保省公司财产险处。6 月 2 日，人保省公司上报合肥保监办《关于申请对人保理财—金牛投资保障型家庭财产保险产品（3 年期）开办城市进行验收的请示》。

2003 年，平安产险安徽分公司房贷险保费达到了 1354 万元。平安家庭财产长效还本保险完成历史任务，正式停售。随着市场对家庭财产保险的认可，安徽平安产险设计推出家财险新的组合产品——平安“家居保”和平安“温馨家园”，两个为定式套餐类产品，分别有 A、B、C、D 四种选择，以满足客户不同层次的需求，其保险责任范围承递增式设计，D 款的保障范围最宽，除传统的家庭财产所保障的火灾、爆炸、自然灾害、盗抢、水暖管爆裂等保险责任外，还增加了保险家庭住户第三者责任一切险及租房费用损失险的风险保障设计，同时对有盗窃险保障设计的产品款型，还向客户温馨赠送一定金额的门、窗、锁恶意破坏损失险。每一款的保障范围不同，可以根据不同的家庭需求，选择任何一款产品，可以一款多买，也可以任选几款组合购买。在产品设计上不仅充分考虑不同家庭的需求，还让每个家庭购买保险的同时，切切实实体验价格优惠的享受。

2003 年，天安保险安徽省分公司实现家庭财产保险保费收入 8.05 万元。

2004—2005 年，平安保险安徽分公司房贷险进入发展高潮阶段，两年保费分别突破 2700 万元，家庭财产保险也随着创新产品的推出进入了平稳发展阶段。

2004 年，天安保险安徽省分公司实现家庭财产保险保费收入 8.88 万元。

2005 年，天安保险安徽省分公司实现家庭财产保险保费收入 972.40 万元。

2005 年，太平财产保险安徽分公司实现家庭财产保险保费收入 0.38 万元。

2005 年，大地财产保险安徽分公司家庭财产保险承保 1795 件，保险金额 22940.90 万元，保费收入 17.62 万元。

1986—2005 年安徽省家庭财产保险业务统计表

表 2-1-7

年度	承保数量	保险金额（万元）	保费收入（万元）	赔款（万元）	赔款件数（件）
1986	2460420	246673.00	475.00	114.00	6357
1987	5338786	5912056.00	1829.00	874.00	70812
1988	5635964	760618.00	1586.00	1106.00	109117
1989	6011812	965876.00	1957.00	1696.00	105047
1990	6950534	1169787.00	2829.00	2114.00	112269
1991	7914303	1396011.00	4063.00	18234.00	484578
1992	8085620	1602668.00	6669.00	3531.00	151178
1993	6698380	1588222.00	25617.00	14089.00	110982
1994	4599496	982012.00	3748.00	2790.00	67737
1995	3867816	1280553.00	4129.00	2298.00	61046
1996	2822805	1110541.06	4329.00	3166.46	84326
1997	2200406	1329394.26	4547.50	1970.63	22833
1998	2362935	1168948.45	3706.36	3108.14	44139
1999	1307660	890781.90	2998.53	2002.65	18962
2000	487731	733909.31	2889.47	804.90	8334
2001	79716	1876824.80	3947.01	750.86	5672
2002	374704	2326440.25	4965.51	1000.64	6564
2003	262599	2264253.11	5349.39	1090.95	5534
2004	256310	3915971.11	5565.52	387.43	3524
2005	267592	1789270.09	5413.78	392.97	2544

1986—2005年人保财险安徽分公司年家庭财产保险业务统计表

表2-1-8

年度	承保数量	保险金额（万元）	保费收入（万元）	赔款（万元）	赔款件数（件）
1986	2460420	246673.00	475.00	114.00	6357
1987	5338786	5912056.00	1829.00	874.00	70812
1988	5635964	760618.00	1586.00	1106.00	109117
1989	6011812	965876.00	1957.00	1696.00	105047
1990	6950534	1169787.00	2829.00	2114.00	112269
1991	7914303	1396011.00	4063.00	18234.00	484578
1992	8085620	1602668.00	6665.00	3531.00	151178
1993	6698380	1588222.00	25601.00	14086.00	110982
1994	4599496	982012.00	3699.00	2781.00	67737
1995	3867816	1280553.00	4054.00	2282.00	61046
1996	2821920	1059142.00	4058.00	3145.00	84286
1997	2187532	1260971.00	4297.00	1907.00	22439
1998	2349430	1108591.00	3506.00	3048.00	43848
1999	1287946	843432.00	2693.00	1967.00	18818
2000	471506	609715.00	2209.00	762.00	8197
2001	56683	1362971.00	2758.00	711.00	5519
2002	339740	1583946.00	3378.00	949.00	6369
2003	217711	1683632.00	3636.00	950.00	5317
2004	192054	3010782.00	2674.00	341.00	3396
2005	216683	1037018.00	2388.00	365.00	2433

1996—2005年平安财产险安徽分公司年家庭财产保险业务统计表

表2-1-9

年度	承保数量	保险金额（万元）	保费收入（万元）	赔款（万元）	赔款件数（件）
1996	885	51399.06	208.00	10.46	40
1997	585	48543.26	199.50	34.63	201

续表 2-1-9

年度	承保数量	保险金额（万元）	保费收入（万元）	赔款（万元）	赔款件数（件）
1998	645	31361.45	133.36	40.14	162
1999	1399	35442.90	138.53	23.65	94
2000	5712	76734.31	411.47	14.90	67
2001	10597	137636.80	818.23	14.86	70
2002	20772	212184.25	1041.56	22.37	92
2003	21710	287802.11	1081.79	25.48	146
2004	30739	501334.11	1960.52	15.49	85
2005	25968	419870.72	1740.92	18.00	63

1992—2005 年太平洋财产险安徽分公司年家庭财产保险业务统计表

表 2-1-10

年度	承保数量	保险金额（万元）	保费收入（万元）	赔款（万元）	赔款件数（件）
1992	—	—	4.00	—	—
1993	—	—	16.00	3.00	—
1994	—	—	49.00	9.00	—
1995	—	—	75.00	16.00	—
1996	—	—	63.00	11.00	—
1997	12289	19880.00	51.00	29.00	193
1998	12860	28996.00	67.00	20.00	129
1999	18315	11907.00	167.00	12.00	50
2000	10513	47460.00	269.00	28.00	70
2001	12436	376217.00	362.00	25.00	83
2002	14192	530310.00	539.00	29.00	103
2003	23117	291005.00	627.00	10.00	57
2004	33517	403855.00	931.00	19.00	43
2005	9551	22445.00	241.00	6.00	29

2003—2005 年大众财产险安徽分公司年家庭财产保险业务统计表

表 2-1-11

年度	承保数量	保险金额（万元）	保费收入（万元）	赔款（万元）	赔款件数（件）
2003	—	—	0.62	101.71	—
2004	—	—	—	11.94	—
2005	1023	19923.96	53.46	0.00	—

2001—2005 年天安财产险安徽分公司年家庭财产保险业务统计表

表 2-1-12

年度	承保数量	保险金额（万元）	保费收入（万元）	赔款（万元）	赔款件数（件）
2001	0	0.00	8.78	0.00	0
2002	0	0.00	6.95	0.27	0
2003	61	1814.00	4.00	4.00	14
2004	0	0.00	0.00	0.00	0
2005	12572	267072.00	972.00	4.00	19

第三节　机动车辆保险

机动车辆保险是财产保险公司主要保险业务之一。该保险以汽车、拖拉机、电瓶车、摩托车等机动车辆为保险标的。机动车辆保险分为交强险和商业险两大类，其中商业险又包括车辆主险和附加险两部分。随着我国经济的快速发展和汽车工业的强劲崛起，机动车辆保险迅速扩展到千家万户。安徽省于 1950 年试点性开办汽车保险业务，改革开放恢复保险业务，1981 年 4 月 17 日，人保蚌埠市保险公司签发了全省国内保险业务恢复后第一张汽车保险单，承保蚌埠卷烟厂 15 辆汽车，保险金额 28.83 万元，收入保险费 4206.66 元。此后，汽车保险业务量逐步增加，成为各家财产保险公司的主要业务。1986 年，全省仅有 131820 辆机动车辆参加保险，保险费收入只有 3491 万元；到 2005 年，全省共有 1165244 辆机动车辆参加保险，保险费收入达 242258 万元。

1986—1990 年的机动车辆保险

1986 年 4 月，人保省公司在合肥召开机动车辆保险业务工作会议，深入贯彻总公司《关于加强机动车辆保险业务管理的几点意见》文件精神和新颁发的《机动车辆保险条款》。5 月 1 日起开始执行保险新条款及费率，各地可根据本地的情况和不同的承保对象，按新费率上下浮动 20%。会后，人保省公司要求各地市公司对该保险的相关规定按该文件执行。

1987年，国家开始对部分陈旧、劣质车辆实行报废淘汰制度。为适应形式并加强对机动车辆保险业务的管理和解决业务中的实际问题，4月21日至24日，人保省公司召开了机动车辆保险专业会议，会议经过讨论，对保险费率的上下浮动作出严格规定。新的规定和标准于5月1日起执行。会议还通过了《安徽省保险公司机动车辆业务考核标准》。

1987年5月，人保省公司修改机动车辆承运货物责任保险条款，实行固定保费和限额赔付。并决定对船舶不再实行承运货物责任保险。

1987年9月10日，人保省公司、公安厅联合签发关于开展全省交通安全大检查的通知，这是各级保险公司和公安部门第一次在全省范围内联合开展大规模交通安全方面的检查。

1988年6月，《中华人民共和国道路交通管理条例》经国务院批准发布，8月1日起开始实行。省公安厅、省司法厅、省保险公司等9个单位联合发出通知，要求各地宣传贯彻执行。10月，安徽省人民政府发布了《印发“安徽省客运机动车辆和客运船舶实行保险的规定”的通知》（以下简称《通知》）。该规定明确，在安徽省从事客运业务的车船，必须办理驾驶员和旅客人身意外伤害保险、第三者责任险、车损险和船舶险，对未按照规定办理保险的不得从事客运业务，有关单位不发给车、船牌照，不办理年度验审、不核发营业执照。《通知》还就保险责任的承担和无赔款奖励作出相应规定，这是安徽省恢复保险之后的第一次地方性法定保险。

1988年，公安部、农业部、保险总公司于11月联合签发《关于实施拖拉机第三者责任法定保险的通知》，要求做好全省拖拉机保险工作，创造良好的外部环境，推动拖拉机承保业务的发展。

1988年9月，安徽省人保公司批复芜湖市支公司，同意该公司试行《过江机动车辆综合保险特约条款》，开办过江机动车辆综合保险。

1989年1月，经中国人民银行批准，中国人民保险公司颁布新的机动车辆保险条款和费率，并于7月1日起在全国执行。人保省公司按人民银行的指示，于4月下发了《关于实施机动车辆新条款和费率的意见》。文件规定，人保省公司于5月1日起执行机动车辆保险新条款和费率，并对业务衔接的有关问题作了规定。10月，人保省公司与省公安交警总队联合发出《关于进一步加强道路交通安全车辆保险工作的通知》。在《关于认真贯彻省保险公司和省公安交警总队联合通知的意见》中要求：认真学习省公安厅《关于调整道路交通事故经济赔偿标准的通知》，把能保的车辆保下来；对1989年5月1日以前按原条款、费率承保的，要按新的标准调整费率，赔偿一律按新的标准核赔。至1989年年底，全省承保机动车979361辆，保费收入9036.3万元，处理赔案39820件，赔款金额 7203.1 万元，赔付率为 79.71%。

1989 年，省保险公司、省公安厅、省农业机械管理局联合发文，转发公安部、农业部、保险总公司《关于实施拖拉机第三者责任法定保险的通知》（以下简称《通知》），要求保险、公安、农机部门积极配合，加强服务，做过细的宣传工作，保证《通知》的顺利执行，维护国家法规的严肃性，促进拖拉机保险业务的发展。

1990 年，人保省公司在继续贯彻新的机动车辆保险条款和费率工作的同时，强调了业务管理工作。8 月，省公司在重大赔案报告制度及赔案审批权限的暂行规定中确定，机动车辆险一次赔案金额在 1 万元以上、5 万元以下的，必须向省公司备案；车辆险及第三者责任险 5 万元以上的赔案须报省公司审批；凡是机动车辆全损或推定全损的案件，一律报省公司审批。11 月 13 日 至 19 日，人保省公司在合肥市召开全省机动车辆险业务讲习会，主要是组织各地业务骨干学习机动车辆险业务的新条款、道路交通法规、车辆定损技术，研究讨论各地在承保理赔工作中存在的共性问题。1990 年底，全省承保机动车辆 103671 辆，保险费收入达到 11158 万元，首次突破 1 亿元。

1990 年 12 月 24 日，中国人民银行《关于核准“中国人民保险公司拖拉机保险条款”及其基本保险费率的批复》下发，其内容是核准“中国人民保险公司拖拉机保险条款”及其基本保险费率；在基本费率基础上，各地分公司可根据具体情况，实行一定的浮动费率，浮动幅度标准，由当地省级（含计划单列市）人民银行在上下 30% 的范围内确定，浮动超过 30% 范围的，报人民银行总行批准；在贯彻执行中遇到的问题，及时报告人民银行总行金融管理司。

1991—2000 年的机动车辆保险

1991 年 12 月 14 日，人保总公司下发《中国人民保险公司关于进一步搞好长途客运车辆保险工作的通知》。文件对发生在吉林、贵州两省的两起恶性交通事故进行通报。吉林事故车上的 53 人，伤 2 人，死亡 51 人，人保公司赔款逾 50 万元；贵州事故车上 65 人，伤 6 人，死亡 59 人，赔款逾 40 万元。这两起事故引起业内极大震动。人保总公司要求各地要配合公安部门全面做好保险安全工作，加强客运车辆的事故防范，发生重大或特大保险赔案后，要尽快赶赴现场处理，准确予以赔付，并按有关规定迅速上报。是年，人保总公司与公安部在长沙联合召开新的“道路交通管理办法”宣传贯彻会议。会议结束后，人保省公司主动向省政府领导汇报，与省交通厅、公安厅等相关部门联系并召开座谈会，制定宣传贯彻“办法”的具体措施和意见。随后，与公安交警部门联合举办两期业务人员培训班，在车辆年审期间，认真落实，把好源头，解决部分地区存在的机动车辆严重漏保、脱保问题。

1991 年 4 月 25 日，人保总公司下发《中国人民保险公司关于印发“拖拉机保险条款”的通知》。通知要求拖拉机保险条款及其基本保险费率于 1997 年 7 月 1 日开始施行；

各分公司不得变更条款内容，如需要扩大或缩小保险责任范围，可根据各地情况订立特约条款，但必须报经当地人民银行核准，并报总公司备案；在基本保险费率基础上，各分公司可根据具体情况实行一定的浮动费率，浮动幅度按照中国人民银行《关于核准“中国人民保险公司拖拉机保险条款”及其基本保险费率的批复》执行；拖拉机保险条款及其基本保险费率，适用于各种作为农用机械在田间、场院作业等非营业运输的拖拉机；从事短途或长途营业运输的拖拉机应按照机动车辆保险条款承保；兼有以上两种用途的拖拉机，可参照机动车辆保险条款承保；拖拉机保险的投保单、保险单，由各分公司按照总公司统一制订的格式分别印刷；拖拉机保险条款及其基本保险费率实行后，各地分公司应注意掌握执行情况，不断加以总结完善。

1992 年，省经委、财政厅、公安厅、交通厅、省政府农机管理局、保险公司联合向省政府呈交《关于请求修改“安徽省人民政府关于实行机动车辆、船舶强制保险的若干规定”》的报告。这些文件的制定和实施，为在全省范围内实行机动车辆第三者责任等法定保险起了积极的推动作用。在交警部门的配合下，人保省公司深入宣传贯彻新的道路交通安全管理办法，开发了司乘责任险、玻璃破碎险等附加险，该项业务保费收入增长 33.3%，其中，汽车险保费收入 16560 万元，比 1991 年增长 32%，特别是拖拉机保险和船舶险业务发展很快，保费收入比 1991 年分别增长 47% 和 55%。7 月 27 日，人保总公司城市业务部下发《关于印发“关于机动车辆保险业务各险种代号的暂行规定”“关于机动车辆险附加保险业务的暂行规定”“机动车辆险附加保险条款”“机动车辆险附加保险费率表式样”的函》。文件表明，机动车辆保险是人保公司的重要业务，鉴于机动车辆的流动性，其管理工作应相对统一。各地应顾全大局，以充分发挥人保公司的整体优势。

中国太平洋保险公司安徽分公司自从 1992 年开办保险业务至 1997 年的保费统计，车辆保险保费收入包含在财产险中，没有进行分类统计。

1992 年 5 月 6 日，省农机监理总站、人保省公司下发《关于进一步做好拖拉机保险工作的联合通知》。该文件要求各、地、市、县农机部门和保险公司在落实二部一司《关于实施拖拉机第三者责任法定保险的通知》取得进展的情况下，结合各地的实际，力求该项工作有一个较大的突破，帮助拖拉机户解除后顾之忧，及时解决拖拉机肇事后的经济补偿问题，促进社会的安定和生产的及时恢复，开创安徽省拖拉机保险的新局面。根据文件精神，凡参加营运或农用兼营运的拖拉机均应按规定在年检时一并办理第三者责任法定保险，同时动员拖拉机户积极投保拖拉机机身险和驾驶员人身意外伤害保险，以取得更多的保险保障；各级农机监理部门应将拖拉机保险工作列入日常的工作，并作为年终工作考评内容之一；各级保险公司不仅要加强拖拉机保险的宣传工作，同时要做好承保后的服务工作，对发生的拖拉机事故，应严格按照“迅速、准确、及时、合理”的理赔原则及时查勘定损，方便保户，赔付到位；农机部门代理拖拉机保险，保险公司按实收保费的 3% 提取代理手续费交代理单位，对代理单位代办保险未发生赔款的拖拉机按实收保险费的一定比例，提交农机部门，用于安全防灾工作。具体规定是：凡承保面达到参加年检的营运拖拉机（以发黄牌照为准）的 80% 以下，按上一年度参加保险的未出险拖拉机实收保险费总额的 8% 提取；凡承保面达到参加年检的营运拖拉机的 80% 以上（含 80%），按上一年度参加保险未出险拖拉机实收保费总额的 10% 提取；计算时间以每年 4 月底为年度结算截止时间；以县为单位进行结算。省、地、市、县（市）农机监理部门按总金额的比例提成，即省总站提取 10%, 地、市提取 20%，县（市）留 70%。10 月 17 日，人保省公司下发《关于认真贯彻落实“国务院办公厅关于加强对拖拉机运输交通管理的通知”进一步推动拖拉机保险业务发展的通知》。该文件指出，到 9 月底止，全省共承保拖拉机 46773 台，比上年同期增加 16334 台，增长 53.7%；保费收入 648.3 万元，比 1991 年同期增收 232 万元，增长 55.7%；全省共发生赔案 1861 件，赔款总额 225.6 万元，赔付率 34.8%，较 1991 年同期下降 5 个百分点。人保省公司要求各地、市、县公司抓住有利时机，认真贯彻文件精神，努力把拖拉机保险工作推进一步，力求全年承保数量要达到全年年审数的 80%。要求继续贯彻《关于进一步做好拖拉机保险工作的联合通知》，加强与公安、农机部门的联系，按照通知要求，不断扩大拖拉机保险的承保量，努力实现新的突破；代理手续费及拖拉机无赔款安全返还的规定，适用于有关代办拖拉机保险的各单位和部门。

1993 年，为了进一步发挥国家保险公司在道路交通事故处理方面的防灾补偿作用，加强交通安全的综合治理，维护社会的安定团结，省经委、财政厅、公安厅、交通厅、农机局、人保省公司向省人民政府联合报告，请求修改《安徽省人民政府关于机动车辆、船舶法定保险的若干规定》。报告指出，根据国务院、省政府文件精神以及省政府政办文件、皖政文件的要求，拟请省政府以行政法规形式，对全省机动车辆、船舶实行强制保险。1991 年，全省拥有各种机动车辆 70 多万辆（含拖拉机）、船舶 4 万艘，但承保面分别只有 23.1%、33%（其中汽车为 58.9%，拖拉机仅为 8.4%）。1 月 10 日，人保省公司下发《关于贯彻执行总公司机动车辆保险两个文件的意见通知》，就执行中的几个具体问题提出意见并贯彻执行。3 月 15 日，人保省公司拟文《关于建议实行安徽省机动车辆第三者责任等六项法定保险的报告》向省政府报告，建议省政府尽快通过行政法规的形式，在全省范围内对机动车辆第三者责任险、车上人员责任险、承运货物险、公路、轮船旅客意外伤害险、雇主责任险、公众责任险等六个险种实行法定保险，并在该文件后提交了《关于六项法定保险的说明》。7 月 27 日，人保总公司下发《中国人民保险公司关于开展保证保险业务的规定》。规定要求，已承保保证保险业务的公司，必须将保单副本、保险条款（保险协议）等有关重要材料报总公司财产险部备案；1993 年 8 月 1 日之后开办保证保险的，必须报人保总公司财产险部审批，否则不得办理；对于其他新险种的承保仍按照原来的规定办理，分公司业务部门要注意审核。10 月 7 日，人保省公司根据总公司文件精神，结合安徽省实际情况，下发《关于转发总公司保险车辆互碰赔案处理暂行规定及贯彻意见的通知》，决定保险车辆互碰赔案处理先在合肥市、马鞍山市、宿县地区实行，待取得经验后再向全省推广；确认互碰赔案后，承保公司应在案卷级《查勘》《记录》《赔款计算书》《利益转让书》上分别注明“互碰赔案”。案卷应单独编号，如合肥市第一办事处互碰赔案，应为（1993）合机一办“互碰”第 001 号；凡保险金额低于重置价值的承保车辆，其 p1 + p2 仍应比例赔偿；驾驶员的责任扣款，为 p1+ p2 互碰对方实际承担的 p3，其比例按次要责任 3%，同等责任 5%，主要责任 8%，最高不超过 800 元；上述三个地市保险公司实行互碰赔案处理方法后，第三者责任险均应按无限额承保；同一保险公司承保的车辆发生互碰赔案，适用本办法；上述三个地市公司业务主管部门有义务和责任对承保公司发生的互碰赔案进行协调、指导。发现弄虚作假的，要严肃对待，认真处理。

1994 年 1 月 10 日，人保省公司上报《关于报送机动车辆保险费率调整和加贴特约条款的报告》至人民银行安徽省分行。报告表明，安徽省机动车辆保险费率自 1990 年以来，一直未调整，而交通事故的补偿标准平均提高三倍以上，伤者医疗费用、车辆零配件价格、修理工时费也都年年上涨，保险费收入与所承担的责任严重失调，已危及到机动车辆保险的正常经营，1988 年 11 月人保总公司在当时的经济条件下颁发的《机动车辆保险条款》，其部分条款及费率与业务发展的实际已不相适应，为此，特要求将机动车辆保险费率予以部分调整，并提出调整的具体意见。2 月 1 日，中国人民银行安徽省分行下发《关于同意“机动车辆保险条款”加贴特约条款及其保险费率调整的批复》。省人民银行在批复中明确指出，为保证全省机动车辆保险业务正常经营和健康发展，按照中国人民银行关于保险条款、保险费率的管理精神，原则上同意人保省公司修订的《机动车辆保险特约条款》和《安徽省机动车辆保险费率表》在全省范围内公布实施。此次调整的主要内容是：将“营业运输车辆”和“私有及个人承包运输车辆”两个类别合并。合并后安徽省机动车辆费率表按车辆使用性质分为“单位自用车辆”和“营业用车辆”两个类别；拟在总颁第三者责任险费率，五万元限额和无限额两档费率之间增加十万元限额一档。十万元限额为原无限额费率，无限额费率在原费率基础上上调一倍；在车辆损失险费率中，增设进口车费率一档，进口车费率略高于国产车费率标准；近三年来机动车辆平均赔付率在 60% 以上的地市保险分支公司，其费率可在 50% 以内向上浮动（其中包括 1990 年 10 月批准并已实行上浮的 30% 在内，本次实际上浮 20%）；对投保车辆在十辆以上的大中型车辆单位，近三年来平均赔付率在 30% 以下的，其费率可以在 30% 以内向下浮动，但不得上浮；对事故率较低的警车、消防车、清洁车、邮电车、救护车的费率一律不得上浮。加贴特约条款内容是：原加贴条款中肇事驾驶员承担部分经济损失的限额取消，以进一步加强被保险人安全管理的责任心；第三者责任险按十万元限额或无限额档次投保的机动车辆、第三者责任每一被伤害人的最高赔偿以不超过人民币五万元为限；全省统一按车辆新旧成数承保。自新车入户之日起计算，一年以内为新车，其实际价值为投保时市价的十成，以后每满一年折一成，但最低折旧到同类新车的三成为止，以此类推。其车损险的保险费及赔款均按此标准计算；对经公安交通管理部门认定因车辆带病行驶，严重超载，所造成的损失，保险人有权拒绝赔偿其一部分或全部；为增强车辆所有人对车辆保管的责任，对停放在车库或停车场以外失窃的车辆不负赔偿责任。2 月 3 日，安徽省人民政府颁发第 51 号政府令："《安徽省机动车辆、船舶法定保险暂行规定》，已经一九九四年一月七日省人民政府第二十六次常务会议通过，现予发布施行。"该暂行规定总共八章，三十八条。2 月 19 日，为了深入贯彻实施安徽省人民政府第 51 号、52 号令的精神，省公安厅、交通厅、农机局、保险公司印发《关于贯彻实施安徽省人民政府第 51 号、52 号令的联合通知》文件，要求各相关单位深入宣传，密切配合，共同做好法定保险工作。属于法定保险对象的车辆、船舶都必须按规定在人保省公司设在当地的保险机构办理法定保险。法定保险实施前，已在其他保险企业办理保险的车、船，俟保险期满后，一律在人保分公司办理法定保险。凡是未在人保分公司办理法定保险的车辆、船舶，公安、交通、农机部门不予检验发证，车辆不准上路行驶；船检部门不予验船、港监部门不予签证、船舶不准出港航行，汽车、船舶不准营运。3 月 8 日，人保省公司及时下发《关于实施机动车辆、船舶法定保险若干问题的规定》。文件对省政府第 51 号令发布执行中的具体问题作了强调：法定保险实施后，机动车辆、船舶发生的续保业务和理赔案件的无赔款安全奖励及驾驶人员承担部分赔款一律按《安徽省机动车辆、船舶法定保险暂行规定》确定的标准执行。机动车辆无赔款安全奖励及驾驶人员承担部分赔款的险种包括车损险、第三者责任险、车上人员责任险及承运货物险。原机动车辆特约条款约定驾驶人员承担部分赔款的限额为一万元，现改按法定保险规定的五千元执行。文件强调，法定保险实施前，已在人保分公司办理了保险的车辆、船舶，投保险种符合规定的，不需办理批改手续；投保险种少于规定的，承保公司应通知车、船主办理增保手续。法定保险实施后，无论新保、续保车辆、船舶都必须按规定办理法定保险，即机动车辆实行车辆损失和第三者责任保险及其附加车上人员责任险、承运货物保险；营业性运输船舶实行船舶损失和碰撞责任保险；摩托车、简易机动三轮车和既从事农田作业又从事运输的拖拉机，实行第三者责任保险。人保省公司在该文件中对车上人员责任险和承运货物险两个附加险提出了实施意见，费率按原规定执行，各地、市分公司可根据本地实际情况在 50% 幅度内浮动。

1994年全省全面贯彻省政府51号令后，人保省公司与省农机监理总站联合下发《搞好拖拉机法定保险的通知》，拖拉机保险保费收入大幅度增长，比1993年同期上升60.7%。同年，根据安徽省人民银行对《机动车辆特约条款及其费率调整》的批复精神，省分公司对拖拉机保险有关问题下发通知，明确拖拉机保险费率在规定范围内做适当调整；对拖拉机保险，在保险期限内未发生保险事故赔款，并按期续保的，按比例退还已交保险费作为安全奖励；保险拖拉机在保险期内，因机手人员责任发生事故赔款的，机手及被保险人按不同标准承担部分赔款，但最高以不超过1000元为限，取消原条款中30元免赔额。通知还就拖拉机保险的其他事宜作了规定。

1994年至1996年，《中国平安保险股份有限公司机动车辆保险条款》基本险包括车辆损失险和第三者责任险，附加险包括盗抢险、司机座位责任险、乘客座位责任险、承运货物责任险、玻璃破碎险等五个险种。实行每次事故免赔率和无赔款优待，其中无赔款优待，上一年未出险，优待数额为上一年度保单保费的10%，连续二年未出险，优待数额为上一年度保单保费的15%，连续三年未出险，优待数额为上一年度保单保费的20%。无赔款优待只针对续保客户。1996年5月，为更好发展机动车辆保险业务，决定在全省范围内增开机动车辆“无过错责任险”“车辆停驶利润损失险”两项附加险。

1995年3月11日，为了认真执行机动车辆保险及其附加盗抢险条款和费率，中国人民保险公司、中国太平洋保险公司、中国平安保险公司、天安保险股份有限公司、大众保险股份有限公司在上海召开业务联席会议，并达成一致意见：在当地人民银行统一领导下，同一地区的各家保险公司必须在同一时间执行文件；各公司及其下属分支机构必须严格按照新的机动车辆保险及其附加盗抢险条款和费率开展业务；未经人民银行批准，各公司不得擅自更改机动车辆保险及其附加盗抢险条款。经人民银行批准后，费率可以浮动；附加盗抢险的免赔规定按机动车辆保险条款第17条执行；对违反上述规定的单位，各公司及其下属分支机构都有权向中国人民银行举报。3月30日，人保省公司下发《关于实施机动车辆保险条款和费率的通知》。通知指出，经省人民银行同意，新条款和费率自一九九五年四月十日起在全省执行，并实行全省统一管理，各地不得自行变更条款和费率。实施新条款后，仍应坚持车辆损失、第三者责任、车上人员和承运货物四个法定保险险种一起承保。第三者责任及附加险的投保限额，保户可以选择。4月4日，中国人民银行安徽省分行下发《转发总行“关于机动车辆保险条款的通知”的通知》并提出贯彻意见：按照统一地区经营同一险种，执行同一费率，公平竞争的原则，各保险公司及其分支机构一律从4月10日开始执行总行《关于印发机动车辆保险条款的通知》的规定；机动车辆保险附加盗抢险条款费率全省统一规定为30%；各级人民银行要认真履行职责，对违反上述规定的单位要严肃查处，并将情况随时上报省分行。4月7日，人保省公司要求各地、市分支公司认真贯彻文件并做好机动车辆保险工作。5 月 15 日，为保障《关于印发机动车辆保险条款的通知》顺利执行，避免执行中出现歧义，中国人民银行及时将《机动车辆保险条款解释》《机动车辆保险费率解释》《机动车辆保险附加盗抢险条款和费率解释》三份文件下发，要求各公司认真贯彻执行。省公安厅、人保省公司于 9 月在合肥联合召开了全省部分地市打击盗抢机动车犯罪座谈会。会上，人保省公司副总经理刘政焕和省公安厅副厅长刘金照分别作了讲话。11 月 12 日，省公安厅、人保省公司联合下发《关于加强被盗、抢机动车辆追查归还工作的通知》。文件对保险车辆追缴归还工作提出如下贯彻意见："被盗抢的保险车辆在三个月后追缴的，应及时返还承保公司；被盗抢的保险车辆在三个月内追缴的，在返还车主前，应通知承保公司，并经承保公司签章后，方可返还。返还的被盗、抢机动车辆必须填写《返还被盗抢保险机动车辆登记表》，由公安机关和保险公司分别上报省公安厅刑警总队、省人保公司城险处，省公安厅刑警总队和省人保公司城险处每季度互通一次信息。凡是追缴或返还的保险车辆，任何单位或个人不得以任何理由隐瞒不报或挪作他用，如有违反，一经发现严肃处理。公安机关追缴被盗、抢保险机动车辆返还承保公司或车主时，保险公司应及时做到一案一奖。奖励的标准原则上：追缴本地（市）的按照车辆实际价值的 10%，追缴本省跨地、市的按照 15%，追缴跨省、市、区的按照 20% 的幅度执行"。外省、市、区规定高于 20% 的，按追缴车辆所在省、市、区的奖励比例执行。文件对其他具体情况也作了明确规定。1995 年，人保省公司机动车辆保费收入 6.1 亿元，占当年财产险总保费的 68%，赔付率为 64%，在财产险公司业务中占有举足轻重的地位。

1995 年，由于安徽省地区之间经济发展不平衡，参加保险的拖拉机承保面和全省拥有量及年审数存在着很大差距。全省上道路运输拖拉机 25 万台，年审 18 万台，承保 34800 台，仅占年审数的 26%。9 月 22 日，人保省公司要求各地市分公司，遵照中国人民银行安徽省分行关于安徽省拖拉机保险费率标准报告的批复执行。

1996 年 8 月 23 日，人保省公司将人保总公司《关于转发中国人民银行〈关于修订"机动车辆保险条款"部分内容的通知〉》转发各地市分公司、人保省公司营业部。中国人民银行根据《中华人民共和国保险法》的有关规定，对人民银行原下发的《机动车辆保险条款》和《机动车辆保险条款解释》的部分内容进行了修改。人保省公司要求各级分公司从 1996 年 9 月 1 日起在全省执行。9 月 7 日，人保省公司下发《关于印发"巩固发展机动车辆保险业务若干问题的意见"的通知》（以下简称《意见》）。《意见》共二十条：1. 正确认识机动车辆险业务在财产险公司的地位和作用，安徽省 1995 年机动车辆保费收入 6.1 亿元，占当年财产险总保费的 68%，赔付率为 64%，规模和效益都是其他险种无法替代的；2. 加快车辆险经营机制的转换，车辆险业务要克服单纯依靠把关守口和等客上门的官商作风；3. 尽快建立健全适应保险市场要求能够推动业务巩固和发展的新的经营方式；4. 建立一支与车辆险业务规模和市场需求相适应的专业展业骨干队伍；5. 适应保户上门服务的需要，适量聘请实习代理人员，各承保公司可按照上年承保数300至500辆汽车聘请一名实习代理人；6. 加大公关力度积极争取公安、交警、交通等部门及大中型企、事业单位的支持；7. 加强信息工作及时掌握市场动态；8. 大力开展优质服务，树立良好企业形象；9. 继续抓好新条款以及最近修订内容的贯彻；10. 到业务的源头逐户逐辆的抓承保工作的落实；11. 坚持主附险综合承保方式；12. 以效益为中心在公平的前提下适应市场变化；13. 依法经营，积极发展"车上人责任险"；14. 发展互惠关系，千方百计巩固重点保户；15. 继续做好险种内部承保结构的调整；16. 加快对摩托车和其他车辆业务的开发；17. 努力扩大拖拉机险的承保规模；18. 强化风险管理确保承保质量；19. 加快电子化步伐；继续实行单险考核；20. 努力改进车险业务的装备。该文件对在新的形势下发展和巩固机动车辆保险业务提出了新的思路，要坚决克服单纯依靠"年检把关，路查补课"两大战役的展业方式。积极争取相关部门和大型企、事业单位的支持，充分发挥代理单位和个人的作用，走多渠道、广代理的路子，力争车险业务有更大的发展。10月15日，中保财产保险省分公司下发池州市分公司《关于配合处理"九一八"重大交通事故的通知》。文件指出，池州地区青阳县皖—40411号"扬子"大客车于9月18日在庐江县境内发生翻车，造成重大事故。车上乘坐的佳木斯市艺术剧院"托起明天的太阳"演出队一行十六人受伤，其中重伤多人。省政府及时指派省安委会、省公安交警总队、省文化厅、省中保财产保险公司等有关部门负责人协调事故善后处理工作。鉴于该案在查勘过程中发现肇事车辆在投保和遵守交通法规上都存在一些问题，人保省公司领导及时对该案的处理进行研究，最终比较妥善处理了该起重大交通事故。11月4日，经人民银行安徽省分行同意后，人保省公司下发《机动车辆营运中断利润损失险条款》。该条款为机动车辆保险附加条款，只准承保机动车辆时一并承保，不准单独承保。该条款中的进场修理期间指正常必要的修理时间，不包括车辆修理后未提车的时间和等候配件的时间。投保营运中断保险的车辆修理时应与修理厂约定修理时间。保险公司要进行认真的控制。10月5日，中保财产保险省分公司致函省公安厅，按照公安部、省政府的有关规定，在长期合作的良好协作关系上，能继续给予大力支持，商情凡原人保公司与各地交警建立的有关机动车辆保险业务的协作协议，均由中保财产保险公司在当地的机构继续履行，有必要修订的协商解决，继续巩固和发展机动车辆保险业务，同时各地保险公司应在交通安全、道路交通事故及逃逸案件的处理中积极配合各级交警工作，降低交通事故发生率，为经济发展和社会稳定作出新的贡献。

1996年7月1日，平安产险安徽分公司基本险包括车辆损失险和第三者责任险，附加险包括盗抢险、司机座位责任险、乘客座位责任险、承运货物责任险、玻璃破碎险、无过错责任险、车辆停驶利润损失险七个险种。其中“盗抢险”保险责任中增加一项抢夺责任，即承担被盗窃、被抢劫、被抢夺的责任。此次条款变动及启用改变了长期以来平安公司全系统车险保单格式不统一的局面，促使车险业务数据的规范化。

1996 年 11 月 1 日，中保财产保险省分公司和省农机安全监理总站下发《关于做好拖拉机保险工作的联合通知》。该文件指出，人保系统体制改革的分设机构、分业经营工作已告一段落，按照人民银行总行颁布的《保险管理暂行规定》，在全省范围内经营财产保险、货物运输保险、运输工具保险和各种责任保险等财产保险业务，凡原人保公司与各地农机部门建立的有关拖拉机保险业务的协议和各种协作关系均由中保财产保险公司在各地的分支机构继续履行，需要修订和完善的由当地农机部门和中保财险公司协商妥善解决。凡从事营运或农营兼用的拖拉机都必须参加第三者责任险，否则农机监理部门不予检验入户，不准上道路行驶。还要积极动员参加拖拉机损失险和机上人员责任保险。《中华人民共和国道路交通安全法》明确规定：“机动车所有人、管理人未按照国家规定投保机动车第三者责任强制保险的，由公安机关交通管理部门扣留车辆至依照规定投保后并处依照规定投保最低责任限额应缴纳的保险责任二倍罚款。”并指出“对上道路行驶的拖拉机，由农业（农业机械）主管部门行使本法第八条、第九条、第十三条、第十九条、第二十三条规定的公安机关交通管理部门的管理职权”。

1997 年，车辆保险竞争激烈，有些保险公司无视人民银行和财政部的有关规定，采取大幅度降低保险费率、超标准支付代理手续费、支付高额退费、提前给予无赔款优待等非正常手段进行竞争，直接造成机动车辆保险业务赔付率巨幅上升，严重影响了保险市场秩序的稳定。为了维护国内保险市场的正常秩序，积极推动和促进各家保险公司全面、正确地贯彻执行国家有关保险的法律、法规和政策规定，建立和完善保险的自我约束和相互监督机制，引导车险业务经营朝着法制化、规范化的方向发展，根据《中华人民共和国保险法》《中华人民共和国反不正当竞争法》《保险管理暂行规定》和《保险代理人管理暂行规定》等法律法规，经签约公司共同协商，特制订《机动车辆保险自律公约》，8 月 19 日，中保财产保险有限公司、中国太平洋保险公司、中国平安保险股份有限公司、华泰财产保险股份有限公司、大众保险股份有限公司、天安保险股份有限公司、永安财产保险股份有限公司、华安财产保险股份有限公司、新疆兵团保险公司等九家保险公司签字通过。8 月 20 日，为了加强对机动车辆保险业务的管理，促进机动车辆保险的健康发展，中国人民银行、财政部下发《关于加强机动车辆保险业务管理的通知》。该通知共 13 条，主要内容有：严格按照中国人民银行批准的机动车辆保险及其附加险的条款和费率（含浮动费率幅度）开展保险业务，未经中国人民银行批准，不得变更条款内容，不得直接或变相降低保险费率；机动车辆保险代理手续费标准最高为5%，各保险公司必须严格执行。高于此标准的调至5%以内；各保险公司不得擅自提高代理手续费标准，不得以任何理由在车辆承保或续保时提前给予无赔款优待，也不得支付其他形式的退费；严禁各保险公司在保费收入中直接扣抵代办保险的业务手续费；代理手续费一律使用转账支票，不得以现金或现金支票支付；机动车辆保险单（除提车暂保单外），必须由保险公司出具，不得委托保险代理机构代出保单；各保险公司必须对机动车辆保险单的印刷、保管、发放、作废、核销建立和健全登记管理制度，确定专人负责管理；机动车辆保险展业和理赔的管理，不得采取车辆小额理赔包干的做法，不得将理赔权下放给保险代理机构；各家保险公司及其分支机构必须在人民银行批准的区域内开办机动车辆保险业务，不得异地展业、异地出单；投保自愿，不得依赖或借助党政机关行政干预强制客户参加保险；开展自查，并于1997年9月30号前完成，及时将清查情况及处理结果整理成书面材料报同级人民银行；人民银行各分行务必于十月初组织专门力量开展行业专项检查，月底结束。检查中发现拒不执行者，追究有关人员的责任并严肃处理，检查结果报人民银行；通知自下发之日起执行，过去有关规定与通知相抵触之处，以本通知为准。8月13日，中保财产保险省分公司上报人民银行安徽省分行《关于贯彻机动车辆运输保险业务划分两个文件意见的报告》。8月18日，中国人民银行安徽省分行下发《对“关于贯彻机动车辆运输保险业务划分两个文件意见的报告”的函复》。8月20日，中保财产保险省分公司要求各地、市分公司、省公司营业部、国际业务部，认真遵照执行两个文件，严格按照中国人民银行印发的机动车辆保险条款和同意报备的附加车上责任保险条款，依法经营属于财产险业务范围的机动车辆损失险、第三者责任险及车上责任保险，并重申：经中国人民银行备案同意的车上责任保险条款是指由车主交纳保险费，车主作为被保险人，以车主对车上人员或货物承担的民事赔偿责任为保险标的的一种保险。9月11日，中保财产保险有限公司下发《关于印发英文版机动车辆保险条款、附加险条款和中英文对照保险单及废止涉外汽车保险条款保险单的通知》。文件明确：从1997年11月1日起涉外业务一律停止使用原涉外汽车保险条款、保单，统一执行《机动车辆保险条款》，涉外业务执行新的条款和保单后，按照怎么保，怎么赔的原则，对1997年11月1日前承保的汽车，继续沿用原涉外汽车保险条款，负责至保险期满。11月1日后承保的车辆按新的条款执行；如遇保险双方对英文版机动车辆保险条款文字理解发生歧义时，以中文版条款为准。9月30日，中保财产保险安徽省分公司下发《关于转发总公司英文版机动车辆保险条款、附加险条款和中英文对照保险单及废止涉外汽车保险条款保险单的通知》，并要求各地贯彻执行。

1997年，中国太平洋保险安徽分公司在信息技术全国联网上线后，在上线系统中将车辆保险和企财险及其他险种进行明确分类。

1997 年 4 月 22 日，中保财产保险省分公司下发《关于转发“安徽省农业机械安全监督管理办法”的通知》。通知指出，各级公司要认真贯彻省政府 79 号令的精神，通过各种宣传媒介和典型案例，向广大农民群众和农机户宣传《安徽省农业机械安全监督管理办法》和保险的意义及作用。主动上门，加强联系，配合农机部门做好年审期间的拖拉机续保工作，努力抓好车损险、第三者责任险和机上人（机手）责任险，力争保全保足。大力推行代理关系，对拖拉机等分散性险种印制定额保险单证，创造新的推销方式。进一步协调和密切与农机部门的关系。依据政府令的有关规定，努力做好拖拉机保险事故的处理、查勘和定损工作，严格审核各项保险赔款。做好拖拉机保险的防灾防损工作，与农机监理部门共同加强对保险拖拉机的安全管理。

1998 年 1 月 24 日，中保财产保险有限公司下发《关于实施机动车辆险创名优工程的决定》。3 月 26 日，根据总公司规定，为全面实施机动车辆险创名优工程，把安徽省车辆险办成在管理上、服务上、效益上都是一流的示范性险种，形成公司经营管理的独特风格，带动公司各项业务的大力发展和管理水平的进一步提高，中保财产保险省分公司下发《关于成立中保财产保险安徽省分公司机动车辆险创名优工程领导小组的通知》，决定成立中保财产保险安徽省分公司机动车辆险创名优工程领导小组，组长由总经理刘政焕担任，下设办公室，地点在省分公司运输工具保险处，日常工作由运输工具保险处负责。中保财产保险省分公司在文件中强调，实施机动车辆险创名优工程，要按照总公司的统一要求和部署，把握时机，有计划、有重点地做好创名优工程的社会宣传工作，树立“忠诚服务，笃守信誉”的中保财险公司的企业形象。7 月 10 日，安徽省人民银行非银行金融机构管理处召开在皖各个省级保险公司车险处室负责人会议。会议纪要：凡 1998 年 7 月 1 日以后承保（含续保）的机动车辆险保单，第二十八条必须按第五条“不论机动车辆连续几年无事故，无赔款优待一律为基准费率的 10%，即以基础费率的 90% 作为本年度的费率执行；凡 1998 年 7 月 1 日以前签发的保单，仍按原保险合同规定执行，但不得同时享受 10% 基准费率优待。7 月 14 日，安徽省人民银行批复中保财产保险省分公司，同意《机动车辆过江保险条款》在全省实施，要求要严格按照核准的条款开办业务，如需变更应报人民银行重新审核批准。8 月 28 日，安徽省人民银行印发《关于转发中国人民银行“关于机动车辆保险业务有关问题的补充通知”的通知》。文件明确：“关于费率浮动，经全省三家省级保险公司充分协商，决定全省机动车辆保险费率上下浮动的最高限度为 20%；省分行将对省级分公司执行情况进行检查，各地市（分）行在通知下发后 1 个月内对辖区内机动车辆保险业务进行检查，并将结果以书面形式报人行安徽省分行。检查中如发现有未按本通知规定给予被保险人无赔款优待、超比例浮动费率等违规经营情况，将按有关规定给予严厉处罚。”

1998 年，中国太平洋保险安徽分公司机动车辆保险承保数量 11937 件，保险金额 115135.1 万元，保费收入 2759 万元。其中汽车（含拖拉机）保费收入 2729.8 万元，摩托车保费收入 29.2 万元。

1999 年 6 月 7 日，人保省公司、中国太平洋保险公司合肥分公司、中国平安保险股份有限公司合肥分公司联合印发《关于保险机动车辆出险定损的联合公告》。公告的主要内容有三点：（1）保险公司不受任何单位和个人的干预和限制，独立地对保险车辆事故进行查勘定损，是《中华人民共和国保险法》赋予保险人的权利。中国人民银行《关于机动车辆保险业务有关问题的通知》明确规定："各级政府部门无权以任何行政手段强制保险公司和被保险人到指定的'评估定损中心'进行定损；对于此类强制定损的估价标准，保险公司及其分支机构不得予以认可。"各保险公司在全省的分支机构必须严格遵照《中华人民共和国保险法》和人民银行的有关规定切实依法行使对保险车辆事故损失进行查勘定损的权利，加强经营管理，及时履行向被保险人支付赔款的义务；（2）根据中国保险监督管理委员会印发的《机动车辆保险条款》，关于保险车辆发生保险责任事故造成车物损失时，被保险人必须及时通知保险人，保险车辆因保险事故受损或致使第三者车辆及其他财产损失，被保险人须会同保险人检验，确定修理项目、方式和费用，经保险双方达成协议后方可进行修理。否则，保险人有权重新核定或拒绝赔偿。凡未经保险人书面委托的"评估"结果，保险人概不认可，有关单位收取的"评估"费用概不承担；（3）各级保险公司查勘定损时，必须继续执行不得收取查勘、估价、鉴定等任何费用，不得以赔谋私，不得收受保户的好处费，违者将严肃处理。

中国太平洋保险公司合肥分公司的车辆保险从 1999 年 5 月开始集中实施专业化管理，采取"三集中"原则，指定核保员核保出单，由业管处和业务二部（专职车险）管理；签发保单必须遵循"先交费，后出单"程序，并要求在收到保费之前，保险卡、保险单正本一律不准向外发放；缴纳保费在 5 万元以上的业务，分期付款必须经部门领导签字，并承担应收保费责任；所有保险单证和批单由业管内勤负责定期向计财处流转，负责装订归档；对已签单半月内未缴费的保单，按作废处理或办理退保；计财处为保险单证对口管理部门，对保险单证的管理负责任。1999 年 6 月又下发《机动车辆业务核保细则》和《机动车辆保险业务核赔实施细则》，确定了核保员的职责、权限、投保风险的管控等，确定了核赔员的职责、考核管理和责任等。1999 年中国太平洋保险安徽分公司机动车辆保险承保数量 15318 件，保险金额 198254.3 万元，保费收入 4578.2 万元。其中汽车（含拖拉机）承保件数 12027 件，保费收入 4436.6 万元；摩托车承保数量 3291 件，保费收入 141.6 万元。

2000 年以后的机动车辆保险

2000 年 2 月 4 日，中国保险监督管理委员会在《关于印发“机动车辆保险条款”和“机动车辆保险费率规章”的通知》中指出，原下发的机动车辆保险条款、费率自1999 年 4 月 1 日实施以来，发挥积极的作用。为进一步加强机动车辆保险条款、费率的可操作性，结合保险市场的发展和变化，保监会再次修改机动车辆保险条款和费率。此次印发的《机动车辆保险条款》自 2000 年 7 月 1 日起执行，保监会文件下发的原《机动车辆保险条款》同时废止。中国人民银行《关于下发外币保险业务类保险条款的通知》中的《汽车保险条款》自文件下发之日起废止。原签合同执行到期满为止。此次印发的《机动车辆保险费率规章》自 2000 年 4 月 1 日起执行，保监会 1999 年下发的《机动车辆保险费率》同时废止。在此之前签订的保险合同，仍按原费率规定执行到合同期满为止。在执行费率的过程中，如个别地区（以省、自治区、直辖市为单位，下同）因特殊情况需要调整费率，在当地保险公司达成一致意见的基础上，可向当地省级保险监管办申请 30% 以内（含 30%）的浮动比例。尚未设立保险监管办公室的地区，暂由当地同业公会负责协调，并向保监会统一申请浮动比例。3 月 1 日，人保总公司下发《关于转发保监会印发〈机动车辆保险条款〉和〈机动车辆保险费率规章〉的通知》，要求各地分公司立即组织学习，认真做好准备，以保证全系统分别在 4 月 1 日和 7 月1 日统一执行车险新费率规章和新条款。为充分发挥人保公司的整体网络优势，进一步提高客户服务水平，服务质量，为社会提供全天候、多方位、方便快捷的保险服务，增强人保品牌的市场竞争力，人保总公司决定建立全国统一的中国人民保险公司服务专线电话（简称“人保专线”，电话号码“95518”）。根据总公司要求，人保省公司于4月20日下发《关于印发“人保省公司建立人保服务专线电话实施方案”的通知》。“方案”共分 8 部分，从组织领导、组网方式、工作程序、规章制度到实施步骤等。4 月 21 日，人保省公司下发《关于转发省邮电管理局为各地人民保险公司设立“95518”专用电话号码的通知》，要求各地市分公司严格执行《关于转发中国人民保险公司“关于建立中国人民保险公司服务专线电话的通知”的通知》和《关于印发“人保省公司建立人保服务专线电话实施方案”的通知》，结合本地制定的服务专线电话实施方案，高标准、高质量地抓紧贯彻落实，确保“95518”服务专线电话按期开通。为配合执行新的《机动车辆保险条款》和《机动车辆保险费率规章》，6 月 15 日，中国保监会制定下发了《关于印发“机动车辆保险条款解释”和“机动车辆保险费率规章解释”的通知》，并要求于 2000 年 7 月 1 日起执行。原印发的《机动车辆保险条款解释》和《机动车辆保险费率规章解释》同时废止。6 月 30 日，人保省公司举行“95518 人保专线服务电话开通新闻发布会”，宣布该专线电话自 7 月 1 日起在全省开通。省各大新闻单位及部分中央驻皖新闻单位记者参加会议。随着保险业务的不断发展，少数行政部门借助行政手段，无视保险人和被保险人的利益，在一些地区对保险事故采取“强制定损”办法。针对这一情况，中国保监会于 1 月印发《关于财产保险公司不得参加“强制定损”的通知》。通知明确规定，保险人和被保险人应本着协商、自愿的原则，委托有资格进行价值鉴定的机构专门对财产损失进行鉴定；各保险公司不得以地方行政部门强制为由，与其就“强制定损”联合发文；对于此类“强制定损”的估价标准，各保险公司及其分支机构不得予以认可。4 月 11 日，人保省公司下发《关于转发总公司“关于转发保监会要求财产保险公司不得参加‘强制定损’文件的通知”的通知》，要求各地市分公司严格遵照执行，同时向被保险人做好宣传、解释工作。7 月 25 日，人保省公司下发《关于转发总公司“关于转发保监会‘机动车辆保险条款解释’和‘机动车辆保险费率规章解释’文件的通知”的通知》，要求各地市分公司、省公司营业管理部、亳州市支公司严格执行并切实掌握新、旧条款解释的区别。8 月 3 日，中国保监会发文《关于进一步加强机动车辆保险市场管理有关问题的通知》，要求各家公司要严格执行保监会制定的机动车辆保险条款和费率，不得擅自修改。不得从保费收入中直接抵扣手续费、退费或返还等形式违规展业，确应给予无赔款优待的应以减收保费形式实现。2001 年 3 月 31 日后，凡经营机动车辆保险业务的各级保险分支机构必须全部实现电脑出单。否则，保监会将重新审核其经营机动车辆保险业务的资格。为配合执行新的《机动车辆保险条款》和《机动车辆保险费率规章》，中国保监会合肥保监办（筹备组）转发了中国保监会的两个文件，并对贯彻落实文件精神提出了要求。8 月 30 日，人保省公司下发《关于严格执行中国保监会对机动车辆保险经营管理的规定及开展自查自纠活动的通知》，要求各地、市分公司要立即组织全体职工认真学习保监会的两个文件，深刻领会文件精神，提高依法合规经营的意识；立即组织人员对执行情况进行一次严肃认真的自查自纠，并将检查结果于 9 月 10 日前报人保省公司运工险处；各级公司领导要从人保事业的大局出发，依法合规经营，加强内部管理，坚决杜绝违规经营行为，并要认真吸取外省公司违规行为的教训，引以为戒；自本通知下发后，如仍有违规经营，人保省公司将严肃处理。

2000 年年底，中国太平洋保险股份有限公司合肥分公司产寿险筹备分立事项，产险业务管理处成立。2000 年，机动车辆保险承保数量 17385 件，保险金额 220613.2 万元，保费收入 5503.8 万元。其中汽车（含拖拉机）承保件数 12565 件，保费收入 5242.1 万元；摩托车承保数量 4820 件，保费收入 261.7 万元。

2000 年，平安产险安徽分公司基本险包括车辆损失险和第三者责任险，附加险包括全车盗抢险、车上责任险（分为车上座位责任险和车上货物责任险）、车载货物掉落责任险、玻璃单独破碎险、无过失责任险、车辆停驶损失险、自燃损失险、新增设备损失险、不计免赔特约险九个险种。新增了“车载货物掉落责任险”“自燃损失险”“新增设备损失险”等险种。另外，“无赔款优待”更改为本年度续保险种应交保费的 10%，无论连续几年无事故，一律为应交保费的 10%。

2001 年 2 月 20 日，人保总公司下发《关于印发机动车辆消费贷款保证保险条款费率及经营管理规定和机动车辆保险救助特约险条款的通知》。通知指出，为满足保险市场的新需求，保证车辆保险业务的持续稳定发展，人保总公司在市场调研的基础上重新修订、开发《机动车辆消费贷款保证保险条款》《机动车辆救助特约保险条款》两款保险，并经中国保监会批准备案。制定下发《机动车辆消费贷款保证保险业务经营管理暂行规定》。新修订后的机动车辆消费贷款保证保险条款和费率自 2001 年 3 月 1 日开始正式启用，人保总公司要求各地在开办该保险时，应严格执行条款和费率规章，对已承保的保单不得对其条款内容和费率进行变更，充分利用汽车经销商、汽车俱乐部等有救援能力的社会力量积极、稳妥地推广，使被保险人通过该保险切实感受到中国人保的服务意识、服务特色和服务体系。关于经营机动车辆消费贷款保证保险业务的要求：应严格按照消费贷款保证保险条款、费率规章和业务经营管理暂行规定，开办此项业务；要求各省级分公司开办该保险业务前应做好市场调研论证、选择好客户群体和展业方向，做出周密部署；应以防范经营风险为前提，不得盲目行事、一哄而上；各分支公司在开办该保险业务时必须严把承保质量关，做好对购车人（投保人）的资信及相关证明材料的审核，将经营风险控制在承保阶段；已开办机动车辆消费贷款保证保险业务的分公司应认真对照新、旧条款，了解和正确掌握其区别，并结合具体案例和实际操作有重点地加强培训与释疑，使车险业务人员真正领会条款的含义；新修订后的机动车辆消费贷款保证保险条款和费率开始正式启用后，对已承保的保单不得对其条款内容和费率进行变更；投保人要求解除合同时，应事先征得贷款银行（金融机构）的书面同意，否则不得同意解除合同；合同解除时仍按原承保时的费率办理退保手续；机动车辆消费贷款保证保险的保单应按照监制单证的要求进行管理，2001 年 6 月 30 日前可由各省级分公司印制，但必须合理控制印制数量，以避免浪费；2000 年已开办该项业务的分公司，发生由于金融机构或汽车经销商对购车人资信审查不严，导致购车人未能按时还款数量较多的、或当年赔付率超过 60% 的，应立即终止与其的合作关系；对原批准经营分期付款信用保险业务，但连续二年赔付率超过 60% 的分支公司应取消经办该业务的资格。要求经营情况较好需增加分期付款信用保险业务的分公司，应重点选择资金雄厚、分销网络完善、信誉好的汽车经销商合作，并将汽车经销商的有关资料上报总公司车险部审批；各省级分公司在综合分析本地贷款购车不同客户群的资信和赔付情况、金融机构和汽车经销商的信誉、经营规范程度后，需对保证保险费率进行适当浮动的，可向总公司提出具体的费率浮动权限建议，但同时必须上报上年度该险种不同客户群的业务经营统计分析报表。关于经营机动车辆救助特约保险业务的要求：开展该项业务，要充分利用汽车经销商、汽车俱乐部等有救援能力的社会力量积极、稳妥地推广，使被保险人通过该险种切实感受到中国人保的服务意识、服务特色和服务体系，提高中国人保在保险市场的竞争力；各分公司在经营该特约险业务时，应严格执行条款和费率规章，不得对条款内容进行变更。如需在该条款提供的服务项目的基础上增加其他保险服务内容，须上报总公司车险部审批；应注意该业务经营的统计分析和意见反馈工作，为调整费率做好基础准备。在经营该业务时，如发现合作单位有损害公司信誉的倾向和行为，应立即停止与其合作，并向保户做好解释工作，妥善做好善后处理工作；贯彻新条款前应做好对业务人员的培训工作，特别是机动车辆消费贷款保证保险业务因其涉及的法律问题较多，在培训中应注重认真学习《中华人民共和国合同法》《中华人民共和国担保法》《中华人民共和国保险法》《中华人民共和国民法通则》《中国人民银行汽车消费贷款管理办法》等法律、规章，提高车险业务人员的法律水平及依法经营意识；当地有仲裁机构的，如被保险人发生法律纠纷时要求采用仲裁方法解决的，应按《中华人民共和国仲裁法》所要求的内容，通过保单特别约定方式约定仲裁机构名称等；各分公司应采取不同形式，向社会和保户做好宣传工作。3 月 6 日，人保省公司下发《关于转发总公司“关于印发机动车辆消费贷款保证保险条款费率及经营管理规定和机动车辆保险救助特约险条款的通知”的通知》，要求各地、市分公司要认真组织学习并遵照执行。4 月 24 日，中国保监会对中国人民保险公司《关于进一步明确“空中运行物体坠落”保险责任范围的请示》批复如下：《机动车辆保险条款解释》在车辆损失险“空中运行物体坠落”保险责任的解释中，对吊钩或吊臂断落的解释为：“吊车的吊物脱落以及吊钩或吊臂的断落等，造成保险车辆的损失，也视为本保险责任。”但是，条款解释中并未对由于吊车的吊钩或吊臂断落而对其本身所造成的损失作出详细的规定。另外，对于吊钩或吊臂本身的损失，保监会的答复是，不应一概而论。如果吊钩或吊臂的损失系外力或外物所为，例如与其他物体发生意外碰撞而断落，则由此而对吊钩或吊臂造成的损失，应视为本保险责任。如果吊钩或吊臂因自身的内部因素而发生断落，其本身因此而遭受的损失，不应视为本保险责任，但吊钩或吊臂对吊车其他部件造成的损失，应视为本保险责任。7 月 18 日，人保省公司在亳州市召开部分地、市分公司关于加强车险业务管理工作座谈会。会议认为，全省人保系统的车险业务形势是好的。2001 年 1—6 月车险保费收入 42870.7 万元，同比增加 4305.3 万元，增长 11.2%。保费收入占总保费收入的 69.2%，完成年计划任务 85000 万元的 50.3%，实现“时间过半，任务过半”。已决赔案 46167 件，支付赔款 24086.7 万元，同比增加 1668.8 万元，增长 7.4%，综合赔付率为 56.2%，比 2000 年同期减少 1.9 个百分点。

2001 年，中国太平洋保险安徽分公司机动车辆保险承保数量 24815 件，保险金额

302396.4 万元，保费收入 6778.3 万元。其中汽车（含拖拉机）承保件数 15186 件，保费收入 6581.1 万元；摩托车承保数量 9629 件，保费收入 197.2 万元。

2001 年，天安保险安徽省分公司实现机动车辆保险保费收入 241.77 万元。

2001 年 7 月 18 日，人保省公司在亳州市召开部分市分公司加强车险业务管理工作座谈会。会后，人保省公司下发《关于印发“全省部分市分公司加强车险业务管理工作座谈会纪要”的通知》。纪要指出，拖拉机险上半年承保 17420 台，同比减少 3470 台，下降 17%；保费收入 565.4 万元，同比减少 8.1 万元，下降 1%；已决赔款 199.1 万元，同比增加 25.5 万元，增长 15%；赔付率 35.2%，比 2000 年同期增加 5 个百分点；台均保险费 324 元，同比增加 50 元。

2002 年 8 月 2 日，人保省公司印发《转发总公司〈关于印发“建立中国人保车险全国异地出险就地理赔服务网实施方案”的通知〉》，要求各级领导要给予高度重视，结合“三个中心”建设，将该项工作落实到相应的岗位上，并做好各部门之间的协调工作。12 月 19 日，人保省公司报备合肥保监办《关于启用车险新条款报备的报告》。报备的新条款内容有：机动车辆损失综合保险条款（2003 版）、非营业用汽车损失保险条款、家庭自用汽车损失保险条款、营业用汽车损失保险条款、摩托车损失保险条款、拖拉机损失保险条款、特种车损失保险条款、机动车辆第三者责任保险条款（2003 版）、盗抢险条款、玻璃单独破碎险条款、火灾、爆炸、自燃损失险条款、车身划痕损失险条款、车辆停驶损失险条款、车载货物掉落责任险条款、新增加设备损失险条款、车上人员责任险条款、车上货物责任险条款、驾驶员责任险条款、无过失责任险条款、不计免赔特约条款、机动车辆救助特约险条款、起重、装卸、挖掘车辆损失责任扩展条款、特种车辆固定设备仪器损坏扩展条款、费率“使用说明”“费率表”“风险修正系数表”“车队费率浮动系数表”等。以上条款自 2003 年元月 1 日起，在人保各营业网点正式启用。12 月 23 日，人保省公司印发《关于执行 2003 版机动车辆险新条款、费率的通知》。根据总公司通知要求，并结合安徽省实际情况，决定于 2003 年 1 月 1 日起，启用下列机动车辆条款、附加条款、费率、主险（c 类）：机动车辆第三者责任保险条款、家庭自用汽车损失保险条款、非营业用汽车损失保险条款、营业用汽车损失保险条款、特种车保险条款、摩托车保险条款、拖拉机保险条款；附加险（c 类）：全车盗抢险条款、玻璃单独破碎险条款、火灾、爆炸、自燃损失险条款、自然损失险条款、车身划痕损失险条款、车辆停驶损失险条款、车上人员责任险条款、车上货物责任险条款、无过失责任险条款、不计免赔特约条款、救助特约条款、起重、装卸、挖掘车辆损失扩展条款、特种车辆固定设备、仪器损坏扩展条款。

2002 年，中国太平洋保险安徽分公司，机动车辆保险承保数量 30868 件，保险金额 619199.9 万元，保费收入 11842.5 万元。其中汽车（含拖拉机）承保件数 25341 件，保险金额 595087.3 万元，保费收入 11735.6 万元；摩托车承保数量 5527 件，保险金额 24112.6 万元，保费收入 106.9 万元。

2002 年，天安保险安徽省分公司实现机动车辆保险保费收入 670.43 万元。

2003 年 2 月 13 日，人保省公司向合肥保监办报备《关于安徽省分公司使用车险费率"风险修正系数表（方案 1）的报告》。3 月，人保省公司参与总公司开展的"95518 百城服务竞赛"活动。"95518"专线已由接报案电话的单一功能逐步发展到集报案、咨询、投诉、回访、预约、投保、求援、续保提醒等项目于一体的多元化服务功能。同年 3 月，人保省公司城市业务处理、客户服务中心和财务中心成立，后改组为承保中心、理赔／客户服务中心和财务中心，简称"三个中心"。改革后，摒弃以往分散承保不规范的做法，辖区内所有业务的承保均由"承保中心"集中办理。3 月 17 日，人保省公司下发《关于办理机动车辆消费贷款保证保险业务法定分保的紧急通知》，要求各地、市分公司按如下规定执行：机动车辆消费贷款保证保险业务在办理法定分保时，按业务发生的法定分保比例，一次性分出，不再按保险期限各年度进行分摊分保；以往已经按年分摊办理法定分保的业务，按总保费计算后，在法定分保电脑程序中的上期未付转入项，将不足比例的分保费进行分出，凡将保险期限设定为一年期的，应将保险期限批改为实际保险期限，并按相应比例计算分保费进行支付等。6 月 16 日，人保省公司上报合肥保监办《关于报备"关于同意中国人民保险公司车辆保险无赔款优待标准和计算方法的函"的报告》。人保总公司车辆保险无赔款优待的标准和计算方法于 2003 年 5 月 10 日经中国保险监督管理委员会批准，主要有优惠幅度不等的三个险种：《机动车辆第三者责任保险条款》《家庭自用汽车损失保险条款》《特种车辆保险条款》。6 月 27 日，人保省公司下发《关于执行机动车辆保险费率调整方案的通知》。此次车险费率调整的培训学习工作由各市分公司自行进行。人保总公司于 7 月 1 日下发新程序，各市分公司在 7 月 10 日前完成培训学习及新程序的安装调试工作。7 月 15 日，人保省公司执行并报备合肥保监办《关于对中国人民保险公司机动车辆保险费率局部调整方案的批复》。此次调整主要涉及集装箱拖车特种车型、摩托车、拖拉机等车型的费率变化以及《风险修正系数表》方案的分别替换、车队费率浮动的修正项目等。10 月 16 日，人保财险省分公司向总公司上报《关于贯彻落实总公司车险业务经营工作会议的情况汇报》，分析 1—9 月安徽省车险经营呈现的四大特点：汽车险增长较快，全省共承保汽车 189750 辆，同比增加 24750 辆，完成保费 82439.5 万元，同比增长 15%，增幅达到历史最高水平；险种结构发生良性转变，由于费率改革的杠杆作用，全省营运车比重由 2002 年的 50%，下降到 47%，而非营运车承保量同比上升了 3 个百分点，多年不动的比重格局有了较大的突破；赔付率连续 9 个月在 65% ~ 68% 之间徘徊，呈水平状延续，经营特征不明显；结案率下降较快，截至 9 月，同比下降了 7.17%，同时未决案件增多，未决赔款已达8203万元，创历史最高。针对上述车险经营的实际状况，人保财险省分公司于11月开展“全省车险业务质量管理服务月”活动和全省车险业务专项检查工作，力求通过检查，纠正车险业务工作管理上存在的主要问题，降低车辆赔付率，提高经营效益。11月3日，人保财险省分公司下发《关于开展车险业务“异地出险、就地理赔”工作的通知》，要求各地市分公司根据人保总公司《关于全面开展“异地出险，就地理赔”工作的通知》文件，结合《关于下发安徽省分公司机动车辆保险“异地出险、就地理赔”服务网实施细则（暂行）的通知》，充分做好各项工作准备并进行通赔试点。

2003年，中国太平洋保险安徽分公司机动车辆保险承保数量46305件，保险金额780171.9万元，保费收入10216.4万元。其中汽车（含拖拉机）承保件数26831件，保险金额736502.5万元，保费收入10057万元；摩托车承保数量19474件，保险金额43669.4万元，保费收入159.4万元。

2003年1月，平安产险安徽分公司基本险分为车辆损失险和第三者责任险，将人身伤亡责任从现有三责险中拆分出来，设计成两种条款，即第三者人身伤亡责任险、第三者综合责任险，供客户选择，但不能同时投保。附加险包括全车盗抢险、玻璃单独破碎险、车辆停驶损失险、自燃损失险、新增加设备损失险、车上责任险（分为车上座位责任险和车上货物责任险）、无过失责任险、车载货物掉落责任险、不计免赔特约险、代步车费用保险、交通事故精神损害赔偿险、他人恶意行为损失险、全车盗抢附加高尔夫球具盗窃险13个险种。与原2000版全国统颁条款相比，《中国平安保险股份有限公司机动车辆保险条款》新增加了代步车费用保险、交通事故精神损害赔偿险、他人恶意行为损失险、全车盗抢附加高尔夫球具盗窃险4个附加险。同时，为配合机动车辆保险条款费率管理制度改革，保证本次新增的随人因素和费率表中“指定驾驶员”系数、车损险绝对免赔额系数的执行，增加机动车辆保险指定驾驶员特约条款、车辆损失险绝对免赔额特约条款两个特约条款。同年，修订版中，对“无过失责任险”进行了修改、完善，扩展了保险责任，并以“无过错损失补偿险”条款替代了原条款中的“无过失责任险”条款。为避免歧义，与车损险绝对免赔额区分，将原“不计免赔特约险”更名为“不计免赔率特约险”，并分为车辆损失险不计免赔率责任和第三者责任险不计免赔率责任。将原条款的“车上责任险”拆分为两个独立的险种，车上人员责任险和车上货物责任险，内容基本不变。为了使条款内容更加严谨，便于客户理解条款，避免出现争议，在条款中增加“释义”部分，将条款中涉及到的术语及易产生争议的名词进行了解释。

2003年，天安保险安徽省分公司实现机动车辆保费3549.85万元。

2003年，全省参加保险的拖拉机仅有29275台，占年检拖拉机的27.62%。

2004年1月1日开始，人保财险省分公司在省内各市分公司之间的通赔开始运行，省内所有车辆发生异地出险案件，一律按照《中国人民财产保险股份有限公司机动车辆保险“异地出险，就地理赔”案件实务规程（试行）》执行，使用人保财险总公司统一开发的通赔清算系统进行操作。通赔工作复杂繁琐，人保总公司要求做到“三个统一”，即统一标准、统一做法、统一秩序；做到“三个及时”，即及时沟通、及时清算、及时检查。1月15日，人保财险总公司下发《关于对安徽省分公司调整机动车辆保险费率的批复》。同意人保财险省分公司按照以下条件对2003版机动车辆保险费率进行调整：营业用客车、营业用货车的车辆损失险标准保费水平上浮20%；营业用货车、营业用客车的不计免赔特约险标准保费水平上浮20%。根据相关报批规定，1月19日，人保财险省分公司向合肥保监办报告《关于上报中国人民财产保险股份有限公司“关于对安徽省分公司调整机动车辆保险费率的批复”的报告》。2月19日，人保财险省分公司下发《关于转发总公司“关于不得引进保险公估机构进行保险事故车辆查勘定损”的通知》。通知明确，各级公司一律不得将公司车险业务的查勘定损工作委托给公估机构，已经委托的要立即收回；对保险事故车辆的查勘定损工作要依靠本公司查勘定损人员来完成，严禁委托修理厂编制换件清单和制定修理方案的做法，一经发现，严肃处理。3月，为确保全省人保系统业务经营的稳定，推动全省车贷险业务逾期清收工作，省公司决定开展“逾期清收突击月”活动。月底，车贷险逾期总额下降至1亿元以下，总逾期数较2月下降25%。为贯彻落实《中华人民共和国道路交通安全法》和最高人民法院《关于审理人身损害赔偿案件适用法律若干问题的解释》的有关精神，中国保监会于2004年4月29日印发《关于调整机动车第三者责任保险及其附加险条款费率等有关问题的通知》，要求各公司应根据《中华人民共和国司法解释》的有关要求，及时调整或批改原商业第三者责任险及其附加险条款中赔偿处理的相关内容，确保5月1日起签发的保单均能按照新的人身损害赔偿标准执行。如需使用特约批单形式变更责任的，必须立即上报保监会批准；自5月1日起，各公司对商业三者险及其附加险基准费率可以在原基准费率的10%范围内自主调整，并向各保监局事后备案，以适应新的人身损害赔偿标准提高的要求；各中资保险公司应加强对《中华人民共和国司法解释》的研究，充分考虑《中华人民共和国司法解释》实施后对第三者责任险费率的影响，采取合理措施，加快数据测算，及时调整第三者责任险及其附加险费率。同时，应加快电脑程序和业务流程调整，推进数据库建设，为第三者责任险的持续健康发展做好准备。根据文件精神和要求，结合安徽省机动车辆保险的赔付情况，人保财险省分公司以《关于中国人民财产保险股份有限公司“调整机动车辆第三者责任险及其附加险费率”及制定“机动车辆保险附加新赔偿标准保险条款”的报告》上报安徽省保监局。其内容主要是：“按照保监会发文要求，自2004年5月1

日起，中国人民财产保险股份有限公司对第三者责任险、车上人员责任险、无过错责任险、意外事故污染责任险在现行费率的基础上上调 10%，上报备案；将《中国人民财产保险股份有限公司机动车辆保险附加新赔偿标准保险条款》上报保监局。”4 月 1 日，人保财险省公司正式实行总公司下发的 2004 新版车险费率和条款。新版费率和条款主要是对 2003 版车险条款、费率进行集中改造，修定“家庭自用汽车损失保险条款”、“非营业用汽车损失保险条款”和“营业用汽车损失保险条款”三个主险条款，并对附加险进行相应调整，其中，将主险条款中新增设备调整为附加险。由于在主险中引入免赔额规定，将 2003 版条款体系中的“不计免赔额特约条款”改为“不计免赔率条款”和“不计免赔额条款”。安徽人保车险“绝对免赔额”的推出，成为车险市场的热点之一。该热点是在设定从人因素和车型系数的同时，引入免赔制度，即在一定条件下对承保车辆索赔金额在 500 元以下不予赔偿，在市场上引起较大发响。4 月 28 日，中国人民财产保险股份有限公司发文《关于对安徽省分公司车损险费率调整的批复》，同意按以下条件对当前机动车辆保险费率进行调整。家庭自用车车辆损失险标准保费水平上浮 30%；非营业用客车车辆损失险标准保费水平上浮 20%；非营业用货车车辆损失险标准保费水平上浮 15%；特种车车辆损失险标准保费水平上浮 30%。5 月 26 日，安徽省保监局下发《关于进一做好机动车第三者责任强制保险工作的紧急通知》。通知指出，自 5 月 1 日《中人民共和国道路交通安全法》正式实施以来，各公司高度重视积极应对，保证了机动车辆第三者责任强制保险过渡期工作的顺利开展。为更好地维护广大保险消费者的利益，促进安徽省机动车辆保险业务的稳健经营与快速发展，各公司应严格按照保监会《关于调整机动车辆第三者责任保险及其附加险条款费率等有关问题的紧急通知》和安徽省保监局《关于机动车第三者责任强制保险有关问题的通知》等文件精神，加强和交通管理部门的联系和配合，积极做好机动车第三者责任险承保工作，确保《中人民共和国道路交通安全法》的规定落到实处。各公司在第三者责任险承保过程中，应严格执行保监会有关规定，不得限制、拒绝承保某类车辆，不得为投保第三者责任险附加条件，尤其是不得要求投保第三者险时必须投保车损险或其他附加险，严禁借机侵害被保险人利益的行为。对机动车第三者责任险经营中的违规行为，安徽省保监局将依法查处。人保财险省分公司在接到安徽省保监局的文件后立即将该文件转发至各基层公司，要求各级公司严格按文件执行，在机动车第三者责任保险及其附加险的承保中，应本着投保自愿的原则，由保户自主选择投保险种、险别和相应的附加险种，对于投保机动车第三者责任保险及其附加险的所有车辆不得限制、拒绝承保。8 月 20 日以后，人保财险省分公司组织检查组对各地市公司机动车辆消贷保证保险业务清理整顿工作进行了检查验收。9 月 22 日，中国保监会下发《关于中国人民财产保险股份有限公司调整机动车辆保险损失险条款、费率及风险修正系数表的批复》，同意中国人民财产保险股份有限公司调整家庭自用汽车损失保险条款、非营业用汽车损失保险条款、营业用汽车保险条款；增加使用新增加设备损失险条款、不计免赔额特约条款、不计免赔率特约条款、停止使用不计免赔特约条款、绝对免赔额特约条款；同意调整机动车辆损失险费率；同意调整风险修正系数表。《中华人民共和国道路交通安全法》出台后，民事赔偿法律环境发生变化，为充分保障被保险人的合法权益，促进车险业务的持续健康发展，人保财险安徽省分公司根据保险市场车险业务的风险状况及影响因素对第三者责任险费率进行测算调整，并报经总公司批复同意。根据《关于调整机动车三者险费率管理权限问题的通知》，2004 年 12 月 3 日，人保财险省公司向安徽省保监局上报《关于中国人民财产保险股份有限公司安徽省分公司调整机动车第三者责任保险费率的请示》，要求调整的费率表包括如下组成部分：家庭自用汽车损失险费率表、非营业用汽车损失险费率表、营业用汽车损失险费率、特种车辆损失险费率表、摩托车损失险费率表、拖拉机损失险费率表 。

2004 年，中国太平洋保险安徽分公司机动车辆保险承保数量为 93779 件，保险金额 1356500.2 万元，保费收入 15134.8 万元。其中汽车（含拖拉机）承保件数 38538 件，保险金额 1192138.9 万元，保费收入 14607.6 万元；摩托车承保数量 55241 件，保险金额 164361.3 万元，保费收入 527.2 万元。

2004 年，平安产险安徽分公司基本险分为车辆损失险和第三者责任险（分为第三者人身伤亡责任险和第三者综合责任险，二者不能同时承保），附加险包括全车盗抢险、玻璃单独破碎险、车辆停驶损失险、自燃损失险、新增加设备损失险、车上责任险（分为车上座位责任险和车上货物责任险）、无过失责任险、车载货物掉落责任险、不计免赔特约险、代步车费用保险、交通事故精神损害赔偿险、他人恶意行为损失险、全车盗抢附加高尔夫球具盗窃险、车身划痕损失险十四个险种。新增车身划痕损失险，特约条款更改为机动车辆保险指定驾驶员特约条款、多次事故免赔特约条款两个特约条款。

2004 年天安保险安徽省分公司实现机动车辆保险费 9715 万元。

2004 年，人保财险省分公司、省农机安全监理总站联合下发《关于做好拖拉机保险工作的通知》，要求各级农机监理部门要把拖拉机保险作为一项重要的工作来抓，严格履行《中华人民共和国道路交通安全法》赋予的职责，对未提供第三者责任保险凭证的，不予检验入户，不准上路行驶；保险公司对要求投保第三者责任保险的拖拉机主，不得拒保。拖拉机保险条款、费率标准按人保财险公司规定执行。8.8 千瓦（12 马力）以下的，第三者责任险限额为 2 万元；8.8 千瓦（12 马力）以上的第三者责任险限额为 5 万元；14.7 千瓦以上从事营运的变形拖拉机第三者责任险限额为 5 万元 ~ 10 万元。拖拉机主可根据自身情况选择限额，因国家政策变化调整费率时，人保财险公司应及时通知农机部门，并在达成一致意见后执行。

2005年2月6日，人保财险省分公司与省工商银行发出《关于联合开展违约个人汽车消费贷款清收工作的通知》，加强合作，联手清贷。2月24日，人保财险省分公司下发《关于调整机动车第三者责任保险费率的紧急通知》。文件表明，人保财险省公司机动车第三者责任保险费率调整方案已经安徽省保监局审批通过，决定于2月28日在全省执行。2005年，车险业务中以各种形式违规进行的批单退费仍然是财产保险业务监管的重中之重，安徽省保监局继续加强对违规经营的查处力度，对发现的问题进行严厉查处，直至撤销分管领导的任职资格，触犯法律的将依法处理。4月，为配合安徽省保监局对车险市场的监管，深入贯彻落实《安徽省机动车辆保险自律公约》，加强车险自律，力争解决车险市场的突出问题和主要矛盾，切实保证被保险人的权益，营造和谐的市场环境，安徽省保险协会开展了一次车险业务的自律检查，检查以安徽省保监局《2005年安徽省财产保险市场监管实施意见》的相关意见为指导，主要检查车险自律公约执行情况。检查分自查和重点检查两部分，时间一个月。2005年，安徽省保监局继续加强对违规经营业务的查处力度，进一步全面规范市场保险行为，将车险业务中以各种形式违规进行的批单退费作为各财产保险公司业务监管的重中之重，对发现的问题进行了严厉查处。人保财险安徽省分公司下发《关于进一步规范车险经营的紧急通知》，要求各地市公司认真落实文件精神，全面进行自查自纠，针对存在的问题，及时整改，对少数问题严重的地方，要追究领导的责任。10月18日，人保财险省分公司下发《关于同意芜湖分公司开办奇瑞汽车个人消费贷款保证保险业务的通知》。该通知指出，总公司同意芜湖市分公司与奇瑞汽车有限公司开展车贷险合作试点，授权芜湖市分公司自收文之日起开办奇瑞品牌车辆的个人汽车消费贷款保证保险业务，不得开办其他品牌车辆的车贷险业务。芜湖市分公司2005年车贷险业务承保数量限额为250笔，超过限额应上报总公司审批。以后年度按总公司有关规定执行。同时，总公司对该项业务其他方面操作均作出严格而具体的规定和要求。

2005年，中国太平洋保险安徽分公司机动车辆保险承保数量130246件，保险金额1338063.22万元，保费收入18872.42万元。其中汽车（含拖拉机）承保件数62035件，保险金额1170413.22万元，保费收入18224.86万元；摩托车承保数量68211件，保险金额167650万元，保费收入647.56万元。

2005年，太平财产保险安徽分公司实现机动车辆保险保费收入1130.75万元，赔款135.49万元。

2005年9月30日，大地财产保险合肥分公司为促进车险业务健康快速发展，保证车险承保质量，制定了《关于调整车险核保政策的规定》，依据车辆不同使用性质，调整不同的车险核保政策，其中明确非营业性用车、营业性客车为鼓励承保车辆，应充分挖掘潜力；家庭自用车为适当控制承保车辆，一律不得承保车身划痕险；营业性货车总体承保要求“至少三险一体，即必须同时投保车损险、第三者责任险、一个附加险（不含不计免赔险）”等，为有效降低满期赔付率提供了政策保障。

2005年，大地财产保险安徽分公司机动车辆承保10519辆，保险金额226622.49万元，保费收入3563.89万元，赔案1102件，赔款330.04万元。

2005年，安邦财产保险安徽分公司机动车辆承保251辆，保险金额8481.50万元，保费收入119.36万元，赔案1件，赔款0.05万元。

华安产险安徽分公司于2005年5月31成立，成立初期即对于承保工作，实行两核集中、分级授权，严把质量关。各级核保人按公司所授权限对标的风险做出判断和选择，实施验车承保制度，做好风险管控。9月7日，分公司出台了《车险两核管理办法及业务处理流程》，内容涵盖了车险承保指引暂行管理办法，车险两核警戒线，车险出单工作细则，车险核保流程，验车工作指引以及车险业务超权限业务呈报要求。

2005年，华安财产保险安徽分公司机动车辆承保10541辆，保险金额126305.29万元，保费收入1488.43万元，赔案227件，赔款60.38万元。

2005年，天安保险安徽省分公司机动车辆承保84736辆，保险金额1453486万元，保费收入14729万元，赔案15792件，赔款5684万元。

1986—2005年安徽省机动车辆保险业务统计表

表2-1-13

年度	承保数量	保险金额（万元）	保费收入（万元）	赔款（万元）	赔款件数（件）
1986	131820	211550.00	3491.00	2699.00	29469
1987	224330	297273.00	5185.00	3811.00	33948
1988	323273	372202.00	6337.00	5477.00	44508
1989	6011812	965876.00	1957.00	1696.00	105047
1990	256442	518513.00	12009.00	7749.00	39741
1991	267347	610248.00	13457.00	11334.00	47147
1992	313211	773634.00	17881.00	12286.00	55144
1993	211828	1192331.00	25880.00	19387.00	54170
1994	263087	1584712.75	45858.53	36964.78	73026
1995	273768	1989074.18	68137.19	42007.94	78421
1996	291341	2207265.83	79580.05	58916.06	94113
1997	331427	4088476.01	83943.20	52632.38	103884

续表 2-1-13

年度	承保数量	保险金额（万元）	保费收入（万元）	赔款（万元）	赔款件数（件）
1998	323174	4686643.49	83634.38	53983.64	116449
1999	340929	5443221.06	89070.06	53397.70	122060
2000	360034	7205293.61	95718.31	56959.78	116538
2001	101550	7617042.68	107590.29	58985.63	109797
2002	475514	9326085.89	123412.21	68282.77	126729
2003	552926	12144783.59	144346.64	94251.86	167833
2004	792744	15681551.31	201042.69	107754.65	191798
2005	1165244	18701767.00	242258.43	133731.41	206688

1986—2005 年中国人民财产保险安徽分公司机动车辆保险统计表

表 2-1-14

年度	承保数量	保险金额（万元）	保费收入（万元）	赔款（万元）	赔款件数（件）
1986	131820	211550.00	3491.00	2699.00	29469
1987	224330	297273.00	5185.00	3811.00	33948
1988	323273	372202.00	6337.00	5477.00	44508
1989	676945	567206.00	9644.00	7604.00	49966
1990	256442	518513.00	12009.00	7749.00	39741
1991	267347	610248.00	13457.00	11334.00	47147
1992	313211	773634.00	17817.00	12284.00	55144
1993	211828	1192331.00	25188.00	19052.00	54170
1994	262926	1581663.00	43459.00	35809.00	73021
1995	267258	1910895.00	60625.00	39314.00	78157
1996	250845	1884819.00	61378.00	52600.00	86912
1997	281651	3616658.00	67057.00	41343.00	76051
1998	277459	4168255.00	68797.00	43233.00	86214
1999	291696	4869082.00	72936.00	43843.00	90630
2000	304628	6500818.00	78221.00	47064.00	92521
2001	23247	6803619.00	84790.00	49425.00	90460

续表 2-1-14

年度	承保数量	保险金额（万元）	保费收入（万元）	赔款（万元）	赔款件数（件）
2002	380782	8216961.00	93863.00	54519.00	96646
2003	434788	10739756.00	111331.00	75171.00	123869
2004	606009	13638138.00	153076.00	86886.00	140702
2005	766501	14658040.00	170675.00	102200.00	132367

1994—2005 年平安财产保险安徽分公司机动车辆保险统计表

表 2-1-15

年度	承保数量	保险金额（万元）	保费收入（万元）	赔款（万元）	赔款件数（件）
1994	161	3049.75	57.53	4.78	5
1995	6510	78179.18	2625.19	138.94	264
1996	40496	322446.83	12875.05	3049.06	7201
1997	34878	333845.01	12313.20	7684.38	21040
1998	29421	319919.49	10411.38	7177.64	21200
1999	33915	375885.06	11556.06	6343.70	23305
2000	38021	483862.61	11993.31	6993.78	18396
2001	53488	511027.68	15780.61	6501.53	13735
2002	63548	481783.52	19038.45	9102.08	20947
2003	59403	516635.37	19021.48	10677.47	25492
2004	89718	642341.21	24000.04	11034.20	27865
2005	159872	849522.31	30788.17	14710.28	36973

1992—2005 年太平洋财产保险安徽分公司机动车辆保险统计表

表 2-1-16

年度	承保数量	保险金额（万元）	保费收入（万元）	赔款（万元）	赔款件数（件）
1992	—	—	64.00	2.00	—
1993	—	—	692.00	335.00	—
1994	—	—	2342.00	1151.00	—
1995	—	—	4887.00	2555.00	—

续表2-1-16

年度	承保数量	保险金额（万元）	保费收入（万元）	赔款（万元）	赔款件数（件）
1996	—	—	5327.00	3267.00	—
1997	14898	137973.00	4573.00	3605.00	6793
1998	16294	198469.00	4426.00	3573.00	9035
1999	15318	198254.00	4578.00	3211.00	8125
2000	17385	220613.00	5504.00	2902.00	5621
2001	24815	302396.00	6778.00	3044.00	5602
2002	30868	619200.00	9809.00	4472.00	9135
2003	46305	780172.00	9907.00	7583.00	16111
2004	93779	1356500.00	15135.00	6879.00	12836
2005	130246	1338063.00	18872.00	10184.00	19083

2002—2005 年大众财产保险安徽分公司机动车辆保险统计表

表 2-1-17

年度	承保数量	保险金额（万元）	保费收入（万元）	赔款（万元）	赔款件数（件）
2002	316	8141.37	26.46	0.15	1
2003	2233	22134.22	500.71	108.47	222
2004	3239	44572.10	650.00	380.55	710
2005	2578	41246.41	891.84	427.17	1143

2001—2005 年天安财产保险安徽分公司机动车辆保险统计表

表 2-1-18

年度	承保数量	保险金额（万元）	保费收入（万元）	赔款（万元）	赔款件数（件）
2001	—	—	241.68	15.10	—
2002	—	—	675.30	189.54	—
2003	10197	86086.00	3586.45	711.92	2139
2004	—	—	9822.65	2574.90	9685
2005	84736	1453486.00	14729.00	5684.00	15792

第四节 国内船舶保险

1987年3月9日，国家经济委员会、交通部、农牧渔业部、公安部、财政部、工商行政管理局、国家旅游局、中国人民保险公司8个部门联合发出《关于加强乡镇船舶安全监督管理的通知》，要求从事营运的乡镇船舶所有人或经营人，应按国家规定办理运输船舶保险（包括碰撞责任），港航监督机关对未办理保险的乡镇应督促其按规定办理。安徽省相关部门接到通知后立即遵照执行。7月31日，人保省公司与省公路管理局在合肥召开芜湖、安庆、铜陵、贵池、凤台、颍上6个公路轮渡管理所和当地保险公司负责人座谈会，研究如何进一步做好全省公路轮渡承保和防灾理赔工作，统一了认识，并确定公路轮渡收取保险费标准，按同类船舶保险费率的70%收费。

1988年，经中国人民银行批准，中国人民保险公司颁布《国内船舶险条款》和《费率规章》。人保省公司下发文件，规定自1988年5月1日起在全省实施，同时废止原条款及1987年制定的特约条款，并对费率浮动问题也作了规定，即上年赔付率达到70%以上的，费率可在新费率的基础上上浮20%；上年赔付率达到或超过100%的，可在新费率的基础上上浮30%。

1989年，船舶保险业务无论是承保数或经济效益都出现滑坡，人保省公司及时贯彻中华人民共和国交通部、中国人民保险公司《关于开展运输船舶保险业务》的通知，巩固此项业务。

1990年9月下旬，人保省公司和省航运局召开运输船舶险工作会议，联合下发《关于进一步发展水上保险事业及加强航运安全的通知》。由于航运部门的大力支持配合和自身业务管理工作的加强，全省船舶险业务有了新的发展，当年，承保船舶13314艘，收入保险费661.2万元，经济效益有了较大的提高。

1991—1996年，安徽省船舶险基本上是由人保公司经营。船舶险的承保主要是按照人保总公司制定的有关承保政策。条款和费率的执行均由人保总公司颁布，主要有远洋船舶险、沿海内河保险、船舶建造险等主险和一些附加险，其承保和理赔业务管理都在人保省公司城市保险业务处。人保省公司与省港监船检局联合开展水上保险代理业务社会主义劳动竞赛活动，并提出船舶保险竞赛评比的各项指标。4月4日，人保省公司、省港航监督船舶检验局修改并下发《关于“要求继续试办船舶过闸保险报告”的批复》，同意巢湖地区航运管理局、人保公司继续在裕溪闸试办船舶过闸保险，要求凡通过裕溪闸进入内河或长江持证营运船舶均应参加本保险，其保险手续由含山县航运管理站裕溪闸检查站代办（免交过闸费的船舶及无证照农副杂船除外）。《船舶过闸综合保险条款（试行）》对保险金额、保险费、保险期限等都有具体规定和说明。

1992年9月29日，中国人民银行安徽省分行审查批复人保省公司对船舶（渔船）附加保险条款、费率实施的请示。人保总公司关于船舶（渔船）附加保险条款、费率说明的主要内容为：《船舶（渔船）附加船主责任保险条款（船员）》为《船舶保险条款》或《渔船保险条款》的附加条款，承担保险船舶在运输或捕捞过程中发生意外事故，致使本船船上配备的定额船员遭受死亡或伤残，依法应由被保险人（即船主）承担的经济责任；但船员因疾病、殴斗、自残、自杀或犯罪行为所致本人死亡或伤残除外。保险费与赔偿限额分为三档：保险费每人50元，最高赔偿限额5000元；保险费每人100元，最高赔偿限额1万元；保险费每人200元，最高赔偿限额2万元。《船舶（渔船）附加机器损坏保险条款》，该条款为《船舶保险条款》或《渔船保险条款》的附加条款，根据保险单上的记载，承担保险船舶（渔船）的机器、设备在使用过程中，因船员操作不当、过失行为，机器、设备的自身故障，物理性爆裂或设计、制造、安装错误等原因造成机器的损坏，保险人负责赔偿；但由于机器、设备的损坏引起对任何人员的伤亡及一切间接损失除外。该保险费率为1%。《船舶附加船主责任保险条款（旅客）》，为《船舶保险条款》的附加条款。根据保险单上的记载，承担保险船舶在运输旅客过程中发生自然灾害或意外事故，造成该船船上核载旅客死亡或伤残，依法应由被保险人（船主）承担的经济赔偿责任；但旅客因疾病、殴斗、自残、自杀、欺诈或犯罪行为所致本人的死亡或伤残除外。保险费与赔偿限额分为三类：保险费（元）50元／人×核定载客数，赔偿限额（元／人）5000元／人；保险费（元）100元／人×核定载客数，赔偿限额1万元／人；保险费（元）200元／人×核定载客数，赔偿限额（元／人）2万元／人。《船舶（渔船）附加油污责任保险条款》，该条款为《船舶保险条款》和《渔船保险条款》的附加条款。根据保险单上的记载，承担保险船舶（渔船）在运输或作业过程中，因发生意外事故导致对海（河）水域的油污，依法应由被保险人承担的经济赔偿责任以及清除油污而支付的合理费用，本公司在保险单上载明的限额内按实际损失费用予以赔偿；但保险船舶（渔船）不论任何原因造成油污而被处以的罚款或由于污染损害致使任何人员的伤亡以及油污造成的一切间接损失除外。免赔额：赔款达5万元以下者，每次事故扣除5%；赔款在5万元以上者，每次事故扣除3%。保险费与赔偿限额分为三类：船舶总吨位1万吨以上，每吨保费2.00元，最高赔偿限额2000万元；船舶总吨位3000—10000吨，每吨保费2.50元，最高赔偿限额2000万元；船舶总吨位3，000吨以下，每吨保费3.00元，最高赔偿限额2000万元。10月23日，省港监船检局、人保省公司联合下发《关于印发“全省船舶保险工作会议纪要”的通知》。该通知要求各地航政部门和保险公司要继续认真抓好船舶保险的宣传、承保工作，力争全省船舶险保费收入900万元，赔付率稳定在1–9月水平上。

1993年12月24日，人保省公司为加强对各地市涉外船舶险业务的管理，下发《关于转发总公司涉外船舶险业务管理规定的通知》，通知指出涉外船舶保险业务是一项高风险的业务，要求各地市公司在办理涉外船舶险业务时按文件规定执行。远洋船舶保险业务一律由人保省公司国际业务部办理。

1994 年 2 月 3 日，省政府第 51 号令发布施行《安徽省机动车辆、船舶法定保险暂行规定》，要求各地立即组织实施。法定保险实施后，无论新保还是续保车辆、船舶都必须按规定办理法定保险，即机动车辆实行车辆损失和第三者责任保险及其附加车上人员责任保险、承运货物保险；营业性运输船舶实行船舶损失和碰撞责任保险；摩托车、简易机动三轮车和从事农田作业又从事运输的拖拉机，实行第三者责任保险。船舶险是人保省公司较早开办的一个险种，一段时间内，由于多种因素，业务和效益或冷或热，均不理想，赔付率居高不下。

1995 年，全省船舶险保费收入 2041.7 万元，比 1994 年下降 7.48%，但赔付率高达 90.66%。

1996 年 11 月 1 日正式实施的《沿海内河船舶保险费率规章》（以下简称《规章》），对人保公司规范业务经营，提高经济效益发挥一定的作用。但随着内外部条件的变化，《规章》的部分规定和标准已明显不能适应市场和业务发展的需求，必须进行部分调整。船舶险的工作重点是继续做好大中型船舶企业的承保工作，如芜湖长航单位。对个体船舶的保险，保额不得超过其实际价值的七成，水泥船、木质船或船龄超过二十年以上的旧船一般不予承保。船舶险费率只能按规定上浮，特别是分保业务，其费率一定要在 1.5% 以上，否则应放弃承保。对 50 万元以上的船舶承保时，必须派员参与验船，必要时可聘请专业技术人员检验，200 万元以上的船舶承保，中保财产保险省分公司派员参加。对少数承保质量不高，甚至存在弄虚作假现象的，应加强对代理处的管理，堵塞骗赔漏洞。12 月 24 日，中保财产保险有限公司批复安徽省分公司，同意合肥、芜湖、马鞍山、安庆、池州、宣城、蚌埠、铜陵、阜阳、巢湖 10 个分公司为沿海内河船舶险授权定点经营机构，统一经营划定区域内的船舶保险业务，并要求分公司统一协调确定辖区内授权点公司之间船舶险业务区域的划分；要求必须由授权点公司直接出单；分公司统一制定未授权公司代船东向授权点公司投保的具体办法。

1996—1997 年上半年，中保财产保险省分公司制定下发《关于实施船舶险新条款、费率的通知》《沿海内河船舶保险规定（试行）》《沿海内河船舶保险授权经营集中管理暂行办法》《船舶险业务质量检查评比标准业务考核办法》等一系列文件、规定、办法和措施，加大对基层公司业务的指导力度。

平安财产保险安徽分公司船舶险业务开办于 1996 年，当年承保件数仅 1 笔，在整体财产险业务中的占比很小。其船舶保险的主要产品就是船舶险，险别分为全损险和一切险。对应的条款有两个，分别为《船舶保险条款》和《沿海内河船舶保险条款》。

其中《船舶保险条款》多适用于远洋航线船舶业务，条款于1986年制定，因而简称86条款；《沿海内河船舶保险条款》则多用于沿海、内河航区船舶险业务，制定时间为1996年，简称为96条款。

1997年8月15日，中保财产保险有限公司文件《关于印发沿海内河船舶保险附加险条款的通知》下发，统一修订了沿海内河船舶保险附加险条款：船东对船员责任保险条款；四分之一碰撞、触碰责任保险条款；四分之三碰撞、触碰责任、共同海损、施救及救助保险条款；螺旋桨、舵、锚、锚链及子船单独损失保险条款。12月22日，中保财产保险省分公司下发《关于贯彻执行沿海内河船舶保险附加险条款的通知》。根据文件精神和费率的规定，四个附加险条款中的《船东对船员责任保险》的费率各地在执行中可在6‰～9‰的幅度内浮动；其余三个条款的费率必须严格按总公司条款执行。

1997年，平安财产保险安徽分公司船舶险业务实现快速增长，当年承保件数43笔，总保额3698.18万元，保费41.41万元。

1998年3月24日，为加快理赔速度，人保省公司对《安徽省分公司沿海内河船舶保险管理规定》中的核赔工作管理作以下修改：船舶险一次赔款30万元以上的赔案须报省公司审批；船舶险一次赔款20万元以上的赔案须报省公司备案；全损或推定全损的案件须报省公司审批。

1998—2005年，中国太平洋保险安徽分公司船舶险业务承保数量、保额、入账保费、占比均呈不断增长的趋势，在非车险总体业务的占比由1998年的0.42%上升至2004年的15.31%，2005年略有下降。

1998年，平安产险安徽分公司船舶险业务稳步增长，当年承保件数67笔，总保额5560.5万元，保费67.58万元，同比增长63.2%。

中国太平洋保险公司合肥分公司的国内船舶保险货物运输保险统称“水险”。1999年5月，经太平洋保险总公司批准，准予自营水险业务，专业分类在报表上分险种统计。太平洋保险合肥分公司在水险发展的始初，就确定水险业务发展为“规模险种上效益”的指导思想，把大力发展水险等涉外业务，作为“十分必要，十分紧迫”的工作来抓。通过人员培训、硬件配备、机构设置及出单权下放等措施，水险业务1999年发展迅猛，成为太保的效益核心险种。

1999—2000年，受亚洲金融危机影响，一方面外部经济下滑，另一方面内部船舶险业务整体经营不利，船舶险业务政策收紧，业务急剧萎缩，两年业务承保件数分别为20笔和25笔。平安产险安徽分公司从产品风险考虑和经营稳定性角度出发，对业务结构进行了调整，决定从2001—2004年期间退出船舶保险市场。

2000年8月14日，人保省公司将其总公司《沿海内河船舶保险油污责任附加险条款》及费率表转发各市地分公司，要求有条件的地市可组织开办。该条款为《沿海内河船舶保险条款》的附加条款，其中没有提及的内容应以主条款为准。保险责任：由于被保险船舶上的油泄漏而造成水域的污染，被保险人采取合理措施清除或减少污染而支出的费用；补偿政府有关部门为防止或减轻上述损害而支出的合理费用；由于被保险船舶上的油泄漏而造成对第三者的污染损害，被保险人在法律上应负的赔偿责任；执法机构依法因油污而对被保险船舶的罚款；被保险人为保险人全部或部分承担的责任或费用而支付的经保险人事先同意的有关法律诉讼费用。除外责任：被保险船舶的违章排放；碰撞、触碰事故中致使第三方造成的污染；法律规定船东免责的；本附加条款责任范围以外的污染。收费与赔偿限额：被保险人或投保人必须按时一次交纳全部约定的保险费。赔偿限额分为5类：船舶总吨200吨以下，赔偿限额为100万元；船舶总吨201～500吨，赔偿限额为200万元；船舶总吨501～1000吨，赔偿限额为300万元；船舶总吨1001～1600吨，赔偿限额为500万元；船舶总吨1601吨以上，赔偿限额为1000万元。赔偿的处理：被保险人必须先行付清或解除由于被保险船舶油的泄漏所产生的费用和责任；在保险有效期内被保险船舶每次发生的油污责任事故的赔偿以保险限额为限。

2001年3月13日，人保省公司上报中国保监会合肥保险监管特派员办事处《关于上报“关于调整沿海内河船舶保险费率规章部分内容的通知”备案的报告》。报告指出经中国保监会备案并获批准，人保公司对《沿海内河船舶保险费率规章》进行部分调整，其内容为：对10年以上船舶的费率标准在现有基础上降低20%；为了能让保险人更好地适应市场变化规律，将原先30%的费率浮动权扩大50%。

2004年2月19日，人保财险省分公司下发《关于印发“中国人民财产保险股份有限公司安徽省分公司沿海内河船舶保险承保管理暂行规定”的通知》（以下简称《暂行规定》）。暂行规定中明确，沿海内河船舶承保的管理组织形式是：人保财险省分公司对全省船舶险承保工作负有检查、监督和指导的职能；各地分公司对辖区内负有检查、监督、指导和经营的职能；经总公司授权合肥等十个分公司为全省该业务的授权经营机构；其他未经授权的公司，一律不得经营船舶险业务；对于已经授权经营的公司，如果管理水平跟不上，连续两年发生经营性亏损，将收回其经营权。《暂行规定》对船舶险的承保条件、免赔额、承保业务质量要求四个方面均作了具体的规定。12月24日，人保财险省分公司印发《关于印发“中国人民财产保险股份有限公司安徽省分公司船舶保险承保管理规定”的通知》。该规定共分十个部分，分别是：船舶保险业务承保一般规定；远洋船舶险承保特别规定；沿海内河船舶险承保特别规定；承保条件；承保业务质量要求；单证上报规定；统计；分保；档案管理；附则。该规定所称船舶险业务包括船舶保险、船舶建造保险、集装箱保险、修船人责任保险。

2005 年 10 月 27 日，人保财险省分公司召开船舶险工作座谈会。是年，人保财险省分公司共承保船舶 2606 艘，保费收入 6382.7 万元；赔案 727 件，支付赔款 1801.1 万元。

平安产险安徽分公司在经历近 4 年的调整期研究之后，于 2005 年重新进入船舶险市场，并一举突破往年承保业绩。当年船舶险保单承保件数 88 笔，总保额 6159.38 万元，总保费 85 万元。

2005 年，太平财产保险安徽分公司船舶保险保费收入 32.39 万元。

2005 年，大地财产保险安徽分公司船舶保险承保 36 件，保险金额 6436.40 万元，保费收入 81.10 万元。

2005 年，华安财产保险安徽分公司船舶保险承保 9 件，保险金额 7275.43 万元，保费收入 19.28 万元。

1986—2005 年安徽省船舶保险业务统计表

表 2-1-19

年度	承保数量	保险金额（万元）	保费收入（万元）	赔款（万元）	赔款件数（件）
1986	14661	26374.00	280.00	173.00	2458
1987	16250	40459.00	392.00	329.00	3560
1988	18081	67695.00	611.00	517.00	4353
1989	14463	49473.00	690.00	652.00	4327
1990	13314	51377.00	661.00	467.00	3314
1991	11029	53012.00	601.00	704.00	3681
1992	12742	75924.00	916.00	763.00	3561
1993	13974	120320.00	1539.00	1124.00	3943
1994	13650	159836.00	2213.00	1939.00	4641
1995	8875	139613.00	2042.00	1854.00	3053
1996	4955	92256.00	1766.24	1785.00	2467
1997	3038	193992.18	1998.41	3871.37	1445
1998	2472	267075.50	1857.58	1457.70	1022
1999	1995	175932.51	1469.33	1050.04	1015
2000	1488	163541.60	1461.22	1238.40	819
2001	323	169648.60	1965.37	1427.26	861

续表 2-1-19

年度	承保数量	保险金额（万元）	保费收入（万元）	赔款（万元）	赔款件数（件）
2002	3425	300526.00	2719.00	2081.63	1487
2003	718	583986.00	5006.37	3419.00	2282
2004	4492	501051.00	7024.00	3028.00	1509
2005	3231	538732.21	7325.66	2442.49	824

1986—2005年中国人民财产保险安徽分公司船舶保险业务统计表

表 2-1-20

年度	承保数量	保险金额（万元）	保费收入（万元）	赔款（万元）	赔款件数（件）
1986	14661	26374.00	280.00	173.00	2458
1987	16250	40459.00	392.00	329.00	3560
1988	18081	67695.00	611.00	517.00	4353
1989	14463	49473.00	690.00	652.00	4327
1990	13314	51377.00	661.00	467.00	3314
1991	11029	53012.00	601.00	704.00	3681
1992	12742	75924.00	915.00	763.00	3561
1993	13974	120320.00	1531.00	1122.00	3943
1994	13650	159836.00	2203.00	1923.00	4641
1995	8875	139613.00	2042.00	1851.00	3053
1996	4954	92032.00	1762.00	1783.00	2467
1997	2995	190294.00	1957.00	3867.00	1441
1998	2396	261129.00	1784.00	1433.00	993
1999	1965	163367.00	1349.00	1019.00	989
2000	1399	142449.00	1284.00	957.00	787
2001	169	157752.00	1789.00	1195.00	821
2002	3133	240263.00	2395.00	1839.00	1370
2003	310	526549.00	4482.00	2944.00	2062
2004	3668	435333.00	5799.00	2872.00	1426
2005	2606	480517.00	6383.00	1801.00	727

1996—2005年平安财产保险安徽分公司船舶保险业务统计表

表2-1-21

年度	承保数量	保险金额（万元）	保费收入（万元）	赔款（万元）	赔款件数（件）
1996	1	224.00	2.00	0.00	0
1997	43	3698.00	41.00	4.00	4
1998	67	5561.00	68.00	25.00	29
1999	20	9612.00	82.00	21.00	21
2000	25	3503.00	67.00	255.00	17
2001	-8	-1123.00	1.00	151.00	4
2002	0	0.00	0.00	1.00	1
2003	-1	-110.00	-3.00	0.00	0
2004	0	0.00	0.00	0.00	0
2005	88	6159.00	85.00	1.00	2

1992—2005年太平洋财产保险安徽分公司船舶保险业务统计表

表2-1-22

年度	承保数量	保险金额（万元）	保费收入（万元）	赔款（万元）	赔款件数（件）
1992	—	—	1.00	—	—
1993	—	—	8.00	2.00	—
1994	—	—	10.00	16.00	—
1995	—	—	—	3.00	—
1996	—	—	2.00	2.00	—
1997	—	—	—	—	—
1998	9	386.00	6.00	—	—
1999	10	2954.00	38.00	10.00	5
2000	64	17590.00	110.00	26.00	15
2001	162	13020.00	175.00	81.00	36
2002	292	60263.00	324.00	242.00	116
2003	409	57547.00	527.00	475.00	220
2004	824	65718.00	1225.00	156.00	83
2005	492	38344.00	725.00	640.00	95

第五节　货物运输保险

货物运输保险是财产保险的一种。它以在国内运输过程中的各种物资为保险标的。保险人对保险货物在运输过程中遭受约定危险事故损失负经济赔偿责任。国内货物运输保险是一种综合性的保险，它承保水、陆、空各种运输工具所载运的保险货物发生的危险事故损失，并且还承保在陆地上存仓候运或候提或中转地候转运以及装、卸时的责任。我国国内货物运输保险分为货物运输保险（国内水路、铁路货物运输保险）和国内航空运输货物保险两种。货物运输保险又分为基本险和综合险两种险别。

1986 年 7 月，为适应货运保险发展的需要，中国人民保险公司颁发了新修订的《国内水路、铁路货物运输条款》，同时停止使用原《国内货物运输保险条款》及附加破碎渗漏险、淡水雨淋险、包装破碎险和偷盗险特约条款。

1987 年 1 月 1 日起，人保公司执行新的《水路、铁路货物运输保险条款》，综合险由铁路运输扩大到公路零担运输、水路运输。5 月 18 日，人保省公司颁发了修订的《机动车辆承运货物责任保险条款》及固定的费率表，停办船舶承运货物责任保险。年底，人保总公司根据全国货运险业务发展的需要，发出《关于切实加强货物运输保险代查勘代理赔工作的通知》（以下简称《通知》）。

1988 年 1 月，人保省公司转发其总公司该文件，要求全省各地按照《通知》的要求，认真抓好货运险“双代”（即由出险地人保公司在一定授权范围内代查勘、代理赔）工作。

1989 年，人保省公司对货运险费率上下浮动 20% 再一次作规定。此外，人保省公司与蚌埠铁路分局在合肥市联合召开安徽省铁路货物运输保险及防灾工作会议，会后签发会议纪要，肯定多年来经两家共同努力对铁路货运险及防灾工作所取得的成绩。货物运输保险自 1981 年开办至 1990 年年底，全省业务发展到基本险、附加险、综合险、承运货物责任险 4 个险种、7 个险别。

1990 年 9 月，中华人民共和国商业部下发《关于明确商业部门投保货物运输保险有关问题的通知》。10 月，人保公司全省货运险工作会议在黄山市召开，会议就铁路系统开展保价运输后货运险面临的形式进行讨论。12 月 25 日，中国人民银行安徽省分行下发《关于对国内公路货物运输保险条款的批复》，同意《国内公路货物运输保险条款）公布试行，并对其费率予以审定。

1991—1996 年，人保省公司货运险业务主要有进出口货物运输保险和国内水路、陆路货物运输保险。

1991 年 3 月 6 日，人保省公司下发《全省开办公路货物运输保险的通知》。《公路货物运输保险条款》及其费率表经省人民银行批准，自 1991 年 4 月 1 日起开始执行。鉴于《中华人民共和国铁路法》中的“保价运输”自 1991 年 5 月 1 日起在全国范围内正式付诸实施，人保总公司 1987 年与铁道部共同签署发布的关于《铁路货物运输实行保险与负责运输相结合的补偿制度的规定》从 1991 年 5 月 1 日起自动失去法律效力，4 月 28 日，人保总公司下发《从今年 5 月 1 日起国内货物运输险按“中国人民保险公司水路、铁路货物运输险条款的补充规定”执行的通知》，要求自 1991 年 5 月 1 日起，人保公司系统开展国内货物运输险业务，一律按《中国人民保险公司水路、铁路货物运输险条款的补充》执行。凡保价货物，无论是限额以下还是限额以上，1991 年 5 月 1 日以后人保公司一概不再承担其赔偿责任。凡于 1991 年 5 月 1 日前签发的国内货物运输保单仍按原补偿制度的规定办理。5 月 22 日，人保省公司下发《转发“南京铁路分局关于做好保险与保价工作的几点意见”的通知》。该通知要求芜湖、马鞍山、铜陵、黄山、宣城等分公司做好以下工作：要大力宣传保险与保价的区别，从责任范围、保险期限、费用规定、赔款处理等方面说明办理保险的必要性；各级公司要根据“意见”精神，加强与铁路部门联系，在新的形势下，与铁路部门建立一种新的合作关系，将保价对保险业务的影响减少到最低程度；要大力发展预约保险和联运保险业务，全面发展货运险业务；要及时将保险工作中遇到的新问题反馈省分公司。5 月 23 日，人保省公司下发《关于省公司与省财政厅、蚌埠铁路分局、省经委“关于做好保险与保价工作的几点意见”的通报》。通知要求合肥、蚌埠、淮南、淮北、阜阳地区、宿县地区、滁县地区、巢湖地区等分公司在省有关领导的大力支持下，做好以下几点工作：各公司要与各站、段加强联系，共同商讨如何做好保价与保险工作，要与铁路部门建立一种新的合作关系，继续巩固铁路货运险业务的发展；要加强宣传工作，宣传“保险”与“保价”的区别，要从责任范围、费率规定、保险期限、赔款处理等诸方面详细分析与保价的不同之处，使广大托运人充分认识到“保价”不能代替“保险”，“保险”比“保价”保障范围更广；要大力发展预约保险，全面推开陆、水运货运险业务，做好分流截流工作；各公司要对 1991 年 5 月货运险业务情况进行一次详细的分析，6 月 5 日前报告省分公司城险处。8 月 19 日，人保省公司下发《关于印发“国内货物运输保险代查勘代理赔工作实施办法（修订稿）的通知》，要求各级公司树立全国一盘棋思想，按总公司要求严格贯彻执行。

1992 年 1 月 15 日，省政府办公厅下发《转发省保险公司、省财政厅关于进一步发展货物运输保险业务报告的通知》。通知要求各级人民政府要加强对货物运输保险业务的领导，银行、财政、工商、税务、交通等部门要积极支持和配合人民保险公司，开展货物运输保险业务。运输保险费的列支，应按照国务院颁发的《国营企业成本管理条例》和财政部颁发的《成本管理实施细则》的规定执行。7 月 8 日，人保省公司下发文件，将人保省公司与蚌埠铁路分局《关于转发“国内铁路货物运输保险代理协议”的通知》转发给各地市分公司，要求各级分公司尽快与各铁路部门联系，做好恢复铁路货运险工作。7月21日，人保省公司下发《关于划分货运保险与保价范围的通知》。该通知指出，铁道部文件中明确的保价范围主要是指铁路赔偿限额以上价值较高的货物，但并不等于该赔偿限额以上部分的货物统为保价不能保险，要求各级分公司要与当地铁路部门联系，共同研究和划分保险与保价范围；预约保险的货物不在铁道部规定的范围之内，不受文件约束。

1994年8月28日，人保省公司上报人民银行安徽省分行《关于报批“人保省公司国内水路、陆路货物运输保险特别约定条款”的报告》，要求加贴特别约定条款，将雨淋责任进一步约定明确；约定油料作物的饼渣自燃不负责赔偿责任；对盗窃及提货不着的损失，参照条款中对公路运输的规定，约定不负赔偿责任；对因发生于运输工具超载或违章超高、超宽等有关的货物损失，约定保险人有权拒绝赔偿。12月28日，中国人民银行安徽省分行下发《关于对“国内水路、陆路货物运输保险特别约定条款”的批复》文件，同意人保省公司《国内水路、陆路、货物运输保险条款》特别约定条款在全省范围内公布实施。

平安财产保险安徽分公司货运险的主要险种有：出口险、进口险、国内水路货运险、国内公路货运险、国内铁路货运险、国内航空货运险、公路货物运输承运人责任定额保险、危险货物道路运输承运人责任保险。对应的主要条款有：《海洋货物运输保险条款》《英国伦敦协会货物条款》（即ICC条款）、《国内水路、陆路货物运输保险条款》《航空运输货物保险条款》《公路货物运输承运人责任定额保险条款》《道路危险货物承运人责任保险条款》等，还有上百种特约附加险条款。这些险种是货运险的主要保费来源。另有一些保费较少的小险种，如邮包险、邮件快递险。

平安产险安徽分公司成立初期，船舶险和货运险的经营主要由国际水险业务部承担，集合了承保、理赔和销售三大工作职能，一体化模式为客户提供了优质的货运险和船舶险服务工作。2000年后，随着业务规模的逐步增加，为满足市场业务发展需求，根据公司整体架构的改革，销售职能被单列，实现为客户更好更专业的服务。

1994年，平安产险安徽分公司经营的货运险险种有进口险、出口险和国内运输险，承保业务不足百件，总保单笔数92笔，保费仅78.61万元。

1995年1月，人保省公司印发《关于下发“安徽省分公司国内水路、陆路货物运输保险特别约定条款“的通知》。2月20日，中国人民银行在《关于修订国内水路、铁路货物运输保险条款部分规定和变更部分保险货物种类的通知》中指出“随着国内货物运输业务的发展和《中华人民共和国铁路法》的实施，1993年中国人民银行颁布的《国内水路、铁路货物运输保险条款》及其费率已不能完全适应国内货物运输保险发展的需要，人民银行总行对该保险条款和费率的部分内容进行了修改”。3 月 9 日，中国人民保险公司印发《中国人民保险公司转发中国人民银行“关于修订国内水路、铁路货物运输保险条款部分规定和变更部分保险货物种类的通知”的通知》，要求各级公司对新旧条款及保险货物种类认真加以对照、学习，并遵照执行。12 月 20 日，人保省公司与上海铁路局签订了国内铁路货物运输代理协议，协议有效期自 1996 年 1 月 1 日起至 1996 年 12 月 31 日止。

1995 年，平安产险安徽分公司的货运险业务承保数量达到 1100 件，承保金额 13.8 亿元，保费收入 464.79 万元。

1996 年，人保公司产寿险分业经营，省分公司设立货运险处，对该业务进行管理和指导。3 月 22 日，人保省公司下发《关于进一步做好铁路货运险业务的通知》。通知要求，各级分公司应积极争取铁路部门代理保险业务；若铁路部门将一些风险较大的易损货物办理保险业务，而对于风险较小，价值较高的货物办理保价运输，则各公司应认真分析，防止保险逆选择，在调查研究的基础上，确定是否委托其代理保险业务；对于单独全额代理货运险业务难度较大的地方，可以根据实际情况进行“双保”，但必须签订代理协议，以确定各自的份额及所承担风险。国内货物运输保险是一项效益险种，人保总公司在全国保险会议上要求“效益险种上规模”。为进一步发展国内货物运输保险，人保省公司制定《国内货物运输预约保险实务规程》，规范承保手续，提高承保质量。

中国太平洋保险合肥分公司货运险的起始时间为 1996 年 4 月，公司开始设立国际业务部，主要经营管理水险业务。2005 年前，水险业务统计列入太平洋产险南京分公司代理数据统计范围。该险种业务发展态势一直较为稳健，成为核心险种之一。进出口的外币业务均在省公司出单，地市机构没有资质。1998—2005 年，太平洋保险安徽分公司货运险业务承保数量、入账保费均呈上升趋势，在非车险总体业务的占比也从 1998 年的 10.78% 上升至 2005 年的 12.15%，较高为 1999 年的 15.83% 和 2001 年的 15.51%。

1996 年，平安产险安徽分公司的货运险在原有的 3 个险种基础上，新增邮包险，常用险别 4 个。当年货运险业务保单件数 2361 件，总保额 27.21 亿元，总保费 796.05 万元。

1997 年，人保省公司货运险的指导思想是“大上预约保险，巩固发展铁路货运险，稳定发展水路货运险，重点发展公路货运险，发挥双带优势，在保证效益的前提下，促进国内货运险业务的发展”。3 月，人保省公司下发《关于认真贯彻“国内货运险预约保险实务“的通知》。通知要求各地要采取一些激励措施，对发展货运险业务给予一定的倾斜政策。对于国内货运险预约保险业务，可以比照下发的《关于大中型企业财产保险的安全奖返还办法》，但最高不得超过30%。为了促进国内货运业务的发展，人保省公司3月26日下发《关于认真贯彻“公路货运定额保险办法”的通知》，明确公路货运定额保险业务的展业模式，仍坚持以代理业务为主，主要依靠公路运管部门，养路费稽征部门以及有关部门代办。对代办业务的单位，必须签订委托代理合约，规定双方的权利和义务。

1997年，平安产险安徽分公司货运险的险别进一步拓展至7个险种，新增了国内水路货运险、国内公路货运险和国内铁路货运险。进、出口险和国内货运险为主打险种，保费占比达98%。

1998年3月，人保省公司全省货运险工作会议在合肥市召开。会议主要内容是：传达人保公司全国货运险工作会议精神；总结1997年货运险工作、安排1998年工作任务；对货运险业务考核评比的优胜单位进行表彰和奖励。3月20日，中国人民银行安徽省分行下发《关于同意“安徽省国内货物运输保险附加险条款”的批复》，原则同意中保财产保险省分公司在全省开办国内货运险附加霉变、污染、短少险。要求这三个附加险条款必须附贴在《国内水路、陆路货物运输保险条款》上，不可单独使用。4月15日，中保财产保险省分公司印发《关于印发安徽省分公司与蚌埠铁路分局签订“国内铁路货物运输保险代理协议”的通知》。通知要求各地认真执行，积极与当地铁路部门联系，进一步做好铁路货运险工作。9月23日，中保财产保险省分公司下发《转发总公司“关于国内货物运输保险条款解释及有关费率调整”的通知》。该文件将总公司《关于下发国内货物运输保险条款解释及部分货物分类调整的通知》转发给各地市分公司，要求认真组织学习，并及时贯彻。

1999年，平安产险安徽分公司的货运险新开3个险种：邮件快递险、公路货物承运人责任定额保险、国内航空货运险，常用险别数共有10个。当年货运险业务承保笔数达3002笔，总保额41.92亿元，保费832.65万元。

2000—2001年，受亚洲金融危机长尾效应影响，外部经济总体环境较差，平安产险安徽分公司货运险业务连续下滑，年度平均负增长23.5%。

2001年，天安保险安徽省分公司实现货物运输保险17.89万元。

2002年，人保省公司货运险实现恢复性增长，增幅为2.4%。人保各级公司重视从源头抓好预约保险业务，深度开拓进出口货运险业务，推广公路货运保险和公路定额保险，扩大航空货运险和铁路货运险，稳步发展水路货运险，积极开发国内物流保险等新产品。

2002年，外部经济形式好转，平安产险安徽分公司货运险业务快速增长，当年承保笔数6168笔，总保额66亿元，保费809万元，同比增速达67%。

2002年，天安保险安徽省分公司实现货物运输保险保费收入56.83万元。

2000 年和 2003 年，人保省公司均与上海铁路局签订货运险代理协议。

2003 年平安产险安徽分公司在当地业内首家开通货运险外网系统，实现客户端自主出单，自动核保的功能，开创保险业货运险承保系统开发的新篇章。

2003 年，天安保险安徽省分公司实现货物运输保险保费收入 152.47 万元。

2004 年，平安产险安徽分公司货运险承保业务突破 1 万件，总保单件数 12628 件，总保额突破百亿元，为 121.73 亿元，总保费突破 1000 万元，为 1148 万元。

2004 年，天安保险安徽省分公司实现货物运输保险保费收入 231.66 万元。

2005 年，平安产险安徽分公司货运险业务稳步增长，新增危险货物运输承运人责任保险，常用险别数共有 11 个。当年货运险业务保单件数 12312 件，总保额 154.48 亿元，总保费 1216 万元，同比增速 12.68%。平安产险安徽分公司自成立以来，在货运险领域承保过的大项目有：马钢销售公司、马钢国际贸易有限公司、金隆铜业有限公司、铜陵有色金属集团公司、安徽轻工国际贸易有限公司、安徽服装进出口贸易有限公司、安徽技术进出口贸易有限公司，安徽粮油进出口集团有限公司、芜湖海螺集团有限公司、芜湖奇瑞汽车物流有限公司、安徽丰原生物化学股份有限公司等大客户的货运险项目，为稳定发展安徽经济做出了一定的贡献。

2005 年，天安保险安徽省分公司实现货物运输保险保费收入 316.19 万元。

2005 年，太平财产保险安徽分公司货物运输险保费收入 67.49 万元。

2005 年，大地财产保险安徽分公司货物运输险业务承保数量 333 件，保险金额 14090.16 万元，保费收入 20.02 万元，赔案 1 件，赔款 0.46 万元。

2005 年，华安财产保险安徽分公司货物运输险承保数量 34 件，保险金额 2752.68 万元，保费收入 1.57 万元。

1986—2005 年安徽省企业财产保险业务统计表

表 2-1-23

年度	承保数量	保险金额（万元）	保费收入（万元）	赔款（万元）	赔款件数（件）
1986	354681	405916.00	806.00	110.00	593
1987	849356	1309095.00	1463.00	210.00	1174
1988	560995	1298645.00	1975.00	361.00	2143
1989	409341	1010143.00	2685.00	679.00	3139
1990	387958	1139329.00	2758.00	659.00	2297
1991	368698	1069841.00	2529.00	846.00	2764
1992	425593	1013925.00	2728.00	725.00	1836

续表 2-1-23

年度	承保数量	保险金额（万元）	保费收入（万元）	赔款（万元）	赔款件数（件）
1993	434213	1158144.00	3263.00	1401.00	2449
1994	325439	958895.30	3103.61	1912.36	3286
1995	347958	1347094.57	3781.79	1630.13	2152
1996	286013	1938684.13	4905.05	2136.28	2398
1997	104459	3938007.61	7148.41	2500.47	2191
1998	322755	2002347.16	6960.67	2266.83	1846
1999	264514	3030794.57	6482.65	1924.71	1626
2000	258538	2966848.06	6281.55	1703.19	1644
2001	13799	3641034.41	7052.21	1832.93	1501
2002	147252	3538857.76	7579.15	2002.80	1612
2003	81772	4742833.22	5640.55	2842.50	1984
2004	65831	6145233.16	7067.59	1542.93	1179
2005	71933	7826898.67	8037.74	2273.22	1434

1986—2005 年中国人民财产保险安徽分公司货物运输保险业务统计表

表 2-1-24

年度	承保数量	保险金额（万元）	保费收入（万元）	赔款（万元）	赔款件数（件）
1986	354681	405916.00	806.00	110.00	593
1987	849356	1309095.00	1463.00	210.00	1174
1988	560995	1298645.00	1975.00	361.00	2143
1989	409341	1010143.00	2685.00	679.00	3139
1990	387958	1139329.00	2758.00	659.00	2297
1991	368698	1069841.00	2529.00	846.00	2764
1992	425593	1013925.00	2724.00	725.00	1836
1993	434213	1158144.00	3210.00	1392.00	2449
1994	325347	934964.00	2941.00	1906.00	3285
1995	346858	1209087.00	3194.00	1468.00	2143
1996	283652	1666559.00	4027.00	1875.00	2372
1997	100773	3511055.00	6188.00	2277.00	2106

续表 2-1-24

年度	承保数量	保险金额（万元）	保费收入（万元）	赔款（万元）	赔款件数（件）
1998	319142	1659808.00	6252.00	2059.00	1770
1999	253570	2510855.00	5399.00	1708.00	1560
2000	253031	2399861.00	5409.00	1559.00	1552
2001	5564	2926953.00	6018.00	1564.00	1356
2002	134107	2438124.00	6160.00	1679.00	1416
2003	66291	3307484.00	4124.00	2002.00	1732
2004	35679	4181248.00	4885.00	1234.00	993
2005	23139	5318573.00	5496.00	1740.00	1189

1994—2005 年平安财产保险安徽分公司货物运输保险业务统计表

表 2-1-25

年度	承保数量	保险金额（万元）	保费收入（万元）	赔款（万元）	赔款件数（件）
1994	92	23931.00	79.00	0.00	1
1995	1100	138008.00	465.00	154.00	9
1996	2361	272125.00	796.00	249.00	26
1997	2822	269513.00	647.00	91.00	78
1998	2493	249146.00	537.00	159.00	50
1999	3002	419196.00	833.00	192.00	34
2000	3404	443468.00	647.00	84.00	59
2001	4014	333961.00	545.00	72.00	77
2002	6168	660279.00	809.00	58.00	55
2003	7844	751483.00	736.00	496.00	71
2004	12628	1217321.00	1148.00	157.00	45
2005	12312	1544786.00	1216.00	260.00	28

1992—2005 年太平洋财产保险安徽分公司货物运输保险业务统计表

表 2-1-26

年度	承保数量	保险金额（万元）	保费收入（万元）	赔款（万元）	赔款件数（件）
1992	—	—	4.00	—	—
1993	—	—	53.00	9.00	—
1994	—	—	84.00	6.00	—

续表 2-1-26

年度	承保数量	保险金额（万元）	保费收入（万元）	赔款（万元）	赔款件数（件）
1995	—	—	123.00	8.00	—
1996	—	—	82.00	12.00	—
1997	864	157440.00	313.00	132.00	7
1998	1120	93393.00	172.00	49.00	26
1999	7942	100744.00	251.00	25.00	32
2000	2103	123519.00	226.00	60.00	33
2001	4221	380120.00	471.00	197.00	68
2002	6971	439920.00	553.00	266.00	141
2003	6059	529789.00	625.00	343.00	179
2004	17473	744888.00	801.00	149.00	127
2005	33299	591764.00	911.00	254.00	194

2002—2005 年大众财产保险安徽分公司货物运输保险业务统计表

表 2-1-27

年度	承保数量	保险金额（万元）	保费收入（万元）	赔款（万元）	赔款件数（件）
2002	6	534.95	0.06	—	—
2003	10	1778.91	2.66	—	—
2004	51	1776.07	2.39	—	—
2005	75	3248.65	9.19	0.27	1

2001—2005 年天安财产保险安徽分公司货物运输保险业务统计表

表 2-1-28

年度	承保数量	保险金额（万元）	保费收入（万元）	赔款（万元）	赔款件数（件）
2001	—	—	17.90	—	—
2002	—	—	56.83	—	—
2003	1568	152298.00	153.00	1.00	2
2004	—	—	231.66	3.25	14
2005	2741	351684.00	316.19	19.00	21

第六节　建筑工程保险

凡有建筑、安装工程的企事业单位，都可以为列入工程预算项目内或工程概算项目外的财产、装修的机器、设备、零配件以及与工程配套的道路、桥梁等施工项目投保本保险。该保险的保险责任是：保障一切建设单位的基建工程，在施工过程中，因遭受火灾、雷电、爆炸等事故和不可抗拒的自然灾害和意外事故造成经济损失，使保险企业及时获得经济补偿，以利建设工程按计划正常进行。

1985年5月21日，人保公司亳县支公司签发全省第一份国内建筑安装工程保险单，承保该县古井酒厂扩建工程投资额1300万元。

平安产险安徽分公司工程险主要包括建筑工程保险、安装工程保险、机器损坏保险、机器损坏综合保险、机损险项下的利润损失保险。自公司成立至2005年期间，工程保险一直为以上5个险种，没有增加新险种。建筑工程、安装工程保险发展较为缓慢，一直到2002年才突破百万保费。此后安徽平安产险积极参与大型施工项目的拓展，至2004年已达到了千万保费平台，至此两个险种进入了较为成熟的发展阶段。平安产险开始为铁路、高速公路、桥梁、企业等各种大型建筑工程提供保险保障。

平安产险安徽分公司的重大承保项目为：黄山长江徽杭高速公路、蚌埠至明光高速公路、马鞍山至芜湖、滁宁高速公路、阜阳至周集段高速公路、合肥至六安至叶集高速公路建筑工程一切险附加第三者责任保险；淮沪煤电有限公司、安庆长江公路大桥、马鞍山自来水公司、涡阳县城市排水有限责任公司安装工程一切险。

平安工程险一直与安徽的经济建设同步发展，为安徽经济的快速发展保驾护航。机器损坏险的保险责任和除外责任与企业财产保险综合险互补，这一直作为险种卖点推荐给客户，投保此险种可以给企业资产更完善的保障，自1996年起该险种即达到了近200单的签单量，并逐年增长。

平安产险安徽分公司为许多企业提供了机器损坏险的保险保障，如安徽淮化集团有限公司、淮北矿业项下煤矿、安徽安凯汽车集团有限公司、合肥荣事达洗衣机有限公司、芜湖海螺型材科技股份有限公司、安徽古井贡酒股份有限公司、阜阳化工总厂、安徽乐普生百货有限责任公司及省内多家大型电厂。

1993年，建设部和中国人民建设银行联合发文《关于印发“关于调整建设安装工程费用项目组成的若干规定”的通知》。中国人民保险公司在转发这一文件时指出，调整后的建筑安装工程费用项目已增加保险费项目。保险费是分两个部分列入的，一部分是工程承包商投保自己的施工机械等项目保险所需的费用；另一部分是业主投保工程建安险所需的费用。人保省公司在转发文件时指出，调整后的建筑安装工程费用项目增加保险费项目，从制度上基本解决建筑安装工程保险费列支等问题。

为了使安徽省基建工程在发生自然灾害和意外事故损失后能及时得到经济补偿，促进经济的稳步发展，为基本建设资金提供保障，1994年3月10日，人保省公司下发《关于实行“建筑安装工程保险条款”的通知》，制定《人保省公司建筑安装工程保险条款》并经安徽省人民银行批准正式实行。考虑到该险种为新险种，在展业中还需不断修改、完善，人民银行规定试行期限为一年。该保险条款明确：为了使建筑、安装工程在遭受保险责任范围内的自然灾害和意外事故造成的财产损失和人员意外伤害责任损失能得到及时的经济补偿，以利工程的恢复和持续进行而举办。该保险明确了双方的责任和义务，保险费为：在一年内完工的建筑安装工程，保险费率为3.5‰；超过一年完工的工程，每超过一年费率增加1‰，以此类推。4月11日，人保省公司下发《转发建设部、中国人民建设银行“关于调整建筑安装工程费用项目组成的若干规定”的通知》，指出调整后的建筑安装工程费用项目增加保险费项目，从制度上基本解决建筑安装工程保险费列支等问题。

中国太平洋保险合肥分公司工程险的发展起始时间是1996年4月，因工程险的风险较高，专业性较强，初期发展的策略是挤进该业务的市场，尽可能的参与该业务。受工程险的专业性制约，太平洋保险公司在业务发展上边做边学，不断在实践中总结经验。工程险的赔付一般均采取公估公司介入方式，大额赔款案件全部给予及时赔付，得到客户们的广泛赞誉。对工程险业务在承保前进行风险查勘评估，对保险标的的风险进行划分以及其涉水作业的比例进行查勘，对风险较高的业务，采取谨慎承保态度。1998—2005年，太平洋保险公司工程险业务承保数量、保额、入账保费、占比均呈不断上升的趋势，在非车险总体业务的占比由1998年的2.79%上升至2004年的8.25%，2005年略有下降。

2000年，人保省公司下发《关于转发“中国人民保险公司建设工程设计责任保险条款”等四个条款及其附件的通知》，该条款经中国保险监督管理委员会核准、备案。人保公司当年承保工程险76笔，收入保险费41.5万元；赔款36笔，支付赔款127.8万元。

2001年12月13日，人保总公司下发《关于印发“中国人民保险公司单项建设工程设计责任保险条款”及其附件的通知》。此条款是继《建设工程设计责任保险》之后，为适应社会上针对单项工程要求投保建设工程设计责任保险的需求而设计推出的，该险种和费率经中国保险监督管理委员会核准、备案。同年，全省保险工作会议上，人保省公司要求相关部门要及时掌握工程建设项目信息，加强政策和项目攻关，进一步提高工程险承保技术，积极开拓工程险业务市场。是年，人保公司全省承保工程险11件，保费收入171.4万元；支付赔款16笔，赔付金额60.7万元。

2001 年，天安保险安徽省分公司实现工程保险业务保费收入 2.8 万元。

2002 年 1 月，人保安庆市分公司与安庆长江公路大桥有限责任公司签署保险协议，独家承保金额达 2.2 亿元的安庆长江公路大桥主桥工程保险。6 月，人保安庆市分公司城区支公司签订全省首张楼房整体平移工程保单，收入保费 2 万余元。10 月 11 日，人保省公司下发《转发总公司“关于印发〈中国人民保险公司工程监理责任保险条款〉及其附件的通知”》。人保总公司在文件中指出，该产品的承保权限为每次事故赔偿限额不超过人民币 2000 万元，或累计赔偿限额不超过人民币 3000 万元，理赔权限为每次事故索赔金额不超过人民币 600 万元。要求各级分公司应严格按照总公司的授权范围经营该险种业务，并在承保业务中严格执行总颁条款和费率规定，不得擅自对条款和费率进行变更。

2002 年，天安保险安徽省分公司实现工程保险业务保费收入 3 万元。

太平洋产险承保安徽琅琊山抽水蓄能发电有限责任公司安装工程一切险，工程项目为琅琊山抽水蓄能电站工程安装，该项目由中国水利水电第一工程局、中国水利水电第五工程局共同承建，保险金额 137,708.85 万元，其中物质损失保额 137,326 万元；第三者责任险保额 300 万元，保险期限 2002 年 12 月 1 日至 2007 年 11 月 30 日。

2003 年 1 月 10 日，人保省公司下发《转发总公司“关于印发〈中国人民保险公司建设工程勘察责任保险条款〉及其附件的通知”》。该产品的承保权限为每次事故赔偿限额不超过人民币 2000 万元，或累计赔偿限额不超过人民币 3000 万元；理赔权限为每次事故索赔金额不超过人民币 600 万元。要求各省级分公司应严格按照总公司的授权范围经营该险种业务，并在承保业务中严格执行总颁条款和费率规定，不得擅自对条款和费率进行变更。

2003 年 12 月 31 日人保财产保险安徽分公司承保铜汤高速公路（保险标二）太平湖至汤口段建筑工程险，保额 59946,92 万元。

2003 年，天安保险安徽省分公司实现工程保险业务保费收入 54.76 万元。

2005 年 3 月 4 日，人保财险安徽分公司承保金隆铜业有限公司铜陵市金山路金隆厂区 21 万吨电解铜改造设备及安装工程项目安装工程一切保险，物质损失保额 2.4 亿元。

2005 年，人保省公司承保工程险 60 笔，保险金额 30.84 亿元，收入保险费 792 万元。

2005 年，天安保险安徽省分公司实现工程保险业务保费收入 89.39 万元。

2005 年，太平财产保险安徽分公司工程保险业务实现保费收入 12.50 万元。其中承保的铜陵金威铜业有限公司安装工程一切险，保险范围为该公司安装工程项目，保险期限 2005 年 6 月 14 日至 2006 年 8 月 31 日。

2005 年，大地财产保险安徽分公司工程保险业务承保 6 笔，保险金额 6317.53 万元，保费收入 11.61 万元。

2005 年 8 月，大众保险安徽分公司（现史带财险安徽分公司）承保了中国水利水电华东设计院承建的黄山长坦水电站建筑工程一切险，保险期限 16 个月，保额 2363 万元，保费约 8.62 万元。这是该公司首次单独承保水电项目。

2005 年，华安财产保险安徽分公司工程保险业务承保 24 笔，保险金额 99380.67 万元，保费收入 134.84 万元，赔案 2 件，赔款 4.49 万元。

1994—2005 年安徽省工程保险业务统计表

表 2-1-29

年度	承保数量	保险金额（万元）	保费收入（万元）	赔款（万元）	赔款件数（件）
1994	20	4390.68	26.84	2.39	3
1995	80	48170.77	150.28	11.34	6
1996	201	114015.39	514.55	26.45	32
1997	214	136080.81	713.06	170.22	132
1998	228	217209.31	843.80	224.84	199
1999	232	387509.01	782.02	277.61	167
2000	238	272782.90	889.44	428.79	143
2001	171	280896.49	257.06	109.00	165
2002	342	614704.81	306.71	92.09	183
2003	369	1013065.53	600.10	1022.04	224
2004	313	1257373.68	1416.02	793.10	185
2005	353	2209042.41	2497.67	638.38	183

1997—2005 年中国人民财产保险安徽分公司工程保险业务统计表

表 2-1-30

年度	承保数量	保险金额（万元）	保费收入（万元）	赔款（万元）	赔款件数（件）
1997	17	21731.00	143.00	3.00	2
1998	70	57139.00	232.00	15.00	9
1999	66	259192.00	435.00	18.00	21
2000	76	13775.00	42.00	128.00	36

续表 2-1-30

年度	承保数量	保险金额（万元）	保费收入（万元）	赔款（万元）	赔款件数（件）
2001	11	42340.00	171.00	61.00	16
2002	107	59826.00	136.00	32.00	11
2003	70	70183.00	140.00	191.00	28
2004	46	83971.00	146.00	7.00	7
2005	60	308445.00	792.00	74.00	23

1994—2005 年平安财产保险安徽分公司工程保险业务统计表

表 2-1-31

年度	承保数量	保险金额（万元）	保费收入（万元）	赔款（万元）	赔款件数（件）
1994	20	4391.00	18.00	2.00	3
1995	80	48171.00	147.00	11.00	6
1996	201	114015.00	515.00	26.00	32
1997	197	114350.00	570.00	167.00	130
1998	151	125862.00	574.00	208.00	189
1999	161	112309.00	306.00	252.00	145
2000	152	233891.00	763.00	288.00	106
2001	154	201057.00	32.00	0.00	147
2002	222	490227.00	109.00	1.00	166
2003	255	653142.00	189.00	248.00	169
2004	225	886557.00	514.00	577.00	167
2005	232	1542849.00	1075.00	327.00	137

1994—2005 年太平洋财产保险安徽分公司工程保险业务统计表

表 2-1-32

年度	承保数量	保险金额（万元）	保费收入（万元）	赔款（万元）	赔款件数（件）
1994	—	—	9.00	—	—
1995	—	—	3.00	—	—
1996	—	—	—	—	—

续表 2-1-32

年度	承保数量	保险金额（万元）	保费收入（万元）	赔款（万元）	赔款件数（件）
1997	—	—	—	—	—
1998	7	34208.00	38.00	2.00	1
1999	5	16008.00	41.00	8.00	1
2000	10	25117.00	84.00	13.00	1
2001	6	37499.00	51.00	48.00	2
2002	13	64652.00	59.00	59.00	6
2003	32	252883.00	216.00	581.00	24
2004	42	286846.00	756.00	209.00	11
2005	19	230307.00	442.00	205.00	9

2001—2005 年天安财产保险安徽分公司工程保险业务统计表

表 2-1-33

年度	承保数量	保险金额（万元）	保费收入（万元）	赔款（万元）	赔款件数（件）
2001	—	—	2.80	0.00	0
2002	—	—	3.00	0.00	0
2003	12	36858.00	55.00	2.00	3
2004	—	—	—	—	—
2005	12	21744.00	89.00	28.00	12

第七节　责任保险

责任保险是以被保险人对第三者依法应负的赔偿责任作为保险标的的保险，投保人通过投保相应的责任保险转嫁责任风险所带来的经济损失。

1986 年，人保省公司初次开办产品责任保险。保险条款规定：凡是合法产品（商品）的制造商，进口、批发、零售以及修理等一切产品经手人，都可以联合或单独地投保产品责任保险。9 月 6 日，人保合肥市公司在全省首次为合肥元件七厂生产的“雀翎牌”电热毯办理产品质量责任保险。此后，又承保合肥光华日用电器厂、合肥健美电热毯厂的产品。当年共承保三家单位生产的电热毯 43 万床，收取保险费 3.87 万元，每床保险费仅 0.09 元。

1987 年，合肥电热器材厂、市五金工业研究所、合肥宏殿电器厂又分别向人保合肥市公司投保产品责任保险。该险种开办两年，共收取保险费 61968 元；发生赔案 3 件，赔款 3300 元，赔付率为 5.33%。

1993 年 9 月 22 日，人保省公司下发《转发总公司〈产品责任保险条款及解释〉的通知》。通知要求各地、市分公司要按如下要求认真贯彻执行：要抓住《中华人民共和国产品质量法》颁布实施的有利时机，积极开发产品责任保险业务，为安徽省产品走向市场提供配套服务，为广大用户提供保险保障；各地承保的产品责任保险业务，必须统一使用总公司的条款（试行），如确需变动，应在承保前报省公司同意，原已承保产品责任保险的业务仍按承保时的约定负责到保险期满；各类产品由于类别、产地、质量、产量的不同，产品责任的风险差异很大，总公司未制定统一费率，各地可参考部分省、市公司的产品责任保险费率，厘定费率一定要坚持权利和义务一致的原则；要运用多种形式进行宣传，组织有关人员认真学习条款和条款解释，掌握开发好这一险种的知识和技能；总公司开发的《产品责任保险条款（试行）》及条款解释，各地从文到之日起执行。10 月 29 日，安徽省经济委员会下发《关于积极配合保险公司开展产品质量保险工作的通知》。文件指出，随着《中华人民共和国产品质量法》颁布实施，保险公司积极开展产品责任保险与产品质量保证保险业务，为建立适应国家社会主义市场经济的产品质量保障体系发挥了重要作用，这两种保险，既有利于《中华人民共和国产品质量法》有关赔偿条款的落实，又有利于质量管理工作与国际惯例的接轨。

1994 年 1 月 5 日，人保省公司下发《转发安徽省经委“关于积极配合保险公司开展产品质量保险工作的通知”》。通知指出，《中华人民共和国产品质量法》的颁布实施，为人民保险公司开拓业务提供有利的条件。安徽省经济委员会下发《关于积极配合保险公司开展产品质量保险工作的通知》，各地市分公司可选择有代表性的名优产品，按照总颁条款积极开办产品责任保险。产品质量保险要本着积极慎重的态度试办，对保户的宣传要有限制条文，承保前须报省分公司批准。当年，全省包括产品责任险在内的新险种业务又有了发展，仅阜阳地区开办的产品责任及金融机构综合险两项，保费收入就超过 100 万元。

中国太平洋保险合肥分公司责任险业务，始于太保国外业务系统实施的“三资”企业雇主责任保险条款，1994 年 12 月，中国人民银行批复中国太平洋保险公司雇主责任保险条款及费率后，1995 年中国太平洋保险公司开始试点，着手人员配备和培训。太平洋保险合肥办事处于 1996 年开始开展雇主责任保险，业务规模不断增长。2005 年，中国太平洋财产保险股份有限公司在险种发展上确定责任险为公司重点发展险种。太平洋保险安徽分公司为此专门召开全省性的责任险业务推动会议，确定责任险的发展方向和工作目标，在巩固公众责任险、雇主责任险、国内产品责任险等原有险种前提下，积极出击，征得政府相关职能部门的支持，发展火灾公众责任险、金融机构场所责任险、承运人责任险等险种。确定责任险管理部门为分公司大项目部。在任务的落实上，明确了具体部门和责任人，责任险的发展实现了新的突破。1998—2005 年，责任险业务承保数量、保额、入账保费均呈不断上升的趋势，在非车险总体业务的占比由 1998 年的 3.59% 上升至 2003 年的 16.34%，2004 年、2005 年略有下降。

平安产险安徽分公司从 1994 年开始拓展责任保险，起初几年只经营银行综合业保险、公众责任险、雇主责任险、产品责任险等传统险种，销售模式也是针对企业客户的散单式销售，年保费规模不足百万。随着人民维权意识的提高，责任保险市场扩大，1999 年以后公司逐步开发了医疗责任险、校方责任险、职业责任险、保证保险等专业领域的险种，以满足社会需求。到 2005 年责任险保费规模达 1647 万元。

平安产险安徽分公司在责任险发展初期，保费规模较小，公司偿付能力有限，经营压力大，核保政策谨慎，为社会提供保障的领域有限。到 2002 年以后，公司对核保政策进行调整，支持责任险快速发展，承保领域扩大至卫生、教育、旅游等专业领域。在保险责任方面，平安产险安徽分公司适时对保险条款进行修订，最突出的就是雇主责任保险和公众责任保险条款。1994 年，平安产险总部向保监会报备了雇主责任险和公众责任险条款，但因条款内容不够完善，在理赔中出现很多纠纷。到 2003 年，平安产险总部修订了雇主责任险条款，2005 年修订了公众责任险条款，规范保险责任，减少理赔纠纷。同时，对公司的出单系统界面和投保单模板进行优化设置。

2000 年 2 月 29 日，人保总公司下发《关于印发“中国人民保险公司医疗责任保险条款”及其附件的通知》。3 月 27 日，人保省公司下发《转发总公司印发“中国人民保险公司医疗责任保险条款及其附件的通知”的通知》。通知指明，人保总公司制定并经中国保监会核准备案《中国人民保险公司医疗责任保险条款》已经下发，要求各地积极主动地与当地有关部门和单位联系，大力宣传推广此项业务，并及时总结经验向人保省公司财产险部汇报。3 月 30 日，人保省公司对安徽省政协八届三次会议第 217 号提案予以答复。人保省公司认为该提案提出的有关保险机构设立医疗职业责任综合保险的建议十分及时，确实反映当前医疗行业的实际需要，中国人民保险公司作为全国唯一的国有财产保险公司，提供这样的保险保障是义不容辞的责任。2000 年 1 月 28 日，中国保监会已经核准了中国人民保险公司总公司上报的《中国人民保险公司医疗责任保险条款》，全国各地的分支公司已经陆续着手开办该险种，人保省公司也已向各地、市分公司下发这一条款。该保险以依法设立、有固定场所的医疗机构及经国家有关部门认定合格的医务人员为被保险人，由中国人民保险公司承担被保险人在从事与其资格相符的诊疗护理工作中，因过失发生医疗事故或医疗差错，造成病员人身伤亡而应承担的经济赔偿责任和有关诉讼费用。累计最高赔偿限额可达 600 万元左右。保险费的收取根据医院病床数量和医务人员多少而有差别。因此，中国人民保险公司开办的这项医疗责任保险是可以满足提案中的要求的。由于医疗责任保险当时在安徽省是一项新的保险业务，社会公众了解甚少，有关单位和部门大力支持这项工作显得尤为重要。

2001 年 4 月 10 日，人保省公司承保马钢公司“马钢”牌车轮轮箍系列产品责任保险签字仪式在马鞍山举行。该项业务最高责任限额为人民币 1 亿元。这是安徽省保险市场当时最大的一笔产品责任保险合同。5 月 22 日，中国人民保险公司下发《关于印发〈中国人民保险公司旅行社责任保险条款〉及其附件的通知》，通知要求各分公司收到文件后启用新条款，停止使用 1999 年 12 月 6 日下发的《旅行社责任保险条款》和费率。对于已经使用原条款承保的业务应在续保时使用新的条款费率。要求各分公司在新的承保业务中严格执行总颁条款和费率规定，原则上不得对条款和费率进行变更。在推广此业务过程中须要遵守《中华人民共和国保险法》《保险公司管理规定》的相关法规制度，不得违规经营。

2002 年 4 月 14 日，人保滁州市分公司营业部与滁州醉翁亭文化旅游节筹委会签订旅游节责任保险协议，由该部独家提供 1000 万元保额的责任保险。2002 年 8 月 10 日，中国人民保险公司芜湖分公司与安徽省第十届运动会签订保险协议，芜湖人保成为省十运会唯一指定财产保险和公众责任保险公司，保额达 6.73 亿元。10 月，中国人民保险公司铜陵分公司与铜陵市人民医院签订了总赔偿限额为 160 万元的医疗责任保险合同，这是当时铜陵市最大的一笔医疗责任保险合同。随着经济的发展和社会保障水平的提高，责任保险在社会生活中发挥的作用越来越大，保险公司开发的责任保险逐步增多，2001—2005 年，人保公司新开发的责任保险险种有：《中国人民保险公司单项建设工程设计责任保险条款》《中国人民保险公司血站采供血责任保险条款》《中国人民保险公司产品质量保证保险条款》《中国人民保险公司驾驶员培训学校责任保险条款》《中国人民保险公司雇主责任条款》《中国人民保险公司保险代理人职业责任保险条款》《中国人民保险公司监护人责任保险条款》《中国人民保险公司保险经纪人职业责任保险条款》《中国人民保险公司机动车辆停车场责任保险条款》《中国人民保险公司医疗责任保险条款》《中国人民保险公司工程监理责任保险条款》《中国人民保险公司承运人非典型肺炎（SARS）责任保险条款》《中国人民保险公司承运人非典型肺炎（SARS）责任保险附加司乘人员非典型肺炎（SARS）保险条款》《中国人民保险公司医务人员法定传染病责任保险条款》《中国人民保险公司医务人员法定传染病责任保险附加治疗期间工资福利补偿条款》《中国人民保险公司特种设备第三者责任保险条款》《中国人民保险公司电梯责任保险条款》《中国人民保险公司建设工程勘察责任保险条款》《中国人民保险公司董事、监事级高级管理人员职业责任保险条款及其附加条款》《中国人民保险公司风景名胜区责任保险条款及其附加条款》《中国人民保险公司船舶检验师职业责任保险条款》《中国人民保险公司校（园）方责任保险附加非典型肺炎（SARS）责任保险条款》《中国人民保险公司建筑施工企业雇主责任保险条款及其附加第三者责任保险条款》《中国人民保险公司认证认可职业责任保险条款》《中国人民保险公司承运人责任保险条款及其附加承运人司乘人员责任保险条款》《中国人民保险公司医务人员法定传染病责任保险扩展医务人员家庭成员责任保险条款》《中国人民保险公司雇主责任保险附加非典型（SARS）责任保险条款（2003）》等多种。

2002 年 11 月 26 日，人保省公司下发《转发总公司〈关于印发“中国人民保险公司机动车辆停车场责任保险条款”及其附件的通知〉》。总公司对该产品的承保权限为每次事故每个车位赔偿限额不超过人民币 40 万元，或年度累计赔偿限额不超过人民币 120 万元，理赔权限为每次事故每个车位索赔金额不超过人民币 30 万元。

2005 年 6 月 15 日，人保财险安徽省分公司对省政协九届三次会议《关于尽快为安徽省医护人员解决医疗风险保险的建议》和《应建立医疗意外伤害保险赔偿机制》的提案给予答复，人保财险公司开办的《医疗责任保险》和《附加医疗意外险》可为全省医疗机构医护人员承担由于医护人员执业过失和因患者体质特殊等原因发生医疗意外造成患者人身损害而应承担的民事赔偿责任，可在一定程度上缓解医疗风险带来的压力；但由于商业保险承受风险能力的局限性，对医疗纠纷的风险目前尚无能力承受。人保财险公司的《医疗责任保险》承担的保险责任是：在保险期限内，被保险人（医疗单位）投保的医务人员在诊疗护理活动中，因执业过失造成患者人身损害，依法应由被保险人承担的民事赔偿责任和事先经保险人书面同意的法律费用（包括事故鉴定费、查勘费、取证费、仲裁或诉讼费、案件受理费、律师费等）。《附加医疗意外保险》承担的保险责任是：在保险期限内，被保险人（医疗单位）的投保医务人员在诊疗护理活动中，因下列情形造成人身损害的民事赔偿责任：由于患者体质特殊而发生的难以预料或在预料之中但难以防范的不良后果；按照正常的技术规范操作，仍然发生难以避免的并发症或者治疗意外；应用现有医学科学技术，仍然发生无法预料或难以防范的不良后果；在危急情况下为抢救危重患者生命而采取的紧急措施所造成的不良后果。另外，人保财险公司《手术安全意外伤害保险》可承担保险期间内，被保险人（在医疗机构接受手术的自然人）在首次接受保险单载明的手术过程中发生下列保险事故：因手术意外导致被保险人在手术过程中身故；被保险人在手术实施后，因该手术意外而导致的高度残疾；发生手术医疗事故的风险。该保险被保险人虽是在医疗机构接受手术的自然人，但如使用得当，可为高风险手术治疗提供一定程度的风险保障。由于该保险承担责任风险较高，当年人保财险总公司在安徽省只允许合肥市分公司开展此业务。7 月 11 日，人保财险黄山市屯溪区支公司为第三十四届环球洲际小姐大赛组委会提供公众责任险、人身意外险等风险保障。其中公众责任险保额高达一亿元，为大赛期间的 55 辆比赛用车提供每车 10 万元的第三者责任保险。11 月 5 日至 15 日，由国家旅游局和省政府联合举办的第五届中国黄山国际文化节暨徽文化节在黄山举办。人保财险黄山市分公司独家承保公众责任险。12 月，人保芜湖市分公司与中国（芜湖）国际旅游商品博览会组委会达成第六届旅博会责任险承保协议，连续承保六届旅博会责任险。

2005 年 5 月，华安产险安徽分公司推出为餐饮业主量身定做的一揽子综合保险产品，即食客安心餐饮业综合保险。主要保障范围为餐饮顾客人身意外、餐饮业主财产损失、餐饮业职业病、食物中毒等餐饮业经营过程中的各种风险。该产品为政府分摊责任，为餐饮业主转嫁风险，为食客提供安全保障，弥补了市场上餐饮业综合保险的空白，并与合肥市状元楼大酒店签下该险种的第一单业务。

2005 年，安徽平安产险与北京联合保险经纪公司安徽分公司合作，开始启动校方责任险项目，为全省普通中小学校学生提供保障，具有良好的社会效益。当年共签单 418 笔，保险金额超过 8 亿元。

2005 年，天安保险安徽省分公司实现责任保险 272.75 万元。2005 年 6 月，天安财产保险股份有限公司安徽分公司对合肥市全辖 48 家律师事务所律师职业责任保险进行承保，总责任限额 1580 万元。保障范围为：被保险人为正式在册的注册律师，受被保险人指派，以执业律师身份办理律师业务时，因错误、过失或疏忽行为而违反《中华人民共和国律师法》所规定的律师应尽的责任与义务的事故，造成委托人的直接经济损失。

2005 年 10 月，天安财产保险股份有限公司安徽分公司与安庆汽运集团签定保险合作协议，为该集团 1842 辆客运车辆投保道路客运承运人责任保险，双方约定“在保险期间内，旅客在乘坐被保险人提供的客运车辆的途中遭受人身伤亡或财产损失，依照中华人民共和国法律应由被保险人承担的经济赔偿责任，保险人按照本保险合同约定负责赔偿”；合同约定的总责任限额超过 155 亿元。

2005 年，太平财产保险安徽分公司责任保险业务保费收入 25.69 万元。

2005 年，大地财产保险安徽分公司责任保险业务承保 957 件，保险金额 12987.80 万元，保费收入 42.14 万元，赔案 13 件，赔款 1.54 万元。

2005 年，安邦财产保险安徽分公司责任保险业务承保 6 件，保险金额 1600 万元，保费收入 4 万元。

2005 年，华安财产保险安徽分公司责任保险业务承保 75 件，保险金额 31137.42 万元，保费收入 28.37 万元，赔案 1 件，赔款 0.3 万元。

1994—2005年安徽省责任保险业务统计表

表2-1-34

年度	承保数量	保险金额（万元）	保费收入（万元）	赔款（万元）	赔款件数（件）
1994	17	4338.40	35.32	0.00	0
1995	17	4497.60	80.72	0.00	0
1996	50	41752.79	126.60	8.09	6
1997	105672	329392.47	1240.65	348.99	673
1998	108960	501286.36	1776.73	523.04	1518
1999	18579	775145.89	3077.52	950.19	3473
2000	17125	981106.46	4412.85	1552.14	5060
2001	11604	2131183.36	6612.42	2378.12	6917
2002	91492	2668208.04	8515.43	3180.58	10183
2003	13923	3335748.34	7181.28	4233.56	11971
2004	7590	2279915.51	6744.91	2921.06	7789
2005	29648	92577565.77	8277.59	3308.29	7416

1997—2005年中国人民财产保险安徽分公司责任保险业务统计表

表2-1-35

年度	承保数量	保险金额（万元）	保费收入（万元）	赔款（万元）	赔款件数（件）
1997	105592	259414.00	1061.00	291.00	595
1998	108887	360844.00	1525.00	450.00	1463
1999	18374	489624.00	2539.00	887.00	3376
2000	16971	672941.00	3835.00	1451.00	4948
2001	10989	1770140.00	5686.00	2085.00	6705
2002	90823	1959112.00	7126.00	2805.00	9662
2003	13056	2697196.00	4985.00	3609.00	10982
2004	6998	1290387.00	4422.00	2075.00	6609
2005	26529	3277398.00	5885.00	2270.00	5998

1994—2005年平安财产保险安徽分公司责任保险业务统计表

表2-1-36

年度	承保数量	保险金额（万元）	保费收入（万元）	赔款（万元）	赔款件数（件）
1994	17	4338.00	35.00	0.00	0
1995	17	4498.00	62.00	0.00	0
1996	50	41753.00	127.00	8.00	6
1997	75	64702.00	170.00	58.00	78
1998	53	28457.00	194.00	70.00	52
1999	154	67930.00	361.00	58.00	92
2000	113	37108.00	370.00	81.00	98
2001	274	128533.00	620.00	156.00	170
2002	516	350082.00	846.00	297.00	392
2003	477	153091.00	914.00	417.00	621
2004	338	303692.00	788.00	507.00	640
2005	781	88249223.00	1609.00	565.00	832

1995—2005年太平洋财产保险安徽分公司责任保险业务统计表

表2-1-37

年度	承保数量	保险金额（万元）	保费收入（万元）	赔款（万元）	赔款件数（件）
1995	—	—	19.00	—	—
1996	—	—	—	—	—
1997	5	5276.00	10.00	—	—
1998	20	111985.00	58.00	3.00	3
1999	51	217592.00	178.00	5.00	5
2000	41	271057.00	208.00	20.00	14
2001	341	232510.00	306.00	137.00	42
2002	150	357556.00	517.00	79.00	129
2003	291	472386.00	1109.00	191.00	308
2004	244	683738.00	1373.00	282.00	408
2005	379	507511.00	258.00	373.00	313

2002—2005年大众财产保险安徽分公司责任保险业务统计表

表2-1-38

年度	承保数量	保险金额（万元）	保费收入（万元）	赔款（万元）	赔款件数（件）
2002	3	1458.00	3.67	—	—
2003	3	231.00	2.49	0.60	—
2004	10	2098.12	4.27	3.63	1
2005	8	2949.00	6.91	0.95	10

2002—2005年天安财产保险安徽分公司责任保险业务统计表

表2-1-39

年度	承保数量	保险金额（万元）	保费收入（万元）	赔款（万元）	赔款件数（件）
2002	—	—	22.40	0.00	0
2003	96	12844.00	171.00	16.00	60
2004	—	—	157.64	53.53	131
2005	913	494760.00	418.00	98.00	249

第八节　农业保险

农业保险主要包括养殖业保险和种植业保险两大块，安徽省养殖业保险主要开办有奶牛保险、生猪保险、山羊保险、家禽保险、养鱼保险、河蚌育珠保险、养蚕保险、养鸽保险等；种植业保险包括棉花收获保险、小麦收获保险、麦场火灾保险、烤烟（烟坑火灾）保险、水果保险、林木保险、芦苇保险、蔬菜保险、西瓜良种杂交率责任保险和漫堤行洪农作物保险等。

20世纪80年代，根据中共中央文件精神和全省保险工作会议要求，安徽农业保险继续采取低保额和低保费的办法，积极开展以大牲畜为主的养殖业保险。1987年年底，全省已有15个地、市开办大牲畜保险。1987年12月，人保界首县支公司在全省首次开办山羊保险，承保山羊8只，保险金额2000元，收入保险费175元，在保险有效期内未发生赔款。1988年6月，人保合肥市公司以保险合同的形式承保合肥蜀山奶牛场全部奶牛233头，保额按账面净值的70%确定，费率为3.5%，这是安徽省第一张承保国营奶牛场的保险单。1988年，全省生猪保险有所发展，保险费收入增加，赔款支出减少。1989年，本着继续试点、稳步前进的精神，巢湖、宣城、黄山、安庆、池州等地区共承保生猪75781头，形成一定的规模。

养鱼保险业务风险大，赔付率高，全省仅在少数地区开办，业务量较小。1988 年，合肥、六安、宿县、安庆、巢湖、蚌埠、滁县、马鞍山、铜陵、宣城等 12 个地市试办了不同规模的养鱼保险。当年承保面积最大的六安地区，承保 7369 亩，收入保费 7.6 万元，赔款 9.8 万元，赔付率为 129%。1989 年，合肥、蚌埠、芜湖等 10 个地市，继续试办养鱼保险，全省业务量与上年基本持平。

1989 年，人保合肥市公司承保了合肥常青养鸡场，长丰县支公司承保了长丰大型机械化养鸡场，寿县支公司承保了正阳关大型鸡场，滁县、巢湖等地也试办对集体、个体的养鸡场的承保。全省家禽保险又有了一定的发展。

1990 年，由于家禽保险风险较大，赔付较高，人保各地市公司基本放弃了对个体户、专业户的承保，重点转移到集体、国营大中型养鸡场。全省承保数量较上年略为减少。9 月，长丰水家湖机械化养鸡场发生疫情，造成肉鸡死亡损失，长丰县支公司经过现场查勘，一次性支付赔款 13209.86 元。这是全省当年最大的一笔家禽保险赔案。

1990 年 6 月，人保肥西县支公司承保了联合国粮食计划署援助合肥的“2814”项目—鱼塘开发工程。该鱼塘 1700 亩，保险金额 51 万元，费率 4%，收取保险费 2.04 万元。当年 7 月 16 日，由于连续高温缺氧引起池鱼死亡，人保肥西县支公司及时查勘定损，共支付赔款 2439.20 元。是年，全省保险工作会议提出：“种植、养殖两保险要有一个突破性的发展，为安徽省农村经济提供尽可能多的保险保障服务。”在这种形势下，各地、市公司加大试点的力度，加强对农村专职代理网点的建设和管理，使养殖业保险业务上了一个大台阶。全省大牲畜险业务也出现蓬勃发展的势头。

1991 年 8 月 16 日，人保总公司下发《关于搞好“统保”工作的几项要求》。通知指出，在全国农村保险业务中，采取“统保”的办法可以简化手续，节约费用，降低成本，减轻农民的保费支出，便于开展农村保险工作，同时保费容易筹集。实践证明，“统保”办法适合全国当时大部分地区发展农村保险事业的实际情况。

2000 年 1 月 6 日，人保省公司下发《关于转发“中国人民保险公司农业保险业务系统管理办法”的通知》。“管理办法”共 12 章。第一章第三条、第四条中明确：“农业保险的经营目的，是为国家的农业政策服务，为农业生产提供风险保障；农业保险的经营原则是收支平衡，略有节余，以备大灾之年，实现社会效益和公司自身经济效益的统一；只有经人保总公司授权，分公司才可开办农业保险。要求各级公司必须严格遵守公司法人授权书的业务管理权限规定，不得越权开办农险业务。”

2005 年 4 月 22 日，中国人民财产保险安徽省分公司以《关于马鞍山市乳业发展有关保险问题的意见》的文件向省政府报告，指出蒙牛集团落户马鞍山市，必将对该市乃至全省农业产业化的发展，起到很好的示范和带头作用。中国人民财产保险股份有限公司安徽省分公司作为全省最大的也是唯一拥有农业保险实践经验的国有控股财产保险公司，责无旁贷地应为该项目提供保险支持。经人保省公司总经理室研究决定，成立“马鞍山奶牛养殖保险试点专项工作领导小组”，由人保省公司总经理助理任组长，成员由省公司营销部、承保部、客服部、理赔部及人保财险马鞍山分公司负责人组成，全力配合马鞍山市政府做好此项工作。

1988 年 8 月，人保省公司转发人民银行总行和安徽省分行“关于只在九县试点农村救灾合作保险的通知”，其中安徽省唯一试点县为当涂县，试点险种暂定为种植保险、养殖保险、农房保险及劳动力意外伤害保险四个险种。非经总行批准不得擅自扩大试点范围和试点险种。

1988 年 8 月，人保省公司发出《关于试行种植业、养殖业保险奖励办法的通知》。1988 年度省公司拨出 2 万元作为发展农业保险的奖励基金。奖励所属公司在发展种植业、养殖业保险方面作出成绩的单位和个人。

1990 年，人保公司恢复开办棉花收获保险业务，全省共计承保 38.8 万亩，保额 1674.6 万元，收入保险费 40.8 万元，当年赔款支出 7.3 万元，赔付率为 17.9%，承保的棉花分布在合肥、芜湖、马鞍山、安庆、阜阳、宿县、淮北、滁县以及滁州 9 个地市。淮北平原是安徽省小麦主产区，1991 年，阜阳、宿县、蚌埠、滁县等地市共承保小麦 682 万亩，夏季遭受洪涝灾害，仅小麦保险赔款达 2881 万元，赔付率达 254%，对帮助灾民生产自救起了很大的作用。5 月 9 日，人保省公司下发《关于印发“安徽省杂交水稻制种成本保险条款（试行）”的通知》。文件指出，杂交水稻制种生产，是一项投入多，技术性强，风险大的事业。为了支持杂交水稻制种生产的顺利进行，人保省公司于 4 月 21 日在金寨县召开了杂交水稻制种保险座谈会，讨论并研究《安徽省杂交水稻制种成本保险条款（修订稿）》。该保险条款自 1991 年 5 月 1 日起实行。5 月 24 日，安徽省农牧渔业厅、安徽省科学技术协会、人保省公司联合下发《关于继续开展棉花前期少施药摘早蕾增产新技术保险的通知》。通知指出，棉花前期少施药、摘早蕾增产是一门新技术，该保险对推广科学知识、提高棉花产量，解除广大棉农的后顾之忧发挥了积极的作用。有关棉花增产新技术保险的具体事宜，应按规定执行。

1992 年，安徽省人民银行批复人保省公司《关于对安徽省小麦种植保险条款的批复》和《关于对安徽省水稻种植保险条款的批复》。人保省公司《小麦种植保险条款（试行）》规定：小麦每亩保险金额为 90 元（每亩按 180 公斤，每公斤 0.5 元计算），保险费每亩为 2.50 元，保险期限从小麦返青至成熟时止，一般为 2 月 20 日至 6 月 5 日止。如果发生保险责任范围内的全部损失，确认无法恢复生长机能，在翻耕补种后，按保险金额的不同比例分档计赔：返青期（2 月 20 日至 3 月 20 日）40%，拔节期（3 月 21 日至 4 月 20 日）60%，抽穗扬花期（4 月 21 日至 5 月 10 日）80%，成熟期（5 月 11 日至 6 月 5 日）100%；部分损失，由保险人会同有关部门实地查勘记录，在剔除非保险责任减产因素后计算赔付，当每亩实际产量低于 180 公斤时，按其实际产量与 180 公斤之间的差额赔付，每亩实际产量达到 180 公斤（含）的免于赔付。以县（市）为单位，全部赔款累计总额，以不超过当年实收保费的 400% 为限。奖励以投保单位计算，在保险责任期内无赔款的，按实收保费的 10% 进行奖励。

1993 年，人保省公司上报其总公司农村业务部《关于报送安徽省种植业保险业务资料的报告》。报告表明根据安徽省作物生长发育规律及其特点，试办和制定了种植业保险相应的条款。其中赔偿处理办法分为全部损失和部分损失具体处理条文，全部损失实行分阶段比例赔付，部分损失则实行差额赔付。对部分损失赔付的测定和技术处理，一般在作物收割前，聘请当地或上一级农业、气象、农调、植保、公证等有关部门技术人员，赴现场查勘、准确测产，然后将受灾保险作物，视其受灾程度分成几类，计算出每一类型代表面积，按照农业部门常规测产办法，即五点取样法进行选点、收割、脱粒、烘干、称量，计算出平均值，求出每一单位面积产量。产量数据提出后，进一步分析原因，分清保险责任和非保险责任致损因素，各占比例多少，由农业部门作出科学合理鉴定，最后由公正部门予以公证。以上定损办法和技术处理后，再由保险公司按照条款的有关规定计算赔付金额。

安徽省部分种植业保险典型理赔案例：

小麦种植保险：1990 年，人保太和县支公司承保小麦 38.86 万亩（40 个乡镇），占实际种植面积 59.06%，每亩保额 100 元，产量 200 公斤，总保费 77.72 万元，保险期限自返青至成熟止。承保后的 5 月 16 日，突然发生了狂风暴雨，日降水量 52 毫米以上，风力 7 ~ 8 级，致使正处于灌浆的小麦大面积倒伏，损失严重。灾情发生后，人保太和县支公司及时赴现场查勘并于 6 月初会同农业局、农科所、农机推广中心、气象局、公证等有关部门和技术人员组成监测小组亲赴受灾地区，进行为时 7 天的查勘、测量、划分类型、取样测产。通过在不同类型受灾地块共取 176 个样点测产情况来看，一、二、三级倒伏实产均在 200 公斤 / 亩以上，4 级倒伏亩产 141.91 公斤，低于保额产量 58.09 公斤；5 级倒伏亩产 85.40 公斤，低于保额产量 114.6 公斤。在进行测量工作的同时，认真观察了小麦成熟形态，从中发现导致小麦减产还有病害（杆黑粉病、白粉病、黑穗病、黑锈病）、虫害（吸浆虫）等因素，经过农业技术人员监测约占 14.5%。综合以上情况和数据之后，该县小麦赔款计算公式为小麦倒伏减少赔款 = 倒伏亩数 × 减产金额 ×（1—14.5%）。按此式计算四级五级合计赔款 126.5 万元。自 1990 年起到 1992 年连续三年，人保省公司呈请总公司农村灾害保险技术研究中心，采用遥感—地学模型—生物学模型相结合的大面积核损技术，对小麦生产发育直至成熟过程进行监测，效果较好。1990 年，太和、界首、蒙城三县（市）支公司共承保小麦种植保险 89.39 万亩，收取保险费 178 万元。承保后 5 月 15 日，阜阳地区遭受了历史上罕见的狂风暴雨的袭击，使正处于灌浆期的小麦大面积倒伏成灾，面积达 30 万亩，报损在 500 万元以上。后经现场查勘测量，并结合卫星遥感技术提供的科学数据，说服了当地政府和农户，使三县（市）的小麦赔款得到了顺利处理，赔款控制在 300 万元幅度内。

杂交水稻制种保险：1990 年 6 月，人保怀宁县支公司根据省公司批准同意《霍邱县杂交水稻制种保险条款》，承保了秦圩制种场 420 亩杂交水稻保险，总保额 100800 元。每亩保额 240 元（六成），保险费率 5%，计收保险费 5040 元。承保后，8 月 18 日，突然天气变化，遭受连续四天连阴雨，导致盛花期授粉不遇，结实率下降，造成严重减产。灾情发生后，人保安庆市及怀宁县公司，聘请农调队技术人员前往现场选点测产，通过多种方案测量，求出平均亩产 44.46 公斤，后确定亩产 45 公斤，按抽穗扬花期 80% 比例的六成计算，赔付 35280 元。

棉花种植保险：人保安庆市公司东区办事处于 1991 年 6 月承保新洲乡棉花 9500 亩，保额 95 万元，保险费 47500 元。1991 年，安徽省发生了特大洪涝灾害，自 7 月 4 日以来，连降大暴雨，发生大面积涝灾。由于长江水位上涨，致使该乡康宁下小圩溃破，造成 150 亩棉田全损，2551.3 亩部分棉苗成片死亡，不能恢复生机，索赔金额 16 万元。经人保省、市公司亲赴现场查勘，除仍浸泡在水中棉田全部损失 150 亩外，对其他部分损失的棉田，则采取随机抽样方法确定损失计算，该案应赔付 91465.74 元。

1993 年 7 月 30 日，中国人民银行安徽省分行下发《关于对安徽省棉花种植保险条款的批复》。8 月 10 日，人保省公司下发《关于印发“安徽省棉花种植保险条款（试行）”的通知》。对该条款的实施提出几点意见：该条款自文到之日起执行，已按原条款承保的（指经人保省公司批准同意的），到保险期终了时即行废止，不得继续沿用；该条款适用于沿江、沿淮平原一带的主要产棉县市；根据全省农村保险工作会议精神，试办地域、承保规模及交保险费的能力等要以书面形式报人保省公司农村业务处，由省公司统一安排。未履行以上手续的不允许擅自开办。

2000 年 1 月 6 日，人保省公司下发《关于转发“中国人民保险公司农业保险业务系统管理办法”的通知》。文件指出，人保总公司农业保险业务系统管理办法中的农业保险，系指种植业保险和养殖业保险。要求各地开办该保险，必须经人保总公司授权，并严格遵守公司法人授权书的业务管理权限规定，不得越权开办。该保险实行区域费率，费率厘定应尽可能以最近连续 10 年以上的灾害平均损失率为基础。保险期限一般不超过 12 个月。养殖业保险条款应规定相应的观察期。关于该保险的赔偿处理，应考虑免赔、残值等因素，并作适当地扣除。全部损失时，赔偿金额以实际价值为限，但最高赔偿金额不得超过保险金额；部分损失，赔偿受损标的实际价值低于保险金额的差额部分。“管理办法”对相关内容均作了规定和解释。

地处大别山区的金寨县，是省内的主要林业县之一，为适应林业体制改革，为林木经营者提供保险保障，逐步建立林业生产中因灾害造成经济损失的经济补偿制度，利于森林资源再生产的稳步进行，省林业厅和人保省公司决定在金寨县进行林木火灾、雪灾保险试点。1986年6月12日，金寨县支公司和林业局就林木保险有关事项达成协议，对国营、集体林场均实行定额保险。保险责任包括火灾、雪灾、泥石流、洪水、暴风暴雨、冰凌、崖崩等。保险金额按每亩60元计算，其中疏林地每亩按30元计算，保险费列入生产费用支出。单保火灾险每亩收保险费0.1元，每增加一个险别，增收保险费0.10元。是年7月26日，人保霍山县支公司相继开展了林木保险，当月承保林木70.83亩，保险金额340.7万元，收入保险费9939元。1986年，全县共承保林木12680亩，保险金额633.6万元，收入保险费15097元。1987年年底，霍山县承保林木204，143亩，保险金额1239.2万元，收入保险费30408元，支付赔款2525元，赔付率为8.3%。1988年，金寨、霍山两县共计承保森林564，628亩，保险金额21，191.4万元，收入保险费137，655元，支付赔款341，185元，赔付率为247.85%。1989年6月，人保省公司制定全省统一的《森林火灾保险条款》，规定承保对象、保险责任、保险金额、收费标准及赔偿标准，使得此项业务规范开展，在全省迅速推广。是年，全省开办森林火灾保险业务的有六安、安庆、宣城、滁县、池州、巢湖、铜陵、马鞍山、黄山9个地市公司，累计承保森林面积321.69万亩，收入保险费18.9万元，支付赔款25.7万元，赔付率为136%。1990年，由于森林保险有较好的社会效益和保险业务自身效益，在全省有林地区普遍开展，发展较快。年末，累计承保森林面积480万亩，保险金额32796.3万元，收入保险费132.1万元，支付赔款31万元，赔付率为23.46%。

2002年11月18日，人保省公司转发总公司颁布的《中国人民保险公司林木火灾保险条款》等5种条款及其附件。这些条款分别是：《中国人民保险公司林木火灾保险条款》《中国人民保险公司农作物火灾保险条款》《中国人民保险公司苗木保险条款》《中国人民保险公司农作物种植雹灾保险条款》《中国人民保险公司奶牛保险基本险条款》《中国人民保险公司奶牛保险基本险附加险条款》。12月23日，人保省公司印发《关于转发“中国人民保险公司温室园艺作物种植保险条款”的通知》。人保总公司在文件中要求，各省分公司应及时按照规定向当地保险监管机构做好新条款报备工作。另外，考虑到农业保险区域性强的特点，该条款下发后，各分公司也可根据实际情况继续使用已报备的现行地方性有效条款。

2005年7月初，人保芜湖市分公司与林业部门达成协议，独家承保辖内24.8万亩林木火灾保险，为总保额达372万元的成林提供保险保障。

漫堤行洪农作物保险是人保省公司对国家特定的淮河南润段行洪区农户举办的保险。1981年，国务院副总理万里主持召开第一次治淮工作会议，提出用保险来解决行蓄洪区的经济补偿办法。根据会议精神，国家水电部和安徽省人民政府共同商定，选定在安徽省阜阳地区颖上县南润段行洪区试办漫堤行洪农作物保险。人保省公司会同水利部门一起，在充分调查研究的基础上制定试点办法，并于1983年11月11日以安徽省人民政府的名义向水电部、财政部和中国人民保险公司提出试点报告。“两部一司”于1985年11月21日以文件正式批复同意试点。第一次试点从1986年1月1日起至1988年12月31日止，历时3年，共有六次行洪赔偿机遇，由于种种原因，均未发生行洪赔付。在试点的基础上，1988年4月22日，水电部、财政部和中国人民保险公司以文件下发了《关于安徽省淮河行、蓄洪区防洪基金征收、使用和管理办法的复函》，要求在安徽省境内的12个行、蓄洪区继续进行为期5年的扩大试点，安徽省人民政府也以文件予以转发并及时成立防洪基金管理委员会负责组织落实。由于该试点是国家有关部委在全国范围内的唯一的试点，全国以保险方式解决大江大河洪泛区经济补偿的试点开始运转。试点结束以后，国家三部一司（水利部、财政部、民政部、中国人民保险公司）计划仍在淮河流域安徽境内扩大试办，但由于安徽地方资金筹集困难以及其他诸方面原因，扩大试办工作拖延三年未能落实，造成1991年的特大洪水灾害，安徽省境内22个行蓄洪区全部行洪蓄水经济损失惨重，预计中的保险未能发挥应有的作用，救灾工作更加困难。

1992年3月27日和4月30日，在各方的压力下，省淮河行蓄洪防洪基金管理委员会召开基金会成员会议。决定自1992年秋季至1996年秋季，历时五年在沿淮阜南颍上，霍邱和凤台所属的蒙洼、南润段、邱家湖、姜家湖、唐垛湖、董峰湖六个低标准行蓄洪区试办秋季行蓄洪区农作物保险。该保险保险费由投保农户和省防洪基金会共同承担，农户缴纳保费的20%，防洪基金缴纳80%。经测算，行蓄洪区内每亩按秋季作物（黄豆）成本的六折计算，保险金额为57元，耕地面积为42.9万亩，每年农民共向保险公司缴纳保险费125.6万元，防洪基金缴纳502万元，总计保险费627.6万元。该保险发生大赔款时，先由防洪保险赔款准备金支付，不足部分由人保省公司内部拆借其他业务赔款准备金，其利息按财产险准备金利率计算。所借资金（利息）从下年行蓄洪保险赔款准备金中偿还。五年保险期满后，防洪保险赔款准备金如有结余，可继续使用于办理行蓄洪保险；若停止不办，其结余部分，保险公司与基金会按3:7比例分成，即30%留给保险公司，70%退还防洪基金会；若发生亏损，由保险公司承担。6月8日，安徽省防洪基金管理委员会与人保省公司签订《协议书》。

1993年6月16日，人保省公司发文安徽省淮河防洪基金会《关于1992年开办淮河六个行蓄洪区农作物保险和1993年续保工作的报告》。报告指出，根据省防洪基金会和人保省公司签订的协议书，省防洪基金会自1993年保险责任生效日前，每年拨补502.167万元给人保省公司，除要求阜阳、六安、淮南等地市公司在保险责任生效日前，抓紧收取农民自交的保险费外，并请省防洪基金会于1993年6月23日前拨付应补贴保险费502.17万元给省人保公司，以备发生赔款之用。否则，一旦发生行蓄洪灾害，人保省公司将无法承担赔偿责任。1992年6月6日的协议书还明确，鉴于汛期将近，防洪基金会一次缴纳保费500万元给保险公司，如发生蓄洪，保险公司应按行蓄洪区参加保险的耕地面积进行赔偿。从1993年，起防洪基金会根据保险公司与农户实际签订的合同总额的80%缴纳保险费（各行蓄洪区投保耕地亩数不能突破水利部门提供的亩数）。

1996年7月18日，人保省公司承保的6个行洪区最下游的凤台县董峰湖水位达到24.66米（按规定行洪水位是24.6米）。7月20日凌晨4时40分发生漫堤行洪，受淹4个乡，17个行政村，1个农场，6898户农民，土地7万亩，总计赔付399万元。此次赔款是行蓄洪保险试办八年的头一次，省政府领导对此次赔付十分重视，9月10日省淮河行蓄洪区防洪基金会和人保省公司，联合在凤台县召开现场理赔大会。除了董峰湖按照条款规定赔付399万元以外，省防洪基金会还向另外3个行蓄洪区拨付了共计495万元的防洪损失补助费。基金总共结余2592.77万元。

1997年，安徽省淮河行蓄洪区防洪基金会和中保财产保险公司安徽省分公司达成协议，从1997年起5年时间内，继续在部分淮河行蓄洪区组织实施秋季农作物防洪保险。三个行蓄洪区共承保秋季农作物40万亩，其中阜南县濛洼区19.2万亩（含阜濛农场1.2万亩），霍邱县姜家湖区5万亩，凤台县董峰湖区6万亩（含东风湖农场1万亩）。该保险金额为每亩60元，保险费由投保农户和基金会共同承担，农户每亩3元，其余部分由基金会补助。投保农户必须以行蓄洪区当地政府为单位于当年的6月30日前一次交清当年应交的保险费。保险期限为当年的6月16日零时起至9月30日24时止。

2003年，考虑到行蓄洪区的实际情况，人保省公司同意将条款每年的责任生效日，由原规定的6月23日提前到6月16日。7月12日，人保省公司向总公司上报《关于安徽省淮河流域行蓄洪农作物防洪保险试办情况的报告》。报告的主要内容有：安徽省建立淮河行蓄洪区防洪基金是经国务院批复同意的，并由水利部、民政部、财政部和中国人民保险公司1988年4月22日复函安徽省政府建立的。按照《安徽省淮河行蓄洪区防洪基金征收、使用和管理办法》第四章第十六条，1988年8月成立了省防洪基金管理委员会，管委会成员由省农经委（办）、省政府办公厅、水利厅、财政厅、民政厅、人保省公司等有关部门及公司领导参加组成。安徽省淮河行蓄洪区防洪基金共收入3300万元，其中国家“三部”拨款2300万元（其中水利部拨款1000万元，财政部拨款500万元，民政部应拨款1000万元，实际到位800万元），省政府征收1000万元，1992年以后，就没有收到任何资金；1991年安徽省淮河流域发生特大洪涝灾害，境内共动用17个行蓄洪区进行行蓄洪，经省政府批准，确定在1992年至1996年5年内在阜南县蒙洼颍上县南润段、邱家湖、唐垛湖、霍邱县姜家湖、凤台县董峰湖6个低标准行蓄洪区进行农作物防洪保险试点，共投保耕地43万亩，只保秋季，不保午季，一定五年。由人保省公司负责承办，双方签订保险协议，每亩保险金额57元，每亩每年保险费为14.93元，洪区农户自交2.93元，占20%，其余80%由省防洪基金会补助。这五年就给洪区增加3亿元收入，保险期满后，人保省公司共收取保险费3855万元，其中基金会补助2508万元，农户缴纳615.97万元。扣除有关费用、赔款后，按30%返还人保省公司行蓄洪保险基金803.8万元，人保省公司并收取一部分业务管理费。第二个五年保险期限是自1997年至2001年间，经过工作汇报，省政府负责人同意后，又续签五年保险协议。由于这五年内淮河未出现洪涝灾害，也未进行蓄洪，保险届满后，进行蓄洪保险的阜南、颍上、霍邱、凤台四县区人民政府向省政府写了报告，要求对因1998年发生严重内涝的行蓄洪区给予一定补偿，后经省防洪基金会领导和人保省公司协商，双方各付50%，共计400万元，并于2002年年初全额拨付。对于支付行蓄洪区农作物保险基金500万元的原因，省委、政府认为双方开办的淮河流域行蓄洪区农作物防洪保险的十年间一直未出现大的洪涝灾害，防洪基金会已积累一笔行蓄洪保险专项基金，而这笔基金是属于政策性保险的积累，要及时用于淮河流域行蓄洪区内人民，理应专款专用。为帮助行蓄洪区内受灾群众解决生活困难，特要求人保省公司动用行蓄洪保险基金500万元进行补偿，以体现省委、政府对民众的关心和取之于民，用之于民的原则。人保省公司拟同意省政府的意见，支付行蓄洪区经济补偿费500万元。

1986—2005年安徽省农业保险业务统计表

表2-1-40

年度	保险金额（万元）	保费收入（万元）	赔款（万元）	赔款件数（件）
1986	319948.00	229.00	60.00	2951
1987	430259.00	419.00	182.00	4802
1988	244340.00	811.00	361.00	8513
1989	252394.00	744.00	635.00	10933
1990	261320.00	1684.00	1394.00	91814
1991	290606.00	3009.00	6158.00	19954
1992	347380.00	6547.00	4656.00	28092
1993	493870.00	7062.00	5982.00	48706
1994	139193.00	1191.00	2908.00	31144
1995	146407.00	803.00	633.00	11959

续表 2-1-40

年度	保险金额（万元）	保费收入（万元）	赔款（万元）	赔款件数（件）
1996	181497.00	916.00	544.00	7133
1997	187800.00	990.00	511.00	4225
1998	142961.00	1021.00	661.00	1070
1999	193489.00	735.00	799.00	1842
2000	121446.00	554.00	370.00	686
2001	83407.00	489.00	304.00	700
2002	97638.00	573.00	309.00	366
2003	36020.00	394.00	728.00	1240
2004	9818.00	99.00	48.00	58
2005	13047.00	138.00	62.00	56

1986—2005 年中国人民财产保险安徽分公司农业保险业务统计表

表 2-1-41

年度	保险金额（万元）	保费收入（万元）	赔款（万元）	赔款件数（件）
1986	319948.00	229.00	60.00	2951
1987	430259.00	419.00	182.00	4802
1988	244340.00	811.00	361.00	8513
1989	252394.00	744.00	635.00	10933
1990	261320.00	1684.00	1394.00	91814
1991	290606.00	3009.00	6158.00	19954
1992	347380.00	6547.00	4656.00	28092
1993	493870.00	7062.00	5982.00	48706
1994	139193.00	1191.00	2908.00	31144
1995	146407.00	803.00	633.00	11959
1996	181497.00	916.00	544.00	7133
1997	187800.00	990.00	511.00	4225
1998	142961.00	1021.00	661.00	1070
1999	193489.00	735.00	799.00	1842
2000	121446.00	554.00	370.00	686

续表 2-1-41

年度	保险金额（万元）	保费收入（万元）	赔款（万元）	赔款件数（件）
2001	83407.00	489.00	304.00	700
2002	97638.00	573.00	309.00	366
2003	36020.00	394.00	728.00	1240
2004	9818.00	99.00	48.00	58
2005	13047.00	138.00	62.00	56

第九节　涉外保险

涉外保险是指为一个国家的对外经济、贸易、对外合作和各种对外交往活动提供经济补偿服务的保险。涉外保险是中国人民保险公司安徽省保险分公司为适应本省对外贸易发展需要而开办的一项业务，它有利于外贸企业的风险管理，维护外贸部门的商业信誉，方便双方贸易，从而增加外汇收入和减少保险财产的损失。涉外保险业务范围主要有水险、非水险和人身保险 3 大类。

1984 年 3 月 8 日，人保省公司设立国外业务处，专门承办并管理全省涉外保险。1988 年，人保省公司国外业务处改为国外业务部，设经理室和出口业务、进口业务、综合 3 个科。1989 年，人保省公司国外业务部机构设立了业务开发科、检验理赔科、综合科及经理室。

为了明确涉外保险业务与国内保险业务的业务范围，人保总公司及人保省公司多次发文，对涉外保险业务与国内保险业务的划分作了具体的明确的规定。下列业务属涉外保险业务：国家引进成套设备的工程保险，不论以外币或人民币投保，均属国外业务。同时投保的国内配套项目，也属国外业务。工程投产后的财产保险可由国内业务部门办理。暂时缓建或尚未作出决定的国家引进成套设备工程项目，在动工前，如果争取到财产保险，不论以外币或人民币承保，均属国外业务。凡以各种形式直接和国外或港澳地区商人进行经济合作的业务，例如，中外合营企业、合作生产（经营）、补偿贸易和来料加工等项下的各种保险，不论以外币或人民币投保，不论外商或国内单位投保，均属国外保险业务。进出口货物运输保险，以及与之相关的国内段货物运输保险，均属国外保险业务。远洋船舶保险属国外保险业务。自 1989 年 1 月 1 日，全部航空保险业务，不论投保对象和投保币制，统一归国外业务部承保及管理。原来由城市业务部管理的航空险业务，以及各分公司国内业务部（处）办理的航空险业务，包括业务档案，从 1989 年 1 月 1 日起，应相应地移交给国外业务部及各分公司的国外业务部（处），并纳入国外业务的计划和统计。但对国内航空公司已经代理的以人民币投保的货物运输险业务，由城市业务部门办理。关于航天业务，发射国外卫星业务，由国外业务部门办理；发射国内卫星业务，由城市业务部门办理。

人保总公司及人保省公司的上述通知，从根本上明确涉外保险业务与国内保险业务的业务范围，理顺涉外业务与国内业务之间的关系，避免了因内部工作关系而影响展业承保工作，有力地推动了涉外保险的持续、健康发展。

水险

水险，也称海上保险，是指以海上的财产及其利益、运费和责任作为保险标的的一种保险。水险按保险标的不同，分为货物运输保险、远洋船舶保险等险种。

进出口货物运输保险，是投保人以交付运输的进出口货物为保险标的，以在运输途中可能遭遇到的危险为其责任内容，当保险标的遭受保险责任范围内的危险而发生损失时，保险人负责给被保险人经济赔偿的保险。进出口货物运输保险是人保省公司开办最早、业务量最大的涉外保险业务。太平洋保险公司货运险的起始时间为1996年4月，公司开始设立国际业务部，主要经营管理水险业务。

出口货物运输保险

出口货物运输保险是以运输过程中的出口货物为保险标的的保险。

保险政策：按照平等互利，方便贸易和买方自愿的原则积极开展保险业务。

保险种类：按照不同的运输方式分4类，海洋运输货物保险、陆上运输货物保险、航空运输货物保险、邮包保险。

保险险别：根据保险人对承保的货物损失的赔偿责任范围，出口货物运输保险分为主险、附加险、特别附加险、特殊附加险。主险分为平安险、水渍险和一切险。出口货物运输保险是以海洋运输货物保险为基础，除了海洋运输货物保险外，陆运险、空运险、邮包险都没有平安险。

保险责任：出口货物在运输过程中因自然灾害、意外事故，以及外来原因造成被保险货物的部分现全部损失，承担赔偿责任。

保险费率：根据不同的运输工具，不同的目的地，不同的商品和不同的险别，分别制订各种费率，费率表分为两类，一类为“一般货物费率’，另一类为“指明货物加费费率”，此外，还自特别附加险费率。

保险期限：从保单所载明的起运港（地）发货人的仓库开始，一直到货物运达保险单所载明的目的港（地）收货人的仓库时为止。当货物一经进入收货人的仓库，保险责任即行终止。但是当货物从目的港卸离海轮时满60天，不论保险货物有没自进入收货人的仓库，保险责任均告终止。活牲畜、家禽的海、陆、空运输和战争险除外。

1985年，国务院办公厅批转中国人民保险公司《关于发展涉外保险业务增加外汇收入报告》，要求各级政府的外事和对外经贸部门要指导并协助开展涉外保险工作。同年人保省公司在省对外经济贸易洽谈会上，首次与外商洽谈保险业务，突破了出口商品离岸价难以争取的局面，从而提高了对出口商品的承保比重。

1986 年，人保省公司与省外经贸委联合制订了《出口货物包装改进及防损的奖励办法》，减少了保险标的事故，促进了对外贸易，提高了保险的信誉。1987 年，人保省公司又与省计委、经贸委、经委、外汇管理局、中行、财政厅联合发出通知，支持涉外保险业务的开展。

1988 年，外贸体制改革，实行自负盈亏，完善经营承包责任制。为了适应这一新形势，根据中国人民保险公司的部署，人保省公司国外业务处改为国外业务部。

1989 年，中国人民保险公司提出了涉外保险业务的指导思想是在治理、整顿、全面深化改革总方针指导下，深化涉外保险改革。3 月，人保省公司国外业务部试办了出口货物卖方合同责任保险，首先和省粮油进出口公司签订了保险协议书，试办了出口货物卖方合同责任保险和港到弦运输保险（不带保险价格，自启运港外贸仓库至船弦的运输保险）。接着，在省土产等进出口公司陆续开办上述业务。经过一段时间的试办，取得了良好的经济效益和社会效益，全年这两个险种保费收入分别为 11 万美元和 12．2 万美元。

1990 年，为贯彻全国涉外保险会议和全省保险会议精神，人保省公司首次派人参加了上海交易会、哈尔滨苏尔交易会等国内大型贸易活动。第一次派出业务人员随外贸出口展销团赴澳门开展保险业务。到年底，出口卖方合同责任保险和港到舷运输险保险费收入 45 万美元，比 1989 年增长 93.7%。

1986—1990 年安徽省出口货物运输保险业务统计表

表 2-1-42

时间	保险金额（万美元）			保险费收入（万美元）			赔款（万美元）			赔付率（%）		
	远洋	港澳	合计	远洋	港澳	合计	远洋	港澳	合计	远洋	港澳	合计
1986	12213.60	7756.00	19969.60	80.20	24.40	104.60	—	0.70	11.70	13.72	2.87	11.19
1987	17965.20	10898.30	28863.50	123.20	36.50	159.70	19.00	1.10	20.10	15.42	3.01	12.59
1988	17459.80	10492.00	27951.80	117.20	33.20	150.40	39.70	1.30	41.00	33.87	3.92	27.26
1989	18740.20	11759.60	30499.80	127.00	38.20	165.20	31.40	1.80	33.20	24.72	4.71	20.10
1990	17638.50	12425.80	30064.30	133.60	42.90	176.50	33.90	4.40	38.30	25.37	10.26	21.7

进口货物运输保险

进口货物运输保险是以运输过程中进口货物为保险标的的保险。保险种类、险别、保险责任与出口货物运输保险基本相同，并依据中国人民保险公司制订的《海运进口货物因内转运期保险责任扩展条款》，为最大限度地保障货主利益，将保险责任扩展到内地收货人仓库终止。

保险费率：采取低费率政策，低于国际保险市场水平。特约保险责率，不分险别、不分地区远近，每一类商品只计一个平均费率，用于预约保险合同；进口货物保险费率表按不同的运输方式、地区、险别、商品分类制定。

1987 年，人保省公司和中行、外贸等单位联合发文，并签订了代理协议，促进了进出口业务的进一步发展。全年共收保险费 676000 美元，创历年全省最高水平。1989 年，由于受国家压缩进口政策的影响，进口保险业务有所下降。

1986—1990 年安徽省进口货物运输保险业务统计表

表 2-1-43　　　　单位：万元 / 件

年份	保险金额	保费收入	赔款	赔付率（%）
1986	9283.00	52.00	16.00	30.77
1987	10812.70	67.60	28.80	42.6
1988	10273.30	66.00	22.30	33.79
1989	8069.90	56.50	16.10	29.56
1990	5847.90	34.30	7.90	23.03

1996 年 4 月太平洋保险公司开始设立国际业务部，主要经营水险业务。2005 年前，水险业务统计列入太平洋产险南京分公司代理数据统计范围。该险种业务发展态势一直较为稳健，成为核心险种之一。进出口的外币业务均在太保省公司出单，地市机构没有资质。1998—2005 年，承保数量、入账保费均呈上升趋势，在非车险总体业务的占比也从 1998 年的 10.78% 上升至 2005 年的 12.15%，较高为 1999 年的 15.83% 和 2001 年的 15.51%。

1998-2005 年太平洋保险安徽省公司水险业务统计表

表 2-1-44　　　　单位：万元 / 件

年度	承保数量	保额	入账保费	占比（占非车险保费）%	同比增长
1998	1030	78443.00	147.50	10.78%	—

续表 2-1-44

年度	承保数量	保额	入账保费	占比（占非车险保费）%	同比增长
1999	7942	100743.80	250.50	15.83%	69.83%
2000	2110	123519.10	226.00	8.09%	-9.78%
2001	4221	380119.50	471.20	15.51%	108.50%
2002	6971	439920.30	553.10	12.92%	17.38%
2003	984	135907.90	216.60	3.65%	-60.84%
2004	17473	744888.40	800.50	10.01%	269.58%
2005	33299	591764.03	911.29	12.15%	13.84%

船舶保险

远洋船舶保险是承保我国航行在中国国际航线的各类船，它分为全损险和综合险两种，保险期限分为定期（一年）和按航次两种。

安徽省涉外船舶保险业务自1982年开办以来，至1990年历年业务详情见表2-1-45。

1986—1990 年安徽省涉外船舶险业务统计表

表 2-1-45　　单位：万元 / 件

年度	保险金额	保费收入	赔款	赔付率（%）
1986	4200000	39000	—	—
1987	3000000	33000	—	—
1988	4700000	33000	21000	63.64
1989	4654000	51000	—	—
1990	2350000	27000	8000	29.63

非水险

非水险，是国际保险市场对非寿险业务中除水险业务以外的各种保险业务的统称。非水险的主要服务对象为：中国对外经贸部门和有关企业，外国人、华侨、港澳同胞在中国开办的“三来一补”、独资、中外合资、中外合作企业，外国和港澳地区在中国设立的常驻机构，外国驻华大使馆、领事馆，使用中国银行贷款或租赁公司组织引进的各种设备，中国驻外大使馆、领事馆及商业机构，外国留学生或各类出国人员等。

安徽省非水险已开办安装工程险、财产险、财产一切险、机器损坏险、雇主责任险、人身意外伤害险等。

1987年1月，人保省公司与省计委、省外汇管理局等5个单位发出通知，规定外商投资企业资产、补偿贸易、以租赁方式进口的设备，应根据《中华人民共和国中外合资经营企业法》及国务院有关文件精神，向中国人民保险公司投保财产保险。同年8月，为了更快地发展全省涉外保险，开拓非水险业务，人保省公司决定在合肥、蚌埠、芜湖市保险支公司正式经营涉外保险业务。

1988年9月，人保省公司第一次召开全省涉外业务座谈会，积极开展非水险业务。同年，合肥市支公司率先承保了一笔雇主责任险业务，保额18.5万元，保费3.5万元，机器损坏险2笔，保额216.48万元，保费6.51万元。

1989年，人保省公司又开办了涉外业务汽车险，共收取保费6000元。次年，由于外汇贷款项目的保险费不易落实，人保省公司同中国银行及其他几家外汇银行签订协议，使保费得以落实。至年底，人保公司共有14个地市开办了此项业务。

1986—1990年安徽省非水险业务统计表

表2-1-46　　单位：万美元

年度	保额	保费	赔款	赔付率（%）
1986	5544.80	9.50	—	—
1987	7442.10	22.40	1.40	6.25
1988	14942.40	52.90	—	—
1989	23398.70	53.20	0.50	0.94
1990	29539.30	62.80	6.40	10.19

安徽出口信用保险

2002年11月，根据中国保监会《关于中国出口信用保险公司成立重庆等7个业务处的批复》，成立中国出口信用保险公司营业部合肥业务处。2004年，经财政部、保监会批准，中国信保营业部合肥业务处调整更名为中国信保合肥营业管理部。截至2005年年底，支持企业出口达到8.88亿美元，为80多家企业提供了出口信用保险服务，出口信用保险对一般贸易的渗透率由2002年的4.07%发展到9.34%，为企业提供出口信用保险项下融资便利7800多万美元，向企业支付赔款4043.83万元，支持企业出口达到73.22亿元，为促进安徽省外贸出口增长发挥了显著作用，出口信用保险成为安徽省出口企业防范收汇风险、增强国际竞争力、扩大出口规模、提高融资能力的重要手段。

出口信用保险是政府为鼓励企业扩大出口，保障企业出口收汇安全而开设的政策性保险，是国家为适应国际贸易惯例、灵活贸易做法而制定的一项由国家财政提供保险准备金的非营利性业务，是政府扶持下的一种特殊保险业务。其特征是不以盈利为主要目标；政府参与办理；风险高，难控制。对企业来讲，我国出口信用保险有三大特点：扩大出口，开拓市场；规避风险，提高利润；国家扶持，政策性保险。

出口信用保险承保的风险主要是政治风险和商业风险，政治风险主要包括因买方所在国禁止或限制汇兑、实施进口管制、撤销进口许可证、发生战争、暴乱等卖方、买方均无法控制的情况，导致买方无法支付货款；商业风险包括买方信用风险（拖欠货款、拒付货款及破产等）和买方银行风险（开证行或保兑行风险）。

1988年，受国务院委托，经上级部门批准，中国人民保险公司设立出口信用保险部，专门负责出口信用保险开办的组织实施和业务管理。1989年，试办工作在少数几个机电产品出口量较大的省市开展，1990年在除西藏以外的所有省、市、自治区开始试办。

1990年，人保省公司开始办理出口信用保险业务，具体由国际业务部承办该项业务。4月，专门派员参加人保总公司和中央财政金融学院举办的“出口信用保险培训班”，学习出口信用保险专业知识，是培养全省最早的出口信用保险专业人才。8月，向安徽省技术进出口公司出具全省第一张出口信用保险保单，当年在省技术、省机械、省医药保健品3家外贸公司进行试点，收取保费17000美元。保险费率主要根据国家分类、结汇方式和信用期限拟定，人保总公司拟定了基础费率表，省分公司根据被保险人内部管理、工作经验以及收汇情况的好坏，在基本费率基础上上调50%或下调20%幅度，确定各被保险人的费率。采用统保的方式，即承保出口商所有的出口业务，不能选择部分投保。根据《中国人民保险公司、国务院机电产品出口办公室转发“关于开办机电产品信用保险几个问题的请示”的通知》的要求，出口信用保险开办初期，人保公司主要承保机电产品短期出口信用保险。国家提供专门的赔偿准备金，主要用于支持机电产品出口。全省开办出口信用保险时期，承保范围已扩展到非机电产品，非机电产品出口贸易按承保机电产品的原则办理，费率高于机电产品出口20%，如果出口企业同时经营机电和非机电产品并全部投保时，不予加费。

1990—1992年，出口信用保险业务无专人和专门的机构管理，规模很小，1991年和1992年支持出口额分别为4044.42万元和5470.33万元，保费仅为25.02万元和26.47万元。3年间赔款达34万美元左右，仅1992年向省技术出口电机案件赔付额达24万美元。省技术电机案件出险时间为1990年，当时省技术的出口业务刚刚起步，在出口经验上十分欠缺，造成一票电机损失50余万美元，由于存在贸易纠纷，部分电机存在质量问题，为支持企业发展，人保公司最后赔付24万美元，并放弃追偿权。

1992年，国务院为实施外贸出口市场多元化战略，改变我国出口产品市场过分集中的状况，更好地适应国际政治、经济形势的变化，充分发挥出口信用保险对一些风险较大国家放账出口的保护作用，推动成套设备、飞机和船舶等资本性货物的出口，决定在我国建立出口风险保险制度。把国家财政下拨给中国人民保险公司的出口信用保险赔款准备金由4000万美元增加到1亿美元，并在1995年年底以前到位；国家财政对中国人民保险公司办理出口信用保险业务实行单独进账，三年期独立核算的办法，并且免征营业税；中国人民保险公司在办理短期出口信用保险业务的基础上，开办中长期出口信用保险，既要承保风险小的出口，也要承保风险大的出口。

1993年，人保省公司在国际业务部下设信用险科，专人负责开展出口信用保险业务。当年支持企业出口1.85亿元，收取保费173.8万元，信用险业务实现了较大幅度的增长。9月，人保省公司授权芜湖市分公司开办短期出口信用保险，但仅限于承保芜湖市经贸委所属的各专业公司的出口，其他的出口企业暂不予承保，同时，不赋予买方信用限额审批权和核赔权，所有限额审批工作和理赔工作由省公司国际业务部进行。当年，芜湖市分公司与芜湖市外经贸委所属的所有外贸公司签署了一张大保单，将芜湖市外经贸委所属的所有外贸公司视为一个保户——“芜湖市进出口公司”。

1990—1993年，商业风险和政治风险所致损失的赔偿比例均定为90%，被保险人自己承担10%。根据人保总公司规定，为鼓励被保险人加强收汇风险管理，并在发生损失后努力追收欠款，按三年期进行业务决算时对赔付率低和追回欠款率高的被保险人，实行无赔款、少赔款的退费奖励办法，在三年内无赔款的，退还保费的10%，三年内赔付率低于30%的，退还保费5%。

1994年，人保总公司下发新的业务管理规定。根据新规定，人保省公司将展业的重点放在管理基础较好的大、中型外贸或工贸公司以及有进出口经营权的国营大、中型企业。同时，对赔偿比例进行了调整，买方拒收货物并拒付货款项下所致损失的赔偿比例由90%调整为80%，保单责任范围内的其他原因致损的赔偿比例仍为90%，对于规模较小且管理素质较差的投保单位，买方拒收货物并拒付货款所致损失的赔偿比例可视情况低于80%，破产和拖欠货物所致损失的赔偿比例可低于90%。在保户的要求下，并经人保总公司同意，对政治风险项下所致损失的赔偿比例可提高到95%。为鼓励出口商提高经营管理水平，减少损失，将无赔款退还保费的比率由10%以内提高到20%以内；将三年后退费改为可视情况在一年半后退费（此条亦适用于低赔款退费的情况）。低赔款的退费率为5%～10%（赔付率在30%以下）。在费率掌握上，人保省公司权限加大，可在基本费率的基础上上调100%（特殊情况下可以无上限）或下调20%的幅度。

1994年，支持企业出口3.9亿元，同比增长110.8%；收取保费414.6万元，同比增长138.55%，信用险业务继续保持快速增长。当年，外贸公司出险较多，外贸损失比较严重，赔款达到100万美元，赔付率达200%。省轻工向美国买家出口电视机、自行车均发生拖欠，两个案件共赔付70万美元。

1994年，作为政策性银行的中国进出口银行成立，主要经营出口信贷业务，同时也办理出口信用保险业务。出口信用保险业务由中国人民保险公司和中国进出口银行两家机构双轨经营。

1995 年，信用险业务略有下降，当年，支持出口 3.8 亿元，收取保费 380.9 万元。赔款仍处于 100 万美元的高位，赔付率达到 222%，从全国范围看，赔付率属于较高的。根据人保省公司国际业务部的分析，赔付率较高的原因有：客户的构成比较杂，通过资信调查分析，安徽省出口的买家（以 DP、DA、OA 方式成交的）大多数集中在华人（大陆出国定居者和台湾人），大陆华人在国外定居后注册一个公司同国内做生意，这些人的资金一般都很少，并且对国内外贸出口的各个环节熟悉，有的人就恶意拖欠货款，在发货金额较大时，由于对方的资金较少，资金流通极易受到当地市场等因素的影响，容易造成拖欠货款。台湾经济在 20 世纪 80 年代起步时，台湾商人饱受香港商人拖欠货款之苦，开始从大陆找补偿，有的商人属于恶意骗钱；外贸公司内部出口收汇的风险管理存在不足，一方面安徽省外贸的出口量较少，同沿海地区出口公司相比，对外讲价能力不够，客户的选择余地相对较小，有些出口明知风险较大也硬撑着去做；另一方面，因为投保了信用险，认为反正有保险做后盾，不自觉地放松了选择客户时的谨慎。由于出口信用保险的赔付率较商业性险种高出许多，1990 —1995 年累计赔付近 200 万美元，严重影响到省分公司及国际业务部利润指标的完成，人保省公司向总公司提出将出口信用保险赔付率同其他险种分开考核，以进一步发挥出口信用保险政策性业务的作用，同时带动出口运输险等其他涉外业务的发展。

1996年，信用险业务在上年基础上又有一定程度下降，全年支持企业出口 2.44 亿元，同比下降 35.79%，收取保费 166 万元，同比下降 56.42%。业务下降有各方面的原因：全省外贸出口结构发生变化，当年全省外贸出口同比上升，但省级外贸公司的出口额下降，许多出口分散到地市外贸公司和有出口经营权的外贸公司，当时基本不接受地市外贸公司和有出口经营权的外贸公司投保，已投保的省级外贸公司中，由于 1994 年、1995 年出险较多，损失严重，在 1996 年严格控制放账业务，其中最突出的是省技术和省轻工，两家公司在 1992—1996 年间均发生了大额损失，5 年累计赔付金额分别达 92.1 万美元、77.9 万美元，赔付率分别达 548%、220%，省技术内部规定原则上不做放账业务，省轻工规定放账业务只能做 DP 即期，投保信用险规模随之下降；银行资金短缺，1996 年，银行对各家外贸公司的流动资金贷款严重控制，限制了外贸公司的放账业务；各外贸公司存在不同程度的漏申报，当年外贸公司经营情况不好，且内部实行部门（科室）承包制，对费用的核算越来越细，导致有的科室漏报或不报；信用险赔付率考核办法及核算体制不合理，1994 年、1995 年的高额赔付影响到省公司的整体效益，导致信用险业务有目的地收缩。7 月，中国人民保险公司实行产寿险分业经营，信用险划为财产保险，由中保财产保险有限公司办理。

1996年11月，中保财险召开全国出口信用保险工作业务研讨会，提出出口信用保险业务发展思路：大力拓展业务，加强科学管理，坚持诚信原则，及时有效追偿，竭诚支持国家出口事业的发展。针对商业性保险公司承办政策性业务存在的国家利益和公司效益两者之间的关系，会议认为，办理出口信用保险要有效益观念，在承办出口信用保险责任的同时，还承担着指导企业在市场经济条件下利用经济手段转嫁风险，最终达到既扩大出口又维护国家财产安全的目的；承办出口信用保险不能唯效益论，要讲求公司的效益，也要讲求国家整体利益。会议还提出，改变原有的考核方式，制定新的信用险单险考核办法，按业务总量和业务经营水平分别对分公司采取不同的费用、计划、利润等指标的管理办法和奖惩制度。短期险业务实行地方承保、总部出单、电脑风险跟踪、共同风险控制的业务管理体系；大力发展短期险业务，坚决抑制业务滑坡，促进业务的全面回升。发挥信用险促进商业保险发展的作用，要求被保险人至少将其与信用险有关的保险业务交由中保财险办理。截至当年年底，有12家外贸公司投保信用险，基本维持在1993年的数量水平上。

1997年，根据人保总公司大力发展短期险业务的要求，中保财险省分公司国际业务部调整了内部科室，设立业务一科、业务二科，两个科室均可以办理信用险及其他险种。当年，省化工等未参加信用险的省级外贸公司投保。

1998年，支持企业出口5.1亿元，同比增长71.7%；收取保费372.5万元，同比增长63.16%。省纺织、省服装等省级外贸公司及蚌埠市进出口公司、巢湖市对外经济贸易公司等地市外贸公司投保信用险。信用险的增长，一方面是由于当时中保财险总公司对小的出口商的投保控制有所放松，另一方面，亚洲金融危机的持续和蔓延，一定程度上增强了出口企业对信用险的需求。

2001年2月，国际业务部由中保财险省分公司划到合肥市营业部，信用险业务随之由合肥市营业部办理。当年，外贸体制实行改革，公司加大了信用险业务的宣传力度，通过举办外贸公司和单证科长座谈会、主动上门宣传等方式，与单证人员、业务人员加强联系，当年先后到5家外贸公司讲课，强化外贸公司对信用险的了解。通过一系列宣传工作的开展及服务水平的不断提高，不仅巩固了老客户，同时也开发了不少新客户，截至年底，共承保47家出口企业，支持出口8.37亿元，承保率居全国第二。当年，从事信用险的机构进行调整，由业务二科专门开展信用险，信用险业务的管理得到进一步加强，对于内部管理不规范的外贸公司，通过明确最低保费的方式，控制漏报、瞒报，保费规模得到较大增长，全年保费收入达650万元，在全国排名第9位。赔款支出442.9万元，赔付率68.1%，较2000年下降。

自1990年至2002年的十余年时间里，全省的出口信用保险业务一直由人保省公司办理，由于出口信用保险的政策性特性，很难被商业化经营的人保公司放在重要的位置，并得到应有的重视，出口信用保险发展的速度缓慢，规模十分有限。2001年安徽出口信用保险占同期出口的比重仅为4.43%，全国的承保规模占出口额的比重一直在1%左右徘徊，出口信用保险对外贸的发展只起到了一定的支持作用。当时经营的险种很少，仅办理短期出口信用保险项下的综合险，整个安徽省保险业从事过信用险业务的仅7人。

鉴于出口信用保险制度的政策性属性，以及中国入世后为适应并促进我国日益发展的对外贸易，2001年5月23日，国务院批准组建国有独资的中国出口信用保险公司。2001年12月18日中国出口信用保险公司在北京挂牌成立，由中国政府全资拥有，注册资本金40亿人民币，是伯尔尼协会的正式会员，它是我国政府为深化保险体制改革，规范出口信用保险运作，加大对出口贸易的支持力度而批准设立的全资国有企业。主要任务是：积极配合国家外交、外贸、产业、财政、金融等政策，通过政策性出口信用保险手段，支持货物、技术和服务等出口，特别是高科技、附加值大的机电产品等资本性货物出口，支持中国企业向海外投资，为企业开拓海外市场提供收汇风险保障，并在出口融资、信息咨询、应收账款管理等方面为外经贸企业提供快捷、完善的服务。

2002年7月，中国信保在安徽设立营业部地方业务三处。承接人保省公司的原有业务和未了责任，办理安徽省的出口信用保险业务，人保省公司同时停办出口信用保险业务。中国人民保险公司和中国进出口银行不再经营出口信用保险业务，中国出口信用保险进入了一个新的发展阶段。9月，营业部地方业务三处首次与省外经贸委联合举办短期出口信用险及风险管理讲座，省外经贸委原副主任孙和平主持会议，有150多家出口企业参会。11月，根据中国保监会《关于中国出口信用保险公司成立重庆等7个业务处的批复》，成立中国出口信用保险公司营业部合肥业务处。当年参保企业不足30家，原人保的部分信用险保单于2001年年底终止，之前的保险责任由中国信保按照保单条款承担。当时设立的中国信保营业部地方业务三处及合肥业务处仅作为一个展业窗口拓展业务，其余工作均由中国信保总公司归口管理，地方业务处直接与承保、理赔、担保等业务部门联系具体业务。发生赔款时，中国信保总公司直接将赔款划付到客户账户。成立当年，支持企业出口6.93亿元，保费收入544.67万元，赔款达1048.76万元，赔付率192.5%。赔付率较高的原因，主要是赔付了部分人保交接过来的历史案件，如11月，向安徽省华安进出口有限公司赔款36.55万美元。省华安进出口有限公司于2001年10月至2002年2月期间，向巴西买方出运维生素、盐酸环丙沙星等药品，并投保出口信用保险。买方自2002年3月起一直拖延付款，华安公司于2002年4月22日报损，可能损失金额42.19万美元，后提出索赔申请。经过追讨后买方认债，最终赔付36.55万美元。

中国信保营业部地方业务三处、合肥业务处及升格后的合肥营业管理部主要提供短期出口信用保险。2001—2005 年，中国信保主要推出了短期出口信用保险、中长期出口信用保险、担保业务、海外投资保险等产品，其中中长期出口信用保险、担保业务、海外投资保险主要由中信保总公司办理，安徽出口信用保险市场主打产品是短期出口信用保险。短期出口信用保险产品承保的信用期限由原来的 180 天延长到 360 天，即保障信用期限在一年以内的出口收汇风险，适用于出口企业从事以信用证（L/C）、付款交单（D/P）、承兑交单（D/A）、赊销（OA）为结算方式，自中国出口或转口的贸易，包括综合保险、信用证保险、特定买方保险、特定合同保险、买方违约保险等产品，较人保公司时期更为丰富。由于综合保险承保出口企业所有以信用证和非信用证为支付方式出口的收汇风险，投保风险适当分散，同时可以有效扩大承保面，适用费率较其他保险低，是分支机构的主推产品，也是大部分企业的首选产品。出口信用保险承保的风险仍是政治风险和商业风险。低赔付退费政策取消。

2003 年，支持企业出口 14.47 亿元，同比增长 108.8%，保费收入 963.12 万元，同比增长 76.8%，信用险开始保持快速增长，对出口企业的支持力度进一步加大。当年，省技术以出口信用保险为后盾，向利比亚出口 3500 辆皮卡车，金额为 1913 万美元，开创全省向非洲国家大金额出口汽车的先河。由于人保时期历史案件的逐步处理，当年赔付率下降为 80.67%，但仍有较大金额的赔付。11 月，向安徽省服装进出口股份有限公司赔付 25.39 万美元，省服装公司于 2001 年 8 月至 2003 年 1 月向智利买家出运 7 批货物（浴巾），买家因以前货物质量纠纷要求折扣，省服装公司于 2003 年 6 月报损，可能损失金额 33.2 万美元，后提出索赔。鉴于以前货物的质量问题，省服装公司自行承担 5 万美元的损失，合肥业务处最终赔付 25.39 万美元。

2003 年 7 月，中国出口信用保险公司营业部合肥业务处承保单笔保额最大的业务，是安徽技术进出口公司向马耳他客户一次出口 3500 辆皮卡车，分别由两家银行开证。为支持企业出口，中国出口信用保险公司总部分别批复限额 1500 万美元和 500 万美元，帮助安徽技术进出口公司顺利出口 1900 多万美元的皮卡车。

2003 年，中信保总公司推出了短期出口信用保险项下贸易融资业务，合肥业务处通过与银行举办业务推介和交流会等形式，深化银行对“应收账款＋信用保险”融资模式的认识，解除银行放贷的后顾之忧，与中国农业银行、合肥市商业银行、交通银行建立了较好的合作关系。

2004 年，参加出口信用保险的企业有 60 家，支持企业出口 2.5 亿美元，同比增长 43%，保费收入 211 万美元，同比增长 81%，出口信用保险对一般贸易的渗透率为 7.83%。2004 年 5 月，合肥业务处更名为合肥营业管理部，作为中国信保在安徽的分支机构办理信用险业务。7 月，根据中国信保总公司的相关规定，合肥营业管理部先后下发了《承保管理规定》《理赔业务管理规定》《短期业务承保流程》《短期业务理赔、追偿流程》

等规章制度，进一步规范了各项业务操作。11月，财务建账，开始单独核算。12月，先后建立了《资金管理暂行办法》《营业费用管理实施细则》《保费发票管理办法及实施细则》《费用预算编制及管理暂行办法》《实物资产管理规定》等规章制度，明确了会计、出纳岗位职责，财务各项工作有序展开。

2004年，中信保合肥营业管理部与商务厅的合作关系进一步强化，双方多次联合举办出口信用保险业务培训，多次深入到各市及重点出口企业宣传培训。6月，省商务厅专门向省政府提交了全省出口信用保险发展情况的报告。提出随着全国出口市场多元化战略的推进，对中东、拉美、东欧等新兴市场的出口迅猛增长，这些地区信用风险类别较高，贸易结算方式多样，出口信用保险对国际市场开拓是首选且作用较大的险种。8月，合肥营业管理部与商务厅联合召开出口信用保险联络员会议，全省17个地市商务局派员参加，出口信用保险联络员制度建立。9月，为帮助企业追回货款，减少经济损失，与省商务厅联合举办"企业风险控制与国际商账追收讲座"，指导企业利用信用险控制收汇风险，加强风险管理。同年，我国国内及周边国家爆发禽流感，许多农产品出口企业损失严重，省安粮国际发展有限公司出口禽类产品到沙特、以色列等国家，由于沙特、以色列等国家禁止进口来自中国的禽类产品，导致出口产品退运，合肥营业管理部共向安粮赔付23万美元左右，挽回了大部分损失。

2005年，参加出口信用保险的企业有81家，支持企业出口3.8亿美元，同比增长52%，保费收入328万美元，同比增长55%，出口信用保险对一般贸易的渗透率为9.34%。2005年2月，安徽省政府下发《安徽省人民政府关于对中国保监会安徽监管局和有关保险公司予以表彰的通报》，对中信保合肥营业管理部予以表彰。当年，合肥营业管理部各项规章制度进一步完善，建立了《资信调查费收取办法》《空置限额工本费收取办法》等规定。合肥营业管理部为强化风险管控，加强内控，在内部机构不完善的情况下，成立承保小组、理赔小组，规范承保、理赔工作具体操作流程，对重大承保、理赔业务或疑难问题由小组成员研究讨论，定期组织开展承保、理赔业务自查。由于业务规模较小，服务客户数量少，当时采用了客户经理全流程服务的模式，即客户经理承担单一客户展业、承保、日常服务、理赔等全部业务流程工作。11月，合肥营业管理部升格为一类营业管理部，行政级别按副厅级规格，内设业务发展处、业务管理处、综合财务处。当年，合肥营业管理部对信用险的政策宣传进一步加强，包括在机场设置路牌广告，创办面向安徽出口企业的内部刊物《安徽信保》等，企业对信用险的知晓度和了解程度进一步提升，奇瑞、马钢、荣事达、长丰扬子、六安海洋羽毛、扬子空调等企业投保信用险，截至年底，客户近80家。

2005年，中国出口信用保险公司合肥营业管理部承保了安徽省自主品牌汽车出口企业奇瑞汽车有限公司，当年投保额53.5万美元，支持奇瑞向叙利亚出口汽车，交易方式为信用证。

中国信保于2003年年底推出新的融资模式——短期出口信用保险项下贸易融资业务后，中信保合肥营业管理部与银行的合作加强，2005年分别与光大银行、中国银行、工商银行举办业务推介和交流会，开展业务交流，深化银行对“应收账款+信用保险”融资模式的认识，解除银行放贷的后顾之忧，帮助企业缓解融资难题。2004年、2005年累计为企业提供短期出口信用保险项下融资便利7800多万美元。2005年，中国信保总公司推出国内贸易信用保险业务，合肥营业管理部开始尝试在现有客户中开展国内贸易信用保险业务。全年，合肥营业管理部短期险支持企业出口31.12亿元，同比增长50.32%，出口信用保险对一般贸易的渗透率由2002年的4.07%提高到9.34%，在全公司居前列。

2005年11月，总公司推出中小企业综合保险，并在部分地区开展试点。

2002年至2005年期间，短期出口信用保险得到快速发展，保险金额每年以8000万美元以上的绝对数量增长，绝对增长量接近3亿美元，为中信保合肥营业管理部完成初创期，进入成长期打下基础。为进一步扩大出口信用保险的宣传面，增强企业对出口信用保险的了解，合肥营业管理部在省商务厅的支持下，建立了出口信用保险联络员制度。在各联络员的支持配合下，出口信用保险业务的推广和宣传工作取得了显著成效，全省出口企业对出口信用保险的认知度明显提高，利用出口信用保险防范风险的意识逐渐增强。

出口信用保险的理赔

鉴于2002年至2005年期间，中国信保营业部地方业务处及合肥营业管理部只开展短期出口信用保险业务，因此，理赔工作只涉及短期出口信用保险。根据案件金额大小，在授权范围内处理客户提交的可能损失及索赔。案件处理依据为保单条款及《中国出口信用保险公司短期业务理赔管理规定（试行）》，同时还参考国际贸易惯例以及相关国际案例的司法实践。2002年至2005年间，由于业务规模较小，服务客户数量少，与此业务特点相适应，采用了客户经理全流程服务，即客户经理承担单一客户展业、承保、日常服务、理赔等全部业务流程工作。

中信保成立初期，部分赔案由中国人民保险公司划入中国信保，因此在初期业务规模较小的情况下，案件较多，赔款金额较大，赔付率较高。2002年，向企业支付赔款1048.76万元，赔案49件，简单赔付率192.55%；2003年，向企业支付赔款776.99万元，赔案35件，简单赔付率80.67%；2004年，向企业支付赔款908.11万元，赔案37件，简单赔付率51.98%；2005年，支付赔款1309.97万元，赔案50件，简单赔付率48.74%。

1986—2005 年安徽省出口信用与保证保险业务统计表

表 2-1-47

年度	承保数量	保险金额（万元）	保费收入（万元）	赔款（万元）	赔款件数（件）
1990	—	0.00	8.13	0.00	0
1991	—	4044.42	25.02	0.00	0
1992	—	5470.33	26.47	0.00	0
1993	—	18500.00	173.80	0.00	0
1994	—	38977.80	414.60	861.87	—
1995	—	38052.90	380.90	831.73	—
1996	—	24413.50	166.00	248.95	—
1997	2835	122332.97	561.38	47.00	205
1998	3474	159699.96	894.60	98.74	218
1999	1657	187518.79	713.47	178.00	224
2000	4307	710576.12	1098.83	328.39	40
2001	1971	310807.00	2596.65	1112.70	97
2002	13826	242973.11	2809.77	1264.61	61
2003	11269	287612.76	3140.07	820.99	65
2004	257	266579.91	1845.71	1344.91	127
2005	15882	728211.28	3791.44	2389.20	367

1997—2005 年中国人保财险出口信用与保证保险业务统计表

表 2-1-48

年度	承保数量	保险金额（万元）	保费收入（万元）	赔款（万元）	赔款件数（件）
1997	2828	92557.00	332.00	47.00	205
1998	2512	99435.00	448.00	90.00	205
1999	104	78983.00	93.00	109.00	222
2000	2035	18250.00	356.00	176.00	14
2001	650	212736.00	1711.00	529.00	77
2002	8344	118742.00	1319.00	—	—
2003	7831	97567.00	1556.00	31.00	27

续表 2-1-48

年度	承保数量	保险金额（万元）	保费收入（万元）	赔款（万元）	赔款件数（件）
2004	447	62194.00	90.00	292.00	44
2005	145	191377.00	230.00	592.00	172

1997—2005 年平安产险出口信用与保证保险业务统计表

表 2-1-49

年度	承保数量	保险金额（万元）	保费收入（万元）	赔款（万元）	赔款件数（件）
1997	7	54.00	1.00	0.00	0
1998	596	7599.00	66.00	9.00	1
1999	1043	12087.00	122.00	—	1
2000	1542	12609.00	116.00	152.00	26
2001	—	—	—	122.00	16
2002	2326	25465.00	353.00	206.00	10
2003	1223	14474.00	266.00	—	2
2004	-276	-2631.00	-9.00	41.00	33
2005	-152	-1340.00	-3.00	127.00	51

1998—2005 年太平洋产险出口信用与保证保险业务统计表

表 2-1-50

年度	承保数量	保险金额（万元）	保费收入（万元）	赔款（万元）	赔款件数（件）
1998	366	1655.00	8.00	—	12
1999	510	40530.00	109.00	69.00	1
2000	730	608331.00	141.00	—	—
2001	1321	14373.00	232.00	19.00	4
2002	3156	29474.00	482.00	10.00	2
2003	2188	30585.00	349.00	13.00	1
2004	86	9.00	5.00	104.00	13
2005	12027	169155.00	529.00	334.00	90

1990—2005年出口信用保险公司出口信用与保证保险业务统计表

表 2-1-51

年度	保险金额（万元）	保费收入（万元）	赔款（万元）	赔款件数（件）
1990	—	8.13	—	—
1991	4044.42	25.02	—	—
1992	5470.33	26.47	—	—
1993	18500.00	173.80	—	—
1994	38977.80	414.60	861.87	—
1995	38052.90	380.90	831.73	—
1996	24413.50	166.00	248.95	—
1997	29721.90	228.30	—	—
1998	51011.30	372.50	—	—
1999	55918.81	389.71	—	—
2000	71386.20	485.59	—	—
2001	83698.00	650.00	442.90	—
2002	69291.86	544.67	1048.76	49
2003	144679.04	963.12	776.99	35
2004	207007.47	1747.09	908.11	37
2005	311176.05	2687.53	1309.97	50

2001—2005年天安产险出口信用与保证保险业务统计表

表 2-1-52

年度	承保数量	保险金额（万元）	保费收入（万元）	赔款（万元）	赔款件数（件）
2001	—	—	3.65	0.00	0
2002	—	—	110.99	0.09	—
2003	27	308.00	5.47	0.00	0
2004	—	—	12.91	—	—
2005	3862	57843.20	347.49	25.95	4

第十节　重大赔付

以下为 1991—2005 年保险赔款 500 万元以上或对社会有重大影响的赔案。

企业财产保险

1986 年 12 月 16 日，滁州百货一店发生特大火灾，烧毁 2450 平方米营业大楼及全部商品 2500 种余，财产损失 130 余万元，这是安徽省解放后第二大火灾，该店于是年 3 月 28 日投保了企业财产保险，保额 1179316 元，这次火灾系保险责任范围损失，人保省公司仅用 15 日时间，即支付保险赔款 117 万元，赔付金额相当于其所交保险费 333 倍。

1987 年，黟县柯村乡遭受龙卷风袭击，人保黄山市黟县支公司经查勘，及时赔付 6.48 万元的经济损失，使该乡 1000 多农户及时恢复生产。赔付休宁县万安铁木器厂汽车车损及货物损失共 13.18 万元。

1988 年，人保黄山市分公司针对黄山西海饭店快餐厅前大坝遭洪水冲塌一案，赔付 2.13 万元，是当时最大的一笔涉外业务赔案。

1989 年，黄山市汽车运输公司歙县汽车四队一辆解放 661 型客车从黄山汤口镇返回歙县途中翻入 47 米高的丰乐水库，造成十多人伤亡，车辆报废的特大交通事故，人保黄山市歙县支公司赔付 3.4 万元。

1990 年，黄山电业局大路口变电站发生火灾事故，人保黄山市分公司全额赔付经济损失 27.4 万元。

1991 年，人保黄山市屯溪支公司赔付屯溪塑料工业供应公司雪灾损失 5.02 万元。

1991 年 6 月中旬至 8 月上旬，马鞍山市连降特大暴雨，总量达 1059.8 毫米，给马钢公司厂房、机器设备以及煤炭等原材料造成严重损失，人保马鞍山公司当年赔付 615.7 万元。

1991 年 6 月，阜阳地区普降暴雨，阜阳电业局房屋、电缆沟等建筑物及输变电设备等受损严重，经查勘定损并与被保险人协商，人保阜阳公司于 1992 年赔付 803.93 万元。

1991 年 6 月、7 月间，滁州遭受世纪性特大洪水灾害，人民保险公司将工作中心转移到洪灾理赔上，主动迅速开展查勘理赔，经过艰苦工作，完成了大面积洪灾理赔工作。共支付洪灾赔款 3357 万元，其中，企业财产险赔款 629 户，共计 1501 万元；家庭财产险（以农村房屋为主）赔款 21.2 万多户，共计 1744 万元；种植业赔款 112 万元。

1991 年 12 月中旬，滁州电视机厂成品仓库发生特大火灾，获得人保公司保险赔款 180 万元。

1992 年，人保黄山市分公司赔偿黄山索道公司因雷击造成的索道设备损失 19.06 万元。赔付黄山市蚕桑站在制种生产中因微粒子病毒所致蚕种损失 16.37 万元。

1993 年，黄山市遭遇“6•30”“7•4”两次特大洪水灾害，全市直接经济损失两亿元。人保黄山市分公司全系统奋斗在受灾第一线，及时查勘理赔，共赔付该次洪水造成的保险财产损失 470 万元，使 197 个企业及时恢复生产与经营，为 1021 户家庭安定了生活。

1993 年 9 月 12 日，滁州乌衣远征鞋厂发生特大火灾，获人保公司保险赔款 183 万元。

1994 年，人保黄山市分公司赔偿黄山风景区玉屏楼宾馆火灾损失 110.8 万元。

1995 年，人保黄山市分公司赔偿黄山外事旅游汽车公司广州大客碰撞损失 58 万元。

1996 年，黄山市出现了百年一遇的特大洪水，人保黄山市分公司共支付洪水赔款 4500 万元。

1996 年 7 月 1 日，宣城地区宣州市发生特大洪涝灾害，宣州市糖酒食品商场等十一户库存商品因水淹受损，人保宣城分公司于当年赔付 7013237.3 元。

1998 年，人保黄山市分公司赔付黄山金马仪表有限责任公司雪灾损失 30.29 万元。赔付黄山钼矿洪水损失 65.15 万元。

1998 年，被保险人铜陵市有色铜山矿获取人保铜陵公司赔付金额 680 万元。

1998 年 7 月 29 日，滁州境内突降特大暴雨，3 小时降雨量 169.7 毫米，百年未遇，造成 40 多个企业和数百家庭保户受灾，人保公司共计赔款 500 多万元，其中滁州卷烟厂一笔赔款为 301 万元。

1999 年，人保黄山市屯溪支公司赔付安徽省屯溪茶厂火灾损失 47 万元。赔付屯溪工人文化宫杰姆迪士高广场火灾损失 37 万元。

1999 年 6 月 29 日因连降暴雨，水位高涨，宣州市粮贸总公司下属朱桥、油扎、养贤、新河和沈村等 5 个粮库相继被水淹没，长期浸泡导致粮油等财产受损严重，人保宣城公司于当年赔付 718 万元。

1999 年 8 月 22 日，安庆宿松县华阳河农场因特大洪水致机械设备、家庭财产等严重受损，人保安庆分公司赔付 559.81 万元。

1999 年 7 月、8 月安庆望江遭遇长时间暴雨侵袭，9 月 7 日望江县城张家坝圩破堤，县城区东洲路、望华路部分路段、回龙路部分路段、新桥东村、西村均遭水淹，部分财政供给单位及居民房屋大面积受损。此次灾害，人保安庆市望江支公司赔款 600 多万元。

2000 年，人保黄山市分公司赔付江腾摩托车销售中心火灾损失 45.9 万元。

2000 年 6 月 2 日，滁州全椒因特大暴雨引发大面积灾害，人保公司支付包括全柴集团在内的多家企业和其他保户赔款 205 万元。

2002 年 6 月 21 日中午 11 时前后，芜湖市繁昌县突降特大暴雨，持续时间达数小时，造成县区多处山洪暴发，造成繁昌县赤沙河漫堤，仅十几分钟，位于繁昌县赤沙乡的芜湖市正宇禽产品集团有限公司整个厂区被洪水淹没，大量财产受损，人保芜湖繁昌支公司进行现场查勘，确定本次事故属保险责任，对相关损失进行仔细核定后，赔付保户 23 万余元。

2002 年 7 月，蚌埠市供电局因龙卷风、暴雨致使电力资产损失严重，经查勘核损，人保蚌埠公司当年赔付 524.75 万元。

2002 年 7 月 11 日，人保合肥公司主承保的安徽佳通轮胎有限公司半钢子午胎仓库发生火灾，库存轮胎、厂房和机器设备严重受损，案件经保险人查勘并经罗便士保险公估公司定损、理算，最终合肥人保公司与平保合肥分公司、太保合肥分公司共同赔付 6211.03 万元。

天安保险股份有限公司安徽省分公司营业部于 2003 年 3 月 5 日承保了安徽省国风塑业股份有限公司的一年期财产综合险，该标的在当年夏季因连日暴雨及附近的河水暴涨，使厂区车间及产品仓库进水，而发生水灾事故。因保险标的损失严重且案情复杂，天安公司总部、省及地市高度重视。在积水没有完全退去的情况下对被保险人所有过水车间及仓库的受水财产进行清点并作详细的记录，同时将所有记录的数量与国风塑业工作人员核对后进行签字确认。在现场清点的同时，总分公司初步确定的基本原则是：首先，原料、产成品采取降等处理的方法，了解行情，变价处理；其次考虑到动力设备属通用机械，应坚持在专家技术人员的指导下，尽量在国内修复、更换；最后对于国外进口的生产设备，基本确立依赖外部专家，在了解设备新旧程度的基础上，加强与国风公司沟通，尽力帮助他们树立国内有技术修复的信心。按照既定的定损思路，天安公司积极地与国风塑业进行了数轮的谈判，但双方存在的差异较大。在多次谈判不成的情况下，国风塑业于 2003 年 10 月 30 日向合肥市人民法院提起诉讼。在总公司的指导下，天安分公司积极应诉，聘请了诉讼代理人，把工作的重点转移到了法律诉讼方面。经一审、二审判决，天安共支付保险赔偿金 2382.31 万元。

2003 年 7 月 5 日，滁州遭受历史罕见的特大暴雨袭击，造成大面积洪水灾害，出险保险标的 840 个，带来繁重的理赔工作压力。在人保总、省公司的指导下，同时，首次引入公估等中介机构参与查勘定损，在较短时间内完成了水灾的理赔工作。共支付水灾赔款 4380 万元，其中，滁州卷烟厂一笔水灾赔款 1550 万元，为滁州保险史上最大的一笔保险赔款。

2003 年 5 月 1 日，安徽省电力公司投保电力财产一切险并扩展了“倒塌保险扩展条款”“重置价值条款”“露堆财产保险特约条款”等 12 项附加险种，同年 7 月 4 日起，安徽省境内多数地区出现强降水和大风天气，由于连续暴雨袭击造成淮河流域洪水泛滥，大部分地区内涝严重，造成阜阳、淮南、六安、亳州、宿州、蚌埠、滁州、合肥、池州9个地区40个县电力系统普遍受灾，电力设施发生倒杆断线、配电设备长时间浸泡损坏，形成严重的破坏性损坏。灾情发生后，太平洋产险安徽分公司积极组织抢险抢修工作，力争把损失降到最低，听取被保险人对灾情介绍，按重灾、中灾、轻灾分类、抽样进行现场查勘，投入了大量的人力、物力及财力，圆满完成查勘、定损、赔付，支付赔偿金额73229171.88元。

2003年7月，安徽电力系统阜阳、淮南、六安、亳州、宿州、蚌埠、滁州、合肥和池州9个地市局因特大暴雨、洪水致使农网电力资产受损，考虑此次受灾面积大、损失严重，保险双方共同聘请深圳民太安、弘正达等保险公估公司介入查勘、定损和理算，当年人保公司共赔付7322.91万元。

2004年12月1日下午，安徽芜湖华辰造纸股份有限公司存货失火，原因是存货附近的切割机工作时产生的铁屑火花飞溅到存货，引起了火灾事故。人保芜湖市分公司接到报案后立即安排查勘人员现场查勘，确定本次事故属保险责任，赔付7.3万元。

被保险人黄长征在大众保险投保工程机械保险，2004年12月20日，其拥有的小松挖掘机在绩溪县雄路镇工地施工时发生倾覆事故，造成设备严重损坏，报损15.3万元。该挖掘机在大众保险公司投保了工程机械保险，根据保单条款，倾覆属于保险责任，经查勘核实，大众保险快速赔付客户12.24万元。

2004—2005年，被保险人铜陵深能发电有限责任公司，保单号：PQSA20043407010000000011，人保铜陵公司共发生两笔大赔案，赔付金额为277.86万元、100.5万元。

2005年6月27日，安庆帝伯格茨缸套有限公司遭遇暴雨灾害袭击，造成保险财产受损。此次事故核损首次按照国际惯例引入国际上知名保险公估公司，并跨国进行损失公估的案例，人保安庆分公司赔付277.91万元。

2005年7月15日，安庆枞阳海螺股份有限公司因遭受特大龙卷风袭击，造成保险财产受损，人保安庆市枞阳支公司赔付1487.82万元，是当时安庆市单笔企财险最大的一笔赔款。

2005年，安庆岳西县城遭遇泰利台风袭击，造成供电设备、电信设备及大面积的房屋受损。经过查勘核定，人保安庆岳西支公司赔付680万元。

2000年，中国太平洋保险合肥分公司产寿分业经营后，产险的企财险大幅度增长，同比增长达到76.50%，2001年开始企财险保费占比总保费的29.38%，一直到2005年始终保持在27.97%以上。企财险业务保持高速增长，其中一些业务由于核保和风险评估不足及风险防范措施跟不上，公司存在较大的赔付风险，在2003年就发生4笔较大金额的赔付。2003年2月，合肥分公司本部承保的安徽佳通轮胎有限公司，因发生库存流动资产火灾，赔付1863万元。2003年11月，蚌埠中心支公司承保的安徽丰原集团公司企财险，因洪水灾害造成财产损失，赔付 469 万元。2003 年 12 月，滁州中心支公司承保的安徽滁州高速公路开发有限公司的工程险，因水灾造成高速公路路基坍塌，赔付 200 万元。2003 年 12 月，合肥分公司本部承保的庐华塑料包装有限公司的财产险，因发生水灾，造成财产损失，赔付 224 万元。2004 年，合肥分公司本部把企财险的拓展方向投转电力系统，经过团队公关，与人保、平安分得份额，承保安徽省电力公司（72 个县级供电公司）财产险，2004 年 4 月，由于暴风雨，电力公司的 72 个县级供电公司全部出险，赔付 1720 万元。

2004 年 4 月，安徽丰原集团发生"污闪"责任损失，蚌埠中心支公司赔付 408 万元。2004 年 9 月，合肥分公司本部承保的佳通轮胎公司财产险再次出险，赔付 337 万元。

江西昌河汽车股份有限公司合肥公司于 2003 年 6 月 28 日在平安产险投保财产综合险，2003 年 7 月 20 日冲压车间发生火灾，造成 1300T 的地槽设备、主操作板设备、电器设备严重受损。此次事故受损设备 1300T 冲压机床属于大型设备，购置于 1991 年，设备价格为 555 万元。经双方协商，共同聘请两家设备生产单位对受损设备进行鉴定，并出具指导性的修复方案。根据鉴定厂商提供的鉴定和修复依据，经与被保险人协商，本次事故最终核损金额为 229.8 万元；根据保单约定最终结案赔付金额为 208.38 万元。附事故现场照片两张。

图2-1-1 江西昌河汽车股份有限公司合肥公司冲压车间发生火灾，公安消防部门现场了解火灾原因

图2-1-2 该公司冲压车间的1#冲压机床严重受损（1300T），2#冲压机床（600T）过火受损

2003年7月，安徽丰原集团有限公司的污水处理厂遭受洪水灾害，厂内机器设备长时间浸泡在水中，被侵蚀受损。平安财产保险股份有限公司安徽分公司及时赔付1014.64万元，为被保险人恢复生产提供了有力的保障。

2003年7月，原安徽电力股份有限公司的供电设施遭受洪水灾害，平安财产保险股份有限公司安徽分公司及时赔付2422.40万元，为恢复线路供电提供了有力的保障。

2005年6月14—26日，蚌埠市泗县区域遭受8级以上强暴风、暴雨、冰雹侵袭，致使泗县17个乡镇供电所设备严重损坏，损失惨重，造成泗县大部分乡镇停电。受灾面积大，停电范围广，为尽快恢复电力供应，保证人民群众生产生活不受影响，太平洋产险安徽分公司根据与安徽省电力公司的合作情况，依据所承保的财产一切险相关约定，积极应对，迅速抽调全省各分支机构理赔人员赴蚌埠、宿州、淮北等多地查勘，采用比例抽查，再对确定抽查的线路进行普查等多种形式，高效快速查勘，并依据当地气象证明资料，根据中国太平洋财产保险股份有限公司《财产一切险条款》第二条的规定，确定保险责任，在第一时间内赔偿95333.29元。

船舶保险

1991年3月26日，安庆宿松航运公司108号轮队运煤到上海返航途中，行驶到江苏省江都市境内，撞坏三阳桥，损失严重，人保宿松县公司会同有关专家进行现场查勘，科学定损，支付赔款23.53万元。

1993—1994年，人保铜陵公司承保的有色金航轮船公司的轮船，发生整船沉没事故，赔付金额为1500万元。

1996年7月9日，安庆枞阳江海集团公司“皖枞2号”船在汕头甲子角水域与“甲秀山号”船发生碰撞后沉没，人保安庆枞阳支公司赔付162.98万元。

2003年3月3日，“豫周口货1158号”货船从芜湖装425#水泥900吨运往上海，2003年3月4日途径张家港市福海航道中发生碰撞事故，“豫周口货1158号”当即沉没，船上5名船员3人死亡、2人失踪，货物全损，人保芜湖分公司会同有关专家进行现场查勘定损，支付赔款22.65万元。

2004年11月，方世玉所有的芜湖货0115号船在马鞍山与货轮发生碰撞，造成对方沉没、船上人员两人失踪，经过施救扫测，沉船无法打捞，人保芜湖分公司根据保险协议赔付保户损失13.06万元。

2004年，被保险人铜陵有色金航轮船公司，保单号：PCCA200434070200/00022，获得铜陵市分公司赔款134.71万元。

2004年，被保险人灰河金鑫水路有限公司（张志成），保单号：PCBA200434070200000053，获得人保铜陵公司赔款114.73万元。

车辆保险

1985 年 11 月 21 日凌晨，安庆地区工业技术开发公司解放大客车（11-20578）在安合线 132K-150M 处，因下雨路滑和车速较快导致翻车，使汽油溢出起火将全车焚毁。人保省公司立案受理于年底结案。赔付车损款 62000 元，第三者责任赔款 738 元，共计 62738 元。

1993 年 7 月 15 日，安庆宿松县洲头乡个体户胡某的一部中巴客车由所聘请的驾驶员驾驶，当车行到九姑油坊岭路段时，车中一旅客私自携带的自制鞭炮土硝起火喷发，造成三人死亡，12 人轻、重伤的重大恶性事故，人保省公司勘察认定后，支付赔款 6 万元。

1994 年 2 月 4 日，芜湖市燃料总公司的安徽 03-03067 号仪征双排客车由所聘请的驾驶员驾驶，在途经解放西路时由于避让不当，撞倒两名行人，造成两名行人重伤的交通事故，人保公司查勘受理案件，审核材料，支付赔款 7.3 万元。

1998 年 7 月 12 日早晨 5 时 50 分左右，芜湖华源家禽公司的皖 B03369 大货车，在金坛市常溧线 51k+200m 路段，在超车过程中未能保持必要的横向距离，与同向的苏 D/G0266 手扶拖拉机发生追尾事故，造成对方驾驶员当场身亡的重大交通事故，人保公司受理案件后于年底结案，赔付 88775.8 元。

2000 年 4 月 19 日晚 21 时 30 分，北京泰丰化工厂（矿务局小车组）车号京 G01634 三菱帕杰罗停放在海淀区北三环西路被盗，经上报人保省公司 2002 年结案，赔付 30 万元。

2000 年 10 月 15 日，淮北市人保分公司于 2000 年承保的淮北市裕安房地产有限公司的三菱帕杰罗，在淮北市工商大厦楼下被盗。本车承保盗抢险，经上报省公司案件在 2001 年结案，赔付 39.4 万元。

2003 年 4 月 25 日，平安产险承保的黄山市黄山区公安局分局皖 OJ9080 小客车由黄山区往合肥市，行至 S103 线 185K+220M 处，与本道路右边同向行走的行人发生碰撞，致 1 人当场死亡，其余 4 人受伤，车内乘客 2 人受伤，小客车严重受损的重大交通事故。事故最终，平安产险车损险赔付 66900 元，商业三者险赔付 20 万元，乘客险赔付 6968 元，合计 273968 元。

图2-1-3　皖0J9080小客车事故现场

2003年07月13日15:05，宁国亚夏汽车服务公司的皖P25962解放牌大型货车，由上海往长兴方向，途径318线142KM+500M处时，车辆越过隔离带驶入反向车道，与杨广驾驶的湖州城区刘氏砂石料供应站所属的浙E05189解放牌大型货车相撞，造成四人当场死亡，两车及公路设施受损的特大交通事故。事故最终，平安产险车身险赔付48600元，商业三者险赔付145638元，司机座位险赔付32500元，乘客座位险赔付32500元，合计209338元。

图2-1-6　芜湖长江大桥公路桥引桥桥底

图2-1-7　芜湖长江大桥公路桥引桥桥底火灾后现场

2003年4月28日，宿州市分公司消贷承保的皖L01731号货车，在甘肃景泰县308省道2809千米处，因操作不当与另一客车相撞，事故造成对方车上乘客死亡27人，伤二十多人，本车死亡两人，伤一人的重大恶性交通事故。经人保公司核定协商，共赔付90多万元，至2005年还未赔偿结束。

2004年1月29日，被保险人的驾驶员慈云龙驾驶的皖H21356号由枞阳驶往江苏常州途中，因操作不当与一小客车皖Q34355发生正面碰撞，造成皖Q34355车驾驶员及车内5名乘客死亡，多人受伤，两车损坏的特大交通事故。案件保险公司赔偿29.2万元。

2004年2月2日8时10分，人保淮北分公司承保李强的奥迪A6皖F09876号车，在合徐高速发生追尾事故，造成人伤及车损，经上报人保省公司在2004年结案，赔付256379.4元。

2004年9月23日9时20分，芜湖市中明特种灯泡厂的皖B/11784长安小型客车在宁连线88k+840m交叉路口处由于驾驶不当与一辆大客车发生碰撞，造成3人死亡、9人受伤的重大交通事故，人保公司接受保户索赔材料后，按照责任认定赔付保户8.3万元。

2005年6月28日，长丰县云波运输有限公司的扬子YZK9130型半挂车皖A73102在浙江诸暨市往萧山方向,车与车碰撞,大地保险安徽省分公司赔付金额23.02457万元。

2005年7月19日，长丰县云波运输有限公司（陶有树）的扬天CXQ9150W半挂车皖A72726在浙江省余姚市六一省道马诸收费站，车与人碰撞，大地保险安徽省分公司赔付金额40.57813万元。

2005年9月12日，被保险人董万山所有的轿车于合宁高速路段发生了碰撞护栏的交通事故，造成标的车受损严重。经调查取证，确认事故责任。2005年10月26日，华安保险支付客户事故赔款7.61万元。

太平保险合肥中心支公司承保的皖AE6968东风标致DC7204 307轿车，被保人合肥启奇工贸有限公司，于2005年11月24日上午8点57分，在合肥市大蜀山附近与第三者大货车相撞，双方车辆受损，第三者两人受伤，赔付金额16万元。

被保险人包金萍于2005年12月30日获得华安保险安徽分公司支付的赔款5万元。此前被保险人已向该公司投保机动车辆保险，其所属轿车于2005年10月27日在宿州市与一辆农用车相撞，致使标的车辆、三者农用车受损及驾驶员受伤。经华安保险调查核实，该起案件属于保险责任。

货物运输保险

2002年7月24日，宁波市保税区海螺贸易公司报案，称该单位由安庆枞阳发往上海的一船水泥熟料由于承运船舶沉没导致全部受损，经人保公司现场查勘，该起事故是由于承运船舶因突遇暴雨而沉没造成的保险货物受损，确属保险责任，经与被保险人协商一致，人保公司支付被保险人保险赔款20万元。

2005年7月16日，位于芜湖的安徽奇瑞汽车销售公司由长久公司承运的商品车在运输途中发生碰撞，造成两辆奇瑞商品车损坏，芜湖公司对事故进行核定，确定本次事故属保险责任，人保公司赔付3万元。

建筑工程保险

2005年6月12日，芜湖长江大桥公路桥无为岸引桥下农民堆放的农作物被一精神病人点燃，造成火灾，造成该桥G029-G030跨T梁受损，G029桥墩桥梁支座受损。自2002年以来，芜湖长江大桥公路桥有限公司将公路桥的引桥段在天安产险芜湖中支投保了财产一切险以及附加15项扩展条款，保险金额约1.7亿元，年交保费逾10万元。事发后，被保险人即委托江苏华通检测公司对火灾受损情况进行检测，并提供检测报告及施工设计图，同时提出了修复、检测、设计等费用为184万元的工程预算。天安公司在聘请专家的指导下对其较为“扩大化”的修复方案提出了质疑，但各方意见难以统一，自7月20日至8月25日，双方通过六轮的正式会谈、经专家讨论，最后对施工设计方案提出了较大程度的修改建议，并对修复方案初步达成了统一意见，同时为进一步节约成本，与大桥方达成设计方案确定后采取招标形式选择施工单位的约定。最终同意赔付金额为110万元。附事故现场照片二张。

图2-1-4　皖P25962解放牌大型货车事故现场

图2-1-5　皖P25962解放牌大型货车事故车头严重受损

2002 年 12 月，平安产险蚌埠支公司在安徽省蚌明高速公路一期工程《建筑工程一切险》招标中中标，承保该工程 8 至 15 标段建筑工程一切险。其中被保险人：安徽省蚌明高速公路开发有限公司，保险期限：2003.1.18—2005.1.18，保险金额：604037530.00 元，免赔：每标段财产损失免赔额为 50000 元或损失额的 5%，按高者计算。2003 年 7 月 1 日后该工地大部分被洪水淹没。经聘请上海通标标准公估公司（SGS）进行损失核定。经核查，各标段均为足额投保，根据保单约定及核损金额，经理算，平安产险支付该案赔款 5375212.24 元，为被保险人继续施工提供了有力的保障。

家庭财产保险

1991 年，淮南矿务局职工家庭财产因洪水受损，人保淮南市分公司共赔付 208.03 万元。

1991 年 5 月，淮北部分地区发展洪涝灾害，造成濉溪县陈集、三和等 6 个乡倒塌农房 1969 间，人保公司赔付 15.66 万元。

1992 年，六安县 29 个乡镇农房因暴雨受损，公司赔付 95.96 万元；霍邱县 36 个乡镇农房因暴雨受损，人保六安公司共赔付 120.87 万元。

农业保险（种植业保险）

1991 年，宿县地区因暴风雨致使大面积小麦田绝收或减产，损失严重，人保宿县公司合计赔付 755.94 万元。

1991 年 3 月，蚌埠地区遭遇百年不遇洪涝灾害，致使大面积小麦田块绝收或减产，报损近 1400 万元，经查勘定损，人保蚌埠公司于次年赔付被保险人 870.76 万元。

1991 年，蒙城县、太和、阜阳、临泉、界首、涡阳六县市种植的小麦因暴雨、洪涝及病虫害受损，人保各分公司于次年共计赔付 973.85 万元。

1993 年，亳州、太和、涡阳、蒙城、阜阳和界首六县市因低温、暴雨、暴风、冰雹灾害致使小麦严重受损，人保各公司当年赔付共计 1100.08 万元。

1996 年 6 月 23 日，安庆宿松境内连续四次遭暴雨和龙卷风袭击，华阳河农场 7 万亩棉田受洪水侵袭，内湖水位居高不下，造成破圩 4 个，下属 5 个农场棉田成灾面积 29831 亩，绝收面积达 11450 亩，人保安庆宿松支公司逐场定损后，支付棉花种植成本保险赔款 65 万元。

1998 年 9 月 10 日，安庆宿松县遭洪水侵袭，致使华阳河农场五个分场的保险棉花和房屋财产受损，经查勘核损，双方达成一致意见，人保公司一次赔付 304.8 万元。

1999 年又遭洪灾，安庆宿松县复兴地区 18 个千亩以上圩口溃破，水电中断，交通中断，20 余亩良田被淹、房屋倒塌，洪水持续 3 个多月未退，给洪灾理赔带来困难，人保公司省、市、县三级领导多次亲临现场查灾核损，以最快速度兑现洪灾赔款 1100 余万元，有力地支持了宿松县的灾后重建及恢复生产。

责任保险

2005 年 4 月 24 日，安徽商之都红府超市（百花井店）依据投保的公众责任险向大众保险公司报案：一名顾客购物时不慎摔倒，造成膝盖粉碎性骨折。承保公司接到报案后立即开展调查取证和安抚家属工作，并在理赔单证收集齐全后，第一时间向客户赔付 4.04 万元，受到红府超市和伤者的一致好评。

2005 年 5 月 31 日，淮北供电公司办理的供电责任险，该公司员工被高压线电流击伤，造成右臂截肢，市人保公司赔款 22.27 万元。

涉外保险

1993 年，安徽省技术进出口股份有限公司向加拿大出口 27.72 万美元皮衣，付款期到期后，客户拒不付款。经追讨，买家原经营地址已搬迁，人保省公司赔付 13.5 万美元。

1993 年 5—7 月，安徽省轻工业品进出口公司向美国买家出运自行车 30.3 万美元。买家在到期后拖欠货款。买家反馈因销售季节原因，导致货物积压。经调查后，人保省公司于 1994 年赔付 27 万美元。

1993 年 7 月，安徽轻工进出口股份有限公司以付款方式 D/A70 天与美国买家签订价值 87.98 万美元的黑白电视机销售合同。出运后，买家拖欠余款 48.66 万美元。省轻工于 1994 年 3 月提出索赔申请。经核查买方拖欠属实，人保省公司于 1994 年赔付 43 万多美元。

1992 年年底至 1993 年 4 月期间，安徽省技术进出口有限公司向美国客户出口价值 83.84 万美元的阀门，支付方式为 DA120 天（ DA 系国际结算中付款方式的一种，也称承兑交单），到期后只收到货款 93161 美元， 客户拖欠 74.52 万美元。省技术于 1994 年 10 月提出索赔。人保组团前往美国调查，买方承诺每月先支付 5 万美元，待 1995 年下半年问题解决后付款。但因该案客户同最终买家纽约市政府有意见分歧，买方并未履行诺言。考虑到买方虽然提出质量问题，但未能提供权威证明，且未履行付款承诺，人保省公司最终赔付 50 万美元。

安徽省化工进出口有限公司于 2000 年向智利买家出运布匹， 因买方拒收货物，省化工申报可损，报损金额 21.8 万美元。 省化工后将货物进行转卖。人保省公司赔付转卖后损失 6 万美元。

安徽省化工进出口有限公司于 2001 年 6—8 月向美国买家出运一批化工产品，客户承诺付款，但迟迟未付。省化工于 2001 年 9 月申报可损，报损金额 93805 美元。经调查，债务人失踪，人保省公司于 2002 年 6 月赔付 8.44 万美元。

2001 年 10 月至 2002 年 2 月，安徽省华安进出口有限公司向巴西买方出运维生素、盐酸环丙沙星等药品，并投保出口信用保险。买方自 2002 年 3 月起一直拖延付款，安徽省华安进出口有限公司于2002年4月22日报损，可能损失金额42.19万美元，2002年5月30日提出索赔申请。经过追讨后买方认债，中国信保营业部合肥业务处于2002年11月向安徽省华安进出口有限公司赔款36.55万美元。

2001年8月至2003年1月，安徽省服装进出口股份有限公司出运7批货物（浴巾）去智利，并投保出口信用保险。买家因以前货物质量纠纷要求折扣，2003年6月18日安徽省服装进出口股份有限公司报损，可能损失金额33.2万美元,2003年9月26日提出索赔。鉴于以前货物的质量问题，安徽省服装进出口股份有限自行承担5万美元的损失，2003年11月，中国信保营业部合肥业务处向安徽省服装进出口股份有限公司赔付25.39万美元。

2003年6月，安徽省技术进出口股份有限公司向埃及出运两批货物，买家拖欠。根据海外调查，买家正在被监管机构调查，监管机构将根据调查结果决定买家是否继续经营。根据贸易函电和海外追偿，买家承认债务，中国信保营业部合肥业务处于2004年2月向企业赔付18万美元。

2004年1月6日，安徽安粮国际发展有限公司出口一票货物到沙特。由于我国国内及周边国家禽流感爆发,1月28日沙特政府禁止进口来自中国的禽类产品。本案属政治风险,在承保责任范围内,中国信保营业部合肥业务处于2004年8月向企业赔付12.39万美元。

2004年9月至2005年1月，安徽省服装进出口股份有限公司向买家发运13票货物（牛仔布），因买方拖欠货款，安徽省服装进出口股份有限公司于2005年5月报损48.96万美元,并于2005年8月提出索赔。经调查，买方承兑后提货，但拖欠货款，买方认债，并出具了还款计划。2005年9月，中国信保合肥营业管理部向安徽省服装进出口股份有限公司赔付44.06万美元。

2004年12月至2005年1月，蚌埠市汉福对外贸易有限责任公司与买家签订合同，向埃及出运价值14.72万美元货物。货物出运后，蚌埠市汉福对外贸易有限责任公司通过银行向买家进行托收,买家承兑后提货,在约定的到期日买家拖延货款致使企业受损。经海外调查追讨，中国信保合肥营业管理部于2005年5月向企业赔付11.4万美元。

第二章　人身保险

人身保险以人的身体和生命作为保险标的，当被保险人在保险期限内发生死亡、伤残、疾病、年老等事故或生存至规定时点时给付保险金的保险业务。根据我国1995年10月1日颁布的《中华人民共和国保险法》规定，人身保险可分为人寿保险、意外伤害保险、健康保险。

早期的安徽人身保险市场是以人保安徽省公司为主要市场主体，1994年7月平安安徽代理处升级为平安人寿合肥分公司。1996年起出现了行业大发展，太平洋人寿加入到安徽保险市场，2002年以后新华人寿、泰康人寿、太平人寿陆续加盟，寿险公司的业务拓展机构开始遍及全省各个乡镇，形成了百花齐放、百家争鸣的蓬勃发展局面。

随着市场主体增加，安徽人身保险市场在售的险种从不足30个增至150多个，显示了出寿险险种的多样性、全面性、保障性，投保人在投保时有了更多的选择。1995年中国人的寿险生命表出台，中国寿险业在厘定产品费率时有了科学的测算依据，从而加速了新险种开发的步伐。

1995年，安徽省人身保险市场大格局初步形成，人身险保费累计收入为25.99亿元，年平均增长11.2%，人身险业务的潜在市场和作用逐步凸现。1996—2000年，安徽省人身险保费累计收入为90.28亿元，年平均增长达到19.5%，其中2000年人身险保费收入比重已超过财产险业务保费收入，占全省产寿险总保费收入的62%。人身险保费收入的快速提升昭显行业的加速发展态势。

安徽省人身保险业的发展有助于加快发挥保险的保障功能。仅2005年，全省人身险年金给付达10.3617亿元，赔款金额达6.9487亿元，保险伤残给付支出达1.2423亿元，全省有近3000万人次有了保险保障。保险的社会管理作用逐步凸显，在维护社会稳定的同时推进经济体制改革前行，成为社会稳定器和经济发展助推器。

1995—2005 年安徽省人身保险业务经营情况统计表

表 2-2-1

年度	渠道	承保人数	保险金额（万元）	保费收入（万元）	赔款金额（万元）	给付人数
1995	团体	7038	6116.92	41.48	0.00	8
	个人	1603	4691.76	112.25	1.83	1
	合计	8641	10808.68	153.73	1.83	9
1996	团体	285454	248103.87	94833.25	41705.38	8
	个人	97457	290463.42	40886.35	83.05	138
	合计	382911	538567.29	135719.60	41788.43	146
1997	团体	300698	261353.76	145981.77	55571.30	5
	个人	136305	395544.74	84044.11	249.74	0
	合计	437003	656898.50	230025.88	55821.04	5
1998	团体	208043	180822.19	162458.37	86104.50	16
	个人	134001	394782.14	112928.72	492.28	178
	合计	342045	575604.33	275387.09	86596.78	194
1999	团体	414414	360190.36	24487.07	47148.38	6
	个人	71126	213047.08	262644.50	45738.53	114
	合计	485540	573237.45	287131.57	92886.91	120
2000	团体	500491	435004.65	22435.80	3556.32	6
	个人	152262	441883.48	270531.54	30460.89	114
	合计	652753	876888.13	292967.34	34017.21	120
2001	团体	911959	792634.88	39766.61	3122.34	6
	个人	225564	655684.96	370367.75	47089.16	114
	合计	1137523	1448319.85	410134.36	50211.50	120
2002	团体	2400821	2084953.03	53171.30	12592.75	7
	个人	284990	818393.19	530461.82	33162.89	116
	合计	2685811	2903346.22	583633.12	45755.64	123
2003	团体	2512123	2183401.66	46832.27	6330.62	11
	个人	886267	2580852.06	508742.08	40281.89	120
	合计	3398390	4764253.73	555574.35	46612.51	131
2004	团体	2646430	1299209245.64	129434.78	1287.89	8125
	个人	3426849	59974276779.67	907816.08	98674.54	435
	合计	6073279	61273486025.31	1037250.86	99962.44	8560

续表 2-2-1

年度	渠道	承保人数	保险金额（万元）	保费收入（万元）	赔款金额（万元）	给付人数
2005	团体	838643	1149010844.54	58592.95	11178.33	8131
	个人	3880036	44848006566.49	889292.39	58308.99	528
	合计	4718679	45997017411.03	947885.34	69487.32	8659

第一节　人寿保险

人寿保险是以被保险人的寿命为保险标的，以被保险人的生存或死亡作为给付保险金条件的一种人身保险业务。在全部人身保险业务中，人寿保险占绝大部分，因而是人身保险的主要的和基本的险种。人寿保险一般可分为生存保险、死亡保险、生死两全保险和年金保险。1995年前，保险公司推出的寿险条款保险大多为一项或两项责任，1995年以后，寿险公司推出的寿险条款涵盖多方面保险责任，如生存年金给付、生存满期给付、重大疾病给付、意外身故和伤残给付、保单红利分配等，因此这些险种推出后被冠名为寿险综合型险种。

1996年，安徽人身险市场发生重大变化。1995年年底，平安人寿合肥分公司率先推广个人营销业务，成为安徽第一家推行个人寿险营销的保险公司。1996年，中保人寿安徽省公司继承了人保公司人身险业务，秉承二次创业的精神，大力发展营销业务，1997年1月在全省开展了轰轰烈烈的名为“霹雳行动”的营销业务竞赛活动，社会影响十分广泛。1996年，太保合肥分公司开办了个人营销佣金制业务，推出两全保险险种，成为个人寿险业务保费收入的主要来源。

银行保险业务发展是安徽人身险市场的又一重大突破。2001年，中国人寿安徽省公司开办了银行业务，销售鸿泰定额保单，当年合肥邮政储汇局代理国寿鸿泰两全保险3000多万，为后期银行代理保险业务在安徽的发展开创了先河。2002年起，中国人寿安徽省公司与工农中建四大国有银行的安徽省分行分别建立代理关系，国寿鸿泰两全保险的销售全面推开。

1986-1995年的生死两全保险

生死两全保险又称生死混合保险，是指如果被保险人在保险期内死亡，保险人向其受益人给付身故保险金；如果被保险人生存至保险期满，保险人向其本人给付生存保险金。也就是生也拿钱死也拿钱。两全保险也可以作为储蓄的一种手段，为养老提供一种保障，还可以用于为特殊目的积累一笔资金。

1996年之前的安徽保险市场的生死两全保险主要是人保安徽省公司推出的简身险、

团寿险、子女婚嫁金保险、养老保险等险种。适应市场需求，简身险和团寿险为发展生产、稳定经济、扩大信贷规模、提升保险密度起到了积极推动作用。计划生育保险和子女婚嫁保险推动了国家计划生育政策的落实，受到社会广泛关注和欢迎，尤其受到独生子女家庭的欢迎。从 1996 年开始，随着太平洋人寿、泰康人寿、新华人寿和太平人寿加入安徽保险市场，一批与国际接轨的人身险险种被迅速开发推广，寿险业务开始快速发展，生死两全保险的险种迅速增加，包括少儿保险、意外保险、重大疾病保险等，为被保险人提供了较为全面的风险保障，逐步满足社会对保险的多样化需求。

人保安徽省公司　1986—1995 年安徽保险市场只有中国人民保险公司安徽省公司（以下简称人保安徽省公司）一家，其他保险公司只是设立办事处，没有经营业务或经营很少业务，可以忽略不记。人保安徽省公司在 1986—1995 年期间推出的两全保险险种主要有简易人身保险、一年期团体人寿险、子女婚嫁金保险、城镇集体经济单位职工养老金保险、个人养老金保险、养老金还本保险、福寿安康保险等十余种。其中简易人身保险、一年期团体人寿险、子女婚嫁金保险这三个险种在 1986—1995 年期间安徽人身保险市场上发挥着主导作用。

人保安徽省公司简易人身保险　1984 年人保安庆市支公司开始在企事业单位职工中开展简易人身保险（以下简称为简身险），由于该险种保险期限长，分期缴费，保费零星，手续多且繁等原因，业务发展缓慢。1986 年年初，人保合肥分公司经合肥市人民政府批准，在全市范围内开展简身险，按月缴费，每份 1 元，年缴累计 12 元；承担伤残或死亡保险责任，每份保险金额为 100 元，每人可投保一份或多份；保险期限 5 年，投保 5 年，期满每份增加利息 1 元。该险种在合肥地区推出半年后，业务发展状况良好，之后为便于投保，把个人分散交费改由单位统一集中投保交费。对于职工较多、人员调动频繁的单位，增加部分非实名制名额投保，出险时按工资在册人员承担责任。该险种的开展，还委托银行、税务等部门对企事业单位开展宣传动员。企事业单位保单未到给付期前，发生资金困难，银行可用贷款方式支持企事业单位的生产和发展。这是单位集体、在岗职工本人、商业银行、保险公司均能接受的做法，这对发展生产、稳定经济、扩大信贷规模、提升保险密度都起到了积极作用。同年 5 月，人保安徽省公司在铜陵市召开全省人身险工作会议，介绍了合肥分公司的经验，并对以后在全省开展简身险工作进行了部署。同年 9 月以后，全省简身险业务以较快的速度发展，保险储金每月递增 300 万元。年底，全省保险有效人数达 76.4 万人，占当年全省实有职工人数 19%，收入保险储金 1414.8 万元，占当年全省人身险保费收入的 36.8%。身故给付 4.2 万元，比预定死亡率给付少 15.7 万元（即死差益）。简身险的发展反映了人寿保险业务经营收入快速增长，保险金给付相对稳定的特点，显示了人寿保险市场的巨大发展潜力。

1987 年 9 月，简身险已成为安徽全省人身险业务的主要险种，人保各地、市支公司都大力进行拓展，截至年末，简身险保费收入比例提升占人身险业务总体收入（保费和储金）近 50%。

1988 年，人保安徽省公司把简身险作为全年度人身险业务发展的主要险种来抓，根据当时社会投保热情及趋势部署工作：一是要求各地、市支公司要加强宣传和服务，做细致的工作，扩大承保面，落实投保工作和增加投保份数；二是把简身险业务向农村乡镇企业、乡镇干部中拓展；三是下发了《简易人身险期满给付实务手续》，进一步完善配套服务工作。

1988 年 9 月 1 日，人民银行提高了储蓄存款利率。为保证被保险人的经济利益，人保安徽省公司根据 11 月总公司《关于调整人身保险各险种预定利率有关规定》，把人身保险返还性险种（包括地方性业务）的预定利率一律调整为年复利 8．894%。1988 年 9 月 1 日起承保的业务，按调整后的利率计算各保险金额；1988 年 9 月 1 日前承保的业务满期保险金额不变，用增加的利息部分提高疾病死亡、意外伤害保险金额；1988 年 9 月 1 日后简身险借款利率，由原规定 8.4% 调整为 10.8%，对 9 月 1 日后承保的简身险业务的退保金也作了适当调整。当年尽管少数地方出现了部分单位要求退保的现象，但由于各级公司的努力，全省简身险业务出现了上升势头，继续稳步发展。

1989 年 6 月，人保安徽省公司适时推出一年期团寿险，多数企业在收到简身险满期给付保险金后，将部分保险金投保一年期团寿险产品。因为一年期团寿险保险期限短，承担保险责任与简身险差别不大，被一些较大的企业续保时所接受。团寿险与简身险并行，供单位选择，达到以进补出，起到替补和接力棒的作用，从整体上保证了人身险业务收入稳定与增长。

1990 年，由于受客观经济形势的影响，新增业务较少，已办理的业务退保、失效情况严重，加上部分业务已期满给付，使简身险业务呈现下降趋势。全年发生退保 94173 人，共 350842 份，退保金额为 1010.7 万元。

安徽省办理的五年期简身险业务大部分于 1990 年陆续到期。为满足保户提高死亡和伤残保险金额的要求，对简身险五年期业务增加一种承保办法，即投保人一次交清保险费 60 元时，在保单上加批单，注明保险人承担满期给付保险金额 68 元，疾病死亡保险金额 100 元，意外伤害死亡及伤残保险金额 800 元的责任。

1991 年，简身险业务继续下滑，全年简身险承保人次 90.9938 万人次，储金收入 2783.3 万元，比 1990 年下降 21.01%，承保金额 40113.6 万元，比 1990 年 281818 万元下降 702.5%。

1992 年，简身险业务全年储金收入 2462.1 万元，比 1991 年减少 321.2 万元，下降了 11.5%。到 1993 年该险种全年只有储金收入 1198.2 万元，比 1992 年减收 1263.9 万元，下降了 51.3%。到 1995 年全年只有储金收入 421 万元，逐渐退出主要险种行列。

1986—1990 年人保公司安徽省简身险经营情况统计表

表 2-2-2

年份	承保人数	保险份数	储金收入（万元）	给付人数	给付金额（万元）	给付率（%）
1986	763852	1763100	1414.79	248	4.16	0.29
1987	1326144	3184950	3809.30	1357	29.50	0.77
1988	1446215	3767579	5004.00	19480	256.40	5.10
1989	1374460	3603347	4263.90	12655	225.50	5.30
1990	1294126	3371030	3523.80	18418	695.30	19.73

人保安徽省公司一年期团寿险 1986 年 11 月，人保安徽省公司推出的一年期团寿险，是安徽省人身保险业务中的一个新险种。最初批准在人保淮南市支公司试办，随后人保合肥分公司也将该险种在合肥地区推出，开展较好。据统计，仅合肥、淮南两市支公司当年即承保 14 万名职工，收入保险储金约 210 万元。

1989 年 6 月，人保安徽省公司正式在全省开展一年期团寿险业务。保费以份计算，每份每年保险储金 35 元，一年期满返还 35.5 元，每份承担死亡、伤残保险金额 100 元。当年该项业务发展较快，全年承保人数 516384 人次，保险金额达 236805.5 万元，保险储金收入 2683.2 万元。全年发生各种给付人数 5823 人，给付金额为 91.4 万元。

1990 年，人保安徽省公司针对团寿险发展情况，下发了《关于调整一年期团体人寿保险预定利率及保险金额的通知》。通知规定：预定利率由原来的 11%调整至 8.64%；每份生存保险金额由原来的 36 元调至 35 元；每份死亡、残废保险金额由原来的 100 元调整至 175 元。12 月 3 日，省人保公司又作补充规定：每份生存保险金 35.5 元，死亡、伤残保险金额 100 元。同时要求各地、市、县支公司在执行中应根据本地区情况选择其中一种，不能混用。是年，全省团寿险业务又较上一年有较大发展，承保人数为 426743 人，期末有效数 749128 人；保险金额 315187.2 万元，期末有效金额 352723 万元，保险储金收入 4796.6 万元，给付人数 213335 人，给付金额 2024.8 万元，退保人数 28888 人，退保金额为 183 万元。

1986—1990 年人保公司安徽省团寿险经营情况统计表

表 2-2-3

年份	承保人数	保险金额（万元）	保费收入（万元）	给付人数	给付金额（万元）	给付率（%）
1986	3361	44.28	8.10	16	1.51	18.61
1987	6765	141.68	4.50	7	1.01	2.22
1988	237061	1093.99	63.10	259	4.50	7.10
1989	341968	1353.78	86.40	1605	44.70	51.74
1990	1055310	2123.12	247.40	6262	156.20	63.14

人保安徽省公司子女婚嫁金保险　子女婚嫁金保险是人保安徽省公司率先在全国开办的险种。该险种保险对象主要为 1 ~ 15 周岁以下的儿童，预定利率为年复利 8.8%，缴费标准分 5 元、10 元、15 元三种，保费按月缴纳，缴费期有 5 年、10 年、15 年、20 年 4 个档次，保险期限至被险保人 21 周岁时止；保险期内承担意外伤残、身故、保费免缴责任，保险期满一次性给付保单规定的保险金额，保险责任终止。当时推出该险种，受到社会广泛关注和欢迎，尤其受到独生子女家庭的欢迎，独生子女家庭将政府奖励的独生子女费（每月 6 元），另增加 4 元或 9 元，投保子女婚嫁金保险。人保安徽省公司推出子女婚嫁金保险首先在人保合肥分公司试办，1986 年 11 月 6 日，人保合肥分公司为该公司人险科负责人张正明之女张暖签发了全省第一张子女婚嫁金保险单。嗣后至 1987 年 4 月这半年期间，人保合肥分公司营业柜面经常出现排队投保子女婚嫁金保险的情况。有的年轻父母在下班时赶到保险公司投保，导致柜面人员不能按时下班，根据这种情况，人保合肥分公司领导及时协调，从其他部门抽调人员给予协助。在 1987 年 6 月以后的承保过程中，人保合肥支公司采取 4 种做法：一是柜面直接办理投保；二是请各专业银行储蓄所代理；三是请机关、企事业单位财会人员和各基层工会人员代办投保；四是委托专职代理网代办投保。这样有了较为广泛的承保覆盖面，方便了群众就地投保，在一定程度上缓解了公司柜面工作人员的压力；对于代理业务，公司按规定付给 2% 代理手续费用。1987 年 5 月，淮南市、马鞍山市和阜阳、徽州地区部分市、县也先后开办了子女婚嫁金保险业务。1987 年 6 月，蚌埠市支公司应市妇联和计划生育委员会要求，在人保合肥分公司试办子女婚嫁金保险条款基础上，增加了教育金的给付内容。截至 1987 年年底，全省投保人数达 41628 人，收入保险储金 252.1 万元，占当年人身险总保费（包括储金）的 3.1%，给付 1.1 万元，给付率为 0.44%。

1988 年，子女婚嫁金保险在全省全面铺开。根据人保总公司《关于调整人身保险各险种预定利率的有关规定》，从 9 月 1 日起，子女婚嫁金保险的预定利率调整为年复利 9.0%。预定利率调高后，子女婚嫁金保险满期给付金额也相应提高。为了更好地发展此项业务，12 月 9 日，人保安徽省公司修订下发了《安徽省子女教育 • 婚嫁金保险条款》。条款修订内容如下：一、增加教育金给付责任，投保人可以单独投保满期给付婚嫁金责任，也可以投保婚嫁金、教育金双重保险责任；二、增加被保险人在投保两年后因疾病身故，给付保险金 500 元的责任；三、增加投保人在保单生效 2 ~ 5 年内病故保费半数免交，5 年后病故保费全数免交责任；四、满期婚嫁金领取额放宽至 1 万元。是年，子女教育 • 婚嫁金保险业务发展迅速，全年承保人数达 132323 人，收入保险储金为 1007.6 万元，各种给付 4.8 万无，给付率为 0.48%。

1989 年 1 月 1 日，全省执行新修订的《安徽省子女教育 • 婚嫁金保险条款》。是年，尽管通货膨胀，银根紧缩，资金紧张等因素给整个返还性人身险业务带来了不利的影响，但子女教育 • 婚嫁金保险业务仍保持健康快速的发展。年底，全省子女教育 • 婚嫁金保险承保人数达 142129 人，保险储金收入达 1473.9 万元，较 1988 年增长 466.3 万元，增长 44.29%。发生各类给付 297 人，给付金额 9.5 万元，给付率 0.64%。

1990 年，子女教育 • 婚嫁金保险仍有所发展，年底有效承保人数达 151001 人，全年保险储金收入 1922 万元，较 1989 年增长 448．1 万元，增长率 30．4%。保险期末有效数达 12237.7 万元，全年给付人数为 353 人，给付金额 12．4 万元，给付率 0．65%。全年退保人数达 7528 人，退保金额 117．3 万元。

1993 年 6 月 1 日，为适应经济改革形势，有利于子女教育 • 婚嫁金保险业务的发展，中国人民保险公司推出第二代子女教育 • 婚嫁金保险条款，同时停止用原条款承保新客户。保险金额按份数确定，每份为月交保险费 20 元，教育保险金 1600 元，意外伤害保险金额 1000 元，被保险人两年后病故给付保险金 500 元。被保险人需交足一年保险费，并且保险期满一足年方可退保。投保子女教育 • 婚嫁金保险的被保险人年龄不得超过十四周岁，单独投保婚嫁金保险的，仍按原规定执行。婚嫁金金额每人由最高 1 万元提高到 5 万元。1993 年 6 月 1 日前办理的业务仍执行原条款直至保险期满。

平安人寿合肥分公司 保险产品是保险企业整体经营管理水平和服务能力的集中体现，产品创新是推进中国保险市场进步过程中一项最容易被社会感觉和认知的内容，也是培育和繁荣保险市场的一项重要工作。平安人寿公司自 1988 年 3 月 21 日成立以来十分重视产品的开发、创新和管理工作，引进多名海内外资深保险专家进入管理高层，实现了将国际化的管理经验和本土实际的有机契合，增强平安寿险产品的优势。1993 年，平安敏锐地觉察到个人寿险市场所具有的不可限量的潜力，以及对公司发展乃至整个中国寿险业务发展存在的巨大意义。1994 年 7 月，平安率先在全国推行个人寿险营销业务，平安安徽代理处经中国人民银行安徽省分行批准，升格为平安人寿股份有限公司合肥分公司，正式推出个人寿险的第一个产品—平安长寿，面向人群为 16 ~ 60 周岁。

主要的保险责任为：被保险人于保单生效一年内因意外伤害事故或疾病身故（或全残），按保险金额的 10% 给付身故（或全残）保险金，并返还其所有已交保险费（不计利息），保险责任终止；被保险人于保单生效后满五周年时生存并且保单仍然有效，按保险金额的 20% 给付生存保险金，此后每满 5 周年若被保险人生存并且保单仍然有效，按每期递增保险金额的 5% 给付生存保险金；被保险人于保单生效一年后，因意外伤害事故或疾病身故（或全残），按保险金额给付身故（或全残）保险金，保险责任终止。当年，平安人寿合肥分公司实现了寿险保费 78 万元。

1996—2005 年的生死两全保险

1996 年起，安徽保险市场出现了大发展阶段，市场主体由原来人保公司一家，发展到平安人寿、太平洋人寿，以至到 2002 年以后的新华人寿、泰康人寿、太平人寿的加入，寿险市场蓬勃发展，形成了百花齐放、百家争鸣的态势。一批与国际接轨的人寿保险险种迅速进入市场，寿险业务开始快速发展。

中国人寿安徽省公司　1996 年，根据《中华人民共和国保险法》规定，产、寿险实行分业经营。原来的中国人民保险公司一分为三，即中保财产保险有限公司、中保人寿保险有限公司和中保再保险有限公司。中保人寿保险有限公司继承了中国人民保险公司的人身险业务，中保人寿保险有限公司安徽省公司隶属于中保人寿保险有限公司，到 1999 年 4 月 25 日，中保人寿保险有限公司更名为中国人寿保险公司，中保人寿保险有限公司安徽省公司更名为中国人寿保险公司安徽省公司，2003 年 8 月 28 日又随总公司更名为中国人寿保险股份有限公司安徽省公司。

1996 年，中保人寿保险有限公司安徽省公司在继承人保公司人身险业务的同时，秉承“二次创业”的精神，大力发展营销业务，陆续推出少儿一生幸福保险、为了明天终身保险、66 鸿运保险（A、B 型）、99 鸿福终身保险、夕阳红递增终身养老保险等两全保险险种。

1997 年 1 月 1 日至 2 月 15 日，中保人寿安徽省公司在全省开展了轰轰烈烈的名为“霹雳行动”的营销业务竞赛活动，共完成新单保费收入 2316 万元，拜访的家庭数约 100 余万户，加上各种媒体的宣传，其影响面十分广泛。

1998 年 10 月 1 日，中保人寿安徽省公司停办了全省一年期福寿安康保险业务。1998 年 10 月 29 日，中保人寿保险有限公司总公司对 88 鸿利终身保险、99 鸿福终身保险、66 鸿运保险（A 型、B 型）、鸿寿养老金保险、重大疾病终身保险、重大疾病定期保险、简易人身保险、子女教育婚嫁金保险、福寿安康保险、个人养老金保险（A 型、B 型）、养老金还本保险、独生子女两全保险、个人购房贷款定期人寿保险以及义务兵养老保险等 16 个险种进行了调整，上述险种自 1998 年 10 月 1 日起按调整后的规定执行。原 97 版长期寿险险种一律停办，各公司必须严格执行。各公司不得擅自对条款的名称、投保范围、保险责任、责任免除和费率等进行任何变动，取消了地方性险种。

1999 年 6 月 21 日，根据中国保险监督管理委员会《关于调整寿险保单预定利率的紧急通知》精神，中国人寿总公司下发祥和定期保险、祥运定期保险、附加定期保险（A 型）、附加定期保险（B 型）、祥瑞终身保险、祥瑞还本终身保险、康宁终身保险、康宁定期保险、安居定期保险、人身意外伤害综合保险、人身意外伤害保险、建筑工程人身意外伤害保险和附加指定交通工具乘客意外伤害保险 13 个新险种。

1999 年 8 月 18 日，为了适应市场对保险商品的需求，中国人寿总公司组织开发、改造了国寿福瑞两全保险、国寿福馨两全保险、国寿少儿两全保险、附加意外伤害保险、附加残疾保险、附加意外伤害医疗保险、附加住院医疗保险、附加住院医疗生活津贴保险、附加意外伤害生活津贴保险、国寿简易人身保险、国寿子女教育婚嫁金保险、国寿独生子女两全保险、国寿个人养老金保险、国寿养老金还本保险、国寿英才少儿保险、国寿松鹤养老金保险、国寿松柏养老金保险、国寿如意两全保险等 18 个险种。

2001 年，中国人寿安徽省公司开办了银行业务，销售鸿泰定额保单，以手工形式出单。当年合肥邮政储汇局代理国寿鸿泰两全保险 3000 多万元，为后期银行代理保险业务在安徽的发展开创了先河。

2002 年起，中国人寿安徽省公司与工商银行安徽省分行、农业银行安徽省分行、中国银行安徽省分行、建设银行安徽省分行分别建立代理关系，国寿鸿泰两全保险的销售全面推开。

少儿一生幸福保险 凡年满 22 周岁，身体健康、能正常工作或劳动者，均可作为投保人，为其出生满一个月至 14 周岁，身体健康的子女或其他有抚养关系的少年儿童（以下称被保险人），向中保人寿保险有限公司安徽省公司（以下称保险人）投保少儿一生幸福保险。保险费分为每份每年缴人民币 360 元和每份每半年缴人民币 360 元及趸缴三种，由投保人在投保时选定。每个被保险人可投保一份或多份．但最高以十份为限。保险人应承担的保险责任为：被保险人生存至 18 周岁的保险单年生效对应日，保险人给付成人纪念金；被保险人生存至 18 周岁的保险单年生效对应日，在其后的生存期间，保险人分别于被保险人 18 周岁、19 周岁、20 周岁、21 周岁的保险单年生效对应日给付教育金；被保险人生存至 22 周岁的保险单年生效对应日，保险人给付婚嫁金；被保险人生存至男 60 周岁、女 55 周岁时，可按月领取养老金，直至身故。被保险人因意外伤害身故或在保险单生效日起一周年后因疾病身故，保险人给付普通保险金；被保险人在 6 周岁前身故，给付普通保险金人民币 5000 元，保险责任即行终止；被保险人年满 6 周年未满 22 周岁期间身故，给付普通保险金人民币 10000 元，保险责任即行终止。缴费方式为年缴或半年缴的保险单，若投保人在缴费期间内身故，可由被保险人或其监护人向保险人申请免缴未到期保险费，保险责任继续有效。

为了明天终身保险　本保险保险期限自保险单生效日起至被保险人身体高度残疾或身故时止。保险费缴纳的方式为年缴、半年缴、趸缴三种，按年缴费的缴费期限为保险半年生效对应日所在的月。按半年缴费的缴费期为保险单半年生效对应日所在的月。缴费期分为十五年、二十年、三十年三种。由投保人在投保时选定，但以缴费期满时被保险人年龄不超过七十周岁为限。每一被保险人的基本保险金额最低为人民币5000元，保险有效期内，在每保险年度的年生效对应日按基本保险金额的5%递增保险金额，递增后的保险金额为该保险年度的保险金额。凡年满十六周岁到六十五周岁、身体健康、能正常工作和劳动者，均可作为被保险人参加人身意外伤害还本保险。本保险的最低保险金额为人民币3000元，最高为人民币100000元。

66鸿运保险（A、B型）　该险种的保险责任是自投保人交付第一期保险费且本公司同意承保而签发保险单时开始。除另有约定外，保险单签发日即为本合同的生效日，生效日每年的对应日为生效对应日。被保险人生存至18、19、20、21周岁的生效对应日，本公司每年按保险单所载保险金额给付教育保险金；被保险人生存至22周岁的生效对应日，本公司按保险单所载保险金额的2倍（B型的为4.7倍）给付创业保险金；被保险人生存至25周岁的生效对应日，本公司按保险单所载保险金额的4倍（B型的为5.7倍）给付婚嫁保险金，本合同效力即行终止（B型的要等到被保险人生存至60周岁的生效对应日，本公司按保险单所载保险金额的50倍给付养老保险金，本合同效力即行终止）。

平安人寿合肥分公司　1995年年底，平安人寿合肥分公司率先推广个人营销业务，成为安徽第一家推行个人寿险营销的保险公司。1996年初，安徽省政府办公厅发文明确，平安人寿公司合肥分公司为正厅级金融企业实体单位，享受相应的政治待遇。

1996年起，平安人寿合肥分公司更是将加大营销发展力度作为重中之重，上半年以铺设机构为主线，紧紧抓住产、寿险业务分业经营的契机，先后在全省14个机构启动寿险营销业务，进入三季度，营销月均保费平台已达1500万元，排名仅次于北京、上海，一举跃居系统第三。营销员队伍得到空前扩张，至1996年年底，营销员人数已由年初时的数十人壮大到遍布全省的2600人，扩增260倍。

1996年12月，安徽省人民银行下发（皖人银字［1996］708号）《关于撤销错设的平安人寿公司合肥分公司下属六家机构的通知》，通知规定：凡1996年8月8日人民银行总行下发《保险公司管理暂行规定》以后新设的平安分支机构不予承认，应予撤销。为此，合肥分公司报告当时的省委常委、常务副省长汪洋，汪洋在了解情况后做了如下批复，“平安保险近两年发展很快，对于促进安徽省保险事业的发展起了积极的作用。整顿机构是为了更好的发展。随着发展一些目前撤并的机构将来符合条件时也会再设立，请务必审慎操作，使保险工作人员稳定”。12月30日，在总公司特派专员的指导下，分公司总经理办公会议提出如下贯彻意见：六安支公司立即摘牌、停业、上交许可证并妥善做好人员安置、财务业务清理、理赔服务及其他善后工作。防止公司损失扩大和出现不稳定因素；立即停止合肥营业部筹建工作，分公司在合肥地区仍然以产险业务部和寿险团业处名义对外展业；立即停止筹建池州办事处和滁州所属天长、明光、来安办事处。滁州支公司和池州办事处筹备组要积极稳妥地做好善后工作。

1996年，平安人寿合肥分公司陆续推出了少儿终身平安保险、平安附加万寿两全保险（9906）、平安永利两全保险（1999）、平安鸿利终身寿险（分红型）（2000）、平安世纪彩虹少儿两全保险（分红型）（2000）、平安鸿祥两全保险（分红型）（2001）等两全保险，丰富了保险市场的险种，让客户有了更多的选择。

少儿终身平安保险 该险种主要保险责任：被保险人生存至约定领取年龄，本公司按附表所列金额给付相应的生存保险金。被保险人生存至15周岁、16周岁和17周岁，本公司分三个学年给付高中教育金；被保险人生存至18周岁、19周岁、20周岁和21周岁，本公司分四个学年给付大学教育金；被保险人生存至25周岁，本公司一次性给付婚嫁金；被保险人于保单生效后至年满18周岁前因意外伤害事故或疾病身故（或全残），本公司返还其所有已缴保险费的本利和（按年单利10%计息），保险责任终止；被保险人于年满18周岁后至60周岁前因意外伤害事故或疾病身故（或全残），本公司按附表所列金额给付身故（或全残）保险金，保险责任终止；投保时身体健康、年龄不超过50周岁的投保人因意外伤害事故或因病于缴费期间内身故（或全残），本公司豁免其尚未缴付的保险费，保险责任继续有效。

平安鸿利终身寿险 该险种主要保险责任：生存保险金 被保险人于保单生效日后每满三周年时仍生存，按保险金额的8%给付生存保险金；身故保险金 被保险人于保单生效日起一年内因疾病身故，按保险金额的10%给付身故保险金，并无息返还所交保险费，保险责任终止。被保险人因意外伤害身故或保单生效日起一年后疾病身故，按保险金额给付身故保险金。

平安鸿祥两全保险 该险种主要保险责任：满期生存保险金 被保险人保险期满时仍生存，按保险金额给付生存保险金，保险责任终止；身故保险金 被保险人于保单生效日起一年内因疾病死亡，按保险金额的10%给付身故保险金，并无息返还所交保险费，保险责任终止。被保险人因意外伤害身故或于保单生效日起一年后疾病身故，按保险金额给付身故保险金，保险责任终止。

太平洋人寿安徽省公司 1996年，太平洋保险公司合肥分公司（太平洋保险公司以下简称为太保）大力发展业务，人身险经营规模达1914.89万元，太保合肥分公司1995年营销队伍30人，1996年2月达到80人，8月达到180人。

1993—1997 年期间，太保合肥分公司本部人身险保费总收入每年以 50% 速度递增，四年间累计保费收入达 1611.4 万元（不含省内其他地市公司数据），承保人数由 7553 人上升至 54243 人。

在 1994—1998 年期间，太保合肥分公司同时开展的两全险种有一年期团寿险、子女教育·婚嫁金保险（从人保安徽省公司引进的险种）。保险业务的拓展一是由柜面直接承保，二是由太保员工进行拓展，并作为考核任务，三是通过银行柜面代理，代理银行主要为交通银行和合肥商业银行。由于充分利用两家银行点多面广的优势，险种业务代理保费收入约占到太保寿险储金收入的 50% 以上。

1998 年，太保安徽省寿险保费收入为 8134 万元，其中合肥、安庆、芜湖 3 家公司人身险保费收入合计为 3116 万元，蚌埠公司人身险保费收入为 2554 万元，淮南公司人身险保费收入为 2465 万元。全省人身险赔款总计 128 万元，其中合肥公司（含安庆、芜湖）为 45 万元，蚌埠公司为 55 万元，淮南公司为 27 万元。完成全年调整后利润计划的 92%，其中合肥公司（含安庆、芜湖）为 37 万元，蚌埠公司为 18 万元、淮南公司为 27 万元。

1996 年，太保合肥分公司开办个人营销佣金制业务，分别推出两全保险险种，主要有太平洋终身还本寿险、步步高增额保险、团寿双全保险、老来福终身寿险、福禄寿增额还本养老保险、少儿乐幸福成长综合保险。其中福禄寿增额还本养老保险、少儿乐幸福成长综合保险是营销佣金制险种，成为太保合肥分公司开展寿险营销业务的主打险种，是个人寿险业务保费收入的主要来源。自 1996 开始，个人业务保费收入占人身险保费总收入的比例逐年递增，每年递增约 10% 左右，至 2000 年已达到 70%。

少儿乐幸福成长综合保险　该险种有五个方面特点：教育金给付、婚嫁金给付、保险费豁免、养老金给付、身故金给付。要求被保险人年龄在 16 周岁以下，身体健康；保险费分为趸缴、五年缴、十年缴，限缴费期不得超出 22 周岁；缴纳保费按份计算，年缴每份为 500 元，趸缴每份为 5000 元；每人可投保一份或多份；保额每份疾病身故 5000 元、意外伤害身故 10000 元。承担保险责任为：被险保人 12 周岁、15 周岁、18 周岁按约定可分别领取教育金；在 22 周岁按约定可领取婚嫁金；因疾病或意外身故按约定给付身故保险金；被保险人父母一方或双方因意外身故，可享受保费减半或全数免缴；被保险人生存至男性 60 周岁、女性 55 周岁，按约定可一次性领取养老金，保险责任终止。该险种的推出，逐渐取代了前期开展的子女教育·婚嫁金保险业务。

福禄寿增额还本养老保险　该产品规定被保险人年龄为男 55 周岁、女 50 周岁以下，根据被保险人选择领取养老金年龄的要求，该保险分别设置 A、B、C 三组养老金领取期和缴费期。A 组：被保险人男为 0 ~ 45 周岁以下，女为 0 ~ 40 周岁以下投保，可确定男在 55 周岁、女在 50 周岁领取养老金；B 组：被保险人男为 0 ~ 50 周岁以下，女为 0 ~ 45 周岁以下投保，可确定男在 60 周岁、女在 55 周岁领取养老金；C 组：被保险人男为 0 ~ 55 周岁以下，女为 0 ~ 50 周岁以下投保，可确定男在 65 周岁、女在 60 周岁领取养老金。保险费分趸缴、年缴、半年缴、季缴，月缴供选择。选择年缴保费的不得少于 10 年。保额按份计算，每份意外保额为 10000 元，疾病身故保额为 3000 元，每人可投保一份或多份。保险责任为：每个年度每份保单意外伤残保额 10000 元；疾病身故给付 3000 元、意外身故给付 10000 元，以上保额互不冲减。被保险人达到约定领取养老金年龄，首年每份年金 1000 元，以后逐年递增 50 元，直至终身；生存祝寿金给付，在缴费期内（养老金领取期前）每隔 5 年保单生效日的对应日，年缴保费按所缴保费 100% 给付、趸缴保费按所缴保费的 10% 给付；被险保人生存至 80 周岁另外给付祝寿金 6666 元，生存至 90 周岁另外给付祝寿金 9999 元，生存至 100 周岁另外给付祝寿金 10000 元。在养老金、生存祝寿金给付期，保单保险责任不变，直至被险保人身故，领取身故保险金后，保险责任终止。

新华人寿合肥分公司 2002 年，新华人寿进入安徽保险市场，新华人寿合肥分公司于 2002 年陆续推出两全保险主要有吉庆有余两全保险、红双喜两全保险。吉庆有余两全保险为主打险种，至 2005 年销售收入约 7000 余万元。

吉庆有余两全保险 该产品投保年龄为 30 天 ~ 65 周岁，保险期限为 10 年、15 年、20 年、30 年四种，被保险人生存至合同期满，保险契约按有效保险金额给付满期生存保险金，合同效力即行终止。合同生效一年内被保险人因疾病导致身故或全残，按合同初始基本保险金额的 10% 给付身故保险金或全残保险金，并无息返还所交保险费。合同生效一年后被保险人因疾病导致身故或全残，按有效保险金额给付身故保险金或全残保险金，合同效力终止。被保险人因意外伤害导致身故或全残，按合同有效保险金额给付身故保险金或全残保险金，合同效力终止。

红双喜两全保险 2002 年，公司主推红双喜 D 款，被保范围为出生 6 个月 ~ 74 周岁，保险期限 5 年，保费 1000 元 / 份，一次性交清。保险责任分为三块：一是生存至保险期满，按满期时的有效保险金额给付；二是身故保险金，一年内身故给付所交保险费全数，一年后身故按身故时有效保额给付；三是自动续保，如满期 30 日未提出领取和续保申请，自动续保三年。红双喜两全保险主要在银行渠道销售。

年年有余两全保险（A 款） 该险种保险责任：身故或全残保险金 被保险人于本合同生效或复效（以较迟者为准）之日起一年内因疾病导致身故或者身体全残，本公司按保险单上载明的保险金额的 10%给付身故或全残保险金，并无息返还所交保险费，本合同效力即行终止。被保险人因意外伤害或于本合同生效或复效（以较迟者为准）之日起一年后因疾病导致身故或身体全残，本公司按保险单上载明的保险金额给付身故或全残保险金，本合同效力即行终止。满期生存保险金　被保险人生存至本合同期满，本公司按保险单上载明的保险金额给付满期生存保险金，本合同效力即行终止。

泰康人寿合肥分公司　2002年，泰康人寿合肥分公司成立。推出的两全保险险种有福寿两全保险、世纪宝贝两全保险(分红型)、世纪长安终身保险、世纪英才终身保险、松鹤延年两全保险(分红型)、新天福两全保险(分红型)、世纪之星两全保险B款(分红型)、安享人生两全保险(分红型)、永利两全保险A款和B款(分红型)。银保渠道推出的两全保险险种有泰康千里马两全保险(分红型)、泰康千里马两全保险(分红型)B款、C款。

泰康世纪宝贝两全保险　凡被保险人出生满30天以上~14周岁以下，均可参加保险。保险责任：被保险人生存至二十五生效对应日期间，每隔三周年至保单生效对应日，按保险金额的6%给付生存保险金；被保险人生存至十八周岁、二十五周岁、六十周岁、一百周岁保单生效对应日，按保险金额的20%、25%、100%、50%给付生存保险金；被保险人因疾病或意外身故，按保单所列明保险金额比例给付身故保险金，保险责任终止。

泰康松鹤延年两全保险（分红型）　投保条件为10~65周岁。保险责任：被保险人因疾病或意外身故，按保单所列保险金额与所交保费之和给付身故保险金，保险责任终止；被保险人生存至保险合同期满时，按保险金额与所交保险费之和给付生存保险金，加累积红利，保险责任终止。

泰康新天寿两全保险（分红型）　出生6个月~55周岁均可参加保险。保险责任：自合同生效之日起，被保险人生存至每三周年保单生效对应日，按保险金额的9%给付生存保险金；被保险人因疾病或意外伤害、或在一百岁生效对应日前身故，按保险金额给付身故保险金，合同终止；被保险人生存至一百周岁生效对应日，按保险金额给付生存保险金，合同终止。

太平人寿合肥分公司　2004年太平人寿合肥分公司成立。推出两全保险主要为太平一生终身寿险(分红型)、太平丰登两全保险(分红型)、太平锦绣前程少儿两全保险(分红型)、太平稳得福两全保险、太平福禄双至终身寿险(分红型)、太平团体定期寿险、太平团体终身寿险。

截至2005年，安徽全省人身保险市场生死两全险保险经营情况如下：

1996—2005年安徽省生死两全保险业务统计表

表2-2-4

年度	业务	承保人数	保险金额（万元）	保费收入（万元）	赔款金额（万元）	给付人数
1996	团体	—	—	—	—	—
	个人	39028	46486.08	1314.04	238.14	37167
	合计	39028	46486.08	1314.04	238.14	37167
1997	团体	0	0.00	0.00	0.00	0
	个人	112424	173957.90	21683.59	0.01	1
	合计	112424	173957.90	21683.59	0.01	1
1998	团体	0	0.00	0.00	0.00	0
	个人	283400	485513.80	66486.56	0.11	3
	合计	283400	485513.80	66486.56	0.11	3
1999	团体	0	0.00	0.00	0.00	0
	个人	244496	292630.90	149450908.46	6036.92	230
	合计	244496	292630.90	149450908.46	6036.92	230
2000	团体	0	0.00	29321.00	0.00	0
	个人	84330	161706.80	173665013.69	1398.92	5316
	合计	84330	161706.80	173694334.69	1398.92	5316
2001	团体	0	0.00	52196.00	0.00	0
	个人	202577	351040.00	166377912.70	238.14	37167
	合计	202577	351040.00	166430108.70	238.14	37167
2002	团体	0	0.00	42268.20	0.00	0
	个人	209633	395489.93	132578362.62	0.30	2
	合计	209633	395489.93	132620630.82	0.30	2
2003	团体	0	0.00	63755.40	0.00	0
	个人	220768	461604.61	125448376.84	6.35	7
	合计	220768	461604.61	125512132.24	6.35	7
2004	团体	0	0.00	42957.40	0.00	0
	个人	6297985	140440.82	162765039.01	6036.92	230
	合计	6297985	140440.82	162807996.41	6036.92	230
2005	团体	0	0.00	39388.00	0.00	0
	个人	509954	1124190.45	116331670.44	1406.08	5324
	合计	509954	1124190.45	116371058.44	1406.08	5324

1996—2005 年中国人寿安徽省生死两全险保险经营情况统计表

表 2-2-5

年度	渠道	承保人数	保险金额（万元）	保费收入（万元）	赔款金额（万元）
1996	团体	—	—	34701.48	20138.08
	个人	—	—	7658.70	13.95
	合计	—	—	42360.18	20152.03
1997	团体	—	—	52886.89	26902.26
	个人	—	—	19692.25	110.66
	合计	—	—	72579.14	27012.92
1998	团体	—	—	67606.19	42221.98
	个人	—	—	30393.46	179.17
	合计	—	—	97999.65	42401.15
1999	团体	—	—	6179.50	23536.06
	个人	—	—	88735.77	21669.07
	合计	—	—	94915.27	45205.13
2000	团体	—	—	211.20	136.81
	个人	—	—	82382.21	13989.71
	合计	—	—	82593.41	14126.52
2001	团体	—	—	2280.44	539.36
	个人	—	—	114292.22	20397.99
	合计	—	—	116572.66	20937.35
2002	团体	—	—	322.15	5006.72
	个人	—	—	120694.73	13909.54
	合计	—	—	121016.88	18916.26
2003	团体	—	—	（5.38）	2461.18
	个人	—	—	71251.68	18355.30
	合计	—	—	71246.30	20816.48
2004	团体	4495	8985212.68	47.22	136.09
	个人	1281533	22479437301.17	142225.98	43310.62
	合计	1286028	22488422513.85	142273.20	43446.72

续表 2-2-5

年度	渠道	承保人数	保险金额（万元）	保费收入（万元）	赔款金额（万元）
2005	团体	4291	8557760.68	46.20	0.53
	个人	1505189	21816171997.15	107552.81	9739.20
	合计	1505189	21816171997.15	107552.81	9739.20

1995—2005 年太平洋人寿安徽省生死两全险保险经营情况统计表

表 2-2-6

年度	渠道	承保人数	保险金额（万元）	保费收入（万元）	赔款金额（万元）	给付人数
1995	团体	3519	3058.46	20.74	0.00	4
	个人	623	1782.86	46.08	1.83	1
	合计	4142	4841.32	66.82	1.83	5
1996	团体	88462	76887.66	521.39	6.00	4
	个人	26319	75298.33	1946.17	26.83	68
	合计	114781	152186.00	2467.56	32.83	72
1997	团体	82631	71819.23	487.02	15.07	5
	个人	56713	162254.51	4193.65	2.57	0
	合计	139344	234073.74	4680.67	17.64	5
1998	团体	56153	48805.58	330.96	17.44	8
	个人	46719	133661.44	3454.63	13.58	22
	合计	102872	182467.02	3785.59	31.02	30
1999	团体	713	619.36	4.20	1.62	3
	个人	18132	51876.25	1340.80	31.31	36
	合计	18845	52495.61	1345.00	32.93	39
2000	团体	174624	151775.68	1029.22	0.69	3
	个人	64969	185876.23	4804.18	33.92	36
	合计	239594	337651.91	5833.40	34.61	39
2001	团体	266275	231434.24	1569.40	0.00	3
	个人	93228	266724.72	6893.80	57.82	36
	合计	359503	498158.96	8463.20	57.82	39
2002	团体	352676	306530.18	2078.64	0.00	3
	个人	112981	323236.87	8354.42	35.78	36
	合计	465657	629767.05	10433.06	35.78	39
2003	团体	459555	399425.35	2708.58	0.00	3
	个人	381487	1091427.04	28209.16	86.97	36
	合计	841042	1490852.39	30917.74	86.97	39

续表 2-2-6

年度	渠道	承保人数	保险金额（万元）	保费收入（万元）	赔款金额（万元）	给付人数
2004	团体	299151	260008.86	1763.17	0.20	3
	个人	258315	739035.02	19101.19	85.16	35
	合计	557466	999043.88	20864.36	85.36	38
2005	团体	191491	166435.34	1128.63	0.20	3
	个人	241627	691291.76	17867.21	82.60	35
	合计	433118	857727.10	18995.84	82.80	38

1996—2005年平安人寿安徽省生死两全险保险经营情况统计表

表 2-2-7

年度	渠道	保费收入（万元）
1996	团体	
	个人	9083.32
	合计	9083.32
1997	团体	
	个人	9023.31
	合计	9023.31
1998	团体	
	个人	10238.01
	合计	10238.01
1999	团体	
	个人	14736.00
	合计	14736.00
2000	团体	2.93
	个人	17361.53
	合计	17364.46
2001	团体	5.22
	个人	16631.30
	合计	16636.52
2002	团体	4.23
	个人	13208.77
	合计	13213.00
2003	团体	6.38
	个人	12539.69
	合计	12546.06

续表 2-2-7

年度	渠道	保费收入（万元）
2004	团体	4.30
	个人	16027.40
	合计	16031.69
2005	团体	3.94
	个人	11626.12
	合计	11630.06

2003—2005 年新华人寿安徽省生死两全险保险经营情况统计表

表 2-2-8

年度	渠道	承保人数	保险金额（万元）	保费收入（万元）	赔款金额（万元）	给付人数
2003	团体	0	0.00	0.00	0.00	0
	个人	82	20.41	23.53	0.00	0
	合计	82	20.41	23.53	0.00	0
2004	团体	0	0.00	0.00	0.00	0
	个人	1301	507.08	191.03	0.00	0
	合计	1301	507.08	191.03	0.00	0
2005	团体	0	0.00	0.00	0.00	0
	个人	1443	4361.80	491.34	0.54	2
	合计	1443	4361.80	491.34	0.54	2

2002—2005 年泰康人寿安徽省生死两全险保险经营情况统计表

表 2-2-9

年度	渠道	保费收入（万元）
2002	团体	0.00
	个人	123.82
	合计	123.82
2003	团体	0.00
	个人	511.52
	合计	511.52
2004	团体	0.00
	个人	705.21
	合计	705.21

续表 2-2-9

年度	渠道	保费收入（万元）
2005	团体	0.00
	个人	212.86
	合计	212.86

2004—2005 年太平人寿安徽省两全保险经营情况统计表

表 2-2-10

年度	承保人次	保险金额（万元）	保费收入（万元）
2004	2	362.5	0.03
2005	1907	14426.37	7.53

死亡保险

死亡保险是人寿保险的一种，也称身故保险，是以被保险人在保险期间内死亡为给付保险金条件的保险。根据保险期限的不同，死亡保险可以分为定期死亡保险和终身死亡保险。

定期死亡保险，即定期寿险，是以被保险人身故为给付保险金条件，且保险期限为固定年限的人寿保险。定期死亡保险只提供一个确定的保障时期，如 5 年、10 年、20 年，或者到被保险人达到某个年龄为止，如 65 岁。如果被保险人在保险期限内死亡，保险人向受益人给付保险金。如果被保险人期满生存，保险人不承担给付保险金责任，也不退还保险费。定期死亡保险的保险条款大多规定，保险人承担的保险责任自保险人同意承保、收取首期保费并签发保单的次日零时开始，至合同约定终止时止。由于定期死亡保险不含储蓄因素，保险人承担风险责任有确定期限，所以在保险金额相等的条件下，定期死亡保险保险费低于其他寿险险种。

终身死亡保险，即终身寿险，是一种不定期的死亡保险。终身死亡保险的保险期间是自保险合同生效时起至被保险人死亡时为止，保险人须对被保险人的终身负责，不论被保险人何时死亡，保险人均依照保险合同的规定给付死亡保险金。通常被保险人的年龄以 100 岁或 105 岁为限，若被保险人在 100 岁或 105 岁时仍生存，也可以领取终身保险金。终身死亡保险的最大优点是使被保险人得到永久性的保障。保单具有现金价值，保单所有人可以中途退保并领取退保金，也可以在保单现金价值的一定限额内贷款，具有较强的储蓄性。为解决不同年龄阶层的人支付能力的差距，往往采取均衡保费的费率制定方法。终身寿险按照缴费方式又可分为普通终身寿险、限期缴费终身寿险和趸缴终身寿险。

中保人寿安徽省公司 1995 年 1 月 17 日，中保人寿安徽省公司经人行安徽省分行审批，同意人保安徽省公司开办长寿安康保险。长寿安康保险系综合性人身保险，包括生存保险、死亡保险、意外伤害及附加意外伤害医疗保险、意外伤害致残及养老金保险。凡一周岁以上且六十周岁以下、身体健康、能正常劳动和学习者，均可作为本保险的被保险人。该险种纳入寿险业务核算，保险期限为三年。长寿安康保险的推出，逐步取代了开办多年的一年期的团寿险。1996 年 8 月以后，中保人寿安徽省公司开始通过营销渠道销售终身寿险，最早营销的是“88”鸿利终身保险、为了明天终身保险等险种。1997 年，中保人寿安徽省公司又推出了“99”鸿福终身保险，替代了为了明天终身保险。1999 年 6 月，中国人寿安徽省公司发布《关于转发总公司颁发的祥和定期保险等 13 个新险种的通知》，其中祥和定期保险、祥运定期保险、祥瑞终身保险、祥瑞还本终身保险等死亡保险的推出，极大地丰富了保险产品市场。

“88”鸿利终身保险 “88”鸿利终身保险的主要保险责任是：保险合同生效之日起二年后，被保险人因疾病造成死亡或身体高度残疾，按保单所列明的保险金额给付保险金；被保险人因意外伤害造成身故或身体高度残疾，按保单所列明的保险金额给付保险金；在保险费缴费期内，被保险人发生保险责任范围内的身故或身体高度残疾，无息返还所交保险费。期缴保险费的被保险人生存至保险费缴费期间结束的生效对应日，趸缴保险费的被保险人生存至十年后的生效对应日，无息返还所缴付的保险费。

“99”鸿福终身保险 自保险合同生效之日起，被保险人生存至每三周年生效对应日，保险人按保险单所列明的保险金额的 10% 给付保险金；自保险合同生效之日起二年后，被保险人因疾病造成身故或身体高度残疾，按保险金额给付保险金；被保险人因意外伤害造成身故或身体高度残疾，保险人按保险金额给付保险金。

祥和定期保险 保险费的交付方式分为趸交和年交，年缴保险费的缴费期间为本合同的保险期间。保险期间分五年、十年、十五年、二十年四种，投保人可选择其中一种作为本合同的保险期间，但保险期满时被保险人的年龄不得超过七十周岁。该险种的保险责任为：在本合同有效期间内被保险人身故，公司按保险单载明的保险金额给付保险金，本合同终止。

祥运定期保险 保险费的交付方式分为趸交和年交，年缴保险费的交费期间分五年、十年、十五年、二十年四种。满期年龄为五十、五十五、六十、六十五周岁四种，投保人可选择其中一种作为本合同的满期年龄。保险期间为本合同生效之日起至被保险人生存至约定满期年龄的生效对应日止。保险责任：在本合同有效期间内被保险人身故，公司按保险单载明的保险金额给付保险金，本合同终止。

祥瑞终身保险 该险种保险费的交付方式分为趸交、年交和半年交，分期交付保险费的交费期间又分为五年、十年、十五年、二十年，由投保人在投保时选择。保险责任:

在本合同有效期间内被保险人身故，公司按保险单载明的保险金额给付身故保险金，本合同终止。

祥瑞还本终身保险　保险费的交付方式分为趸交、年交和半年交，分期交付保险费的交费期间又分为五年、十年、十五年、二十年，由投保人在投保时选择。保险责任：在本合同有效期间内被保险人身故，公司按保险单载明的保险金额给付身故保险金，并无息退还所交保险费，本合同终止。

平安人寿合肥分公司　1999年，平安人寿合肥分公司销售的普通型人寿保险主要为两全险、死亡险（定期寿险、终身寿险）以及年金险和意外险。全年保费收入36597.44万元，给付金额196.26万元（满期给付42.89万元，死伤医疗给付153.37万元）。其中以死亡为保险标的有平安祥福终身保险（A、B）、平安幸福定期保险（A、B）等险种。

平安祥福终身保险（A、B）（1999）　该产品主要保险责任：被保险人在本合同生效日起一年内因疾病身故，按保险金额（B：当年度的保险金额）10%给付身故保险金，并无息返还所交保险费，保险责任终止。被保险人因意外伤害身故或于本合同生效日起一年内身故，按保险金额（B：当年度的保险金额）给付身故保险金，保险责任终止。

平安幸福定期寿险（A、B）（1999）　主要保险责任：被保险人在本合同生效日起一年内因疾病身故，本公司按保险金额（B：当年度保险金额）的10%给付身故保险金，并无息返还所交保险费，保险责任终止。被保险人因意外伤害事故身故或于本合同生效日起一年内身故，按保险金额（B：当年度保险金额）给付身故保险金，保险责任终止。

平安幸福定期寿险（A，2004）（简称幸福A04）　该产品是平安一款典型的定期寿险，虽然没有分红，但保费低、保障高。幸福A04的投保年龄为18～60周岁，为给客户提供充足的保障，对于保费要求为期交最低年交保费1000元起，主要的保险责任是：被保险人于本主险合同生效之日起1年内因疾病身故，按保险金额的10%给付身故保险金，并无息返还所交保险费，本主险合同终止。被保险人因意外伤害身故或于本主险合同生效之日起1年后因疾病身故，按保险金额给付身故保险金，本主险合同终止。

太保合肥分公司　2000年，太平洋人寿合肥分公司推出的死亡保险主要有太平洋团体定期保险、太平洋终身还本保险、太平盛世·长泰安康保险、老来福终身寿险等。

太平洋团体定期保险　规定凡团体、企事业单位年龄在16～65周岁以下、身体健康、能正常劳动或工作的人，均可作为被保险人，可由单位集体向保险公司投保。缴费方式分为趸缴或年缴，缴费标准由被险保人年龄和选择保险期限决定。保险期限分为3年、5年、10年、15年、20年5种供选择。保险责任为：保险合同生效180天内因病身故或全残，给付保险金额10%，保险责任终止；因意外身故或全残、因病身故或全残给付保险金的全数，保险责任终止。至2005年年末，共承保21732人次，收取保费2760.81万元。

太平洋终身还本保险 该险种要求被险保人年龄在16～50周岁以下，保额按份计算，每份保费300元，保险费为年缴，每人可投保一份或多份。该险种特点是根据投保时被险保人年龄确定每份保额，即生存保额、高度残疾保额、身故保额。承担保险责任为：达60周岁给付生存保险金全数，保险金责任继续有效；60周岁前给付高残保险金后，保险金责任继续有效；疾病、意外致残给付；疾病身故、意外身故给付。至2005年末，共承保人数3589人，收取保费2372.15万元。

太平盛世·长泰安康保险 凡0～60周岁、身体健康、能正常工作或学习的人，均可作为本保险的被保险人。缴费方式设有趸缴、限期缴费（5年、10年、20年缴清）。保险责任为：身故或全残保障 被保险人在16周岁前身故或全残，保险人按保险金额的25%给付身故保险金；被保险人在16周岁后身故或全残，给付保险金额的40%，并返还所缴保险费。保单生效或复效1年以后，保险人按保险金额给付身故或全残保险金，保险责任终止；重大疾病提前给付 保单生效或复效2年后，经医院确诊初次身患本保单列明的重大疾病，被认定存活期间在6个月以内，可申请重大疾病提前给付，金额为申请时身故保险金的50%；被保险人身故后，身故保险金可一次性领取，也可转换成子女抚育金或配偶养老金；可凭保险单向保险人申请质押贷款。至2005年年末，共承保人数9316人，收取保费8296.58万元。

老来福终身寿险 在本合同约定的保险责任有效期间内，保险人对被保险人负下列保险责任：

养老金给付 本保险养老金领取起始日为男性60周岁、女性55周岁的合同生效日对应日。养老金领取方式有三款供选择：A款 保险人每年于本合同生效日的对应日，按保险金额的12%给付养老金，直至被保险人身故，本合同终止；B款 保险人一次性给付养老金，金额为人民币24800元（男）、人民币28450元（女），本合同终止；C款 保险人每年于本合同生效日的对应日，按保险金额的16.1%（男）、14.8%（女）给付养老金，直至被保险人身故，本合同终止。养老金领取方式在投保时选定，男性55周岁、女性50周岁以前可变更一次，此后不再办理变更。男60周岁、女55周岁投保的，首次养老金于合同生效3个月后给付，以后每年于合同生效日的对应日给付。

意外伤害保障 意外伤害身故给付 被保险人在约定的养老金领取起始日前，因意外伤害身故，保险人给付保险金额的两倍予受益人，本合同终止。选定A款投保者，被保险人在约定的养老金领取起始日后，因意外伤害身故，保险人给付保险金额的全数予受益人，本合同终止；意外伤害残疾给付 被保险人在约定的养老金领取起始日前，因遭受意外伤害所致残疾，保险人在保险金额内按中国人民银行《人身保险残疾程度与保险金给付比例表》的规定给付保险金，被保险人不论一次或多次遭受意外伤害所致残疾，保险人均分别给付保险金，但每一保单年度内累计给付金额以保险金额为限；以上身故给付和残疾给付互不冲减，但如果被保险人遭受意外伤害致残疾后，180天内又因同一原因身故，则意外伤害身故给付中必须扣减已支付的本次意外伤害残疾给付。

疾病身故保障　被保险人于本合同生效或复效后2年内（C款在约定的养老金领取起始日前），因疾病身故，保险人给付保险金额的10%及所缴保险费（不包括核保后的加费部分）予受益人，本合同终止；自本合同生效或复效2年后，保险人根据被保险人选择的养老金领取方式给付疾病身故保险金：选定A款者，被保险人因疾病身故，保险人给付保险金额的全数予受益人，本合同终止；选定B款、C款者，被保险人在约定的养老金领取起始日前因疾病身故，保险人给付保险金额的全数予受益人，本合同终止。

重大疾病提前给付　本合同生效或复效2年后，经保险人认可的医院确诊被保险人初次身患本合同列明的7种重大疾病，并经保险人聘请的医师根据医学及临床经验认定被保险人平均存活期间在6个月以内，被保险人可申请重大疾病提前给付，金额为6个月后疾病身故保险金的50%；重大疾病提前给付的申请以一次为限。被保险人全部有效保险合同中，此项给付以人民币10万元为限。重大疾病提前给付后不办理退保；重大疾病提前给付后，本合同的缴费标准不变，保险金额按重大疾病提前给付金与疾病身故保险金的比例减少；重大疾病提前给付后，如申领养老金，须一次退还已领取的重大疾病提前给付金，若被保险人无法退还，可以养老金冲抵。重大疾病提前给付金退还后，本合同的保险金额恢复至重大疾病提前给付前的标准。

保险费豁免　分期缴付保险费的，在缴付保险费期间，被保险人因意外伤害事故致全残，从下一个缴费日起可申请免缴以后各期保险费，本合同继续有效。

泰康人寿合肥分公司　2002年，泰康人寿进入安徽保险市场。泰康人寿合肥分公司推出泰康世纪长乐终身分红保险和泰康吉祥相伴定期保险。

泰康世纪长乐终身分红保险　投保该险种的被保险人年龄为1～65周岁，保险责任：合同有效期内，被保险人因疾病或意外伤害而身故，按保险金额给付身故保险金和保单累积红利，合同终止。

泰康吉祥相伴定期保险　投保该险种的被保险人年龄为16～60周岁，保险责任：在合同有效期内，被保险人自合同生效之日起一年内因疾病而身故，按保险金额的10%给付身故保险金，并无息返还所交保险费，合同终止；被保险人因意外伤害或自本合同生效之日起一年后因疾病而身故，按保险金额给付身故保险金，合同终止。

新华人寿合肥分公司 2002年，新华人寿进入安徽保险市场。新华人寿合肥分公司推出定期寿险（A款）、定期保险主要有红状元定期保险、2004年推出的成长绿荫定期保险等。

定期寿险（A款） 被保险人于本合同生效之日起一年内因疾病导致身故或者身体全残，本公司按保险单上载明的保险金额的10%给付身故或全残保险金，并无息返还所交保险费，本合同效力即行终止。被保险人因意外伤害或于本合同生效之日起一年后因疾病导致身故或身体全残，本公司按保险单上载明的保险金额给付身故或全残保险金，本合同效力即行终止。

新华红状元定期保险 承保对象为中、高等院校在校学生，能正常学习、身体健康者可参加该保险。保险期间分为1年、2年、3年、4年、5年五种供选择。保险责任为：被保险人因疾病或意外伤害身故，按保险单上载明的保险金额给付身故保险金，保险责任终止；被保险人遭受意外伤害，并且因该意外伤害导致身体残疾的，按人身保险残疾程度与保险金给付比例给付残疾保险金；被保险人在保险责任有效期内，累计给付保险金未达保险单载明的保险金额时，不论一次或多次因遭受意外伤害造成身体残疾，均按规定分别给付残疾保险金。

新华成长绿荫定期保险 凡16周岁以下未成年人，其父母之一（年龄在55周岁以下），身体健康、能正常工作和劳动者，为第一被保险人；其子女（年龄在16周岁以下），可作为第二被保险人。承担保险责任为：第一被保险人于合同生效一年内因疾病导致身故或身体全残，且第二被保险人仍生存的，按其所交保险费的1.2倍向第二被保险人一次性给付身故或全残保险金，保险责任终止；第一被保险人因意外伤害或保单生效一年后因疾病身故或身体全残，且第二被保险人仍生存的，从第一被保险人身故或身体全残之日起，在其身故或全残之日的每年对应日，按照保险单上载明的保险金额乘以给付比例，向第二被保险人给付相应保险金，至第二被保险人25周岁时止；在第二被保险人年满25周岁后，第一被保险人身故或身体全残，且第二被保险人仍生存的，将按照保单保险金额向第二被保险人一次性给付身故或全残保险金，保险责任终止；第二被保险人先于第一被保险人身故的，将无息返还所交保险费，保险责任终止；第一被保险人发生保险事故的，将豁免以后各期保险费。

截至2005年，安徽全省人身保险市场死亡保险经营情况如表2-2-11。

1996—2005 年安徽省死亡保险业务经营情况统计表

表 2-2-11

年度	渠道	承保人数	保险金额（万元）	保费收入（万元）	赔款金额（万元）	给付人数
1996	团体	0	0.00	0.00	0.00	0
	个人	3966	11346.38	293.26	1.49	2
	合计	3966	11346.38	293.26	1.49	2
1997	团体	0	0.00	0.00	0.00	0
	个人	2032	5814.02	150.27	0.00	0
	合计	2032	5814.02	150.27	0.00	0
1998	团体	0	0.00	0.00	0.00	0
	个人	329	940.57	24.31	0.00	0
	合计	329	940.57	24.31	0.00	0
1999	团体	0	0.00	0.00	73.02	0
	个人	580	1658.66	1072.70	0.00	0
	合计	580	1658.66	1072.70	73.02	0
2000	团体	0	0.00	78.99	22.53	0
	个人	0	0.00	2755.22	49.28	0
	合计	0	0.00	2834.21	71.81	0
2001	团体	0	0.00	108.73	9.09	0
	个人	2946	8428.10	2847.28	128.47	0
	合计	2946	8428.10	2956.01	137.56	0
2002	团体	7629	4739.90	146.53	125.57	0
	个人	19729	57202.99	3882.46	316.38	0
	合计	27358	61942.89	4028.99	441.95	0
2003	团体	1675	1440.13	96.31	0.65	2
	个人	37471	109126.89	4704.01	127.89	0
	合计	39146	110567.02	4800.32	128.54	2
2004	团体	6746	8685423.09	97.52	6.21	34
	个人	645663	22712300068.70	6138.11	450.53	29
	合计	652409	22720985491.79	6235.63	456.74	63
2005	团体	15379	5762166.45	100.08	71.92	35
	个人	654092	9619640994.95	4550.50	312.24	31
	合计	669471	9625403161.40	4650.58	384.16	66

1996—2005年中国人寿安徽省死亡保险业务经营情况统计表

表2-2-12

年度	渠道	承保人数	保险金额（万元）	保费收入（万元）	赔款金额（万元）
1996	团体	—	—	—	—
	个人	46	44.1	—	—
	合计	46	44.1	—	—
1997	团体	—	—	—	—
	个人	933	207.34	—	—
	合计	933	207.34	—	—
1998	团体	—	—	—	—
	个人	123	653.87	—	—
	合计	123	653.87	—	—
1999	团体	—	—	0.00	73.02
	个人	452	1825.02	413.12	0.00
	合计	452	1825.02	413.12	73.02
2000	团体	—	—	0.00	8.04
	个人	172	801.9	643.21	49.28
	合计	172	801.9	643.21	57.32
2001	团体	—	—	18.16	3.09
	个人	296	2150.2	2893.00	128.47
	合计	—	—	2911.16	131.56
2002	团体	—	—	30.78	125.57
	个人	304	2458.7	1093.55	316.38
	合计	—	—	1124.33	441.95
2003	团体	—	—	0.08	0.15
	个人	455	131802.4	1071.39	116.84
	合计	—	—	1071.47	116.99
2004	团体	2502	8682759.87	0.14	6.21
	个人	568172	22712122361.85	1085.28	412.20
	合计	570674	22720805121.72	1085.42	418.41
2005	团体	1366	5755258.85	0.00	0.00
	个人	622819	9619547557.33	458.73	261.71
	合计	624185	9625302816.18	458.73	261.71

1996—2005年太平洋人寿安徽省死亡保险业务经营情况统计表

表 2-2-13

年度	渠道	承保人数	保险金额（万元）	保费收入（万元）	赔款金额（万元）	给付人数
1996	团体	0	0.00	0.00	0.00	0
	个人	3966	11346.38	293.26	1.49	2
	合计	3966	11346.38	293.26	1.49	2
1997	团体	0	0.00	0.00	0.00	0
	个人	2032	5814.02	150.27	0.00	0
	合计	2032	5814.02	150.27	0.00	0
1998	团体	0	0.00	0.00	0.00	0
	个人	329	940.57	24.31	0.00	0
	合计	329	940.57	24.31	0.00	0
1999	团体	0	0.00	0.00	0.00	0
	个人	580	1658.66	42.87	0.00	0
	合计	580	1658.66	42.87	0.00	0
2000	团体	0	0.00	0.00	0.00	0
	个人	0	0.00	0.00	0.00	0
	合计	0	0.00	0.00	0.00	0
2001	团体	0	0.00	0.00	0.00	0
	个人	2946	8428.10	217.83	0.00	0
	合计	2946	8428.10	217.83	0.00	0
2002	团体	0	0.00	0.00	0.00	0
	个人	19601	56076.99	1449.37	0.00	0
	合计	19601	56076.99	1449.37	0.00	0
2003	团体	1632	1418.63	9.62	0.00	0
	个人	37134	106239.89	2745.89	11.05	0
	合计	38766	107658.52	2755.51	11.05	0
2004	团体	1974	1715.42	11.63	0.00	34
	个人	41027	117378.26	3033.77	28.33	28
	合计	43001	119093.68	3045.41	28.33	62
2005	团体	265	230.05	1.56	71.52	34
	个人	30364	86871.52	2245.29	28.53	28
	合计	30629	87101.57	2246.85	100.05	62

1999—2005年平安人寿安徽省死亡保险业务经营情况统计表

表2-2-14

年度	渠道	保费收入（万元）	赔款金额（万元）
1999	团体	0.00	0.00
	个人	1025.07	0.00
	合计	1025.07	0.00
2000	团体	78.99	14.49
	个人	2263.26	0.00
	合计	2342.25	14.49
2001	团体	90.57	6.00
	个人	2041.01	0.00
	合计	2131.58	6.00
2002	团体	103.61	0.00
	个人	1877.78	0.00
	合计	1981.39	0.00
2003	团体	84.70	0.00
	个人	1676.44	0.00
	合计	1761.14	0.00
2004	团体	81.44	0.00
	个人	1556.18	0.00
	合计	1637.63	0.00
2005	团体	78.86	0.00
	个人	1464.92	0.00
	合计	1543.78	0.00

2002—2005年新华人寿安徽省终身寿险经营情况统计表

表2-2-15

年度	渠道	险种名称	承保人数	保险金额（万元）	保费收入（万元）	赔款金额（万元）	给付人数
2002	个人	死亡保险	128	1126	3.12	0	0
2003	团体	死亡保险	43	21.5	0.09	0.5	2
	个人	死亡保险	337	2887	9.84	0	0

续表 2-2-15

年度	渠道	险种名称	承保人数	保险金额（万元）	保费收入（万元）	赔款金额（万元）	给付人数
2004	团体	死亡保险	2270	947.8	0.92	0	0
	个人	死亡保险	36464	60328.59	34.5	10	1
2005	团体	死亡保险	13748	6677.55	8.2	0.4	1
	个人	死亡保险	909	6566.1	32.89	22	3

2002—2005 年泰康人寿安徽省死亡保险业务经营情况统计表

表 2-2-16

年度	渠道	承保人数	保险金额（万元）	保费收入（万元）	赔款金额（万元）	给付人数
2002	团体	7629	4739.90	12.14	0.00	0
	个人	128	1126.00	3.12	0.00	0
	合计	7757	5865.90	15.26	0.00	0
2003	团体	43	21.50	0.09	0.50	2
	个人	337	2887.00	9.84	0.00	0
	合计	380	2908.50	9.93	0.50	2
2004	团体	2270	947.80	3.38	0.00	0
	个人	36464	60328.59	428.37	10.00	1
	合计	38734	61276.39	431.75	10.00	1
2005	团体	13748	6677.55	11.46	0.40	1
	个人	909	6566.10	348.67	22.00	3
	合计	14657	13243.65	360.13	22.40	4

1986-1995 的年金保险

年金保险是指以生存为给付保险金条件，按约定分期给付生存保险金，且分期给付生存保险金的间隔不超过一年（含一年）的人寿保险。在合同有效期内，无论被保险人是否生存，由年金受益人或其受领人领取年金的则为确定年金；以特定时期为限，以被保险人生存作为领取年金条件的，则称之为定期生存年金。

养老金保险实质上是一种延期年金，属于限期缴费终身年金保险。一般是年金受领人在年青有工作时参加保险，按月缴纳保险费，并且在大多数情况下，雇主亦为其雇员缴纳一定比例的保险费，在年金受领人到达退休年龄时，按月领取年金，直至身故时止。有时，养老金保险可以设计成确定年金的形式，规定一个保证年限，如年金领取人在保证期限内死亡，年金将继续给付给受益人，到期限终止时止，如年金受领人生存期超过保证时间，则年金将给付至受领人死亡为止。这种保险大都是为解决劳动者在年老丧失劳动能力后，能获得经济生活保障而开办的一种年金保险，当然，这种保险亦可加保在缴费期间的死亡保险或意外伤害保险，使被保险人在领取年金期前死亡亦可根据约定领取死亡保险金或致残保险金。

2000年前，在安徽保险市场有长期寿险经营权的保险公司，向市场推出的团体养老保险主要为企事业职工补充养老保险、确定养老年金保险、单纯个人养老保险险种，对被险保人领取养老金年龄，最低为45岁，最高为65岁，领取养老金后不久发生身故，保证给付受益人10年固定年金，10后继续生存，继续给付年金直至身故。该险种推出，颇受社会群众青睐。其他的养老金保险多为长期寿险险种附加养老金功能的险种。2000年前，养老保险保费收入约占人身保险总保费收入的30%左右，其后随着其他长期综合性险种保费收入的提升，养老保险保费收入约占人身保险总保费收入的10%～15%左右。

安徽省从1983年起开办集体企、事业单位职工养老保险（方法有积累式和统筹式两种）和个人年金保险业务。

集体养老金保险 1986年5月20日至30日，人保安徽省公司在铜陵召开安徽省人身保险工作会议，提出要巩固发展养老金保险。为使各级公司重视人身保险业务，省分公司又在9月召开的地、市公司经理会议上决定将养老金等储蓄性险种的收入，作为保费收入，以提高各级公司开展人身保险业务的积极性。会后，各级公司主动向所在地政府汇报，并成立各级保险促进委员会，保证了养老金保险业务的巩固和发展。铜陵市、淮北市劳动局均作出规定：新办企业转为大集体，必须先为职工投保养老金保险，后办理批转手续。市税务局规定：不参加养老金保险的集体企业，不准在税前提取保险金。是年底，全省已有925名职工开始从保险公司领取有关养老金。

1987年，因受多家办保险的影响，养老保险业务开展缓慢。面对困境，各级保险支公司明确指导思想，端正工作态度，在得到当地政府支持的同时，积极与有关部门配合，方使养老金保险业务得以巩固，且有了稳步发展。

1988年，人保安徽省公司根据总公司《关于调整人身保险各险种预定利率的有关规定》，对养老金的有关交费标准、给付金额、死亡丧葬费作了相应的调整。是年，尽管受到有关部门争办养老金保险业务的影响，但经过广大人险干部的共同努力，各种养老金保险业务仍有进一步发展。

1988年11月17日，根据人民银行关于提高储蓄存款利率的决定，为保证参加人身保险被保险人的经济利益，中国人民保险公司总公司下发了《关于调整人身保险各险种预定利率有关规定的通知》，人身保险返还性险种（包括地方性业务）的预定利率一律为年复利8.8%，意外伤害满期还本保险的预定利率，一年期为年复利8.8%，三年期的为年复利 8.7%，五、八年期的为年复利 8.5%。1988 年 9 月 1 日前承保的简易人身保险的满期保险金额不变，用增加部分提高疾病死亡、意外伤害保险金额。养老金保险，要按不同时期的不同预定利率，算养老金给付金额。子女婚嫁金保险满期给付额，凡在 1988 年 8 月 1 日后承保的业务一律按提高后的金额执行。意外伤害满期还本保险，1988 年 9 月 1 日前承保的业务仍按原保险金额负责。团寿险在 1988 年 11 月 30 日前已经结案的，不再增补保险金。1988 年 9 月 1 日前，简易人身保险承保的业务发生退保时，按原退保金额给付，1988 年 9 月 1 日以后的简身险借款利率，由原规定 8.4% 调整为 10.8%。城镇集体职工养老金保险，趸交保险费的预定利率由年复利 6%，调整为年复利 7.5%，死亡丧葬费由原定的 200 元提高至 500 元。子女婚嫁金保险管理费仍为 7%，代理手续费仍为 1%不变。意外伤害保险金额一律规定为 1000 元，部分地方已经提高标准的，应在提高满期给付额的同时执行这一规定。独生子女保险，管理费为 8%，代理手续费为 2%。所有返还性险种的逾期保险费的补收利息，一律按 10.8% 计收。

1989 年，人保安徽省公司在全省会议上提出，继续办好积累式养老金保险，要进一步扩大承保面，积极在乡镇企业和农村干部、农民、个体劳动者中间开展养老金保险。7 月 20 日，根据总公司文件精神，省分公司制订了《人身保险返还性险种利差返还的实施细则及其实务手续》，并下发各地执行。

1989 年，中国人民保险公司下发《关于重申继续开展城镇集体所有制企业单位职工养老保险工作的通知》，根据李鹏总理在接见保险公司海外总经理会议代表时谈到的，要充分发挥保险公司在社会保障事业中的作用的指示精神，积极主动地向当地人民政府和各有关部门汇报、说明工作，使他们充分了解保险公司的性质和任务，以及中央、国务院在社会保险工作管理问题上的分工情况，取得他们的支持。在努力搞好现有人身保险业务的同时，要积极拓展集体职工养老保险业务，要据理力争，顶住压力和困难。

1990 年 1 月 20 日，人保安徽省公司转发了总公司《关于重申继续开展城镇集体所有制企业单位职工养老金保险工作通知》，强调在努力搞好现有人身保险业务的同时，要积极拓展集体职工养老保险业务。是年，全省养老金保险业务发展迅速。

1991 年 7 月 18 日，中国人民保险公司贯彻《国务院关于企业职工养老保险制度改革的决定》并通知各地、市分支公司，要求城镇集体职工养老保险工作，已经开办统筹式养老保险的地、市要在巩固、发展的基础上，不断完善统筹办法。没有开办的地、市要积极争取办理或扩大积累式养老保险的履盖面。

集体养老统筹保险　集体企业统筹养老保险是按照一定比例从企业提出统筹费用，由保险公司设立专户，统一支付退休职工养老保险费用的一种保险，是保险公司受当地政府委托代办的社会保险业务。在开办此项保险时，一般都成立统筹委员会，成员以体制改革办公室、劳动局、税务局、工会、保险5家为主，银行、财政也可参加，由当地政府负责人任会长或主任，当地保险公司经理任办公室主任，人身保险业务负责人任副主任，办公室单设会计，统筹费与其他保费收入截然分开，其收支情况定期向当地政府汇报。

安徽省1986年首次在贵池县（现为贵池市）试办集体企业退职、退休职工养老保险业务。是年8月26日，贵池县人民政府颁发了《贵池县集体所有制单位职工养老金统筹保险暂行条例》和《贵池县集体所有制单位职工养老统筹保险暂行条例实施细则》，规定凡三权在县和中央部属、省属、地属在贵池的集体所有制企业、单位，均属统筹范围，统筹的项目为职工退休、退职后的养老金、丧葬补助费及退休职工生活补贴。截至1987年年底，贵池县共收取统筹金51.8万元，对36个单位744名退休、退职职工给付退休金49.3万元；按2．82%提取管理费14580.74元。轧差后，符合“以收定支，略有节余”的原则。

1988年5月20日，省电力局、省税务局、省工商银行、省农业银行、省建设银行、省保险分公司6家联合下发了《安徽省电力系统集体所有制单位养老统筹保险暂行办法》，确定由省电力局、省保险分公司、省税务局、合肥市保险支公司联合组成安徽省电力系统集体单位职工养老统筹保险管理委员会，下设集体单位职工养老统筹办公室（办公室设在合肥分公司），具体办理养老统筹事宜。此后，全省隶属安徽省电力系统的集体所有制企业的固定职工、部分家属工和长期临时工参加了全省电力系统的养老统筹保险。

1990年，人保安徽省公司及各级支公司积极争取党政及有关部门支持，排除有些部门利用行政手段争办养老统筹保险的干扰，基本上稳住了这块阵地，并使统筹范围进一步扩大。截至年底，全省已有2088户集体企业，在职职工23.8万多人参加了养老统筹保险，对34192名离退休职工发放退休工资。

个人养老金保险　1987年，人保安徽省公司推出了个人养老金保险、义务兵养老保险、乡村干部养老保险、民办教师养老保险等年金保险险种，使个人养老金保险承保对象、范围扩大至各个层面，使社会不同行业人员都能根据需求选择适合自己的险种投保。特别是乡村干部养老保险的开办，极大地调动了农村干部的工作热情，对当时的农村基层组织起到了稳定作用。

1993年，安徽省总工会与人保安徽省公司联合下文《关于对省级以上劳动模范实行补充养老保险的通知》。为劳动模范提供一种补充养老保险，体现了党和政府对劳动模范的关心和爱护，同时对企、事业单位职工养老保险制度改革及建立有效的激励机制起着积极的作用。省公司及时推出了《安徽省劳模补充养老保险试行办法》，保险费按趸缴方式一次缴清，被保险人可分为50、55、60、65周岁领取养老金，领取标准为全国劳动模范每月 60 元，省级劳动模范每月 40 元。

1986—1990 年人保安徽省公司全省养老金保险经营情况统计表

表 2-2-17

年度	承保人数	有效人数	险费收入（万元）	给付人数	给付金额（万元）
1986	3378	140460	1581.97	5109	17.10.
1987	5076	165889	2001.10	10148	59.90.
1988	7222	242135	2714.00.	8342	304.90.
1989	11298	323522	52.61	26387	241.93.
1990	32982	416881	12808.30.	35772	3140.30.

1996—2005 年的年金保险

从 1996 年开始，安徽保险市场由原来的人保安徽省公司一家，到后来的中保人寿安徽省公司、中国平安合肥分公司、中国太平洋合肥分公司、新华人寿合肥分公司、泰康人寿合肥分公司、太平人寿合肥分公司等 6 家公司，年金保险业务也由一家保险公司办理，变为 6 家保险公司竞争的态势。

中保人寿安徽省公司 中保人寿安徽省公司继承了人保安徽省公司，在继续原有的集体养老金保险和个人养老金保险基础上，重点发展营销业务。1996 年 7 月 16 日，中保人寿安徽省公司下发《夕阳红递增终身养老保险条款》，该险种如果与个人住院医疗保险配合使用，同一被保险人必须投保两份夕阳红递增终身养老保险，才能投保一份个人住院医疗保险。凡 1 周岁以上 60 周岁以下、身体健康、能正常劳动和学习的人，均可作为被保险人参加夕阳红递增终身养老保险。16 岁以上的人均可作为投保人为其本人或具有保险利益的人，向中保人寿安徽省公司或其分支机构投保本保险。

1997 年，中保人寿安徽省公司继少儿一生幸福保险、夕阳红递增终身养老保险之后又推出 66 鸿运保险 B 型、鸿寿养老金保险。1998 年 10 月 26 日，中保人寿安徽省公司为便于安徽省长期险种的内务管理与总公司同步，下发通知停办省发长期险种。自 11 月 1 日起停止办理计划生育夫妇养老保险（98 版）、劳动模范补充养老保险（98 版）和附加抚恤金保险（98 版）。上述两种养老保险，由总发 98 版的个人养老金保险、养老还本保险替代。1999 年，中国人寿安徽省公司销售的养老险种又增加了松鹤养老保险、松柏养老保险险种。2001 年 4 月 10 日，中国人寿安徽省公司在安徽饭店召开中国人寿分红保险新产品新闻发布会，并在合肥市场上开始陆续推出国寿团体年金（补充养老型）和国寿千禧理财两全保险（分红型）两个分红保险产品。2003 年，中国人寿安徽省公司又开办了国寿鸿寿年金、国寿金色夕阳养老年金、国寿养老年金、团体年金、永泰团体年金、企业补充养老年金等业务，丰富了全省的养老保险产品市场。

鸿寿养老金保险 这是一款专门针对养老的个人销售险种。保险责任：在合同有效期内，被保险人生存至约定领取养老保险金年龄（男性六十周岁，女性五十五周岁）的生效对应日，可选择下列几种方式之一领取养老保险金：一是按保单所载明保险金额的二倍一次领取养老保险金；二是从约定领取养老保险金年龄起保证领满十年，超过十年可继续领取，直至被保险人身故为止。

松鹤养老保险 保险责任：在本合同约定的养老金开始领取日前被保险人身故，公司按所交保险费（不计利息）与现金价值数额较高的给付身故保险金，本合同终止。在本合同约定的养老金开始领取日后被保险人身故，公司按所交保险费（不计利息）给付身故保险金，本合同终止。在本合同约定的养老金开始领取日及以后被保险人生存，本公司依约定于每年的年生效对应日按保险单载明保险金额的10%给付养老金，直至被保险人身故。在本合同约定的养老金开始领取日起，被保险人生存至每届满10年，本公司另给付敬老祝寿保险金，首次给付标准为保险单载明保险金额的50%，以后每次的给付标准在前次给付金额基础上按保险单载明保险金额的50%增加。

松柏养老保险 保险责任：在本合同约定的养老金开始领取日前被保险人身故，本公司按所交保险费（不计利息）与现金价值数额较高的给付身故保险金，本合同终止。在本合同约定的养老金开始领取日及以后被保险人生存，本公司依约定于每年的年生效对应日按保险单载明保险金额的10%给付养老金，保证给付10年。若被保险人10年后仍生存，可继续领取直至身故，保险责任终止。

平安人寿合肥分公司 1996年，平安人寿合肥分公司在开办平安综合养老保险的基础上，在少儿终身平安保险、递增养老年金保险等个人营销险种中也主推养老金保险。1997年又做了完善，推出97版的少儿终身平安保险、递增养老金保险和养老金保险。

2004年，平安人寿合肥分公司在安徽保险市场上也销售年金保险业务，其主要险种有平安附加少儿大学教育年金保险（分红型，2004）、平安附加少儿高中教育年金保险（分红型，2004）、平安保险金转换年金保险（2004）、平安钟爱一生养老年金保险（分红型）。

太保合肥分公司 1996年，太保合肥分公司陆续推出了企事业职工补充养老保险、步步高增额保险·附加养老保险、个人养老金保险、义务兵养老保险等险种。

企事业职工补充养老保险 投保企事业职工补充养老保险，要求由单位为职工进行集体投保，被保险人须年满16周岁以上且60周岁以下、身体健康。该保险投保时以份计算，份额不限。该保险被保险人的养老金领取年龄为45、50、55、60、65周岁五个档次；保证给付10年固定年金（被险保人未满10年身故，受益人可继续领取），10年后仍健在继续领取至终身为止。被险保人在领取期前身故，给付累计所缴保险费。

步步高增额保险·附加养老金保险　步步高增额保险·附加养老金保险是两个险种条款在承保上的组合，养老保险是在普通两全保险责任基础上作了进一步添加，使被险保人在晚年得到更全面的保险保障，既有生存时发生意外、大病的保障，又有按月领取养老年金的生活保障。要求投保附加养老保险的，必须是在投保主险基础上方可投保。投保附加养老保险，按照养老金保险缴费标准年龄段缴费，保险费缴付同步步高增额保险缴费一致；到达60周岁养老金领取年龄，按约定标准，按月或按年领取养老金，次年在首年领取基准上，逐年递增5%。步步高增额保险·附加养老金保险成为当时颇受欢迎的险种。

泰康人寿合肥分公司　2004年泰康人寿合肥分公司推出了养老保险险种，其主打险种主要有团体定额型养老年金保险。

新华人寿合肥分公司　2004年新华人寿合肥分公司推出锦绣年华养老年金保险，2005年推出员工福利团体养老年金保险，截至2005年共收取保费3700万元。

锦绣年华养老年金保险　主要保险责任为被保险人生存至养老金领取年龄，按合同约定的下列方式之一给付：被保险人年满81周岁之前，每年按照有效保险金额的20%领取年金，直至被保险人身故；被保险人年满81周岁之前，每月按照有效保险金额×20%×折算系数领取年金，直至被保险人身故；保险人生存至年满81周岁的保单生效对应日，按有效保险金额给付祝寿金，保险责任终止；被保险人在开始领取养老年金前身故的，按其实际已交保费（无息）与累计红利保险金额对应的现金价值之和给付身故保险金，保险责任终止；被保险人在开始领取养老年金后身故的，按有效保险金额与给付系数的乘积给付身故保险金，保险责任终止。

员工福利团体养老年金保险　该险种是由社会团体或集体单位为单位员工进行投保，主要保险责任为养老金领取及给付：一次性领取，按照被保险人个人账户或留存账户价值一次性给付，保险责任终止；选择年领、月领者，将个人账户或留存账户价值全部转换为年领或月领方式，在领取凭证上载明，并注销被保险人账户；选择部分年领、月领者，按照被保险人确定的比例，将被保险人在开始领取日个人账户或留存账户价值转换为年领、月领方式，年领、月领标准在领取凭证上载明；剩余部分向被保险人一次性给付，并注销该被保险人账户。被保险人因特殊原因提前退休要求领取养老金的，将按照该年度个人账户或留存账户价值转换为养老年金。

太平人寿安徽省公司 2004年至2005年间，太平人寿安徽省公司销售的养老金保险有太平寿比南山养老两全保险B款、太平福满堂年金保险、太平常青年金保险、太平团体年金保险、太平团体退休金保险、太平智选团体养老金投资连结保险、太平保险金转换年金保险、太平福满堂年金保险。以上险种均为分红型的保险，保费在安徽人身险保费收入中占比不大。

1996—2005年中国人寿安徽省养老金保险经营情况统计表

表2-2-18

年度	渠道	承保人数	保险金额（万元）	保费收入（万元）	给付金额（万元）	给付人数
1996	团体	—	—	6045.20	1417.22	—
	个人	—	—	0.00	0.00	—
	合计	148890	167580.1	6045.20	1417.22	13472
1997	团体	—	—	13381.78	1736.64	—
	个人	—	—	8000.42	6.79	—
	合计	250948	372750.3	21382.20	1743.43	66438
1998	团体	—	—	15947.44	1625.66	—
	个人	—	—	15232.63	73.22	—
	合计	81029	112011.6	31180.07	1698.88	84678
1999	团体	—	—	3456.21	0.00	—
	个人	—	—	41313.19	2329.26	—
	合计	80359	145487.4	44769.40	2329.26	91458
2000	团体	—	—	15561.41	2672.23	—
	个人	—	—	32359.01	1610.98	—
	合计	52223	127959.4	47920.42	4283.21	119901
2001	团体	—	—	0.00	0.00	—
	个人	—	—	28636.54	5820.68	—
	合计	253503	550471.1	28636.54	5820.68	989
2002	团体	—	—	382.66	2448.42	—
	个人	—	—	25208.34	4850.59	—
	合计	265757	563699	25591.00	7299.01	2052

续表 2-2-18

年度	渠道	承保人数	保险金额（万元）	保费收入（万元）	给付金额（万元）	给付人数
2003	团体	—	—	124.67	302.18	—
	个人	—	—	15628.57	3041.69	—
	合计	266731	589990.1	15753.24	3343.87	3398
2004	团体	—	—	45.56	1001.51	—
	个人	—	—	26092.99	8610.07	—
	合计	269938	905327.3	26138.55	9611.58	5579
2005	团体	—	—	54.12	833.72	—
	个人	—	—	4802.19	31137.12	—
	合计	6276682	1284376	4856.31	31970.84	503796

1996—2005 年太平洋人寿安徽省养老金保险经营情况统计表

表 2-2-19

年度	渠道	承保人数	保险金额（万元）	保费收入（万元）	给付金额（万元）	给付人数
1996	团体	108529	94328.55	639.66	0.00	0
	个人	39678	125130.88	2232.50	0.00	0
	合计	148207	219459.43	2872.16	0.00	0
1997	团体	135436	117715.29	798.25	0.00	0
	个人	18908	59627.88	1063.84	16.49	0
	合计	154344	177343.17	1862.09	16.49	0
1998	团体	95738	83211.03	564.27	0.00	0
	个人	38864	122563.80	2186.70	33.56	134
	合计	134602	205774.83	2750.97	33.56	134
1999	团体	412989	358951.64	2434.12	0.00	0
	个人	32508	102519.88	1829.09	8.51	42
	合计	445497	461471.52	4263.21	8.51	42
2000	团体	151242	131453.29	891.41	0.00	0
	个人	21323	67244.47	1199.73	12.55	42
	合计	172565	198697.76	2091.14	12.55	42

续表 2-2-19

年度	渠道	承保人数	保险金额（万元）	保费收入(万元)	给付金额（万元）	给付人数
2001	团体	379410	329766.41	2236.21	0.00	0
	个人	35301	111325.61	1986.20	38.72	42
	合计	414711	441092.02	4222.41	38.72	42
2002	团体	1687105	1466357.69	9943.65	0.00	0
	个人	16409	51747.85	923.25	30.53	42
	合计	1703514	1518105.54	10866.90	30.53	42
2003	团体	1591326	1383110.82	9379.14	0.00	0
	个人	34644	109253.28	1949.22	16.34	42
	合计	1625970	1492364.10	11328.36	16.34	42
2004	团体	1878496	1632705.96	11071.69	0.00	8073
	个人	68622	216409.85	3861.04	59.15	87
	合计	1947118	1849115.81	14932.73	59.15	8160
2005	团体	297015	258152.26	1750.58	2422.68	8073
	个人	77376	244016.46	4353.58	51.75	87
	合计	374391	502168.72	6104.16	2474.43	8160

1996—2005 年平安人寿安徽省养老金保险经营情况统计表

表 2-2-20

年度	渠道	保费收入（万元）	给付金额（万元）
1996	团体	17702.65	—
	个人	566.37	—
	合计	18269.02	—
1997	团体	25053.92	—
	个人	8321.58	—
	合计	33375.50	—
1998	团体	10072.36	—
	个人	6825.34	—
	合计	16897.70	—

续表 2-2-20

年度	渠道	保费收入（万元）	给付金额（万元）
1999	团体	6229.34	—
	个人	8173.70	—
	合计	14403.04	—
2000	团体	816.29	0.00
	个人	14867.92	0.00
	合计	15684.21	0.00
2001	团体	21565.75	0.53
	个人	13642.32	0.02
	合计	35208.07	0.55
2002	团体	1246.29	—
	个人	12832.30	—
	合计	14078.59	—
2003	团体	3398.92	—
	个人	11641.90	—
	合计	15040.82	—
2004	团体	7039.50	—
	个人	10706.22	—
	合计	17745.72	—
2005	团体	641.68	—
	个人	9650.51	—
	合计	10292.19	—

2002—2005 年新华人寿安徽省养老金保险经营情况统计表

表 2-2-21

年度	渠道	承保人数	保险金额（万元）	保费收入（万元）	给付金额（万元）	给付人数
2002	团体	735	795.07	532.29	0.60	1
	个人	112	148.80	24.60	0.00	0
	合计	847	943.87	556.89	0.60	1

续表 2-2-21

年度	渠道	承保人数	保险金额（万元）	保费收入（万元）	给付金额（万元）	给付人数
2003	团体	11	0.00	83.04	1.80	3
	个人	49	444.03	75.50	0.00	0
	合计	60	444.03	158.54	1.80	3
2004	团体	4096	4408.76	6907.85	1.20	12
	个人	959	720.45	296.81	1.00	1
	合计	5055	5129.21	7204.66	2.20	13
2005	团体	2245	0.00	1661.22	1.20	12
	个人	2279	2912.38	723.65	9.25	46
	合计	4524	2912.38	2384.87	10.45	58

2003—2005 年泰康人寿安徽省养老金保险经营情况统计表

表 2-2-22

年度	渠道	承保人数	保险金额（万元）	保费收入（万元）	给付金额（万元）
2003	团体	—	—	318.78	0.00
	个人	—	—	0.00	0.00
	合计	160	1454.3	318.78	0.00
2004	团体	—	—	1278.12	0.00
	个人	—	—	0.00	0.00
	合计	205	2275	1278.12	0.00
2005	团体	—	—	1155.02	0.00
	个人	—	—	0.00	0.00
	合计	190	1755	1155.02	0.00

2004—2005 年太平人寿安徽省养老金保险经营情况统计表

表 2-2-23

年度	渠道	保费收入（万元）	给付金额（万元）
2004	团体	79.80	0.00
	个人	0.00	0.00
	合计	79.80	0.00
2005	团体	3451.86	0.00
	个人	0.00	0.00
	合计	3451.86	0.00

1995—2005年安徽省寿险公司养老金保险经营情况统计表

表2-2-24

年度	渠道	承保人数	保险金额（万元）	保费收入（万元）	给付金额（万元）	给付人数
1996	团体	108529	94328.55	24387.51	1417.22	0
	个人	39678	125130.88	2798.87	0.00	0
	合计	148207	219459	27186	1417	0
1997	团体	135436	117715.29	39233.95	1736.64	0
	个人	18908	59627.88	17385.84	23.28	0
	合计	154344	177343.17	56619.79	1759.92	0
1998	团体	95738	83211.03	26584.07	1625.66	0
	个人	38864	122563.80	24244.67	106.78	134
	合计	134602	205774.83	50828.74	1732.44	134
1999	团体	412989	358951.64	12119.67	0.00	0
	个人	32508	102519.88	51315.98	2337.77	42
	合计	445497	461471.52	63435.65	2337.77	42
2000	团体	151242	131453.29	17269.11	2672.23	0
	个人	21323	67244.47	48426.66	1623.53	42
	合计	172565	198697.76	65695.77	4295.76	42
2001	团体	379410	329766.41	23801.95	0.53	0
	个人	35301	111325.61	44265.06	5859.42	42
	合计	414711	441092.02	68067.01	5859.95	42
2002	团体	1687840	1467152.76	12104.89	2449.02	1
	个人	16521	51896.65	38988.49	4881.12	42
	合计	1704361	1519049.41	51093.38	7330.14	43
2003	团体	1591337	1383110.82	13304.55	303.98	3
	个人	34693	109697.31	29295.20	3058.03	42
	合计	1626030	1492808.13	42599.75	3362.01	45
2004	团体	1882592	1637114.72	26422.53	1002.71	8085
	个人	69581	217130.30	40957.06	8670.22	88
	合计	1952173	1854245.02	67379.59	9672.93	8173
2005	团体	299260	258152.26	8714.48	3257.60	8085
	个人	79655	246928.84	19529.92	31198.12	133
	合计	378915	505081.10	28244.40	34455.72	8218

投资、分红、现金价值可变型人寿保险

投资、分红、现金价值可变型人寿保险，是寿险市场上的新型产品，被认为是有效抵消通货膨胀给寿险带来的不利影响的新型寿险，是保险企业管理走向成熟，实现

和国际接轨的体现，是寿险产品走上营销之路的重要产物；也是保单持有人在获得保险保障的同时，每年都有获得红利分配的权利，简单的说就是分享保险公司一定的经营成果。与其他新型产品相比，分红产品因具有产品简单、投资风险小等优点而受到消费者青睐。万能保险是指包含保险保障功能并至少在一个投资账户拥有一定资产价值的人身保险产品。万能保险除了同传统寿险一样提供生命保障外，还可以让客户直接参与由保险公司为投保人建立的投资账户内资金的投资活动，将保单的价值与保险公司独立运作的投保人投资账户资金的业绩联系起来。大部分保费用来购买由保险公司设立的投资账户单位，投资专家负责账户内资金的调动和投资决策，将保户的资金投入到各种投资工具上。对投资账户中的资产价值进行核算，并确保投保人在享有账户余额的本金和一定利息保障前提下，借助专家理财进行投资运作的一种理财方式。投资连结保险是一种寿险与投资相结合的寿险产品，保单生效进入投资操作后，保险公司根据客户事先选择的投资方式和投资渠道进行投资，投资收益直接影响客户的收益。因需承担支付操盘人（保险公司）对每张保单平均的手续费和管理费，同时保险公司在保证每张保单获取保险保障之外，扣除死亡风险保险费后，剩余部分将直接划转到客户单独设立的投资账户，因此投连险和万能险最大的特点是身故保险金和现金价值是可变的。代表性的险种有太平洋人寿保险公司推出的万能寿险系列保险和平安寿险公司 1998 年推出的投资连结保险。

分红型保险　分红险指保险公司在每个会计年度结束后，将上一会计年度该类分红保险的可分配盈余，按一定的比例、以现金红利或增额红利的方式，分配给客户的一种人寿保险。

中国人寿安徽省公司　2000年，中国人寿分红保险国寿千禧理财两全保险（分红型）（2000 版）在安徽市场上首次销售，这种抵御通货膨胀给寿险带来的不利影响，也是保险公司将其实际经营成果优于定价假设的盈余，按一定比例向保单持有人进行分配的人寿保险，深受广大客户的喜爱。

2001 年，中国人寿安徽省公司扩大了分红保险的销售，陆续推出了国寿鸿寿年金保险、国寿鸿运少儿两全保险、国寿鸿泰两全保险和国寿鸿福相伴两全保险等险种。特别是国寿鸿泰两全保险险种，首次由合肥邮政储汇局代理销售，当年销售 3000 多万元，很受客户欢迎。

2002 年，银行开办了银行代理保险业务，安徽省工行、农行、中行、建行四大国有银行分别与中国人寿安徽省公司建立了保险代理关系，代办保险业务。在开办银行代理保险业务的初期，银行没有上银保通，中国人寿安徽省公司需要上银行网点讨单，在 2004 年年底与工行开通银保通后，才陆续免去人工讨单。

平安人寿合肥分公司　随着市场不断成熟，保险需求趋于多样化，平安人寿在进行广泛市场调研的基础上创造性的开发出提前给付重大疾病保险，把分红主险与重疾险有机的结合在一起，受到市场的热烈欢迎。公司陆续推出平安鑫利两全保险的产品组合，一直成为安徽保险市场最热销的产品之一。2001 年，平安人寿合肥分公司也开办了分红保险，销售的分红保险有平安鸿利终生寿险、平安鸿盛终生寿险、平安世纪彩虹少儿两全保险、平安鸿祥两全保险、平安常青树终身男性重大疾病保险、平安康乃馨终身女性重大疾病保险。平安鸿祥两全保险（分红型）是平安早期比较热销的产品之一，奠定了现在很多产品基础。2002 年 1 月 8 日，平安人寿合肥分公司发文（平保皖分寿银［2002］001 号）要求全省三级机构全面开展银行网点代收保费工作。2 月 20 日，分公司与安徽省工行联合发文签署合作协议，首批推出千禧红 A、C 款保险业务。

平安鑫利两全保险　鑫利的投保年龄扩展到 28 ~ 60 周岁，交费方式分为 5、10、15、20、30 年交五种，保险期限至被保险人年满 80 周岁，主要的保险责任为：生存保险金 被保险人于主险合同生效之日起每满 2 周年时仍生存，按照基本保险金额的 7% 给付生存保险金；满期生存保险金 被保险人于保险期满时仍生存，按 2 倍基本保险金额给付满期生存保险金，合同终止；身故保险金 若被保险人于 18 周岁前的保单周年日前身故，返还所交保费，并按照年增长率 2.5% 单利增值，本主险合同终止。若被保险人于 18 周岁的保单周年日后（含 18 周岁的保单周年日）身故，按 2 倍基本保险金额给付身故保险金，合同终止。所交保险费按照身故当时的基本保险金额确定的年交保险费计算。以上身故保险金中所称的基本保险金额不包括因红利分配产生的相关利益。

平安鸿祥两全保险　鸿祥是一款分红险，涵盖满期金、身故金、分红等，主要保险责任为：满期生存保险金 被保险人保险期满时仍生存，本公司按保险金额给付生存保险金，保险责任终止；身故保险金 被保险人于保单生效日起一年内因疾病死亡，本公司按保险金额的 10% 给付身故保险金，并无息返还所交保险费，保险责任终止。被保险人因意外伤害身故或于保单生效日起一年内疾病身故，本公司按保险金额给付身故保险金，保险责任终止。另外，在本合同有效期间内，每年将根据分红保险业务的实际经营状况，按照保险监管机关的有关规定确定保单红利的分配。

太平洋人寿合肥分公司太平盛世·长虹两全保险（分红型）　在本合同有效期内，保险人对被保险人负下列保险责任：

意外伤害身故或全残：被保险人于 70 周岁合同生效日对应日前因意外伤害身故或全残，保险人按保险金额的 3 倍给付身故或全残保险金，本合同终止。被保险人于 70 周岁合同生效日对应日及以后因意外伤害身故或全残，保险人按保险金额的 2 倍给付身故或全残保险金，本合同终止。疾病身故或全残：1. 本合同生效（复效）180 天内，被保险人因疾病身故或全残，保险人按保险金额的 10% 给付身故或全残保险金，并无息返还所缴保险费（不包括核保后的加费部分），本合同终止。2. 本合同生效（复效）180 天后，被保险人于 70 周岁合同生效日对应日前因疾病身故或全残，保险人按保险金额的 3 倍给付身故或全残保险金，本合同终止。被保险人于 70 周岁合同生效日对应日及以后因疾病身故或全残，保险人按保险金额的 2 倍给付身故或全残保险金，本合同终止。

生存给付 本合同生效 20 年内，被保险人生存至每满 3 周年合同生效日的对应日，保险人给付生日祝贺金，首次为保险金额的 2%，以后每次在上次给付的基础上增加保险金额的 3%。被保险人生存至 60、70、80 周岁合同生效日对应日，保险人分别按保险金额的 20%、50%、80% 给付祝寿金。

重大疾病提前给付 本合同生效，或复效 2 年后，被保险人确诊初次罹患本合同列明的重大疾病（无论一种或多种），或在保险人认可的医疗机构（二级及以上医疗机构，下同）初次接受了本合同列明的重大手术，并经保险人聘请的医师根据医学及临床经验认定被保险人平均存活期间在 6 个月以内，被保险人可申请重大疾病提前给付，金额为 6 个月后身故保险金的 50%；重大疾病提前给付的申请以一次为限。被保险人全部有效保险合同中，此项给付以人民币 10 万元为限。重大疾病提前给付后不办理退保，且不参加红利分配；重大疾病提前给付后，缴费标准不变，但在给付身故或全残保险金时须扣除已给付的重大疾病提前给付金。

新华人寿合肥分公司 2002 年，新华人寿合肥分公司在安徽市场上推出吉庆有余两全保险、健乐增额终身重大疾病保险（分红型）和红双喜两全保险（分红型），这些险种主要是通过银行代理销售，结果促进了银行代理业务的持续健康发展，同时解决了公司的业务增长问题。

健乐增额终身重大疾病保险（分红型） 保险责任：被保险人于合同生效（或复效）一年内因疾病导致身故或身体全残，本公司按本合同初始基本保险金额的 10% 给付身故或全残保险金，并无息返还所交保险费，本合同终止；被保险人因意外伤害或者于合同生效（或复效）一年后因疾病导致身故或身体全残，本公司按有效保险金额给付身故或全残保险金，本合同终止。

被保险人于合同生效（或复效）一年内初次患本合同所指的重大疾病或初次实施本合同所指手术，本公司按本合同初始基本保险金额的 10% 给付重大疾病保险金，并无息返还所交保险费，本合同终止；被保险人于合同生效（或复效）一年后初次患本合同所指的重大疾病或初次实施本合同所指手术，本公司按有效保险金额给付重大疾病保险金，本合同终止。

红双喜新A款两全保险（分红型） 保险责任：满期生存保险金 被保险人生存至本合同期满，本公司按基本保险金额和累积红利保险金额之和给付满期生存保险金，本合同效力即行终止。

疾病身故保险金 在本合同生效之日起一年内，被保险人因疾病导致身故，本公司按所缴保险费（不包括利息）给付疾病身故保险金，本合同效力即行终止。在本合同生效之日起一年后，被保险人因疾病导致身故，本公司按基本保险金额和累积红利保险金额之和给付疾病身故保险金，本合同效力即行终止。

意外伤害身故保险金 被保险人因意外伤害导致身故，本公司按身故时基本保险金额和累积红利保险金额之和的二倍给付意外伤害身故保险金，本合同效力即行终止。

泰康人寿合肥分公司

2002年，泰康人寿合肥分公司在银行推出了千里马两全保险（分红型）、泰康智慧宝贝终身保险分红型，由于泰康人寿合肥分公司的业务刚刚起步，首年业务发展不高，次年业务才有了较大发展。

千里马两全保险（分红型）B款 该险种的保险责任：满期保险金 被保险人在本合同保险期间届满时仍然生存，向生存保险金受益人给付满期保险金，本合同终止。满期保险金的金额为：一次性缴纳保险费的，满期保险金＝保险金额；年交保险费的，满期保险金＝保险金额 × 保险期间（年数）。

身故保险金 本合同生效之日起1年内，被保险人非因意外伤害导致身故，向身故保险金受益人给付非意外身故保险金，其数额等于已交保险费（不计息）数额，本合同终止。本合同生效之日起1年后，被保险人非因意外伤害导致身故，向身故保险金受益人给付非意外身故保险金，本合同终止。非意外身故保险金的金额为：一次性缴纳保险费的，非意外身故保险金＝保险金额；年交保险费的，非意外身故保险金＝保险金额 × 身故时的保单年度数。被保险人遭受意外伤害事故，并因该次意外伤害直接导致被保险人在该意外伤害事故发生之日起180日内身故，向身故保险金受益人给付意外身故保险金，本合同终止。意外身故保险金的金额为：一次性缴纳保险费的，意外身故保险金＝保险金额 ×2；年交保险费的，意外身故保险金＝保险金额 × 身故时的保单年度数 ×2。

泰康智慧宝贝终身保险分红型 保险责任：生存给付 本合同生存给付有如下三种方式，投保人投保时须选择投保其中任何一种：若本合同分别在被保险人十五、十六和十七周岁生效对应日仍然有效，本公司将按照保险单上所载的保险金额的10%分别给付生存保险金。若本合同在被保险人二十五周岁生效对应日仍然有效，本公司将按照保险单上所载的保险金额的100%给付生存保险金；若本合同分别在被保险人

十八、十九、二十和二十一周岁生效对应日仍然有效，本公司将按照保险单上所载的保险金额的 40% 分别给付生存保险金。若本合同在被保险人二十五周岁生效对应日仍然有效，本公司将按照保险单上所载的保险金额的 100% 给付生存保险金；若本合同分别在被保险人十五、十六和十七周岁生效对应日仍然有效，本公司将按照保险单上所载的保险金额的 10% 分别给付生存保险金。若本合同分别在被保险人十八、十九、二十和二十一周岁生效对应日仍然有效，本公司将按照保险单上所载的保险金额的 40% 分别给付生存保险金。若本合同在被保险人二十五周岁生效对应日仍然有效，本公司将按照保险单上所载的保险金额的 100% 给付生存保险金。

身故给付 被保险人身故，经本公司查核属实，确在本合同保障责任范围以内，本公司按如下规定给付身故保险金，本公司给付身故保险金后，本合同终止。若被保险人在十八周岁生效对应日前身故，身故保险金为下列两项金额的较大者：累计所缴的本合同的保险费；当时本合同的保证现金价值。若被保险人在十八周岁至六十周岁生效对应日之间身故，身故保险金为下列两项金额中的较大者：保险单上所载的保险金额的 200%；当时本合同的保证现金价值；若被保险人在六十周岁生效对应日之后身故，身故保险金为保险单上所载的保险金额。

太平人寿安徽省公司 2004—2005 年，太平人寿在售的分红型人寿保险主要为太平丰登两全保险、太平一生终身寿险、太平福禄双至终身寿险、太平盈丰两全保险、太平盈盛两全保险，养老保险有太平寿比南山养老两全保险、太平福满堂年金保险、太平常青年金保险、太平团体退休金保险，同时销售的太平锦绣前程少儿两全保险也是主打产品之一。2004 年，太平人寿安徽省公司个人承保人数 409 人，保险金额 1015.18 万元，保费收入 537 万元，无给付。2005 年，太平人寿安徽省公司个人承保人数 9261 人，保险金额 28304.38 万元，保费收入 2819.31 万元，给付金额 2.93 万元。

2000—2005 年中国人寿安徽省分红型人寿保险经营情况统计表

表 2-2-25

年度	渠道	承保人数	保险金额（万元）	保费收入（万元）	给付金额（万元）	给付人数
2000	团体	—	—	2601.00	586.56	—
	个人	2	15	9897.97	740.82	—
	合计	2	15	12498.97	1327.38	—
2001	团体	—	—	7129.73	2034.00	—
	个人	302	697.30	29341.56	189.65	—
	合计	302	697.30	36471.29	2223.65	—

续表 2-2-25

年度	渠道	承保人数	保险金额（万元）	保费收入（万元）	给付金额（万元）	给付人数
2002	团体	—	—	13496.55	4.72	—
	个人	1762	2924.40	134865.36	45.56	—
	合计	1762	2924.40	148361.91	50.28	—
2003	团体	—	—	1488.41	1103.63	—
	个人	3468	5316.10	125048.82	149.86	—
	合计	3468	5316.10	126537.23	1253.49	—
2004	团体	154254	1279381357.13	94922.43	6.08	—
	个人	834347	14780663787.02	357315.67	2610.34	208
	合计	988601	16060045144.15	452238.10	2616.42	208
2005	团体	136276	1134098579.53	40442.04	7770.38	—
	个人	1054891	13410297870.03	429532.42	6929.84	65152
	合计	1191167	14544396449.56	469974.46	14700.22	65152

1996—2005 年太平洋人寿安徽省分红型人寿保险经营情况统计表

表 2-2-26

年度	渠道	承保人数	保险金额（万元）	保费收入（万元）	给付金额（万元）	给付人数
1996	团体	0	0.00	0.00	0.00	0
	个人	1175	3389.49	417.84	0.00	0
	合计	1175	3389.49	417.84	0.00	0
1997	团体	0	0.00	0.00	0.00	0
	个人	1939	5593.83	689.58	0.00	0
	合计	1939	5593.83	689.58	0.00	0
1998	团体	0	0.00	0.00	0.00	0
	个人	1371	3954.89	487.54	0.00	0
	合计	1371	3954.89	487.54	0.00	0
1999	团体	0	0.00	0.00	0.00	0
	个人	1774	5116.03	630.68	0.00	0
	合计	1774	5116.03	630.68	0.00	0
2000	团体	0	0.00	0.00	0.00	0
	个人	1001	2886.55	355.84	0.00	0
	合计	1001	2886.55	355.84	0.00	0

续表 2-2-26

年度	渠道	承保人数	保险金额（万元）	保费收入（万元）	给付金额（万元）	给付人数
2001	团体	0	0.00	0.00	0.00	0
	个人	860	2481.81	305.95	0.00	0
	合计	860	2481.81	305.95	0.00	0
2002	团体	0	0.00	0.00	0.00	0
	个人	18525	53436.76	6587.43	8.12	0
	合计	18525	53436.76	6587.43	8.12	0
2003	团体	0	0.00	0.00	0.00	0
	个人	47796	137872.00	16996.20	34.77	0
	合计	47796	137872.00	16996.20	34.77	0
2004	团体	42	120.30	14.83	0.30	0
	个人	42973	123961.71	15281.40	93.92	213
	合计	43015	124082.01	15296.23	94.22	213
2005	团体	456	1314.94	162.10	0.00	0
	个人	56011	161569.26	19917.48	80.93	213
	合计	56467	162884.20	20079.58	80.93	213

2001—2005 年平安人寿安徽省分红型人寿保险经营情况统计表

表 2-2-27

年度	渠道	保费收入（万元）
人数	团体	1016.08
	个人	17973.26
	合计	18989.34
2002	团体	22193.09
	个人	44570.13
	合计	66763.22
2003	团体	24351.48
	个人	58170.79
	合计	82522.27
2004	团体	3152.23
	个人	47716.63
	合计	50868.86
2005	团体	3490.14
	个人	46351.83
	合计	49841.97

2002—2005年新华人寿安徽省分红型人寿保险经营情况统计表

表2-2-28

年度	渠道	承保人数	保险金额（万元）	保费收入（万元）	赔款金额（万元）	给付人数
2002	团体	0	0.00	0.00	0.00	0
	个人	4254	9383.04	4467.41	20.93	2
	合计	4254	9383.04	4467.41	20.93	2
2003	团体	0	0.00	0.00	0.00	0
	个人	3170	41260.97	19959.41	15.73	6
	合计	3170	41260.97	19959.41	15.73	6
2004	团体	0	0.00	0.00	0.00	0
	个人	33519	55446.56	33915.99	57.97	35
	合计	33519	55446.56	33915.99	57.97	35
2005	团体	0	0.00	0.00	76.97	5
	个人	44057	95899.14	45829.61	140.25	77
	合计	44057	95899.14	45829.61	217.22	82

2002—2005年泰康人寿安徽省分红型人寿保险经营情况统计表

表2-2-29

年度	渠道	保费收入（万元）	赔款金额（万元）
2002	团体	420.20	0.00
	个人	9695.02	0.14
	合计	10115.22	0.14
2003	团体	2172.36	0.00
	个人	27456.30	11.06
	合计	29628.66	11.06
2004	团体	1195.87	0.00
	个人	47755.29	0.00
	合计	48951.16	0.00
2005	团体	3326.57	0.00
	个人	43598.49	0.00
	合计	46925.06	0.00

2004—2005年太平人寿安徽省分红型人寿保险经营情况统计表

表2-2-30

年度	渠道	保费收入（万元）	赔款金额（万元）
2004	团体	0.00	0.00
	个人	453.83	0.00
	合计	453.83	0.00
2005	团体	0.00	0.00
	个人	2819.31	2.93
	合计	2819.31	2.93

1996—2005年安徽省分红型人寿保险经营情况统计表

表2-2-31

年度	渠道	承保人数	保险金额（万元）	保费收入（万元）	赔款金额（万元）	给付人数
1996	团体	0	0.00	0.00	0.00	0
	个人	1175	3389.49	417.84	0.00	0
	合计	1175	3389.49	417.84	0.00	0
1997	团体	0	0.00	0.00	0.00	0
	个人	1939	5593.83	689.58	0.00	0
	合计	1939	5593.83	689.58	0.00	0
1998	团体	0	0.00	0.00	0.00	0
	个人	1371	3954.89	487.54	0.00	0
	合计	1371	3954.89	487.54	0.00	0
1999	团体	0	0.00	0.00	0.00	0
	个人	1774	5116.03	630.68	0.00	0
	合计	1774	5116.03	630.68	0.00	0
2000	团体	0	0.00	2601.00	586.56	0
	个人	1001	2886.55	10253.81	740.82	0
	合计	1001	2886.55	12854.81	1327.38	0
2001	团体	0	0.00	8145.81	2034.00	0
	个人	860	2481.81	47620.76	189.65	0
	合计	860	2481.81	55766.57	2223.65	0
2002	团体	0	0.00	36109.84	4.72	0
	个人	22779	62819.80	200185.35	74.75	2
	合计	22779	62819.80	236295.19	79.47	2

续表 2-2-31

年度	渠道	承保人数	保险金额（万元）	保费收入（万元）	赔款金额（万元）	给付人数
2003	团体	0	0.00	28012.26	1103.63	0
	个人	50966	179132.97	247631.51	211.42	6
	合计	50966	179132.97	275643.77	1315.05	6
2004	团体	154296	1279381477.43	99285.36	6.38	0
	个人	910839	14780843195.29	502438.82	2762.23	248
	合计	1065135	16060224672.72	601724.18	2768.61	248
2005	团体	136732	1134099894.47	47420.85	7847.35	5
	个人	1154959	13410555338.43	588049.13	7153.95	290
		1291691	14544655232.90	635469.98	15001.30	295

万能型保险　在 2002—2005 年安徽保险市场上，只有太平洋人寿合肥分公司和泰康人寿合肥分公司销售万能险。首先由太平洋人寿合肥分公司推出太平盛世·长发两全保险（万能型）和众恒团体年金保险（万能型），到了 2005 年泰康人寿合肥分公司推出泰康卓越财富终身寿险（万能型）和泰康放心理财终身寿险（万能型）保险。万能险种的推出使寿险业务达到快速发展，使寿险业的保险深度与密度得到提升，成为中国保险市场管理走向成熟的标志。

太平洋人寿合肥分公司　2002 年太平洋人寿推出万能保险产品，当年实现保费收入 0.15 亿元，占全省人身险总保费 0.31%；2003 年依靠太平洋万能团体年金产品（趸缴），全省万能险产品保费收入增至 1.8 亿元。

太平盛世·长发两全保险（万能型）　凡年满 10 ~ 64 周岁，身体健康能正常劳动或工作的人均可作为被保险人。保险期间分 10 年、15 年、20 年、25 年，以及至被保险人 55 周岁、60 周岁、65 周岁，共 7 种，供投保时选定。保险金额在投保时约定，最低为人民币 10000 元。保险责任为：被保险人生存至保险期满，保险金额为满期日个人账户余额全数；被保险人在保单生效 180 天内因疾病身故或全残，保险人给付身故或全残保险金，给付金额为即时保险金额的 10% 与保险事故发生日个人账户余额之和，保险责任终止；被保险人因意外伤害身故或全残，或者于合同生效 180 天后因疾病身故或全残，保险公司给付身故或全残保险金，给付金额为即时保险金额与保险事故发生日个人账户余额之和，保险责任终止。

众恒团体年金保险 A 款（万能型）　企事业或其他集体单位可作为投保人，为具有保险利益的被保险人向保险公司投保。保险责任：

年金给付 一次性领取年金，保险人按该被保险人个人账户余额一次性给付年金。

按年或按月领取年金，保险人根据投保人选择的年金类型，将个人账户余额转换为按年或按月领取年金。身故保障：被保险人在约定年金领取日前身故，保险人按其保险事故发生日个人账户中余额给付身故保险金。

全残保险金 被保险人在约定的年金领取日前全残，保险人按其保险事故发生日个人账户中余额给付全残保险金。

离职保险金 被保险人在约定年金领取日前离职，保险人按其个人账户中被保险人名下账户余额一次性给付离职保险金。

2000—2005 年太平洋寿险安徽省万能保险业务经营情况统计表

表 2-2-32

年度	保险金额	保费收入	赔款	赔付率（%）
1986	4200000	39000	—	—
1987	3000000	33000	—	—
1988	4700000	33000	21000	63.64
1989	4654000	51000	—	—
1990	2350000	27000	8000	29.63

泰康人寿安徽省公司 2005 年泰康人寿安徽省公司推出泰康卓越财富终身寿险（万能型）和泰康放心理财终身寿险（万能型），当年度在安徽市场销售保费收入为 325.20 万元。

泰康卓越财富终身寿险（万能型） 投保条件为出生满 60 天 ~ 70 岁。保险责任：在合同有效期内，若被保险人不幸身故，身故保险金为以下两项金额之和：（一）被保险人身故之日的保险金额；（二）被保险人身故之日的个人账户价值，合同终止。

泰康放心理财终身寿险（万能型） 产品特色是收益保底，意外双倍；持续奖金，不断增值；保单增值，快速透明；专家理财，放心无忧；灵活领取，轻松变现。

放心理财终身寿险（万能型）产品形态

<table>
<tr><td>缴费方式</td><td>趸缴</td><td>保险期间</td><td>终身</td><td>初始费用</td><td>9%</td></tr>
<tr><td>保险责任</td><td colspan="5">被保险人疾病身故时，给付下列二者之大者：（1）账户价值；（2）所缴保费 - 部分领取金额
意外身故时，再给付 1 倍账户价值（该项给付 65 岁前最高 100 万元，65 岁后最高 5000 元）</td></tr>
<tr><td>保底收益率</td><td colspan="5">每月不保证，前十年保证年结算利率为 2.0%，十年后每五年可调整一次保证利率</td></tr>
</table>

部分领取手续费	每次收取 25 元
保单管理费	每月 0.5%× 账户价值 /12，最低为 5 元
退保费用	无
风险保障成本	无
持续奖金	第 2、4、6、8 年：每年发放 1%× 当时账户价值；第 10 年发放 3% × 当时账户价值 即初始费用为 9%，前十年共返还 7%

投资连结保险 投资连结保险是一种寿险与投资相结合的寿险产品，投连险最大的特点就是身故保险金和现金价值是可变的。经营投连险的保险公司需要单独设立投资账户，将保户缴纳的保费扣除经营成本和弥补当年赔付所需费用之后的余额（也就是传统寿险中被作为现金价值积累起来的部分）转入分离的投资账户，而保户可以在规定的范围内指定资金的投资方向，多数保险公司提供的投资途径有普通股票基金、债券基金以及其他基金等。投资连结保险是一种融保险与投资功能于一身的新险种。设有保证收益账户、发展账户和基金账户等多个账户。每个账户的投资组合不同，收益率就不同，投资风险也不同。1999 年 10 月之前，公司开发的大多都是储蓄型产品，这种产品在当时对保险意识并不高的市民来讲，无疑具有吸引力。然而随着人们对保险认识的不断加深以及收入的提高，人们迫切需要一种既有保障又可理财的新型保险产品问世。为满足广大市民的需求，同时也为化解储蓄型产品给公司带来的经营风险，平安人寿经过较长时间的准备，于 1999 年 10 月 23 日迈出了具有里程碑意义的一步，推出大陆第一代投资连结保险产品——平安世纪理财。2001 年 2 月 26 日，平安人寿合肥分公司向中国保险监督管理委员会合肥特派员办事处报备，合肥分公司将于 2001 年 3 月起在合肥范围内销售平安世纪理财投资连结保险，成为安徽保险市场上唯一一家开办投资连结保险的公司。

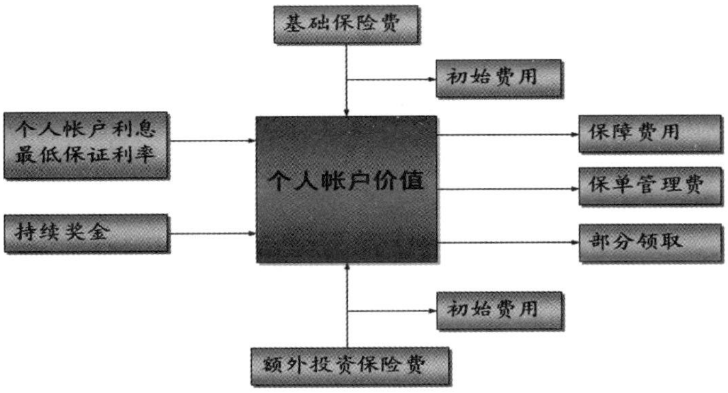

图2-2-1 万能险个人账户运作示意图

平安世纪理财投资连结保险 主要保险责任：身故保险金 被保险人在保险期间内身故，本公司根据合同项下的投资单位价值总额或者保险金额，取二者中金额较大者，给付身故保险金，本合同终止；全残保险金 被保险人在保险期间内于六十周岁的保单周年日之前发生全残，本公司本合同项下的投资价值总额或者保险金额，取二者中金额较大者，给付全残保险金，本合同终止；豁免保险费 被保险人在保险期间内于六十周岁的保单周年日之前因疾病或意外伤害事故导致失能，投保人免交豁免期间内的保险费，本合同继续有效；满期保险金 被保险人在保险期满时仍生存，则自保险期满后的五年内，受益人可随时申请给付满期保险金，本公司按照本合同项下投资单位价值总额给付，本合同终止；满期特别给付金 被保险人在保险期满时仍生存，受益人可在保险期满后的 30 日内，申请给付满期特别给付金。每份本保险的满期特别给付金为人民币 1880 元。如逾期不申请领取，满期特别给付金将自动转入投资账户，本公司按照保险期满 30 日后的下一个资产评估日的投资单位买入价计算相应的投资单位数；可保选择权 在本合同有效期内，经本公司同意投保人可在第二、四、六、八个报单周年日，选择投保本保险的一份新保险合同。可保选择权应于规定的保单周年日后 30 日内行使。逾期未行使的，本公司可视同投保人自动放弃可保选择权。新合同的新保险费和保险金额按照投保人行使可保选择权时本公司相应规定和被保险人当时的实际年龄确定。

2002—2005 年平安人寿安徽省投资连结保险经营情况统计表

表 2-2-33

年度	渠道	保费收入（万元）	给付金额（万元）
2002	团体	0.00	0.00
	个人	2642.03	0.00
	合计	2642.03	0.00
2003	团体	0.00	0.00
	个人	2040.21	0.00
	合计	2040.21	0.00
2004	团体	0.00	0.00
	个人	1780.48	0.00
	合计	1780.48	0.00
2005	团体	0.00	0.00
	个人	1662.13	0.00
	合计	1662.13	0.00

第二节 意外伤害保险

意外伤害保险是指被保险人因外来、突发、非本意的意外因素致使身体受到伤害，导致身体遗留残疾、部分器官功能丧失或身故时，保险人按照保险合同承担给付保险金责任的人身保险。主要包括意外致残给付、丧失工作能力给付、五官功能缺陷给付、意外身故给付，以及医疗费用给付。

安徽保险市场最早推介的意外伤害保险险种主要有团体意外伤害保险（以下简称团意险）、个人意外伤害保险、航空乘客人身意外伤害保险、乘车人意外伤害保险（包括铁路旅客人身意外保险、公路旅客人身意外伤害保险、船舶乘员人身意外伤害保险）、师生团体平安保险（以下简称师生险）、旅游人身意外险等。意外险的共同特点是费率低，保额高，保险期限短（最长为一年，最短仅几天，甚至几个小时，如航空乘客人身意外伤害保险、乘车人意外伤害保险），发生意外伤害（符合外来、突发、非本意三要素）事故，保险当事人双方责任容易区分，理赔操作便捷，解决问题效果明显，因此受到社会的认同和群众的认可。各地政府大力支持保险公司经办意外伤害保险，成为该险种快速发展的重要原因之一。各家保险公司无论何时进入安徽保险市场，首先开拓经营的险种就是意外伤害保险，且条款内容、费率接近，相似甚至相同。2002 年经中国保监委批准，经营财产险的保险公司也可开展短期意外险的承保，从此拉开了所有保险主体均能办理意外伤害保险的序幕。另外各家保险公司根据机构设置的区域特点和自身管理情况，推出了局部或特殊群体需求的意外伤害险种，如黄山、九华山风景区的索道乘客意外保险，芜湖、安庆、马鞍山的船舶乘客意外险都是具有区域特色的意外伤害保险。

1996—2005 年中国人寿安徽省意外伤害保险经营情况统计表

表 2-2-34

年度	渠道	承保人数	保险金额（万元）	保费收入（万元）	赔款金额（万元）
1996	团体	—	—	12607.22	6459.64
	个人	—	—	0.00	0.00
	合计	—	—	12607.22	6459.64
1997	团体	—	—	16335.08	7575.90
	个人	—	—	0.00	0.00
	合计	—	—	16335.08	7575.90

续表 2-2-34

年度	渠道	承保人数	保险金额（万元）	保费收入（万元）	赔款金额（万元）
1998	团体	—	—	12638.75	8508.41
	个人	—	—	0.00	0.00
	合计	—	—	12638.75	8508.41
1999	团体	—	—	14918.78	8599.93
	个人	—	—	4980.15	876.94
	合计	—	—	19898.93	9476.87
2000	团体	—	—	3080.05	235.47
	个人	—	—	21979.95	9387.19
	合计	—	—	25060.00	9622.66
2001	团体	—	—	2530.38	867.86
	个人	—	—	17018.34	8035.00
	合计	—	—	19548.72	8902.86
2002	团体	—	—	3052.98	1198.10
	个人	—	—	17360.32	8834.03
	合计	—	—	20413.30	10032.13
2003	团体	—	—	709.33	635.35
	个人	—	—	4973.30	3331.87
	合计	—	—	5682.63	3967.22
2004	团体	—	—	2188.51	1222.93
	个人	6726605	270504516136.22	9545.96	5819.52
	合计	6726605	270504516136.22	11734.47	7042.45
2005	团体	—	—	2674.75	529.31
	个人	8774981	244336904154.13	9142.51	3035.22
	合计	8774981	244336904154.13	11817.26	3564.53

1996—2005年太平洋人寿安徽省意外伤害保险经营情况统计表

表 2-2-35

年度	渠道	承保人数	保险金额（万元）	保费收入（万元）	赔款金额（万元）	给付人数
1996	团体	4652	30527.04	122.49	37.82	75
	个人	0	0.00	0.00	1.90	5
	合计	4652	30527	122	40	80
1997	团体	9942	65243.49	261.79	60.15	0
	个人	38945	39598.75	118.05	0.54	0
	合计	48887	104842	380	61	0
1998	团体	7409	48617.97	195.08	90.14	125
	个人	0	0.00	0.00	0.15	2
	合计	7409	48618	195	90	127
1999	团体	12761	83740.65	336.01	125.29	261
	个人	2969	3018.96	9.00	1.88	7
	合计	15730	86760	345	127	268
2000	团体	13668	89692.04	359.89	144.28	251
	个人	0	0.00	0.00	0.53	7
	合计	13668	89692	360	145	258
2001	团体	15529	101903.85	408.89	159.06	251
	个人	21559	21921.03	65.35	0.00	7
	合计	37088	123825	474	159	258
2002	团体	55553	364554.68	1462.78	180.21	451
	个人	45565	46329.83	138.12	23.62	7
	合计	101118	410885	1601	204	458
2003	团体	79736	523249.26	2099.54	594.23	251
	个人	199618	202968.00	605.08	81.32	7
	合计	279354	726217	2705	676	258
2004	团体	67853	445270.46	1786.65	644.09	776
	个人	230379	234244.87	698.32	151.08	36
	合计	298232	679515	2485	795	812
2005	团体	117934	773913.54	3105.33	606.34	776
	个人	246616	250754.75	747.54	158.39	36
	合计	364550	1024668	3853	765	812

1996—2005年平安人寿安徽省意外伤害保险经营情况统计表

表2-2-36

年度	渠道	保费收入（万元）	赔款金额（万元）
1996	团体	382.17	247.74
	个人	108.73	14.80
	合计	490.90	262.54
1997	团体	236.36	54.04
	个人	94.73	32.76
	合计	331.09	86.80
1998	团体	586.71	137.61
	个人	251.70	58.72
	合计	838.41	196.33
1999	团体	623.99	10.66
	个人	247.46	27.87
	合计	871.45	38.53
2000	团体	291.24	107.40
	个人	535.63	64.32
	合计	826.87	171.72
2001	团体	898.73	173.43
	个人	766.71	151.82
	合计	1665.44	325.25
2002	团体	985.27	139.40
	个人	863.37	150.48
	合计	1848.64	289.88
2003	团体	1163.71	152.02
	个人	778.40	142.59
	合计	1942.11	294.61
2004	团体	1066.81	201.61
	个人	721.05	103.09
	合计	1787.86	304.70
2005	团体	1256.82	240.94
	个人	655.23	132.92
	合计	1912.05	373.86

2002—2005年新华人寿安徽省意外伤害保险经营情况统计表

表2-2-37

年度	渠道	承保人数	保险金额（万元）	保费收入（万元）	赔款金额（万元）	给付人数
2002	团体	568	2254.60	0.59	0.00	0
	个人	10587	179317.60	26.18	0.38	31
	合计	11155	181572.2	26.77	0.38	31
2003	团体	120155	376288.30	45.34	0.00	0
	个人	1902	3838.88	18.79	6.90	26
	合计	122057	380127.18	64.13	6.9	26
2004	团体	5154	21946.30	92.85	1.01	2
	个人	4202	3064.43	39.22	8.10	36
	合计	9356	25010.73	132.07	9.11	38
2005	团体	68276	58640.90	315.00	43.35	20
	个人	6686	4269.09	57.74	16.88	134
	合计	74962	62909.99	372.74	60.23	154

2002—2005年泰康人寿安徽省意外伤害保险经营情况统计表

表2-2-38

年度	渠道	保费收入（万元）	赔款金额（万元）
2002	团体	9.19	0.10
	个人	15.40	0.58
	合计	24.59	0.68
2003	团体	206.98	27.26
	个人	71.93	2.35
	合计	278.91	29.61
2004	团体	527.32	198.34
	个人	148.88	27.28
	合计	676.20	225.62
2005	团体	757.41	259.85
	个人	189.14	26.38
	合计	946.55	286.23

2004—2005年太平人寿安徽省意外伤害保险经营情况统计表

表2-2-39

年度	渠道	保费收入（万元）	赔款金额（万元）
2004	团体	3.12	0.00
	个人	2.54	0.00
	合计	5.66	—
2005	团体	59.10	0.07
	个人	149.29	0.01
	合计	208.39	—

1996—2005年安徽省意外伤害保险经营情况统计表

表2-2-40

年度	渠道	承保人数	保险金额（万元）	保费收入（万元）	赔款金额（万元）	给付人数
1996	团体	4652	30527.04	13111.88	6745.20	75
	个人	0	0.00	108.73	16.70	5
	合计	4652	30527.04	13220.61	6761.90	80
1997	团体	9942	65243.49	16833.23	7690.09	0
	个人	38945	39598.75	212.78	33.30	0
	合计	48887	104842.24	17046.01	7723.39	0
1998	团体	7409	48617.97	13420.54	8736.16	125
	个人	0	0.00	251.70	58.87	2
	合计	7409	48617.97	13672.24	8795.03	127
1999	团体	12761	83740.65	15878.78	8735.88	261
	个人	2969	3018.96	5236.61	906.69	7
	合计	15730	86759.61	21115.39	9642.57	268
2000	团体	13668	89692.04	3731.18	487.15	251
	个人	0	0.00	22515.58	9452.04	7
	合计	13668	89692.04	26246.76	9939.19	258
2001	团体	15529	101903.85	3838.00	1200.35	251
	个人	21559	21921.03	17850.40	8186.82	7
	合计	37088	123824.88	21688.40	9387.17	258

续表 2-2-40

年度	渠道	承保人数	保险金额（万元）	保费收入（万元）	赔款金额（万元）	给付人数
2002	团体	56121	366809.28	5510.81	1517.81	451
	个人	56152	225647.43	18403.38	9009.09	38
	合计	112273	592456.71	23914.19	10526.90	489
2003	团体	199891	899537.56	4224.90	1408.86	251
	个人	201520	206806.88	6447.50	3565.02	33
	合计	401411	1106344.44	10672.40	4973.88	284
2004	团体	73007	467216.76	5665.27	2267.99	778
	个人	6961186	270504753445.52	11155.97	6109.08	72
	合计	7034193	270505220662.28	16821.24	8377.07	850
2005	团体	186210	832554.44	8168.41	1679.87	796
	个人	9028283	244337159177.97	10941.44	3369.80	170
		9214493	244337991732.41	19109.85	5049.67	966

团体投保的人身意外伤害保险

团体人身意外伤害保险　企事业单位、社会团体人员凡 8 人以上的投保，视为集体投保，承保对象无性别、年龄要求，费率按照被保险人所处环境和从事工作危险程度确定，一般在 2‰～9‰之间，保险金额由投保人决定，保险期限最长一年，最短一个月。被险保人在保险期内一旦发生意外风险，保险公司根据外来、突发、非本意的原则确定后，根据人体不同器官和不同部位功能丧失情况，确定赔付比例，保险赔款直接赔付给被保险人本人或亲属，单位或法人不得受益。

1988 年 1 月，省劳动局、省总工会、人保安徽省公司联合下发《关于工厂、矿山企业职工参加团体人身意外伤害保险的联合通知》，促进了团意险在全省工矿企业的开展。

1989 年，省公司在全省人险工作会议上提出，扩大团意险的承保面，进一步在深度和广度上下功夫。各地应积极争取有关部门的配合，在企、事业单位中广泛开展团意险，以保障受雇劳动者的利益。为满足人们对各种人身保险的需求，是年 2 月 14 日，省公司下发了《关于开办人身意外伤害满期还本保险有关问题的通知》《人身意外伤害满期还本保险试行条款》和《人身意外伤害满期还本保险实务手续》。人身意外伤害满期还本保险除在交费方式和保险期限方面与团意险有区别外，其它方面基本与团意险一致。该险种收取本金，保费收入来源于利息，期满时本金返还给被保险人，保险期限定为1年、3年、5年、8年4种，同时还可以采用个人投保的方式。

1990年2月，人保安徽省公司在《对合肥市公司关于个人投保意外险问题的批复》中提出，个人欲投保意外险可暂用团意险的条款办理。1990年人保安徽省公司意外险保费收入4183万元，占整个人身险保费收入17.98%，全年给付金额1649.2万元，给付率39.4%。

1996年，中国人民保险公司分业经营，中保人寿继承中国人民保险公司的人身险业务，中保人寿安徽省公司继续开展团意险业务，并在此基础上演变成多种团意险，业务得到迅速发展。随后平安人寿合肥分公司、太平洋人寿合肥分公司都开办了团意险，2002年以后陆续有新华人寿合肥分公司、泰康人寿合肥分公司、太平人寿合肥分公司加入竞争，开办了该项业务。

1996—2005年中国人寿安徽省一般意外伤害保险业务经营情况统计表

表2-2-41

年度	渠道	保费收入（万元）	赔款金额（万元）
1996	团体	6725.97	3331.52
	个人	0.00	0.00
	合计	6725.97	3331.52
1997	团体	10009.18	4384.16
	个人	0.00	0.00
	合计	10009.18	4384.16
1998	团体	8349.07	5873.67
	个人	0.00	0.00
	合计	8349.07	5873.67
1999	团体	5745.43	2711.22
	个人	2952.07	869.04
	合计	8697.50	3580.26
2000	团体	3080.05	235.47
	个人	8648.44	4121.17
	合计	11728.49	4356.64
2001	团体	2530.38	867.86
	个人	16994.51	8035.00
	合计	19524.89	8902.86
2002	团体	3052.98	1198.10
	个人	4578.26	1882.30
	合计	7631.24	3080.40

续表 2-2-41

年度	渠道	保费收入（万元）	赔款金额（万元）
2003	团体	709.33	635.35
	个人	1991.00	890.80
	合计	2700.33	1526.15
2004	团体	2188.51	1222.93
	个人	4159.12	2286.27
	合计	6347.64	3509.21
2005	团体	2674.75	529.31
	个人	4319.57	2280.74
	合计	6994.31	2810.06

1996—2005 年太平洋人寿安徽省一般意外伤害保险业务经营情况统计表

表 2-2-42

年度	渠道	承保人数	保险金额（万元）	保费收入（万元）	赔款金额（万元）	给付人数
1996	团体	3940	23140.14	92.85	13.18	34
	个人	0	0.00	0.00	1.88	4
	合计	3940	23140.14	92.85	15.06	38
1997	团体	5146	30225.49	121.28	6.73	0
	个人	38945	39598.75	118.05	0.54	0
	合计	44091	69824.23	239.33	7.27	0
1998	团体	4561	26788.73	107.49	8.23	15
	个人	0	0.00	0.00	0.15	2
	合计	4561	26788.73	107.49	8.38	17
1999	团体	5579	32767.54	131.48	50.52	94
	个人	2969	3018.96	9.00	1.88	7
	合计	8548	35786.50	140.48	52.40	101
2000	团体	7617	44742.59	179.53	68.33	84
	个人	0	0.00	0.00	0.53	7
	合计	7617	44742.59	179.53	68.86	91
2001	团体	9173	53879.02	216.19	100.94	84
	个人	21559	21921.03	65.35	0.00	7
	合计	30732	75800.06	281.54	100.94	91
2002	团体	52289	307139.21	1232.40	75.27	184
	个人	45463	46225.84	137.81	23.62	7
	合计	97752	353365.05	1370.20	98.90	191

续表 2-2-42

年度	渠道	承保人数	保险金额（万元）	保费收入（万元）	赔款金额（万元）	给付人数
2003	团体	70973	416884.36	1672.75	316.45	84
	个人	199618	202968.00	605.08	81.32	7
	合计	270591	619852.36	2277.83	397.77	91
2004	团体	54259	318711.20	1278.83	279.16	582
	个人	230379	234244.87	698.32	151.08	36
	合计	284638	552956.07	1977.15	430.25	618
2005	团体	107934	633986.09	2543.87	423.74	582
	个人	246616	250754.75	747.54	156.15	36
	合计	354550	884740.84	3291.41	579.89	618

1996—2005 年平安人寿安徽省一般意外伤害保险业务经营情况统计表

表 2-2-43

年度	渠道	保费收入（万元）	赔款金额（万元）
1996	团体	382.17	247.74
	个人	108.73	14.80
	合计	490.90	262.54
1997	团体	236.36	54.04
	个人	94.73	32.76
	合计	331.09	86.80
1998	团体	586.71	137.61
	个人	251.70	58.72
	合计	838.41	196.33
1999	团体	623.99	10.66
	个人	247.46	27.87
	合计	871.45	38.53
2000	团体	291.24	107.40
	个人	535.63	64.32
	合计	826.87	171.72
2001	团体	898.73	173.43
	个人	766.71	151.82
	合计	1665.44	325.24

续表 2-2-43

年度	渠道	保费收入（万元）	赔款金额（万元）
2002	团体	985.27	139.40
	个人	863.37	150.48
	合计	1848.63	289.88
2003	团体	1163.71	152.02
	个人	778.40	142.59
	合计	1942.11	294.61
2004	团体	1066.81	201.61
	个人	721.05	103.09
	合计	1787.87	304.70
2005	团体	1256.82	240.94
	个人	655.23	132.92
	合计	1912.05	373.86

2002—2005 年新华人寿安徽省一般意外伤害保险业务经营情况统计表

表 2-2-44

年度	渠道	承保人数	保险金额（万元）	保费收入（万元）	赔款金额（万元）	给付人数
2002	团体	568	2254.60	0.59	0.00	0
	个人	10587	179317.60	26.18	0.38	31
	合计	11155	181572.20	26.77	0.38	31
2003	团体	54621	245220.30	28.79	0.00	0
	个人	1902	3838.88	18.79	6.90	26
	合计	56523	249059.18	47.58	6.90	26
2004	团体	5154	21946.30	67.92	1.01	2
	个人	4202	3064.43	39.22	8.10	36
	合计	9356	25010.73	107.14	9.11	38
2005	团体	23	1011.50	261.49	42.35	19
	个人	6686	4269.09	57.74	16.88	134
	合计	6709	5280.59	319.23	59.23	153

2002—2005年泰康人寿安徽省一般意外伤害保险业务经营情况统计表

表2-2-45

年度	渠道	保费收入（万元）	赔款金额（万元）
2002	团体	7.16	0.10
	个人	15.40	0.58
	合计	22.56	0.68
2003	团体	157.04	14.05
	个人	71.93	2.35
	合计	228.97	16.40
2004	团体	260.36	80.90
	个人	148.88	27.28
	合计	409.24	108.18
2005	团体	431.69	100.83
	个人	189.14	26.38
	合计	620.83	127.21

2004—2005年太平人寿安徽省一般意外伤害保险业务经营情况统计表

表2-2-46

年度	渠道	保费收入（万元）	赔款金额（万元）
2004	团体	3.12	0.00
	个人	2.54	0.00
	合计	5.66	0.00
2005	团体	57.07	0.07
	个人	149.29	0.01
	合计	206.36	0.08

1996—2005年安徽省一般意外伤害保险业务经营情况统计表

表2-2-47

年度	渠道	承保人数	保险金额（万元）	保费收入（万元）	赔款金额（万元）	给付人数
1996	团体	3940	23140.14	7200.99	3592.44	34
	个人	0	0.00	108.73	16.68	4
	合计	3940	23140.14	7309.72	3609.12	38
1997	团体	5146	30225.49	10366.82	4444.93	0
	个人	38945	39598.75	212.78	33.30	0
	合计	44091	69824.23	10579.60	4478.23	0

续表 2-2-47

年度	渠道	承保人数	保险金额（万元）	保费收入（万元）	赔款金额（万元）	给付人数
1998	团体	4561	26788.73	9043.27	6019.51	15
	个人	0	0.00	251.70	58.87	2
	合计	4561	26788.73	9294.97	6078.38	17
1999	团体	5579	32767.54	6500.90	2772.40	94
	个人	2969	3018.96	3208.53	898.79	7
	合计	8548	35786.50	9709.43	3671.19	101
2000	团体	7617	44742.59	3550.82	411.20	84
	个人	0	0.00	9184.07	4186.02	7
	合计	7617	44742.59	12734.89	4597.22	91
2001	团体	9173	53879.02	3645.30	1142.23	84
	个人	21559	21921.03	17826.57	8186.82	7
	合计	30732	75800.06	21471.87	9329.04	91
2002	团体	52857	309393.81	5278.40	1412.87	184
	个人	56050	225543.44	5621.01	2057.36	38
	合计	108907	534937.25	10899.41	3470.24	222
2003	团体	125594	662104.66	3731.62	1117.87	84
	个人	201520	206806.88	3465.20	1123.96	33
	合计	327114	868911.54	7196.82	2241.83	117
2004	团体	59413	340657.50	4865.56	1785.62	584
	个人	234581	237309.30	5769.14	2575.83	72
	合计	293994	577966.80	10634.70	4361.45	656
2005	团体	107957	634997.59	7225.69	1337.25	601
	个人	253302	255023.84	6118.50	2613.08	170
	合计	361259	890021.43	13344.20	3950.33	771

师生团体平安保险 师生团体平安保险是针对在校就读学生的保险，是保险行业尊师重教，解决学校、家庭后顾之忧的体现。1985 年开展之初只限在小学、初中、高中在校就读的学生中开展，随之延伸至幼儿园小朋友、在校就读大、中专院校的学生，嗣后扩展至学校、幼儿园的老师，凡集体投保的学校、幼儿园的老师也可享受同等费率，参加师生团体平安保险（大中专院校老师除外），所以 1985 年 12 月末，保险公司将原学生平安保险条款改为师生团体平安保险条款。师生团体平安保险条款最初保险费率为 2‰，1987 年调整为 2.5‰，其中 1‰为基本伤残保险费率，1.5‰为附加医疗保险费率。师生团体平安保险保额各投保院校多选择在 1000 ~ 3000 元，1990 年后，保额选择在 2000 ~ 5000 元。承担保险责任为：在保师生无论在校内、校外，因意外致伤残、

身故均可获得一定比例保险金赔付或全额保险金的赔付、一定比例的医疗费赔付。师生团体平安保险的承保操作多由保险公司委托学校统一收费，统一提供被险保人员明细名册，统一到保险公司办理承保手续，代理手续费控制在10%以内。在保险期间被险保人出险，由学校向保险公司报案或由学生家长直接向保险公司报案均可。

以中国人民保险公司的一组数据可以了解当时师生团体平安保险的承保与发展情况。1986年承保人数为277.44万人，保费收入376.58万元，占人身险保费总收入9.80%，占意外险保费收入44.2%，伤残、死亡给付53.01万元，给付率为14.1%。1987年承保人数531万人，占全省师生54.69%，保费738.1万元，伤残、死亡给付218.2万元，给付率为29.56%。1988年承保人数414.97万人，保费806.37万元，较1987年增长28.6%，伤残、死亡给付人数38913人，给付金额296.1万元，给付率为36.72%。1989年承保人数556.99万人，保费1166.63万元，伤残、死亡给付人数51641人，给付金额471.8万元，给付率为40.44%。1990年承保人数617.93万人，保费1562.1万元，较1989年增长395.47万元，增长33.9%，伤残、死亡给付人数69041人，给付723.5万元，给付率为46.32%。

师生平安保险使一些患重大疾病的中小学生得到经济补偿，使这些患病学生得以及时医治，恢复健康，重返课堂。师生平安保险从1986年开办至1995年，其中个人赔付额达6万元以上的就有31人。

2000年后，各家保险公司进一步将保险责任扩大至因病住院支出的医疗费，因疾病致残、因病身故也可获得一定比例或全额的医疗费和保险金赔付，进一步体现了师生团体平安保险的人性化和全面性，尤其解决了在校大学生们生病后医疗费支付的实际困难。1990—2002年期间是师生团体平安保险发展的鼎盛时期，一是社会医疗和公费医疗对学生群体没有涉及到，二是教育部门、学校的重视和积极配合，三是得到社会和学生家庭的认可，四是各家保险公司服务到位，查看、确认、给付及时快捷。在1990—2002年期间，师生团体平安保险的承保面逐年扩大，被险保人数逐年递增，保费收入逐年上升。师生团体平安保险保费收入占比超出其他意外险保费收入的总和，其中中国人寿、太保寿险、平安寿险三家约占全省系统内学平险保费收入近八成。师生团体平安保险成为各家保险公司在意外险领域的主打险种，各家保险公司在此方面的竞争也较为激烈。4月23日，中国人民银行合肥中心支行发布《关于统一使用学生、幼儿系列保险条款的通知》，要求自1999年5月1日起，安徽省中国人寿、平安、太平洋三家人寿保险公司统一使用经中国人民银行批准的96版《学生、幼儿团体平安保险条款》《学生、幼儿团体平安保险附加意外伤害医疗保险条款》以及94版《学生、幼儿住院医疗保险条款》，从而达到统一费率、统一保险责任目的。

1996—2005年安徽省学生平安险经营情况统计表

表2-2-48

年度	渠道	承保人数	保险金额（万元）	保费收入（万元）	赔款金额（万元）	给付人数
1996	团体	1126	7386.90	5910.89	3152.76	41
	个人	0	0.00	0.00	0.02	1
	合计	1126	7386.90	5910.89	3152.78	42
1997	团体	4457	29248.54	6302.90	3237.49	0
	个人	0	0.00	0.00	0.00	0
	合计	4457	29248.54	6302.90	3237.49	0
1998	团体	3326	21829.24	4187.86	2710.94	110
	个人	0	0.00	0.00	0.00	0
	合计	3326	21829.24	4187.86	2710.94	110
1999	团体	7768	50973.11	9377.88	5963.48	167
	个人	0	0.00	1868.52	7.90	0
	合计	7768	50973.11	11246.40	5971.38	167
2000	团体	6850	44949.44	180.36	75.95	167
	个人	0	0.00	13310.73	5266.02	0
	合计	6850	44949.44	13491.09	5341.97	167
2001	团体	7318	48024.83	192.70	58.12	167
	个人	0	0.00	0.00	0.00	0
	合计	7318	48024.83	192.70	58.12	167
2002	团体	8749	57415.46	232.00	104.94	267
	个人	0	0.00	12537.64	6951.73	0
	合计	8749	57415.46	12769.64	7056.67	267
2003	团体	16209	106364.90	476.73	290.99	167
	个人	0	0.00	2851.64	2441.07	0
	合计	16209	106364.90	3328.37	2732.06	167
2004	团体	19286	126559.25	708.89	482.37	194
	个人	0	0.00	5179.10	3533.25	0
	合计	19286	126559.25	5887.99	4015.62	194
2005	团体	89576	197556.85	890.07	342.62	195
	个人	0	0.00	4701.20	756.71	0
	合计	89576	197556.85	5591.27	1099.33	195

建筑工程施工人员人身意外伤害保险　该险种投保范围为：凡从事土木、水利、道路、桥梁等建筑工程施工、线路管道设备安装、构筑物和建筑物拆除、建筑装饰装修的企业，均可作为投保人，为其在工程项目施工现场的员工投保本保险。凡属投保

单位管理、能够正常工作或劳动、年龄在 18 ~ 65 周岁的员工，均可以作为本保险的被保险人。投保人按该工程项目施工高峰期在册实有人数的 40% 比例以下投保时，须纪录被保险人的姓名，且征得被保险人的同意。出险后投保人须提供被保险人的人事证明或聘用合同证明。

保险责任：一、被保险人自意外事故发生之日起 180 日以内身故的，或因突发疾病在十日内身故的，按保险金额给付身故保险金之后，该被保险人的保险责任终止；二、被保险人自意外伤害事故发生之日起 180 日以内致残疾的，根据被保险人的残疾程度，按《人身意外伤害残疾给付标准》给付残疾保险金。如治疗仍未结束的，按第 180 日的身体情况进行残疾鉴定，并据此给付残疾保险金；三、被保险人因同一意外伤害事故而致多处残疾，同时符合人身意外伤残给付标准二项以上的情形时，给付各项残疾保险金之和。但不同残疾项目属于同一手或同一足时，仅给付一项残疾保险金，如残疾项目所需残疾等级不同时，给付严重项目的残疾保险金；四、在工作时间内被保险人因公外出或乘坐本单位交通车上下班途中发生意外伤害事故的，也根据《人身意外伤残给付标准》承担给付保险金责任；五、国家法律、法规规定的工伤事故均属于保险责任范围。每一被保险人给付保险金一次或累计给付达到保险金额全数时，该被保险人保险责任终止。

作为在 20 世纪 90 年代全国建筑业蓬勃发展时期推出的险种，该险种在承保操作、投保条件上通常与意外险有所不同。以后演变成按工程造价来承保，也就是工程造价乘以一个费率就等于保险费，在此期间在工地工作的人员均作为被保险人参加保险。开办此项保险的公司有中保人寿安徽省公司和太平洋人寿保险公司合肥分公司。到了 2002 年，泰康人寿合肥分公司也推出了建筑工程团体意外伤害保险。2005 年新华人寿安徽省公司、太平人寿安徽省公司也加入市场，形成了多家保险公司竞争的趋势。

个人投保的人身意外伤害保险

司乘人员意外伤害保险　1986 年 7 月，人保安徽省公司为了适应机关、团体、企事业单位和个人参加机动车辆乘车人意外伤害保险的需要，推出了安徽省机动车辆乘车人意外伤害保险，维护了社会秩序和交通安全，保障乘车人的经济利益。1991 年人保安徽省公司向中国人民银行安徽省分行提出《关于报请审批〈安徽省司乘人员意外伤害保险条款〉的报告》，获得批准并公布实施。安徽省公司于 1992 年 2 月 14 日正式组织实施，对于营业性货车的驾驶员可以比照此条款办理，保障了司机和乘车人员的经济利益。保险分为人身意外伤害保险（基本险）和附加意外伤害医疗保险（附加险）两个部分，保险金额规定：每位乘车人的基本险和附加险分别为叁千元至壹万元，投保人投保时可选定一个标准，保险费率为基本险千分之四，附加险为千分之二，保险期限一年。

分业经营后，中保人寿安徽省公司承办此项业务。1997年中保人寿安徽省公司又把此项业务扩大到摩托车驾驶员及乘坐人、拖拉机驾驶员等意外伤害保险。

2000年前太平洋人寿合肥分公司推出驾驶员人身意外伤害保险，2002年泰康人寿合肥分公司推出乘客人身意外伤害保险，2004年新华人寿合肥分公司推出出行关爱乘客意外伤害保险、出行无忧乘客意外伤害保险，太平人寿合肥分公司推出驾乘人员意外伤害保险、交通保意外保险。

母婴安康保险　在1985年7月，母婴安康保险在中国人民保险公司合肥分公司试办。由于该险种受到各医院欢迎，前景看好，人保安徽省公司对该条款作了进一步修订。是年10月，正式颁发了《安徽省母婴安康保险条款》，条款规定，凡妊娠达28周的孕妇，身体检查主要指标正常，住院待产或临产均可参加保险。保险费标准：检查主要指标正常的每人收费10元，对于胎位不正，血压较高等健康欠佳者每人收费14元。保险金额为2000元，其中产妇1800元，婴儿200元。保险期限自孕妇入院时起至出院时止。保险责任为：凡产妇在住院待产、分娩过程中，因疾病或意外致产妇身故、婴儿死亡或刚出生不久因病夭折，均按规定给付保险金，产妇身故给付1800元，婴儿死亡或夭折给付200元。该险种的开展对于农村的产妇来说，提供了保障，受益颇大，因农村交通和医疗条件关系，多数临产妇在入院分娩时，有难产、出血及胎死腹中情况。据1985—1987年统计，该险种共承保人数40191人，累计收入保费452434元，赔付人数524人，赔付保险金119601元，赔付率为26.3%。1988年后，母婴安康保险与计划生育夫妇养老保险、绝育手术平安保险、独生子女保险等险种被列入计划生育系列保险。母婴安康保险当时在全省各级计生部门的积极配合下，得到了全面较快的发展。

1996年，中保人寿安徽省公司继承了原人保安徽省公司的业务，继续承办母婴安康保险业务，并在此基础上有了更大的发展。1998年，太保合肥办事处出台了《母婴安康保险条款》，加入安徽计划生育系列保险市场的角逐。

1997—2005年安徽省计划生育保险业务统计表

表2-2-49

年度	业务	承保人数	保险金额（万元）	保费收入（万元）	赔款金额（万元）	给付人数
1997	团体	—	—	—	—	—
	个人	7685	1535.16	—	—	—
	合计	7685	1535.16	0.00	0.00	0
1998	团体	0	0.00	0.00	0.00	0
	个人	506	766.81	0.00	0.00	0
	合计	506	766.81	0.00	0.00	0

续表 2-2-49

年度	业务	承保人数	保险金额（万元）	保费收入（万元）	赔款金额（万元）	给付人数
1999	团体	0	0.00	0.00	0.00	0
	个人	825	2756.32	247. 46	38. 53	0
	合计	825	2756.32	247. 46	38. 53	0
2000	团体	0	0.00	291. 24	107. 40	0
	个人	117	457.90	535. 63	64. 32	92
	合计	117	457.90	826. 87	171. 72	92
2001	团体	0	0.00	898. 73	173. 43	0
	个人	142	402.30	766. 71	151. 82	0
	合计	142	402.30	1665. 44	325. 25	0
2002	团体	1180	5316.60	985. 27	139. 40	1
	个人	10728	179734.05	863. 64	150. 48	31
	合计	11908	185050.65	1848. 91	289. 88	32
2003	团体	107873	529918.80	1163. 73	152. 03	4
	个人	161328	5594247.88	779. 04	142. 60	843
	合计	269201	6124166.68	1942. 77	294. 63	847
2004	团体	528103	465886.56	1066. 85	201. 62	16
	个人	272307	7797323.43	721. 67	103. 19	5933
	合计	800410	8263209.99	1788. 52	304. 81	5949
2005	团体	687264	1288324.60	1256. 90	240. 96	65
	个人	315164	21518463.59	655. 90	133. 14	11721
	合计	1002428	22806788.19	1912. 80	374. 10	11786

安居定期保险 为支撑城镇居民购买住房，维护银行利益，防范金融风险，中国人寿于 1999 年开办了安居定期保险。中国人寿安徽省公司与银行签订了代理协议，银行向贷款人贷款购房时，由本人或对其具有保险利益的人作为投保人向保险人投保，银行代收保险费。本合同的保险期间与被保险人和贷款人签订的个人住房贷款合同期间相同。保险责任：在本合同有效期内被保险人身故，本公司按保险事故发生时的保险金额给付保险金，本合同终止。当保险事故发生后，银行作为指定受益人，先行享受保险金的赔付，用于贷款方偿还房屋贷款，多余的保险金给付给其他受益人。

2005 年，太平洋人寿安徽省公司推出了购房贷款借贷人人身保险条款，该保险的保险责任为：被险保人在保险有效期内，因疾病、遭受意外事故所致身故或高度残疾，无法偿还购房贷款，保险公司于事故发生后第一个贷款归还日，按照贷款合同约定，将被保险人在此时应付的贷款本息一次付清，保险责任终止。

卡式保险　1993年，为发展分散性业务，扩大社会影响，人保总公司决定在全国开展保险贺卡业务，并明确保险贺卡将作为人身保险业务的一个系列险种，长期发展，分批推出，首批保险贺卡以人身意外伤害保险为内容，安徽省必须完成2万份的销售任务，有销售任务的公司应组织力量，保证于年内完成任务。规定各省辖市公司领到贺卡后，须将贺卡金额汇入省公司人险处、开户银行、交通银行、安托信用社。贺卡在全国范围内流通，接到贺卡的被保险人到当地保险公司确认手续后，保险责任即开始。为维护人保信誉，各基层公司均不得拒办确认手续。保险贺卡是全国性业务，在利益分配上照顾到各级公司。各级公司在销售保险贺卡时、可按规定享受批零差价，保险贺卡的保险费每季度清算一次。1999年，中国人寿安徽省公司为了抢占城乡市场，方便客户投保，简便业务员销售，推出了国寿全家福保险（A、B型）卡式保险业务。

2000年9月20日，太保与国家邮政储汇总局在全国推出人身险代理业务系列产品。适用家庭人身意外伤害保险B款，一人投保，全家保障的家庭太平吉祥卡，保险费分50元和100元两种，保险金额分别为意外30000元、意外医疗1000元和意外60000元、意外医疗2000元。适用公出人员的公出人员如意卡，保险费分为50元和100元两种，保险金额分别为50000元和100000元。

2000年11月，太保在全国推出世纪太平如意卡+急难救助卡，保险费分50元和100元两种，保险金额分别为意外40000元、意外住院补贴1000元和意外80000元、意外住院补贴2000元。公出人员如意卡+急难救助卡，保险费分为50元和100元两种，保险金额分别为50000元和100000元。家庭太平吉祥卡+急难救助卡（适合家庭人身意外伤害保险B款，一人投保、全家保障），保险费分50元和100元两种，保险金额分别为意外的30000元、意外医疗费用1000元和意外60000元、意外医疗费用2000元。

航空人身意外伤害保险　航空人身意外伤害保险（以下简称航意险），是1979年国内保险业恢复后最早开办的意外保险险种之一。中国人民保险公司安徽省公司在1980年9月成立后即已开办该险种。航意险是针对搭乘飞机乘客的意外伤害保险，保险期限一般自办理登机手续后开始，至本次航班到达指定机场，离开机场时止，保单为定额保单，费率0.1‰，每张保单保费为20元，保额为20万元。1990年之前，每人限购2份，即40万元保额。航意险的承保操作当时是委托安徽民航局的机票售票点代为销售，手续费按进账保费的10%支付给民航局。安徽航意险保险市场主要集中在合肥市，自1984—1990年，赔付率基本为零，对于保险行业来说，可以说是效益险种。

自1990年之后，随着民航运输业的兴起，航意险在意外险市场逐渐看好，承保人数、保费收入逐年提升，这项业务也被各家保险公司重视，凡入驻安徽保险市场的保险主体，先后介入航意险领域，主要有中国人民保险公司、太保、平安保险公司和中介代理机构。随着竞争激烈程度的加剧，航意险的代理手续费也逐年攀升，由原来的10%、20%、30%、50%甚至达60%以上，各保险公司使用的航意险保单也不一致，有的保险公司保单领用、回销管理手续不健全，手续费结算由外勤操作人员直接从保费中扣除给民航售票网点，有的民航售票网点柜面内有多家保险公司的航意险保单，哪家给的手续费高，就卖这家公司的保单，因此一些民航机票售票网点有些个人得到了实惠，这种埋单现象给民航局、保险公司、被保险人带来潜在的风险隐患。

1998年7月10日，中国人民银行下发《关于航空旅客人身意外伤害保险有关问题的通知》。规定全国所有保险公司要使用统一条款、统一保单、统一费率、统一最高保额上限为200万元。中国人民银行安徽省分行根据文件精神，由非银行处负责监管保险市场经营行为，对航意险市场及时进行干预、整顿，同时多次出面与安徽省民航局、中保人寿、太保、平保公司进行协调，最终达成一致意见，并以会议纪要的形式作出规定：航意险在安徽省境内实行共保操作，成立航意险共保办公室，由中保人寿、太保寿险、平安寿险各派出一名工作人员合署办公。1998年10月，在安徽省人民银行召开新闻发布会，宣布航意险共保办公室成立。使用统一的新航意险保单，套印“中保人寿、太保寿险、平安寿险”业务专用章，同时必须加盖有“合肥市航空人身意外险共保小组”的印章方有效。各民航售票网点销售航意险，必须到共保办公室进行登记后领取。共保办公室按实收保费8%付给民航手续费，共保办公室的保单印制费及办公费按5%计提，收取的保费按事先约定好的比例按季划转至各家保险公司账户。1998年11月23日，中保人寿保险有限公司安徽省公司、太保合肥分公司、平安人寿合肥分公司联合下发《关于加强安徽省航意险保单管理的通知》，目的在于规范全省航空旅客人身意外险的保险市场，杜绝跨地区经营航意险业务，限制没有航空港口的地、市销售保单。通知规定，省三家寿险公司只对有航空港口的地、市机构提供航意险保单，各民航售票网点若发现非统一制式保单，将严肃处理。

安徽省航意险共保的实施是各家保险公司所渴望的做法，是当时规范航意险市场最好的模式，也是监管保险市场一种新的尝试。2005年年初，在安徽保险行业协会牵头协调下，与11家省级公司分管总经理和业务部门负责人进行磋商，达成共识，成立航意险专业委员会。2005年5月25日，召开了第一次工作会议。按照《安徽省保险行业协会专业技术委员会工作规则》规定，航空意外险专业技术委员会由各省级会员公司分管航意险总经理和航意险业务部门负责人组成，主任采取轮流制。航意险的共保一直维持至2008年，共保改为各家保险公司在机场设立窗口直接进行销售。

1997—2005年安徽省航空意外伤害保险经营情况统计表

表2-2-50

年度	业务	保费收入（万元）	赔款金额（万元）
1997	团体	163.51	7.67
	个人	0.00	0.00
	合计	163.51	7.67
1998	团体	189.41	5.71
	个人	0.00	0.00
	合计	189.41	5.71
1999	团体	0.00	0.00
	个人	159.56	0.00
	合计	159.56	0
2000	团体	0.00	0.00
	个人	20.78	0.00
	合计	20.78	0
2001	团体	0.00	0.00
	个人	23.83	0.00
	合计	23.83	0
2002	团体	0.41	0.00
	个人	244.73	0.00
	合计	245.14	0
2003	团体	16.55	0.00
	个人	130.66	0.00
	合计	147.21	0
2004	团体	90.82	0.00
	个人	207.73	0.00
	合计	298.55	0
2005	团体	52.64	0.00
	个人	121.74	0.00
	合计	174.38	0

旅客人身意外伤害保险　公路旅客意外伤害保险1985年，为适应客运业务的发展，保障旅客的经济利益，以达到稳定经营、安定人民生活、促进交通发展、维护社会秩序的目的，人保安徽省公司、安徽省交通厅、安徽省工商行政管理局于3月25日联合发出《关于个体、集体经营客运实行公路旅客意外伤害保险的联合通知》，规定凡经

营客运的城乡个体、集体和地方国营（原省属专业车队另行办理）的车辆，包括各种旅游车等，必须向保险机构办理公路旅客意外伤害保险，不办理者，交通部门不发劳动许可证，工商行政管理部门不发营业执照。同时，指示各地交通、工商行政管理部门积极配合当地保险公司做好宣传动员工作，从而促进了公路旅客意外伤害保险业务的快速发展。为扶持个体经济，1985 年 5 月，人保安徽省公司通知各地、市县保险公司，对个体（联户）从事客运的机动三轮车，每月固定保险费由 15 元减为 12 元。

1986 年，面对公路安全事故的频发，安徽省政府办公厅以政办 86 号文转发了人保安徽省公司《关于加快发展保险事业的报告》，提出“旅客意外伤害保险属于法定保险，应从原来的票价自保中剥离出来，交与保险公司办理”，各地保险机构从 1987 年 1 月 1 日起，要正式接办此项保险，年内要与各地交通等部门共同做好交接准备工作。后来由于多种因素影响，保险公司至 1990 年年底仍未能接办此项保险业务。尽管如此，客运公司出于自身需求，加之全省各地保险机构努力攻关，积极开拓，旅客意外伤害保险业务以后在各地陆续得到了开展，且发展较快。在 2000 年以后，公路旅客意外伤害保险已成为各家保险公司主要的竞争性险种。

游客意外伤害保险　中国人民保险公司黄山市（现黄山区）支公司与黄山管理局于 1986 年 11 月签订了《黄山游客意外伤害保险代理协议》，并于 1987 年 1 月 1 日，由黄山市保险支公司对黄山游客正式开办旅游保险业务。保险期限为自游客自购门票登山时至下山出门时。保险金额为国内游客每人 3000 元，外籍游客（含侨胞、港澳同胞）每人 6000 元。保险费含在门票价内，国内游客每人次 0.20 元，国外游客每人次 0.40 元。截至 1987 年年末，共承保国内外游客 55.5 万人，收入保险费 11.1 万元，给付 14 人的医疗费和保险金 7000 元，给付率为 6.31%。

1988 年 8 月 1 日，省分公司下发《关于〈黄山缆车乘客平安保险条款〉的批复》，同意黄山市支公司试行黄山缆车乘客平安保险。规定凡乘坐黄山缆车的中外游客，均应参加平安保险。该险种的保险期限为旅客自验票进站至验票出站止。保险金额为国内游客每人 5000 元，外籍游客（含侨胞、台胞、港澳同胞）每人 10000 元。保险费为国内游客每人 0.2 元，外籍游客每人 1.00 元。保险公司委托黄山索道公司在出售缆车票时代收保险费，并在车票上加盖“内含人身保险费 × 角”字样。

1987 年 7 月，青阳县支公司与九华山管理处接待科签订保险协议，对前来九华山的中外游客开办旅游人身意外伤害保险。保险金额为每人 3000 元，保险费为每人次 0.15 元。截至年底，共承保游客 102573 人，收入保险费 15386 元；给付 9 起医疗费和保险金 64 元，给付率为 0.4%。

船舶旅客意外伤害保险　为了使乘船旅客在旅途中遭受意外事故造成人身伤害能够得到保险保障，经安徽省航运管理局和人保安徽省公司共同研究并在庐江、屯溪会议上广泛征求意见，商定由保险公司恢复办理旅客意外伤害保险业务。在 1986 年 5 月 10 号联合下文《关于恢复保险公司办理旅客意外伤害保险业务的联合通知》，规定旅客的保险金额，不论舱位等级（全票、半票、免票）一律为每人人民币叁仟元，保费按月汇交保险公司。为加强内河交通安全管理，保障人民生命财产安全，维护人民群众的经济利益，使旅客在遭受自然灾害和意外事故后，能够得到经济补偿，1988 年 1 月 28 号，人保安徽省公司与安徽省航运管理局又联合下文《关于办理客、渡船舶旅客意外伤害保险业务的通知》，规定安徽省从事客运、渡运的单位或个人除必须投保船舶保险外，还必须投保旅客意外伤害保险。

1991 年 8 月 30 日，中国人民银行下发《关于对保险业务和机构进一步清理整顿和加强管理的通知》规定，企业、事此、机关单位一律不得办理或变相办理保险业务，已办的一律停办，安徽省交通部门自办的旅客意外伤害保险业务，应予清理整顿，交由保险公司接办。文件请示省人民政府对安徽省公路、轮船旅客意外伤害保险业务进行协调，恢复由中国入民保险公司安徽省公司及其所属分支机构接办，以利整顿全省保险市场。

1994 年 2 月 3 日，安徽省省长傅锡寿签署了第 51、52 号省政府令，发布施行《安徽省机动车辆、船舶法定保险暂行规定》和《安徽省旅客意外伤害保险暂行规定》，这是为安徽省经济发展服务的两个重要规定，也是完善全省社会保障体系的一项重要措施。规定明确旅客意外伤害保险属于法定保险，符合规定的车辆、船舶都必须在中国人民保险公司设在当地的保险机构办理该项保险业务。旅客意外伤害保险的保险金额，不论全票、半票、免票（只限儿童）和舱位等级，一律为每人人民币 20000 元，其中死亡伤残保险金额 10000 元，意外伤害医疗保险金额 10000 元。旅客意外伤害保险的保险费，包括在车、船票票价内，搭乘客运汽车的，按票价的 2% 计收；搭乘客运、渡运船舶的，按票价的 3% 计收。旅客意外伤害保险的期限，从投保方持有效车、船票并经验票登上车、船，或在中途登上车、船并购得车、船票后开始，至旅程终点离开车、船时为止。

燃气用户意外伤害保险 凡使用天然气、液化气等民用燃气的用户均可投保本保险。该保险主要保险责任：在本合同有效期内，被保险人因使用燃气引发爆炸、火灾、泄漏中毒造成意外伤害的，保险公司按照下列约定死亡保险金、残疾保险金与意外伤害医疗保险金给付，最高以本合同保险金额为限。保险期间为一年，自保险公司同意承保、收取保险费并签发保险单的次日零时起至期满日 24 时止。

中国人寿安徽省公司在 2000 年前就开办了燃气用户意外伤害保险，2002 年以后，泰康人寿合肥分公司开办了此险种。

第三节　健康保险

健康保险是以被保险人的身体为对象，使被保险人在疾病或意外事故所致伤害时发生的费用或损失获得补偿的一种保险。健康保险按照保险期限分为一年期以内（含一年）及以上两种形态。一年期以内的健康保险前期主要以附加险的形式，需要先购买主险险种，用于解决意外或疾病发生时被保险人支付的医疗费用问题。住院医疗日额给付保险和收入保障保险为被保险人的费用损失提供了进一步保障。有的险种还将保险责任细化到癌症住院、器官移植、手术医疗费用，从初期的住院费用补偿延伸到有的险种把门急诊费用也包含在内，形式上从附加险演变到主险，团体一年期健康保险还为建筑工程人员和女性等特殊群体提供医疗费用保障。大病医疗保险作为一年期以上的健康保险，主要以定额给付的形式，在发生保险责任范围内风险时给付保险金。大病医疗保险作为管理大病风险的一种非常有效的手段，深受客户喜爱。产品责任除了为疾病、意外导致的身故和残疾提供保障，有的还包含提前给付责任，给付祝寿金，为客户派发红利。

为了减少道德风险，健康保险通常规定观察期，约定补偿比例和免赔额，明确一个年度内当医疗费用的支出累计超过免赔额时，才支付医疗费用；同时设有除外责任范围，如投保时隐瞒行为、恶意欺诈行为、犯罪违规行为、自伤行为、被保险人的先天性或遗传性疾病、矫形治疗、美容或非直接用于治疗的各种费用等。以下为安徽保险市场 1996 ~ 2005 年的健康险经营情况。

1995—2005 年安徽省健康保险经营情况统计表

表 2-2-51

年度	渠道	承保人数	保险金额（万元）	保费收入（万元）	赔款金额（万元）	给付人数
1995	团体	0	0.00	0.00	0.00	0
	个人	12	7.09	0.04	0.00	0
	合计	12	7.09	0.04	0.00	0
1996	团体	0	0.00	2691.89	1932.37	0
	个人	2729	931.05	580.58	0.00	0
	合计	2729	931.05	3272.47	1932.37	0
1997	团体	1683	1100.46	3141.61	2007.16	64
	个人	8303	2832.80	560.72	0.38	0
	合计	9986	3933.26	3702.33	2007.54	64

续表 2-2-51

年度	渠道	承保人数	保险金额（万元）	保费收入（万元）	赔款金额（万元）	给付人数
1998	团体	501	327.42	7570.03	4256.93	0
	个人	5378	1834.92	2982.87	6.79	0
	合计	5879	2162.34	10552.90	4263.72	0
1999	团体	2071	1354.34	537.36	154.49	25
	个人	10242	3494.28	9223.67	2075.73	38
	合计	12313	4848.63	9761.03	2230.22	63
2000	团体	4911	3211.47	1734.92	1806.83	18
	个人	6663	2273.27	17958.93	1759.02	38
	合计	11574	5484.73	19693.85	3565.85	56
2001	团体	15109	9880.52	2539.86	2128.21	18
	个人	77986	26606.38	25268.05	4987.31	38
	合计	93095	36486.90	27807.92	7115.52	56
2002	团体	69507	46360.01	6751.40	5086.01	908
	个人	316713	156200.70	33229.40	5023.54	43
	合计	386220	202560.70	39980.79	10109.55	951
2003	团体	74214	53702.62	24112.14	5968.37	1183
	个人	417781	151547.08	38002.35	4039.21	86
	合计	491995	205249.70	62114.50	10007.58	1269
2004	团体	6955585	127751023214.18	21080.09	14465.53	1708
	个人	703688	2597088411.58	44360.42	5855.52	245
	合计	7659272	130348111625.77	65440.50	20321.05	1953
2005	团体	9149617	182090416346.04	23676.10	20451.28	1692
	个人	874530	3313100327.65	46075.86	6641.29	510
	合计	10024146	185403516673.69	69751.96	27092.57	2202

1996—2005 年中国人寿安徽省健康保险经营情况统计表

表 2-2-52

年度	渠道	承保人数	保险金额（万元）	保费收入（万元）	赔款金额（万元）
1996	团体	—	—	2691.89	1100.16
	个人	—	—	0.00	0.00
	合计	—	—	2691.89	1100.16

续表 2-2-52

年度	渠道	承保人数	保险金额（万元）	保费收入（万元）	赔款金额（万元）
1997	团体	—	—	3101.95	1506.30
	个人	—	—	0.00	0.00
	合计	—	—	3101.95	1506.30
1998	团体	—	—	7558.23	3458.71
	个人	—	—	0.00	0.00
	合计	—	—	7558.23	3458.71
1999	团体	—	—	488.55	0.23
	个人	—	—	3210.94	1862.04
	合计	—	—	3699.49	1862.27
2000	团体	—	—	635.45	1191.19
	个人	—	—	832.81	667.48
	合计	—	—	1468.26	1858.67
2001	团体	—	—	1011.86	1217.37
	个人	—	—	2598.96	2249.56
	合计	—	—	3610.82	3466.93
2002	团体	—	—	1997.41	3245.47
	个人	—	—	4059.93	1932.13
	合计	—	—	6057.34	5177.60
2003	团体	—	—	8266.92	3688.04
	个人	—	—	3185.58	981.76
	合计	—	—	11452.50	4669.80
2004	团体	6904227	127750990383.04	15733.67	10640.13
	个人	482943	2597006088.68	7412.93	2768.03
	合计	7387170	130347996471.72	23146.60	13408.16
2005	团体	8990695	182090149079.19	17626.97	16292.89
	个人	587734	3313000036.10	8369.34	3614.55
	合计	9578429	185403149115.29	25996.31	19907.44

1996—2005年太平洋人寿安徽省健康保险经营情况统计表

表2-2-53

年度	渠道	承保人数	保险金额（万元）	保费收入（万元）	赔款金额（万元）	给付人数
1996	团体	0	0.00	0.00	0.00	0
	个人	2729	931.05	8.22	0.00	0
	合计	2729	931	8	0	0
1997	团体	1683	1100.46	39.66	27.61	64
	个人	8303	2832.80	25.01	0.38	0
	合计	9986	3933	65	28	64
1998	团体	501	327.42	11.80	0.00	0
	个人	5378	1834.92	16.20	6.79	0
	合计	5879	2162	28	7	0
1999	团体	2071	1354.34	48.81	11.94	25
	个人	10242	3494.28	30.85	8.32	38
	合计	12313	4849	80	20	63
2000	团体	4911	3211.47	115.74	31.30	18
	个人	6663	2273.27	20.07	4.15	38
	合计	11574	5485	136	35	56
2001	团体	15109	9880.52	356.09	100.64	18
	个人	77986	26606.38	234.90	12.08	38
	合计	93095	36487	591	113	56
2002	团体	69157	45226.77	1629.95	584.14	896
	个人	298884	101969.35	900.26	58.04	38
	合计	368041	147196	2530	642	934
2003	团体	71273	46610.35	1679.82	752.27	1068
	个人	412510	140734.68	1242.51	173.03	38
	合计	483783	187345	2922	925	1106
2004	团体	47086	30792.54	1109.75	846.23	1367
	个人	215535	73533.35	649.20	188.44	73
	合计	262620	104326	1759	1035	1440

续表 2-2-53

年度	渠道	承保人数	保险金额（万元）	保费收入（万元）	赔款金额（万元）	给付人数
2005	团体	28769	18813.80	678.04	580.48	367
	个人	279598	95389.45	842.17	97.50	68
	合计	308366	114203	1520	678	435

1996—2005 年平安人寿安徽省健康保险经营情况统计表

表 2-2-54

年度	渠道	保费收入（万元）	赔款金额（万元）
1996	团体	—	832.21
	个人	572.36	—
	合计	572.36	832.21
1997	团体	—	473.25
	个人	535.71	0.00
	合计	535.71	473.25
1998	团体	—	798.22
	个人	2966.67	—
	合计	2966.67	798.22
1999	团体	—	142.32
	个人	5981.88	205.37
	合计	5981.88	347.69
2000	团体	983.73	584.34
	个人	17106.05	1087.39
	合计	18089.78	1671.73
2001	团体	1171.91	810.20
	个人	22434.19	2725.67
	合计	23606.11	3535.87
2002	团体	1757.80	1212.25
	个人	28004.31	3032.60
	合计	29762.11	4244.85

续表 2-2-54

年度	渠道	保费收入（万元）	赔款金额（万元）
2003	团体	1938.72	1434.81
	个人	32652.72	2854.80
	合计	34591.44	4289.61
2004	团体	1761.69	1543.39
	个人	32911.75	2725.54
	合计	34673.44	4268.94
2005	团体	2318.37	1917.01
	个人	32463.30	2417.19
	合计	34781.66	4334.21

2002—2005 年新华人寿安徽省健康保险经营情况统计表

表 2-2-55

年度	渠道	承保人数	保险金额（万元）	保费收入（万元）	赔款金额（万元）	给付人数
2002	团体	350	1133.24	1275.39	0.38	12
	个人	17829	54231.35	223.31	0.31	5
	合计	18179	55364.59	1498.7	0.69	17
2003	团体	2941	7092.27	11829.93	6.64	115
	个人	5271	10812.40	494.99	6.90	48
	合计	8212	17904.67	12324.92	13.54	163
2004	团体	4272	2038.60	180.94	52.19	341
	个人	5210	8789.55	927.67	28.04	172
	合计	9482	10828.15	1108.61	80.23	513
2005	团体	130153	248453.05	366.29	189.67	1325
	个人	7198	4902.10	1302.97	194.43	442
	合计	137351	253355.15	1669.26	384.1	1767

2002—2005 年泰康人寿安徽省健康保险经营情况统计表

表 2-2-56

年度	渠道	保费收入（万元）	赔款金额（万元）
2002	团体	90.84	43.77
	个人	41.59	0.46
	合计	132.43	44.23

续表 2-2-56

年度	渠道	保费收入（万元）	赔款金额（万元）
2003	团体	396.75	86.61
	个人	426.56	22.72
	合计	823.31	109.33
2004	团体	2278.81	1383.59
	个人	2453.05	145.43
	合计	4731.86	1529.02
2005	团体	2518.94	1407.21
	个人	2798.34	303.56
	合计	5317.28	1710.77

2004—2005 年太平人寿安徽省健康保险经营情况统计表

表 2-2-57

年度	渠道	保费收入（万元）	赔款金额（万元）
2004	团体	15.22	0.00
	个人	5.81	0.04
	合计	21.03	0.04
2005	团体	167.49	64.01
	个人	299.75	14.06
	合计	467.24	78.07

一年期及以下的健康保险

1996 年前，人保安徽省公司推出的一年期健康保险多为医疗附加险，从当年开始公司在以个人投保的长期险当中附加住院医疗保险，弥补了长期险中没有为医疗费用提供保障的不足。1997 年公司又推出了附加住院医疗日额给付保险特约，按住院天数和住院医疗保险金日额的乘积给付保险金。1998 年，平安人寿合肥分公司在个险渠道推出一年期健康保险，分为主险和附加险两种。1999 年，开发出在团险渠道销售的一年期健康保险，保险责任分为基本部分和可选部分，基本部分包括一般住院日额保险金，可选部分包括癌症住院日额保险金、器官移植保险金、手术医疗保险金三项责任。2001 年，太平洋人寿合肥分公司开办了附加住院医疗保险和附加住院医疗补贴保险。同年 11 月，开办太平洋城镇职工住院补充团体医疗保险、太平洋城镇职工门（急）诊补充团体医疗保险等一年期保险。2002 年，泰康人寿合肥分公司也推出一年期健康保险，包括个险和团险两种，其中一年期健康保险团险为建筑工程人员、女性群体等特殊人群提供医疗费用保障。2004—2005年，太平人寿安徽省公司销售的一年期健康保险为收入损失提供保障，险种有太平真爱附加定期看护收入保障医疗保险、太平附加安心住院收入保障保险等。

2003年4月，“非典”（非典型性肺炎）灾害入侵安徽省，中国人寿安徽省公司、平安人寿合肥分公司、太平洋人寿合肥分公司反应敏捷，有效应对。中国人寿安徽省公司及时成立抗“非典”应急理赔领导小组，在省级主要媒体公布24小时报案电话，指派专人解答关于“非典”的理赔咨询，每天上报“非典”的发展动态，要求各基层公司对本县的“非典”情况要了如指掌，发现情况及时上报。对“非典”理赔政策适度放宽，取消医疗定点医院的限制。在4—6月，太平洋人寿合肥分公司在“非典”防范工作的紧要关头，向客户提供14个险种缩短了等待期或免责期的保险服务。5月6日起，平安人寿合肥分公司在全省范围内开办平安附加非典型性肺炎特别利益健康保险、平安附加非典型性肺炎特别利益定期寿险及平安附加非典型性肺炎豁免保险费率定期寿险三个险种。5月8日，平安人寿合肥分公司推出平安附加非典型性肺炎特别利益团体定期寿险。

中保人寿安徽省公司　1986—1995年，人保安徽省公司在安徽保险市场推出的医疗保险多为医疗附加险，如意外伤害保险附加的意外伤残医疗保险、师生平安保险附加的意外伤残医疗保险。意外伤害保险附加的意外伤残医疗保险，若总费率5‰，则主险费率3‰、附加医疗费率2‰，承担保额各1000元，理赔时保额互不冲减。师生平安保险附加的意外伤残医疗保险，若总费率3‰，则主险费率2‰、附加医疗费率1‰，承担保额各1000元，理赔时保额互不冲减。两款附加意外伤残医疗保险的承保，最初主险和附加险保额一致，随着保险年度的跨越，主险和附加险保额逐渐拉开差距，主险保额高，附加险保额低，主险是附加险保额的2～3倍。

1996年开始，中保人寿安徽省公司分业经营以后，继承了中国人民保险公司的人身险业务，如团意险、个人投保的意外险和师生平安险中的附加医疗保险，还在以个人投保的长期险当中附加住院医疗保险和住院医疗日额给付保险等。

1996年3月，中保人寿安徽省公司开办了个人住院医疗保险，此为附加险，不能单独投保。凡年龄在1周岁至60周岁之间、身体健康的人均可作为被保险人；保险期限一年，自投保人一次性缴清保险费并签署保险单的次日12时起至期满日的12时止，保险期内不办退保手续。保险金额以份计算，每份保险金额1万元，每人最多可投保3份。保险费按被保险人投保时的年龄确定，由投保人在投保时一次缴清。保险责任：一、在保险有效期内，被保险人因意外事故或在保险单生效90日后因疾病而住院，住院期间支出的手术费、药费、治疗费、化验费、检查费、放射费、材料费、抢救输血费、床位费（按普通病床标准），超过400元部分按分级比例给付；二、被保险人在保险有效期内无论一次或多次住院治疗，保险人均按上述规定给付保险金，但累计给付的保险金以保险金额为限；三、被保险人须在保险人指定的医院住院治疗，或在保险单签发地的县级以上公立医院住院治疗，转院就医者，须有转出医院主治医师以上级别的医务人员签署的诊断证书及医院的转院证明，并须经保险公司同意。该附加险的开办弥补了长期险中没有为医疗费用提供保障的不足。

1997 年，中国人寿安徽省公司又推出了附加住院医疗日额给付保险特约。该特约保险为附加住院医疗日额给付保险（以下简称该特约），应与寿险主险合同同时投保，或于主合同的生效对应日投保。该特约保险期间为一年。在主合同有效期内，被保险人,70 周岁之前且本特约保险期间已届满，投保人按期续保并交付保险费，本特约继续有效。该特约的保险费应于投保时交付，续保保险费于主合同每年的生效对应日起七日内交付。续保保险费按续保当时被保险人年龄所属年龄段的费率计算，在该特约有效期内，被保险人连续三年无任何给付申请时，第四年即可享有 20%的保险费优惠。该特约保险在有效期内，被保险人因意外伤害或自本特约生效日起持续有效 90 日以后所发生的疾病（续保不受此 90 日限制），经医院诊断必须住院治疗时，保险公司公司按如下公式给付保险金：（被保险人实际住院治疗日数 –4）× 保险单所载住院医疗保险金日额，但每次住院给付日数最高以 90 日为限。被保险人因同一疾病或意外伤害，或由此引起的并发症，必须住院治疗两次以上（含两次）时，若再次入院日期与最近前一次出院日期之间的间隔未超过 90 日的，其给付日数的计算均视为一次住院办理。

平安人寿合肥分公司 1998 年，平安人寿合肥分公司推出一年期健康保险，险种有个险的住院安心保险（98）、平安附加住院医疗保险（98）。到 1999 年，在个险住院安心保险、个人住院费用保险的基础上对原条款进行了扩大保障范围。在团险上也开办了平安补充住院团体医疗保险、平安团体住院医疗保险、平安团体住院安心保险。

平安个人住院安心保险该险种的主要保险责任：基本部分（一）一般住院日额保险金 被保险人因疾病必须住院治疗，保险公司从被保险人每次住院的第四天开始按住院天数给付住院日额保险金；被保险人因意外伤害经医院治疗，从被保险人住院第一天开始给付住院日额住院金。一般住院日额保险金给付天数最多可达 365 天；（二）癌症住院日额保险金 被保险人因初次患癌症，按被保险人实际住院天数给付癌症住院日额保险金。保险责任有效期内癌症住院日额保险金给付天数最多可达 180 天。

可选部分（一）器官移植保险金 被保险人经医院诊断明确且施行器官移植手术，按实际支出的器官移植费给付器官移植保险金。保险责任有效期内器官移植保险金累计给付以约定保险金额为限；（二）手术医疗保险金 被保险人经医院诊断明确且施行非器官移植手术者，按实际支出的手术费的 80% 给付手术医疗保险金，保险责任有效期内手术医疗保险金累计给付以约定保险金额为限。同一手术器官移植和手术医疗保险金不可兼得。如果被保险人在保单年度内施行本保险产品规定的手术，各项责任均按上述规定的 50% 给付。但如果被保险人连续续保满三年，则从第四年开始，各项责任均按照上述规定的 80% 给付。

平安个人住院费用保险该险种的主要保险责任：被保险人因非器官移植而住院，在各项费用限额内，对于每次住院在规定范围内实际支出的合理且必要的床位费、药费、治疗费、护理费、检查费、特殊检查治疗费、救护车费、手术费以及住院期间前后 30 天内，因与该次住院相同原因而产生的门诊费，支付 80%。如果被保险人在保单年度内施行本保险产品规定的手术，就其实际支出的上述费用按 50% 给付。但如果被保险人连续续保满 3 年，则从第四年开始，被保险人进行规定的手术所发生的合理、且必要的上述费用，按照实际支出的 80% 给付。被保险人因器官移植而住院，在各项费用限额内，对于每次住院的费用总额以及住院期间前后各 30 天内因该次器官移植相同原因而发生的门诊费，支付 80%。

平安补充住院团体医疗保险　被保险人住院进行治疗，对符合当地社会医疗保险管理规定的各项合理且必要的医疗费用，按保单约定的支付范围和支付比例给付补充住院医疗保险金，但累计给付以约定的保险金额为限。

平安团体住院医疗保险责任　被保险人因意外伤害事故或保单生效 30 天后因疾病在县、区（含县、区级）以上医院住院治疗，就其实际支出的各项合理医疗费用乘以 90% 给付住院医疗保险金。

平安团体住院安心保险　保险的保险责任分为基本部分和可选部分。基本部分包括一般住院日额保险金一项责任，可选部分包括癌症住院日额保险金、器官移植保险金、手术医疗保险金三项责任。

太平洋人寿合肥分公司　2001 年，太平洋人寿合肥分公司开办了附加住院医疗保险和附加住院医疗补贴保险。同年 11 月，太平洋人寿总公司批准合肥分公司开办太平洋城镇职工住院补充团体医疗保险、太平洋城镇职工门（急）诊补充团体医疗保险等一年期保险。2002 年 5 月 21 日，太平洋人寿合肥分公司又对个人住院费用医疗保险、个人住院补贴医疗保险、附加个人手术费医疗保险的保障范围进行拓宽。

太保附加住院医疗保险　投保须与主险保单规定一致，持有效的主险保单，被保险人身体健康，年龄在 60 周岁以下，且主险合同保单缴费在 800 元及以上（趸缴保险费参照同一年龄的年缴保险费标准），可以作为本保险的被保险人。保险期限为一年，自保险人签发保险单并收取保险费的次日零时起至本合同约定的终止日的 24 时止。保险金额：该保险以份为单位，每份保险金额为人民币 20000 元，其中各分项限额为检查费2000元、床位费2000元、手术费用10000元、其他医疗费用6000元。每一被保险人最多投保3份，保险金额一经确定不再变更。保险费根据被保险人在投保时的实际年龄确定。保险责任为：在保险合同有效期限内，且在主险合同有效的前提下，被保险人因意外伤害事故或自合同开始90天后（续保不受此限）因疾病住院治疗，在每次住院治疗期间，保险公司按约定分别给付保险金，住院治疗期间的检查费、床位费、手术费用和其他医疗费用，按标准分项进行分级累进计算，住院医疗保险金的累计给付金额达到保险金额数额时保险责任终止。

太保附加住院医疗补贴保险 投保须与主险保单规定一致，持有效的主险保单，被保险人身体健康，年龄在60周岁以下，且主险保单年缴保险费在800元及以上（趸缴保险费参照同一年龄的年缴保险费标准），可以作为被保险人。保险期限为一年，自保险人签发保险单并收取保险费的次日零时起至本合同约定的终止日的24时止。保险金额：该保险以份为单位，每份保险金额为人民币5400元，每一被保险人最多投保3份（16周岁以下者最多投保2份），保险金额一经确定，保单有效期内不得变更。保险费缴费标准根据被保险人在投保时的实际年龄确定。保险责任：在保单有效期限内，且在主险保单有效的前提下，被保险人因意外伤害事故或自保单开始90天后（续保不受此限）因疾病住院治疗，在每次住院治疗期间，保险公司按约定给付住院医疗补贴金，每天30元，按实际住院天数给付，累计最高给付天数以180天为限；保险人在保单有效期内，不论一次或多次发生住院医疗，累计住院治疗天数达到180天时，保险责任终止。

泰康人寿合肥分公司 2002年，泰康人寿合肥分公司也推出一年期健康保险（个险），包括世纪泰康个人住院医疗保险、住院医疗保险特约，当年还推出一年期健康保险（团险），包括泰康附加意外伤害团体医疗保险、学生团体疾病住院医疗保险特约、团体医疗保险特约、泰康附加建筑工程人员意外伤害团体医疗保险、泰康团体重大疾病保险、女性安康保险、世纪泰康社会统筹补充团体医疗保险、附加世纪泰康门急诊团体医疗保险、世纪泰康团体住院医疗保险、高额无忧I型团体医疗保险、高额无忧II型团体医疗保险。

世纪泰康个人住院医疗保险 该险种主要保险责任分为基本部分和可选部分。基本部分包括一般住院日额保险金（被保险人因疾病或意外必须住院治疗时，公司按条款要求给付住院日额保险金）和重大疾病住院日额保险金（被保险人因患重大疾病必须住院治疗时，公司按条款要求给付重大疾病住院日额保险金）两项责任；可选部分包括器官移植保险金和手术医疗保险金两项责任。

住院医疗保险特约 该险种主要保险责任：被保险人因疾病住院治疗，本人支付治疗费用超过公司规定免赔额以上的治疗费用，公司在保险单所列明保险金额的限额内分档计算给付医疗保险金；被保险人在本特约有效期内，不论一次或多次因疾病住院治疗，本公司均按规定分别给付医疗保险金，但累计给付的医疗保险金不超过保险单所列明的保险金额。

太平人寿安徽省公司　2004—2005年，太平人寿安徽省公司销售的一年期健康保险为太平真爱附加健康保险、太平真爱附加定期看护收入保障医疗保险、太平附加安顺住院医疗保险、太平附加安心住院收入保障保险、太平团体附加意外医疗保险、太平绿洲团体附加住院医疗保险、太平绿洲团体附加门诊医疗保险、太平绿洲附加团体生育医疗保险、太平绿洲团体附加医疗保险（公共保额）等。

太平真爱附加健康保险　在本附加合同的保险责任有效期间内，若被保险人因遭受意外伤害事故或因在本附加合同生效30日后发生的疾病导致需住院接受治疗，本公司根据主合同和本附加合同的约定承担下列保险金给付责任：一、住院津贴保险金 本公司从被保险人每次住院后的第4日开始，按住院天数乘以每日住院津贴给付住院津贴保险金，即住院津贴保险金 =（实际住院天数－ 3 天）× 每日住院津贴。本公司对同一住院事故所承担的保险金给付责任最多以90日为限，同一保单年度累积给付天数最高以180日为限。二、住院医疗费用保险金 本公司按被保险人住院医疗总费用，在扣除被保险人可从政府或企业获得的医疗补助、津贴或其他医疗保险金后余额的90%给付保险金。本公司在同一保单年度内累积所承担的保险金给付责任，以住院医疗费用保险金为限。当地社会医疗保险（含公费）管理部门规定的，正在执行的自费项目和自费药品部分的费用，本公司不承担保险金给付责任。

1996—2005年安徽省一年期及以内健康险经营情况统计表

表2-2-58

年度	渠道	承保人数	保险金额（万元）	保费收入（万元）	赔款金额（万元）	给付人数
1996	团体	0	0.00	2691.89	1932.37	0
	个人	93	31.71	121.42	0.00	0
	合计	93	31.71	2813.31	1932.37	0
1997	团体	1662	1086.58	3141.11	2007.16	0
	个人	8303	2832.80	132.15	0.38	0
	合计	9965	3919.39	3273.26	2007.54	0
1998	团体	485	317.15	7569.66	4256.93	0
	个人	5378	1834.92	551.48	6.79	0
	合计	5863	2152.07	8121.14	4263.72	0

续表 2-2-58

年度	渠道	承保人数	保险金额（万元）	保费收入（万元）	赔款金额（万元）	给付人数
1999	团体	2044	1336.86	48.18	154.49	0
	个人	9538	3254.16	1108.93	240.59	38
	合计	11583	4591.02	1157.11	395.08	38
2000	团体	4911	3211.47	1734.92	1806.83	0
	个人	4429	1510.98	3654.00	1759.02	38
	合计	9340	4722.45	5388.92	3565.85	38
2001	团体	15109	9880.52	2536.16	2128.21	0
	个人	11208	3823.89	6767.09	4972.66	38
	合计	26317	13704.41	9303.25	7100.87	38
2002	团体	68168	44567.27	5444.55	5085.63	896
	个人	103608	35816.80	8413.10	4984.70	43
	合计	171776	80384.08	13857.64	10070.33	939
2003	团体	71185	46316.00	11708.64	5880.75	1074
	个人	100830	35945.95	8154.10	3833.89	85
	合计	172016	82261.95	19862.74	9714.64	1159
2004	团体	6934670	127680515624.25	19337.84	14046.43	1617
	个人	568518	2263552073.19	11043.23	5497.00	225
	合计	7503189	129944067697.44	30381.07	19543.43	1842
2005	团体	9120165	182034117756.25	21430.77	18546.73	1563
	个人	663361	2761956945.00	11889.25	6112.20	486
	合计	9783527	184796074701.25	33320.01	24658.92	2049

一年期以上健康保险

1995 年后，各寿险公司推出大病医疗保险，保险期较长，由此出现一年期内、一年期外及统称健康保险的情况。为了满足保险市场对一年期以上健康类保险的需要，1997 年 9 月 8 日中国人寿安徽省公司隆重推出两款营销险种，即重大疾病终身保险和重大疾病定期保险，该险种满足了社会上对大病医疗给家庭生活带来巨大影响的需求。到了 1999 年 6 月 21 日，更名为康宁终身保险和康宁定期保险，在保险费上有所提高。1997 年，平安人寿开发出第一份可以单独投保的世纪安康十年期住院津贴保险，以后相继开发了住院安心、住院费用等国内领先的健康险产品。为更好配合医保改革，住院费用针对有无社保的情况，开发了 A、B 两款产品。1998 年，太平洋人寿合肥分公司推出了太平盛世·长健医疗保险，2001 年推出太平盛世·康健一生重大疾病保险。

2002年，新华人寿合肥分公司推出了健康天使保险。2003年，泰康人寿合肥分公司推出了泰康生命关爱重大疾病终身保险、泰康团体重大疾病保险等保险。2004—2005年，太平人寿安徽省公司推出多种长期健康保险和团体重大疾病保险。

中国人寿安徽省公司康宁终身保险　康宁终身保险系终身的重大疾病保险合同，该保险投保范围是，凡70周岁以下、身体健康者均可作为被保险人；保险费交付方式分为趸交、年交、半年交，分期交付保险费的交费期间又分为10年和20年，由投保人在投保时选择。保险责任：一、被保险人在本保单生效（或复效）之日起一百八十日后初次发生、并经保险公司指定或认可的医疗机构确诊患重大疾病（无论一种或多种）时，保险公司按基本保额的二倍给付重大疾病保险金，保险责任即行终止。若重大疾病保险金的给付发生于交费期内，从给付之日起，免交以后各期保险费，保单继续有效；二、被保险人身故，保险公司按基本保额的三倍给付身故保险金，但应扣除已给付的重大疾病保险金，保险责任终止；三、被保险人身体高度残疾，保险公司按基本保额的三倍给付高度残疾保险金，但应扣除已给付的重大疾病保险金，保险责任终止。

康宁定期保险　康宁定期保险系定期重大疾病保险合同，该保险投保范围是，凡65周岁以下、身体健康者均可作为被保险人；保险费交付方式分为趸交、年交、半年交，分期交付保险费的交费期间又分为10年和20年，由投保人在投保时选择。保险责任：一、被保险人在保单生效（或复效）之日起180日后初次发生、并经保险公司指定或认可的医疗机构确诊患重大疾病（无论一种或多种）时，保险公司按基本保额给付重大疾病保险金，保险责任终止；二、被保险人身故，保险公司按基本保额给付身故保险金，保险责任终止；三、被保险人身体高度残疾，保险公司按基本保额给付高度残疾保险金，保险责任终止；四、被保险人生存至70周岁的生效对应日，保险公司按所缴付的保险费（不计利息）给付满期保险金，保险责任终止。

平安人寿合肥分公司　通过与欧洲最大的商业健康保险公司德国DKV长期合作，1997年平安人寿开发出了中国大陆第一份可以单独投保的中长期住院津贴保险——世纪安康十年期住院津贴保险。在专业的健康险组织架构下，通过与国外先进机构的合作，相继开发了住院安心、住院费用等国内领先的健康险产品。为更好配合医保改革，住院费用针对有无社保的情况，开发了针对无社保的A款、有社保的B款，B款在费率有一定的优惠，都是按份销售。在报销上都采用适用于补偿原则，被保险人因疾病（等待期30日）或意外伤害（无等待期）导致住院治疗发生的约定范围的费用，主要包含医疗费、床位费、门诊费、可选部分（包含非器官移植手术费、器官移植手术费）。在报销额度上有一定的区别，A款是按各项费用合理且必要的实际支出部分的80%支付、B 款是按照社保补偿后的各项合理且必要的实际支出费用的余额支付；若发生保险事故时被保险人不享有社保，按照各项费用实际支出部分的 65% 为上限支付。

1997 年 12 月，平安人寿合肥分公司推出了重大疾病保险，随后又推出了平安常青树终身男性重大疾病保险，主要责任：一、一类重大疾病保险金 被保险人因意外伤害事故或于保单生效日起 90 天后因疾病、经医院诊断初次发生该保单所定义的一类重大疾病，且从确诊之日起 28 天后仍然生存，按照保险金额的 80% 给付一类重大疾病保险金，并从保险金额余额中扣除相应部分，一类重大疾病保险金的给付责任终止。一类重大疾病保险金的给付责任以一次为限。二、二类重大疾病保险金 被保险人因意外伤害事故或于保单生效日起 90 天后因疾病、经医院诊断初次发生该保单所定义的一类重大疾病，且从确诊之日起 28 天后仍然生存，公司按照保险金额的 20% 给付二类重大疾病保险金，并从保险金额余额中扣除相应部分，二类重大疾病保险金的给付责任终止。

太平洋人寿合肥分公司　1998 年，太平洋人寿合肥分公司推出了太平盛世 · 长健医疗保险和 2001 年 12 月 5 日推出的太平盛世 · 康健一生重大疾病保险。

太平盛世 · 长健医疗保险　该保险为定期保险，凡是 0 ～ 15 周岁、身体健康、发育正常的人，可作为被保险人。保险期自签发保单次日零时始，至被保险人 16 周岁或保险事故发生时止。订立保险合同时，被保险人如实告知身体健康状况。故意不履行如实告知义务，保险人有权解除保险合同，并且不退还保险费。保险金额按份计算，每份为人民币 1000 元，每一被保险人可投保一份或多份。该保险规定的重大疾病或重大手术为：严重烧伤、急性白血病、再生障碍性贫血、病毒性脑炎、化脓性脑膜炎导致脑神经受损而引起后遗症、重大器官移植手术等。保险责任为：一、被保险人于保单生效或复效后 180 天内，初次进行了保单列明的重大手术或初次罹患保单列明的重大疾病，保险人按保险金额给付保险金，保险责任终止；二、被保险人于保单生效或复效 180 天后，初次进行了保单列明的重大手术或初次身患保单列明的重大疾病，保险人按保险金额的 5 倍给付保险金，保险责任终止；三、被保险人身故，保险公司按保险金额给付身故保险金，保险责任终止；四、被保险人生存至保险期满，保险人按保险金额的 50% 给付保险金，保险责任终止。

太平盛世 · 康健一生重大疾病保险　该保险为终身保险，凡 16 ～ 65 周岁、身体健康的人，均可作为被保险人。保险费缴费标准视被保险人的性别、投保时的年龄及所选定的缴费方式而定。保险金额按份计算，每份为人民币 1000 元，每一被保险人可投保一份或多份。该保险的保险责任为：一、身故或全残保障 被保险人因疾病身故或全残，保险人无息返还所缴保险费，保险责任终止；被保险人因意外伤害身故或全残，保险人按保险金额的2倍给付身故或全残保险金，保险责任终止。二、重大疾病保障被保险人保单生效（复效）180天内，经医疗机构确诊初次罹患保单列明的重大疾病（无论一种或多种），或初次接受保单列明的重大手术，保险人无息返还所缴保险费，保险责任终止；被保险人保单生效（复效）180天后，经医疗机构确诊初次罹患保单列明的重大疾病（无论一种或多种），或初次接受了保单列明的重大手术，保险人按保险金额的3倍给付重大疾病保险金，保险责任终止。

新华人寿合肥分公司　健康天使保险 2002年，新华人寿合肥分公司推出了健康天使保险。承保要求被保险人年龄在6个月以上、65周岁以下，身体健康，可参加该保险。该保险的主要保险责任为：一、被保险人一年内初次罹患保单中列明的重大疾病或手术，按保险单上载明的保险金额的10%给付重大疾病保险金，并无息返还所交保险费，保险责任终止；一年后初次罹患保单中列明的重大疾病或初次实施手术，按保险单上载明的保险金额×（1+2%×保单经过整年度）给付重大疾病保险金，保险责任终止；二、被保险人因疾病或意外伤害导致身故的，按已交保险费（不包括利息）给付身故保险金；三、若被保险人生存至满81周岁，未患重大疾病或未实施保单中列明的手术，将无息返还所交保险费，保险责任终止。

泰康人寿合肥分公司　2003年，泰康人寿合肥分公司推出了泰康生命关爱重大疾病终身保险、泰康团体重大疾病保险等保险。

泰康生命关爱重大疾病终身保险　保险责任：一、重大疾病保险金 在合同生效或复效180日后被保险人被确诊初次患本合同所指的重大疾病（无论一种或多种），按保险金额给付重大疾病保险金，合同终止；二、身故保险金 被保险人因疾病或意外伤害而身故，按保险金额给付身故保险金，合同终止；三、祝寿保险金 被保险人生存至100周岁之保单生效日时，按保险金额给付祝寿保险金，合同终止；四、自合同生效之日起，在第一保险年度末，若保险合同有效且所有到期保险费已缴纳，公司将根据分红保险业务的经营状况分派红利给投保人。

太平人寿安徽省公司　2004—2005年之间，太平人寿安徽省公司推出太平怡康长期健康保险、太平益康长期健康保险、太平安益长期健康保险、太平团体重大疾病保险、太平团体终身重大疾病保险等保险。

太平怡康长期健康保险　主要保险责任如下：一、重大疾病保险金 被保险人经医院确诊初次罹患重大疾病，公司给付的重大疾病保险金全数，保险责任终止；二、生命关爱保险金 被保险人经医院确诊患上终末期疾病，经保险公司查核属实确在合同责任范围内，给付生命关爱保险金全数，保险责任终止；三、特种疾病津贴 被保险人经医院确诊初次进行冠状动脉球囊扩张成形术，公司按保额的10%给付特种疾病津贴保险金，该项保险责任终止，承担的其它责任不变；四、身故保险金 被保险人身故，给付保险金额全数，保险责任终止；五、祝寿金 若被保险人在年满100周岁后，保险公司给付等值于保险金额的祝寿金，保险责任终止。

1995—2005年安徽省一年期以上健康险经营情况统计表

表2-2-59

年度	渠道	承保人数	保险金额（万元）	保费收入（万元）	赔款金额（万元）	给付人数
1995	团体	0	0.00	0.00	0.00	0
	个人	12	7.09	0.04	0.00	0
	合计	12	7.09	0.04	0.00	0
1996	团体	0	0.00	0.00	0.00	0
	个人	2636	899.34	459.16	0.00	0
	合计	2636	899.34	459.16	0.00	0
1997	团体	21	13.87	0.50	0.00	0
	个人	0	0.00	428.57	0.00	0
	合计	21	13.87	429.07	0.00	0
1998	团体	16	10.27	0.37	0.00	0
	个人	0	0.00	2431.39	0.00	0
	合计	16	10.27	2431.76	0.00	0
1999	团体	27	17.48	489.18	0.00	0
	个人	704	240.13	8114.74	1835.14	0
	合计	731	257.61	8603.92	1835.14	0
2000	团体	0	0.00	0.00	0.00	0
	个人	2234	762.29	14304.93	0.00	0
	合计	2234	762.29	14304.93	0.00	0
2001	团体	0	0.00	3.70	0.00	0
	个人	66778	22782.50	18500.96	14.65	0
	合计	66778	22782.50	18504.66	14.65	0
2002	团体	1340	1792.73	1306.85	0.38	12
	个人	213105	120383.90	24816.30	38.84	0
	合计	214445	122176.63	26123.15	39.22	12
2003	团体	3029	7386.62	12403.50	87.62	109
	个人	316950	115601.13	29848.25	205.32	1
	合计	319979	122987.75	42251.75	292.94	110

续表 2-2-59

年度	渠道	承保人数	保险金额（万元）	保费收入（万元）	赔款金额（万元）	给付人数
2004	团体	20914	70507589.93	1742.24	419.10	91
	个人	135170	333536338.40	33317.19	358.52	20
	合计	156084	404043928.32	35059.43	777.62	111
2005	团体	29451	56298589.79	2245.33	1904.55	129
	个人	211168	551143382.66	34186.62	529.09	24
	合计	240619	607441972.45	36431.95	2433.64	153

第四节　重大承保

中国人寿全省重大承保情况

2000年9月9日，投保人朱先生在公司为自己购买了一份20年交的康宁定期保险，生效日期2000年11月11日，每年交费2.25万元。2001年4月2日，投保人项先生在公司为自己购买了一份10年交的国寿千禧理财两全保险（分红型），生效日期2001年5月18日，每年交费9.98万元。2001年11月12日，投保人郑先生在公司为自己购买了一份国寿鸿泰两全保险（分红型），生效日期2002年1月5日，一次性交费155万元。2003年2月26日，投保人徐女士在公司为自己购买了一份国寿鸿瑞两全保险（分红型），生效日期2003年2月28日，一次性交费100.17万元。2004年6月29日，投保人侯先生为其儿子在公司购买了一份8年交的国寿独生子女两全保险（99版），生效日期6月30日，每年交费3.63万元。

平安人寿全省重大承保情况

1998年1月，客户叶某投保平安福寿，规模保费4.7万元。1998年9月，客户朱某投保平安福寿，规模保费19.4万元。1998年12月，客户逯某投保平安福寿，规模保费5.4万元。1999年3月，客户李某投保平安福寿，规模保费50万元。1999年3月，客户李某投保平安福寿，规模保费50万元。1999年5月，客户朱某投保平安福寿，规模保费24.5万元。2000年1月，客户王某投保平安福寿，规模保费21万元。2000年2月，客户郑某投保平安福寿，规模保费20万元。2000年2月，客户张某投保平安福寿，规模保费20万元。2001年1月，客户王某投保平安福寿，规模保费20万元。2001年6月，客户吴某投保平安世纪彩虹，规模保费57.1万元。2001年6月，客户孙某投保平安福寿，规模保费44.3万元。2002年9月，客户洪某投保平安千禧红D，规模保费35万元。2002年11月，客户王某投保平安千禧红D，规模保费50万元。2002年12月，客户王某投保平安千禧红D，规模保费50万元。2003年1月，客户余某投保平安千禧红 D，规模保费 33.1 万元。2003 年 2 月，客户王某投保平安千禧红 D，规模保费 40 万元。2003 年 4 月，客户刘某投保平安千禧红 D，规模保费 50 万元。2004 年 9 月，客户陈某投保平安千禧红 E，规模保费 29 万元。2004 年 9 月，客户刘某投保平安聚宝盆 A，规模保费 20 万元。2004 年 10 月，客户庄某投保平安千禧红 D，规模保费 20 万元。2005 年 2 月，客户李某投保平安稳赢一生，规模保费 50 万元。2005 年 4 月，客户廖某投保平安智富人生 B，规模保费 30 万元。2005 年 4 月，客户王某投保平安智富人生 B，规模保费 30 万元。

第五节　重大赔付

中国人寿全省重大理赔情况

1990 年 1 月 24 日，在安庆港区，人保安庆公司承保的乘客意外险 114 号客渡轮与大庆 407 号油轮因意外相撞，造成船上乘客 80 人死亡，32 人失踪，共 112 人。东至 114 号客渡轮于 1990 年 1 月 9 日，在人保安庆公司投保了乘客意外保险，每位乘客的保额为 3000 元，经调查核实，确认该事故属保险责任范围，人保安庆公司及时落实赔付责任，于次月末，将保险金给付至所有受益人，其中有一遇难者同时投保了师生平安险，按师生平安保险责任一并进行了赔付。此次累计给付金额为 33.7 万元。

1995—2005 年安徽省各地市寿险业务统计表

表 2-2-60

年度	1995			1996			1997			1998			1999		
地市	保费	赔款	赔付率（%）	保费	赔款	赔付率（%）	保费	赔款	赔付率（%）	保费	赔款	赔付率（%）			赔付率（%）
合　肥	45.62	1.83	4.01	16778.16	4755.55	28.34	26530.60	5834.62	21.99	30081.24	7372.09	24.51	36209.87	7854.42	21.69
芜　湖	0.00	0.00	0.00	8009.12	2408.24	30.07	12533.56	3485.78	27.81	14970.44	4757.86	31.78	17542.09	5313.17	30.29
蚌　埠	41.33	0.00	0.00	9608.05	1620.80	16.87	16358.81	2299.61	14.06	17150.26	3793.27	22.12	15800.50	3143.40	19.89
淮　南	0.00	0.00	0.00	7605.13	1175.53	15.46	12779.64	1649.67	12.91	13602.86	3342.07	24.57	13678.60	3091.34	22.60
马鞍山	0.00	0.00	0.00	5210.90	1442.06	27.67	9541.71	1620.47	16.98	10981.24	2206.90	20.10	12877.62	2540.81	19.73
淮　北	0.00	0.00	0.00	4105.94	1498.18	36.49	7710.97	1961.33	25.44	8011.52	3053.04	38.11	8403.61	3716.09	44.22
铜　陵	0.00	0.00	0.00	3221.56	1231.86	38.24	5383.39	1488.02	27.64	6092.89	2430.10	39.88	7008.45	2334.42	33.31
安　庆	0.00	0.00	0.00	5109.66	1474.78	28.86	10429.55	2505.77	24.03	13100.50	5079.72	38.78	15150.92	5425.86	35.81
黄　山	0.00	0.00	0.00	3635.52	1176.53	32.36	5929.24	1552.15	26.18	6280.57	2277.32	36.26	6427.71	1941.03	30.20
阜　阳	0.00	0.00	0.00	9545.49	3160.99	33.11	15910.54	3969.23	24.95	18120.93	6143.23	33.90	21681.04	6616.23	30.52
滁　州	0.00	0.00	0.00	5262.42	1786.01	33.94	8295.92	1674.36	20.18	9187.82	1861.51	20.26	10719.19	2606.29	24.31
宿　州	0.00	0.00	0.00	5844.91	2415.23	41.32	9666.07	2429.89	25.14	10606.75	3183.45	30.01	11835.27	3326.87	28.11
宣　城	0.00	0.00	0.00	4402.69	1715.07	38.96	6927.52	2216.48	32.00	8136.00	2853.62	35.07	7878.03	2836.38	36.00
六　安	0.00	0.00	0.00	3989.17	1850.24	46.38	6799.90	2468.28	36.30	8601.21	3101.97	36.06	9451.56	3670.90	38.84
巢　湖	0.00	0.00	0.00	3392.05	1101.23	32.46	5801.11	1534.35	26.45	7423.37	2807.18	37.82	7666.57	3457.66	45.10
池　州	0.00	0.00	0.00	2580.86	1485.79	57.57	3892.58	1831.40	47.05	5241.38	2960.04	56.47	4680.69	1646.75	35.18
亳　州	0.00	0.00	0.00	0.00	0.00	0.00	0.00	0.00	0.00	0.00	0.00	0.00	0.00	0.00	0.00

续表 2-2-60

年度	2000			2001			2002			2003			2004			2005		
地市	保费	赔款	赔付率（%）	保费	赔款	赔付率（%）	保费	赔款	赔付率（%）	保费	赔款	赔付率（%）	保费	赔款	赔付率（%）	保费	赔款	赔付率（%）
合 肥	39142.98	3657.37	9.34	51702.32	5345.10	10.34	111201.37	5349.60	4.81	134813.04	4277.05	3.17	180206.67	13126.25	7.28	213622.95	46341.09	21.69
芜 湖	18604.11	3830.18	20.59	21455.50	3538.51	16.49	34992.10	4005.22	11.45	36483.23	3414.52	9.36	60061.93	7220.89	12.02	54085.84	5587.10	10.33
蚌 埠	19718.94	1866.69	9.47	23849.25	4823.52	20.23	39146.78	3558.38	9.09	45019.05	4675.42	10.39	72802.54	8615.73	11.83	65221.58	5875.65	9.01
淮 南	17034.65	2263.24	13.29	20769.95	3770.18	18.15	35622.56	3366.87	9.45	36892.37	2542.93	6.89	49347.20	5849.08	11.85	55917.29	3416.87	6.11
马鞍山	14523.54	1224.43	8.43	16337.21	2644.78	16.19	28078.97	3138.43	11.18	29026.22	3419.54	11.78	53215.31	6042.40	11.35	49683.22	10929.02	22.00
淮 北	8690.75	1576.31	18.14	10516.17	1751.93	16.66	20300.76	1878.38	9.25	21829.89	1851.50	8.48	41265.90	3188.91	7.73	44653.20	2694.71	6.03
铜 陵	7202.46	1406.53	19.53	13428.04	3192.85	23.78	13263.39	1785.10	13.46	11644.87	2482.02	21.31	25136.77	2501.90	9.95	30071.20	4223.71	14.05
安 庆	16953.57	2499.48	14.74	19349.75	3695.43	19.10	31776.33	2878.28	9.06	33916.95	2769.66	8.17	80851.08	5831.24	7.21	79624.89	4374.53	5.49
黄 山	7662.55	1159.16	15.13	9335.92	2287.37	24.50	19406.03	1615.86	8.33	18603.42	1381.06	7.42	29909.48	3190.41	10.67	29099.28	3000.32	10.31
阜 阳	26006.11	3886.38	14.94	18398.98	2640.94	14.35	34595.10	2992.40	8.65	45754.57	3040.03	6.64	79626.95	5667.91	7.12	81167.77	4516.04	5.56
滁 州	12600.78	2008.35	15.94	14980.79	1851.49	12.36	28000.33	3289.25	11.75	26042.61	1944.19	7.47	47624.36	4186.42	8.79	50098.30	3144.70	6.28
宿 州	14338.15	2347.50	16.37	16624.79	2854.86	17.17	27032.15	3519.30	13.02	26075.92	2064.09	7.92	55462.67	4272.57	7.70	71172.19	6238.65	8.77
宣 城	10274.20	1506.41	14.66	11970.57	1952.46	16.31	18391.04	2837.40	15.43	17836.54	1850.57	10.38	35988.00	3391.81	9.42	40436.25	4932.84	12.20
六 安	10275.54	2040.08	19.85	12743.56	2504.89	19.66	20448.24	2090.00	10.22	14003.56	1599.99	11.43	48685.16	3223.58	6.62	57868.44	3372.31	5.83
巢 湖	8832.80	1454.44	16.47	10857.96	1569.00	14.45	18940.02	1985.74	10.48	16575.42	1609.41	9.71	46313.94	2865.53	6.19	47460.03	4782.37	10.08
池 州	5082.54	803.81	15.82	0.00	0.00	0.00	8379.01	1504.64	17.96	6696.97	687.12	10.26	19214.75	2935.35	15.28	17539.70	1451.74	8.28
亳 州	512.74	7.65	1.49	6047.79	1295.70	21.42	13167.19	1645.21	12.49	10048.03	1081.46	10.76	26571.58	3018.83	11.36	25338.90	2033.66	8.03

第三章　保险中介业务

第一节　保险代理业务

保险代理业务是指保险代理人根据保险人的委托，向保险人收取佣金，并在保险人授权的范围内代为办理保险业务。保险代理人可以是机构或者个人，保险代理机构包括专门从事保险代理业务的保险专业代理机构和兼营保险代理业务的保险兼业代理机构。

专业保险代理业务

专业保险代理人是指根据保险人委托，向保险人收取佣金，并在保险人授权范围内代为办理保险业务的专业机构。安徽省第一家保险专业代理公司成立于2001年，自此以后省内各保险公司开始尝试通过专业代理渠道开展业务，代理业务以企财险和机动车险为主。

2001年12月底，安徽省共有保险代理公司法人机构1个，当年实现保费收入18万元。

2002年安徽省中介市场加速发展，至2002年12月底，全省共有保险代理公司法人机构2个，分支机构5个，全年累计实现保费收入423万元。

2003年12月底，安徽省共有保险代理公司法人机构8个，分支机构3个。全年累计实现保费收入3807万元。

2004年12月底，安徽省共有保险代理公司法人机构13个，分支机构5个。全年累计实现保费收入1.47亿元。

2005年12月底，安徽省共有保险代理公司法人机构25个，分支机构17个。全年累计实现保费收入2.9亿元。

全省保险专业中介机构按照《保险中介机构内部控制指引（试行）》和《保险中介机构法人治理指引（试行）》的要求，完善内控制度建设，加快专业化进程，加强人才队伍建设，取得了阶段性成果。至2005年底，部分机构已建立董事会、监事会和管理层实现各负其责、较为完善的法人治理机构，管理效率明显提高。

个人保险代理业务

个人保险代理人是指根据保险人委托，向保险人收取佣金，并在保险人授权范围内代为办理保险业务的个人。从法律条文的内容上来看，有以下三层含义。第一，个人保险代理人与保险人之间的法律关系，明确为委托和被委托的关系。第二，保险人有向个人保险代理人支付代理手续费的义务。第三，保险代理人在保险人授权的范围内代为办理保险业务。

自 1992 年美国友邦保险公司将个人保险代理营销概念引入到上海保险市场，中国保险市场开始出现了第一批保险营销员。1995 年 10 月 27 日，平安保险公司率先在安徽开展个人寿险营销业务，随后其他公司也陆续开展了个人寿险营销业务。保险营销员模式迅速发展成为安徽省寿险公司重要的销售方式之一。至 2005 年底，保险营销员已经成为安徽省保险公司，尤其是寿险公司连接投保人、被保险人的桥梁和纽带。

1986—2005 年安徽省各寿险公司保险营销员人数统计表

表 2-2-61　　　　单位：人

年份	中国人寿	平安人寿	太平洋人寿	新华人寿	泰康人寿	太平人寿	合计
2005	30958	7390	6397	1729	6725	515	53714
2004	32603	6840	4517	2554	7003	158	53675
2003	34454	6677	6543	1638	3872	—	53184
2002	23012	5828	3379	766	1142	—	34127
2001	15492	3901	1022	—	—	—	20415
2000	9905	2675	—	—	—	—	12580
1999	5758	2355	—	—	—	—	8113
1998	3960	2074	—	—	—	—	6034
1997	2538	1826	—	—	—	—	4364
1996	1705	1607	—	—	—	—	3312
1995	425	—	—	—	—	—	425
1994	362	—	—	—	—	—	362
1993	332	—	—	—	—	—	332
1992	298	—	—	—	—	—	298
1991	249	—	—	—	—	—	249
1990	214	—	—	—	—	—	214
1989	150	—	—	—	—	—	150
1988	132	—	—	—	—	—	132
1987	97	—	—	—	—	—	97
1986	71	—	—	—	—	—	71

营销员制度是保险业营销的一大体制创新，是寿险销售的主要渠道，财险公司也正在积极尝试通过引入营销模式拓展销售渠道。推行产险营销是公司降低经营成本的需要，也是满足社会公众保险服务需求多样化的需要，有利于创新产品、优化业务结构、培育产险市场，培养产险营销员队伍。

安徽省产险营销制虽然起步时间不长，但发展迅速，2004 年前的产险公司几乎尚未有营销员数据，截至 2005 年年末，产险公司营销员已经达到 4348 人，持证率为 56.69%。营销渠道已成为产险公司一大业务渠道，渠道贡献率较高。

2005 年安徽省各产险公司保险营销员人数统计表

表 2-2-62

产险公司	营销员人数
平安产险	221
天安保险	788
太平洋产险	241
华安产险	85
大地产险	144
中国人保	2836
太平保险	18
大众保险	15
总计	4348

安徽省保险业自引进营销体制以来，营销队伍规模基本稳定，持证率持续上升，管理不断完善，队伍产能和营销员收入有所提高，保险营销体制为安徽保险业的发展培养了大量人才，提升了公众保险意识，对于满足社会转型期人们的保障需求发挥了巨大作用。

保险兼业代理业务

2002 年，全省共有保险兼业代理机构 1872 个。2004 年，安徽省各保险公司通过保险中介渠道实现的保费收入为 71.85 亿元，全省共有各类兼业代理机构 2605 个，实现保费 27.85 亿元。2005 年，安徽省各保险公司通过保险中介渠道实现的保费收入为 106.80 亿元，全省共有各类兼业代理机构 3022 个，实现保费 37.02 亿元。

第二节 保险经纪业务

保险经纪业务是指保险经纪人是基于投保人的利益，为投保人与保险人订立保险合同提供中介服务，并依法收取佣金的业务。

安徽省保险经纪机构发展起步较晚，外地经纪公司到安徽开展业务直到2001年才开始出现，2004年以前安徽全省仅有少数几家外地经纪公司有常驻人员。

2004年，安徽省各保险公司通过保险中介渠道实现的保费收入为71.85亿元，其中经纪业务保费收入5756万元，经纪业务以企财险和责任险为主。

2005年，安徽省各保险公司通过保险中介渠道实现的保费收入为106.80亿元，其中保险经纪公司机构实现经纪保费金额7733万元。

第三节 保险公估业务

保险公估机构指的是依照中华人民共和国保险法等有关法律、行政法规以及有关规定，经中国保监会批准设立的，接受保险当事人委托，专门从事保险标的的评估、勘验、鉴定、估损、理算的单位。根据保险监督管理机构的有关批复，保险公务人还可以在业务经验范围内从事外汇保险公估业务。

安徽省保险公估机构发展起步较晚，2004年才出现第一家外地公估机构在安徽设立分支机构。主要从事财产险业务，全年累计估损金额为1000万元左右。

2005年开始，各家公估公司开始拓展交警队及保险公司“道路交通事故车辆损失社会化评估”和“保险公司委托车险代查勘业务”，全年累计案件数量6500件左右，累计估损金额3500万元左右。

第三篇　管　理

管理篇主要内容包括保险公司的经营管理和保险监管机构对行业的管理。保险文化建设是企业持续发展的基石，关系到保险企业的生命力、创造力和凝聚力，体现在各种管理制度中。保险社团组织是保险业发挥社会管理功能，创新社会管理方式的重要载体，是保险业实现自我管理、自我约束的重要平台。

保险公司的经营管理包括销售、承保和服务等环节，通过对自身的管理实现公司业务的增长。通过风险管控、业务管理、财务管理和防灾防损实现公司稳健运行和可持续发展。通过人事管理和信息化建设，实现保险公司的人才战略，提升运作效率。保险监管机构加强自身建设，建立监管机制和信访机制，通过市场准入监管、保险中介机构监管、保险市场监管和行业自律，实现行业健康发展，服务地方经济增长。

第一章　保险公司经营管理

保险销售方式的转变，重大承保、理赔服务、风险管控等展现了 20 世纪 80 年代以来安徽保险行业经营管理的脉络与发展历程。

1980 年 4 月，人保省公司恢复国内保险业务，为混合经营性保险公司，主要经营财产保险、农业保险、人身保险、涉外保险等。1996 年 7 月，人保省公司实行产、寿险分业经营，成立中保财产保险有限公司安徽省分公司和中保人寿保险有限公司安徽省分公司。1998 年 10 月，中保财产保险有限公司安徽省分公司再次更名为人保省公司（以下简称人保省公司），主要经营企财险、机动车辆保险、货物运输保险、责任保险、信用保险、保证保险等业务。1999 年 4 月 25 日，中保人寿保险有限公司安徽省分公司更名为中国人寿保险公司安徽省分公司（以下简称人寿省公司），主要经营人寿保险、意外伤害保险、健康保险等人身保险业务，以及国家保险监管机构批准的其他保险业务。1992 年中国太平洋保险公司、中国平安保险公司进驻安徽，两公司在 2001 年前为混合经营性保险公司，2000 年 12 月以后产、寿险分业经营。2001 年天安保险公司进驻安徽，2002 年大众保险公司、新华人寿保险公司、泰康人寿保险公司进驻安徽，2004 年太平人寿保险公司进驻安徽，2005 年大地、华安保险公司进驻安徽。自 1992 年以后进驻安徽的产险公司经营业务范围与人保省公司基本相同，寿险公司经营业务范围与人寿省公司基本相同。保险经营中涵盖管理，管理则保证经营达到预定目标，二者相辅相成。

保险经营管理主要由产品销售、承保、服务、管控及其他经营环节构成。保险企业在实施计划、达成目标过程中，通过慎密安排运作、组织协调、督促检查等调节手段，保证企业经营活动正常进行和不断地改进提高，使企业取得最佳经济效益和社会效应。

第一节　产品销售

产品销售方式实现由公司直接响应向代理销售的转变，是保险行业经营管理的重大突破，留下深深的时代印记。

1980 年 4 月，人保省公司恢复国内保险业务，为混合经营性保险公司，也是安徽市场上唯一一家经营保险业务的保险公司，产品的销售方式应用的是公司直接响应系统，由柜面销售和员工销售组成。随着保险法的颁布，安徽保险行业市场主体不断增加，销售方式也随之发生了根本的变化，1996年以后代理制的产品销售方式开始在安徽起步，随后迅速发展完善，各家公司也相继制定出台各自的代理人管理规定和相配套的代理人培训体系，代理制这种销售方式逐步发展成为寿险亦或产险的主流销售方式。

第二节　承　保

20世纪80年代开始，国内保险业务恢复经营，保险主体从中国人民保险公司一家逐步增多，保险产品逐渐丰富，且各具特色，业务承保从无到有，从小到大，尤其1996年后个人代理制的引进，业务承保更是突飞猛进。

产险公司承保

1980年国内恢复保险业务后，安徽保险市场主体仅中国人民保险公司一家；人保公司最初经营的业务主要是财产保险，其次为人身保险；财产保险业务最先推出险种为企业财产保险、机动车辆保险、家庭财产保险、货物运输保险；人身保险业务最先推出险种为人身意外伤害保险、养老金保险和生死两全保险。保险经营中的承保管理实务操作则按20世纪50年代（新中国建立初期）保险业界的传统模式进行管理运作，2000年后，承保的管理运作才逐步进入信息化管理及微机处理时代。

人保省公司业务承保

1980—1986年，人保公司处在机构铺设阶段，社会各界对保险公司及保险知识知之甚少。为此人保在全省各地铺设机构同时，积极开展保险宣传工作，向社会广泛宣传保险的功能与保险的保障作用，增强社会各界对保险的认识，培育社会各界的保险意识。1986年年初，人保省公司向安徽省人民政府呈报了《关于加快安徽省保险事业发展的报告》。嗣后，省政府办公厅向各地市政府、省人民政府各部门、各直属单位批转了《关于加快安徽省保险事业发展的报告》，使得人保公司各项工作和推介的各类保险产品得以在安徽全省顺利开展起来。同时，人保省公司要求省公司各职能管理处室大力支持协助各地市公司抓好内部管理和业务承保工作。

1986年，人保蚌埠市公司首开企业财产保险承保记录，承保蚌埠地区粮食系统8个单位的财产、承保淮河轮船公司的财产，共收取净保费5.6万元；六安市公司承保霍山佛子岭水电站部分设备和财产，收取保费1.1万元。该年度，企财险业务得到快速发展，人保省公司要求各地、市公司下年度在企财险的承保面上，力争保全保足，争取达到85%以上。人保各地、市公司在年末进行调研，总结经验，制定出本地区的保险“七五规划”，对下一年度工作计划进行安排。

1987年9月3日，人保省公司与安徽省商业厅联合发文，要求全省国营商业（含三类小企业）应将其全部商品物资、固定资产和设备、设施（包括营业生产用房等固定资产），足额向当地人保公司投保企业财产险及相关附加险，推动了商业系统企业财产险及附加盗窃险业务在全省范围内全面展开。年末人保省公司对省内4个地区粮食工业和库存商品粮进行了承保。同年10月17日，宁国水泥厂向当地人保公司投保了2.8亿元的固定资产，这是恢复国内业务以来，人保省公司签发保额最大的一份保单。另外马鞍山、铜陵、淮北、淮南及宣城等地、市人保公司承保了省内11家大型省属企业的财产险，增加保费收入103万元。是年，对全省工商业企财险承保面达到了企业总数的85%，按资产原值承保的占已承保企业的90%以上。

1989年1月31日，经中国人民银行批准，人保总公司下发了新的企业财产保险条款。4月，总公司又下发企业财产保险条款适用范围的通知，通知中规定新条款也适用于国家机关、事业单位、人民团体固定资产的投保，使得企财险的承保对象、范围更为广泛。

1990年，为贯彻省政府关于加快发展农村保险的要求，人保公司开展了蔬菜保险、养鸡保险、小麦种植保险、杂交水稻制种保险、棉花增产新技术保险等险种，使保险保障延伸至农村，倾斜农村农民主要经济来源的种植业和养殖业。

1992年2月5日，人保总公司下发《关于涉外保险业务划分的规定》，要求全国各分公司认真理顺各方面关系，促进涉外保险业务的稳定健康发展。在承保条件、费率、手续费等方面不得超越人保总公司的规定，不得采取变相压低费率、提高手续费、贬低另一方等手段去争取不属于经营范围内的业务，违者将受到处罚。同年，应地方政府要求，经中国人民银行批准，人保省公司制定的《小麦种植保险条款》开始施行。《小麦种植保险条款（试行）》规定：每亩保险金额为80元（每亩按160公斤、每公斤0.5元计算），每亩保险费为2.50元，保险期限从返青起至成熟时止，即2月20日至6月5日止。当每亩实际产量低于160公斤时，按其实际产量与160公斤之间的差额赔付，每亩实际产量达到160公斤（含）的免于赔付。

1993年年初，面对竞争的合理性和减轻农民负担等问题，人保省公司积极与各级党政部门进行沟通汇报，进一步宣传、解释保险公司经营保险的合理合法性，取得了省级各党政部门对保险公司的理解与重视，并对人保省公司几年来开拓的主要保险业务给予了充分肯定。1993年4月，省政府办公厅用明传电报通知相关地市，明确表示凡涉及经营性质的保险行为，均应有人民保险公司负责，任何单位或个人不得涉足。1993年5月，安徽省政府办公厅对人保省公司呈报的《安徽省机动车船及第三者责任保险暂行规定》《安徽省旅客意外伤害法定保险暂行规定》等报告，经省政府常务会议讨论后获得通过，并以文件下发各地市政府部门，要求积极协助当地人保公司开拓保险市场。以上举措，稳定了当时的保险市场局面。

1994年，人保省公司对业务结构进行调整，加强承保实务操作管理，各项业务承保呈上升趋势，尤其是短期效益险种承保率的提升，使业务结构布局趋于合理。年末，财产险、农业险、短期人身险，累计保费收入82995万元，较1993年增长5.73%，占全省国内保费总收入71%。其中短期人身险保费收入占短期险业务总收入的24.45%，显现出短期人身险市场的潜力与重要性。

1995年2月10日，人保省公司根据总公司全国保险工作会议精神，结合安徽省具体情况，制定下发《关于城险业务承保和理赔权限暂行规定》；2月24日，人保总公司又下发《中国人民保险公司关于承保和理赔权限有关规定的通知》。5月2日，人保省公司根据总公司下发的通知精神，再次修订了2月10日制定下发的安徽省《关于城险业务承保和理赔权限暂行规定》，使财产险的承保理赔权做到分级把关，提高质量。

1996年12月2日，中保财产保险有限公司安徽省分公司（以下简称中保财险省分公司）转发总公司《关于执行中保财产保险有限公司保险标的灾情报告制度的通知》，要求对企事业单位承保的保险业务，当发生重大、特大意外灾害事故时，必须在24小时内向上级公司报告，内容有：现场查勘的初步情况，受灾范围、程度、估损与施救情况，目前采取的应急措施等；对发生大面积的重大、特大自然灾害事故时，应在灾害事故发生后48小时内向上级公司报告，一周内做书面补充报告；要求各单位均应建立灾情报告登记簿。

1997年4月，中保财险省公司对财产保险“洪水责任”作出规定，要求根据中保财产保险总公司防洪预案要点，结合当地实际情况，制定行之有效的防洪预案，并加以落实，在巩固业务发展的前提下，做好洪水责任的承保工作。同年，制定实施了《洪水风险责任控制办法》《船舶保险管理规定》《车辆重置价确定办法》《汽车零部件报价管理办法》《国内预约保险实务规程》等管理办法。

1999年12月，中国保险监督管理委员会下发《关于界定责任保险和人身意外伤害保险的通知》，规定不得任意混淆责任保险和人身意外伤害保险的界限，人保省内各公司对相关保险承保界定进行了认真学习、落实贯彻，严禁各保险经营机构超业务范围经营。

2000年1月5日，人保总公司下发《中国人民保险公司农业保险业务系统管理办法》，要求各级公司必须按照公司每年度颁发的法人授权书及核保、核赔等有关规章制度，认真做好农险业务的承保、核保工作，对超过公司法人授权书规定的承保权限的业务，应报上级公司审批。

2001年3月13日，人保省公司上报的《关于调整沿海内河船舶保险费率、部分规章内容的通知备案报告》，获中国保监会合肥保险监管特派员办事处批准，并经中国保监会备案。4月6日，人保省公司下发《关于印发“中国人民保险公司安徽分公司货运险、沿海内河船舶险核保核赔审批权限管理规定”的通知》。

2001年5月22日，人保总公司下发《关于印发“中国人民保险公司旅行社责任保险条款”及其附件的通知》。人保总公司要求各分公司自收到文件之日起开始启用新条款，停止使用1999年12月6日下发的《旅行社责任保险条款》和费率，对于已使用原条款承保的业务应在续保时执行新条款和费率。

2001年12月，人保总公司推出第一代5年期人保理财—“金牛”投资保障型家庭财产保险，随着市场环境的变化，考虑到客户缩短保险期限的需求，不久，在第一代“金牛”产品基础上，开发出第二代“金牛”保险产品。次年6月2日，经过前期准备，人保省公司以文件形式向合肥保监办提出开办此产品报告，得到批复。合肥、芜湖、安庆、阜阳、六安、宣城、滁州7个城市及辖区范围开始销售第二代“金牛”保险产品。

2001年度，人保省公司共为全省11563个企事业单位、38.5万户城乡居民家庭、33万多台机动车辆等提供了1581.5亿元的财产保险保障；在总保费收入和险种结构上，机动车辆险占比为66.1%，与2000年相当；责任险、家财险、货运险占比分别为4.7%、2.3%、4.7%，均高于2000年同期水平。

2002年6月5日，人保省公司下发《关于做好安徽省电力公司企业财产理赔工作的通知》。确定2002年省电力系统的财产保险由人保、太保、平安三家公司共保，人保份额50%，平保份额30%，太保份额20%，理赔、查勘、定损工作由人保公司负责，投保险种为企业财产一切险及附加的10个特别险条款。嗣后人保省公司决定，电力系统内分散在各地市的保险项目，由人保合肥市公司与各地市公司共同承保办理承保手续。根据省电力公司提供的明细表和财产清单情况，分别核实承保。保险费按年分两次结算划拨，由人保合肥市公司与省电力公司统一结算收取。对省电力公司在各市、县的财产安全、防灾、防损工作，以各地共保的保险公司为主，各地市保险公司要指派专人负责，主动与当地电力部门进行联系，人保合肥市公司应积极协助、组织实施，推动电力部门搞好防灾、防损工作。所在地电力部门保险标的出险报案后，各地保险公司应立即受理，同时及时通知人保合肥市公司，做好现场查勘定损，确定赔款金额，整理、形成完整赔案资料。赔款（含查勘费用）按承保比例由人保合肥市公司与各保险公司共同分摊。凡一次损失100万元以下的，由共保公司直接将理赔案卷送交人保合肥市公司，由人保合肥市公司向省电力公司统一办理赔款支付手续。一次损失在100万元以上的，人保合肥市分公司可派员与各保险公司共同定损，各保险公司在保户索赔材料收集齐全后，三个工作日内将案卷送交人保合肥市公司，由人保合肥市公司办理上报审批手续。赔款由人保合肥市公司与省电力公司统一结算。

2002年，经中国保险监督管理委员会核准备案，人保总公司开发设计了多个责任保险条款，新开发的各类险种在业务承保和理赔过程中，对权限都作出了明确的规定。

主要险种如下：6 月 19 日，人保省公司转发总公司《产品质量保证保险条款及其附件的通知》。7 月 22 日，人保总公司下发《住宿学生财产综合保险条款及附件的通知》。7 月 31 日，人保总公司下发《关于办公室综合保险条款及其附件的通知》，该综合保险产品主要包括财产损失、租金损失、现金失窃、公众责任、雇主责任保险等。8 月 30 日，人保总公司下发《关于保险代理人职业责任保险条款及其附件的通知》《关于保险经纪人职业责任保险条款及其附件的通知》《关于工程监理责任保险条款及其附件的通知》《关于监护人责任保险条款及其附件的通知》《关于血站采供血责任保险条款及其附件的通知》。9 月 13 日人保总公司下发《关于现金保险四个附加险条款的通知》。9 月 29 日人保总公司下发《关于驾驶员培训学校责任保险条款及其附件的通知》和《关于机动车辆停车场责任保险条款及其附件的通知》。11 月 25 日，人保总公司下发《关于温室园艺作物种植保险条款的通知》和《关于农作物火灾保险条款及其附件的通知》。以上诸险种推出，人保总公司要求在承保中，严格执行总颁条款和费率规定，不得擅自对条款和费率进行变更。10 月 30 日，人保省公司下发《关于进一步加强财产险业务风险控制和分散的通知》，对每一危险单位的最大自留额作出如下规定：财产险（含利损）为 4000 万美元或 3.5 亿元人民币，机损险（含利损）为 1000 万美元或 8000 万元人民币，建安工险（含利损）为 3000 万美元或 2.5 亿元人民币。《再保险管理暂行办法》对一些特殊行业及特殊风险进一步明确，财产险（含利损）中电厂、化工厂、橡胶、泡沫塑料、纸张、皮革、面粉、仓储、纺织等项目作为特殊风险，一般净自留额为 1000 万美元；机损险（含利损）自留额一般为 500 万美元，最大为 1000 万美元；工程险中堤坝、码头、水电站等水利工程，隧道、矿井等地下设施，桥梁、公路（含高速公路）、机场、地铁等交通项目，供排水、输电、输气等地下管道工程，电厂、化工厂等均属特殊风险，一般自留额为 2000 万美元。对于自留额以内的承保业务，在承保过程中，如果觉得风险较大或承保费率较低，应积极与人保省公司再保险处联系安排商业再保险，以转移风险。12 月 10 日，人保总公司下发《关于印发“中国人民保险公司产品质量保证保险实务规程”和“中国人民保险公司产品质量保证保险管理暂行办法”的通知》。

2003 年 4 月 22 日，人保总公司下发《关于印发“人保理财—金牛投资保障型（三年期）家庭财产保险条款”的通知》。

2004 年 6 月，为做好电力系统的保险工作，搞好理赔服务的内部协调，人保省公司印发《关于安徽电力系统通保业务调整的通知》。

1986—2005 年，人保安徽省公司承保的大型企业企财险还有淮北市印染厂、安徽口子集团公司、淮北国安电力有限公司、安徽电信石台分公司等，这些企业保险标的大、保险金额高，收取保费也较高，对人保的业务起到了支撑作用。

重大承保

2003年12月31日，承保铜汤高速公路（保险标二）太平湖至汤口段建筑工程险，保额6.0亿元。

2005年3月4日，承保金隆铜业有限公司铜陵市金山路金隆厂区21万吨电解铜改造设备及安装工程项目安装工程一切保险，物质损失保额2.4亿元。

人保省公司运输工具险承保

1986年4月，人保省公司落实其总公司颁布的《机动车辆保险条款》和《关于加强机动车辆保险业务管理意见》；同时依据安徽省机动车辆承保情况，要求各地市自1986年5月1日起执行新条款，但在承保时，允许各地市公司根据情况，在基准费率上上下浮动20%；对未了责任的车险赔款、安全奖励等处理原则，仍按原条款执行；保险车辆发生部分损失，对于明显增值的，仍按保险金额和出险时市场重置价值比例赔付；保险车辆在省外出险，按当地事故处理部门意见执行。年底，全省按新条款承保的机动车辆承保数量达77189辆，比1985年度增加8746辆，增长幅度为12.73%，保费收入3229.14万元，比1985年度增长47.62%，平均每部车辆的保费比1985年提高30.89%。

1987年4月21日，人保省公司召开机动车辆保险工作会议，会上对现行机动车辆保险条款和费率进行讨论修订，即：现行车辆保险费率不再下浮；社会车辆参保费率向上浮动掌握在20%以内；专业运输、个体联户车队车辆续保，上年度赔付率超出60%的，费率向上浮动掌握在25%以内，赔付率超过100%的，续保费率向上浮动掌握在25%～50%之间。修改后的机动车辆保险条款经报安徽省人民银行获得批准后执行。

1988年，人保省公司针对车险业务在经营过程中存在的问题做出规定：对二吨以上货车、拖挂车投保车损险的，要注明分项投保情况；投保"四险一体"或"五险一体"的，应将各险种保单正副本交投保人；车损险损失金额在1000元以上的，经查勘后必须附有照片；赔款金额达1万元以上，须报人保省公司备案。

1989年年初，经中国人民银行批准，人保总公司颁布1989版机动车辆保险条款和费率。人保省公司及时转发1989版机动车辆保险条款，并提出贯彻实施1989版机动车辆保险条款和费率意见，要求在1989年7月1日起执行新的机动车辆保险条款，同时对切换条款的业务衔接，实行差别费率等问题作出规定。

1993年10月7日，人保省公司转发总公司《保险车辆互碰事故处理的暂行规定》，使机动车辆保险事故处理有了较为全面的依据。12月24日，人保省公司转发总公司《关于涉外船舶险业务管理规定的通知》，通知提出涉外船舶保险是一项高风险的业务，要求承保由人保省公司国际业务部负责办理，承保时应严格按人保总公司的规定操作。

1994 年，在往年经营管理经验基础上，人保公司业务结构得到调整，运输工具险承保质量得到提高。全省年承保面占全省车、船拥有量的 80% 以上，承保机动车、船 27.7 万辆（艘），增长 22.57%，运输工具及责任险保费收入 45662 万元，占省内业务保费收入的 39%，增长 70.9%，赔付率为 82.63%。

1995 年 2 月 6 日，人保安徽省公司根据人民银行《关于印发机动车辆保险条款的通知》的要求，开始执行新的保险条款和费率，原核准的条款和费率同时废止。

1997 年 6 月 17 日，为了促进机动车辆保险业务的发展，更好地适应市场竞争需要，人保总公司统一、规范了 8 个机动车辆附加险条款，人保省公司根据总公司《关于印发机动车辆保险附加险条款和费率的通知》的精神，开始正式执行新的附加险条款和费率。9 月，为抵制和纠正在车辆保险经营管理中的违规行为，根据《关于加强机动车辆保险业务管理的通知》和《机动车辆保险自律公约》的精神，人保省公司开展车辆保险业务的自查自纠工作。

1997 年 7 月 7 日，中保财产省公司印发《财产险承保、理赔权限规定的通知》。规定自 8 月 1 日起执行，凡与以前有关规定相悖的，以该规定为准。同时督促各分支公司在理赔服务上实行承诺制。1997 年，中保财产省公司理赔报价中心报出机动车辆赔案 1333 笔，报价金额 2211.7 万元，询报差价累计 633 万元，赔付率同比下降了 23.3 个百分点，比全国平均水平低 1.6 个百分点。

1998 年 7 月 13 日，人行安徽省分行非银行处召开安徽省各家省级财产险公司车险处室负责人会议，达成共识，形成会议纪要：1998 年 7 月 1 日以后承保的机动车辆险，不论连续几年无事故，无赔款优待一律为基准费率的 10%，执行基准费率的 90% 作为本年度的费率；对 1998 年 7 月 1 日以前签发的保单，仍按原保险合同规定执行，但不得享受 10% 基准费率优待。9 月 28 日，人保省公司获得总公司批准，成为全国首批试办机动车辆分期付款信用保险的公司。12 月 8 日，人保省公司转发总公司《关于修订单证号编码规则年份代码及增补险种代码的通知》，确定了沿用至今的一般机动车辆保险、机动车定额保险、机动车提车保险等 6 大类机动车辆类险种代码。

2000 年 1 月 5 日，为加强车险承保的管理，人保省公司对核保审批权限作出规定：投保机动车车损险保额超过 100 万元，或投保附加单险保额超过 100 万元，必须在承保前报人保省公司运工险处核保，经同意后方可承保。2001 年 10 月 22 日，人保省公司、安徽省农机安全监理总站联合下发《关于做好拖拉机保险工作的通知》，要求各自相关单位须按规定，共同做好拖拉机保险的承保工作。

2003 年，按人保总公司要求，车险是业务结构调整的重点，参照香港公认会计计算准则，车险综合赔付率须在两年内降到 78% 以下，综合成本率应控制在 95% 以内，力争把车险做成主要盈利险种，人保省公司在业务结构上进行了调整。是年全省人保系统改变了传统和单一的展业模式，开展了“精英在行动”营销业务竞赛活动，促进了营销业务的发展。全省实收保费 154656.2 万元，同比增长 6656.2 万元，超额 4.5 个百分点完成了全年保费收入任务。两次实行了车损险及第三者责任险调整方案，完成了车险新老条款、费率的衔接，全省共承保车辆 60.60 万辆，保费收入 152848.7 万元，同比增收 40231.9 万元。2004 年，为整合营销资源，强化营销培训，培育建立非车险业务营销目标体系，人保省公司开展了个人代理营销竞赛，策划了“灿烂明天”“全程守护”“合家欢乐”等营销大赛，营销活动收入保费 783.3 万元，排名全国第六。

2003 年 12 月 23 日，人保省公司下发《关于执行 2003 版机动车辆保险条款、费率的通知》。要求自 2003 年 1 月 1 日起，执行新版机动车辆条款、附加条款、费率；要求各公司必须按人保总公司授权经营业务范围，在承保业务时，严格执行上述各条款及配套费率方案，不得擅自变更。

2004 年 12 月 24 日，人保省公司下发总公司《授权合肥、芜湖、马鞍山、安庆、池州、宣城、蚌埠、铜陵、阜阳、巢湖十个分公司，为安徽省沿海、内河船舶保险经营资格公司，及人保省公司船舶保险承保管理规定的通知》。

2005 年 5 月 8 日，人保省公司下发《关于调整部分机动车辆险承保权限及管理规定的通知》。

太平洋财产保险省公司承保

自 1992 年 9 月始，太保合肥公司对企财险实行挤进市场，扩大份额的策略，关注保险标的的实际风险状况和天气变化，根据暴雨、台风、雪灾等自然灾害风险的出现情况，及时制定相关销售政策和承保政策，避免因“逆选择”造成的大额赔付。加强业务员对企财险的学习和培训，在企财险专业化操作上，太保公司逐步走向专业化管理轨道。

1995 年 1 月 26 日，太保总公司转发人行总行《关于中国太平洋保险公司雇主责任等保险条款及费率的批复》，开始在全省开展雇主责任保险。太保合肥公司在企业单位、私营业主单位开展责任保险、人身意外伤害保险、机动车辆行驶中断利润损失险的承保工作。责任险的开展给太保公司开辟了保费增长的新途径。

1996 年，经批准太保公司财产险经营险种增加 4 个，并在全省推开，主要有家庭财产保险、涉外船舶保险及货运险、建筑工程险。1998—2005 年，太保安徽分公司家财险业务承保数量、入账保费在非车险总体业务中占比较高的年份为 2002 年，达 12.59%，同比增长最高的年份为 2000 年，达 592.29%。船舶险业务、货运险业务开展伊始，因属涉外业务，地市机构没有资质，进出口的外币业务均在省公司出单。该险种从开办准备至业务拓展一直较为稳健，成为太保公司后期核心险种之一。水险业务统计列入太保南京分公司代理数据统计范围。1998—2005 年，水险承保数量、入账保费均呈逐年上升趋势，从1998年的10.78%上升至2005年的12.15%，在非车险总体业务中占比较高的年份为1999年和2001年，分别为15.83%和15.51%。

1996年4月，太保公司工程建筑险业务承保在安徽开展。受工程建筑险专业性的制约，公司在承保前采取对保险标的的风险进行划分，对风险概率进行调查评估，对风险较高的业务，采取谨慎承保原则，工程险理赔一般采取公估公司介入方式，大额赔款均能及时赔付到位。

1996年8月16日，太保总公司转发人总行批准太保《关于开展沿海、内河船舶保险条款及费率的通知》，太保公司船舶保险在安徽全省境内得以开展。

1999年5月，经中国太平洋保险总公司批准，准予太保合肥分公司自营水险业务，通过机构设置、硬件配备、人员培训及出单权下放等措施，水险业务发展迅速，成为当时太保公司的核心效益险种。

2005年，太保财产险在险种发展上，再次确定责任险为公司重点发展险种。太保产险安徽省分公司为此专门召开全省责任险业务推动会议，确定责任险的发展方向和工作目标，在巩固公众责任险、雇主责任险、国内产品责任险等原有险种前提下，发展火灾公众责任险、金融机构场所责任险、承运人责任险等险种。在任务的落实上，也明确了具体部门和责任人。自1998年始，责任险业务承保数量、保额、入账保费均呈不断上升趋势，在非车险总体业务中的占比由1998年的3.59%上升至2003年的16.34%，2004、2005年略有下降。

1998年至2005年，太保安徽分公司企财险业务承保数量、入账保费一直保持在42%的占比以上，并且不断增长，1999年占比更是高达83.16%。

1998—2005年太平洋产险安徽省经营情况统计表

表3-1-1

年份	承保标的数量	保额（万元）	入账保费（万元）	占比（占非车险保费）%	同比增长
1998	418	584450.90	1024.60	74.90%	—
1999	570	795303.60	1315.90	83.16%	28.43%
2000	729	1241884.20	1764.90	63.19%	34.12%
2001	564	955131.70	1480.60	48.75%	-16.11%
2002	790	1057270.60	1826.70	42.68%	23.38%
2003	982	2578696.00	2314.10	39.00%	26.68%
2004	3062	2230694.10	2395.70	29.95%	3.53%
2005	5690	329247.07	3339.99	44.55%	39.42%

重大承保

保险人：中国太平洋财产保险股份有限公司安徽分公司。险种：财产一切险。承保年份：2004 年。保险期限：2014.5.1—2015.5.1。被保险人：安徽省电力公司。保险金额：422404.74 万元。保险范围及保单简介：六安、铜陵、池州、蚌埠、淮北、宿州六个供电局城网固定资产及存货。

保险人：中国太平洋财产保险股份有限公司安徽分公司。险种：财产一切险。承保年份：2003 年。保险期限：2003.12.31—2004.12.31。被保险人：安徽佳通轮胎有限公司。保险金额：96000 万元。保险范围及保单简介：安徽佳通轮胎有限公司的建筑物、机器设备及存货。

保险人：中国太平洋财产保险股份有限公司安徽分公司。险种：安装工程一切险

承保年份：2002 年。保险期限：2002.12.1—2007.11.30。被保险人：安徽琅琊山抽水蓄能发电有限责任公司。保险金额：137708.85 万元，其中：物质损失保额 137326 万元；三责保额 300 万元。保险范围及保单简介：琅琊山抽水蓄能电站工程安装项目。施工单位：中国水利水电第一工程局、中国水利水电第五工程局。

保险人：中国太平洋财产保险股份有限公司安徽分公司。险种：安装工程一切险。承保年份：2005 年。保险期限：2005.6.14—2006.8.31。被保险人：铜陵金威铜业有限公司。

保险金额：65271.11 万元，其中：物质损失保额 60010 万元，三责保额 1000 万元。保险范围及保单简介：金威公司安装工程项目。

太平洋财产保险省公司车辆险承保

1994 年之前，太保安徽分公司机动车辆保险由于承保量不大，承保质量把关不严，车辆保险一直呈亏损状态。

1995 年 5 月 16 日，太保总公司下发《中国人民银行关于机动车辆保险条款的实施意见》。太保安徽分公司按照该实施意见修订了原机动车辆保险条款、附加盗抢险条款及费率。同时先后制定了《敬告索赔客户书》《优质服务规定》《机动车辆保险理赔暂行办法》《机动车辆定损、审批、代查勘暂行规定》《理赔工作制度》等。随着管理制度的完善与加强，由于重视承保质量，提高了理赔服务质量，使机动车辆保险业务结构得到逐步改善，扭转了亏损局面，使规模和效益能够协调发展。

1996 年，太保安徽分公司严格按照商业保险公司的运作模式进行管理，根据太保总公司下发的《承保质量提示单》，将业务承保质量作为年度工作目标进行考核管理，同时为配合公司经营管理上的转型，制定了《经营管理承保责任制实施办法》《核保工作细则》《应收保费催收单》等一系列规章制度，促进了太保 1996 年业务健康稳健的发展。

1997 年 9 月 2 日，太保总公司下发《机动车辆保险附加险条款和费率的通知》，

该通知共下发了11个附加险条款，极大地丰富了车辆保险的承保项目，使投保客户对投保车辆保险有了更多的选择，也提升了单车承保车辆的保费收入。

1997年9月11日，太保总公司下发《公路货运定额保险条款》《公路货运特种责任保险条款》《定额家庭财产保险条款》《商品房综合保险条款》《长效还本定额家庭财产保险条款》及条款声明和实务处理11个文件。太保安徽分公司经过积极的前期准备工作后，立即在全省推出以上险种。

1998年，太保安徽分公司加强了对统保、代理点、三资企业保险的服务，实施大保户公关措施，顺利承保了合肥机场责任险，收取保费近100万元。11月12日，建行合肥市分行启动太保“汽车消费贷款合同履约保险”条款，为30台汽车，计270万元购车款的消费贷款人，投保了贷款合同履约保险。其中有一投保人一次性缴纳保险费4.8万元。在船舶保险方面，太保芜湖中心支公司成功承保芜湖造船厂两万吨级、多用途货船“乐民”号，开创了太保在安徽省的船舶建造承保一切险第一单。

1999年3月，借助车辆保险新旧条款转换时机，太保安徽分公司召开全省机动车辆保险业务会议，研究落实对全省机动车辆保险专业化管理的相关问题。6月，根据太保总公司对机动车辆保险的有关规定，及近年来车险经营中出现的问题，安徽分公司下发《机动车辆保险核保实施细则》。该细则对核保工作进行了界定，对核保员应具备的素质、考核、聘任、工作职责、核保权限等方面给予了明确规定；对核保业务种类进行了划分，明确了保险利益、投保人资信、以往损失记录、标的厂牌型号、使用性质、使用年限、保险价值、保险金额、保险期限、投保单其他要素、第三者责任险的最高赔偿限额、批单、代理业务以及附加险中的车上责任险、玻璃单独破碎险、全车盗抢险、无过失责任险、车载货物掉落责任险、自燃损失险、不计免赔特约险，核保时应注意的事项和应遵循的原则等内容；同时对限制核保、附加条件核保、禁止核保，由外勤验车后进行核保的情形作了明确的规定。11月，太保合肥分公司下发了《关于严格控制营运车承保比例的紧急通知》，要求各分支机构严格执行分公司的通知精神，控制营运车承保比例。6月，太保安徽分公司会同人保省公司、平安保险安徽分公司联合发出公告，公告明确保险公司可以独立地对保险车辆事故进行查勘定损；查勘定损不收取客户任何费用，不得以赔谋私，不得收取好处费等；有权对“评估定损中心”的估损进行重新核定或拒绝赔偿；不受任何单位和个人的干预和限制。同月，根据《机动车辆保险业务核赔制度》，结合《中国太平洋保险公司车辆保险核赔要则》，太保合肥分公司制定下发了《机动车辆保险业务核赔实施细则》。明确了保险事故发生时保险财产、保险责任认定、保险车辆损失、施救费用、第三者人身伤亡损失、重大疑难赔案的核定、保险合同合法性和有效性的审核、赔付计算的依据、过程和结果的审核、应注意的事项和应遵循的原则。

2000 年 6 月，制定《关于机动车辆承保业务管理的若干规定》，第一次提出建立被保险人档案库的要求；强调了保险标的相关要素在机动车辆承保业务中的重要性；对核保员的工作要求和岗位职责做了明确的要求，并根据投保车辆营运情况及车况等要素对其进行分类，不同车辆采取不同的承保条件，以此控制经营风险。

平安产险省公司财产险承保

安徽平安产险企业财产保险主要有财产保险基本险、财产保险综合险、财产保险一切险、涉外财产保险、利润损失险 5 个险种，并有数十个特约附加险条款，这些险种是企财险的主要保费来源，其保单件数和保费占比都在 90% 以上。在企财险领域承保过的重大项目有：安徽省电力公司、金隆铜业有限公司、安徽丰原集团、淮北矿业集团、淮化集团、奇瑞汽车、各地卷烟厂、九华电厂、中国联通等。另有现金综合险、电梯财产一切险、计算机综合险、锅炉压力容器险等，其保单件数和保费数量不高，不足 10%。

1994 年，安徽平安产险开单的企财险仅有财产保险综合险一个险种，保单笔数不足 300 笔。1995 年，企财险险种增加到 4 个，分别为财产保险基本险、财产保险综合险、财产保险一切险和现金综合险，但仍以财产保险综合险为主，保单笔数占比 99%。1996 年，险种增加到 10 个，进一步满足了不同客户、不同标的的个性化需求，新增的 6 个险种为电梯财产一切险、计算机综合险、锅炉压力容器险、个体户综合险、现金险、利润损失险，安徽平安产险开始为客户推荐个性化险种，财产综合险仍然为主打险种，但保单笔数已经降低到 89.6%。1997 年以后企财险种类趋于稳定，一直到 2004 年皆维持在 9 个，其中个体户综合险因投保量极低后停止经营。2000 年以后重点向大客户推荐保障更全面的财产保险一切险，至此该险种终于打破了个位数的保单件数，并且到 2002 年保单件数已接近 200 单。2002 年，平安产险大力推动企财险各险种的发展，促进了客户对险种差异的了解，各险种得到了快速的发展，财产综合险的保单件数占比首次降低到 80% 以下。2004 年，企财险完全打破了财产综合险一支独大的情况，财产综合险占比由 1994 年的 100% 降低到 58.5%，根据客户需求向其推荐财产保险基本险、财产保险综合险、财产一切险和其他个性化险种，其中财产保险基本险和财产保险一切险的保单件数占比达到了 33.6%。2005 年，推出创新产品平安恒利达企业综合保险，该产品是为广大中小型企业、个体工商户适身打造的综合企业财产保险。保险责任涵盖传统的财产损失保险、公众责任保险和雇主责任保险，保额可大可小，责任全面，投保理赔方便快捷，解决了中小型企业购买保险保障不全、保费太高、不买又不行的问题，首年签单 23 笔。

平安产险省公司车辆险承保

1994—1996 年，《中国平安保险股份有限公司机动车辆保险条款》基本险包括车辆损失险和第三者责任险，附加险包括盗抢险、司机座位责任险、乘客座位责任险、承运货物责任险、玻璃破碎险等5个险种。实行每次事故免赔率和无赔款优待，其中无赔款优待规定，对上一年未出险的客户，优待数额为上一年度保单保费的10%，连续二年未出险，优待数额为上一年度保单保费的15%，连续三年未出险，优待数额为上一年度保单保费的20%，无赔款优待只针对续保客户。1996年5月，为更好发展机动车辆保险业务，平安公司决定在全省范围内增开机动车辆“无过错责任险”“车辆停驶利润损失险”两项附加险。

1996年7月1日，平安公司在原5个险种的基础上增加无过错责任险、车辆停驶利润损失险等7个险种。其中“盗抢险”保险责任中增加一项抢夺责任，即承担被盗窃、被抢劫、被抢夺的责任。此条款变动及启用改变了长期以来平安公司全系统车险保单格式不统一的局面，促使车险业务数据的规范化。

2000年，平安公司车辆保险基本险（车辆损失险和第三者责任险），附加险包括全车盗抢险、车上责任险（分为车上座位责任险和车上货物责任险）、车载货物掉落责任险、玻璃单独破碎险、无过失责任险、车辆停驶损失险、自燃损失险、新增设备损失险、不计免赔特约险9个险种。新增了“车载货物掉落责任险”“自燃损失险”“新增设备损失险”等险种。另外，“无赔款优待”更改为本年度续保险种应交保费的10%，无论连续几年无事故，一律为应交保费的10%。同时平安公司改变过去的“重规模”转变为“以效益为主，突出利润”，对业务管理实行分险种核算的管理方式，进一步加大核保工作力度，加强承保风险控制。年末车险保费收入占财险保费收入比例一直维持在60%以上，车险的赔付率也有所下降。

2003年1月，平安公司车辆保险基本险分为车辆损失险和第三者责任险，将人身伤亡责任从“三责险”中拆分出来，设计成两种条款，即第三者人身伤亡责任险、第三者综合责任险，供客户选择，但不能同时投保。附加险包括全车盗抢险、玻璃单独破碎险、车辆停驶损失险、自燃损失险、新增加设备损失险、车上责任险（分为车上座位责任险和车上货物责任险）、无过失责任险、车载货物掉落责任险、不计免赔特约险、代步车费用保险、交通事故精神损害赔偿险、他人恶意行为损失险、全车盗抢附加高尔夫球具盗窃险等13个险种。与原2000版全国统颁条款相比，《中国平安保险股份有限公司机动车辆保险条款》新增加了代步车费用保险、交通事故精神损害赔偿险、他人恶意行为损失险、全车盗抢附加高尔夫球具盗窃险4个附加险。同时，为配合机动车辆保险条款费率管理制度改革，保证新增的随人因素和费率表中“指定驾驶员”系数、车损险绝对免赔额系数的执行，增加机动车辆保险指定驾驶员特约条款、车辆损失险绝对免赔额特约条款2个特约条款。同年，修订版中，对“无过失责任险”进行了修改、完善，扩展了保险责任，并以“无过错损失补偿险”条款替代了原条款中的“无过失责任险”条款。为避免歧义，与车损险绝对免赔额区分，将原不计免赔特约险更名为不计免赔率特约险，并分为车辆损失险不计免赔率责任和第三者责任险不计免赔率责任。将原条款的“车上责任险”拆分为两个独立的险种，车上人员责任险和车上货物责任险，内容基本不变。为了使条款内容更加严谨，便于客户理解条款，避免出现争议，在条款中增加“释义”部分，将条款中涉及到的术语及易产生争议的名词进行了解释。

2004年，平安公司车辆保险基本险分为车辆损失险和第三者责任险（分为第三者人身伤亡责任险和第三者综合责任险，二者不能同时承保），附加险包括全车盗抢险、玻璃单独破碎险、车辆停驶损失险、自燃损失险、新增加设备损失险、车上责任险（分为车上座位责任险和车上货物责任险）、无过失责任险、车载货物掉落责任险、不计免赔特约险、代步车费用保险、交通事故精神损害赔偿险、他人恶意行为损失险、全车盗抢附加高尔夫球具盗窃险、车身划痕损失险等14个险种。新增“车身划痕损失险”，特约条款更改为机动车辆保险指定驾驶员特约条款、多次事故免赔特约条款2个特约条款。

2005年年底，春运高峰时根据市场的反馈信息，许多地区显示出了较为旺盛的客运车辆承运人责任险需求。客运车辆承运人责任险具有“出险频度低、案均赔款高”的显著特点，且风险集中，承保有较大的规模才具备一定的抗风险能力。客运车辆承运人责任险作为新的业务增长点，在规模上可适度发展。但由于它是一个新兴险种，平安产险基础数据并不太充分，对其潜在风险的认识也不全面，平安公司在承保过程中详细了解运输单位的安全管理状况、车辆运输线路、驾驶员队伍整体状况、运输单位实力等多方面因素后综合评估风险，严格使用报备条款、费率。客运车辆承运人责任险产品原则上要求每人赔偿限额不超过30万元，作用在于分散巨灾风险，是风险管理的要求。

平安产险省公司货运险承保

平安公司货运险业务主要险种有：出口险、进口险、国内水路货运险、国内公路货运险、国内铁路货运险、国内航空货运险、公路货物运输承运人责任定额保险、危险货物道路运输承运人责任保险。对应的主要条款有：《海洋货物运输保险条款》《英国伦敦协会货物条款》《国内水路、陆路货物运输保险条款》《航空运输货物保险条款》《公路货物运输承运人责任定额保险条款》《道路危险货物承运人责任保险条款》等，还有上百种特约附加险条款，这些险种是货运险的主要保费来源。另有一些保费较少的小险种，如邮包险、邮件快递险。主要承保单位有生产型企业单位、贸易公司、货代公司和物流公司等。

1994年，平安公司货运险承保业务不足百件，总保单笔数92笔，保费仅78.61万元。

1995年，安徽平安产险的货运险业务达到1100件，承保金额13.8亿元，保费464.79万元。1996年，安徽平安产险的货运险在原有的3个险种基础上，新增邮包险，常用险别共4个，当年保单件数2361件，总保额14.38亿元，总保费796.05万元。1997年，安徽平安产险货运险的险种进一步拓展至7个险种，新增了国内水路货运险、国内公路货运险和国内铁路货运险。进出险和国内货运险为主打险种，保费占比达98%。1999年，安徽平安产险的货运险新开3个险种：邮件快递险、公路货物承运人责任定额保险、国内航空货运险，常用险种数共有10个。当年业务承保笔数达3002笔，总保额41.92亿元，保费832.65万元。2000—2001年，受亚洲金融危机长尾效应影响，外部经济总体环境较差，安徽平安产险货运险业务连续下滑，年度平均负增长23.5%。2002年，外部经济形式好转，货运险业务快速增长，当年承保笔数6168笔，总保额66亿元，保费809万元，同比增速达67%。2003年，安徽平安产险在当地业内首家开通货运险外网系统，实现客户端自主出单，自动核保的功能，开创保险业货运险承保系统开发的新篇章。2004年，安徽平安产险货运险承保业务突破1亿件，总保单件数12628件，总保额突破百亿元，为121.73亿元，总保费突破千万元，为1091万元。2005年，安徽平安产险货运险业务稳步增长，新增危险货物运输承运人责任保险，常用险种数共有11个。当年保单件数12312件，总保额154.48亿元，总保费1229万元，同比增长12.68%。

安徽平安产险自成立以来，在货运险领域承保过的大项目有马钢销售公司、马钢国际贸易有限公司、金隆铜业有限公司、铜陵有色金属集团公司、安徽轻工国际贸易有限公司、安徽服装进出口贸易有限公司、安徽技术进出口贸易有限公司、安徽粮油进出口集团有限公司、芜湖海螺集团有限公司、芜湖奇瑞汽车物流有限公司、安徽丰原生物化学股份有限公司等大客户的货运险项目，为发展货物运输业，促进国内外贸易经济做出了一定的贡献。

平安产险省公司船舶险承保

安徽平安产险船舶保险经营主要由国际水险业务部承担，集合了承保、理赔和销售三大工作职能，一体化模式为客户提供了优质的货运险和船舶险服务工作。2000年后，随着业务规模的逐步增加，为满足市场业务发展需求，根据公司整体架构的改革，销售职能被单列，实现为客户更好更专业的服务。

平安公司船舶保险分为全损险和一切险。对应的条款有两个，分别为《船舶保险条款》和《沿海内河船舶保险条款》。其中《船舶保险条款》多适用于远洋航线船舶业务，条款于1986年制定，因而简称86条款；《沿海内河船舶保险条款》则多用于沿海、内河航区船舶险业务，制定时间为1996年，简称为96条款。

平安公司船舶险业务开办于1996年，当年承保件数仅1笔，在整体财产险业务中的占比很小。1997年，安徽平安产险船舶险业务实现快速增长，当年保单件数43笔，总保额 3698.18 万元，保费 41.41 万元。1998 年，安徽平安产险船舶险业务稳步增长，当年保单件数 67 笔，总保额 5560.5 万元，保费 67.58 万元，同比增长 63.2%。1999—2000 年，受亚洲金融危机影响，一方面外部经济下滑，另一方面内部船舶险业务整体经营不利，船舶险业务政策收紧，业务急剧萎缩，两年业务承保件数分别为 20 笔和 25 笔。平安产险从产品风险考虑和经营稳定性角度出发，对业务结构进行了调整，决定从 2001—2004 年退出船舶保险市场。在经历近 4 年的调整期之后，于 2005 年重新进入船舶险市场，并一举突破往年承保业绩。当年船舶险保单承保件数 88 笔，总保额 6159.38 万元，总保费 85 万元。

平安产险省公司责任险承保

平安公司从 1994 年开始拓展责任保险，起初几年只经营银行综合业保险、公众责任险、雇主责任险、产品责任险等传统险种，责任险发展初期，保费规模较小，公司偿付能力有限，经营压力大，核保政策谨慎，为社会提供保障的领域有限，销售模式也是针对企业客户的散单式销售，年保费规模不足百万元。到 2002 年以后，随着人民维权意识的提高，平安公司责任保险市场扩大，核保政策进行调整，支持责任险快速发展，承保领域扩大至卫生、教育、旅游等专业领域。1999 年以后，公司逐步开发医疗责任险、校方责任险、职业责任险、保证保险等险种。2005 年责任险保费规模达 1647 万元。

在保险责任方面，平安公司适时对保险条款进行修订，最突出的就是雇主责任险和公众责任保险条款。1994 年平安产险总部向保监会报备了雇主责任险和公众责任险条款，但因条款内容不够完善，在理赔中出现很多纠纷。到 2003 年，平安产险总部修订了雇主责任险条款，2005 年修订了公众责任险条款，规范保险责任，减少理赔纠纷，同时对公司的出单系统界面和投保单模板进行优化设置。

2005 年，安徽平安产险与北京联合保险经纪公司安徽分公司合作，开始启动校方责任险项目，为全省普通中小学校学生提供保障，具有良好的社会效益。当年共签单 418 笔，保险金额超过 8 亿元。

平安产险省公司家庭财产险承保

1996 年，平安家庭财产保险、家庭财产长效还本保险正式在安徽发售，当时个人客户对家财险的了解还很少，因此安徽平安产险推出了长效还本保险，用以加强客户对家庭财产保障的了解。

1999 年，平安公司新增个人抵押贷款房屋保险（凡符合中国人民银行《个人住房贷款管理办法》有关规定，同意以所购房屋作为抵押物购买的自用房屋，可作为本保险的保险财产，自用房屋的所有人为本保险的被保险人），首年便签单 723 笔，保费规模 35.6 万元，开创了安徽平安房贷类产品的先河，此外平安家庭财产保险得到了市场的认可，当年签单 648 笔，实现保费收入 134.8 万元。

2000 年，平安公司个人抵押贷款房屋保险签单 5316 笔，保费达到 325.3 万元的规模。2002 年，平安推出个人抵押商品住房综合保险，此险种在个人抵押贷款房屋保险责任的基础上增加了对购房者更具保障的还贷责任保障。该险种一经推出即得到了市场的广泛认可，首年便签单 2441 笔，实现保费 105.3 万元。是年，房贷险保费超过了千万，险种进入了高速发展阶段。2003 年，房贷险保费达到了 1354 万元。2004 –2005 年，房贷险进入发展高潮阶段，两年保费分别突破 2700 万元。家庭财产保险也随着创新产品的推出进入了平稳发展阶段。

2003 年，安徽平安产险设计推出家财险新的组合产品——平安“家居保”和平安“温馨家园”两个险种，除传统的家庭财产所保障的火灾、爆炸、自然灾害、盗抢、水暖管爆裂等保险责任外，还增加了保险家庭住户第三者责任一切险及租房费用损失险的风险保障设计，还向客户温馨赠送一定金额的门、窗、锁恶意破坏损失险。不同的家庭可以根据需求，选择任何一款产品，可以一款多买，也可以任选几款组合购买。

平安产险省公司建筑工程险承保

安徽平安产险自公司成立至 2005 年期间，工程保险一直为如下五个险种：建筑工程保险、安装工程保险、机器损坏保险、机器损坏综合保险、机损险项下的利润损失保险，没有增加新险种。

建筑工程、安装工程保险发展较为缓慢，一直到 2002 年才突破百万保费。此后安徽平安产险积极参与大型施工项目的拓展，至 2004 年已达到了千万保费平台，至此 2 个险种进入了较为成熟的发展阶段。平安产险开始为铁路、高速公路、桥梁、企业等各种大型建筑工程提供保险保障。

重大承保项目为：黄山长江徽杭高速公路、蚌埠至明光高速公路、马鞍山至芜湖、滁宁高速公路、阜阳至周集段高速公路、合肥至六安至叶集高速公路建筑工程一切险附加第三者责任保险、淮沪煤电有限公司、安庆长江公路大桥、马鞍山自来水公司、涡阳县城市排水有限责任公司安装工程一切险。

平安产险省公司机器损坏险承保

安徽平安产险机器损坏险的保险责任和除外责任与企业财产保险综合险互补，这一直作为险种卖点推荐给客户，投保此险种可以给企业资产更完善的保障，自 1996 年该险种即达到了近 200 单的签单量，并逐年增长。如安徽淮化集团有限公司、淮北矿业项下煤矿、安徽安凯汽车集团有限公司、合肥荣事达洗衣机有限公司、芜湖海螺型材科技股份有限公司、安徽古井贡酒股份有限公司、阜阳化工总厂、安徽乐普生百货有限责任公司及省内多家大型电厂。

天安保险省公司承保

天安保险安徽省分公司于2001年3月9日正式成立。主推的险种有企业财产保险、家庭财产保险、建筑工程保险、安装工程保险、货物运输保险、机动车辆保险、船舶保险、能源保险、一般责任保险、保证保险、意外伤害保险、公共营业场所火灾责任保险、吉祥三宝组合卡单等业务。

2001年，天安保险省公司保费收入358.50万元，支付赔款15.10万元，主要为机动车辆保险赔款。2002年保费收入1071.89万元，支付赔款305.61万元，其中企业财产险赔款115.78万元，机动车辆保险赔款189.55万元。2003年4月，承保蚌宁高速公路来安至明光段建工险业务，保额约2.3亿元，保费收入约21万元；2003年6月，承保中国联通淮北分公司通信枢纽楼建工险业务，保额3100万元，保费收入17万元；2003年，承保件数26487件，保费收入5464.34万元，支付赔款880.31万元，理赔案件2259件。2004年12月，承保安徽省铜陵至汤口高速公路（第二保险标段）建工险业务，保额1.31亿元，保费60.79万元。2004年，承保件数69777件，保费收入13318.65万元，支付赔款2953.71万元，理赔案件10032件。2005年，承保105707件，保费收入19019.45万元，支付赔款6713万元，理赔案件16410件。

大众产险省公司承保

2002—2005年，大众保险合肥分公司在经营策略上采用管理与承保并重的原则，向社会提供的保险险种包括企业财产保险、家庭财产保险、各类责任保险、货物运输保险、短期人身意外伤害保险等，保障金额达到812130.05万元；累积承保机动车辆8366辆，其中摩托车680辆，保费收入891.84万元；非车险业务保费收入5007.73万元。

2004年12月，大众公司承保了安徽商之都固定资产及存货的财产一切险，保险期限一年，总保额2.2亿元，保费39.6万元。该项目极大地扩大了公司的品牌影响力。

2005年8月，公司承保了中国水利水电华东设计院承建的黄山长坦水电站建筑工程一切险，保险期限16个月，保额2363万元，保费约8.62万元。这是公司首次单独承保水电项目。

大地产险省公司承保

公司筹备情况：

2005年1月21日，单位筹建负责人赴上海拿回保监会批复筹建申请文件。

2005年1月，租赁花园街科技大厦八楼作为筹建办公室；同步在新安晚报刊发分公司管理人员招聘广告。

2005年2月，在长江路花园街华都宾馆举办新员工业务培训，淮北、巢湖、黄山等拟筹备机构派员参加培训。

2005年3月，接受总公司开业预验收。

2005年3月15日，公司正式开业。

2005年，大地保险安徽分公司业务经营范围主要有企业财产保险类、机动车辆保险类、工程险类、责任险类、信用保险类、保证保险类、家庭财产保险类、货物运输保险类、船舶险类、飞机保险、航天保险、核电站保险、能源保险、农业保险以及短期健康险和意外伤害保险类等。

大地保险安徽分公司始终坚持“诚信为先、稳健经营、价值至上、服务社会”的经营理念，遵循“技术领先、低成本扩张、总成本领先”的经营策略和“专业化定位、综合化经营、扁平化管理、差异化发展”的经营思想，结合安徽经济环境和保险业发展实际，提出积极开拓市场，五年发展目标。在2005年保费收入的基础上，保费收入年增长速度不低于25%，力争到2010年年末业务范围辐射全省，保费收入达到2.5亿元。

2005年，大地保险安徽分公司各险种承保共13752件，保费收入4119.6万元。

华安产险省公司承保

2005年，华安产险公司开办的险种主要有财产险类、工程险类、机器损坏险、货运险类、责任险类、其他险类等6大类。另外向中国保监会安徽监管局申请报备，获批经营的险种还有《华安短期意外伤害保险条款》《华安附加意外伤害住院医疗保险条款》《华安附加意外伤害住院津贴保险条款》《华安附加意外烧伤保险条款》《华安附加电梯意外身故保险条款》《华安附加火灾意外身故保险条款》《华安附加地震意外身故保险条款》《华安附加夫妻同时意外身故保险条款》《华安路路通意外伤害保险条款（B款）》《华安附加团体意外伤害住院津贴保险条款》《华安女性关爱团体疾病保险条款》《华安禽流感无忧保险条款》。

重大承保

2005年5月31日，华安财产保险股份有限公司安徽分公司隆重推出“食客安心”餐饮综合险，并与合肥市状元楼大酒店签下该险种的第一单业务。

2005年6月，华安财产保险股份有限公司安徽分公司与安徽金满楼集团签定保险合作协议。安徽金满楼集团决定分批为其所有旗舰店投保“食客安心”保险，总保额超过1000万元。首期正式投保的有金满楼南海渔村、金满楼东方海鲜酒楼、金满楼嘉年华酒楼、金满楼贵宾楼4家知名酒楼。

2005年11月11日，华安财产保险股份有限公司安徽分公司针对禽流感疫情，在安徽独家推出“禽流感无忧疾病保险”。该险种于2005年11月2日获得中国保监会批准，成为国内首家获批的禽流感保险产品。

2005年11月2日，华安财产保险股份有限公司安徽分公司承保铜陵华源麻业财产一切险，保险金额总计3.17亿元。

2005年11月28日，华安财产保险股份有限公司安徽分公司承保皖江高速财产一切险，保险金额总计 10.83 亿元。

2005 年 12 月 13 日，华安财产保险股份有限公司安徽分公司承保合淮阜高速公路第 1–8 合同段的建工一切险，保险金额总计 9.31 亿元。

2005 年，华安产险安徽分公司共取得净保费收入 2125.33 万元，其中车险取得保费收入 1488.43 万元，财产险保费收入 486.21 万元，人身险保费收入 150.69 万元。其中，非机动车保费收入 636.90 万元，承保数量 3194 件，保险金额 5566363.92 万元。机动车承保数量 16284 件，保险金额 142174.29 万元，保费收入 1514.12 万元。

信保公司合肥营业管理部承保

自 1990 年至 2002 年的 10 余年时间里，安徽省的出口信用保险业务一直由人保省公司办理，由于出口信用保险的政策性特性，发展的速度缓慢，规模十分有限，2001 年安徽出口信用保险占同期出口的比重仅为 4.43%。当时经营的险种也较少，仅办理短期出口信用保险项下的综合险，整个安徽省保险业从事信用险业务的业务人员仅 7 人。

2002 年至 2005 年期间，短期出口信用保险得到快速发展，保险金额每年以 8000 万美元以上的绝对数量增长，绝对增长量接近 3 亿美元。截至 2005 年年底，累计支持企业出口达到 73.22 亿元，为企业提供出口信用保险项下融资便利 7800 多万美元，向企业支付赔款 4043.83 万元，为促进安徽省外贸出口增长发挥了显著作用，出口信用保险成为安徽省出口企业防范收汇风险、增强国际竞争力、扩大出口规模、提高融资能力的重要手段。

安徽省内寿险公司业务承保共同部分

1990 年以前，人身保险承保对象主要为集体企业、团体单位员工，随着改革开放的深入，企业改制，人民群众收入逐年提高，团体单位投保逐渐转向以个人投保为主；寿险业务的拓展由原来外勤展业模式步入营销时代，通过营销渠道的保费收入比重逐年加大。1995 年后，人身保险保单销售逐渐进入营销时代，通过营销员销售的保单，都须支付营销员一定比例的佣金，因此每张保单在前五年的现金价值都较低；当投保人要求退保时，退保金也较非营销险种低；即使是 1995 年之前推出的中长期寿险险种，之后也在条款内容，缴费标准，领取比例等方面都作了较大的变动与调整。这是 1995 年前后保险市场人身险经营管理中的最大不同点。

1997 年 2 月 20 日，中保人寿、太平洋保险、平安保险三家公司共同制定了《安徽省遵守支付航空人身意外险手续费标准的公约》，公约规定每张保单保险金额为 20 万，保险费为 20 元。航空人身意外险代理手续费严格按照 5% 的标准支付。

1998 年 9 月，中保人寿、太保、平安三家保险公司，经省人行非银行处牵头，通过协商，达成共识，合肥航空人身意外险实行共保。10 月 9 日安徽省人民银行下发《关于合肥市航空人身意外险实行共保的通知》。1998年10月20日，合肥地区航空人身意外险共保正式运作，各保险公司原有的代理销售点，停止出售航意险保单，安徽省其他地市也不得再销售从骆岗机场出港的航意险保单。12月1日起，合肥市骆岗机场使用人总行监制的新版航意险保单，各保险公司印制的旧版保单同时停止使用。1999年1月12日，省人行非银行处召开共保小组会议，对上阶段的共保情况进行总结，对异地出单等情况进行通报，并作出了相应的处罚决定；同时对航意险共保后的保费收入、费用支出进行了审计。会后形成会议纪要下发。

中国人寿省公司承保

1985—1990年，人保省公司共开办长期寿险、意外伤害险、健康险三大类20余个险种，其中以长期寿险和意外伤害险为主，分别约占总保费的80%和20%左右，健康险规模较小，主要为附加险及计划生育系列保险，且未单独列入公司统计口径。1985年，全省人身险保费收入862万元，其中团体业务858万元，占总保费99.53%。1986年，人保省公司推出简易人身保险、子女婚嫁金保险等险种，个人业务开始有了较快的发展。1985—1990年，全省累计实现人身险保费收入6.59亿元，以团体业务收入为主。其中团体业务收入占65.42%，个人业务收入占34.58%。1991年后，人保省公司人身险将个人业务纳入重要的发展计划，大力拓展子女教育婚嫁金保险、个人养老保险、计划生育保险等，个人业务得到快速发展。

1985年9月1日，人保马鞍山市支公司率先在马钢公司辖内13所小学试办青少年团体意外伤害保险（即师生平安险），人保省公司在总结马鞍山市试办青少年团体意外伤害保险经验的基础上，于同年12月13日，将“安徽省学生团体平安保险”改为“安徽省师生团体平安保险”；该险种分为基本险和附加意外伤害医疗险两个部分，费率分别为1‰和0.5‰（附加险不能单独投保），采用两个保险金额控制；对教师、教职员工每人保险金额定为2000元，学生每人为1000元。新条款自1986年2月1日实行。在此之前参加保险的，仍按原条款执行。

1986年年初，人保各地、市支公司按照省公司文件要求，同时开展了师生平安保险承保工作。有的地、市、县支公司会同当地教育委员会（局）共同发文，下发各中小学校，在暑假前进行组织动员工作，为秋季开学时办理承保做好准备。人保蚌埠市公司在当地教育局支持配合下，全市各中小学全部投保了师生平安保险；六安、徽州、巢湖地区各县师生平安险的承保范围，从城镇发展到乡、村中小学。

1986年5月，人保淮北市支公司开办了母婴安康保险。年底，全省共承保产妇5976人，收入保险费67024元，给付案件88人次，给付金额21088元，给付率31.46%。

1986年7月1日起，全省轮船旅客意外伤害保险业务由航运系统交人保公司办理。

该保险的保险金额一律为每人 3000 元。保险费率按票价的 3% 计入票价内，由轮船客运部门按每月客票总收入的 3%提取，其中的 2% 缴当地保险公司、1% 作为代办业务的客运港站劳务费和发展基金。7 月 1 日，人保蚌埠市公司在全省首次承保淮河轮船公司的轮船意外伤害保险，年末收入保险费 10862.48 元。1987 年，芜湖、安庆两地也都相继开办此险，全省年收保费 19875.38 元。

1986 年 9 月 1 日，广德县支公司开办太极洞景区游客保险业务。保险金额每人次 1000 元，保险费每人次 0.1 元。当年收入保险费 8673 元。1987 年收保险费 58501 元。两年间未发生给付案件。

1986 年 11 月，黄山市支公司与黄山管理局于签订《黄山游客意外伤害保险代理协议》，并于 1987 年 1 月 1 日，由黄山市保险支公司对黄山游客正式开办旅游保险业务。保险期限为：自游客购门票登山时起，至下山出门时止。保险金额，国内游客每人 3000 元，外籍游客（含侨胞、港澳同胞）每人 6000 元。保险费含在门票价内，国内游客每人次 0.20 元，国外游客每人次 0.40 元。截至 1987 年年末，共承保国内外游客 55.5 万人，收入保险费 11.1 万元，给付 14 人的医疗费和保险金共 7000 元，给付率为 6.31%。

1987 年，各级支公司都将师生平安险作为重点险种之一大力拓展，全省城镇中、小学基本都办理了保险。蚌埠市和无为、寿县等支公司由于当地政府的重视和支持，在教育部门的配合下，90%以上中、小学生参加了保险。

1987 年，母婴安康保险得到较大发展。全省共承保产妇 13875 人，收入保险费 156374 元，给付 174 人，保险金 38357 元。

1987 年 7 月，青阳县支公司与九华山管理处接待科签订保险协议，对前来九华山的中外游客开办旅游人身意外伤害保险。保险金额每人 3000 元，保险费每人次 0.15 元。截至年底，共承保游客 102573 人，收入保险费 15386 元；给付 9 起医疗费和保险金 64 元，给付率为 0.4%。

1987 年 7 月，为扩大业务，达到承保操作规范性，人保省公司下发《安徽省团体人寿保险条款》和实务手续，各支公司认真落实，积极开拓。团体寿险业务得到巩固发展。

1988 年 1 月 21 日，省分公司在巢湖市召开了师生平安保险工作座谈会，会后下发了《纪要》，对师生平险给付率呈上升趋势和骗取赔款的假案时有发生的情况提出了措施：2 月 1 日，省分公司对安徽省《师生团体平安保险条款》进行了修订。2 月 3 日，省分公司和省教育委员会联合下发了《关于认真做好师生团体平安保险工作的联合通知》，进一步明确了保险公司和教育部门在开展这项工作中各自的职责。

1988 年 1 月，省分公司与省航运管理局联合下发《关于办理客渡船舶意外伤害保险业务的通知》《安徽省客渡船舶旅客意外伤害保险暂行条款》和《安徽省个体（联户）

客渡船舶人身意外伤害保险条款》。从此客渡船舶意外伤害保险在全省全面铺开。

1988年8月1日，省分公司下发《关于〈黄山缆车乘客平安保险条款〉的批复》，同意黄山市支公司试行黄山缆车乘客平安保险。“条款”规定，凡乘坐黄山缆车的中外游客，均应参加平安保险。该险种的保险期限为旅客自验票进站至验票出站止。保险金额，国内游客每人5000元，外籍游客（含侨胞、台胞、港澳同胞）每人10000元。保险费国内游客每人0.2元，外籍游客每人1.00元。保险公司委托黄山索道公司在出售缆车票时代收保险费，并在车票上加盖“内含人身保险费 × 角”字样。

1988年，母婴安康保险与计划生育夫妇养老保险、绝育手术平安保险、独生子女保险等险种一道被列入计划生育系列保险。在全省各级计生部门的密切配合下，得到了较快的发展。

1988年1月，安徽省劳动局、总工会、人保分公司联合下发《关于工厂、矿山企业职工参加团体人身意外伤害保险的联合通知》，促进了“团意险”在全省工矿企业的开展。

1989年，人保省公司在全省人险工作会议上提出：各分支机构应积极争取各地区有关部门配合，在企、事业单位中广泛开展“团意险”，扩大“团意险”的承保面，在深度和广度上下功夫，以保障受雇劳动者的利益。是年2月14日，人保省公司下发了《关于开办人身意外伤害满期还本保险有关问题的通知》《人身意外伤害满期还本保险试行条款》和《人身意外伤害满期还本保险实务手续》。该险种除在交费方式和保险期限方面与“团意险”有区别外，其他方面责任与“团意险” 基本一致。该险种收取储金，净保费收入来源于利息，期满时本金返还给被保险人；保险期限定为1年、3年、5年、8年4种；同时个人也可以投保。

1986—1987年人保安徽省团体人身意外伤害保险业务统计表

表3-1-2

年份	承保人数	保险份数	保费收人（万元）	给付人数	给付金额（万元）	给付率％
1986	339451	1383267	404.10	2082	70.41	17.42
1987	514567	2099636	817.50	4553	158.40	19.38

1988—1994年，我国银行利率多次变动，对中长期保险业务带来一定影响，为发展、巩固寿险业务，保障有效保单的被保险人利益，人保公司于1988年4月将养老金保险系列险种预定利率从6%调至7.5%，所有未到期保单均按调整后的标准执行（将部分保单丧葬费从200元提高至400元）；从1988年9月1日起将所有中、长期寿险险种预定利率调整至8.8%（同时将部分保单丧葬费提高至500元），以9月1日为界，

分段计算。1989 年 9 月实行利差返还，利差率 2.4%。1991 年 6 月停止实行利差返还，并对 1988 年 9 月 1 日前承保的业务仍按 8.8%的预定利率计算。1994 年 7 月起又实行利差返还，或加大保险责任，利差率为 2.2%。以上措施，使中长期寿险业务每年仍保持一定的增长。

1989 年 1 月 1 日，安徽省全省执行新修订的《安徽省子女教育婚嫁金保险条款》。当年尽管出现银根紧缩，资金紧张等情况，但子女教育婚嫁金保险业务在当时被社会普遍看好，因此仍保持了健康、快速的发展。年底，全省子女教育婚嫁金保险承保人数达 142129 人，保险储金收入 1473、9 万元，较 1988 年增加 466．3 万元，增长 44.29%。发生各种给付 297 人，给付金额 9.5 万元。给付率 0.64%。另外团寿险全年承保人数达 516384 人次，保险金额达 236805.5 万元，保险储金收入 2683.2 万元。全年发生各种给付人数 5823 人，给付金额为 91.4 万元。

1989 年 9 月 5 日，安徽省分别提高地方内河客运和公路汽车客运的票价，内河运价的平均增长幅度为 47%，公路汽车运价的平均增长幅度为 60%。为体现权利与义务对等的原则，维护旅客的合法利益，对于国营、集体客运企业按照营业额比例计收保险费的旅客意外伤害保险，每位旅客的保险金额由原来的 3000 元提高到 5000 元。其保险费仍按每月客运营业额的原规定比例计收。个体（联户）从事公路汽车客运的，旅客意外伤害保险的原订固定费率不变。从事船舶客、渡运的，旅客意外伤害保险的固定费率由现行费率标准恢复到皖客字（86）第 108 号文规定的保险费率标准，按年（或季）收取固定的保险费。个体（联户）客运旅客意外伤害保险，其保险金额仍为每位旅客 3000 元。个体（联户）客运旅客意外伤害保险每位旅客保险金额为 3000 元。

1990 年 9 月 14 日，人保省公司下发了《关于调整安徽省一年期团体人寿保险预定利率及保险金额的通知》。预定利率由 11%调至调整至 8.64%；每份死亡、残废保险金额由原来的 100 元调整至 175 元。当年全省团寿险业务承保人数为 426743 人，期末保险储金收入 4796.6 万元，给付金额 2024.8 万元，退保人数 28888 人，退保金额为 183 万元。

1990 年经省政府同意，决定在全省范围内开展计划生育系列保险，主要险种有“计划生育夫妇养老保险”、“独生子女保险”、“绝育手术平安保险”、“计划生育基层干部人身、财产保险（乡、村两级）”4 个险种。计划生育保险费的来源：社会抚育费和罚款中提取一部分；个人承担一部分，增强被保险人实行计划生育的责任感；从集体公益金中开支一部分；通过其他渠道筹集一部分。当年参保人数 5 万多人，社会反映良好，对于贯彻落实计划生育这一基本国策起到了积极的推动作用。

1990 年 9 月 30 日，人保省公司下发的《关于调整客运意外伤害保险费和保险金额的通知》规定，对国营、集体客运企业仍按照营业额比例收保险费，每位旅客的保险金额则由原来的3000元提高到5000元；从事船舶客渡运的，按年（或季）收取固定的保险费；个体（联户）客运旅客意外伤害保险，其保险金额仍为每位旅客3000元。

1990年，全省师生团体平安险有了较快的发展，全省承保人数617.93万人，保费收入1562.10万元，较1989年增加395.47万元，增长33.9%。子女教育·婚嫁保险全年承保人数达151001人，全年保险储金收入1922万元，较1989年增加448.1万元，增长率30.4%。保险期末给付金额12.4万元，给付率0.65%，全年退保人数达7528人，退保金额117.3万元。

1991年8月30日，中国人民银行下发《关于对保险业务和机构进一步清理整顿和加强管理的通知》，明确规定“企业、事业、机关单位一律不得办理或变相办理保险业务，已办的一律停办”。为此，在人保省公司积极要求下，省人民政府对公路、轮船旅客意外伤害保险经办问题进行协调，对省交通局下属相关部门自办的旅客意外伤害保险情况，统一交给人保公司及其所属分支机构办理，其他任何部门不得涉及保险业务。

1991年9月1日，省人行下发《关于对师生平安保险条款的批复》。同意人保省公司1990年3月修订的安徽省《师生团体平安保险》条款，并同意组织实施。修订后的基本险费率为1‰，附加意外伤害医疗险费率为1.5‰，合计为3.5‰，附加险种不能单独投保。保险金额为每人1000元至3000元。一个投保单位选择一个标准。

1992年2月14日，省人行对安徽省司乘人员意外伤害保险条款给予批复：为了维护社会秩序和交通安全，保障司机和乘车人员的经济利益，特开办机动车辆司乘人员意外伤害保险。该保险设基本险和附加意外伤害医疗保险（附加险）两个部分，附加险不得单独投保。基本险费率4‰，附加险费率2‰。每位乘车人的基本险和附加险保险金额分别为3000元～1万元，投保人投保时可选定一个标准。

1993年4月，人保上海市、安徽、江苏、浙江、江西、福建省分公司统一开展铁路旅客人身意外伤害保险：凡购票乘坐铁路客运列车的旅客，投保手续由铁路客运部门在售票时一并办理。票价在20元以下旅客，每人保险费人民币1元，票价在20元及以上的被保险人，每人保险费人民币2元，保险金额为人民币3万元，意外医疗费用人民币3万元。客票有效期内，旅客在乘车途中、或改乘铁路其他班车，保险责任均有效，直到到达原定终点站缴销客票出站时止。铁路旅客人身意外伤害保险开展一年余，后由铁路部门实施自保。

1994年2月3日，安徽省省长傅锡寿签署第51、52号省政府令，施行《安徽省机动车辆、船舶法定保险暂行规定》《安徽省旅客意外伤害保险暂行规定》，旅客意外伤害保险属于法定保险对象的车辆、船舶都必须按规定在中国人民保险公司设在当地的保险机构办理法定保险。旅客意外伤害保险的保险金额，不论全票、半票、免票和舱位等级，一律为每人人民币2万无，其中意外伤残或身故、意外医疗保额各1万元。

1995 年年末，人保省公司已开办了包括人身意外伤害保险、普通寿险、健康医疗和养老保险在内的 40 多个险种保险业务，累计保险费收入 31.22 亿元，给付各类保险金 14.24 亿元，积累各种准备金 11.5 亿元。1996 年安徽省人保公司分业时，中保人寿安徽省分公司拥有总资额 13 亿元。

1996 年 3 月 26 日，中保人寿保险有限公司省公司决定在省公司营业部进行寿险营销体制改革试点工作。下发新营销制以及《少儿一生幸福保险条款》《88 型终身保险条款》《个人住院医疗保险条款》的条款。《少儿一生幸福保险》和《88 型终身保险》均为主险，《个人住院医疗保险》为附加险。

1996 年，寿险营销制在中保人寿省公司试行以后，经省、市各级公司的努力探索，已初步取得成效。截至 5 月底，全省此项业务的保费收入已达 300 余万元。根据营销发展情况及寿险市场需求，中保人寿省公司决定增加《为了明天终身保险》和《人身意外伤害还本保险》两个新险种。

1996 年，公司上线安徽省计划生育母子安康福利保险、安徽省分公司营业部劳动者养老保险（一版）、88 型终身保险（96）和 88 鸿利终身保险、为了明天终身保险、少儿一生幸福、99 鸿福终身保险、66 鸿运保险（A 型）和（B 型）、重大疾病终身和定期保险。

1997 年，公司上线 88 鸿利终身保险（97 版）、99 鸿福终身保险（97 版）、66 鸿运保险（A 型）（97 版）和（ （B 型）（97 版）、重大疾病终身保险（97 版）和重大疾病定期保险（97 版）、福寿安康保险（97 版）、简易人身保险（97 版）、鸿寿养老金保险（97 版）、个人养老金保险（97 版）、团体福利保险（97 版）。省颁保险：年年福保险、女性安康保险、安徽省计划生育夫妇养老保险（97.7）、安徽省独生子女及少儿两全保险、安徽省附加抚恤金保险（97）、安徽省计划生育夫妇养老保险（97.12）、安徽省劳动模范养老保险（97）。

1998 年，公司上线 88 鸿利终身保险（98 版 利差返还型）、99 鸿福终身保险（98 版 利差返还型）、66 鸿运 A 型保险（98 版 利差返还型）、66 鸿运 B 型保险（98 版 利差返还型）、重大疾病终身保险（98 版 利差返还型）、重大疾病定期保险（98 版 利差返还型）、福寿安康 A 型保险（98 版）、子女教育婚嫁备用金保险（98 版 利差返还型）、简易人身保险（98 版 利差返还型）、独生子女两全保险（98 版）、个人购房贷款定期人寿保险（98 版）、福寿安康 B 型保险（98 版）、鸿寿养老金保险（98 版 利差返还型）、个人养老金 A 型保险（98 版 利差返还型）和个人养老金 B 型保险（98 版 利差返还型）、养老金还本保险（98 版 利差返还型）、义务兵养老保险（98 版 利差返还型）。省颁保险：安徽省附加抚恤金保险（1998/10/01）、安徽省计划生育夫妇养老保险（98）、安徽省劳动模范养老保险（98）、安徽省独生子女保险（98 版）。

1999年，公司上线国寿团体人身意外伤害保险、国寿团体人身保险、国寿家庭幸福保险、国寿执法人员团体人身意外伤害保险、指定交通工具乘客意外伤害保险、国寿旅游意外保险、国寿辉煌人生保险、国寿意外伤害急救保险、国寿机动车驾乘人员意外伤害保险、国寿住宿旅客平安保险、国寿乘客人身意外伤害保险、国寿观光景点、娱乐场所人身意外伤害保险、国寿计划生育手术安康保险、国寿母婴安康保险、国寿团体女性安康保险、国寿团体医疗保险、国寿病员安康保险、国寿学生、幼儿平安保险、康宁终身保险、康宁定期保险、祥和定期保险、祥运定期保险、祥瑞终身保险、祥瑞还本终身保险、康宁终身保险、康宁定期保险、安居定期保险、祥和定期保险、祥运定期保险、国寿生命绿荫疾病保险、团体年金保险、国寿福瑞两全保险、国寿福馨两全保险、国寿少儿两全保险。

2000年，公司上线国寿99鸿福两全保险、国寿99鸿福两全保险、国寿金色夕阳养老年金保险（A）、国寿养老年金保险、国寿关爱生命女性疾病保险（A）、国寿关爱生命女性疾病保险（B）、国寿千禧理财两全保险（分红型）、国寿计划生育妇幼幸福健康保险、国寿涉外人员人身意外伤害保险、国寿团体年金保险（补充养老保险型）、国寿团体定期寿险、国寿团体终身寿险、国寿团体重大疾病保险、

2001年，公司上线国寿燃气用户人身意外伤害保险、国寿鸿盛终身保险（分红型）、国寿鸿泰两全保险（分红型）、国寿鸿祥两全保险（分红型）、国寿鸿运少儿两全保险（分红型）、国寿鸿福相伴两全保险（分红型）、国寿鸿寿年金保险（分红型）、团体补充医疗保险（A型）、国寿个人旅游意外伤害保险、国寿安顺境内外意外伤害保险、国寿永泰团体年金保险（分红型）、国寿鸿信消费信贷定期寿险。

2002年，公司上线国寿安通机动车驾驶员、乘务员意外伤害保险、国寿鸿瑞两全保险（分红型）、国寿鸿星少儿两全保险（分红型）、国寿康宁重大疾病保险（分红型）。

2003年，公司上线国寿团体补充医疗保险（基金型）、航空旅客意外伤害保险、国寿康健学生、幼儿人寿保险、国寿安心意外伤害保险（A型）、国寿安乘意外伤害保险、国寿安达意外伤害保险、国寿安心意外伤害保险（B型）、国寿团体传染性非典型肺炎疾病保险、国寿康宏住院及手术津贴医疗保险、国寿鸿盛终身保险（2003版 分红型）、国寿鸿泰两全保险（2003版 分红型）、国寿鸿祥两全保险（2003版 分红型）、国寿鸿宇两全保险（分红型）、国寿鸿鑫两全保险（分红型、国寿永泰团体年金保险（2003版分红型）、国寿康恒重大疾病保险。

2004年，公司上线国寿康裕重大疾病保险、国寿安达意外伤害保险（2004版）、国寿康裕重大疾病保险、国寿裕鑫两全保险（分红型）、国寿鸿禧年金保险（分红型）、国寿安泰团体定期寿险、国寿安泰团体意外伤害保险、国寿公安干警团体定期寿险、国寿团体重大疾病保险、国寿建筑工程团体人身意外伤害保险（2004版）、国寿团体

重大疾病保险、国寿航空旅客意外伤害保险（2004版）、国寿团体重大疾病保险（2004版）、国寿指定场所意外伤害保险（2004版）、国寿鸿丰两全保险（分红型）、国寿鸿裕两全保险（分红型）。

2005年，公司上线国寿关爱成长定期寿险、国寿幸福相伴定期寿险、国寿相伴永远养老年金保险（分红型）、国寿关爱一生终身寿险、国寿团体补充医疗保险（A型）、国寿团体补充医疗保险（B型）、国寿团体女性安康保险条款（2005版）、国寿手术意外伤害保险、国寿人身意外伤害保险、国寿鸿丰两全保险（分红型）（2005版）、国寿安泰团体定期寿险（外币版）、国寿安泰团体意外伤害保险（外币版）、国寿机动车驾乘人员意外伤害保险（2006版）、国寿珍爱一生终身寿险条款、国寿康宁终身重大疾病保险（A款）、国寿康宁终身重大疾病保险（B款）、国寿金鑫两全保险（分红型）、国寿美满人生年金保险。

太平洋人寿保险省公司承保

在1995年8月之前，太平洋保险安徽分公司人身险业务主要以短期意外险为主，年保费收入不到200万元，开办的主要险种有：团体及个人意外伤害保险、一年期团体人寿险、师生平安保险、太平卡保险、母婴平安险、子女教育婚嫁保险、驾驶员人身意外伤害保险、住宿旅客平安保险、出国人员意外伤害保险、少儿安康保险、公路旅客意外伤害保险、执法人员意外伤害保险、金融职工意外伤害保险、游泳者平安保险等。1995年10月，太保寿险实行营销体制，寿险营销员发挥了他们拓展业务应有作用，成了展业主力军，走街穿巷，街头设点，进行宣传。上岗不久，人人签单，半月内签单百余件，收取保险费近20余万元。形成了合肥市区新生事物的亮点。人险部管理人员，在抓好内部管理、业务管理、营销管理的同时，参与了其他业务的拓展活动，1995年年末，4名管理人员全年完成保费收入累计204.6万元（其中储金34万元），完成调查、核批赔付案件70余件；

1995年2月23日，太保总公司印发《关于加快人身险业务发展的若干意见》的通知，要求各级领导重视人身险业务的发展，对人身险业务发展的开拓问题，各司总经理室要进行专门研究，落实分管领导，将人身险工作摆上议事日程，并做好相关协调工作。要加快人身险业务的机构建设，尚未成立人身保险部的公司，要积极创造条件尽快成立，要将思想好、作风硬、素质好、业务能力强的专业人才调配到人身保险部工作。要努力加强内部管理，展业、承保、满期给付均要按实务手续进行操作，逐步实现人身险业务管理的规范化。建立人身险统计报表制度，做好统计和财务管理工作。要着手开发长、短期人身险适用的电脑操作系统，加快电子化建设，使人身险业务从繁杂的手工操作中解脱出来，为全司人身险业务电脑联网创造条件，逐步实现管理的规范化、电子化。要加强业务人员培训，提高人身险干部业务素质。

1995年4月至8月，太保合肥分公司在通过寿险管理人员和从业人员引进、硬件设施准备及电脑业务处理调试成功后，向太保总公司提出设立人险部和经营长期人身险业务的申请报告，经太保总公司检查验收后，於1995年8月9日下文批复，同意合肥分公司的申请报告。太保合肥分公司人身保险部于1995年7月20日设立。成立之初的人险部，负责人险业务管理兼展业的双重职能；年末4名正式员工完成保费收入累计204.6万元（其中储金34万元），完成调查、核批赔付案件30余件。1995年6月6日，太保总公司下发《关于试行佣金制人寿保险营销办法的实施意见》和《佣金制人身险代理业务员营销管理暂行规定》两个文件，文件对营销险种、承保实务、营销员的管理、佣金的列支等做出了明确规定。从此太保合肥分公司人身险业务走上营销之路，业务拓展逐渐由正式员工拓展向营销员拓展为主过渡、保费来源由企业法人单位投保缴费向个人投保缴费为主过渡。1995年9月，太保合肥分公司推行了寿险营销员营销体制，招聘100余人参加业务技能、司规、司训培训学习月余，经过考核和考试，最终确定有30名人员同公司签订合同，10月23日上岗销售寿险保单；营销员上岗后，他们走街穿巷，街头设点宣传，半月之内人人签单，签单达百余件，收取保险费近20余万元。同年11月，太保蚌埠、淮南公司也设立了人身保险部，开拓长期人身保险业务和实行寿险业务员营销体制。1996年2月16日张灵芝开创蚌埠公司寿险营销第一张保单。

1996年，按照太保总公司“改革、发展、管理、效益”指导的思想，人身保险业务得到快速发展，年末合肥分公司本部人身险保费收入达1914.89万元，较1995年37.87万元净增加1877.02万元，完成利润584.90万元，同比增长57.54%。营销保费完成近400万元；淮南公司全年寿险保费收入2802.9万元，比1995年增长了30.5倍。其中“少儿乐”和“老来福”两个险种保费收入为175.1万元；蚌埠寿险营销保费收入：3月为21.45万，10月为54.35万，11月达65.63万，12月达到170万。全年保费收入共641.1万元，其中“老来福”保险537.9万，“福禄寿”保险14.4万，“少儿乐”保险88.8万；保单总件数为5616份，超额完成256.4%年初寿险营销计划。

1997年，太保安徽分公司全省人身险保费收入9371.6万元，其中合肥公司人身险保费收入2908.9万元，比1996年增长82.3%；蚌埠公司人身险保费收入3699万元；淮南公司人身险保费收入2763.6万元。

1998年，太保安徽分公司全省人险保费收入8134万元，其中合肥公司（含安庆、芜湖公司）3116万元，蚌埠公司2554万元，淮南公司2465万元；人身险累计赔付款支出128万元，其中合肥公司（含安庆、芜湖公司）45万元，蚌埠公司55万元，淮南公司27万元；当年利润：合肥公司（含安庆、芜湖公司）37万元，蚌埠公司18万元、淮南公司27万元。完成全年调整后利润计划的92%。

至1998年年末，全省寿险营销保费收入已超出团体投保保单保费收入。

1998年7月，太保总公司将所推出的寿险营销险种条款及承保要点精简缩编成展业手册，该手册便于携带，为寿险营销人员展业提供了方便。

1995—2000年期间，太保安徽分公司人身险团险业务开拓承保任务，主要有公司内设相关处室的外勤人员、中介代理机构完成。

1996年1月至9月，太保合肥分公司为合肥市司法局1000多名干警承保了“执法人员平安保险”，在以后的保险期间内，有8名干警因在执行公务中发生意外伤害事故，公司向干警给付医疗费用累计达2.3万元。6月24日，太保合肥公司在辖区内推出并承保“母子安康福利保险”。

1997年1月4日，经中国人民银行保险司核备同意，太保总公司推出《中国太平洋保险公司建筑工程施工人员人身意外伤害保险》条款。该险种很快在合肥地区推出，受到建筑行业的青睐，并积极投保。随后，省内其他地市的太保机构也相继开展了该项业务。在以后的几年内，该项业务一直是太保安徽分公司人身意外险保费收入增长的主要来源。

1998年7月9日，太保合肥公司与合肥市农行签订代理协议，初步确定代理业务范围为企事业职工补充养老保险、团意险、短意险等。11月，在百日业务竞赛中，公司员工陈建明与张林两人联手合作，进行公关，与省民航局签订了承保民航系统职工补充养老保险保单，收取保费累计360余万元。

1999年4月23日，中国人民银行合肥中心支行下发《关于统一使用学生、幼儿系列保险条款的通知》，要求自1999年5月1日起，安徽省中保寿、太平洋、平安三家保险公司，统一使用经中国人民银行批准的96版《学生、幼儿团体平安保险条款》《学生、幼儿团体平安保险附加意外伤害医疗保险条款》以及94版《学生、幼儿住院医疗保险条款》；从而使学平险在安徽境内达到统一费率、统一保险责任的目的。太保合肥公司按通知要求如期进行条款切换。

1999年9月18日，太保总公司下发《关于印发中国太平洋保险公司个人累积型年金保险条款及备案表的通知》，规定投保个人累积型年金保险个人缴费到一定数额，可准予附加（98）住院医疗保险及（98）住院医疗补贴保险。太保安徽分公司执行文件精神后，使得该三个险种业务得到快速提升。12月6日，太保总公司同意安徽分公司将太平盛世．长寿养老保险（A）款通过银行代理进行销售。

2000年6月13日，经中国人民银行批准，交通银行与中国太平洋保保险公司决定联合发行“太平洋万事顺联名卡”，此卡以太保公司的个人寿险保户及营销人员为发行对象，该卡除具有太平洋人民币借记卡的性质和功能外，并可用于保费缴付和保险金给付等。

2000年8月23日，为了贴近市场，满足客户需求，太保寿险总公司下发了《关于中国太平洋保险公司老有所养年金保险增加缴费款式的通知》，决定月缴保费增加每份100元的缴费款式，市场反应良好，促进了老有所养年金保险业务的稳定。

2000年，全省团体寿险保费收入2907万元，完成计划111.81%，同比增长7.61%，太保系统排名19位。其中意外险保费收入553.3万元，完成计划97.07%，同比增长34.13%，太保系统排名21位。意外险赔付率25.75%，太保系统排名23。健康险保费收入334.9万元，完成计划133.96%，同比增长57.01%，太保系统排名16位。健康险赔付率32.04%，太保系统排名22位。

1995—2000年期间，太保总公司推出的寿险营销险种和附加险约有20多款；1995—1996年，推出的营销险种主要有“老来福终身寿险、步步高增额保险、步步高附加增额养老保险、太平洋终身还本寿险、福禄寿增额还本养老保险、少儿乐幸福成长综合保险、小福星终身保险”等。1997年4月，推出太平盛世综合系列保险：主要有太平盛世·长寿养老保险、太平盛世·长发储金保险、太平盛世·长顺安全保险、太平盛世·长乐健康保险。1998年5月太平盛世综合系列保险被修订为基本条款和特约条款共10个款式、1个附约，在原条款的基础上新增7个条款，使保户可根据需要进行选择投保。

太保总公司推出的非营销险种有10多种；非营销险种主要有团寿双全保险、团体定期寿险、团体定额还本保险、福寿安康保险、老有所养增额养老保险、幸福人生递增型终身寿险、企事业职工补充养老保险、太平安康保险、家庭太平吉祥卡保险、学有所成教育金保险、百年好合保险、公出人员意外保险、公出人员如意卡保险、金融职员人身意外伤害保险、购房借贷者人身保险、乘客人身意外伤害保险、建筑工程施工人员意外伤害保险、住院医疗保险、住院补贴保险等。自2001年始，中国太平洋人寿保险股份有限公司安徽分公司经营人身险业务范围主要有：团体、个人长期寿险；个人年金保险；个人生死两全保险；个人大病医疗保险；儿童保险；个人、团体意外伤害保险；以及经中国保监会批准的其他人身保险业务。

2001年1月5日，太保寿险安徽分公司销售《太平盛世·长发两全保险（万能型）》。3月30日，经保监局批复公司与商业银行合作开展储户利用存款利息支付保费“存而保”保险代理业务。5月17日，太保寿险总公司批准开办“附加终身住院补贴医疗保险”，并由原来的最多承保1份放宽至2份。2001年5月29日，太保寿险总公司下发“世纪太平如意卡”“公出人员如意卡”“家庭太平吉祥卡”等意外险定额卡式保单的销售范围与管理要求。

2001年6月7日，太保总公司为配合医改和市场的需求，对现有险种进行组合，制定集体单位《员工福利保障计划》保险产品，该产品保障完善，内容丰富，主险计划中有长期寿险、意外伤害、重大疾病保险，附加险有意外诊疗（急）费用保险、住院医疗费用保险、住院补贴保险、女性生育保险险等。

2001 年 8 月 10 日，太保寿险总公司在苏州召开了江苏太保“城乡一体化”试点工作会议。太保寿险总公司要求全国各分支公司结合寿险发展特点，在条件成熟地区，按照“城市现代化、农村城镇化、城乡一体化”的要求，积极探索走“经城带乡、经乡促城、城乡结合、优势互补、共同发展”的业务拓展之路。会后，太保寿险安徽分公司在合肥地区积极贯彻落实。

8 月 28 日，中国保监会合肥特派办同意太保寿险合肥公司开办“太平盛世 • 长发两全保险（万能型）”保险。9 月 12 日，为大力推动公司中介业务的稳健发展，总公司经与国家邮政储汇局磋商，双方签订《业务合作协议书》以及推动“太平盛世 • 长发两全保险（万能型）”在邮政系统上柜销售的业务合作协议。9 月 27 日，太保集团公司与中国农业银行召开全面合作工作会议，于 12 月 21 日，正式签定了《全面业务合作协议书》，从此太保安徽分公司下属各中支公司开始了与当地农业银行的业务合作。10月 15 日，经保监会合肥特派办同意，安徽分公司开办“员工团体年金保险（万能型）”。11 月 22 日，总公司批准安徽分公司开办“太平洋城镇职工住院补充团体医疗保险”“太平洋城镇职工门（急）诊补充团体医疗保险”。11 月底，中国保监会批复太保寿险在全国开办“太平盛世 • 康健一生重大疾病保险（分红型）”及“太平盛世 • 长虹两全保险（分红型）”，12 月 5 日，安徽分公司在全省销售两款分红保险。

2001 年太保寿险安徽分公司意外险直销保费收入，仍以团意险、个意险、建工险、航意险、学平险、旅游险为高。

2002 年 2 月 22 日，中国保监会核准太保寿险 32 家分公司所在地区销售“红利来两全保险 A 款（分红险）”》，太保寿险安徽分公司在此之内。2 月 26 日起，太保寿险子公司“旅游安全保险”“出国人员意外伤害保险”“民用燃气用户个人意外伤害保险”3 个险种可由营销员销售。3 月 18 日，经保监局合肥特派办批复，同意公司可在银行上柜代理销售“太平盛世 • 长发两全保险（万能型）”。3 月 18 日，太保安徽分公司与工行安徽省分行签定全面业务合作协议。业务合作范围：代理收取保险费、支付保险金、销售保险新产品、资金网络结算等。3 月 31 日，中国太平洋人寿保险股份有限公司公布当年第一季度万能型寿险的结算利率，该季度的结算利率为日利率万分之零点六一六。使保户真正体验到既有保险保障，又有资金投资收益作用。自 2001—2000 年期间，也是太保安徽分公司万能型业务开展看好的两年。

2002 年 4 月 23 日，推出并承保“众恒团体年金保险 A、B（万能型）”保险。5 月中旬，新型少儿险“状元红两全保险（分红型 ）”全面启动销售。5 月 21 日，开办“个人住院费用医疗保险”“个人住院补贴医疗保险”“附加个人手术费医疗保险”。6 月 30 日，公布第二季度“太平盛世•长发两全保险（万能型）”结算利率为日利率万分之一点四九五。

8月22日，太保集团公司与中国银行签署了《中国太平洋保险（集团）股份有限公司与中国银行全面业务合作协议书》，太保寿险安徽分公司及各中支公司按照协议书的基本内容,加强与当地中国银行的合作,大力发展公司与中国银行的业务代理关系。9月2日，经保监局批复，同意太保寿险公司在合肥地区开办“众恒团体年金保险A、B款（万能型）”。11月26日，获准开办“太平盛世•状元红两全保险（分红型）”。11月26日，根据太保寿险总公司文件精神，在安徽省内停办“子女教育保险A、B款”。

2002年12月3日，经保监局合肥特派办批复，核准公司申报的兼业代理人资格10家。即合肥市邮政局安庆路邮政所、南七支局；淮南市国元证券有限公司淮南国庆中路证券营业部、朝阳中路证券营业部、人民南路证券营业部；芜湖市工商银行繁昌县运行南门分理处；滁州市工商银行滁州市东南支行、江通办理处。12月23日，公司推出《红利来两全保险B、C、D款（分红型）》。并通过代理机构进行销售。

2003年1月28日，经保监局合肥特派办批复，太保蚌埠、淮南公司可销售众恒万能寿险业务。3月19日，经保监局合肥特派办批准，淮南市邮政局田家庵、蔡家岗、洞山、潘集分局，工行淮南袁庄办事处成为太保业务代理机构；代理长期寿险、健康险、人身意外伤害保险的销售。2004年4月经保监局合肥特派办批复（皖保监发［2004］60号），建行蚌埠高新区4家支行取得保险业务代理资格，代理销售相关寿险业务。2004年5月，太保寿险安徽分公司进一步落实与银行、邮政方面的保险业务代理合作关系，并在6月7日首先与省农行营业部、芜湖、蚌埠、安庆、滁州、阜阳、淮南、马鞍山、铜陵、宣城分行达成代理销售“红葵花少儿两全保险（分红型）”的协议（合太保寿发［2004］74号）。

2003年4月30日，太保寿险总公司下发《各险种保单录入操作手册》，使保单录入更快捷、准确。6月26日，太保寿险总公司下发《红利分配操作实务》，保证了保单首次红利分配工作的顺利进行。7月22日，太保寿险总公司对“个人住院补贴医疗保险”“长安定期寿险”等险种承保提出要求，规定每单年缴保费不得低于100元，趸交保费不得低于500元；1年期（及以下）短期险种保费不得低于50元，加强了对低费率保件出单成本核算管控。

2004年3月1日起，为落实中国保监会对于航空意外险产品及其替代品电脑联网、电脑出单和实时管理的要求，太保寿险总公司将“任我行交通工具意外伤害保险”纳入航空意外险电子销售系统。在后期航意险共保不能维持情况下，太保安徽寿险推出“任我行交通工具意外伤害保险”逐渐取代了航意险共保的份额。

2005年年初，公司直销渠道推出“太平安心”和“幸福家庭”短期意外伤害保险定额保单、“世纪行人身意外伤害保险（B款）”“安贷宝借款人意外伤害保险（A、B款）”等新险种，进一步满足保险市场需求。

2005年1月1日，推出个人营销“小康之家”系列保险产品，即“小康之家·幸福一生两全保险（分红型）”“小康之家·金玉满堂两全保险（分红型）”“小康之家·福寿延年年金保险A、B款（分红型）”以及“保险金转换年金保险”。1月17日，银邮代理推出“保得利两全保险（分红型）”，2月21日，开办“安贷宝借款人意外伤害保险（A、B款）”“世纪行人身意外伤害保险（B款）”。6月5日，停售个人营销保险产品“太平盛世·附加老年护理费终身年金保险”。7月1日推出“红福寿年金保险（分红型）”。9月28日，推出并开办个人营销新险种“小康之家·如意安康两全保险（A款）”“小康之家·如意安康重大疾病保险（A款）”。

2005年，根据中华人民共和国劳动和社会保障部通告，太平洋人寿保险股份有限公司获第一批企业年金基金账户管理人资格。《关于拓展企业年金险市场的指导意见》是对太保公司过去及以后所承保的万能寿险、分红险业务的最大肯定与支持。

2005年，根据太保寿险下发《关于进一步端正经营指导思想，加强直销渠道专业化建设意见》及《关于在直销渠道开展客户积累活动的通知》，太保安徽寿险分公司积极开展客户座谈会、联谊会，组织客户负责人前往太保系统内的江、浙、鲁省份，团体业务合作较好的公司进行观摩取经等活动，加强直销业务基础，保持直销渠道可持续发展。

根据太保寿险总公司《关于开展存量手工保单清理及补录工作的通知》要求，太保寿险安徽分公司及时组织人力，对2005年6月30以前承保的未了责任的手工保单，进行突击补录。该项工作在2005年年底结束，为以后将全省所有保险契约，进行电子影像化电脑存档管理打下了基础。

2005年10月，太保寿险安徽分公司对业务档案进行电子影像化扫描存档，太保寿险总公司对安徽的原版式进行调整，加印了条形码，缩小了影像存储量，提高了扫描速度，降低了成本。这项工作在2006年底也基本结束。

2005年，太保总公司下发《关于进一步加强银行邮政渠道保费资金管理和费用考核的通知》及《关于印发《银行保险信息管理办法》的通知。对保费归集、保费资金的划转等作了相应的规定。加强了银行邮政渠道保费的管理，防范资金归集和划转过程中可能出现的风险。

平安寿险省公司承保

中国平安保险公司自1988年3月21日成立以来十分重视产品的开发、创新和管理工作，引进多名海内外资深保险专家进入管理高层，实现了将国际化的管理经验和本土实际的有机契合，增强平安寿险产品的优势。中国平安人寿保险股份有限公司安徽分公司在1994—2005年，主要推出生死两全保险、死亡保险、投资、分红、现金价值可变型人寿保险以及健康保险等类型的产品，通过完整的产品体系，为客户提供多元化产品服务。

生死两全保险

1993年，平安敏锐地觉察到个人寿险市场所具有的不可限量的潜力，以及对公司发展乃至整个中国寿险业务发展存在的巨大意义。1994年7月，平安率先在全国推行个人寿险营销业务，平安安徽代理处经中国人民银行安徽省分行批准，升格为中国平安保险股份有限公司合肥分公司，当时正式推出的个人寿险的第一个产品——“平安长寿”，面向人群为16周岁~60周岁，主要的保险责任：在合同有效期内，一、被保险人于保单生效一年内因意外伤害事故或疾病身故（或全残），按保险金额的10%给付身故（或全残）保险金，并返还其所有已交保险费（不计利息），保险责任终止；二、被保险人于保单生效后满五周年时生存并且保单仍然有效，按保险金额的20%给付生存保险金，此后每满5周年若被保险人生存并且保单仍然有效，按每期递增保险金额的5%给付生存保险金；四、被保险人于保单生效一年后，因意外伤害事故或疾病身故（或全残），平安保险按保险金额给付身故（或全残）保险金，保险责任终止。当年，中国平安保险股份有限公司合肥分公司实现了寿险保费78万元。

随着市场不断成熟，保险需求多样化，在进行广泛市场调研的基础上创造性的开发出提前给付重大疾病保险，把分红主险与重疾险有机的结合在一起，受到市场的热烈欢迎，陆续推出平安鑫利两全保险的产品组合，一直成为安徽最热销的产品之一。鑫利的投保年龄扩展到28天~60周岁，交费方式多样化（5、10、15、20、30年交），保险期限至80周岁，主要的保险责任：生存保险金，被保险人于主险合同生效之日起每满2周年时仍生存，按照基本保险金额的7%给付生存保险金；满期生存保险金，被保险人于保险期满时仍生存，按2倍基本保险金额给付满期生存保险金，合同终止；身故保险金，若被保险人于18周岁前的保单周年日前身故，返还所交保费并按照年增长率2.5%单利增值，本主险合同终止，若被保险人于18周岁的保单周年日后（含18周岁的保单周年日）身故，按2倍基本保险金额给付身故保险金，合同终止。所交保险费按照身故当时的基本保险金额确定的年交保险费计算。以上身故保险金中所称的基本保险金额不包括因红利分配产生的相关利益。

死亡保险

平安幸福定期寿险（A，2004）（简称幸福A04）是平安一款典型的定期寿险，虽然没有分红，但保费低、保障高的特性，得到关注保障的客户青睐。幸福A04的投保年龄为18周岁~60周岁，为给客户提供充足的保障，对于起保保费要求为期交最低年交保费1000元起，主要的保险责任是：被保险人于本主险合同生效之日起1年内因疾病身故，按保险金额的10%给付身故保险金，并无息返还所交保险费，本主险合同终止。被保险人因意外伤害身故或于本主险合同生效之日起1年后因疾病身故，按保险金额给付身故保险金，本主险合同终止。

投资、分红、现金价值可变型人寿保险

投资连结保险是一种融保险与投资功能于一身的新险种。设有保证收益账户、发展账户和基金账户等多个账户。每个账户的投资组合不同，收益率就不同，投资风险也不同。

1999年10月之前，公司开发的大多都是储蓄型产品，这种产品在当时对保险意识并不高的市民来讲，无疑具有吸引力。然而随着人们对保险认识的不断加深以及收入的提高，人们迫切需要一种既有保障又可理财的新型保险产品问世。为满足广大市民的需求，同时也为化解储蓄型产品给公司经营带来的经营风险，公司经过较长时间的准备，于1999年10月23日迈出了具有里程碑意义的一步，推出大陆第一代投资连结保险产品——平安世纪理财。其投保年龄是18周岁至60周岁，按份投保，可投保多份，首份的年交保险费为1260元，之后是1200元/份，每月会对投资账户中的资产价值评估，并公布投资单位价格。主要保险责任：一、身故保险金，若被保险人在保险期间内身故，根据合同项下的投资单位价值总额或者保险金额，取二者中金额较大者，给付身故保险金，本合同终止。二、全残保险金，被保险人在保险期间内于60周岁的保单周年日之前发生全残，公司本合同项下的投资价值总额或者保险金额，取二者中金额较大者，给付全残保险金，本合同终止。三、满期保险金，被保险人在保险期满时仍生存，则自保险期满后的5年内，受益人可随时申请给付满期保险金，公司按照本合同项下投资单位价值总额给付，本合同终止。四、满期特别给付金，被保险人在保险期满时仍生存，受益人可在保险期满后的30日内，申请给付满期特别给付金，每份保险的满期特别给付金为人民币1880元，如逾期不申请领取，满期特别给付金将自动转入投资账户，公司按照保险期满30日后的下一个资产评估日的投资单位买入价计算相应的投资单位数。五、可保选择权，在本合同有效期内，经公司同意投保人可在第2、4、6、8个报单周年日，选择投保本保险的一份新保险合同。可保选择权应于规定的保单周年日后30日内行使，逾期未行使的，本公司可视同投保人自动放弃可保选择权。新合同的新保险费和保险金额按照投保人行使可保选择权时公司相应规定和被保险人当时的实际年龄确定。

2000年开始，相继推出多个分红型产品。分红险指保险公司在每个会计年度结束后，将上一会计年度该类分红保险的可分配盈余，按一定的比例、以现金红利或增值红利的方式，分配给客户的一种人寿保险。

平安鸿祥两全保险（分红型）是平安早期比较热销的产品之一，奠定了现在很多产品基础。鸿祥是一款分红险，涵盖满期金、身故金、分红等，主要保险责任：一、满期生存保险金，被保险人保险期满时仍生存，公司按保险金额给付生存保险金，保险责任终止。二、身故保险金，被保险人于保单生效日起一年内因疾病死亡，本公司按保险金额的 10% 给付身故保险金，并无息返还所交保险费，保险责任终止。被保险人因意外伤害身故或于保单生效日起一年后疾病身故，公司按保险金额给付身故保险金，保险责任终止。另外，保单红利，在本合同有效期间内，每年将根据分红保险业务的实际经营状况，按照保险监管机关的有关规定确定红利的分配。

健康保险

健康保险是以被保人的身体为保险标的，使被保人在疾病或意外事故所致伤害时发生的费用或损失获得补偿的一种人身保险。

通过与欧洲最大的商业健康保险公司德国 DKV 长期合作，1997 年平安开发出了中国大陆第一份可以单独投保的中长期住院津贴保险——世纪安康十年期住院津贴保险。在专业的健康险组织架构下，通过与国外先进机构的合作，相继开发了住院安心、住院费用等国内领先的健康险产品。为更好配合医保改革，住院费用针对有无社保的情况，开发了针对无社保的 A 款、有社保的 B 款，B 款在费率有一定的优惠，都是按份销售。在报销上都采用适用于补偿原则，被保险人因疾病（等待期 30 日）或意外伤害（无等待期）导致住院治疗发生的约定范围的费用，主要包含医疗费、床位费、门诊费、可选部分（包含非器官移植手术费、器官移植手术费）。在报销额度上有一定的区别，A 款是按各项费用合理且必要的实际支出部分的 80% 给付、B 款是按照社保补偿后的各项合理且必要的实际支出费用的余额给付；若发生保险事故时被保险人不享有社保，按照各项费用实际支出部分的 65% 为上限给付。

新华保险省公司承保

客户购买保险，公司指导客户填写相关投保资料后，将客户的投保资料交付各中心支公司柜面契约岗进行初步审核。在确认投保资料齐全无误、预收保费后才能进行保单信息系统录入。对于资料不全、填写错误的投保件系统不予受理，应在规定的工作日内下发工作单同客户就需要重新确认或补充的信息进行确认。所有新契约业务在保单信息录入完毕后进入核心业务系统自核规则库进行电脑核保，符合标准承保条件的自行通过电脑核保进入签发保单队列；契约人员在保单信息录入时，不符合标准承保条件的进入人工核保队列，由公司核保人员进行人工核保处理，修正后才能进入下一级系统程序。

核保人员在接收任务后，依据公司核保业务管理规定，遵照公司相关制度规章、监管部门政策以及法律法规等要求对投保件进行风险审核，审核认定需要客户提供健康评估、财务评估等核保所需资料以及经判定符合公司承保条件的保件均在规定的工作日内下发工作单通知客户或作出承保结论。不符合公司承保条件的保件在发出拒保意见后，通知客户办理退费手续。

通过核保的保件在签发生效后由我公司契约室在规定的工作日内完成保单的打印、缮制和质检。质检不通过的保单，由契约室提交重新打印申请。质检通过后，寄往各中心支公司和营销服务部，由各中心支公司和营销服务部派发到业务员手中，业务员在规定的时效内递交客户签收回执。

泰康人寿省公司承保

2002 年 4 月 15 日，分公司业管部开始预收保单。11 月，马鞍山、蚌埠中支开业，机构个险承保设立了受理、录入复核及核保岗，承保工作由各机构自行完成。

2003 年年初，分公司承保业务实行全省集中处理，包括集中录单、集中复核、集中核保，并内部实行集中出单和派发试点工作，降低了经营成本，防范和化解了经营风险，同时提高了个险的承保时效。12 月 4 日拟定并下发《关于集中业务处理工作若干意见的通知》，12 月 6 日举行各中支及分公司本部客服经理和受理人员参加的“业务管理流程再造”相关前期准备工作宣导会议。12 月 16—18 日对各中支及分公司本部电脑岗和扫描岗进行扫描设备的安装、维护与操作的培训与验收。

2003 年年末，泰康总公司提出“集中出单、流程再造”，泰康安徽分公司有幸成为系统集中业务处理推广工作的第一批机构。12 月 10 日，分公司的保证“流程再造工作”，集中业务处理顺利进行，根据合肥分公司的实际情况，制定《泰康人寿保险股份有限公司合肥分公司集中业务处理管理办法（暂行）》并下发全省各中支。各机构均配备扫描仪，岗位人员到位。

2005 年 3 月 2 日，泰康安徽分公司业务管理部针对体检制定下发关于“规范完善体检制度”的通知，从体检方面规范体检医院及陪检人员的规范性，完善体检制度，从体检角度监控风险。

为了有效改善投保单填写质量，减少新契约问题件比率，提高承保时效，同时加大对营销一线的专业支持力度，分公司业管部特制定三级机构加强对营销员及下属县级服务部的培训制度，2005 年 3 月 11 日，分公司业务管理部下发关于“加强对营销员及县级服务部内勤培训”的通知。

2002—2005 年间，银保承保工作由分公司银保部业管人员负责完成。

2002 年，为了进一步规范风险管理、强化风险控制，并有效地管理各分支机构的个人寿险业务，全面了解和掌握各分支机构核保、核赔人队伍的管理水平和专业技术水平，做好核保核赔人员的管理和培训工作，分公司制定了《个人寿险业务管理体系检查考核管理办法》。此办法包括了对分公司及三级机构业务管理的考核。

2004年，为支持营销业务快速发展，业务管理部根据市场和业务发展的需要及时修订和调整了原投保规则的内容，制定了《泰康人寿保险股份有限公司个人寿险投保规则》，并于2004年4月12日起施行。

2005年，为了建立科学的业务管理质量评价标准，客观地评价全系统业务品质及各机构业务管理工作质量，分公司制定了《业务管理KPI指标考核管理办法》。此考核对象为分公司的两核直接管理者，包括分公司业管理、理赔部部门负责人。

为加强对特约体检医院的管理，保证体检资料的真实性、准确性、完整性，有效防范承保风险，为核保提供客观依据，公司制定了《泰康人寿保险股份有限公司特约体检医院管理规定》。为了保证体检结果的真实性，准确性，更好的防范风险，公司制定《泰康人寿保险股份有限公司陪同体检人员管理规定（暂行）》。要求分公司及其下属各级机构必须指定内勤人员，到特约体检医院陪同客户进行体检。同时此暂行规定还制定了相应的处罚措施。

泰康人寿安徽分公司业务发展分为个险业务、银保业务、团险业务和续期业务。

个险系列在各家寿险公司均处于核心地位，是公司利润的主要贡献者。在个险、银保和团险三种销售渠道中，个险渠道之所以最具价值，一方面因为个险渠道完全归保险公司自主拥有，有利于客户资源的培养和深度挖掘，另一方面是个险中的期缴比例最大，对内涵价值的贡献也大。以“一张保单保全家”为核心的“泰康家庭保障计划”，是在公司领导主持下，总公司营销部与相关部门配合开发设计，以迎合工薪白领人群对家庭价值的追求，满足家庭保障需求，实现“一张保单保全家”，并在业界率先实现了销售方式的创新，即从一对一的个人传统销售方式转变为对家庭的销售方式。2002年5月23日，分公司在合肥大剧院隆重发起以“新产品、新服务、新技术、新制度”为核心的“爱家行动”大型路演活动，推广公司的营销产品、服务、品牌，使泰康人寿的崭新理念深入人心。“爱家行动”产品自上市以来，深受客户青睐，市场反响热烈，泰康人寿的“一张保单保全家”的保障计划一直占据市场话语权。

2002—2005年泰康安徽分公司个人代理人数量统计表

表3–1–3

年份	入司人数	离职人数	在职人数
2002	1699人	557人	1142人
2003	5632人	2902人	3872人
2004	11786人	8655人	7003人
2005	7078人	7356人	6725人

银行保险作为公司“个险为核心、银团为两翼”发展战略中的重要销售渠道，采取市场跟随策略，定位为规模和当期利润贡献者，并在此基础上寻求业务模式和产品创新有所突破。

2002 年 3 月，分公司团险部成立，下辖银保业务。4 月 18 日，分公司承保第一笔银保保单。同年 7 月，银行保险开展银保客户 100% 电话回访。

2002年8月，分公司银行保险业务从团险部分离，成立独立的银行保险部。同年8月，分公司银行保险部以 12 家新筹分公司第一名的成绩荣获总公司“跨越天山”业务争先赛“优秀明星团队奖”，是分公司银行保险部在总公司获得的第一个奖项。

2004 年，针对未来银保发展与自身定位，分公司银保部根据总公司战略，提出必须依靠产品和业务的转型回归对内含价值和利润的追求，争取银保合作模式的突破并以此为契机推动产品与业务模式的创新，银行保险的健康发展最终依靠一支高素质的员工队伍，可持续性发展最终依靠以差异化为基础的优良品牌。

具体发展战略与规划包括：2002—2005 年，分公司银保部完成了与各渠道协议的签订，完成了组织架构的初步搭建，先后在马鞍山、蚌埠、芜湖、安庆等 13 个地市开通了银保业务，业务逐年提升，以专业、规范和良好的服务在安徽市场各银行渠道树立了良好的口碑。

2002—2005 年泰康人寿安徽省银保业务拓展情况统计表

表 3-1-4　　单位：万元

年份	保费收入	同比增长	市场占比	市场排名	系统内排名
2002	8414	0	2.1%	4	4
2003	23120	174.78%	5.8%	5	15
2004	39591	71.24%	6%	5	10
2005	47469	19.9%	13.2%	2	8

2002—2005 年泰康人寿安徽省银保渠道业务统计表

表 3-1-5　　单位：万元

年份	工行	农行	中行	建行	邮局
2002	5077.2	325	0.6	2430	86.9
2003	9543.8	3890.7	1041.3	5092	2269.6
2004	13527.4	15002.6	336.5	3559.2	5183.7
2005	13515.1	23322.9	185.2	3009.2	5786

2002 年分公司成立当初，团险部是和银行保险合并为一个部门，同年 8 月，分公司银行保险业务从团险部分离。如何迅速做大，在市场上有泰康的声音，这是当时遇到的主要困难。公司采取了两步一起走的策略，即机构网点的铺设和大项目的攻关。2002—2004 年，陆续成立马鞍山、蚌埠、安庆等团险部，网络布局初具雏形，团队人力增加，并且后台运营建设也初见成效，保费规模逐渐增加。

2002 年 5 月 8 日，合肥分公司团险第一笔保费进账 369 元，标志着泰康团险正式在安徽开始了运作。同年 11 月，承保了合肥工业大学的社会统筹补充团体医疗保险，保费 83.8 万元，标志着安徽泰康团险大客户的第一单。

2003 年,合肥分公司团险正式开始了开拓大客户的步伐,采用团体年金分红型险种，先后承保了交通银行蚌埠分行 100 万元、蚌埠卷烟材料厂 400 万元、芜湖发电厂 431 万元。同时也开始了建立建工险渠道的步伐，2003 年合计承保建工险 123.44 万元。在此基础上，开始尝试与医保中心合作，9 月采用高额无忧 I 团体医疗保险条款承保了蚌埠市医疗保险管理中心业务，保费 45.24 万元，随后，合肥分公司先后与六安、马鞍山、安庆、宣城、巢湖等地市级医保中心全面展开合作。

2004 年，安徽分公司团险开始全面整合资源、梳理客户、发展队伍、建立渠道。马鞍山中支团险部在分公司团险的支持下，开始对马钢集团进行攻关，马钢集团是中国特大型钢铁联合企业和重要的钢材生产基地，隶属于安徽省委省政府及省国资委管理，当年承保马钢保费 618 万元。

2005 年，团险业务结构得到调整，A 类短险保费同比大幅提高。安徽省烟草公司在全省范围内为员工购买补充养老保险，泰康团险先后承保了宣城、安庆、六安、阜阳、马鞍山地区的烟草业务，合计保费 3259.38 万元。

2002—2005 年泰康人寿安徽省团险业务统计表

表 3-1-6　　单位：万元

年份	保费收入	同比增长	赔款金额
2002	516.47	—	43.89
2003	3120.9	504%	113.87
2004	5294.61	70%	1495.02
2005	7798	47%	1770.85

泰康人寿续期业务：

续期保险费是人寿保险公司实现盈利和持续经营的重要基础。续期业务是个人寿险业务的重要组成部分。

2003—2005 年泰康人寿安徽省续期实收保费统计表

表 3–1–7　　单位：万元

年份	2003	2004	2005
保费	504	3387	8000

第三节　理赔服务

市场主体的增多，自然就形成各家公司竞争的局面，产品的竞争，人才的竞争，更是服务的竞争，尤其是理赔服务的竞争，更决定了一家公司的市场认可度、接受度和美誉度，也决定了一家公司的生存与发展，因此各家公司在服务上都各显神通，主动迅捷，尽显诚意。

人保省公司财产险理赔服务

“主动、迅速、准确、合理”是人保公司一贯坚持的保险理赔原则，为使理赔原则得到有效的贯彻落实，人保省公司经常对理赔操作实务进行监督检查。

1986 年 12 月 16 日晚 6 时，滁州市第一百货商店发生特大火灾，烧毁 2450 平方米营业大楼及全部商品，经调查核实认定事故属保险责任范围，人保公司理赔部门用 15 天的时间核实，将 117 万元赔付到位，使该店很快恢复了经营。

1987 年 1 月 1 日，利辛县因冰雹结冰，供电局线路严重受阻，核赔 14.10 万元。7 月 12 日芜湖烟厂马饮仓库发生火灾，经查勘核赔经济损失 18.90 万元。7 月份，金寨县酒厂遭暴雨袭击，损失严重，赔偿其损失 23.50 万元。7 月 10 日，砀山县棉花原种场投保的水果保险于 8 月 30 日遭飓风袭击，待摘水果严重损失，经人保省、地、县三级公司查勘、定损，一次性赔付 23.68 万元。11 月 19 日，蚌埠市棉麻公司大庆仓库发生特大火灾事故，火灾波及露天货堆 9 个、烧毁简易库房 1 幢，赔付 23.68 万元。

1988 年 1 月 2 日，宁国水泥厂窑尾电吸尘器在运行中，因工作人员操作失误，发生重大火灾，直接经济损失达 200 万元。该厂于 1987 年 10 月 17 日向当地人保公司投保了企财险，事故发生后，保险部门进行录像取证，赔偿该厂经济损失 197.66 万元。

1988 年 5 月 2 日，淮北地区突遭暴雨、冰雹（直径为 2–10 厘米）袭击，部分投保企业财产遭受损失。经人保省公司查勘定损，向市针织一厂支付赔款 34.26 万元；向市棉织厂支付赔款 16.77 万元；向市矿山机器厂支付赔款 15 万元；向市纺织印染厂支付赔款 25.2 万元。

1989 年 3 月 17 日，安庆石化总公司 301 号油驳船与阜南县航运公司 696 号机动水泥船相撞，紧急抢险无效，造成696号机动水泥船的重大经济损失。保险公司经调查、取证、确认事故责任后，赔付阜南696号货船及货物经济损失24.91万元，没有办理保险的“安石化10号”拖轮承担了30%的责任，承担经济损失10.68万元。

1990年7月9日，淮北濉溪县口子酒厂突遭暴风雨损失，赔款9.9万元；同年12月5日，高岳百货大楼受电线老化短路造成火灾损失，赔款32.63万元。

1991年年初，人保屯溪支公司赔付黄山市屯溪塑料工业供应公司因雪灾损失5.02万元，赔付桃源宾馆水损失13.08万元。

1991年是洪涝灾害严重的年份，5月下旬，安徽全省连降大雨10多天，多个地区遭到了历史上罕见的特大洪涝灾害，全省洪涝灾害受灾损失主要集中在农房、农村家庭财产、农村乡镇企业财产、农村种植业和养鱼业。对于洪灾造成的损失，人保省公司及时制定抢险救灾措施，随后各级分支机构及时落实“快查勘、快施救、快定损、快赔付”的“四快”原则，抽调人员，组成查勘小组，到灾区第一线开展施救理赔工作。对于灾区大范围农房倒塌情况，快速理赔原则是：对受灾农房坚持逐户查勘，造册登记，避免遗漏；对倒塌的土墙、草顶和有人居住的正规房屋，平均每间赔偿35～45元；对倒塌的砖墙、瓦顶和有人居住的正规房屋，平均每间赔偿75～85元；倒塌的其他类型、有人居住的正规房屋，平均每间赔偿55～65元；有人居住的房屋部分损失，分别在上述四项赔偿标准的下限内，由各地、市公司自行确定。此次洪涝灾害，人保各机构经过100多天的紧张工作，完成了上万件的理赔案卷，其中100万元以上赔案9件，50万元以上赔案29件。在此次洪涝灾害赔付中，赔付宿县地区小麦田绝收、减产损失合计756万元；赔付蚌埠地区小麦田绝收、减产损失合计1400万元；支付蔬菜种植户水灾损失赔款300多万元；赔付蒙城县、太和、阜阳、临泉、界首、涡阳六县市种植的小麦因暴雨、洪涝及病虫害受损974.85万元；支付滁州地区洪灾赔款累计3357万元，其中企业财产险保户629户，支付赔款1501万元，家庭财产险户（以农村房屋为主）21.2万多户，支付赔款1744万元，支付种植业户赔款112万元。随后对受灾地区的水稻、棉花、烤烟种植和养鱼生产队的损失也都支付不同数额的赔款。

1991年，全省因水灾支付农村各方面的赔款累计数额是：支付农村农房倒塌赔款16000万元；支付农村家庭财产损失赔款380万元；支付5882户城乡企业水灾损失赔款17000万元；支付农村种植业、养殖业保险赔款达5200万元。赔款及时到位，为农村灾后恢复生产，以秋补夏开展生产自救，奠定了经济基础；灾后保险赔款及时兑现，使人民群众对保险公司的经济补偿有了深刻的认识，随后各地群众主动参加各种保险，出现了投保热，当年各地市公司保费收入普遍超出了原定计划指标，年末出现了一个保费收入亿元的市级公司、两个保费收入千万元的县级公司。

因暴雨原因，淮北市橡胶厂遭受暴雨损失，赔款13.4万元。阜阳地区电力局房屋、电缆沟及输变电设备受损严重，经查勘定损后与被保险人协商，意见统一后，支付阜阳地区电力局赔款803.94万元。6月中旬至8月上旬，马鞍山市暴雨总量达1059.8毫米，因积水给马钢公司厂房、机器设备、煤炭等原材料造成严重损失，9月2日，人保省公司总经理戴藏忠率工作组与马鞍山市公司、马钢公司，就成钢公司的水灾理赔达成协议，随后支付马钢公司水灾赔付615.7万元。

1992年，六安地区六安县29个乡镇、霍邱县36个乡镇农房因暴雨受损，六安公司分别向两县赔付96万元和120.9万元。黄山索道公司因雷击造成索道设备损失，黄山市公司赔付19.06万元。同年，黄山市蚕桑站在制种生产中因微粒子病毒所致蚕种损失，黄山市公司赔付16.37万元。

1993年，黄山市遭遇“6•30”“7•4”两次特大洪水灾害，全市直接经济损失约2个亿。经查勘确认损失后，人保公司赔付洪水损失470万元，使197个企业及时恢复生产与经营，使1021户受灾户的家庭生活得到稳定。同年，亳州、太和、涡阳、蒙城、阜阳和界首六县市因低温、暴雨、暴风、冰雹灾害致使小麦严重受损，人保各公司当年赔付累计1100.08万元。9月12日滁州乌衣远征鞋厂发生特大火灾，支付保险赔款183万元。

1994年5月13日，芜湖市广电公司因暴雨积水形成内涝，致使其财产受损，经现场查勘，广电公司院内仓库进水，42台彩电、10台录像机、11台高档组合音响、282台台式收录机、115盘录像带等浸泡水中，经过整理、清点、查账，人保公司支付保险赔款7.2万元。同年，赔付黄山风景区玉屏楼宾馆火灾损失110.8万元。

1996年6月13日，淮北矿务局芦岭煤矿掘进二区三队施工的10214工作面需改造机巷近头，因放炮引起瓦斯着火，灾害发生后，经人保公司核查属保险责任范围，核定赔付99.91万元。

1996年6月中旬至7月下旬，安徽江南地区的宣城、黄山、池州、安庆、铜陵和芜湖等地发生洪涝灾害，与1991年特大洪涝灾害相比，这次灾害发生在人口密集、财产集中，保险密度较大的地区，保险财产的损失较重。人保省公司先后组织10多批次人员，由各处室负责人带队，与当地市、县支公司及时查勘定损，进行理赔。仅宣城、黄山、和池州3个地区共处理赔案1193件，最终为300多家城乡企业、44534户居民家庭财产支付水灾赔款4500万元，支付宣州市糖酒食品商场等11户库存商品赔款701.3万元。同样是在6月下旬，安庆宿松境内遭遇连续4次暴雨和龙卷风袭击，华阳河农场7万亩棉田受洪水侵袭，内湖水位居高不下，造成破圩4个，下属5个农场棉田成灾面积29831亩，绝收面积达11450亩，安庆宿松支公司逐场定损后，支付棉花种植成本保险赔款65万元。

1998年7月，安徽省大部分地区遭受强暴雨袭击，八百里皖江全线超警戒水位88天。尤其是滁州境内3小时降雨量169.7毫米，造成40多家企业和数百个家庭保户受灾，人保省公司在全系统组织多个施救和查勘定损小组，经过5个多月的努力完成了查勘定损任务。赔付3.6万亩农作物损失，累计208万元；全省有10.7万户居民获家庭财产赔款，累计3290万元；支付滁州卷烟厂赔款为301万元；赔付黄山钼矿洪水损失65.15万元；赔付铜陵市有色铜山矿680万元。赔付黄山金马仪表有限责任公司雪灾损失30.29万元。

1998年9月10日，安庆宿松县遭洪水侵袭，致使华阳河农场5个分场的保险棉花和房屋财产受损，经查勘核损，双方达成一致意见，一次赔付304.8万元。

1999年6月29日宣城地区因连降暴雨，水位高涨，宣州市粮贸总公司下属朱桥、油扎、养贤、新河和沈村等5个粮库相继被水淹没，长期浸泡导致粮油等财产受损严重，人保公司赔付承保粮库损失718.1万元。7月、8月安庆望江、宿松地区也遭遇长时间暴雨侵袭，安庆宿松县复兴地区因洪灾，房屋倒塌，18个千亩以上圩田圩口溃破，20余万亩良田被淹、洪水持续3个多月未退，人保省、市、县三级公司领导多次亲临现场查灾核损后，支付赔款1100余万元。8月22日，安庆宿松县华阳河农场洪水致机械设备、家庭财产等受损，公司赔付承保户损失559.81万元；9月7日望江县城张家坝圩破堤，县城区东洲路、望华路部分路段、回龙路部分路段、新桥东村、西村均遭水淹，部分承保单位及居民房屋受损，公司赔付承保户损失600多万元。

1999年，人保公司赔付黄山市屯溪茶厂火灾损失47万元。赔付屯溪工人文化宫杰姆迪士高广场火灾损失37万元。

2000年1月15日，人保省公司暨合肥市公司举行合肥城隍庙“1•11”特大火灾理赔兑现大会，合肥市副市长出席会议，会上兑现首批赔款45万元，人保省、合肥市公司同时捐赠20万元，支持了合肥市政府处理火灾善后工作。

2000年，黄山市分公司赔付江腾摩托车销售中心火灾损失45.9万元。6月2日，滁州全椒因特大暴雨引发大面积灾害，支付包括全柴集团在内的多家企业和其他保户赔款205万元。

2002年4月9日，人保淮北分公司于4月7日对淮北市芦岭煤矿发生的煤与瓦斯突发事故预付赔款30万元。5月10日，人保马鞍山分公司向发生爆炸案件的马钢桃冲矿业公司赔款30万元。6月初，人保淮北公司支付刘桥一矿中下巷道赔款20万元。6月中旬，人保池州分公司在石台县召开水灾理赔兑现会，向横渡教委等5家受灾严重的单位预付赔款30万元，向10户个体工商户和5家企业兑现水灾赔款30万元。

2002年6月21日中午11时前后，芜湖市繁昌县、南陵县突降特大暴雨，时间较长，造成繁昌县多处山洪暴发、赤沙河漫堤，致繁昌县赤沙乡正宇禽产品集团有限公司厂区被洪水淹没，财产受损，人保繁昌支公司进行现场查勘，核定损失后，赔付保户23万余元。南陵县漳河上游因大暴雨，12小时内降雨达265毫米，造成漳河上游山洪暴发，南陵县神牛机械有限公司受淹长达 42 小时，厂内最高水位达 2.2 米，造成设备及产品受损，经查勘定损后，人保公司赔偿损失 29.07 万元。

2002 年 7 月，蚌埠市供电局因龙卷风、暴雨致使电力资产损失严重，经查勘核损，人保蚌埠公司赔付 524.75 万元。7 月 11 日，合肥公司承保的安徽佳通轮胎有限公司半钢子午胎仓库发生火灾，库存轮胎、厂房和机器设备严重受损，案件经保险人查勘并经罗便士保险公估公司定损、理算，最终人保、太保、平保合肥 3 家共保公司共同赔付 6211.04 万元，其中合肥人保公司占 40% 的份额，实际赔付 2484.41 万元。2002 年 9 月 25 日，淮北市雷鸣科化股份有限公司 85 号车间，由于机器摩擦引起装药机内起爆药发生爆炸，造成激光打码机、装药机、房屋等严重损毁，人保公司赔款 16 万元。

2003 年 7 月 5 日，因遭受特大暴雨袭击，滁州造成大面积洪水灾害，出险保险标的 840 个，查勘定损工作量较大。在人保总公司的安排下，引入公估中介机构参与查勘定损，在较短时间内完成了水灾的理赔工作，共支付水灾赔款 4380 万元，其中，滁州卷烟厂一笔水灾赔款 1550 万元，为滁州保险史上较大一笔保险赔款。同样是在 7 月，因特大暴雨安徽电力系统阜阳、淮南、六安、亳州、宿州、蚌埠、滁州、合肥和池州 9 个地区的农网电力资产受损，考虑此次受灾面积大、损失严重，经保险双方共同协商聘请深圳民太安、弘正达等保险公估公司介入查勘定损和理算，累计赔付以上地区电力资产损失 7322.92 万元。同年，铜陵深能发电有限责任公司发生两起保险责任事故，人保铜陵公司向该公司支付赔款分别为 277.86 万元和 100.5 万元。

2005 年 1 月 7 日，淮北市国安电力有限公司因电压不稳造成低压配电盘 14 台及母线桥 4 米烧毁，人保公司赔款 24.19 万元。5 月 31 日，淮北供电公司办理的供电责任险，该公司员工被高压线电流击伤，造成右臂截肢，人保公司赔款 22.27 万元。同年，人保公司承保了淮北印染厂的财产综合保险附加机器设备损坏险，印染厂漂炼车间的退浆机及高效退煮漂联合机，由于空气压力较大，操作工造作不规范，致橡胶辊们轧坏，赔款 13.86 万元。

2005 年安庆岳西县城遭遇泰利台风袭击，造成供电设备、电信设备及大面积的房屋受损。经过查勘核定，支付赔款 680 万元。6 月 27 日，安庆帝伯格茨缸套有限公司遭遇暴雨灾害袭击，造成保险财产受损。此次事故核损引入国际保险公估公司，进行损失公估后，安庆分公司赔付 277.91 万元。7 月 15 日，安庆枞阳海螺股份有限公司因遭受特大龙卷风袭击，造成保险财产受损，公司支付赔款 1487.82 万元。

人保省公司车辆险理赔服务

1985 年 11 月 21 日凌晨，安庆工业技术开发公司所属解放大客车（车牌号 11–20578）在安合线 132K–150M 处，因雨天路滑和车速较快导致翻车使汽油溢出起火将全车焚毁。经人保公司查勘认定，属保险责任范围，赔付车损款 6.2 万元，第三者责任赔款738元。

1989年，黄山市汽车运输公司歙县汽车四队一辆解放661型客车从黄山汤口镇返回歙县途中翻入47米高的丰乐水库，造成10多人伤亡，车辆报废，黄山市歙县支公司通融赔付3.4万元。

1993年7月15日，安庆宿松县洲头乡个体户胡某的中巴客车行至九姑油坊岭路段时，因一旅客携带的自制鞭炮土硝起火喷发，造成3人死亡，12人致伤的重大恶性事故，人保公司勘察认定责任后，支付赔款6万元。

1994年2月4日，芜湖市燃料总公司，车牌安徽03–03067号仪征双排客车，途经芜湖解放西路时由于避让不当，撞倒2名行人，致2人重伤，人保公司支付赔款7.3万元。

1995年，黄山外事旅游汽车公司广州大客发生碰撞事故，人保黄山市分公司赔付车辆损失58万元。

1998年7月12日6时左右，芜湖华源家禽公司所属车辆皖B–03369大货车，在金坛市常溧线51k+200m路段，在超车过程中，与同向的苏D/G0266手扶拖拉机发生碰撞，造成对方驾驶员身亡，人保公司赔付8.88万元。

2000年10月15日，由淮北市分公司承保的淮北市裕安房地产有限公司的三菱帕杰罗，在淮北市工商大厦楼下被盗，经核实认定责任后，赔付39.4万元。

2003年4月28日，宿州市分公司承保的皖L–01731号货车，在甘肃景泰县308省道2809千米处，因操作不当与另一客车相撞，造成该车死亡2人，伤1人，对方车上乘客死亡27人，伤20多人的重大恶性交通事故。经人保公司核定协商已赔付到位90多万元。

2004年1月29日，枞阳县交通运输公司驾驶员慈云龙驾驶牌照为皖H–21356号由枞阳驶往江苏常州途中，因操作不当与一小客车皖Q–34355发生正面碰撞，造成皖Q–34355车驾驶员及车内5名乘客死亡，多人受伤，两车严重受损。皖H–21356号车在安庆公司投保车损险和第三者责任险，保额分别为19万元和20万元，经公司查勘该事故属保险责任范围，公司赔付29.2万元。

2004年2月2日8时，淮北分公司承保李强的奥迪A6皖F–09876号车，在合徐高速公路发生追尾事故，造成人员受伤及车损，经责任认定后，核定损失赔付25.6万元。

2004年9月23日9时20分，芜湖市中明特种灯泡厂的皖B/11784长安小型客车，在宁连线88k+840m交叉路口处与一辆大客车发生碰撞事故，造成3人死亡、9人受伤，人保公司进行责任认定后，赔付8.3万元。

2005年7月16日，位于芜湖的安徽奇瑞汽车销售公司由长久公司承运的商品车在运输途中发生碰撞，造成2辆奇瑞商品车损坏，芜湖公司对事故进行核定，确定本次事故属保险责任，赔付3万元。

人保省公司船舶险理赔服务

1991 年 3 月 26 日，安庆宿松航运公司 108 号轮，从上海返航途中，行驶至江苏省江都市境内，撞坏三阳桥，宿松县人保公司会同有关专家进行现场查勘，科学定损，赔付 23.53 万元。

1993—1994 年，铜陵公司承保的有色金航轮船公司的轮船，发生整船沉没事故，赔付金额为 1500 万元。

1995 年 11 月 13 日，芜湖市分公司承保的“长江 41003”号轮航行到江阴 45# 浮上时，由于皖 12303 船队突然横越上航的“大庆 243”轮，致使“长江 41003”与“大庆 243”轮发生碰撞，“长江 41003”严重受损，经武汉海事法院判决，长江轮船公司承担事故的次要责任，人保公司支付保险赔款 60 万元。

1996 年 7 月 9 日，安庆枞阳江海集团公司“皖枞 2 号”船在汕头甲子角水域与“甲秀山号”船发生碰撞后沉没，安庆枞阳支公司赔付 162.98 万元。

1997 年 4 月 19 日，船东 E.O 公司监造组检验出芜湖造船厂 16500-1 号（W9515）船舱盖压紧条使用了不合格的材料，不符合质量要求，要求工厂立即更换材料，由于返工量巨大且延误交船期，船厂提出压紧条由船东自行处理，船东要求船厂交付 9.8 万美元的返工费用，船厂向人保公司提出 9.8 万美元的索赔要求，经过双方协商后，人保公司支付保险赔款 43.5 万元。

1997 年 11 月 13 日，“长江 4801”轮拖六节甲驳下行至南通 2# 锚地掉头解驳过程中，因操作不慎，致拖轮触碰锚界浮后搁浅。经过人保公司查勘定损，发现中舵及左舵齐根部断落不见，左旋浆叶全部卷损，支付保险赔款 10.7 万元。

2002 年 7 月 24 日，宁波市保税区海螺贸易公司由安庆枞阳发往上海承运船沉没，导致一船水泥熟料全部受损，经现场查勘，认定事故是因突遇暴雨而致船舶沉没，确属保险责任，人保公司支付被保险人保险赔款 20 万元。

2003 年 3 月 3 日，“预周口货 1158 号”货船从芜湖运装水泥前往上海，于次日途径张家港市福海航道中发生碰撞事故，“预周口货 1158 号”当即沉没，船上 5 名船员 3 人死亡、2 人失踪，货物全损，芜湖分公司会同有关专家进行现场查勘定损，支付赔款 22.65 万元。

2003 年 11 月 17 日，芜湖市分公司承保的“皖湾沚货 2968”轮在黄浦江 B4 浮筒解缆，用双车向右掉头拟上驶，但未按规定显示掉头信号，适逢“新海洲”轮从上游方向进口，避让不及，两船呈 80 度夹角碰撞，并导致“皖湾沚货 2968”沉没，经海事机关认定“皖湾沚货 2968”承担事故主要责任，经人保公司查勘定损后，支付保险赔款 28.52 万元。

2004 年 11 月，方世玉所有的芜湖货轮 0115 号船在马鞍山与另一货轮发生碰撞，造成对方船沉没、船上人员 2 人失踪，经过施救扫侧，沉船无法打捞，芜湖分公司赔付 13.06 万元。

2004 年，因铜陵公司承保的铜陵有色金航轮船公司船只出现，铜陵市公司赔付 134.71 万元。

2004 年，因铜陵公司承保的灰河金鑫水路有限公司（张志成）船只出险，铜陵公司赔付 114.73 万元。

1992 年，人保安徽省各机构共处理各类保险赔案 50276 件，支付赔款 16947.5 万元，综合赔付率 49%。其中企财险赔案 2839 件，支付赔款 3236.7 万元；机动车辆险赔案 39509 件，支付赔款 11670.6 万元；货运险赔案 3038 笔，支付赔款 1148.7 万元；船舶险赔案 3554 件，支付赔款 761.8 万元；省辖市家财险赔案 1336 件，支付赔款 129.7 万元。

1994 年，人保安徽全省国内外业务赔款和人险给付累计 96400 万元。国内业务赔款支出 81800 万元，其中财产险、农业险、短期人身险赔付率为 71.73%；农业保险赔款额 1200 万元，赔付率为 65.6%；涉外业务赔款支出 2592 万元，赔付率为 52.71%。该年度查明骗赔和骗赔未遂案件 291 件，避免和挽回经济损失约 160 万元。

1996 年，全省累计处理各种赔案 19 万件以上，其中企财险 8927 件，运输工具险 89379 件，货运险 2372 件，家财险 84286 件。

1999 年，全省共处理各种财产保险赔案 125057 件，支付赔款 69778.4 万元，综合赔付率为 60.6%。部分地市遭受严重洪涝灾害，人保公司共向受灾保户支付水灾赔款 12555.8 万元。

太平洋财产保险省公司理赔服务

1994 年 9 月，太平洋保险部从交行合肥分行分离出来，成立太保合肥办事处，理赔工作也随之独立运作，并对 1992 年至 1995 年 5 月 30 日前的积案进行清理。

1996 年太保合肥分公司建立了《理赔流程表》《理赔员职责》等规定，建立了与法院、检察院等政法部门合作的理赔鉴定中心，防范打击了“假保、诈保、骗保”危害保险信誉的社会现象。1996 年向遭受重大火灾的瑶海海棉厂支付 70 万元保险赔款。

1997 年，太保合肥分公司车险理赔工作向社会公开推出“理赔服务承诺制”，成效显著，之后总结经验有：把握好理赔过程中的“三者”，严把理赔过程中的“三关”（承保、查看、定损），树好理赔环境中的“三声”（声誉、声音、声势）。以上三条经验在安徽车险市场产生了一定的影响力，并得到太保总公司的认可。

1998 年，由于出租车的承保业务量比例较大，事故率偏高，赔付率居高不下，亏损严重，车险业务的承保与理赔管理，引起太保合肥分公司重视，开始注重机动车辆的承保质量和理赔环节的管理，逐渐流转亏损局面。

1999 年 5 月之前，车险理赔由太保合肥分公司业务管理处负责，1999 年 5 月以后，成立了理赔中心，车险理赔工作则由理赔中心负责。

2001 年，太保产险业务管理部负责车险承保工作，国际业务部负责企财险、水险的承保、理赔工作。原理赔中心，主要负责全省辖内机构的车险理赔工作。

2005 年 2 月，太保产险安徽分公司向各分支机构印发了《2005 年理赔工作意见》，推出四个方面的要求和规定：（1）建立、健全理赔基础管理制度，建立科学合理的理赔流程，建立和完善岗位责任制，双人查勘制度，24 小时值班查勘制度，大案要案、疑难案件、拒赔案件、追偿案件等可能引起诉讼案件的上报制度；（2）提出对全辖各公司赔案质量按照《理赔考核方案》进行考核，并根据考核结果确定核赔权限，以促进全省理赔工作制度化、规范化；（3）建立赔案回访制度，加强诚信建设，制作了《赔案调查记录表》；（4）对公估人的聘请、考核、评价及费用支付做了详细的规定。4 月，太保产险安徽分公司执行了总公司印发的《公路客运承运人责任保险核保核赔实务》，要求在理赔过程中应严格按照条款规定及《公路客运承运人责任保险核保核赔实务》执行。同月，太保总公司印发了《关于机动车第三者责任强制保险过渡期间理赔管理的指导意见》（以下简称《指导意见》），在《中华人民共和国道路交通安全法》尚未颁布执行，车险理赔工作存在诸多问题的情况下，《指导意见》给过渡时期的车险理赔明确了理赔原则和方法。5 月，为提升安徽机动车辆保险理赔服务质量，实现安徽车险基础服务的一致化和标准化，太保产险安徽分公司下发了由安徽省保险协会牵头，会同安徽省各产险公司共同讨论通过的《关于严格执行〈安徽省机动车辆保险理赔服务标准〉的通知》，“标准”就理赔服务基本准则、理赔各环节、客户的告知、客户投诉、服务标准等作了明确的规定，要求各分支机构严格遵照执行。太保产险安徽分公司 1992 年至 1995 年赔付 13621 件，赔款金额 903 万元；1996 年赔付 2247 件，赔款金额 1202 万元；1998 年赔付 5744 件，赔款金额 1734 万元；1999 年赔付 8125 件，赔款金额 3211 万元；2000 年赔付 5621 件，赔款金额 2902 万元； 1996 年至 2005 年，企财险累计赔款 1796 件，赔款总额为 15064 万元：1996 年度赔案 3 件， 赔款金额 146.4 万元；1998 年度赔案 44 件，赔款金额 264.4 万元；1999 年度赔案 77 件，赔款金额 125.6 万元；2000 年度赔案 96 件，赔款金额 477.1 万元；2001 年度赔案 85 件，赔款金额 427.9 万元；2002 年度赔案 200 件，赔款金额 1446.5 万元；2003 年度赔案 389 件，赔款金额 4162.8 万元；2004 年度赔案 315 件，赔款金额 3601.4 万元：2005 年度赔案 587 件，赔款金额 4412 万元。

2001 年赔付 6138 件，赔款金额 3485 万元；2002 年赔付 7383 件，赔款金额 4482 万元；2003 年赔付 14248 件，赔款金额 7594 万元；2004 年赔付 12982 件，赔款金额 6879 万元；2005 年赔付 19381 件，赔款金额 10184 万元。较大的赔案有：2003 年 2 月，太保合肥分公司本部承保的安徽佳通轮胎有限公司，因发生库存流动资产火灾，赔付 1863 万多元。2003 年 11 月，太保蚌埠中心支公司承保的安徽丰原集团公司企财险，因洪水灾害造成财产损失，赔付 469 万多元。2003 年 12 月，太保滁州中心支公司承保的安徽滁州高速公路开发有限公司的工程险，因水灾造成高速公路路基坍塌，赔付 200 万元。2003 年 12 月，太保合肥分公司本部承保的庐华塑料包装有限公司的财产险，因发生水灾，造成财产损失，赔付 224 万多元。2004 年，太保合肥分公司本部把企财险的拓展方向转向电力系统，经过团队公关，与人保、平安产险共同承保安徽省电力公司（72 个县级供电公司）财产险。2004 年 4 月，由于暴风雨，72 个县级供电公司全部出险，赔付 1720 万多元。2004 年 4 月，安徽丰原集团发生“污闪”责任损失，太保蚌埠中心支公司赔付 408 万元。2004 年 9 月，太保合肥分公司本部承保的佳通轮胎公司的财产险再次出险，赔付 337 万多元。

太平洋财险重大理赔

安徽省蚌埠市泗县区域 2005 年 6 月 14 日—26 日，遭受 8 级以上强暴风、暴雨、冰雹侵袭，致使泗县 17 个乡镇供电所设备严重损坏，损失惨重，造成泗县大部分乡镇停电。受灾面积大，停电范围广，为尽快恢复电力供应，保证人民群众生产生活不受影响，中国太平洋财产保险股份有限公司安徽分公司积极应对，迅速抽调全省各分支机构理赔人员赴蚌埠、宿州、淮北等多地查勘，采用比例抽查，再对确定抽查的线路进行普查等多种形式，高效快速查勘，并依据当地气象证明资料，根据中国太平洋财产保险股份有限公司《财产一切险条款第二条》的规定，确定保险责任，在第一时间内赔偿 95333.29 元。

2003 年 5 月 1 日安徽省电力公司投保电力财产一切险并扩展了“倒塌保险扩展条款”“重置价值条款”“露堆财产保险特约条款”等 12 项附加险种，同年 7 月 4 日起，安徽省境内多数地区出现强降水和大风天气，由于连续暴雨袭击造成淮河流域洪水泛滥，大部分地区内涝严重，造成九个地区四十个县电力系统普遍受灾，电力设施发生倒杆断线、配电设备长时间浸泡损坏，形成严重的破坏性损坏。灾情发生后，中国太平洋财产保险股份有限公司安徽分公司积极组织抢险抢修工作，力争把损失降到最低，听取被保险人对灾情介绍，按重灾、中灾、轻灾分类、抽样进行现场查勘，投入了大量的人力、物力及财力，圆满完成查勘、定损、赔付，支付赔偿金额 73229171.88 元。

平安产险省公司理赔服务

1996 年，由于业务规模不大，产险在分公司层面，有财产险部统筹负责全省的财产险核保和核赔工作，简称两核，各机构有业务管理部负责具体执行操作，兼具车险和财产险的核保和理赔职能。两核队伍的管理属于垂直化管理和全省委派制，属于分公司财产险部垂直领导，但需对机构财产险经营结果负责，保证财产险理赔的政令畅通和执行，同时对防范理赔风险也起到重要作用，财产险核保部和核赔同处一个部门，对核保和核赔之间的沟通、交流和风险反馈等在当初起到重要影响。

随着财产险业务的发展，财产险理赔的职能作用日益凸显，2004年财产险理赔从财产险部中脱离，成立专门的财产险理赔部，专门、统筹负责全省的财产险理赔的专业服务职能，各三级机构成立更名为理赔部，专职负责车险和财产险理赔，承保职能剥离出去，人员管理模式不变，至此平安公司在全省把真正、专职的理赔队伍建立起来。

2002年，平安公司首推车险网上理赔系统，整合全国调度“95512”电话中心；2003年，率先在业内实现了“全国通赔”；2004年，实现全程E化操作；2005年，创新车险理赔服务模式，建立直赔中心，真正实现理赔跟着客户走。再加上全国投诉管理系统、全国网络化的客户服务门店、专业化的查勘救援服务的实现，构建平安产险独具特色的服务体系。

2004年，平安产险总公司在上海集中大后援集中项目，2005年实行改革，将理赔人的核赔权限全部上收至后援中心，机构理赔人保留查勘定损权限，对理赔风险实行分级管理，理赔渗漏风险降至最低。

平安财产险重大理赔

2002年12月，平安产险蚌埠支公司在安徽省蚌明高速公路一期工程《建筑工程一切险》招标中中标，经申请总、分公司核保同意，承保该工程8至15标段建筑工程一切险。其中被保险人：安徽省蚌明高速公路开发有限公司，承保险别：建筑工程一切险，保险金额：604037530.00元，保险期限：2003.1.18—2005.1.18，保险标的地址：蚌埠市蚌明高速公路8至15标段。免赔：每标段财产损失免赔额为50000元或损失额的5%，按高者计算。

2003年6月下旬起，淮河流域普降暴雨，淮河发生1954年以来的最大洪水。7月1日后蚌明高速公路建设工地大部分被洪水淹没。汛期期间平安产险相关人员多次赴现场查勘水情并指导防灾减损。洪水减退后，平安产险蚌埠支公司聘请上海通标标准公估公司（SGS）进行损失核定。

被保险人于2003年7月4日正式向平安产险蚌埠支公司报案，并提供了损失清单，总索赔金额2600余万元。经SGS公司专家现场核定及理算，各标段损失金额于2003年12月12日最终确定。平安产险蚌埠支公司承保的8个标段的核损金额均得到被保险人确认。经核查，各标段均为足额投保，根据保单约定及核损金额，经理算，平安产险支付该案赔款5375212.24元。

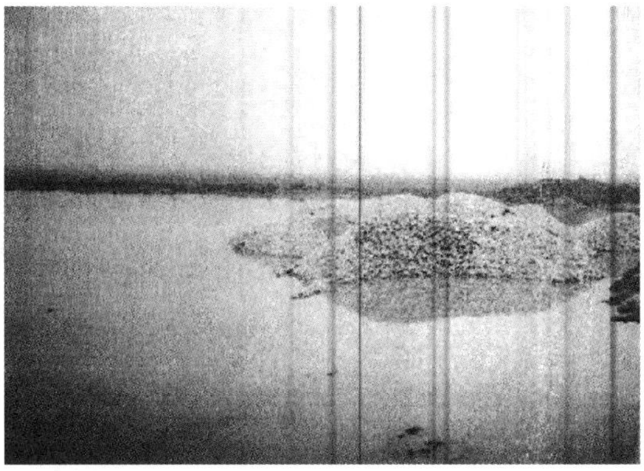

图3-1-1　安徽蚌明高速公路石料场、路基被淹

图3-1-2　安徽蚌明高速公路机坑、管涵被水淹

图3-1-3　安徽蚌明高速公路施工现场钻机、机坑、工棚被淹

图3-1-4　安徽蚌明高速公路施工现场涵基被淹

江西昌河汽车火灾案件

江西昌河汽车股份有限公司合肥公司于 2003 年 6 月 28 日在平安产险投保财产综合险，保险期限为 2003 年 6 月 28 日至 2004 年 6 月 28 日，保险项目：固定资产、存货，总保险金额为 4.2 亿元，依据 2003 年 5 月份资产负债表确定，其中固定资产保险金额为 2.6 亿元，存货保险金额为 1.6 亿元。

被保险人江西昌河汽车股份有限公司在 2003 年 7 月 20 日冲压车间发生火灾，造成 1300T 的地槽设备、主操作板设备、电器设备严重受损。事故发生后，被保险人向平安产险提出索赔，索赔金额 420 万元。

此次事故受损设备 1300T 冲压机床属于大型设备，购置于 1991 年，设备价格为 555 万元，经双方协商共同聘请两家设备生产单位对受损设备进行鉴定并出具指导性的修复方案。根据鉴定厂商提供的鉴定和修复依据，经与被保险人协商，本次事故最终核损金额为 229.8 万元；根据保单约定最终结案赔付金额为 208.38 万元。

图3-1-5 江西昌河汽车股份有限公司冲压车间1#冲压机床（1300T）及4个立柱电气部分发生火灾受损

图3-1-6冲压车间2#冲压机床（600T）电气及立柱下方过火受损

平安产险省公司企财险重大理赔案例

1999年12月，安徽红星机械厂因火灾造成重大损失，经现场查勘，确定属于保险责任范围，安徽平安产险赔付50.03万元。

2000年2月，安徽淮化集团有限公司因人为操作失误造成设备损坏，经现场查勘，并与客户进行沟通后，平安公司赔付33.35万元，为客户及时恢复生产提供了保障。

2002年8月，安徽佳通轮胎有限公司发生重大火灾事故，造成存货和房屋建筑等严重损坏，经现场查勘后，确定属于保险责任范围，平安公司按承保份额及时赔付328.89万元，为客户挽回损失、恢复生产提供了帮助。

2003年7月，安徽丰原集团有限公司的污水处理厂遭受洪水灾害，厂内机器设备长时间浸泡在水中，被侵蚀受损。平安公司及时赔付1014.64万元，为被保险人恢复生产提供了有力的保障。

2003年7月，原安徽电力股份有限公司的供电设施遭受洪水灾害，平安公司及时赔付2422.40万元，为恢复线路供电提供了有力的保障。

2003年7月，安徽省蚌埠至明光高速公路经济开发有限公司的施工工地遭受洪水灾害，平安公司及时赔付537.52万元，为被保险人继续施工提供了有力的保障。

2003年7月，安徽全柴动力股份有限公司因暴雨造成存货、生产设备和房屋建筑等严重损坏，经现场查勘、定损和理算，平安公司赔付350.29万元，为其及时生产提供保障。

2004年11月，蚌埠卷烟厂国内公路货运险火灾案，造成运输的黄山牌卷烟受损，经现场查勘属于保险责任范围，平安公司及时赔付188.2万元，及时为被保险人挽回了损失。

2005年12月，马鞍山钢铁股份有限公司投保的货物运输保险，货运船只在上海因暴风雨发生沉船事故，造成运输的货物受损，平安公司接事故报告后立即开展现场调查工作，确认属于保险责任范围，并及时赔付了333.66万元，及时为被保险人挽回了损失。

平安产险省公司车辆险重大理赔

2010年8月31日1时左右，标的皖N-06866客车（安徽六安新宇汽运集团裕安快捷客运有限公司），在江苏镇江沪宁高速镇江段行使时，因追尾前车皖A26427而发生交通事故，导致两车损坏，本车24人受伤。此案于2011年11月14日结案，平安公司共赔付金额127.10万元。

2010年9月6日14时左右，标的皖A-99198奔驰越野车（被保险人郑礼高）在安徽合肥长丰县朱巷行驶时碰撞一辆无号牌摩托车，导致两车受损，一人受伤，后经医院抢救无效于9月13日死亡。此案于2011年4月20日结案，平安公司共赔付67.36万元。

2009年11月22日9时35分，标的皖D-17252东风自卸车（淮南市安顺汽车运输有限责任公司，行驶证车主为“张成宜”），在上海闵行区龙吴路右转行驶时，碰撞一自行车。导致一人受伤，后经医院抢救无效死亡。此案于2011年5月19日结案，平安公司共赔付金额61.52万元。

2010年9月8日14时40分，标的皖A-17795客车（合肥汽车客运总公司第三客运公司），在安徽六安合六路行驶途径Y形路口时，其右后尾部与一辆摩托车发生侧挂，导致两车损失，一人伤，此案于2011年6月1日结案，平安公司共赔付金额61.4万元。

2010年10月21日8时27分，标的皖J-06135福田客车（黄山市安驰旅游汽车有限责任公司），在浙江杭州淳安县清空隧道行驶超车时，于同向行驶左转浙A5F716摩托车发生碰撞，导致两车受损、货物受损及摩托车驾驶员当场死亡。此案于2011年6月29日结案，平安公司共赔付金额63.47万元。

2010年6月28日5时30分，标的皖P-07507解放牌运输车（被保险人宣城市徽商运输有限公司）在江苏无锡宜兴市宜丰104国道超车行驶时，与对面驶来苏03-79605货车相撞，导致两车受损，两死一伤及货物受损。此案于2011年8月24日结案，平安公司共赔付金额62.3万元。

2011年8月2日17时49分，标的皖G-08888奔驰轿车（被保险人钱忠）在安徽铜陵中阳县京台高速庐铜段行驶，因雨天开车不慎与左侧护栏发生碰撞，后反弹与右侧护栏发生碰撞，导致本车损、货物受损。此案推定全损，于2011年9月27日结案，平安公司共赔付金额61.64万元。

2011年5月6日12时20分，标的皖A-33528安凯客车（安徽省合肥汽车客运有限公司第五客运公司），在河南信阳固始县312国道由东向西行驶时，不慎与由北向南行驶的机动三轮车发生碰撞，导致两车受损、2 人当场死亡。此案于 2011 年 9 月 28 日结案，平安公司共赔付金额 61.86 万元。

2010 年 10 月 11 日 21 时 35 分，标的皖 B–23826 解放牌货车（芜湖县恒通汽车运输有限公司），在江苏南京溧水县高马镇 S341 线路段行驶时，因未注意观察，碰撞路边 4 行人，致使 1 人当场死亡，其他 3 人受伤，未在公司投保车损险。此案于 2011 年 11 月 25 日结案，平安公司共赔付金额 62 万元。

2011 年 1 月 16 日 15 时 10 分，标的皖 H–53721 小轿车（被保险人王建中），在安徽安庆岳西县 318 国道莲云加油站附近，因超车与同向行驶的皖 H5K545 摩托车小轿车发生刮擦，导致两车受损，三人受伤。此案于 2011 年 12 月 5 日结案，平安公司最终共赔付金额 61.8 万元。

天安保险省公司理赔服务

由于天安保险省公司业务总量不大，理赔涵盖在前面承保项下以支付赔款额度一并叙述。

大众产险省公司理赔服务

2002—2005 年大众产险省公司在理赔管理上，下发《关于规范查勘人员工作的通知》《关于做好理赔案件定期付勘的通知》《关于做好理赔案件定期回访的有关通知》等规定；制定“理赔流程”“岗位工作职能”“理赔人员评分标准”、设电话号码“（0551）2845757”为理赔服务专线，24 小时接受客户报案。接报案电话后，公司立刻安排查勘人员到达事故现场；市区内不超过 1 个小时到达事故现场，省内各地区 16 小时以内到达事故现场；在外省发生事故的，及时派人前往或委托当地本系统机构进行查勘。客户在报案时，提出事故施救要求，公司会在最近救援站点联系及时赶赴现场。公司对外服务承诺是：赔款金额在 5000 元以下的赔案，单证齐全，当天赔付；赔付金额在 0.5 万元 ~ 2 万元的赔案，单证齐全后，三个工作日内赔付；赔款金额在 2 万元 ~ 5 万元的赔案，单证齐全后，五个工作日内赔付；赔款金额在 5 万元以上的赔案，单证齐全后，七个工作日内赔付，如公司未能按以上时间赔付，每超过一个工作日，将按赔款金额的 3‰作为违约金支付给客户

理赔案件：

工程机械保险：2004 年 12 月 20 日，被保险人黄长征在公司投保的小松挖掘机在绩溪县雄路镇工地施工时发生倾覆事故，造成设备严重损坏，报损 15.3 万元。公司接到报案后，第一时间赶赴现场组织施救并查勘定损。该挖掘机在公司投保了工程机械保险，根据保单条款，倾覆属于保险责任。理赔单证收集齐全后，公司快速赔付客户 12.24 万元，客户对公司的专业水平和服务能力感到非常满意。

公众责任保险：2005 年 4 月 24 日，安徽商之都红府超市（百花井店）向公司报案：

一名顾客购物时不慎摔倒，造成膝盖粉碎性骨折。公司接到报案后立即前往出险地点和医院开展调查取证和安抚家属工作。红府超市在公司投保了公众责任险，保单约定每次事故赔偿限额 100 万，每人赔偿限额 10 万，累计赔偿限额 1000 万元。理赔单证收集齐全后，公司第一时间向客户赔付 4.04 万元，受到红府超市和伤者的一致好评。

大地产险省公司理赔服务

2005 年，大地保险安徽分公司各险种赔案 4886 件，赔款金额 30445 万元。

2005 年 6 月 28 日，长丰县云波运输有限公司的扬子 YZK9130 型半挂车皖 A73102 在浙江诸暨市往肖山方向，车与车碰撞，赔付金额 23.02457 万元。

2005 年 7 月 19 日，长丰县云波运输有限公司（陶有树）的扬天 CXQ9150W 半挂车皖 A72726 在浙江省余姚市六一省道马诸收费站，车与人碰撞，赔付金额 40.57813 万元。

华安产险省公司理赔服务

华安产险安徽分公司机动车辆保险赔款件数 230 件，支付赔款 60.82 万元；其中，机动车保险赔付金额达 5 万元以上的有：

被保险人包金萍，在华安公司投保机动车辆保险，该轿车于 2005 年 10 月 27 日在宿州市与一辆农用车相撞，致使标的车前部受损、驾驶员受伤，农用车后部受损。经华安保险理赔部门调查核实，该起案件属于保险责任。于 2005 年 12 月 30 日结案，支付赔款 5 万元。

被保险人董万山所有的轿车在华安公司投保机动车辆保险，2005 年 9 月 12 日，该轿车于合宁高速路段发生了碰撞护栏的交通事故，造成标的车受损严重。华安保险公司经调查取证，确认事故责任。2005 年 10 月 26 日，分公司支付事故赔款 7.61 万元。

信保公司合肥营业管理部理赔服务

1993 年 5—7 月，安徽省轻工业品进出口公司向美国买家出口自行车，价值 30.3 万美元，并投保出口信用保险。买家在收到货物后拖欠货款不付出，买家反馈因销售季节变坏，致使货物积压。经调查后，人保省公司于 1994 年赔付 27 万美元。

1993 年 7 月，安徽轻工进出口股份有限公司以付款方式 D/A70 天与美国买家签订价值 87.98 万美元的黑白电视机销售合同，并投保出口信用保险。出运后，买家拖欠余款 48.66 万美元。投保人于 1994 年 3 月向公司提出索赔申请，经核查买方拖欠属实，人保省公司于 1994 年赔付 43 万美元。

1993 年，安徽省技术进出口股份有限公司向加拿大出口 27.72 万美元皮衣，并投保出口信用保险。付款期到期后，客户拒不付款。经追讨，买家原经营地址已搬迁，人保省公司赔付 13.5 万美元。

安徽省化工进出口于 2000 年向智利买家出运布匹，并投保出口信用保险。因买方拒收货物，省化工申报可损，报损金额 21.8 万美元。省化工后将货物进行转卖。人保省公司赔付转卖后损失 6 万美元。

安徽省化工进出口有限公司于 2001 年 6—8 月向美国买家出运一批化工产品，并投保出口信用保险。客户承诺付款，但迟迟未付。省化工于 2001 年 9 月申报可损，报损金额 93805 美元。经调查，债务人失踪，人保省公司于 2002 年 6 月赔付 8.44 万美元。

2001 年 10 月至 2002 年 2 月，安徽省华安进出口有限公司向巴西买方出运维生素、盐酸环丙沙星等药品，并投保出口信用保险。买方自 2002 年 3 月份起一直拖延付款，安徽省华安进出口有限公司于 2002 年 4 月 22 日报损，可能损失金额 42.19 万美元，2002 年 5 月 30 日提出索赔申请。经过追讨后买方认债，中国信保营业部合肥业务处于 2002 年 11 月向安徽省华安进出口有限公司赔款 36.55 万美元。

2001 年 8 月至 2003 年 1 月，安徽省服装进出口股份有限公司出运 7 批货物（浴巾）去智利，并投保出口信用保险。买家因以前货物质量纠纷要求折扣，2003 年 6 月 18 日安徽省服装进出口股份有限公司报损，可能损失金额 33.2 万美元，2003 年 9 月 26 日提出索赔。鉴于以前货物的质量问题，安徽省服装进出口股份有限公司自行承担 5 万美元的损失，2003 年 11 月，中国信保营业部合肥业务处向安徽省服装进出口股份有限公司赔付 25.39 万美元。

2003 年 6 月，安徽省技术进出口股份有限公司向埃及出运两批货物，并投保出口信用保险。买家拖欠，根据海外调查，买家正在被监管机构调查，监管机构将根据调查结果决定买家是否继续经营。根据贸易函电和海外追偿，买家承认债务，中国信保营业部合肥业务处于 2004 年 2 月向企业赔付 18 万美元。

2004 年 1 月 6 日，安徽安粮国际发展有限公司出口一批货物到沙特，并投保出口信用保险。由于国内及周边国家禽流感爆发，出口禽类产品到沙特、以色列等国家，沙特、以色列等国家禁止进口来自中国的禽类产品，导致出口产品退运，本案属政治风险，在承保责任范围内，中信保合肥营业管理部共向安粮赔付 23 万美元左右。

2004 年 12 月至 2005 年 1 月，蚌埠市汉福对外贸易有限责任公司与买家签订合同，向埃及出运价值 14.72 万美元货物，并投保出口信用保险。货物出运后，蚌埠市汉福对外贸易有限责任公司通过银行向买家进行托收，买家承兑后提货，在约定的到期日买家拖延货款致使企业受损。经海外调查追讨，中国信保合肥营业管理部于 2005 年 5 月向企业赔付损失 11.4 万美元。

2004 年 9 月至 2005 年 1 月，安徽省服装进出口股份有限公司向买家发运 13 批货物（牛仔布），并投保出口信用保险。因买方拖欠货款，安徽省服装进出口股份有限公司于 2005 年 5 月报损 48.96 万美元，并于 2005 年 8 月提出索赔。经调查，买方承兑后提货，但拖欠货款，买方认债，并出具了还款计划。2005 年 9 月，中国信保合肥营业管理部向安徽省服装进出口股份有限公司赔付 44.06 万美元。

寿险公司理赔服务

中国人寿全省历年理赔情况：

1996 年给付金额 3369262.94 元，给付 50639 人次；1997 年给付金额 4768755.85 元，给付 66439 人次；1998 年给付金额 6236604.4 元，给付 84681 人次；1999 年给付金额 71596967.28 元，给付 91759 人次；2000 年给付金额 31371040.83 元，给付 125625 人次；2001 年给付金额 135788742.9 元，给付 46400 人次；2002 年给付金额 83719416.85 元，给付 38093 人次；2003 年给付金额 105410860.3 元，给付 42352 人次；2004 年给付金额 192156221.7 元，给付 71346 人次；2005 年给付金额 682775811.7 元，给付 180025 人次。

重大理赔：

2001 年 7 月 27 日，投保人卞某为其本人在公司投保祥和定期保险。2004 年 10 月 27 日，被保险人因中毒死亡。2005 年 3 月 11 日，公司赔付身故保险金 40 万元。

2004 年 2 月 9 日和 2 月 27 日，投保人潘某为其本人向公司投保国寿鸿鑫两全保险（分红型）和康宁终身保险，生效日期分别为 2004 年 2 月 10 日和 3 月 1 日。

2004 年 7 月 12 日，投保人赵某为其本人投保公司国寿养老金还本保险（99 版），2004 年 7 月 13 日生效。2005 年 4 月 15 日被保险人赵某因糖尿病发作，被家人送往当地县医院治疗，经抢救无效，于 2005 年 4 月 16 日死亡。2005 年 8 月 22 日，公司赔付身故保险金 98.54 万元。

太平洋人寿保险省公司理赔服务

2000 年 7 月 11 日，太平洋人寿保险总公司下发《中国太平洋保险公司人身险业务理赔规程》。内容为：理赔权限、理赔处理程序、理赔合议规则、理赔案件的审批制度。使人身险业务的理赔管理、理赔操作程序得到规范。

2000 年 11 月 29 日，太平洋人寿保险总公司对以邮政信函为载体销售的短期意外险、随商品一起发售的短期意外险、由投保人统一投保而被保险人分布较广的集团业务，为了给客户提供更好的理赔服务，对于被保险人出险，实施异地理赔操作。为此，太保寿险总公司下发了《关于部分人身险业务实施异地理赔》的通知。

2003 年 4 月 24 日，为及时有序地处置重大突发性灾难事件，太保寿险总公司下发《重大突发性灾难事件处理规程》。6 月 2 日，安徽分公司制定《安徽分公司重大突发性灾难事件处理规程》，并成立了以朱琛为组长的重大突发性灾难事件处理领导小组。9 月 17 日，太保寿险总公司下发《定点医疗机构管理办法》，为被保险人提供了方便、合理的医疗服务。10 月 27 日，太保寿险总公司下发《核保核赔工作条例》，规范、强化了核保核赔工作的管理。12 月 1 日，为提高重大核保核赔事项的处理能力，进行上下沟通、达成共识，太保寿险安徽分公司成立理赔合议工作小组，同时为及时处理各项保险突发事件，保证理赔时效，分公司又制定了《重大保险事故理赔应急处理预案》，保证在特殊时期开通理赔绿色通道。

2004年1月2日，太保寿险核保核赔系统升级，对系统中核保规程的部分功能进行了完善，人员权限进行了调整。

2005年，太保寿险总公司核赔实行差异化授权管理，安徽分公司为华东第二组。同时下发《核保核赔体系运行质量监控指标系统》。对合理评估分公司核保核赔队伍的专业化程度、专业化管理和运作水平，有了评判的依据。

平安寿险省公司理赔

历年重大理赔：

1998年12月，合肥客户赵某因意外死亡，获赔保险金1.2万元。1998年12月，合肥客户陈某因疾病，获赔保险金0.12万元。

1999年10月，合肥客户许某因意外死亡，获赔身故保险金20万元。1999年6月，芜湖客户成某因意外死亡，获赔身故保险金15万元。1999年10月，淮南客户孙某因意外死亡，获赔身故保险金15万元。1999年4月，安庆客户陈某因意外死亡，获赔身故保险金12万元。

2000年1月，宿州客户潘某因意外死亡，获赔身故保险金24.9万元。2000年11月，合肥客户栾某因疾病死亡，获赔身故保险金16.5万元。2000年9月，宿州客户张某因疾病残疾，获赔保险金15.7万元。2000年9月，宿州客户陆某因疾病死亡，获赔身故保险金14万元。

2001年5月，阜阳客户朱某因意外死亡，给付意外身故保险金共计54万元。2001年3月，芜湖客户过某因意外死亡，给付意外身故保险金共计23.8万元。2001年3月，宿州客户杨某因重大疾病，给付保险金共计17万元。2001年10月，淮南客户闫某因意外死亡，给付意外身故保险金共计17万元。

2002年6月，合肥客户向某因疾病死亡，给付身故保险金共计给付22万元。2002年7月，阜阳客户吕某因疾病死亡，给付身故保险金共计给付22万元。2002年7月，合肥客户张某因意外死亡，给付身故保险金共计给付16.8万元。2002年10月，黄山客户吴某因疾病死亡，给付身故保险金共计给付23.6万元。

2003年3月，合肥客户周某因疾病死亡，给付身故保险金共计给付14万元。2003年3月，滁州客户张某因疾病残疾，给付保险金共计给付13.5万元。2003年7月，马鞍山客户巫某因意外死亡，给付身故保险金共计给付19万元。2003年12月，宿州客户詹某因疾病死亡，给付身故保险金共计给付25.3万元。

2004年2月，阜阳客户张某因疾病死亡，给付身故保险金共计给付20万元。2004年2月，滁州客户何某因意外死亡，给付身故保险金共计给付20万元。2004年3月，合肥客户王某因疾病死亡，给付身故保险金共计给付 16.8 万元。2004 年 4 月，宿州客户陈某因疾病死亡，给付身故保险金共计给付 18.3 万元。

2005 年 2 月，宿州客户於某因疾病死亡，给付身故保险金共计给付 25.5 万元。2005 年 3 月，安庆客户於某因意外残废，给付保险金共计给付 32 万元。2005 年 9 月，芜湖客户陈某因意外死亡，给付身故保险金共计给付 20 万元。2005 年 11 月，合肥客户徐某因意外死亡，给付身故保险金共计给付 33.5 万元。

新华保险省公司理赔服务

分公司理赔专线报案"（0551）2640402"提供全天候咨询、报案服务。被保险人的亲属、朋友和保险事故的知情人、保险金受益权利人、保险公司的代理人可通过上门报案、电话报案的方式，将事故情况通知公司。

为加强核赔业务风险管控，规范核赔业务各项操作，2005 年分公司下发《规范核赔案件审核流程及案件审核回避制度》，内容涉及赔案审核流程、审核回避制度，各级核赔人员在各自的核赔权限范围内对赔案进行审核，对符合外出调查的赔案，理赔人员根据公司规定完成核实工作，核赔人对主管赔案在保险合同、申请文件、出险事实等各方面进行认真细致的审核与调查后，明确保险责任归属与范围，得出相应的结案初审结论，各级核赔人在各自的权限范围内对赔案进行结案审批工作。合议赔案和需上报总公司赔案交由主任核赔人组织合议和上报。

赔案审批后，由理赔岗打印收据及批单，与理算书、批单进行核对后进行给付处理，赔案处理完毕后，公司将在 24 小时内向客户发出相应的电话通知。为保障赔款支付的安全、及时、准确，方便客户领取赔款，2005 年分公司下发《保险金给付银行转账业务推广方案》，采取非现金给付方式支付赔案，降低和防范人工传递的风险。

2004 年，新华公司安徽分公司执行总公司下发《新华人寿保险股份有限公司重大紧急赔案处理办法》（修订版），对重大紧急赔案标准、各级部门职责、案件处理程序、案件处理流程、协调联络与沟通、处理工作注意事项等按新规定执行，保证了重大紧急案件迅速得当处理。

2005 年，为落实中国保险行业协会发布《全国个人意外伤害保险、健康保险服务承诺》，总公司下发《关于严格贯彻落实〈全国个人意外伤害保险、健康保险服务承诺〉的通知》，分公司在服务柜面设置本机构定点医院信息目录等信息，并由总公司统一在公司门户网站发布使用，方便客户查询。

2005 年，为提升新华保险公司服务水平，满足市场和业务实际需求，从客户服务角度出发，分公司下发《理赔预付管理指导办法》，办法对预付业务使用范围和条件、业务流程等做了相关规定，有效缓解困难客户医疗费用压力，切实保护客户利益。

在实际处理赔案的过程中，实行小额理赔案件当场给付制度，开通"快速理赔绿色通道”，接到客户理赔报案后，公司在24小时内及时与报案客户联系，进行电话慰问，在确认报案信息的同时协助客户准备理赔申请文件，对出险人所选择医院及用药情况是否适用保险责任等做出相应明确指导。对治疗已结束但未及时前来办理理赔手续的客户以一星期为周期进行提醒（不少于三次），催告出险人及时前往公司办理相关理赔手续。

对于符合立案条件且申请文件齐全的索赔申请，核赔员在24小时内完成立案处理，对于符合立案条件但申请文件尚未齐全者需尽快与申请人联系，告知所欠缺文件的名称，待申请人提交相应文件后在24小时内完成立案确认处理。凡金额在500元以下、单证齐全、出险事实清楚、保险责任认定明确的赔案，当场给付赔偿。如申请人在被告知后60天内仍不能提供相应文件，可做不予立案，单证退还处理，填写《理赔不予立案通知书》，告知原因。

泰康人寿理赔服务

分公司业务管理部设立理赔岗，各中支均设立理赔岗。分公司业务管理部结合公司发展战略要求、外部监管环境变化、作业流程变化等，不断调整和完善理赔各项制度。

2003年1月，分公司业务管理部实行对除死亡赔付外的所有理赔结案案件进行电话回访制度，由分公司客服部电话中心进行回访。回访内容涉及公司服务层级的多个方面。

2003年4月，下发《重大理赔案件处理办法》，提高公司对重大理赔事件的快速反应能力，有效地防范和化解风险，更好地树立公司品牌。6月，下发《理赔业务管理制度2003版》，旨在适应公司快速发展的要求，进一步促进个人寿险业务的发展。制度的主要适用范围有，个人寿险的身故、残疾、意外伤害医疗、住院医疗、重大疾病或其它保险金给付；涉及保费豁免之保险事故；因适用责任免除事由而退还保单现金价值；因理赔事由而须解除保险合同所导致的部分或全额退还所缴保险费等。

2004年1月，下发《特定理赔案件奖励制度》，旨在有效防范保险欺诈，切实维护广大客户和公司的利益，表彰理赔人员在风险管控方面做出的贡献。4月，下发《理赔调查管理费用暂行管理规定》，加强理赔调查费用的管理，合理开支理赔调查费用，规范了理赔调查费用的会计核算。6月，下发《绩优营销员绿色通道管理办法》，体现绩优营销员的自身价值及荣誉感，进一步支持了业务发展。

2005年2月18日，实行三级机构理赔案件卷宗送审制度，下发“关于实行三级机构个险理赔案件卷宗送审制度的通知”，要求各机构将已结理赔案件卷宗按照公司管理制度要求整理后交送分公司业管部相关岗位人员审核的过程。

第四节 管 控

业务发展决定着一家公司在经营管理过程中能走多快，各种管控却决定了一家公司在经营管理过程中能走多远，鉴于此各家公司对经营管理过程中的各种管控工作同样倾注大量精力，与业务发展并重对待。

2000年以前，保险公司收取的保险资金主要靠存入银行或由银行拆借生息增值，尤其是人寿险保单预定给付标准，未到期解约退保金比例与银行存款利率密切相关。保险公司的资金投资在1985—2000年期间受到一定限制，投资运用范围较窄，主要用于对金融机构的资金拆借，购买国债、有价债券，通过国有商业银行限量贷款，贷款、有价债券、投资对象必须是在中国工商行政管理部门注册，实行独立核算，具有法人资格的经济实体。

人保省公司保险投资

1986—1990年期间，中国人民保险公司规定，投资、贷款须纳入中国人民银行的信贷规模，资金拆借和购买有价证券则列入可用资金幅度自行运用，人身保险责任准备金的50%、财产保险总准备金的30%可以作为营运资金。人保公司贷款主要用于当地企业的流动资金贷款、中短期技改贷款和个别“填平补齐”项目贷款。按人保总公司下达的贷款指标，省公司每年对贷款采取规模掌控、分别使用、统一管理的原则，切块下达到所辖地、市公司。

1986—1996年期间，人保省公司为加强该项业务的管理工作，成立了资金运用部，挂靠在省公司财会处。1986年，人保省公司资金运用业务正式开始运作。人保总公司下达人保省公司投资指标600万元。另报经安徽省人民银行批准，纳入省人民银行信贷计划资金3000万元。7月9日，人保省公司办理首笔贷款业务，批复用于合肥市银河大厦装饰改造工程项目，贷款136万元，期限分别为一年半到二年，贷款利率年息0.75%，按季结算，该笔贷款未到期银河大厦即提前归还了贷款本息。同年8月6日，人保省公司颁发《安徽省保险公司关于资金运用的规定》，要求投资所在的地、市公司遵照执行。

1988年，人保省公司资金运用业务得到进一步发展。人保总公司累计下达资金运用规模6800万元，当年投资、贷款的年末余额为5989.9万元。根据全省资金运用业务的发展情况，1988年4月，人保省公司制定《安徽省保险公司保险资金运用管理办法》(一下简称《办法》)。《办法》共分五章二十二条。《办法》的落实，扭转了个别公司重运用，轻管理，重社会效益，轻自身效益的观念，使资金运用又上了一个新的台阶。

1989年，人保总公司在认可人保安徽省公司1988年6800万元资金运用规模基础上，新增规模 500 万元，累计 7300 万元。为进一步加强对该项资金运用的管理，人保省公司将资金运用业务质量列入财会工作质量评比范围进行考核。

1990 年年末，人保全省保险系统有价证券存量 8880.5 万元，其中财政债券 4050.1 万元，保值债券 2240.8 万元，特种国债 67.7 万元，国库券 1831.5 万元，重点建设债券 294.3 万元，企业债券 314.8 万元，金融债券 81.3 万元，拆出资金 167 万元，累计资金运用总额 15529.2 万元。该项业务的发展，对搞活金融，融通资金，扩大保险影响，推动保险事业发展，促进经济建设起到了积极的作用。

1996 年，原人保省公司产寿险分业经营，对所有投资、贷款项目的资产，按产、寿险公司 6：4 的比例分割，划转到产、寿险公司进行管理。原人保省公司资金运用部也随之撤销。

1996—2003 年，人保省公司除银行存款外，无资金运用权限，未发生新的投资、贷款业务。对分业经营时转入的投资、贷款项目进行了催收、转让、处置。

2002 年 4 月初，人保省公司成立清产核资工作领导小组，根据人保总公司的部署，进行股改准备工作。

2003 年，人保公司股改上市时，人保省公司将所有投资、贷款项目剥离，划给了当时的人保控股省公司管理。

2003—2005 年人保省公司除银行存款外，无资金运用权限。

中国人寿省分公司保险投资

1996 年，中保人寿公司安徽省分公司在分业经营后，按照总公司的指示精神，对产、寿分割过来的资产进行管理。为加强资金管理及运用，实现寿险资金保值增值，1997 年中保人寿保险有限公司下发了《关于印发〈中保人寿保险有限公司资金管理办法〉的通知》。该通知中资金运用管理规定：寿险资金由总、省两级分公司资金运用部门进行专业管理，其他任何部门禁止运用资金。保险资金运用的范围和界限须以保险法规定为限。加强银行存款管理。加强国债投资力度。加强其他投资管理。资金的运用管理要实行逐级申报制度。

1998 年，一些地方人民政府和企业主管部门强行要求所属企事业单位将存款存入指定银行，这种做法极易引发金融机构支付风险，危及社会安定，在这种情况下，1998 年年底人寿省公司转发《国务院办公厅严禁违反规定强令企事业单位在指定金融机构存款的通知》，防止此类问题在全省再度发生。

2000 年，中国人寿保险公司下发《关于下发〈中国人寿保险公司协议存款管理办法〉的通知》，协议存款管理办法对分公司的协议存款做了如下规定：1. 分公司仅限于各省、自治区、直辖市、计划单列市分公司。2. 经总公司授权，在总公司指定的商业银行范围和谈判限额内，按照总公司制定的标准条件，各分公司可以与当地商业银行法人或其分支机构就协议存款有关事项进行谈判，达成初步意向后报总公司审批。3.分公司协议存款额度受总公司确定的存款限额的限制，由协议存款决策小组进行统筹评价选择。4.经总公司批准后，必须由总公司与商业银行法人签订存款协议书。5.协议存款合同书及存单由总公司统一保管，并办理保管手续，分公司保留复印件。

2000年8月，中国人寿保险公司安徽省分公司转发《中国人寿保险公司财务管理办法》，其中对相关资金管理做了规定。

2001年8月，根据《中国人民共和国保险法》《中国人民共和国会计法》和国家主管部门有关规定，结合公司系统的实际，总公司对原资金运用管理办法进行了修订。

2005年，为加强对大额协议存款、一般定期存款和债券的管理，确保资产安全，中国人寿保险股份有限公司于2005年6月下发《关于加强定期存款和债券等存量资产管理有关问题的通知》，对分公司的定期存款和债券做了相应的规定。

太保省公司保险投资

1995年3月27日，太保总公司下发《关于积极开展资金运用工作的若干意见》，要求各分公司、分公司（筹）、办事处按照国家规范保险公司资金运用的要求，按照“改革、发展、效益、管理”的指导思想，调整资金投向，优化资产结构，提高资金运用率和资金运用收益率；加强管理，充实人员，确保任务完成。按照通知精神，安徽省内的太保机构及时将账内盈余资金用于购买国债、银行拆借、委托银行贷款等保证资金增值措施。

1995年期间，太保蚌埠、淮南两公司将部分自留资金通过自行放贷形式贷给部分客户企业，或通过当地银行信贷部，放贷给当地企业，如淮南的制药厂、电厂，蚌埠的国防公办企业、粮食加工企业等，贷款额度总计约1000多万元，在2000年有600万元贷款到期本息一并收回，约400多万元因企业经营困难未能如期收回。在2001–2005年期间，这些未能及时收回的贷款，通过资产保全，部分企业账户资金强行划转、部分呆账作为坏账处理结束。

1996年8月8日，太保总公司印发了《中国太平洋保险人寿险业务资金集中暂行办法》。规定集中管理的人寿险资金收入，三年期业务收入可由各司、处管理使用，也可委托总公司管理使用。由此各公司原自行投资规模受到压缩控制，1988年后，太保总公司收回由各地保险机构进行保险资金投资收益权。2000年以后至今，太保实行收支两条线，保险资金全部上划集中管理，分公司保费收入户实行零资金管理，更无资金投资运用权限。

业务管理

业务管理是保险企业经营管理中的重要环节，业务管理包括：保险产品推介销售前的策划准备，业务承保时的操作流程和风险管控，财产险承保后的防灾防损、出险后的查勘定损、理赔服务，长期寿险分期缴费、中续期收费、后期给付和理赔服务等。管理力度是否到位、是否科学，决定保险企业的经营成果与后续发展，因此各家保险主体都非常重视经营过程中的业务品质管理。

人保产险省公司业务管理

1990年前，安徽保险市场主体仅中国人民保险公司安徽分公司一家，为产寿险混合经营性公司，市场管理和业务上的管理系当地人民银行和上级公司双重管理；推介和销售的险种有的系上级公司制定下发，有的系人保省公司各处室根据需求自行厘定，有的系根据保险当事人双方商定后，协议承保；承保操作、实务处理沿袭境内解放初期保险业界的模式进行，业务处理上基本无电子化设备配合，多系手工操作完成。

人保公司保险产品销售前准备：对保险产品销售前的要点进行介绍、宣传，承保过程中的流程、使用的单证准备，这项工作多由各级公司的宣传、业务部门共同完成。对推介险种条款内容进行浓缩概括，印刷成宣传材料或彩页，向社会群众发放；在各营业大厅制作保险版报，烘托气氛，达到宣传目的。使民众达到了解推介险种的情况，参加保险的目的；业务部门则对所需单证进行设计，承保业务流程进行梳理，实务手续进行确定；尤其是人身保险，每当有新的保险产品推出，人保省公司人险部都会及时制订相配套的实务手续下发。

人保公司业务承保流程：1986—1990年期间，由于电脑没有普及，保单缮制、保费收据、理赔计算、理赔案卷的完成，均系手工操作。流程如下：接待客户→指导客户填制投保单→业务内勤根据投保单内容，缮制保单正本→内勤岗复核→财务岗收取第一期保费、出椐保费收据、盖财务收讫章→流转业务内勤再次复核无误→加盖业务章→保单正式生效。对于投保中长期人寿保险的保户，柜面设有承保、收费建卡、收费柜台，按规定每户建立分户卡，每100户建立汇总卡，每个职能柜面设有双人临柜，进行复核，防止差错。

人保公司案件理赔流程：设置接待报案内勤，建立详细的报案登记，索取第一手的出险资料，确定是否属保险责任；产险在接到报案时，即刻安排人员前往事故现场，进行查勘核实，进行初步判断是否属保险责任范围；对于明确不属于保险责任范围的，详细向报案人解释清楚，避免向报案人反复索取资料，来回往返，使保户产生不必要的误会和纠纷。

人保公司业务质量风险管控：在业务承保质量上，人保地、市级公司职能管理部门经常组织相关人员，不定期的对所辖县支公司、办事处的业务进行抽查，按照下发相关的配套实务手续，作为业务承保操作和质量要求的依据，发现问题及时纠正；人保省公司职能管理部门每年安排两次对地、市级公司的业务质量进行检查，了解业务承保手续是否合规，承保质量是否符合要求，包括保费到账、资金流向、理赔掌控、理赔质量等，对各项预定目标达标情况进行总体评估，提出纠偏和整改要求。

1986 年至 1990 年期间，人保省公司要求下属各级公司在进行业务处理时，最基本的要做到“三统一、一清楚”，即：单证流转程序要统一；投保单、保险单的填制方法要统一；特约批注内容要统一；各类签单必须字迹工整、书写清楚整洁。

1991 年 5 月 27 日，为加强保险业务方面的区分管理，人保总公司确定重点解决好城市、农村和人身险业务的划分问题，对各类业务范围划分作出规定。城市业务部：主管企业、机关、事业、科研、群众团体等单位的财产保险及附加保险；各种家庭财产保险及附加保险；铁路、公路、水路货物运输保险、国内航空及联运保险和各类附加保险；各种交通工具保险、各种责任保险及保证保险；建筑安装工程保险及附加保险等。人身保险部：主管人身伤亡、疾病、养老或保险期满时向被保险人或受益人给付保险金的保险业务，主要包括养老金保险、人身意外伤害保险、简易人身保险、团体人寿保险、计划生育系列保险、医疗保险、各级政府交办的社会保险等。农村业务部：主管以生长期的农作物、林木、畜禽和水生动物为标的的保险，主要业务包括各类种植业保险和各种养殖业保险；用于田间、场院作业的各种农机具保险、农房保险等。

1991 年 5—7 月，全省多个地区遭到了历史上罕见的特大洪涝灾害。面对洪涝给企业和群众造成的经济损失，人保省公司及时部署，制定抢险救灾措施。各分支机构认真落实人保省公司的“快查勘、快施救、快定损、快赔付”的“四快”原则，及时抽调人员，组成 100 多个查勘小组，深入灾区，吃住在一线，全面开展施救、查勘、定损、理赔工作。

1992 年 2 月 25 日，人保省公司向各地、市公司发出明传电报，要求各级公司结合撤区并乡工作，采取积极措施，认真做好农村保险代理网点管理和业务拓展工作。同年，为宣传贯彻《中华人民共和国道路交通管理办法》，人保省公司与省公安交警部门联合举办两期全省机动车辆保险业务干部培训班，提高了保险干部的车辆结构知识与车辆出险处理问题的能力。

1992 年，按照规范化、标准化要求，人保省公司在全省开展业务质量检查评比活动，推动各项业务规范化管理的实施，重点是加强对 1991 年大面积洪灾已结理赔案件的检查评比。

1994 年，人保省公司加强对车船承保、理赔质量的检查力度，共查明骗赔案或骗赔未遂案件达 291 件，避免和挽回经济损失 160 多万元。同时，配备专职人员，设立货运险“双代”清算中心，全年清算“双代”赔案 4110 件，累计赔款支出 290.3 万元。

1995 年，皖南地区发生洪水灾害，在处理灾害事故中，人保省、市公司抽调人员，组成理赔小组，共同查勘、定损，认真审理每件赔案，加大理赔及追偿工作力度，在近 3 个月的时间内，共处理各类赔案 288 件，无案卷积压。

1996年，人保省公司制定《机动车辆保险业务考核办法》《拖拉机保险业务考核办法》《巩固发展机动车辆保险业务若干问题的意见》等规章制度；各地、市公司也根据本地的实际情况，进一步完善管理办法，相继出台了报价制度、赔案报批制度、车辆定损理赔制度、单证保管领用制度等措施。以上办法和制度的出台落实，规范了车险承保理赔方面的工作，保障了车险业务的健康发展。

1997年，人保省公司在加强基本制度建设和专业化管理方面，建立了以利润为核心指标的考核体系，加大了费用与损益挂钩的力度，将利润、费用、固定资产规模作为指令性指标进行考核；在加强保险标的的验险核保工作中，对出险率高、风险大的标的，调整承保结构（如淮北井下租赁设备、新集煤矿巷道、部分专业运输车队以及个体户的车辆、船舶等），根据实际情况，严格承保条件，实施有选择性的承保。1998年初，人保省公司加强内控制度建设力度。对现行的各项规章制度进行清理，不完善之处进行充实，并将其汇编成册下发，供在职员工学习参考。

1998年，人保省公司进一步规范业务承保、理赔权限和实务手续，推行“分散展业、集中定损”的管理模式，制定“机动车辆集中定损实施细则和实施计划”。其结果是业务结构得到调整，经营效益达到改善。全省应收保费下降36.3%，同比减少1834万元，应收保费率仅为2.88%，应收保费余额为3227.9万元；同时预付赔款减少，同比下降6%，全省预付赔款为1596万元；理赔结案率提高，结案率达95.38%。1999年，人保省公司在业务经营策略上，对事故率高、风险难以控制、长期经营亏损的业务进行调整、改进或限制，努力巩固、发展效益骨干险种，清理储金性家财险业务，优化险种结构，经过整合，达到预期目的。2000年5月29日，人保省公司转发了总公司《关于机动车辆保险理赔审批权限管理暂行规定的通知》。2001年7月，人保省公司召开全省部分市公司车险业务管理工作座谈会，严格实行定损理赔人员持证上岗制度，对部分定损人员没有上岗证的，省公司举办培训班，提高新、老定损理赔人员的业务能力。11月7日，“中国质量万里行”促进会组织对省会城市窗口服务和售后服务工作岗位进行了暗访检查，合肥95518人保服务专线的服务得到好评。

2002年，全省人保系统提升创新服务理念，推出了“95518”服务专线，从咨询、接报案、投诉、反馈等各方面，实现了全天候、24小时全覆盖的理赔服务目标。贯彻人保总公司制定的车险“异地出险、就地理赔”，充分利用人保系统的网络优势，在全国范围内实施通赔制度，实现了全国范围内异地出险就地理赔，解决了异地出险理赔的困难。为提高案件处理速度，提出了小额赔款立等可取规定等，人保公司全国理赔服务协作网建立三个中心，实现一站式服务；开展服务月活动，通过上门走访、问卷调查、座谈交流、组织联谊等形式，建立与保户的沟通关系；带头维护保险市场规范，积极参与保险市场整顿；投入使用查勘定损、核保核赔、大财险、收付费四个应用软件；实现了查勘定损、核保核赔、财务处理、信息数据集中共享；实现了财务、业务、客户服务三个处理平台电子化运转的模式。

2002 年 6 月 26 日，人保省公司下发《关于做好当前抗灾理赔工作的通知》。11 月 11 日，人保省公司下发《关于印发"关于财产险赔案聘请使用保险公估机构的管理规定"的通知》，规定由人保公司提议聘请保险公估机构参与赔案处理的，事前应征得被保险人的书面同意，或以保险双方的名义共同聘请，并出具相应委托函件；属于人保公司作为首席承保人的共保情况，除非另有约定，也应事先获得其他共保人的书面同意，共同出具委托函。

2002 年 9 月 10 日起，人保合肥市公司率先在全省实行"车辆保险同城统保通赔"试点。

2003 年，人保公司续保客户或其他公司保户的续保，符合无赔款保费优待条件的，一律经过同业协商一致的 10% 给予保险费优待，不得用暗中折扣的方式突破该比例；同时还要与当地同业公司加强联系协调，防止再度发生恶性不当竞争现象。承保主险必须与附加险按规定配套使用，不得交叉；保单粘贴保险条款时，要严格检查是否与保单所投保险种一致，并加盖骑缝章，要由复核人员核准签章后交保户。

2003 年 3 月 17 日，人保省公司下发《关于办理机动车辆消费贷款保证保险业务法定分保的紧急通知》，要求各地、市公司、省公司营业部按照公司股份制改造要求，根据机动车辆消费贷款保证保险业务特点，按业务发生年度办理法定分保。5 月 8 日，人保省公司下发《关于人保省公司机动车辆保险核保核赔审批权限管理规定的通知》，对核保审批权限作出明确规定。

2004 年，人保公司制定了车险《数据资源管理规定》和《数据清查实施方案》，成立了数据管理委员会和数据清查工作小组，对车险业务经营状况进行动态监测。在防范和化解车险经营风险举措上，实行发展非营运车、摩托车和车险附加险业务，控制营运车和私家车保险的承保，增强车险盈利能力。是年，全省开通了电子商务平台合肥站和芜湖站，全省"三个中心"建设取得突破性进展，17 个地、市级公司"三个中心"建设均通过了省公司的检查验收，初步建立了承保、理赔、和财务的实务处理和风险监控平台，实现了核保、报案、财务和信息数据的集中处理。

2005 年 2 月 6 日，人保省公司与安徽省工商银行下发《关于联合开展违约个人汽车消费贷款清收工作的通知》，加强双方的合作，联手清贷。

2005 年 3 月 8 日至 11 日，全省人保系统理赔工作会议在合肥召开。3 月 27 日，人保省公司在安徽大剧院广场举行 70 辆查勘理赔车发放仪式。4 月 26 日，人保总公司理赔部副总经理刘宁一行在省公司领导的陪同下到淮北市公司调研"理赔质量年"活动开展情况。8 月底，亳州市公司查实一起与邮政工作人员勾结的保险明信片骗赔案，挽回经济损失 3.2 万元。9 月 1 日至 9 日，人保省公司领导分别到六安市、岳西县指导“9•3”暴雨查勘工作。

2005 年，人保财险公司股改上市后，总公司对利润考核、业绩考核和薪酬制度进行一系列的改革。强化利润考核，组织实施了以利润为导向的经营绩效考核办法；制定实施客户服务规范标准，完善服务质量监测和考评体系，着力建设一个“95518”专线、客户关系管理系统、移动短信服务、电子商务网站有机结合的客户服务平台，使客户服务工作逐步走上规范化、专业化轨道；强化理赔管理，开展“理赔质量年”活动，严格规范，监督制衡。对“三个中心”建设在坚持“标准化、统一性、集中性”的基础上，重点提高运行质量和效率，理顺岗位之间、流程之间的工作关系，充分发挥整体协同效应。

太平洋财产保险省公司业务管理

1995 年 2 月 21 日，太保总公司下发《关于加强以提高质量为重点的保险业务管理若干意见》，该意见指出在业务发展的同时，应注重抓业务质量、业务管理，在业务管理中注意总结积累经验；在操作过程中，建立核保核赔制度，执行分保管理规定，加强理赔管理，建立审赔会，加强稽核审计检查，抓好防灾防损工作；共同目标是提高业务质量和提升服务水平，体现保险的职能作用。对于刚进入保险市场拼搏不太久的太保公司来说，是做好经营管理的指导性文件。

1997 年 4 月 24 日，太保总公司下发《机动车辆保险业务发展三年规划》《机动车辆保险业务经营管理通则》和《关于进一步加强机动车辆保险代查勘定损工作的暂行规定》的通知，太保安徽分公司根据文件精神，在业务发展上结合公司现状，确定指导思想，制订“九五”期间的发展目标和发展策略，加强风险管理，提高售后服务水平，使车险业务连续三年不断上升，达到了预期目的；在业务经营管理上设立专门的机动车辆管理部门，负责车辆保险的规划、指导、检查、考核和协调工作；在代查勘定损方面，树立全局观念，坚持在相互信任、支持的基础上共同搞好机动车辆代查勘定损的协调工作，承保公司如对于代查勘确有疑义，应妥善处理分歧，不得侵害被保险人的利益或发生有损公司形象的行为。

1997 年 5 月 14 日，太保总公司印发《关于加强国内财产险业务管理的规定》等 5 个文件的通知，即《关于加强财产险业务管理的规定》《关于财产险新条款实施中需要明确的几个问题》《关于汛期国内财产险业务管理规定》《关于国内货运险代理赔和清算办法、实务的修改补充规定》《关于彻底清算货运险代理赔积案欠款的办法》。

1997 年 9 月 22 日，太保总公司转发人行总行、财政部《关于加强机动车辆保险业务管理的通知》和《全国保险行业公约的通知》，对随意降低保险费率、提高代理手续费标准、无赔款退费、异地出单、埋单等情况作出了叫停规定，否则将严肃处理；

11 家保险主体在北京共同签署保险公约，为行业在保险市场共同遵守的准则进行明确。太保总公司为保险公约签署公司之一，太保安徽分公司积极贯彻落实。

1998 年 6 月 11 日，太保总公司下发《关于加强国内财产险业务管理的规定》，该规定对原承保管理、理赔管理和保险代理人管理的部分内容作了必要的修改和补充，使财产险业务管理规定更为系统、全面。

1998 年 9 月 9 日，太保总公司下发《关于停止使用长效还本定额家庭财产保险和定额家庭财产保险条款的通知》。接通知后太保安徽分公司立即停止并对老业务进行清理。

1998 年 6 月 9 日，太保总公司转发人行总行《关于严禁保险公司支付无赔款退费的紧急通知》，无赔款退费即不论无赔款期限多长，均给予退费，退费比例不等。无赔款退费是恶性竞争行为，容易滋生贪污腐败现象。接此通知后太保安徽分公司及时进行检查清理，并在 6 月 25 日将情况上报太保总公司。

太保省公司始终牢固树立“防重于赔”的保险经营理念，通过健全组织体系，不断完善应急处理机制，积极开展防灾防损走访服务，使灾前预防、灾中施救、灾后理赔等工作有序进行，公司风险管理和服务水平持续提高，最大程度地减少保险财产的损失和人员伤亡，保障客户利益。

太保省公司成立由总经理为组长的防灾防损领导小组，并在全辖各级机构常设工作小组，由各级机构“一把手”担任组长，负责重大灾害的指挥、协调。并建立灾害期间 24 小时值班制度，保证值班人员 24 小时通讯畅通。面临突发灾害天气成立突击队，确保接报案、查勘、定损、理赔、后勤保障、资金调度、赔款支付的顺畅。公司使用“风险平台”进行实时监控，提高风险防控的规范化、专业化水平，同时制定防灾工作预案，提高整体防灾减损的工作效能，保证防灾工作有条不紊的开展。

太保省公司针对工程险、财产险大客户、高风险（化工、电子、仓储等）行业客户、团车险客户、重大客户、位于沿江、低洼区域客户及历年有重大损失记录的客户以及重点客户的户外设施、仓库、地下设施等的防汛、防台、防涝能力，提前向企业发放《企业灾害天气应急指引》《企业灾害天气访问表》，帮助、督促企业制定和完善灾害天气预案，提高其抗灾自救能力，与客户一起逐一排查隐患并加以整改。公司要求各中支在走访的过程中要结合当地实际情况，向被保险人提出切实可行的建议，对被保险人的整改工作要予以技术支持，同时对重点企业要进行全方位的关注，要对重点的企业的整改落实情况予以跟踪指导，提高被保险人抗击灾害的能力。

太保省公司为适应防灾防损工作的需求，经常性组织全体查勘人员进行专项培训。培训内容在总结往年灾害天气赔案经验教训的基础上，结合《车险现场查勘指引》《关于车险水灾事故处理的注意问题》《财产险理赔标准管理流程（SOP）手册》等指导性材料，强化现场查勘技能，熟悉灾害天气赔案处理及上报流程，为灾害天气案件“及时、准确、高效”的处理奠定坚实基础。

平安产险省公司业务管理

1996 年，安徽平安产险与寿险分离，实行分业经营，刚开始的作业模式与其他公司一样，所有案件采取手工理算、签批和支付等，且是分公司集中作业模式，在当时的市场情况下既适应当时的市场，又在一定程度对理赔风险进行合理管控。持续到 1998 年，平安公司为实现对理赔数据的准确管理，开始正式上线小型机理赔系统，这在当时业内领先，与手工签批并行，案卷签批完成后，把所有理赔数据导入系统，上报审批，结案后交由财务支付，使安徽平安产险的信息技术领先同业，为提高经营管理水平、加强风险防范能力提供了有力的技术支援。

1998 年，平保总公司推出车险“创品牌”达标评比，分为 A 级、AA 级、AAA 级、未达标四个层级。全系统共有 35 个机构向总公司车险部提出达标验收申请，车险部共对 30 个二级机构、超过 100 个三级机构进行了验收。通过车险“创品牌”达标评比，加强了基础管理工作，保证经营数据的准确性，坚决杜绝人为调整数据；加大车险两核队伍的建设，重点整合核保人以及查勘定损人员，强化车险部管理职能；强化基础、优化流程、提升服务，体现精细化、专业化的经营要求；建立车险经营成本优势，突出车险理赔与客户服务的系统化、标准化、一致性，并形成与同业的差异化。

1999 年 4 月，平安财产保险股份有限公司总公司转发了中国保监会《关于进一步加强机动车辆保险市场管理有关问题的通知》，要求各级机构要认真组织员工全面学习保监会关于整顿车险市场秩序、规范车险业务经营行为的各项规章制度及有关文件精神，严格按保险监管要求执行；要求自 2001 年 3 月 31 日后，机动车辆保险监制单证各联应通过电脑终端一次打印完成。

2001 年，平安公司又提出了赔案 A4 化，要求所有赔案实现 A4 化，非 A4 单证均粘贴在 A4 纸上，初步实现赔案的标准化，初步实现了对理赔的数据化、电子化、标准化及规范化的管理。

2001 年 3 月，平安公司推出首批“平安信使服务”。“平安信使服务”是公司 2001 年推出的车险客户服务系列活动的重要组成部分，目的在于及时向客户提供防灾防损建议，提醒最新交通管理条例以及汽车相关信息，不断加强与客户的沟通，使客户时刻感受到平安的关怀。“平安信使服务”通过两种方式展开：根据不同时期的实际需要，及时拟订信件内容，有针对性地发送目标客户；自行编印或购买与汽车保险和交通安全相关的小杂志，定期赠送重点客户。如：针对三菱帕杰罗（PAJERO）越野车设计缺陷问题和一些价值较高的品牌车盗窃风险较大的问题，向所有在平安公司投保的三菱帕杰罗或三菱系列品牌车型的保户发出 " 三菱车主建议书 "；向车辆价值较高的保户发送“汽车防盗建议书”。

2002年我国加入WTO，平安公司进行车险费率的改革试点，在各二级机构车险部设立新产品开发岗，承担新产品开发和调研的职责，开发适合当地销售的新产品，确定保险条款、保险责任、厘定险种费率，报总公司审核；收集整理客户对车险产品方面的需求信息，整理分析在核保、理赔过程中出现的问题、争议或条款中较模糊的地方，除外责任中较多异议的地方，以及其他可以开发为附加险的信息，定期提供客户分析资料，每季度报平保总公司车险部，作为开发新产品的参考资料；根据当地市场实际情况，制定新产品、新渠道推广方案，并组织培训、宣导和实施；跟踪新产品、新渠道销售情况，对分支机构新产品、新渠道销售情况进行统计分析，每月上报总公司车险部。2002年9月平安产险“车险网上投保系统机构版”借助先进的PA18网站平台和产险小型机后台支持系统，利用INTERNET技术实现上网录单出单，在全系统内推广和使用。伴随着车险市场竞争的加剧，车险业务的不断创新和发展，“车险网上投保系统机构版”不断进步和改善，新的内容和功能不断上线，最大限度的方便网上投保和出单。

2004年，平安公司业务按险种划分为：财产损失保险、责任保险、信用保证保险、意外伤害险及健康险等；按业务来源划分为：直接业务和再保险业务。

2004年，安徽平安产险正式上线电话中心“95512”系统，将之前柜面人员接报案、手工登记、派工，改为电话中心集中受理客户报案、咨询和投诉等，实现派工信息的电子化、派工的流程化和科学化及咨询投诉的专业独立处理。

2004年，平安公司为了实现理赔的全部电子化和动态管理，新版财产险理赔系统上线，所有材料均需通过扫描和拍照等方式形成电子文件后上传理赔系统，在理赔系统中完成查勘、理算和审批，对机构采取核赔分级制，根据机构综合能力设置不同权限，超权限的上报分公司审批，所有动作通过系统完成，减少人为手工作业，审批完成后，打印赔款计算书等交财务转账支付，同时要求系统材料和物理卷宗材料保持一致，理赔的电子化管理基本成型，通过权限分级和系统设置等，降低理赔风险和简化人工操作。

2005年，平安省公司配合总公司后援大集中建设，分公司职能发生变化，分公司核赔权限全部上收，保留查勘定损权限。为配合作业模式的变化，对理赔系统进行了升级和改变，在业内又一次引起创新变革大潮，对财产险理赔的风险管控、专业支持和人力成本等方面产生重大积极影响。

2005年年底，平安公司车险已形成专业化、标准化的管理体系。平安公司车险落实规范出单流程，明确岗位管理职责，集中出单管理实行出单数量和出单质量并重的考核制度，优化薪酬体系，量化考核指标。为贴近业务一线的出单和核保，提供便捷的出单服务，公司尝试邮寄送单方式，掌握真实客户信息。减少出单网点，一个区域原则上只设立一个出单点。分公司根据各网点出单量调配人力资源、出单点负责人负责保单的初核工作。为满足客户的多元化需求，提供不同责任范畴，使产险产品结构多样化，公司建立各机构市场需求信息收集制度，有计划收集市场信息。利用集团优势开发车险关联产品组合，根据不同的车型推出优质客户车险产品，形成以客户为中心的产品策略，根据不同的特征推出专项车险产品。

中国信保公司合肥营业部业务管理

2004 年 7 月，中国信保合肥营业管理部根据中国信保总公司的相关规定，先后下发了《承保管理规定》《理赔业务管理规定》《短期业务承保流程》《短期业务理赔、追偿流程》等规章制度，规范各项业务操作。

2004 年 6 月，商务厅向省政府提交出口信用保险发展情况的报告，分析中东、拉美、东欧等新兴市场的出口情况与现状，提出贸易结算呈现多样，信用风险较高，出口信用保险对市场开拓发挥的作用等看法。8 月，合肥营业管理部与商务厅进行合作，出口信用保险联络员制度建立，双方联合召开出口信用保险联络员会议，联合举办多起出口信用保险业务培训，举办“企业风险控制与国际商账追收讲座”，指导企业利用信用险控制收汇风险，加强风险管理。

2005 年 2 月，信保合肥营业管理部制定《资信调查费收取办法》和《空置限额工本费收取办法》等规定。成立承保小组、理赔小组，规范承保、理赔工作具体操作流程，对于重大承保、理赔业务或疑难问题，由小组成员研究讨论，定期组织开展承保、理赔业务自查。由于业务规模较小，服务客户数量少，采用了客户经理全流程服务的模式，即客户经理承担单一客户展业、承保、日常服务、理赔等全部业务流程工作。

大地产险省公司业务管理

大地产险安徽分公司始终坚持“诚信为先、稳健经营、价值至上、服务社会”的经营理念，遵循“技术领先、低成本扩张、总成本领先”的经营策略和“专业化定位、综合化经营、扁平化管理、差异化发展”的经营指导思想。结合安徽经济环境和保险业发展实际，分公司提出了 5 年发展战略目标：在 2005 年保费收入的基础上，保费收入年增长速度不低于 25%，到 2010 年年末达到 2.5 亿元。

2005 年，大地产险公司业务范围涵盖非寿险业务的各个领域，主要有企业财产保险类、机动车辆保险类、工程险类、责任险类、信用保险类、保证保险类、家庭财产保险类、货物运输保险类、船舶险类、农业保险类、短期健康保险和意外伤害保险类等。年末保费收入达到 3710 万元。

在理赔上开发运用了技术领先的 RAS 快速定损系统，极大提高服务速度，提供车险理赔零单证及上门收单证等特色增值服务，为客户提供全天候服务保障，不断提高客户服务水平和品质，为公司业务发展和市场开拓提供持续支持。

华安产险省公司业务管理

2005 年，华安财产保险公司进驻安徽，经营上实施“阳光行动”，以“客户为导向”的服务宗旨，售前建立营销信息库，售后及时进行客户回访及出险后的信息反馈，形成完整的服务体系。提出“比出险客户的亲人早到三分钟”服务理念，体现对出险客户的关心与重视。同时在业务管理方面还出台了一系列的规章制度，进一步规范业务管理。

2005 年 7 月 14 日，制定了《信访投诉管理办法》，秉承诚信经营的原则，实事求是、合法合理、及时有效地处理客户和员工的信访投诉，投诉渠道有信件、电话、电子邮件等。

2005 年 8 月 25 日，华安保险安徽分公司印发《合同管理办法》，适用于对外进行经济活动并由此而发生的缔约谈判，法律审查，合同的签订、履行、变更、终止、争议解决以及对合同书的管理等。公司对外合同包括经济行政类和保险业务类两类合同。其中采购、租赁、广告、定做产品等合同，为经济行政类合同；保险中介合同（代理、兼业代理、经纪）、合作协议、团体特约等合同为保险业务类合同。作为公司主营业务的格式保险合同，依据公司业务流程、单证管理、两核操作规定进行，不适用此管理办法。

为适应市场发展需要，按照各险种的风险特点，华安保险安徽分公司成立了车险部、产险部、人身险部等三个业务管理部门，分别进行专业化、集中化的承保理赔管理，制定了各险种的承保理赔规定，初步在市场上站稳了脚跟，年末各险种业务拓展均取得了较好的业绩。

华安保险安徽分公司在 2005 年成立之初，制定了《车险理赔服务标准》《客户信访投诉管理办法》《理赔服务管理办法》《理赔各岗位职责规定》《理赔十不准》等相关制度和规范，建立了小额快速理赔和简易理赔程序，优化理赔服务流程，简化客户理赔手续和环节。

对于承保工作，实行两核集中、分级授权，严把质量关。各级核保人按照公司所授权限对标的风险做出判断和选择，实施验车承保制度，做好风险管控。手写摩托车保单主要是在车管所销售，因金额较小，为便于业务员展业和客户购买，经业务部门申请，车险部报总经理室批准同意，允许手写摩托车保单，但须及时在系统内补录。食客安心保单在开业初期是手写保单，到 10 月停止使用，改为系统录单。

2005 年 8 月 19 日，分公司转发了总公司《2005 年产险核保工作指引》的通知内容，实行分险种的专业化管理，重点支持效益型险种，实现公司产险业务快速健康增长。分别为财产险类、工程险类、机器损坏险、货运险类、责任险类、其他险类等六大类。

2005 年 8 月 30 日，分公司制定了《应收保费管理考核办法》《团队计划考核暂行方案》及《营销系列员工转正定级考核暂行办法》。明确应收保费管理组织形式、管理职责和措施，以及应收保费考核规定。团队计划考核的基本原则是，坚持品质第一、利润为导向的业务政策，实行滚动保费计划达成率与绩效工资挂钩考核，保持政策的严肃性。

2005年8月31日，分公司出台《人身险两核管理规定及业务处理流程》，内容涉及三级机构人身险业务工作指引，分公司人身险销售指引，人身险两核组织架构及分公司人员定位，人身险业务承保报批表及费用处理流程，加强人身险两核基础管理工作，推动全省人身险业务的健康发展。

2005年9月7日，分公司出台《车险两核管理办法及业务处理流程》，内容涵盖了车险承保指引暂行管理办法，车险两核警戒线，车险出单工作细则，车险核保流程，验车工作指引以及车险业务超权限业务呈报要求。

中国人寿省公司业务管理

1988年以后银行利率多次变动，为保障被保险人的利益和巩固发展寿险业务，人保公司于1988年4月将养老金保险系列险种预定利率从6%调至7.5%，所有未到期保单均按调整后的标准执行（将部分保单丧葬费从200元提高至400元）；从1988年9月1日起将所有中、长期寿险险种预定利率调整至8.8%（同时将部分保单丧葬费提高至500元），以9月1日为界，分段计算。1989年9月实行利差返还，利差率为2.4%。1991年6月停止实行利差返还，并对1988年9月1日前承保的业务仍按8.8%的预定利率计算。1994年7月起又实行利差返还，或加大保险责任，利差率为2.2%。以上措施，保证了投保人的利益，保障了人寿保险业务的持续稳定发展。

1988年6月，为了适应经济改革的需要，人保省公司下发了《关于增加团体人寿保险年期档次的通知》，保险年期由原来的5年、10年期2种，增加为3年期、5年期、10年期3种，旨在使保险年期与厂长（经理）的任期相配套。

1989年6月10日，人保省公司下发《关于一年期团体人寿保险实务处理的通知》，对一年期团体人寿保险一次缴费3年的单位被保险人，可以不设汇总卡和分户卡。会计核算，纳入储蓄性人身险核算。

1990年6月18日，人保总公司下发《关于人身保险条款管理办法的通知》，其目的是为了加强对人身保险条款的管理，使条款的制定能够符合党和国家的政策以及金融法规、法令，维护保户利益，提高人身保险业务的经济效益及社会效益，保持条款的稳定性，使条款的制定权限、报批程序制度化。通知规定长期性（一年以上）人身保险条款由总公司负责制定、修订，各地在执行中不得擅自变更；短期性人身保险条款的基本条款由总公司制定，省级公司根据本地区的实际情况在不违反基本条款的条件下制定相应的条款，但需报总公司备案。省级以下公司不得制定、修改短期险条款。社会保险办法由总公司、省公司、地区级公司制定。省公司、地区级公司提出办法草案分别报上级公司审批，待审核同意后再报地方政府批准实施。本办法自1990年8月

1 日起执行。过去有关规定与本办法的规定不一致的，以本办法为准。

1990 年 9 月 3 日，人寿省公司要求各地、市对照《人身保险条款管理办法》进行一次认真的清理和整顿。改变在 20 世纪 80 年代期间由于利率变动频繁和展业环境特殊的原因，部分地市公司出现对人险业务条款管理和执行的混乱现象。

1991 年年初，为了确保返还性人身险代办业务健康发展，人保省公司人险处在全省人身保险工作会议上进行了专题讨论，将修订后的《返还性人身保险代办管理暂行办法》正式下发。同年下半年人保省公司下发《关于进行长期性人身保险责任准备金计算工作的通知》，要求汇总统计人身险业务恢复以来到 1990 年末承保的长期性人身保险业务的所有保单，计算责任准备金的理论统计数据。

1991 年 6 月 11 日至 13 日，安徽省人身保险工作会议在贵池市召开，会议对安徽省人险业务发展的有关问题进行了认真的研究和讨论，并对中国人民保险公司安徽省公司制定的《长期性人身保险代理业务管理办法》《计划生育夫妇养老保险条款说明》《农村人身、财产保险综合保单》《师生平安险条款说明》《1991 年人险业务竞赛评比办法》进行了认真的讨论和研究。为准确反映人身保险长期业务的经营成果和承担的人身保险责任，按总公司下发的新的财务核算办法，将按业务上精算理论准备金来提取实际准备金，这项工作在 1991 年年末结束。

1992 年，安徽省人险工作会议 5 月 16 日至 18 日在合肥召开。会议传达贯彻了 1992 年全国人险工作会议精神；对安徽省 1991 年人险业务工作进行了总结；布置安排了 1992 年安徽省人险业务工作。七个支公司的代表在会上交流了在 1991 年中求发展及在开展人险业务工作中的经验和做法。会议提出各级公司要进一步解放思想，深刻认识提高短期业务比重的意义。要进一步增加承保的深度，扩大承保面，积极开发新险种，争取短期险业务有一个突破性的进展。各级公司要大力发展计划生育系列保险为基本国策做好配套服务。要继续开展城镇集体所有制职工养老保险，为改革并完善安徽省社会保险制度提供配套服务。会议还要求，继续大力发展子女教育、婚嫁金保险，巩固和发展简身险、团寿险，要提倡发展个人交费业务。各地要积极推广简身险趸交定额保单。会议提出：为了适应改革开放形势的需要，今年将积极稳妥地开办医疗保险，承保对象的重点是无劳保、无公费医疗的农民。对实行公费医疗改革的地方，保险公司可以提供服务，但应由政府部门（卫生、体改）负责牵头，保险公司具体经办。承办时要遵循两点：一是门诊由被保险人实行包干，二是住院医疗个人要按比例承担。

1992 年 8 月 29 日，人保省公司召开地、市公司经理会议决定：凡短期人身险区域性业务，各地可根据市场情况和群众需要，经调查测算后（或参考外省有关条款）自行拟订条款，报请当地人民银行批准后即可实施，同时报省公司备案。对中国人民保险公司总公司或省公司下发的短期人身险条款，各地在执行时，可附加特别约定或附贴条款。短期人身险类某一险种的给付率较低（连续三年低于30%）或给付率过高（连续三年高于80%）的公司，对于该险种的费率可在50%的幅度内上下浮动。

同年，人保省公司对以前各地市公司人险给付案件审批权限作出修改，对三年期以上的长期人身险业务，在保户急需资金时，可允许保户申请办理保单抵押借款，借款最高额度为该保单责任准备金的90%，借款期限最长不超过半年，借款利率为月息9‰，利随本清，不计复利。

1993年，安徽省人险工作会议5月13日至16日在铜陵召开，会议讨论修改了人保省公司草拟的《家庭平安保险条款》《雇主责任保险条款》等新条款。会议提出，各级公司要充分认识到大力发展短期业务的战略意义，并要给予足够的重视。

1993年，人保省公司对于铁路旅客补充保险情况，要求大站所在地的公司要努力做好宣传工作，如发生赔案，要积极做好代查勘、代理赔工作。2万元以下铁路部门赔，超过2万元的，超过部分人保赔，但以3万元为限，再超过的部分由铁路部门赔。要全方位开办各类企业年金业务，继续大力发展农村各类人员的养老保险和子女教育婚嫁金保险，巩固和发展简身险、团寿险，积极试办福寿安康保险。要重点抓好乡镇企业职工养老保险。城镇集体企业职工要养老统筹，子女教育婚嫁金险新条款要积极贯彻，各地要做好新条款实施前的准备工作，个别来不及实施新条款的，可以缓几个月，但不要新保业务新老条款同时使用。

1994年2月29日，财政部、国家税务总局下发通知，对保险公司开展的一年期以上返还性人身保险业务的保费收入免征营业税，包括普通人寿保险、养老年金保险、健康保险。

1995年1月17日，经中国人民银行安徽省分行审查，同意人保公司长寿安康保险条款（试行）进入市场销售。该险种系综合性人身保险，包括生存保险、死亡保险、意外伤害及附加意外伤害医疗保险、意外伤害致残养老金保险。凡1周岁以上，60周岁以下，身体健康，能正常生活、工作、劳动和学习者，均可作为本保险的被保险人。该险种纳入寿险业务核算，保险期限为三年。

1996年7月，人寿省公司经营指导思想是：一是加强市场调查，开发有市场规模的效益险种；二是规范业务程序，依法按规操作；三是提高办案效率和质量；四是加强营销、代理业务的管理；五是加快电子化建设步伐，提高业务出单、数据统计和财会报表的微机处理率。

1997年，人寿省公司按照《中华人民共和国保险法》和有关金融法规规定，进一步健全实务操作规程和经营运作程序，完善核保、核赔制度，严格执行高额业务上报审批手续，明确核保核赔岗位，初步建立了核保核赔制度，提高了承保业务质量。在保险产品开发销售方面，明确条款制定和审批权限。全省全面开始销售人寿总公司下

发的 17 个新险种，进一步在全省范围内统一了条款、统一了费率、统一了管理模式，

1997 年 10 月 17 日，中保人寿保险安徽省分公司下发《农村代理网点建设与管理暂行办法》，中保人寿保险安徽省分公司及其分支机构的农村代理网点，受本公司委托，在全省农村代理各类人身保险业务。

1998 年 9 月 24 日，根据中国人民银行规定，今后直销业务不再销售一年期寿险业务，总公司已确定一年期福寿安康保险停办。为此，中保人寿省公司下发通知，决定自 1998 年 10 月 1 日起，全省停办一年期福寿安康保险业务。

1998 年 10 月 26 日，中保人寿省公司为便于安徽省长期险种的内部管理与总公司同步，省公司下发通知，自 11 月 1 日起停办“计划生育夫妇养老保险（98 版）”“劳动模范补充养老保险（98 版）”“附加抚恤金保险（98 版）”，上述两种养老保险，由总公司下发 98 版的“个人养老金保险”和“养老还本保险”替代。

1998 年 9 月 29 日，中国人民银行要求中保人寿保险有限公司总公司对 88 鸿利终身保险、99 鸿福终身保险，66 鸿运保险（A 型、B 型）、鸿寿养老金保险、重大疾病终身保险、重大疾病定期保险、简易人身保险、子女教育婚嫁备用金保险、福寿安康保险、个人养老金保险（A 型、B 型）、养老金还本保险、独生子女两全保险、个人购房贷款定期人寿保险以及义务兵养老保险等 16 个险种条款内容及费率进行调整，上述险种自 1998 年 10 月 1 日起开始执行。原 97 版长期寿险险种一律停办，各公司必须严格执行，不得擅自对条款的名称、投保范围、保险责任、责任免除和费率等进行任何更动。

1998 年，贯彻总颁条款要求，人寿省公司整理编印《业务文件汇编》，编写险种的简易介绍，整理印发业务条款实务操作说明，要求各级分支机构健全实务操作和经营运作程序，完善业务管理和规范实务操作，要求各级分支机构明确核保、核赔岗位和高额业务审批权限；从架构、人员两方面落实核保、核赔制度；加强巨灾风险管理，集中力量对保单进行全面清理，对地、市公司团体年金业务进行检查，对大额寿险保单，督促及时办理分保。注重对营销人员、营销业务实行规范管理，严格执行个人营销业务的核保制度。对营销业务和代理人业务落实电子化管理。建立营销业务从上到下的客户服务体系，严禁营销员将团体业务转为个人营销业务；健全保费结付和重要单证的管理制度，加强佣金、附加费用的管理。

1999 年 6 月 21 日，根据中国保险监督管理委员会《关于调整寿险保单预定利率的紧急通知》精神，中国人寿总公司下发了祥和定期保险、祥运定期保险、附加定期保险（A 型）、附加定期保险（B 型）、祥瑞终身保险、祥瑞还本终身保险、康宁终身保险、康宁定期保险、安居定期保险、人身意外伤害综合保险、人身意外伤害保险、建筑工程人身意外伤害保险和附加指定交通工具乘客意外伤害保险等 13 个新险种。

1999 年 8 月 18 日，为了适应市场对保险商品的需求，中国人寿总公司组织开发、

改造了国寿福瑞两全保险、国寿福馨两全保险、国寿少儿两全保险、附加意外伤害保险、附加残疾保险、附加意外伤害医疗保险、附加住院医疗保险、附加住院医疗生活津贴保险、附加意外伤害生活津贴保险、国寿简易人身保险、国寿子女教育婚嫁备用金保险、国寿独生子女两全保险、国寿个人养老金保险、国寿养老金还本保险、国寿英才少儿保险、国寿松鹤养老金保险、国寿养老金还本保险、国寿英才少儿保险、国寿松鹤养老金保险、国寿松柏养老金保险、国寿如意两全保险18个险种。

1999年10月21日，中国人寿保险公司安徽省分公司被确定为全国十四个生命绿荫疾病保险业务试办的分公司之一。在现有的业务处理中心基础上，健全核保、核赔、保全、计算机系统、组织管理体系，实行体检、核保出单、疾病确认的“三个集中”管理，疾病诊断依据从工作一开始就要争取医疗卫生部门的支持和配合，搞好该险种的体检和疾病鉴定确诊工作。该险种仅在合肥市（不含三县）具有本地户籍且长期居住的居民中开办，外地居民不能异地投保本险种。

1999年，业务管理工作主要包括：进一步健全业务操作规程和经营运作程序，完善核保、核赔制度。以规范化管理为目标，以电子网络为依托，建立了地、市业务处理中心，实现了“市区业务集中处理，非市区业务授权处理”的管理模式。对以前的省颁条款进行全面清理，及时切换总颁“99版”新条款，停售高预定利率的险种。根据保监会要求，认真开展中介市场清理整顿工作，逐条对照，自查自纠。下半年由省公司业务管理处牵头，计财、电脑、稽核等处室共同参与，派出四个检查组奔赴各地，在全省开展业务质量综合大检查，采取对地、市公司进行普查，对县级机构进行抽查，尔后将检查结果进行通报反馈，限期整改。通过检查，了解、掌握了全系统管理情况，为以后强化提升管理提供了决策依据。

2000年，在业务管理方面，构建以核保、核赔及客户服务为核心的业务管理体系，严格按照“四个统一”的要求加强规范化管理；制定实行了全省统一单证管理制度；开发应用了业务资料库查询系统；在7个地、市分公司进行了安徽营销数据向CBPS数据转换，进行了相应的客户回访；营销培训侧重于更新知识结构，提高营销技能，重新组建人寿省公司营销讲师团。全面推行以“一卡三志”为主要内容的个人代理人管理办法，对13个地、市级公司和69个农村代理网点进行了检查验收，并落实农村代理网点建设补贴费用。

2001年，加强业务管理力量，充实管理人员队伍，扩大核保、核赔岗位人员队伍；树立“核保是公司稳健经营的基石”的理念，加强核保工作，抓好《核保手册》的落实，严把承保、理赔质量关，坚持业务处理权限的规定，提高风险防范能力；加强业务处理中心职场的建设；继续实行“资格考试认证、持证上岗”制度。在理赔方面，要求理赔人员牢固树立理赔服务观念，切实维护公司和客户的合法权益；做到案件调查人员和审核人员分离，坚持双人查勘、交叉复核制度；理赔工作严格履行合同责任，注重案件调查取证，加强与医疗卫生、司法等部门合作，坚持赔款公开和回访查询制度；依靠 CBPS 系统，对理赔业务进行统计分析，给业务管理以及公司经营决策提供重要信息。

2001 年 3 月，对全省 CBPS 数据进行一次彻底的清理，并按《寿险实务手册》要求，对旧式单证进行了全面替换，保证业务数据的完整与准确。另外制定《人寿保险安徽分公司地、市业务处理中心网络集中核保的实施方案》，初步建立自动化、标准化的业务管理体系，改革业务处理模式。6 月，全面实行了保单集中核保出单，实现管理与展业、核保与理赔的分离。集中核保模式的框架是：各业务处理中心所辖各展业单位，只负责受理投保资料的初审、录入、生调及通过扫描向中心传送，并接受中心指令完成承保相应的实务处理；业务处理中心负责接受所辖各展业单位传送的投保资料，全权负责对投保资料进行复核处理，决定是否承保，尔后对书面投保、电子投保资料进行整理、扫描，建立与 CBPS 系统相嫁接的业务电子档案，归档保管，保持文档的完整性和稳定性，以备日后核保、保全、核赔快速查询，提高工作效率。

2002 年，人寿省公司重点抓了完善市级分公司业务集中管理，健全各项管理制度，加大业务质量检查的力度，加大核保件、核赔件上报审批工作，对于老业务的清理，本着“分步进行、逐渐完善”的思路，按照清理险种、清理业务、数据转换、数据维护四个步骤，制定了清理工作细则和工作计划，完成地方险种的清理工作后，按时上报了地方险种的条款、险种说明、现价表、费率表、责任准备金计算等。采取先地、市级公司在先试算，省公司统一复算的方式，完成了负债评估工作。按照人寿总公司短险实务和短险业务处理系统要求，对全省短险业务处理系统进行了测试，做了包括短险在内的老业务上机管理准备及运行工作。是年全面推广启动委托银行代收续期保费系统工作，并就业务凭证的流转、管理，财务凭证的流转、结算方式以及代收系统的使用维护等方面进行全面细致地部署落实。在代收业务开展好的市公司，银行代收续期保费所占比例达到了 50%。

2003 年，人寿省公司在业务管理方面，完成了老业务、短期险业务的全面上机管理以及业务单证、印章切换和实质性分离。全力推进老业务规范管理工作，短险承保上机率至 10 月达到了 100%。加强了对业务单证的统一规范管理，决定业务单证由人寿省公司统一管理、印制；对定额保单实行了严格的领用登记制度；对分业以来所有已废止的业务单证进行了全面彻底的清理，尤其是农村网点业务单证，保单回执管理制度得到加强。增强风险意识，健全了核保登记制度，完善了核保档案管理，对高额保单上报件要素进一步规范，初步拟定了《核保定点医院管理办法》。

2004 年，人寿省公司抓了三大销售渠道的后台支援，开通销售人员“绿色通道”，完善业务管理量化考核办法，推行生存调查制度和新单抽检制度，根据各市分公司经营管理水平的差异性实行了差别授权核保，加大对高保额件的核保力度，增强防范和控制经营风险的能力。修订业务单证管理办法，实现全省单证上机管理。全面开展数据清理工作。认真进行负债评估和利源分析，加强对新产品开办的指导和条款通俗化工作。

2005 年，人寿省公司抓了完善各项业务管理制度，强化业务管理人员培训，完成全省系统的 CBPS8 版升级、团体年金系统上线、集团代理业务数据清理、短险理赔上机等多项重要工作。对业务处理权限进行了重大变革，加大了省级公司的管控力度，把降低短险赔付率和加大《核保手册》的执行力度作为人寿省公司年度业管工作重点。

太平洋人寿保险省公司业务管理

1995 年 4 月 12 日，太保总公司印发《中国太平洋保险公司人身保险条款管理暂行办法》的通知，要求各省级公司可根据当地市场需求，提出开发长期险种的建议，也可自行设计、开发有地方特色的短期险种，或适当引进其他公司的短期险种，但自行开发或引进险种必须以正式文件上报总公司审批后方可实施。条款管理暂行办法主要内容有：条款制定和审批权限；上报条款的基本内容及说明要求；条款批复后的执行；条款的适用、管理范围。

1995 年 4 月 19 日，太保总公司印发《中国太平洋保险公司人身保险业务管理暂行办法》的通知，对未设立人身保险部的分公司，作出人身险业务机构设置与人员配置的要求，对已设立人险部的分公司明确了人险部的职责，包括展业承保管理、理赔给付管理、代理业务管理、业务承保、理赔给付操作权限。

在 1995 年 8 月之前，太保寿险安徽分公司开展的人身保险业务主要以意外伤害险为主。1995 年 8 月 9 日经太保总公司批复，同意中国太平洋保险公司合肥办事处设立人身保险部，同意开拓、承保长期人身保险业务，自此太保安徽人寿险业务步入了全面发展及管理之路。人险部成立时，正式员工 4 人，聘用制员工 3 人，主要职责是负责人寿险业务管理兼人险大项目业务拓展公关工作。1995 年 9 月，太保总公司在全国各省会分公司推行寿险营销体制，太保合肥分公司通过从人才市场招聘，选定 100 人参加司规、司训、业务技能培训，学习月余，经过考核与考试，最终确定有 30 人与公司签订上岗就业合同，成为太保合肥公司人险部寿险营销员。10 月 23 日寿险营销员正式走上岗位，销售人寿保险产品；他们街头设点，走街穿巷，宣传寿险产品。上岗不久，人人签单，半月内签单百余件，收取保险费近 40 余万元。与当时平安的寿险营销共同形成了合肥市区新生事物，为此合肥新闻媒体对此进行了较长时间的跟踪报道。人险部 4 名正式员工和 30 名寿险营销员，在拓展业务的同时，共同参与了对营销业务的管理，落实业务管理质量、抓好内部行政管理，为下年度的工作积累了经验。1995

年年末，人险部共完成保费收入累计604.6万元（其中储金134万元），完成调查、核批赔付案件70余件。组织寿险营销人员培训学习约60学时。1995年11月，蚌埠、淮南办事处也同时设立人身保险部，实行寿险营销体制和开展长期人寿险业务，为当地2000年以后产、寿险分业经营奠定了基础。

1996年年初，太保合肥分公司将此前自行开发销售的《母婴安康保险条款》《义务兵养老保险条款》，以及引进险种《子女教育婚嫁金保险条款》《师生平安保险条款》《一年期团寿险保险条款》险种上报太保总公司，获太保总公司人身保险部同意，在安徽省内进行销售承保。

1996年3月17日，太保总公司在北京红螺园召开全国人身险工作会议，总经理林中杰在报告中指出："太保公司在以后的业务规划中，要逐步开拓寿险领域，扩大寿险业务承保规模。并提出在人寿险经营管理上要实现'五分开'，是以后人寿险能否迅速发展的关键。"1996年6月28日，太保总公司印发《关于进一步落实产、寿险"五分开"管理的决定》，通知强调要充分认识产、寿险"五分开"管理的重要性、紧迫性，进一步落实产、寿险"五分开"管理要求，即：机构人员分开；业务管理分开；财务管理分开；资金运用管理分开；经营成果分开。根据文件要求，1996年7月始，太保安徽分公司寿险的人事、财务、业务开始独立运作与管理。从此，安徽太保公司产、寿险经营管理"五分开"得到全面落实，寿险业务开始步入快速发展轨道。为太保安徽分公司以后的产、寿险分业经营奠定了基础。

1996年4月17日，太保总公司印发《关于人身保险业务险种划分的暂行规定》的通知，明确将太保公司已开办的人身险种划分为人寿保险、意外伤害保险、健康保险三大类，要求在以后的统计报表、财务核算中进行严格划分归类。

1996年11月8日，太保总公司印发《关于承保巨额寿险业务有关规定》，通知中对寿险巨额保额的数额作了规定，对保额在20万元–50万元以上被保人，要进行当面谈话，观察身体状况，进行体检，在健康告知书上签字；保额在50万元以上的，要限制投保或将保件上报上级公司审批，决定承保时须进行溢额分保。

1997年11月24日，太保总公司转发人总行《关于调整保险公司保费预定利率的紧急通知》，通知精神是，鉴于中国人民银行已于10月23日降低金融机构各项存贷款利率，会给保险公司的业务带来较大影响，为保证保险公司经营的稳定性，各经营人寿保险业务的保险公司，应立即对人寿保险业务的预定利率按年复利4%至6.5%进行调整，自1997年12月1日起新签发的保单必须符合以上规定。太保总公司根据文件要求在1997年11月25日及时下发经修改后的老来福、福禄寿、步步高等六个长期寿险条款，太保安徽分公司在12月1日准时进行切换，按新的寿险条款签发保单。

1998年年初，太保总公司出台了《人身险业务核保规程》，共8章14条，对核保流程、承保限额、特殊情况的承保、高额、巨额保件的承保、体检规则、职业分类及加费规则均作了规定。使人险业务承保管理上存在的难点问题得到了解决。

1998 年 2 月 19 日，太保总公司下发《关于清查 1997 年度人身险未足额分保或超额分保及有关事宜的通知》，要求下属各分公司必须将其承保的意外险和健康险业务分别按 20%、10% 的比例办理法定分保和司内成数分保。太保安徽分公司根据文件精神，对分保情况及时进行了检查清理。

1998 年 2 月 20 日，太保总公司下发《关于寿险营销业务保单异地转移及缴费方式转换有关事项的通知》，通知对太保系统内同一险种保单在不同城市司、处之间的迁移、责任准备金的计算、承担的保险责任作出了规定，解决了公司因保户居住地变动发生的保单迁移方面的问题。

1998 年 8 月，根据太保总公司的要求，安徽分公司对所属支公司的核保核赔权限作出规定。1. 佣金制业务，太保蚌埠、淮南公司各险种单件保额超过贰拾万元的报分公司核保；太保芜湖、安庆公司各险种单件保额超过 10 万元报分公司核保。2. 给付案核批权限：太保蚌埠、淮南公司意外险超出 2 万元、长期寿险超出 1 万元以上的案件，须报分公司核批；太保芜湖、安庆公司意外险超出 1 万元，长期寿险超出 5000 元以上的案件，报分公司核批。

1998 年 8 月 3 日，太保总公司下发《关于切实加强寿险业务管理防范经营风险的通知》，根据文件精神，太保合肥分公司及时调整业务结构，积极拓展意外险，审慎开展医疗保险。停售预定利率较高的“老有所养”、“学有所成”、“幸福人生”三个长期寿险险种。同一天，太保总公司转发人总行《关于下发人身保险残疾程度与保险金给付比例表》的通知，新的给付比例表为七等级三十四条。太保合肥分公司于次月在全省停用老的给付表，执行新的给付表标准处理人身险赔案。8 月 18 日，太保总公司《下发关于医疗费用保险业务有关问题的通知》，对出险的被保险人的医疗费用追偿和重复给付问题的处理进行了明确。使公司在处理此类问题上有了依据。

1998 年 9 月 10 日，总公司为进一步加强对重要空白保险凭证和管理，制定《重要空白保险凭证管理暂行办法》。同时要求所有分公司组织专业力量，对现有库存的重要空白保险凭证进行全面的清理检查，太保合肥分公司这项工作在 9 月下旬结束，自此单证管理纳入严格管理的渠道。

1998 年 10 月 12 日，太保总公司下发《关于加强人身保险条款管理的通知》，通知要求跨省市全国性的寿险、意外险、健康险条款一律由总公司统一开发，报人总行审核批准后执行；地方性寿险条款及保险期间超过一年的意外险、健康险条款，须经总公司批准向人总行申报，经人总行审核批准后执行；保险期间在一年及一年期以内的地方性意外险、健康险条款，须经省会城市、直辖市、计划单列市分公司报总公司核准后由省会城市、直辖市、计划单列市报所在地的中国人民银行省级分行同意后实施。各分支机构未经人总行和太保总公司同意，一律不得擅自引进其他保险公司的任何保险条款，也不得擅自引进由太保总公司批准的太保其他公司开办的地方性险种。自此，太保安徽分公司原先引进的《子女教育婚嫁金保险》《一年期团寿险》以及蚌埠公司引进的《少儿六全》等险种在全省全部停止销售。

1998 年 10 月 15 日，太保总公司下发《关于寿险退保金有关问题的通知》，统一了因预定利率变化、条款变动、退保操作出现的退保比例不一致情况。

1998 年 11 月 18 日，太保总公司下发《关于寿险业务若干问题的通知》，对于《老来福养老返利终身寿险条款》《步步高增额终身寿险条款》《福禄寿还本返利终身寿险条款》以及《太平盛世系列组合保险条款》等险种条款条文进行修改。修改后的条款更加人性化，贴近市场，条款诠释也更具体明确。太保安徽分公司及时印刷新条款，于 11 月底及时发向各中支公司，12 月签发的保单所附条款均为新条款。

1998 年 12 月 18 日，太保总公司转发人总行《关于人寿保险中保单质押贷款问题的批复》，该文件对长期寿险保单有效期期内贷款期限、贷款额占现金价值的比例，作出明确规定，使柜面工作人员在掌控保单质押贷款方面有了依据。

1998 年 12 月 22 日，太保合肥分公司执行经中国人民银行《关于人寿保险中保单质押贷款问题的批复》。在保费支付两年以上，保单产生现金价值后，经被保险人书面签定同意，投保人可以用保单作为质押申请贷款。保单质押贷款期限不超过 6 个月，贷款金额不得超过保单现金价值的 80%。

1999 年 1 月 4 日，太保总公司下发《中国太平洋保险公司人身险业务核保规程》，对于“老来福”“福禄寿”，健康评点在 150 点以下者，可按标准体承保。评点在 150 及以上者暂不承保。对于“步步高”“长顺安全 A、B、C 款”及“长健重疾”健康评点在 75 点以下者，可按标准体承保，评点在 75 点以上的，暂不承保。次健康体承保待加费标准实行后再行办理。

1999 年 2 月 25 日，太保安徽分公司执行太保总公司关于“团体单位投保寿险业务要求年缴保险费的可改为年内分期（按月、季、半年）缴付”的通知。3 月 23 日，太保寿险安徽分公司执行保监局下发的通知，规定父母为其未成年子女投保死亡人身保险限额不得超过人民币 5 万元。1999 年 9 月 1 日，为加强业务管理，杜绝空白保险费收据使用中可能产生的风险，太保总公司决定个人寿险营销业务营销员必须使用“首期保险费暂收收据”。待保单签署正式生效后套打正式收据，换回保户手中的暂收据。遏制了以前直接使用正式保费收据收取保费可能产生的法律风险。

2000 年 4 月 14 日，太保总公司下发《寿险业务收展人员管理规定》，该规定将收展人员正式从营销员中分离开来，进行单独的管理和考核，其目的是更好地为保户提供服务，使长期寿险业务续期缴费保持稳定。

2000年8月，太保寿险总公司印发《新版寿险营销业务手册》，对原有“条款一览通”“条款销售说明”“条款个性内容”“职业分类表”“缴费表”等内容做了大规模的修改；依据展业需求，增加了“标准计划书要素”“产品开发思路、目标市场”及“重大理赔案例”三栏。成为营销员展业的得力助手。

2000年12月11日，为加强合肥市航意险共保财务管理，充分发挥航意险代理共保作用，促进合肥市航空人身意外伤害保险持续健康发展，人寿省公司、太平洋、平安三家保险公司依据有关政策、法规，制定了《合肥市航空人身意外伤害保险共保财务管理办法》。

2001年太保总公司实行产、寿险分业经营后，太保集团公司实行集团化管理、市场化运作、专业化管理经营运作模式，相继出台了一些分类指导规定和管理措施。对安徽产、寿的业务发展来说是个有力的推动和促进。3月，太保寿险安徽分公司按照太保寿险总公司要求，为了发展业务，合规经营，防范风险，摸清家底，成立领导小组，负责指导太保安徽寿险业务开拓，解决业务拓展上存在的问题，检查业务发展中可能产生的风险，督促落实自查自纠工作；5月中旬，太保寿险省公司又根据中国保监会《关于贯彻全国整顿和规范保险市场秩序的会议精神的意见》和《合肥保监办整顿和规范安徽省保险市场秩序的实施意见》的具体要求，就经营机构及高级管理人员任职资格情况、整顿误导保险消费行为、保险代理市场、保险资金的运作、内控制度的建立等方面进行全面、认真的自查。

2001年6月22日，太保寿险总公司下发修订后的《太平洋寿险急难救助计划》。对获得太平洋急难救助卡的个人客户提供优质服务。持卡人在国内设有太平洋保险机构的任何地点，遇到困难、疾病、意外伤害等，可以拨打“95500”全国统一的客户服务电话，即会得到相应的帮助和救助。据统计，安徽有100多位保户获得了太保总公司发给的急难救助卡。

2001年7月17日，太保寿险总公司下发《长期寿险保全业务若干问题的处理意见》的通知，进一步对步步高增额寿险、福禄寿还本返利终身寿险、太平盛世系列保险、团体系列补充养老保险等近25个险种的相关条文进行诠释，对退保、给付、保单转移、生日祝贺金、保单质押贷款等作了较为详细的规定，使保全业务处理更加系统、全面，更加人性化。

2001年9月17日，太保寿险总公司为加强对健康险业务的专业化、规范化管理，防范和控制健康险业务的经营风险，下发《定点医疗机构管理办法》，太保寿险安徽分公司遵循方便就医、兼顾需要、鼓励竞争的原则，根据所辖区域的大小，选择不同数量的定点医疗机构，方便了客户就医。

2001年10月30日，太保寿险总公司下发《健康险理赔细则》的通知，该细则对健康险赔案的受理、调查、医药费的清分、给付比例作出了明确的规定。为太保寿险安徽省内的各分支机构承保的健康险业务的理赔处理提供了明确的依据，推动了健康险业务的发展。

2002年1月，太保寿险总公司下文，确定张庆斌为总公司的稽核派驻人员，负责太保寿险安徽分公司稽核部的日常工作，要求稽核派驻人员对总公司负责，按季度上报派驻公司的业务发展、费用掌控、合规经营情况。由此将合规经营，防范风险纳入了总公司的掌控范围。

2002年1月7日，太保寿险总公司下发《个人寿险业务品质管理办法（试行）》，汇集了业务品质管理的五大类40项指标，对营销员团队建设和寿险业务发展起到指导和预警作用。1月8日，太保寿险总公司下发《银行代理保险人员管理规定》，要求省级分公司须结合当地实际情况设立银行保险管理部。太保寿险安徽分公司银行保险管理部于次月设立，对以后银行代理保险业务人员的培训，银行代理保险产品销售管理，起到了重要作用。6月28日，太保寿险总公司印发《银管员制式培训大纲》。规范、指导分公司开展银行代理寿险业务的培训工作，提升银管员队伍专业化、知识化水准。

2002年3月26日，中国人民银行总行全面下调存贷款利率。为了降低经营风险、优化险种结构，太保寿险总公司决定停止销售部分固定预定利率险种，包括老来福终身寿险、步步高增额终身寿险、长寿养老和附加终身住院补贴医疗保险四款保险。

2002年5月8日，太保总公司印发《个人寿险业务管理暂行规定》，共16章64条。从管理体系、管理原则、险种管理、个人寿险展业、流程管理、核保、理赔、保全、续期收费、单证管理、档案管理、统计分析等方面作了明确规定。同日，太保寿险总公司下发《2002年续期业务考核办法》，考核指标是：传统寿险次年续期业务续保率应达到83%以上，3年以上传统寿险次年续期业务续保率必须达到92%以上。

2002年8月22日，太保寿险总公司下发《关于进一步加强分红险销售规范的若干意见》。9月6日，为配合各地城镇职工基本医疗保险制度的改革，推动城镇职工补充医疗保险业务的开展，太保寿险总公司下发《城镇职工补充医疗保险展业手册》，该手册不仅对补充医疗保险条款和业务作了介绍，还对当前业务开展过程中可能出现的问题及应对措施均作了必要的说明，成为团险业务员拓展此项业务的工具。10月13日。为加强团体寿险的业务管理，促进团体业务的稳定健康发展，太保寿险总公司下发《团体寿险业务管理暂行规定》；10月16日，太保寿险安徽分公司制定《团险大项目管理办法》，对大项目立项及运作过程的管理作了细致要求。

2002年12月25日，太保寿险总公司下发《银行柜台业务实务手册（试行）》，将银行柜台业务的一般操作管理进行祥细的阐述，分别就承保业务、财务手续等进行了说明和限定。年末又下发《银行保险业务售后服务实务流程》。

2003年2月9日，太保寿险总公司印发《中国太平洋人寿保险股份有限公司2003年度稽核工作要点》，内容有：一是抓好对分支机构的常规稽核和专项稽核；二是加强后续稽核，认真抓好稽核检查中发现问题的整改工作；三是继续抓好领导干部经济责任稽核；四是继续推进风险资产的清收化解工作，以及继续完善推进非现场稽核工作；五是分公司稽核部负责人为总公司派驻工作人员，接受总公司和派驻分公司双重领导，并按季度向总公司上报分公司的经营管理情况、或直接反映经营管理中的重大情况。2月21日，为贯彻落实总公司稽核工作要点要求，太保寿险安徽分公司结合实际，在分公司增添了两名片区稽核员，为各中支公司配备了兼职稽核员，并制订了《兼职稽核员管理考核办法》，明确了兼职稽核员工作职责和相关待遇，为他们在各中支公司开展正常工作提供依据和保障措施，发挥他们在基层公司的督促、常规检查、报告的作用。内控体制的确立与健全为太保寿险安徽分公司在以后的合规经营、防范风险，起到了监督防范作用。

2003年3月31日，太保安徽分公司下发《安徽分公司个人营销主管行为考核方案》，对团队的增员率及活动率提出了具体要求，并纳入管理津贴的考核，并于6月起执行。5月初，太保寿险总公司下发《续期业务管理办法》，明确个人、团险、银保等销售渠道续期收费的责任范围。确定省分公司客户服务部负责各分支机构续期业务的管理、督促和指导。5月8日，太保寿险安徽分公司下发《续期业务银行转账管理实施细则》。

2003年5月23日，为加强续期收费管理，确保银行代收费工作落实，降低成本，满足客户需求，太保寿险总公司制定下发《银行转账续期业务实施细则》。为贯彻“一切以客户感受良好为标准”的服务理念，全力打造优秀的服务品牌，秉承“一流的服务质量，一流的工作效率，一流的公司信誉”的宗旨，7月1日太保寿险安徽分公司制定《客户服务品质运行管理方案》。

2003年8月20日，太保集团总公司下发《中国太平洋保险（集团）股份有限公司保险业务法律风险防范的规定》，就保险产品开发、销售，核保核赔中的业务合同，在执行中可能出现的法律风险，控制环节和措施等作了诠释，以便引起各级公司的重视。

2003年9月16日，太保寿险安徽分公司下发《承保管理岗位规定》，对承保管理岗的设置、工作关系、任职资格、工作流程及权限、工作质量标准等方面进行了明确。

自2005年7月1日起，太保寿险总公司要求所有承保保单全部进入电脑系统进行机打操作。按照“先个险、再团险”的部署，在2005年年底，完成安徽省所有保单集中在苏州出单的工作要求。

2005年度，经太保寿险总公司稽核部考核，张庆斌再次作为太保寿险总公司稽核派驻人员，负责太保寿险安徽分公司稽核部工作；同年下发稽核工作手册，内容涉及年度稽核工作计划安排、稽核检查程序、检查重点和关注事项、数据采集要求、查后综合分析报告要求，是指导稽核工作的规范性文本。2005 年 5 月，太保寿险总公司稽核部在厦门开办全国各分公司稽核负责人培训班，邀请美国控股投资公司审计、财务、投资总监授课，对提高稽核人员专业技能，树立风险意识，加强内审力度，不辱使命，起到鞭策促进作用。6 月 30 日，为加强合同管理，防范风险，太保寿险安徽分公司下发《中国太平洋人寿保险股份公司安徽分公司合同管理办法》，内容涉及人事、业务合同管理等方面。同年，太保寿险安徽分公司制定并下发《关于进一步防范风险加强内部控制制度建设的通知》。

平安寿险省公司业务管理

平安寿险省公司业务管理工作主要从以下方面展开工作。

销售队伍管理：建立以业务人员基本管理办法为核心的人员管理，严格按照营销人员“基本法”对销售人员进行甄选、培训、签约、解约、薪酬、考核、档案管理。为有效提升业务队伍品质，对业务人员进行专业技能、职业操守、服务品质等方面教育，实现业务队伍专业化、标准化、规范化运作。同时，建立奖惩机制，制定业务人员品质管理办法，成立平保公司业务人员品质管理委员会，进行监督和有效管控。

风险集中管控：采取集中承保出单、两核风险集中管控的业务流程。一开始就有严格的制度可循，公司将基本投保、核保规则编成程序，通过设置的电脑程序，初步审核投保关键信息，进行初步筛选风险，即自动核保（电脑核保）。大部分低风险投保件，满足基本规则，经过自核，即被受理承保。自动核保未通过的，进入人工核保处理环节，核保人参照投保规则、核保指引、核保手册以及以往的核保经验，对已收集的信息进行综合分析，评估风险。平保总公司成立后援管理中心，两核权限上收，统一进行核保核赔操作。两核业务均由所在分支机构，通过扫描系统上传，由平保总公司后援管理中心集中审核。并设立出单点，集中打印保单再通过物流派送分支机构。保证了业务数据的真实性和安全性，有效控制和规避了虚假承保和阴阳单等业务风险。

保险理赔：遵循客户至上的理念，对每一个理赔客户提供主动、热情、正确、合理、诚恳、周到、及时的理赔服务。并开通全国异地理赔，理赔受益客户电话回访，住院客户探视等温馨服务，最大限度地满足保户应得的保险保障。

零现金收支制度：公司大力宣导并推广零现金制度，各项业务的首期、续期保费均采取转账方式。各项业务性支出，原则上均采取转账方式进行。费用支出，为内部供应商的，全部通过统一转账方式支付。对于外部供应商的，除千元以下零星费用，原则上均采取公对公的转账支付方式。减少、杜绝现金管理风险，控制可能侵占客户利益的案件发生，包括滞留、挪用客户保险费、保险金的情况。

印章管理：公章管理，公司为规范公章管理，加强风险管控，集团及各专业总公司共同成立印章管理室，对各法人单位刻制的公章全部上收，采取集中统一管理策略，公章管理制度及公章集中用印的审批流程。业务印章管理，完善各类业务印章管理制度，特别是对外业务印章的刻制、销毁、保管和使用的管理进行了明确。制定的印章经由相关层级领导审批同意后，由行政部统一刻制登记下发，对制作、领用、保管、回销、交接均做出规范要求。同时，要求印章保管人签订印章管理责任书，明确印章管理职责，建立完整的印章档案。

新华保险省公司业务管理

新华保险安徽分公司业务管理分为个险业务、团体业务、银行代理业务、续期业务四大渠道。

个险业务管理：自 2002 年起，个险就确立以“稳健发展”为宗旨，调整产品结构为重点；以增实力、增效益、增实惠为目标；通过精细化、专业化的经营管理，个险业务至 2005 年已达到近亿元基础。

2002 年 7 月 8 日，新华总公司下发《新华人寿保险股份有限公司业务投诉管理暂行规定》，共 5 章 29 条，内容包括业务投诉渠道及投诉类型、业务投诉处理分工、投诉处理程序等，有效地提高业务投诉处理效率和服务水平。

2002 年 11 月 4 日，各中支公司开始执行《关于实行个人业务保单迁移的通知》《个人业务保单迁移业务管理规定》和《个人业务保单迁移业务实务流程》。

2003 年 1 月 1 日，全省执行《各职级营销人员保险金额理赔限额表》，其中最高 85000 元，最低 10000 元。

2004 年 12 月 20 日各地市机构执行《分公司个人业务营业区建设与管理办法（2005 年版）》，要求充分领会分公司制定的 2005 年“一个中心、两个根本、三个统一”的战略思想。

2005 年 10 月 22 日，新华安徽分公司下发《新华人寿安徽分公司风险警示管理的通知》，共 10 条，对当下重点风险进行提示，要求各机构及时整改，促进公司稳健发展。

团体业务管理：2002 年公司成立初期，业务发展方面侧重于发展长险业务，团险业务的开拓承保明显高于短期险业务。2004 年根据新华保险总公司团体业务的经营思路，公司团体业务由“有序经营”向“有效经营”转变，短险业务得到提升。在实现团体业务从长险业务向短险业务转变的过程中，为规范短险业务的发展，满足短险市场的各种业务需求，公司下发《意外险承保管理办法》，为短险业务发展创造了良好的局面。

2002—2005 年新华保险安徽省团体业绩统计表

表 3-1-8　　单位：万元

年份	长险保费	短险保费
2002	1767.73	58.52
2003	11835.25	32.84
2004	6734.34	245.26
2005	1473.97	784.69

银行代理业务管理：银行代理业务发展初期，为占先机，快速发展，公司开展银代业务地区在 2002 年合肥、芜湖两家基础上增加了蚌埠、淮南、宿州、阜阳、巢湖、马鞍山、安庆七个地区。银行代理队伍同时实现了大幅度增长，2002 年全省队伍仅有 28 人，2005 年发展到 164 人， 增长近 6 倍。早期销售产品以趸交型产品为主，四年内趸交保费增长迅速，2005 年趸交保费为 2002 年保费的 10 倍之多。2004 年，公司开始销售“养老无忧”“望子成龙”等期缴型产品。为方便销售过程，给银行代理提供技术支持，2004 年公司开通银保通业务，代理银行经过新华公司的授权可代理相关业务，从而实现银行和保险公司资源共享、互利合作。

2002—2005 年新华保险安徽省团体业绩统计表

表 3-1-9　　单位：万元

年份	2002	2003	2004	2005
趸缴	4027	18731.9	30923.7	41046.6
期缴	1.48	0.71	0	6.1

续期业务管理：全省的续收工作由分公司客户服务中心兼管。2003 年，公司长期寿险续期收费规模较少，收费类型单一，续期业务处于建立的初始阶段，全省只有两家中心支公司开展续期收费工作。2005 年，省公司成立保费室，设立续期管理岗、续期督导岗和续期内勤岗，续期业务从两家中心支公司发展到十家中心支公司，续期业务量呈现逐年上升趋势。

2005 年 3 月 11 日，新华安徽分公司印发《进一步加强续收业务工作的通知》，强化对续收工作模式的建立，加强队伍建设，落实考核机制。

泰康人寿省公司业务管理

泰康人寿省公司主要从个险、银保、团险和续收方面展开业务管理。

个险业务：2002 年，泰康分公司执行总公司设计的营销“基本法”，为泰康营销队伍的建设和发展提供了强有力的制度保障。

2004年，安徽分公司推行三大工程建设。三大工程包括：新人工程、营销信心工程和主管工程。新人工程：利用新人工程目的在于迅速壮大队伍。工程建设对于新人培训、衔练、后续晋升转正培训做了严格要求，新进代理人入司后即能接受到完整的培训，提高了新人留存率、晋升率。营销信心工程：利用营销信心工程进一步树立了机构营销信心，高度统一思想，上下同欲，团结一心，为营销发展提供了有力保证。主管工程：利用主管培养工程培养了一批干部，使机构的经营向主管层级发展，为机构的发展提供了人力支撑。

2005年年初，分公司营销部按照总经理室指示提出了全省统一点段经营的思想，通过统一的节奏，统一的动作，统一的追踪激励体系使得全省的经营节奏一盘棋，统一的点段经营也使得各机构能将总、分公司思想贯彻到底。全省统一经营的思想，取得了良好的效果。

2005年11月，总公司根据当前保险市场的变化、配合公司的战略转型以及结合泰康队伍的实际状况，在2002版基本法的基础上，对其反复测试、论证，并进行补充和完善，推出《2005版营销基本法》。新法对各级营销管理人员充分利用基本法优势来推动业务发展具有较高的价值。同时分公司根据总公司相关制度规定，制定、完善了各项业务管理制度、人员管理制度，包括营业部经理管理办法、督训管理办法、契约品质管理办法。严格执行代理人管理办法，制定了ISO控制程序及工作指导书，确定部门质量目标及岗位说明书。逐步完善了制度体系的建设，管理制度逐步完善。其次，为了更好的掌握营销动态，及时解决机构经营活动中存在的问题，在原有会议基础上进一步健全了营销会议制度，从管理到一线形成了多层级立体化的体系。

每月上旬召开分管营销总核心例会，总结上月工作，结合首周经营情况统一本月工作思想。每月中旬召开分公司服务部经理例会，就机构经营活动中产生的问题及时修正，确保完成每月计划任务。每月下旬召开分公司营销部经理例会，研讨、布置下月工作，统一营销部经理层级的思想，同时为各机构启动会提供思路。会议文化的建设成为促进安徽泰康高速发展的有力推手。

银保业务：银保业务制度体系建设日渐完善。制定了ISO控制程序及工作指导书，确定部门质量目标及岗位说明书。制定、完善了各项业务管理制度、人员管理制度，包括营业部经理管理办法、督训管理办法、契约品质管理办法等。“基本法”作为银保销售人员的根本大法，是推动组织发展和销售队伍建设的准绳，是弘扬公司文化、规划职涯发展的制度保障，因此分公司对银保销售人员的管理均依托于“基本法”。

在市场定位上，提出以银行大众客户为基础，重点开发中高端客户；在渠道战略上，从分销协议模式力争向深层次战略联盟模式转移，依托工行，稳固农行，以四大国有银行为主，有针对性地开展与其他银行的差异化合作；在产品战略上，稳固分红业务，万能产品不断创新，保持规模和市场份额。结合产品和销售模式创新，推动业务转型；在管理架构上，结合渠道建设及管理架构的改革，形成总对总、总对分、分对分的业务管理模式；加强分公司的管理制度的建设和人员配置。2004 年 12 月，分公司在农行、邮政渠道的银保通全面开通上线。2005 年，分公司在建行、工行银保通全面开通上线。

团险业务：2002 年分公司成立当初，团险部是和银行保险合并为一个部门，同年 8 月，分公司银行保险业务从团险部分离。如何迅速做大，在市场上有泰康的声音，这是当时遇到的主要困难。公司采取了两步一起走的策略，即机构网点的铺设和大项目的攻关。2002—2004 年，陆续成立马鞍山、蚌埠、安庆等团险部，网络布局初具雏形，团队人力增加，并且后台运营建设也初见成效，保费规模逐渐增加。

2004 年，安徽分公司团险开始全面整合资源，梳理客户，发展队伍，建立渠道。马鞍山中支团险部在分公司团险的支持下，开始对马钢集团进行攻关，马钢集团是中国特大型钢铁联合企业和重要的钢材生产基地，隶属安徽省委、省政府及省国资委管理，当年承保马钢保费 618 万元。

2005 年是团险以强化利润导向为核心大力改革的一年，推出了团险第一责任人薪酬考核办法，强化了薪酬与利润贡献的关系；垂直管理和全利润考核试点顺利推出，团险业务结构调整效果明显，A 类短险保费同比大幅提高。

2005 年，随着业务量的不断增大，运营体系建设及风险防范也提上了议程，为了对三级机构进行更好的运营管理，降低风险，安徽分公司团险率先在全系统开始实行省级集中作业流程。分公司团险率先在全系统推行省级集中出单，为 2006 年全系统推行省级集中提供了宝贵的经验。建立基本法考核体系，每月公布考核预警报表，严格执行考核标准；建立标准的运营流程，核保、保全、理赔严格按照业管规则进行操作；建立三级机构内勤考核办法，每月公布考核结果，极大程度上降低了差错件的产生。

由于团险系统项目不完善，部分业务及理赔需手工计算，手工登记。2005 年，随着 GBS 系统的全面上线，结束了团险手工作业的时代。

续期业务：分公司业务管理部承担公司承保、理赔、客户体检等工作职责。自业务管理部成立后，在总公司各项规章制度的基础上，就作业考核、荣誉体系、培训制度、管理制度等方面进行了完善，形成了核保内部完整的培训、作业、管理、考核制度体系。为提升业务伙伴的专业知识和专业技能，助力业务发展，分公司定期对业务团队进行多层级培训，如新人培训、衔接培训、主管培训等一系列专业培训，并定期利用早会时间到业务团队进行新险种规则、条款等知识的宣导。

在核保及体检环节，通过对投保客户的健康、财务、职业、家庭等的审核及检查，使公司全面了解客户信息，既为客户提供合适的寿险保障，又防范了新契约业务风险；

在理赔环节，通过对客户出险信息及继往情况的全面评估，最终做出正确的理赔结论，既为广大客户提供了满意的理赔服务，又强化了理赔业务品质管理。

2003 年 2 月，分公司保费部开始筹备，同年合肥、马鞍山中支续期业务正式启动。同年 4 月，完成工行、建行续期批次代扣合作。

2004 年 1 月，分公司保费部正式成立，成为公司第四条业务线，同年蚌埠、芜湖、安庆中支续期业务启动。

2005 年，淮南、六安、宣城、滁州、宿州、阜阳中支续期业务启动，同时历经半年的同业引进及自身培养，各中支成立了保费室，保费续期管理能力加强。

为防范业务风险，分公司保费部自成立以来逐步完善制度体系建设。

2003—2004 年，严格执行总公司《续期服务管理办法（2002）》。

2005 年 1 月，《2005 版续收基本法》成功上线，公司首次实现全国统一的续收基本法，规范统一续收队伍管理。

2005 年 2 月 28 日，下发关于一年期险种续保的相关要求，下发关于在续收工作中健康险有关注意事项的通知。

2005 年 3 月 10 日，下发《关于加强续期保费录入及财务交接相关事项管理的通知》，对续期预收保费录入和财务的交接有关事项做进一步强调。

2005 年 3 月 17 日，转发《泰康人寿保险股份有限公司续期未收件管理规定》，完善公司续期收费服务，有效防范道德风险。

2005 年 3 月 23 日，下发《泰康人寿合肥分公司续期退费管理规定》，有效降低和化解业务风险，规范操作。

2005 年 10 月 25 日，下发《安徽分公司续期保险费发票管理办法》，加强公司续期有价单证管理，完善内容控制制度，规范续期有价单证业务操作流程，化解和防范风险。

电话回访：泰康安徽分公司自 2002 年成立后，不断完善制度，增加回访内容，改进回访方式，加强对营销员展业品质的管理，推动电话回访工作迈上新台阶，尽最大可能为广大客户提供诚信服务。电话回访成功率逐步提升，创立了“100% 电话回访制度”。通过加强风险检查及指导力度，机构的风险指标得到改善。

财务管理

保险企业财务管理是系统地对各类保险资金的收入、流向、投资使用进行合理地计划，科学的安排；对企业内部经营管理费用开支预算提出方案，对支出情况进行财务监督。具体地说是对保险资金的汇集、成本和费用支出、资产负债、经营成果等方面进行财务核算管理。由于保险企业的特殊性、业务的时效性，决定了财务管理是保险企业经营管理中的重中之重。

人保省公司财务管理

1986年9月30日，中国人民保险公司转发财政部《关于中央财政与地方财政分享保险收入试行办法的通告》。根据“收益共享，责任共担”的原则，人保公司以省、市、自治区和计划单列市为单位，将每年国内业务实现利润所缴纳的“所得税”和“调节税”就地按5:5比例分别交付中央和地方财政，地方所得部分不纳入财政体制。如遇重大灾害、事故，当年的资金数量不足支付赔款时，人保公司以省公司为单位，首先动用上年的“总准备金”抵补，抵补后仍不足部分，由中央财政和省财政各承担50%。1986年人保省公司转发或下发的财务管理制度主要有：《关于印发中国人民财产保险公司人身险会计核算办法的通知》《关于开展财务税收、物价大检查的通知》和《关于加强投资、贷款管理工作的通知》。

1987年，人保总公司对费用开支（主要为“手续费”“业务及管理”两大项费用），实行按年下达费用率指标的管理办法。人保省公司根据总公司核定的费用指标，按不同比例分解下达给各地、市公司，省、地、市公司在费用使用上逐级进行管理控制。为强化各级公司费用管理力度，管理上制定了《费用管理办法》《开展增产节约做好增收节支工作的意见》和《增收节支奖励办法》等办法。1987年1月1日起试行此办法后，其所得税和调节税也随之由省公司集中统一就地缴纳。其中所得税是年终利润的55%，调节税是年终利润的15%。1987年，人保省公司转发或下发的财务管理制度主要有《关于印发增收节支奖励办法、费用管理办法和开展增产节约，做好增收节支工作的意见的通知》《关于印发会计报表竞赛评比办法的通知》。同年年底，人保省公司在全省确立了两级核算、三级管理的核算体制。此时人保全省财务管理部门共91个，其中县级74个，地、市级16个，省级1个。

1988年，人保省公司转发或下发的财务管理制度主要有《关于印发安徽省保险公司增收节支承包奖励办法的通知》《关于印发会计报表及财会工作质量竞赛评比办法的通知》《关于印发安徽省保险公司保险资金运用管理办法的通知》。

1989年人保总公司对《中国人民保险公司会计制度》进行修改，并获财政部批准，开始实行总、分、支公司进行管理的三级管理体制。根据当时财务管理制度规定，确立以人保总公司、省公司为两级核算单位，会计核算体制为：国内业务由中国人民保险公司独立核算，自负盈亏，分公司以下各级公司独立核算，自负盈亏；涉外业务、信用险业务由人保各分公司独立建账，分级管理，人保总公司统一核算盈亏；寿险业务由各公司独立建账，分级管理，单独核算。1989年，人保省公司转发或下发的财务管理制度主要有：《关于印发安徽省保险公司固定资产管理暂行办法的通知》和《关于清理应收保费的紧急通知》。

1990年1月1日，人保省公司印发《安徽省保险公司固定资产管理试行办法》。

该办法共分7大项，分别对固定资产的标准及分类，固定资产的计价，固定资产的增、减变动，固定资产管理，固定资产的核算，固定资产折旧和固定资产修理等作了比较详细的规定，并对固定资产管理卡片格式作了具体统一的要求。1990年，人保公司转发财政部修订的《国营金融保险企业成本管理实施细则》。该细则首次对保险企业的成本项目和成本开支的范围、标准等作了明确规定。

1992年，人保省公司转发或下发的财务管理制度主要有《关于印发中国人民保险公司成本管理实施细则（试行）的通知等两个文件的通知》《关于印发中国人民保险公司财务管理暂行办法的通知》。

1994年，人保省公司转发或下发的财务管理制度主要是《关于修改中国人民财产保险公司会计基础工作规范的通知》。

1995年，人保省公司转发或下发的财务管理制度主要有《关于印发机动车辆险分险核算暂行办法的通知》《关于省公司成立清产核资领导组织机构的通知》《关于转发总公司清产核资工作四个文件的通知》《关于转发总公司清理小金库两个文件的通知》《关于做好财务分析的通知》《关于转发财务部加强金融保险企业财务管理若干问题的通知》《关于印发安徽省人保公司清产核资工作评比办法的通知》和《转发总公司、省政府关于开展九五年财税大检查的通知》。

1996年，分业后的中保财产和中保人寿公司按照人保集团总公司“一级核算、分级管理、逐级考核”的要求，优化资金配置，发挥规模效益。在保证地、市、县公司正常运营资金前提下，有偿集中一部分资金，进行投资；盘活现有资金存量，压缩活期存款，提高资金循环效益，使责任准备金结构以贴现国债、金融债券为主；加强系统内资产管理，减少非盈利资产对资金的占用；加大催收不良贷款力度；对自办三产加强管理，不允许以任何理由对三产再注入资金，已注入的要保证资金安全、增值；信用社的经营状况要按月报送资金负债表和损益表。1996年，各级财险公司共上缴中央和地方各项税金6000万元。

1997年年初，人保集团总公司下发《公司财务管理暂行规定》，对成本、营业收入、利润及其分配、财务收支计划管理等作出要求。成本管理：必须严格按照《金融保险企财务制度》，努力降低成本，实现增收节支，提高经济效益；成本核算要严格区分本期成本与下期成本的界限、成本支出与营业外支出的界限；成本开支主要有赔款支出、手续费支出、固定资产折旧、业务宣传费、防灾费、业务招待费、汇兑损失、呆账准备金、投资风险准备金、坏账准备金、业务管理费、提存未决赔款及未到期责任准备金、提存长期寿险责任准备金、满期给付、退保金、死伤医疗给付、分保支出、佣金支出等。不得计入成本开支主要有：购置、建造固定资产、无形资产和其他资产支出；对外投资支出及分配给投资者的利润；被没收的财物，支付的滞纳金、罚款、罚息、违约金、赔偿金以及企业赞助、捐赠支出；国家法律、法规规定以外的各种付费，以及不得在成本中开支的其他支出。营业收入、利润及其分配管理：营业收入包括保费收入、分保费收入、利息收入和其他营业收入；公司发生的年度亏损，可在未来连续5年内用税前利润弥补，5年内不足弥补的，可用税后利润弥补。财务收支计划管理：按年度编制财务收支计划，上级管理部门要对财务收支计划执行情况进行监督检查，发现问题责令其及时采取措施加以解决。

1997年，人保省公司在全省开展了重大赔案事前稽核、银行存款利息及利差清收稽核、经济效益稽核等13个方面的管理稽核工作，其中仅清收银行利差一项就达96.5万元，增收节支654.7万元。与此同时，全省挂牌督查的理赔案件67个，大多数地市公司与当地检察机关联合成立了"保险理赔案件鉴定中心"，并开展了积极有效的工作，加大了对假、错、骗赔案件的查处力度，有力地打击了保险骗赔犯罪行为，提高了经济效益。1997年，人保省公司转发或下发的财务管理制度主要有：《关于印发中保财产保险安徽省分公司法定分保核算办法的通知》《关于会计记账电算化问题的通知》《关于印发会计报表质量竞赛评比办法及保险业务统计竞赛评比办法的通知》《关于加强银行存款及收益管理的通知》和《关于印发中保财产险安徽省分公司机关经费管理办法、职工借款和结算管理暂行办法和各核算单位费用开支范围的暂行规定的通知》。

1998年，全省洪涝灾害较为严重，为筹措赔付资金，人保省公司对下属公司所有"三产"企业进行了普查，制定了与经济实体脱钩方案，制止了资金的再次注入。同时省公司加强了对资产和资金的管理，出台实施了资金、基本建设管理办法，组织对资产清查、清收工作，对不良资产和暂收、暂付等过度性科目进行了重点清理，保证了洪水赔款的及时兑现。

1998年，人保安徽省公司共上缴中央和地方各项税金11964.2万元，同比增长20.4%，职工人均实现利税5.2万元。全系统资产总额达到12.7亿元，同比增长5.8%，其中银行存款余额26125.6万元，同比增长10%。

1998年，人保省公司转发或下发的财务管理制度主要有《转发中保财产有限公司关于做好新财会软件模拟年终决算的通知》和《关于做好财会电算化检查验收的通知》。

2000年，人保省公司将资产质量指标列为经营目标责任制考核内容。在基层公司机构设置上，把营业网点城区支公司（营业部）业务规模少于1000万元的合并；县支公司业务规模少于500万元的，或因管理不力造成连续亏损的，内部降格为办事处。9月23日至26日，全省人保系统财务中心建设及收付费管理软件推广培训会议在芜湖市召开，会议的中心议题是推广收付费管理软件，强调严格控制固定资产构建规模。2000年，人保省公司转发或下发的财务管理制度主要有《关于下发人保省公司巨灾基金管理和核算暂行办法的通知》和《关于印发人保省公司应收保费管理暂行规定的通知》。

2001年，由于业务大幅增长，综合赔付率和费用率得到有效控制，人保公司全省系统实现考核口径利润8169万元，增加1329万元。资产利润率和保费利润率分别为7.9%和5.8%，分别高于上年同期0.6和1.6个百分点，保费质量和资产质量有所提高，偿付能力增强。全省系统人均利润3.11万元，同比增加0.73万元。2001年，人保省公司转发或下发的财务管理制度主要有《转发总公司关于做好新版收付费管理软件推广工作的通知》《转发关于处理分业经验遗留问题的通知》《关于印发人保省公司资金管理暂行办法的通知》《关于成立市级公司财务处理中心实行基层单位集中报账制后统一纳税、统一申报、统一监管的请示》和《转发总公司关于开展会计法执行情况检查的通知》。

2002年，全省人保系统保费收入达140851万元，同比增长10%，超额3.8%完成人保总公司下达的全年保费收入计划。全省系统实现承保利润9683万元，超额2.2%完成人保总公司下达的承保利润计划任务，办公费用达到预期计划节约10%的任务，消化了因以前自然灾害事故处理和历史遗留的长期挂账情况。

2003年，人保省公司按照总公司的要求，坚持盈利为导向，严格考核标准；推行全面预算管理，合理配置资源。2003年人保总公司改制后，执行香港财务报告准则进行核算，年初人保总公司向省级分公司下达保费、利润总额、费用率、薪酬率考核指标，再由省级分公司向各级分支公司分解下达。年初下达固定资产规模，固定资产新增全部由总公司审批，并在计划规模内安排新增购置。资金管理实行资金管理收支两条线，收入户、支出户与费用户分类管理，保费收入通过收入户逐级上划总公司，赔款支出及费用资金由总公司逐级下划，相互之间不能串户；省公司日常对各地、市公司关键指标状况进行实时监控，每月撰写财务分析，定期由人保省公司召开业务分析会进行通报；绩效考核在年底按照保费、利润完成情况进行兑现奖励；所得税由各地、市公司财务部门向所属国税局进行企业所得税纳税申报，总公司汇总纳税。

2003年，人保省公司转发或下发的财务管理制度主要有《转发总公司关于使用精算方法评估准备金水平的通知的通知》和《转发总公司关于进一步清理储金业务的紧急通知》。

2005年，人保省公司转发或下发的财务管理制度主要有《关于印发中国人民财产保险股份有限公司安徽省分公司财务预算管理暂行办法的通知》和《关于印发中国人民财产保险股份有限公司安徽省分公司分险种核算实施细则（暂行）的通知》。

中国人寿省公司财务管理

2000年以前，寿险公司收取的保险资金主要靠存入银行或由银行拆借生息增值，人寿险保单预定给付标准与银行存款利率密切相关。

1998年7月1日，中保人寿省公司为防范资金风险，保证会计集中核算工作能顺利进行，下发《关于各地、市实行对所辖机构集中核算的通知》，要求各公司严格按照资产清理工作有关文件规定，首先对银行账户、银行定期存单、有价证券、保户借款、长、短期贷款等资产项目进行清理。

1999年上半年，人寿省公司下发《关于强化财务管理的通知》，要求加大对财务监督力度，强化地市分公司的财务管理。为控制任意占用保费资金，以地市公司为单位，凡当月费用增加数超出年初计划基数5万元以上的，都必须事前报告人寿省公司，经批准后方可列支。各级分支公司严禁进行除银行存款以外的各类资金运用。各级公司增加、减少、更新固定资产都必须经省级公司正式批准并取得相应的固定资产规模指标，方可进行账务处理。各级分支公司的基本建设项目都必须按规定的程序报经省公司批准。经批准的项目不得擅自扩大建设面积、增加投资规模，更不准挂账任意占用保费用资金。各级分支公司的营业用房、营销职场的装潢费用，必须严格按照省公司皖保寿发[1997]188号文件规定的标准执行。各级分支公司通过租赁方式取得的营销职场，其总面积必须严格控制在省公司规定的范围之内。各级公司当年增加的“无形资产”、“递延资产”，必须取得经省公司批准下达的指标，并按财务制度规定的年限摊销。

2000年8月，人寿省公司转发《中国人寿保险公司会计核算办法》和《中国人寿保险公司财务管理办法》。

2001年，保险公司监事会（国务院派驻）对人寿省公司2000年度财务状况和经营管理情况进行了检查，发现业务经营及财务管理中存在违规违纪现象，并向国务院呈送了情况报告。为防止此类问题的再次发生，提出了整改意见及进一步做好财务管理工作的若干措施：建立完善财会制度和责任追究制度，加强监督检查工作，加快推行会计负责人派驻制，加强会计基础建设，提高会计人员素质。

2003年7月1日以后，原人寿总公司实行股份制改造，分设为集团和股份制两家公司。公司分设以后，为实现会计核算的平稳过渡，对财务核算及CLAF系统进行了认真对接处理。

2005年年初，人寿省公司转发了《关于印发〈人寿总公司保险股份有限公司会计基础工作规范〉等三个制度》的通知。

太保产险省公司财务管理

1992年9月，南京交通银行批准交通银行合肥分行成立保险业务部，业务上为太平洋保险南京分公司全面代办各类保险业务，建立内设机构计划财务部，负责保费任务的计划下达、保费数据统计，保费和财务经费属于独立核算，实行每月报账制。

1994年8月，交通银行合肥分行保险业务部升格为太平洋保险公司合肥办事处，财务管理仍然独立核算，每月到太平洋保险南京分公司报账。

1995 年 2 月，太平洋保险合肥办事处为调动员工积极性，促进各项任务顺利完成，决定保费完成的数量与奖金费用挂钩，出台了《关于试行奖金费用考核办法的通知》。6 月，太保合肥办事处执行总公司《关于按季核算损益的暂行办法》，从而在高风险分保的账务处理、未决赔款准备金的计提等方面能够较全面反映了财务状况及经营成果。

1997 年 2 月，太保总公司转发国家税务总局关于《加强汇总纳税企业所得税征收管理暂行办法》和《补充规定》的通知，要求从 1997 年起，以分公司为单位，按季向总公司报送《纳税所得调整表》，凡在当地补交所得税的，先在“其他应收税”科目挂账，待年终结算当年利润款项时，凭税单复印件向总公司结账，这部分税款必须缴入“中央”级次的金库，自 1997 年起，所得税由总公司统一向国家缴纳清算。同月，出台了《关于编制一九九七年度会计报表的有关事项的通知》，统一了 1997 年太保公司会计报表分为司内报表和财政部统一格式报表的情形，其中，司内报表分为产险表、人意险表、寿险表、总汇总表及纳税所得调整表，总公司计财部负责汇总全司产险会计报表，并对产险、人意险、寿险报表进行总汇总，汇总纳税所得调整表；负责向国家有关部门报送会计报表，对会计报表报送方式、报送时间作了明确的规定。同月，为进一步加强资金集中运用和分级管理，扭转公司资金分散、风险控制不力的状况，发挥资金运用规模效应，出台《关于加强资金集中运用和分级管理的意见》。提出对未经授权的分公司，不得擅自开展资金运用工作，其可用资金由总公司集中运用，二级分公司开展资金运用工作，必须报请总公司授权的省会城市分公司审批同意之后才能进行，支公司办事处一律不得开展资金运用工作。公司内部实行可用资金有偿使用，各分公司和总公司各部集中到总公司运用资金，须与总公司资金运用部签订协议，通过账务处理，如实反映。实行内部计息，度量二级科目，不列入纳税范畴。3 月，转发财政部《关于印发〈会计证管理办法〉的通知》，要求自 1997 年 1 月 1 日起，会计证的颁发和管理按属地原则由所在地的同级财政部门负责。计财部和人事部应落实专人把关，严格按标准确定会计证颁发对象，配合财政部门做好有关工作。11 月，根据中国人民银行和太平洋保险总公司出台《中国太平洋保险公司合肥分公司再保险业务管理办法》有关规定，为规范和化解保险业务风险，确立合肥分公司计财处是对外分保的主管部门，对高风险的每一危险单位成数分保按 30% 比例，自留额人民币 9000 万，外币美元 700 万元。12 月，按照《中华人民共和国保险法》的有关规定，为了合理计提未决赔款准备金，准确计算当期损益，出台了《关于加强未决赔款及估损管理的通知》，要求计财部根据业务部门填报《未决赔案估损金额分类汇总表》，在当季末按表中所列的自留金额提取未决赔款准备金，同时，转回或冲销上季度末未决赔款准备金提取数。并要求计财部应将年末《未决赔案估损金额分类汇总表》与每年财务决算报表一同上报总公司计财部。

1998年4月，太保公司印发《会计管理制度》和《会计工作规则》的通知，对会计机构和人员、会计工作职责、会计人员职业道德、会计监督、内部会计管理制度等方面做了详细的规范和说明。《会计工作规则》则对会计核算的主要原则、银行账户及结算票据、会计账务、会计电算化、会计档案管理等方面做了规范。5月，出台《关于禁止擅自对外进行商业赞助和公益捐赠的通知》，规定各分支机构一律不得擅自对外进行商业赞助和公益捐赠。规定如确有需要，金额在5万元以上的必须报总公司批准，金额在5万元以下的，需报总公司备案。同月，出台《关于开发财产险会计核算系统的通知》，即确定以上海分公司现有运作模式和原有财务系统为基础，借鉴其在财务管理、控制风险方面的管理思想和系统开发经验，结合总公司计财部会计核算的规范化要求和具体的情况，开发适合全司应用的财务账务处理系统，以提高各司财务处管理的质量，使财务风险得到有效控制。7月，印发《资金集中统一管理实施细则》的通知，规定按照“产寿分开，分业控制，统一上划，集中管理”的原则，年度全司的保费资金实行“非寿险比例控制，寿险收支轧差控制”的管理办法，即各司处的非寿险保费资金按今年实收保费的60%上划总公司资金调度中心，寿险保费资金按每月实收保费与业务支出轧差后的余额上划总公司资金调度中心，并对人民币业务采取“专户设立，产寿分开，定期扣款”的办法。对美元业务采取“产寿分开，主动上划，按月执行”的办法。总公司资金调度中心将根据非寿险业务和寿险业务的不同的业务类别给予不同形式的资金下拨。

1999年2月，太平洋保险合肥分公司出台《关于下达1999年度各项计划指标的通知》，规定费用考核和各部门的实收保费、经营毛利双挂钩，建立了经营目标责任制，有效的控制了费用，提高了企业经济效益。6月，根据《保险公司财务制度》及总公司的有关规定，出台并向各部、处、室、分支机构印发了《中国太平洋保险公司合肥分公司财务费用管理暂行办法》，该办法规定财务费用管理应遵循的五大原则。7月，针对财务数据资料报送过程中出现的一些催报、迟报、该报不报等问题，合肥分公司向各支公司、分公司有关处、室下发了《关于财务数据报送时间有关规定的通知》，规定对该报不报、迟报等情况达两次或以上的有关部门将取消年终的评奖资格。同月，合肥分公司研究制定并向各办事处、支公司、分公司、寿险各部下发了《关于对寿险保费暂收收据管理、领用规定的通知》，对保费暂收收据的使用、管理及有关问题的处理作了规定。

2000年，根据上年经营目标责任制考核办法取得明显经济效益的做法，继续出台了《关于下达“2000年经营目标责任制费用考核办法”》，同时，转发了太保总公司《关于清理财产保险空白单证的通知》，将保险单证管理列入财务管控的范围。

2001年5月，根据总公司要求，出台了《关于开展清理“小金库”和银行账户工作有关事项的通知》,对辖内各机构的“小金库”和银行账户进行了梳理,加强廉政建设,强化资金管理和风险防范。同月，合肥分公司向各部、处、室、支公司印发了《关于加强应收保费清理工作的管理规定》，要求自保险单签发之日起一个月必须办理转账核转单手续，并要求计划财务处、业务管理处每月进行一次应收保费清理工作。2001年7月，合肥分公司向各部、处、室印发了《关于实行预算管理规范费用支出的有关规定》，列明了财务监控的范围，并对包销及费用支付的程序等作了详细的规定。8月，为了加强全辖的预算管理，建立以管辖公司为主体的二级预算管理体系，进一步完善内控机制，实现企业价值的最大化，出台了《全面预算管理实施细则》和《中国太平洋财产保险股份有限公司会计工作达标升级计算办法》。9月，为保证既定工作目标的完成，促进公司的可持续发展，转发了总公司的《关于中国太平洋保险公司内部控制规定》，提升了过程管理的力度。

2002年4月，制定《关于查勘费进入赔案的有关规定》，明确了理赔查勘人员在外出查勘就餐标准、出差伙食补助、交通工具的使用等标准，并对单据流转、建立查勘费台账、逐笔登记查勘费等作出规定。同月制定了《中国太平洋财产保险股份有限公司合肥分公司新设机构开办资金管理规定》，明确了新设机构筹建期间实行收支两条线的资金管理原则，收入户、支出户的使用性质和适用业务，对新设机构购置小额固定资产、人员关联费用、费用报销等操作作了规范。6月，出台《中国太平洋财产保险股份有限公司合肥分公司保单、保费流转规定》，规范了业务员、客户、出纳人员转账、交现及填写内部缴款通知书的操作，对代理点的单证流转也作了规范，并对超过时限向财务提交内部缴款通知书和冲预收保费的，提出了处理方法。同月，出台《个人营销业务会计管理规定》，对保费收入、赔款支出、支付佣金、领取风险保证金、报销费用、支付保障费用以及缴纳合同保证金的核算作了详细的说明，并对佣金和营销费用、单证的管理作了规定。10月，颁布《中国太平洋财产保险股份有限公司合肥分公司财务负责人委派实施办法》，明确了财务委派人员在学历、职称、工作经验等方面的选拔条件，对委派人员在今后的工作中的主要职责以及享有的职权等作了充分的说明和描述，并对委派人员的工作考核、工资福利以及结算方法都作了统一说明。12月，转发了《中国人民银行合肥中心支行人民币大额现金收付管理办法》，办法对单位现金支付管理,个人储蓄存款,银行卡现金收付管理,非银行金融机构的现金管理,大额现金收付审批、登记、备案的管理，开户银行库存现金的管理做了要求。

2003年2月，为落实太保集团2003年工作会议确定的“坚持稳健经营，坚持改革发展，坚持结构调整，坚持成本控制”的总体要求，出台《集团系统2003年计财工作的指导意见》。同月，为加强分支机构费用管理，提高费用的使用效益，充分调动各机构的积极性，促进业务发展，出台《中国太平洋财产保险股份有限公司合肥分公司

2003年分支机构费用管理办法》，明确了各机构费用额度=保费收入 × 核定费用率，分公司加强了对中支公司的费用的日常估算和监控。分公司对支公司费用开支采取季度监控的方法，每季度终了4日内，各支公司必须专题报告分公司计财部，详细说明上季度费用开支及控制情况，对下季度的费用支出作了安排。为加强公司外汇业务管理，规范外汇核算，5月，根据总公司《本部费用预算管理办法》的文件精神，制定《合肥分公司费用预算管理暂行办法》，明确了预算管理组织框架，梳理了预算管理总流程及借款、报销预算审批流程。同月，出台《关于调整2003年基准费用率的通知》，决定分公司自二季度起按季度对中心支公司的基准费用率进行调整。根据一季度分公司的费用率的核定情况，决定将各中心支公司的基准费用率调整为18%，基准费用率调整后，实际费用率与赔付率挂钩的政策不变。6月，出台《关于对主要财产进行专项清查的通知》，要求对主要资产及有关房屋及车辆等进行专项盘点核实，对房屋、车辆、实际租赁的房屋、租赁的车辆以及账内其他资产及违规形成的其他资产、在清查盘点中发现盘盈和盘亏的账面资产，必须弄清原因。对分公司对责任人处理及资产处理提出意见报总公司，闲置的固定资产，分公司提出消化方案报总公司等做了要求。9月，出台《中国太平洋财产股份有限公司损余、抵债物资管理暂行规定》，给理赔部门、抵债物资经办部门、行政部门、计财部门、稽核、监察部门等相关部门划分了管理权限和职责，为做好各类损余、抵债物资的收回、保管、处置及按规定向总公司的申报、审核、批准等提供了依据。同月，为加强对中心支公司的费用管控，降低费用率，完成利润目标，出台了《关于分支机构费用考核与工资挂钩的有关规定》。经分公司总经理室研究决定，为加强费用考核力度，每月对各中心支公司当月费用进行考核，并将考核结果与中心支公司的总经理室成员的工资挂钩。同月，为提高会计核算质量，加强内部控制，增强防范风险意识，根据公司对过渡性会计科目管理控制和跟踪整改的要求，出台了《过渡性会计科目使用暂行规定》，明确了在会计核算过程中，坚决杜绝擅自开支，随意挂账的不规范现象，切实做到事前有控制、事中有管理、事后有追踪，保证公司资金的安全和完整，确保公司资产的有效使用和合理安排。规定超范围的账款、超管理权限的账款、超时限挂账的账款以及虚拟挂账的账款都属于不规范挂账的范围。对其他应收款、其他应付款、预提费用、应收保费等过渡性科目的审批权限也作了明确的限制。同时，对各级计财部门对过渡性科目管理的主要职责以及分账机构对过渡性科目管理的主要职责做了要求。10月，为保证固定资产的完整和财务会计报告的真实，规范全司资产清查盘点工作，出台了《关于固定资产清查盘点的若干规定》，明确了清查盘点必须坚持全面、完整、准确等原则，由总公司布置全司统一的清查盘点工作，对分公司及各中支公司提出了编制具体盘点计划，对各级公司的固定资产盘点方法及盘点差异处理作了说明。最终要求将盘点结果反映在《固定资产盘点报告》上。

2004年2月，为加强全司统计工作质量，规范全司统计指标口径，提高统计数据的准确性和及时性，出台《2004年统计报表制度》，保证了各部门和各级领导依据准确有效的统计报表及时了公司经营状况，及时发现问题，制定相关业务政策。7月，为规范保险中介服务发票管理，印发《转发关于规范保险中介服务发票管理有关问题的通知》，自2004年7月1日起，所有中介机构手续费、经济费必须提供保险中介发票和业务结算表，不提供保险中介发票和业务结算表的，一律不予支付，并对于开具的非《统一发票》一律不予以支付。10月，出台《关于下发外汇保险业务管理补充规定的通知》。11月，出台《中国太平洋财产保险股份有限公司外汇资金管理暂行规定》，明确了分公司外汇资金实行“收入全额上划，支出按需下拨”的资金管理模式，对结算方式及使用范围、银行账户管理、资金往来管理、账户余额及未达账管理提出了新的要求。

2005年2月，按照集团公司资金管理盈利模式的指导意见以及分层次管理的基本要求，印发《中国太平洋财产保险股份有限公司资金管理规定》，在资金管理、资金预算、资金风险、资金效益等方面进行规范。同月，为规范分支机构房屋、车辆租赁行为，保护公司的合法权益，提高公司租赁房屋、车辆的管理水平，出台了《分支机构房屋、车辆租赁管理暂行规定》，规范房屋、车辆租赁的预算上报时间，以及对租赁合同的管理，并对违规行为提出了处罚措施。11月，出台《关于业务保证金有关问题的通知》，对《过渡性会计科目使用暂行规定》中其他应收款中与业务承保有关的保证金审批权限做补充规定。同月，为加强应收保费管理，降低应收保费坏账损失，出台《应收保费管理补充规定》，对车险业务、水险业务以及分期付款业务的应收保费做了要求。

太保寿险省公司财务管理

1995年8月24日，为加强长期人身保险资金管理，确保资金保值、增值，太保总公司下发《关于加强长期人身险资金管理的通知》。要求经营长期人身险的各分支机构，必须严格按人总行要求，对长期人身险业务进行单独管理、单独核算。对产寿险资金做到“三分开”，即业务分开、资金来源和运用分开、所得收益分开。收取的人身险资金必须按规定划归人身保险费收入科目。太保公司人身险核算范围为：人寿保险、健康保险、意外伤害保险三大类业务。

1995年，鉴于太保公司当时的体制，太保总公司人身保险部内设计财处，太保总公司计财部与人身险部计财处，确定为大财务与小财务的关系，总公司计财部对人身险部计财处在业务上有监督、检查、指导的职责。自1996年1月1日起，太保各分支机构将以前承保的人寿险业务和单独出单的意外险业务各项收入、支出总账户移交人身险部计财处。同时要求下属各分公司，采取措施提高资金运用效益，必须确保长期寿险资金的增值、保值，杜绝长期人身险资金闲置或长期低息存款现象。

1996年5月2日，太保总公司出台《关于人身保险财务及会计核算工作的暂行规定》。9月1日，太保总公司出台《人身险会计核算操作实务》。根据人身险会计核算特点和要求，制定了保费收入、追偿款收入核算，营业费用支出、营业税及附加费用支出核算，准备金核算，利润总额计算和损益的结转等实务。

1996年12月4日，太保总公司下发《关于一九九六年会计决算的工作要求》的通知，要求对各项固定资产、低值易耗品、库存物品进行全面盘点清查，并抄列明细表。财务部门凭已调整有关财产账目，对清理中发现盘盈、盘亏的必须查清原因，在报经批准后计入当年损益。其中固定资产的盘盈、盘亏应报同级财政专员办审批。为此太保合肥公司进行了认真地清查，总体情况较好，这是太保合肥公司实行产、寿险分账核算的第一年，初步探清了产寿险的家底和盈亏情况，也为以后的业务调整提供了参考。

1997年12月25日，为强化一个法人体制，防范经营风险，规范公司的核算和管理，太保总公司制定了《二级核算与管理暂行办法》。太保总公司是公司的一级核算主体，各级分公司在总公司授权范围内，作为公司内部的二级核算主体，组织本级公司的会计核算管理工作。各省会城市分公司在总公司的委托下，负责省内机构会计工作的管理与监督。

1998年4月11日，太保总公司下发《会计管理制度》《会计工作规则》的通知；《会计管理制度》内容有会计机构和会计人员、会计工作职责、会计人员职业道德、会计监督、内部会计管理制度五个章节，对会计部门的岗位设置、财会人员的任职条件、岗位职责、各岗位间的督促检查、财会部门的管理制度等作出了详细的规定。《会计工作规则》对会计核算体制、方式、会计原则，账务处理原则，银行账户及票据管理，会计档案等方面作出了详细的规定与要求。

1998年6月30日，太保总公司下发《资金集中统一管理实施细则》的通知，将资金集中上划至总公司统一进行运用，实行资金集中管理。自次月起，太保安徽分公司按通知要求，及时将寿险资金上划太保总公司资金调度中心。寿险分业经营后，资金集中管理力度得到加强，分公司收入户的资金必须全额直接上划至总公司，对资金实行“收支分离、收入足额上划、日常支出分批下拨、临时支出个案审批”的管理原则，实行收入户“零余额”管理，防范资金风险。

1998年7月17日，财政部和国家税务总局下文批复《关于中国太平洋保险公司开办一年期以上返还人身保险免征营业税的通知》。9月23日，安徽省国税局转发了国家税务总局《关于汇总（合并）纳税企业所得税若干具体问题的通知》。

1999年7月26日，太保总公司核批太保安徽分公司430万元的寿险专项支出额度。其中用于寿险个人营销职场租赁建设费用215万元、寿险团险营销职场租赁建设费用

100万元，寿险客户档案室建设费用55万元，寿险客户服务场所建设费用60万元。8月，太保寿险省公司分别将以上费用拨付给安庆、芜湖、淮南、蚌埠等公司。

2001年4月25日，根据太保寿险总公司的要求，安徽分公司下发《做好重要空白单证管理工作》的通知，使单证管理进入常态化，也更加严格。5月24日，分公司下发《公司财务费用管理暂行办法》，旨在加强财务管理，控制相关费用支出。7月30日，根据太保寿险总公司的文件精神，分公司下发《资金收支两条线管理实施办法》，加强资金集中管理力度，提高资金使用效果。

2001年9月14日，太保寿险总公司下发《中国太平洋人寿保险股份有限公司资金管理办法》，总公司计划财务部下设资金调度中心，全面负责资金的监控、调拨、结算等管理工作，并对分公司的资金管理情况进行考核。分公司的银行账户不再按账套进行设置，而是根据“收支两条线”原则，分为保费收入户、业务及费用支出户、代理业务专户三类，收入账与支出账开立于同一家银行。分公司建立资金管理员制度，收入户资金必须每日全额上划，实行“零余额管理”。

2002年2月1日，太保寿险总公司与中国农业银行签订《支付结算业务合作协议书》，进一步加强了公司资金集中管理，实现对账户的实时监控和资金的实时调拨，减少工作环节和手工操作。2月9日，太保寿险安徽分公司出台《新设机构筹备期间财务管理暂行规定》，规定银行账户开设要执行“先报批、后开设”的原则，必须在国有商业银行开设账户。6月24日，太保寿险总公司出台《费用及资本性支出预算控制管理办法》，实行综合费用预算控制、资本性支出预算控制、预算调整、预算执行分析等内容。控制管理实行预算管理委员会负责制，实行逐级控制，分公司计财部在预算控制管理中负直接责任。6月30日，根据太保寿险总公司要求，分公司完成“财务与业务一体化运行”工作。财务、业务一体化运行实施后，接口流程及账务处理发生变化，电脑对业务收入自动记账，财务没有暂收费的概念，只有账户余额，账务处理根据业务操作结果记账，财会人员的职责主要是核对工作。

2003年1月30日，太保寿险总公司根据一个法人体制要求，下发财务集中管理实施办法，对财务实行统一、集中的组织管理架构，在内部实行统一领导、分级管理、逐级授权的财务管理体制。按照太保寿险总公司财务管理要求，太保寿险安徽分公司制定下发《太保人寿安徽分公司财务集中化管理实施细则》。对中支公司以下机构均定为展业与客户服务机构，不进行单独会计核算，而实行报账制管理。支公司（含县级营销服务部）须配备专职的财务管理人员，乡镇营销服务部必须有兼职的财务管理人员。6月18日，太保寿险总公司下发《关于进一步提高会计核算质量和加强内部控制的通知》，就切实提高会计核算质量，保证会计信息真实、准确、完整，以及加强内部控制、防范经营风险方面作出了明确规定。7月3日，太保寿险总公司对财务集中化管理进程进行验收，检查分公司财务全面预算管理、会计核算、备用金管理、固定资产管理、重要空白单证管理及财务人员岗位设置等落实情况。2003 年 7 月 23 日，太保寿险总公司印发《电子商务账务处理流程》。8 月 31 日，为进一步细化管理需要，采用业务活动分渠道、分险种进行成本核算。9 月，根据太保集团公司统一部署，太保寿险总公司决定在全司范围内推广普华永道财务 SOP 流程进行处理。普华财务 SOP 流程共包括 11 个方面软件：日常财务处理、关账、费用、现金、银行、资金、税务、承保、理赔、保全、单证管理、代理点管理等。至 2004 年年初，太保寿险安徽分公司基本达到财务集中管理、账务处理流程标准化的目标。

2004年年初，太保集团公司推行“网上报销”和“固定资产”全面上线管理运行模式，8 月 16 日，太保寿险安徽分公司集中全省财会人员，在太保大厦，通过网络电视，进行财务 P-07 系统试运行培训。10 月 17 日，正式启用 P-07 系统软件，系统项目中的“网上报销”和“固定资产管理”全面上线运行；是年，太保寿险安徽分公司根据太保寿险总公司要求，对银行账户内容进行定期核对，形成制度，监督落实，确保了各分支机构银行账户与余额汇总系统内容保持一致，保证了资金、账户管理上的安全。

2005 年度，为加强银行邮政渠道保费资金管理，防范资金归集和划转过程中出现的风险，减少资金占用。太保寿险总公司制定了《关于进一步加强银行邮政渠道保费资金管理和费用考核的通知》及《关于印发《银行保险信息管理办法（试行）》的通知。对保费归集、保费资金的划转等作了相应的规定。

2005 年 9 月 30 日，太保总公司下发《关于加强财务集中管理的指导意见》，太保寿险总公司将会计核算和财务管理权限落实到分公司层级，并率先在太保寿险浙江分公司进行试点，太保寿险安徽分公司在 2006 年年初开始落实集中管理权限。

平安产险省公司财务管理

1994 年，平安公司初期的财务管理将寿险业务与产险业务一起核算。财务工作按照总公司制定的《中国平安保险公司财务会计制度实施细则》进行会计核算，采用了手工记账方式，包括手工填制会计凭证，手工登记各类明细账，手工计提税金，手工进行资产新增和折旧提取，手工分配工资并计提福利基金、工会经费、教育经费，手工摊销各项待摊费用，手工进行分保处理，手工登记总账。

根据平安总公司的部署，平安安徽分公司于 1995 年开始对产险业务、寿险业务实施分开经营、分别核算、相互配合、统一管理的经营管理模式，财务工作按照产险业务、寿险业务分别制定相关的核算制度和政策。

1996 年至 1998 年期间，随着公司业务的发展及内部管理的需要，平安安徽分公司下发了涉及会计人员管理及考核、财务负责人委派制、三级机构分账核算、三四级机构财务管理、财务手工账务和财务电脑工作流程、保费资金及账户管理、固定资产管理、营业费用管理考核、应收管理等多项财务制度，有效地提升了财务管理的水平和财务人员操作技能。

1998年，平安集团统一领导下的产、寿、证、投四大专业公司分设经营模式已基本确立，为了更好地贯彻集团公司制定的“统一计划、分业经营、统一领导、分级管理、统一政策、分级核算”经营管理原则，健全财务会计工作的“垂直领导、三级管理”的管理体制，规范会计行为，防范经营风险，依照《中华人民共和国会计法》《会计基础工作规范》和公司有关制度，特制定《中国平安保险公司财务部职责划分与考核管理办法》和《中国平安保险公司委派财务负责人交流制度》，后期对于此办法和制度又不断的进行了修改和完善。

1999年，平安公司强化实行城区财务集中管理模式。在同一城市各城区内原则上只设立一个财务核算部门，其他营业部或支公司采用报账制，以减少同城各业务单位的资金沉淀，强化财务风险管理。平安公司还探索预算管理优化模式，财务预算是以公司经营计划为主要依据，结合其他有关计划，全面反映公司计划年度各项收入、支出和经营成果的综合性预算，它是公司经营管理中的重要组成部分，又是进行成本控制、落实经营决策及考核经营成果的重要依据，也是指导各项财务工作开展的基本依据。

为了进一步贯彻落实收支两条线管理工作，达到控制费用支出及强化资金管理的目的，根据财政部《关于1999年起在金融企业实行费用专户管理的规定》及平安总公司财务部下发《关于修改资金考核指标的通知》，平安产险财务部制定了《中国平安保险公司产险收支两条线管理办法》，并予以下发。

平安公司财务预算的编审，按照先自下而上、再自上而下的逐级编审、调整、下达的程序进行，各分支机构根据有关数据资料，在每年的十月份编制下年度预算，上报各专业公司财务部，专业公司财务部审核、调整后报总公司财务部，经总公司财务部审核、平衡后，编出正式财务预算，下达各有关单位贯彻执行。

从1999年7月1日起，平安公司为规范会计核算，统一会计结算期间，缩小财统差异，研究决定，月度会计结算期间统一为每月1日至月末最后一日，与统计结算期间一致。

2000年，平安公司为加强单证管理工作，有效防范经营风险，在各二级机构财务部设置专职单证管理岗，该岗位以单证管理工作为主，可兼任其他工作，对该岗位的职责及考核按照文件规定执行。为加大对业务单证监管力度，保证印刷品质，有效控制印刷费用增长，平安总公司经过研究论证，决定统一系统各类单证印刷管理。从2000年8月1日起，各机构所需业务单证一律由总公司统一印制，统一单证印刷管理，加大对业务单证监管力度，促进单证从印刷到使用逐步规范，避免违规业务的发生，符合保监会对单证管理的最新要求。同时，集中印刷可以统一印刷品质，有利于树立企业形象，这对于增强公司市场竞争力，创建一流平安品牌具有重要意义。

自2000年1月起，平安公司所有工资统计工作从产险财务部移交产险人力资源部，后期工资报表和工资数据全部上报产险人力资源部进行管理。

根据平安总公司财务部对会计核算电算化的要求，自1998年起，平安安徽分公司开始实施会计核算电算化工作。至2000年，会计核算电算化工作同手工会计核算同步运行，并取得一致的财务会计资料。

2000年，平安公司全系统引进ORACLE财务管理系统进行会计核算，并在系统内设置资产、负债及损益标准科目，此系统的引进大大提高了财务人员工作效率，保障及时、准确取得报表资料，系统一直沿用至今。

2002年4月，根据中国保险监督管理委员会批复，中国平安保险公司安徽分公司正式实施产寿险分业经营。分业经营后的平安财产安徽分公司，及时对资产、负债及资本金等项目进行清查分割，按照总公司下发的分业经营改革会计规定进行相关会计处理。按照财政部颁布的《金融企业会计制度》，总公司财务部的会计核算要求，采用同国际财务管理统一的核算标准，在核算方法、核算规范上作出了新的调整，为平安保险集团的海外上市夯实了基础。

2004年，平安公司的保险业务核算采用按会计年度结算损益和按业务年度结算损益两种方法。按会计年度结算损益，即实行一年期结算损益，保险业务的各项收支，不分业务年度，均按权责发生制原则确认为当期的收入和费用，并确认当期损益。

2004年至2005年期间，公司上线CMS"资金管理系统"，主要有公司内部的资金管理及与银行的交易两个主要部分，是构建整个集团大集中关键的基础平台，是自动触发整个经济活动财务端的开始，是整个系统资金管理的统一通道。CMS大幅提高资金的集中度、安全性，对资金进行有效的动态、静态管理，有效促进公司内部系统大规模的整合，建立起公司本身支持大集中的整个系统平台。其主要特点为：账户集中、资金流集中、信息流集中、管理集中等。

2005年开始，平安总公司启动了财务集中项目，在上海成立后援中心财务作业部，安徽省分公司按照集中进度上线费用报销影像系统，所有费用报销实行扫描集中支付，扫描系统提供录入、修改、查询报销登记等功能。机构扫描人员通过扫描操作系统将费用报销单据的相关信息及图片上传，由后援中心会计根据报销单信息进行费用账务处理。分公司围绕完善制度、夯实基础、强化管理、成本控制的思路部署各项财务工作。为严肃法纪，督促公司机构及员工遵纪守法、规范经营，促进公司持续、稳定、健康发展，根据国家有关法规、公司内部管理制度及经营管理实际情况，集团公司在原有制度的基础上，制定了《"红、黄、蓝"牌处罚制度》。财务管理工作重点为：完善公司内部各项财务会计制度的建设和执行；强化财务基础工作，促使会计工作达标升级；全面实行费用预算管理制度，规范费用预算，严控费用支出；健全各项数据分析，完善财务考核；加强“应收保费”管理工作，清理催收长账龄应收；清理银行账户，加大资金上划力度，保证保费资金安全；加强有价单证管理；强化办公职场租赁装修、资产购置等申报审批工作；分公司于 2005 年落实上级单位会计达标考核工作 ，以会计达标为标准流程，加大对三、四级机构现场检查，全面提高了分公司及所辖机构的财务管理水平。

平安寿险省公司财务管理

根据相关法律、法规和监管部门要求，结合平保公司具体情况，公司制定了财务会计制度。经过长期的宣导和推广，公司各级人员对内部控制建设的必要性和重要性有了深刻认识，逐步建立了事前防范、事中监督、事后纠偏的风险管理机制。

财务处理系统：平保总公司已建立稳定、高效、安全的财务处理系统，并制定财务处理系统的管理规章、操作流程、岗位手册和风险控制制度。财务处理系统与业务处理系统实现数据共享与无缝对接，确保各项业务活动得到及时、准确的反映。

财务控制制度：平保公司通过相互关联、相互牵制的财务流程，将内部控制融为财务管理中具体可操作的方法与程序，保证了严谨的财务控制制度。实行全面预算管理，建立预算制度，对预算的编制、执行、分析、考核进行明确；及时分析和控制预算差异，确保预算的执行。将财务管理工作贯穿于各项业务活动的始终，防范经营风险和财务风险。建立分层级的财务监督体系，保证会计信息的真实性和准确性。

授权审批制度：实行严格的授权审批制度，强化对权力的监督和制约，严防权力错位和失控。在工作中注重把决策、执行、监督三权相互制衡的原则落到实处，通过明确各类经济业务的授权批准程序、界限和责任，不仅发挥了授权制度对经营管理成效、管理行为高效监督的作用，而且保证了授权经济业务的工作质量。

职务牵制制度：单独设立财务会计部门，配备专职财会人员，合理设置岗位，明确岗位职责，严禁兼任不相容岗位，实行定期或不定期岗位轮换。

账务处理程序：建立并实施规范的会计核算流程，依据真实的经济事项进行账务处理，对账务处理全过程实施有效的控制，实现账账、账实和账表相符。

有价单证管理：为规范有价单证管理，明确有价单证管理职责，按照对有价单证进行管理风险管控和成本管控的原则，公司制定了有价单证管理制度。并借助公司单证管理系统对单证入库、领用、回销、库存、销毁等各项工作进行全面管理，并采取相关考核和惩罚制度，有价单证的管理风险得到了严格并有效的管控。

财务核算管理：保险公司核算会计是以货币为主要计量单位，采用专门的方法，对保险公司经营过程及其经营结果进行连续、系统、全面、综合、准确的核算和监督，并向公司投资者及其他利益人提供会计信息的一门专业会计。在业务核算方面实行了业务分类核算，准备金的计提方面从传统的计提方法到按照新额2号解释，按照新的规则计提准备金。在会计自动化方面从传统的手工账务处理到财务的业务系统相对接，实现了高度集中。

成本费用管理

手续费管理：明确了手续费支付审批流程，手续费发票确定为《保险中介服务统一发票》，手续费发票的取得必须符合税务局的监管要求，保证发票合规有效。明确了总对总项目转账手续费结算方式，规范手续费入账流程。宣传费管理：按照科学合理计划、预算透明、协同管理的办法，改变了过去管理单一、计划单一的方法，实现宣传费用的有效投入使用。固定资产折旧管理：《企业会计制度》规定，企业应当根据固定资产的性质和消耗方式，合理地确定固定资产的预计使用年限和预计净值，并根据科技发展、环境及其他因素，选择合理的固定资产折旧方法，即合理的折旧政策。按照管理权限，折旧政策需经股东大会或董事会、经理（厂长）会议或类似机构批准。同时，按照法律、行政法规的规定，须报送有关各方备案，并备置于企业所在地，以供投资者等有关各方查阅。企业已经确定并对外报送或备置于企业所在地的有关固定资产预计使用年限和预计净残值、折旧方法等，一经确定不得随意变更，如需变更，应仍然按照上述程序，经批准后报送有关各方备案，并在会计报表附注中予以说明。公司遵循企业会计制度对固定资产的折旧方法、残值率、折旧率、折旧年限进行确定。营业税管理：按照规定，保险公司开展的一年期以上返还性人身保险业务的保费收入免征营业税。根据规定，从2004年4月1日起，按期征收的营业税起征点由2500元／月提高到5000元／月，达不到起征点的，一律不征收营业税。

利润分配管理：根据《跨地区经营汇总纳税企业所得税征收管理暂行办法》，实行“统一计算、分级管理、就地预缴、汇总清算、财政调库”的企业所得税征收管理办法。二级分支机构及其下属机构均由二级分支机构集中就地预缴企业所得税；三级及以下分支机构不就地预缴企业所得税，其经营收入、职工工资和资产总额统一计入二级分支机构。企业所得税税率由33%调整为25%。

财务改革管理：针对市场变化，1998年平安提出"以效益为中心"的经营理念，采用KPI管理模式，找到了关键业绩指标。

天安产险省公司财务管理

天安保险省公司对财务管理的模式是：通过加强会计核算，实现增收节支；通过加强费用管理和资金管理，不断加大资金管理力度，坚持对周转金的管理、资金上划、资金运用、营销业务资金管理、资金监管措施及处罚规定等，提高使用效益；通过建立完善业务分析系统、业务分析制度、统计制度，为业务发展提供决策依据，同时实现对业务进展有效监控；实行财务负责人委派制度、财务通报制度、重大事项报告制度；

制定机构开办费支出管理规定、资金收支管理规定、财务预算管理规定、财务印章管理规定、发票管理规定、营业外支出管理规定等多项相关规章制度。

2003 年 5 月 1 日，天安保险总公司在全国各机构启用新一代金算盘财务软件系统，并下发了具体的财务系统操作管理规范，宣告公司财务由手工记账与财务软件并行转变为会计电算化时代，该系统具有较高的数据记录、保存、分析能力，确保公司财务数据准确性、时效性与集成性，提高公司财务工作效率，同时该系统能够及时、多方位导出财务分析数据，满足公司经营管理需求，为公司现代化经营管理提供有力支持。

2004 年 1 月 1 日，天安公司启用建行网银管理系统，取消日常现金结算方式，公司资金上划、员工费用报销、赔款支付均通过网银进行。网上银行的使用通过信息系统的模式化进行管理。对公司资金使用实行分级负责、逐级审批，避免未经授权使用资金情况的发生。

2004 年 8 月 30 日，天安总公司下发《关于设立赔款专户等财务管理事项的通知》，确定了公司资金收、支两条线的管理模式，该管理模式确立了公司保费收入户、费用支出户和赔款支出户三种基本银行账户使用类型，明确区分费用和赔款各自作为单独资金使用类型进行归口管理，有效提高资金预算管理，方便各级财务会计核算以及对三级机构资金使用监管。

新华保险省公司财务管理

2002 年，为规范银行账户开设手续，防范资金管理风险，新华安徽分公司严格执行总公司《关于加强资金管理有关事项的通知》。推行“一收、二支”管理模式。实行“收、支两条线”，收取的保费必须归入保费收入户，并定期上划总公司；经营中的各项费用支出及资产购置从费用支出户支付，保险业务支出从业务支出户支付，费用支出户及业务支出户的资金按月向总公司申请，并按月考核资金计划的准确性。

根据监管部门相关管理规定及保险公司会计制度关于退保金的核算规定，2004 年 9 月开始，新华保险公司短期险的退保业务无论是否超过犹豫期，将短期险的退保金业务作为犹豫期内退保业务来进行账务处理，冲减保费收入。2005 年，新华公司财务以实收保费来确认续期保费收入的入账金额，新核心业务系统上线后，财务每月末将已到收费对应日，但没有收到保费的部分确认为续期应收保费，次月初再冲销这部分数据，这样既能保证业务数据的完整性，又满足了公司内部对业务考核的需求。从 2002 年至 2004 年 10 月期间，公司固定资产一直按零残值率来计提折旧，自 2004 年 11 月起，SAP 新财务系统上线后，即改为按 5% 的残值率来计提折旧。

根据《关于降低金融保险业营业税税率的通知》规定，从 2001 年起，新华公司分三年将金融保险业的营业税税率从 8% 降低到 5%。2002 年，公司在向地税缴纳 5% 的营业税及其附加的同时，另向国税缴纳 1% 的营业税及其附加，从 2003 年开始不再向国税缴纳营业税及附加，只需向地税缴纳5%的营业税及其附加。

泰康人寿省公司财务管理

泰康人寿财务负责人施行委派制，分公司财务负责人由总公司计划财务部直接委派，各项财务工作直接对总公司负责，并接受总公司的各项考核；各级中支公司的财务负责人由分公司计财部施行委派，直接对分公司计财部负责，并施行财务岗位定期轮换制。

2004年泰康人寿全系统通过ISO9001的认证，成为业内通过此项认证的寿险公司。财务管理内部控制也是ISO9001认证检查的一个方面，以后随着每年都将接受ISO9001认证机构的检查，泰康人寿合肥分公司财务管理水平也进一步得到了提高，相关的内控流程和机制也将不断地得到完善和加强。2005年12月底，完成SAP财务管理信息系统的上线。

计划财务部的主要职能：

承担着公司会计核算和会计监督的工作。贯彻执行国家颁布的会计准则、财经制度、税收法律，制定适合分公司实际情况的财务管理办法并组织实施。部署、指导分支机构各项财务管理工作，协调处理公司与保户、职工以及政府职能部门的内外部财务关系；

组织协调公司的预算编制、指标考核、费用控制等工作，保证资源的有效配置和助力利润目标的达成；

负责公司法定财务报表和各项内部财务报告、财务分析报告的编制和上报工作，为信息需求者提供准确、及时的财务信息；

负责各项资金的收支和运用管理，保证资金的安全完整，提高资金的使用效率。

2002—2005年泰康安徽分公司财务部员工数量、凭证数量、上缴税收统计表

表3–1–10

年份	员工数量	凭证数量	上缴税收
2002	4人	160册	120369.91元
2003	6人	231册	2285109.97元
2004	10人	363册	3071585.55元
2005	11人	378册	3641850.62元

核算管理：为了规范公司的财务行为，加强财务管理和经营核算，分公司于2003年按总公司修订的《泰康人寿保险股份有限公司会计核算办法（2003版）》进一步完善和细化相关核算规定。主要补充了银行保险业务收入的核算、手续费支出的核算、

退保的核算、满期给付的核算、年金给付的核算、死伤医疗给付的核算、赔款支出的核算、营业费用的核算、资产核算、负债的核算、系统往来的核算、利润的核算。2004年，总公司下发了《泰康人寿保险股份有限公司分业务系列会计核算管理暂行办法》，在原部门项目核算的基础上增设16系列项目核算。进一步规范和细化分业务系列项目核算损益类会计科目设置，将会计核算涉及的业务系列分为四类：营销系列、团险系列、银行保险系列和待摊系列，各分支机构根据实际情况将本机构分为业务部门和公共资源部门，业务部门的营业费用直接进入业务系列核算，公共资源部门的营业费用通过费用分割进入业务系列项目核算，使各业务系列的费用及损益更加真实、准确。

资金管理：为加强公司资金的管理，保证公司重大投资项目和正常业务资金需求，减少沉淀资金，确保公司资金的安全性和效益性，使资金管理工作有章可循，责权明确，促进资金管理工作向制度化、规范化方向发展，总公司制定了《泰康人寿保险股份有限公司资金管理制度》，施行“收支两条线”的管理原则，对保费的收取，业务、管理费的支付，账户的设置，现金的支取，保费收入的上划以及银行存款余额的控制等作了详细具体的规定。

单证管理：有价单证是寿险公司确认收付款项的重要依据，直接影响保险双方的利益和公司信誉，对有价单证视同现金管理，从规范业务流程、强化责任意识出发，制定相应的《有价单证管理制度》。公司规定泰康人寿各级机构设有专门的单证管理岗位，配备专业管理人员，负责有价单证的验收入库、库存保管、月末盘存、发放领用、清点回收及作废单证的回收处理工作。每月逐级上报有价单证清理报告，同时规定有价单证不得私自印刷，均由总公司统一制定发放，分支公司需要时由财务部向总公司申请，且有价单证的管理作为分公司财务经理考核的重要部分之一。

财务管理：为规范泰康人寿保险股份有限公司的财务行为，加强财务管理和经济核算，改善经营管理，提高经济效益，保证股东利益，根据财政部《企业财务通则》和《保险企业财务制度》，结合公司的实际情况，制定《泰康人寿保险股份有限公司财务管理制度》，明确了财务管理各方面的职责，同时制定业务系列核算，资产、职场、各级分支机构会计核算等规则，规范财务行为；同时制定了一系列内部牵制制度，会计工作上施行授权分权、监督制约、账务核对及安全谨慎四大原则，明确组织分工与职责权限，并施行奖惩制度；费用施行预算制，费用的支付必须在预算的控制范围内，大额费用实行签报制定；完备各项支付流程，统一全省各级机构柜面支付手续，各项支付施行交叉复核；设立现金、转账支票登记簿，定期进行现金的盘点以及银行账项的核对。

制度体系建设：分公司计划财务部通过制度建设、流程管理和岗位牵制避免风险发生。在制度建设上，既有总公司比较健全的资金、单证、费用、预算等基本管理制度和流程，分公司也结合当地实际制定了相应的财务管理制度和实施细则。

2005年9月，总公司计财部出版印刷了内部教材《财务管理与会计实务》，它的出版，标志着泰康财务系统的培训工作开始系统化、标准化和制度化。对分公司基层财务人员的财务知识是一次普及式培训。

稽核审计检查制度：泰康人寿在全国范围内设有地区稽核办，每年对各分支机构的经营状况和存在的问题进行轮流稽核检查；随着业务发展、干部的交流，泰康人寿安徽分公司财务部也逐步建立稽核审计制度，定期对所辖中支机构负责人在任职时间以及离任后的机构负责人进行必要的经营状况稽核审计；同时对各级机构的财务工作也建立定期的财务检查制度，保证业务活动的有效进行，保证资产的安全和完整，防止、发现、纠正错误与舞弊，保证会计资料的真实、合法、完整。

华安产险省公司财务管理

华安产险公司分支机构财务负责人实行总公司委派制，接受总公司计划财务部垂直领导和所在机构双重领导，其他财务人员的聘用须经总公司计划财务部审批、报备。严格执行总公司各项财务管理制度，各分支机构设立计划财务部，分公司对下属机构的财务管理实行集权式垂直管理，逐级授权。华安公司财务负责人委派三级营业机构财务负责人，并授予其一定权限。三级营业机构财务负责人对其财务工作质量负责。分公司计划财务部负责下级委派财务负责人的考核工作，采取指标评分、现场考核及考核问卷的方式进行。分公司人事行政部、计划财务部根据考核结果确定聘任、调整和奖惩。各级财务利用财务会计资料，对所在机构的经营进行预测、考核、核算、分析等各项工作，将有效的会计信息及时向公司决策层反馈，提供改善经营管理依据和措施。

2005年9月29日华安省分公司出台了《费用管理办法》《保费收入确认、应收保费核算细则》《保费专用发票管理规定》《财务授权管理规定》《查勘费管理办法》《有价单证管理办法》《退（减）保费、手续费支付管理办法》《资金管理办法》及《会计档案管理办法》。

根据华安总公司《费用管理办法》的规定，华安省分公司明确费用支出的审批流程，合理运用资金，强化费用管理，提高工作效率。费用年初下到各部门，要求各部门严格控制费用支出，做到在预算指标内节约使用，不得超支。

依据华安总公司《保费收入确认、应收保费核算细则》的要求，规范保费收入确认及应收保费的核算管理。保费收入确认是以“权责发生制”为原则，保费收入的收付费系统处理，是按保费收入确认原则及金额标准，进行电脑系统确认。当保险合同生效并承担了相应的保险责任时，确认为当期的保费收入。通过对预借发票的流程管理实现对应收保费的控制及管理，按照规定使用“业务系统”出具保险单，严禁不通过“业务系统”出具保险单，杜绝任何形式的手工保险单。

有价单证管理、保费专用发票管理：华安省分公司计划财务部设立有价单证管理岗，明确计划财务部负责人为发票管理的第一责任人，同时设立发票管理专岗，由一名会计担任，以保证管理到位，责任到人，统一管理有价单证。各级机构专门设立发票管理员岗位，业管部指定的出单员为有价单证的使用责任人，指定出单员向计划财务部报备，岗位人员变动时按规定办好交接手续。加强过程控制，明确规定发票的入库、出库、核销和使用，以及发票遗失的惩处办法。

对业务经营活动中形成的会计凭证、会计账簿和财务报告等会计核算专业材料，包括保存这些会计核算专业材料或数据的磁盘、磁带、光盘等介质归会计档案管理，明确规定会计档案的归档、保管、移交、调阅和销毁期限。保管期限分为永久保管、保管 25 年、15 年和 5 年。

退（减）保费业务、手续费支付处理办法：华安省分公司明确规定退（减）保费必须真实、合法，批改手续必须完备。业务适应范围是减少承保金额、减少保险责任、降低风险程度、缩减保险期限等导致需要退（减）保费的业务。手续费是指向保险代理人支付的报酬和费用。手续费计提必须合法，依据必须真实，手续必须完备。直销保险业务不得对外支付代理手续费。设置退（减）保费业务和财务付款控制流程、手续费支付控制流程，以及业务和财务数据控制流程。

华安省分公司对资金管理实行“集中管理、统一调拨、统一运用，严格执行收支两条线”的管理原则，明确资金管理范围和责任，建立资金管理员制度，加强现金收入和支出的管理、库存现金的管理，完善和落实全面预算及财务收支两条线管理。保障资金的安全性、流动性，提高盈利性，防范和化解财务风险。加强银行存款账户管理，开设支出户、收入户和专用账户，明确规定公司保费收入的收取及上划程序，以及资金的申请、下拨与支付。建立大额资金支出登记备案制度，对一次性支付金额超过 10 万元（含）以上的资金（包括付现和转账等形式），须填写《大额资金支付登记表》，每周汇总上报总公司计划财务部备案。

2005 年 11 月 8 日，华安省分公司出台《关于进一步规范公司印章管理的通知》，各机构所有印章（包括行政公章、财务专用章、业务专用章、机构负责人签名章）由分公司统一刻制。各机构所有印章由专人保管，且必须与安徽分公司人事行政部签订《印章保管责任书》，印章使用必须严格履行审批和登记手续。各机构总经理为印章管理的第一责任人，印章保管人为直接责任人。

2005 年 12 月 28 日，华安省分公司制定了《资产管理规定（试行）》，提高资产利用效率，降低经营成本，对资产进行全面清理，登记入账。华安安徽分公司本部由人事行政部、计划财务部负责落实，三级机构由机构负责人负责落实，驻安徽分公司稽核监察部全程监督与指导，检查资产清理情况和管理水平。

中国信保合肥营业管理部财务管理

2004年10月，信保合肥营业部制定了会计、出纳岗位职责；出台《营业费用管理实施细则》《职工借款暂行办法》《货币资金及银行支票管理规定》《资金管理暂行办法》《保费发票管理办法及实施细则》《费用预算编制及管理暂行办法》和《实物资产管理规定》等规章制度，明确会计、出纳岗位职责，财务管理逐步走向规范化。

2004年11月，信保合肥营业部财务单独建账，实行“统一管理、预算划拨、收支两条线”的资金管理体制。每月6日前将收入类账户余额汇缴到总公司指定账户。对于支出类账户、费用专户资金，信保总公司通过电子汇划系统定期拨付。同年，财会开始实行电算化管理，使用金蝶K3系统做账，按照出纳、会计核算、财务管理、外部查询类四个模块设置相应权限；系统管理员由信保总公司财会部指定专人担任，会计软件人员设置及权限由总公司系统管理员负责。银行账户按币种开设美元、人民币的收入、支出账户，各账户资金不得混淆使用。为加强资金管理内部控制，坚持现金管理“五不准”，即严格执行库存现金定额，不准超定额存放现金过夜；不准单人提取大额现金；不准坐支现金；不得白条抵库；按规定应进行转账结算的业务，不得使用现金结算。坚持“钱账分管”原则，会计、出纳岗位分别由两人担任。建立财务专用印鉴管理制度，财务专用章和名章分别由两人保管。信保省级分支机构无资金运用投资权。

防灾防损

防灾防损是保险公司依据《中华人民共和国保险法》等法律法规及保险合同约定，利用各方面力量和技术手段，通过检查、发现隐患、督促协助投保单位或个人消除灾害、防患未然，降低风险事故发生概率或减少灾害损失程度，达到维护保险标的的安全。

人保省公司防灾防损

1991年4月15日至19日，人保总公司在云南昆明召开全国防灾防损工作会议，总结防灾防损工作经验，研究安排当年防灾防损工作。会议要求各级公司要加强防灾防损工作机构和人员的配置，强化风险管理，积极稳妥地探索农业保险防灾防损工作途径，进一步做好防灾防损的安全技术服务工作，大力开展防灾防损的宣传工作。

人保公司要求防灾防损宣传要做到经常性、普及性、形式多样，采用通俗易懂的防灾防损宣传，使保险当事人双方都树立风险和防范意识。对保险标的隐患、危险程度进行评估，制定防范措施。主动配合或参与政府安全部门（如消防、防汛、交通管理、安委会等）及行业主管部门进行安全检查；若保险标的发生重大事故，工作人员要及时到达现场，了解灾害情况，控制灾害蔓延，减少财产损失。对已造成的事故损失，应及时分析灾害事故发生的原因，掌握灾害事故发生的特点和规律，提出今后的救治措施和防治对策。

1991 年 5 月，面对安徽省内连续发生的降雨形势，人保省公司根据气象变化，分别于 6 月 10 日和 13 日，两次拍发电报，向基层公司紧急部署了防汛救灾工作。各级公司成立了防汛抗灾领导小组，建立了 24 小时值班制度，组织人力对面临洪水威胁的保险企业进行全面的检查和督促，协助企业对保险财产采取必要的防范措施，以最大限度减轻损失。洪涝灾害发生后，人保省公司于 6 月 16 日召开紧急会议，具体研究防洪抗灾工作，紧接着又召开全体干部大会进行动员，从机关抽调干部组成 6 个工作组到重灾区帮助工作。各市、县支公司在汛期来临之后，主动开展了以防汛防损为重点的防灾安全检查，对位于低洼地区和危险地段的企业进行了防汛安全检查，督促有关保户认真做好防范工作，部分公司还向保户发出了关于做好防汛工作的书面通知，把防范措施落到实处。人保公司全省共组成 400 多个查勘小组，奔赴受灾企业、农村进行查勘、施救和定损赔付工作。

人保各地、市公司自 1993 年起，形成定期上门制度，公司主要负责人每年都至少走访大保户两次，同企业领导、安全部门负责人进行座谈，在安全防灾等方面出谋划策，为企业在生产、经营等方面做好全方位的保险服务工作。

1987 年 3 月 9 日，国家经济委员会、交通部、农牧渔业部、公安部、财政部、工商行政管理局、中国人民保险公司、旅游局 8 个部门，联合发文《关于加强乡镇船舶安全监督管理的调整》，要求从事营运的乡镇船舶的所有人或经营人，应办理船舶和运输保险，降低可能发生风险的损失。7 月 31 日，人保省公司与省公路管理局共同召集芜湖、安庆、铜陵、贵池、凤台、颍上 6 个地区的公路、轮渡管理所与当地保险负责人座谈会，研究进一步做好全省公路渡轮承保和防灾防损工作。10 月 8 日，人保省公司与省公安厅联合签发文件，要求在全省上下联合开展交通安全大检查。这是第一次在全省范围内与公安部门联合开展的安全检查，且留存现场照片。通过检查发现了安全隐患，检查组向当地政府与安全委员会作了汇报，嗣后在当地政府重视和督促下，落实了改进措施，杜绝了可能发生的风险。

1988 年，为贯彻省政府提出的“用三年时间抓好安徽省安全生产基础工作”的精神，人保省公司于 5 月与省经委、省公安厅消防总队联合举办全省大中型企业的专职消防人员、安全科长、防灾人员、保险公司人员参加的培训班，参训人员达 420 多人，邀请了长沙保险管理干部学院教授讲防灾防损、安全救助等知识，增强了参学人员和相关领导对安全工作的重视，提高了其安全管理水平。12 月，人保公司与省经委在省委党校举办全省大中型企业、厂（矿）长和经理学习班，共 8 个月时间，分两个批次，学习保险基础知识，增强企业转嫁和抗御自然风险的能力，提高了各企业领导层对企业安全工作的重视和对企业参加保险重要性的认识。

1988—1990年，人保省公司主动与省安委会、省公安厅、省经委等有关部门配合，出动2400多人，对全省7500多个用车单位的384156辆汽车进行规章制度、车辆维修保养、驾驶人员安全教育、车况、车貌等安全检查，查封属报废汽车81辆，查出证件不齐372辆（限期办齐），查出无牌号、无行车证、无年审记录的108辆，提出整改意见968条，达到了控制或降低事故发生的目的。1988年至1990年期间，人保合肥市公司在每年汛期到来之前，主动联系合肥市防汛指挥部门，对重点单位防汛情况，进行全面的检查指导和帮助，人保合肥市公司先后投入53.6万元，并会同相关单位筹措资金，兴建和改造低洼区水泵站，从根本上解决市五金厂、航运局、大通路街道等一带行洪问题，减少了灾害发生，保障了以上地区厂矿的生产和群众的生活。1989年大洪水赔款只有45万元，1990年，只有6个企业受灾，赔款仅12万元。人保芜湖市公司在防汛期间，对保险金额50万元以上的409个保户，或近3年遭受过暴雨洪涝灾害损失的169户家庭财产进行防灾安全检查，发现重大隐患102处，并为存在隐患整改资助防灾费36万元，受到保户的赞扬，也为后来的防灾发挥了作用。人保马鞍山公司在汛期前，抢救保险财产3600万元，减少经济损失2960万元。1988年，人保公司向马鞍山钢铁公司材料库资助防灾费20多万元，进行防涝。铜陵市临靠长江边，内涝时有发生。每年汛期来临时，人保公司积极配合当地政府及防汛部门开展汛前检查，为市木器厂转换、架高产成品，价值30万元，避免了损失。1989年，蚌埠市保险公司投资20万元，改造蚌埠卷烟厂排水管，增大水流量，300立方米的消防池面积改为600立方米，增大一倍，解除了内涝灾害带来的威胁。

1989年，人保省公司与省防火委员会在全省进行消防法规和财产保险合同条例执法检查，共检查重点防火单位210个，发现隐患9000处，对已发生的各类火灾事故和违反规定的行为进行了处罚，对13个未投保或投保不足的一级防火单位提出了尽快投保或足额投保的要求，之后有82%以上的隐患单位进行了整改。

1989年5月，来自全省16个地市、66个县支公司共126个学员，参加人保省公司举办的专（兼）职防灾干部学习班，为期25天，学习班邀请公安消防和人保省公司的领导讲解防灾救助知识，力求做到业务发展的同时，始终要警钟长鸣，安全重于泰山。

1990年，人保省公司配合省安委会、省消防总队等部门，为解决淮蚌22万伏高压线路的安全隐患问题，投入人民币50万元，使多年未能解决的重大隐患得到彻底解决，保证了华东电网安全供电，保证了保险财产安全。

1991年4月15日，人保总公司在云南昆明召开全国防灾防损会议，要求各地人保公司要积极探索农业保险防灾防损工作途径，大力开展防灾防损的宣传工作，进一步做好防灾防损的安全技术服务工作。是年，对被国家通报安徽省的十大隐患之一的淮北濉溪22万伏淮蚌高压线路隐患、巢湖尼龙厂滑坡隐患，人保省公司在防灾费十分紧张的情况下，给予资金支持，配合省政府和安委会进行整治。

1991年5月中旬至7月，安徽省江淮之间以及沿长江部分地区遭受特大暴风雨的袭击，沿淮地市发生严重的洪水灾害，使该地区房屋和各类财产受损。人保省公司对洪水造成的灾害作出全面的应急措施，全省及时组织400多个查勘小组，奔赴受灾企业、农村进行查勘、施救和定损工作。并及时下发《关于加强汛期防灾工作的通知》《关于企财险大面积洪水、暴雨灾害理赔时应掌握的原则和注意问题》和《关于当前大面积水灾理赔中应进一步明确的几个业务问题》等文件，指导抗洪救灾和查勘理赔工作；同时又于6月10日和13日，两次电报询问灾情，部署防汛救灾工作，要求各级公司建立24小时值班制度，发现大的险情和特殊情况应及时上报。10月19日，安徽省保险系统抗洪救灾表彰大会在合肥隆重召开，安徽省委书记卢荣景及赵保星、郑锐、应宜权、汪涉云、陈兰志、卞国福、汪斌等省领导出席了大会。人保省公司总经理戴藏忠主持会议并讲话，安徽省总工会主席卞国福宣读了授予寿县支公司副经理“五一”劳动奖章决定，人保省公司副总经理陈冬至宣读了省公司表彰全省保险系统抗洪救灾30个先进集体和96名先进个人的决定。安徽省委书记卢荣景和其他省领导向各地、市公司代表颁发了荣誉证书和奖品。副省长汪涉云作了讲话。

1992年，为了做好拖拉机保险的安全防灾工作，人保公司按实收保险费的3%提取代理手续费交代理单位，并对未发生赔款的拖拉机按实收保险费的一定比例，提取费用交农机部门，用于安全防灾工作。4月20—23日，人保总公司在宁波召开的全国防灾防损工作会议，强调防灾防损工作是保险的三大职能之一，应当与经济补偿职能、资金运用职能处在同一位置上。其后，人保省公司在全省全面落实该项工作。5月，人保总公司下发《中国人民保险公司关于集中部分防灾费的通知》，规定自1992年起，各分公司每年按上年保费收入提取防灾费（包括财产险和人身险）的5%上划总公司，作为总公司根据各分公司的实际需要，进行适当调剂以及开展全国性防灾宣传以及重大安全检查活动使用。

1993年3月10—15日，人保省公司帮助蚌埠烤烟厂加快更新消防设备材料，增强其消防安全能力，拨付5万元防灾费用于购买消防车和消防器材；给省交警总队拨付7万元购买一批通信器材；向阜阳市政府拨付4万元用于购买交通安全标志牌；拨付蚌埠铁路分局和池州地区公司防灾费，用于投保企业添置防灾设施。4月15日，人保省公司下发《关于印发“搞好大中型企业保险工作的意见”的通知》，对部分续保企业，根据情况，给予防灾费、安全奖、费率优待奖励，用于企业的防灾防损等。对连续无事故的保险车辆，给予保费折扣返还，最高达20%。5月11日，人保省公司下发《关于做好今年汛期防灾防损工作的紧急通知》，要求各地、市、县公司要切实加强对防汛工作的领导，做好防大汛抗大灾的准备，认真做好保险财产汛前防灾检查，建立值班报告制度。

1994年11月，人保省公司拨付2万元防灾费给蚌埠固镇县消防中队购买消防设备；向阜阳市支公司拨付9万元防灾费，为该市22家大中型企业购置一批防灾器材。1994年年底，人保总公司制定下发《中国人民保险公司财产保险防灾防损工作规范》，对标的验险、档案建设、安全检查、数据库、课题研究、宣传教育、组织机构、人员培训、防灾费使用管理报告制度等方面都作出具体而全面的规定。

1995年，人保省公司防灾防损重点是与省烟草公司联合下发《关于进一步做好省烟草系统国有财产保险及安全防损工作的联合通知》，要求对烟草系统财产保险及安全防范工作作出安排和部署。与省纺织厅继续开展"安全、防火、保险"目标管理活动，与省石油公司在全省开展以"安全、保证"为主题的防灾防火活动。同时向省消防总队、安徽省灾害防御协会、安徽省交警总队、马钢总公司、安徽省石油公司等单位支付防灾费50余万元。5月13日，人保省公司下发《关于做好今年汛期防灾防损工作的通知》，要求各级公司认真检查重点保户防洪措施的落实及整改情况，及时消除隐患，不留死角。

1996年，人保省公司根据全国防灾防损会议精神，结合全省实际，提出了下年度全省防灾防损工作意见，要求各级公司增强风险管理意识，加强防灾防损工作。加强与消防、公安、安委会、气象、防汛等有关社会防灾减灾职能部门的联系，每年参与一定的防灾减灾宣传和安全检查等活动。

1996年6月中旬至7月下旬，安徽省部分地区遭遇了罕见的洪灾，人保省公司在灾情面前，召开紧急动员会议，通过内部传真电报下发《关于做好当前抗灾理赔工作的紧急通知》，对汛期抗灾理赔工作作出紧急部署，组成多个查勘定损小组，及时进行救灾和查勘理赔工作。12月，人保省公司主动联系安徽省安委会、安徽省减灾协会、消防协会等社会团体，以及安徽省消防总队、安徽省商业厅、纺织厅、安徽省石油公司等部门，积极做好社会防灾减灾竞赛工作，共同举办了"119"消防日万人签名活动，协助省局各厅、省石油总公司在全省范围内开展安全防火检查。贯彻人保总公司召开的全国防灾会议精神，为1997年提出了防灾工作意见，制定下发《一九九七年防灾防损工作意见》，对当年入冬防火安全检查及下一年的防灾防损工作，提出要求并作出具体安排。1996年人保公司向淮河董峰湖、蒙洼段、南润段等行蓄洪区支付赔款和施救费共894万元；同时，各级财险公司积极参与献爱心、送温暖、赈灾济贫、捐资助学等活动，全省累计赞助支出400万元。

1997年，为了加强防灾防损工作，人保省公司成立以总经理刘政焕为组长的防汛领导小组，负责领导全省财产保险公司系统的防汛防灾工作，配合有关部门开展以安全生产、防灾防汛为重点的检查活动。宁国市等支公司在汛期来临前，根据上级公司的要求制定了防洪防汛预案，建立了防汛检查责任制，对维护保险财产的安全发挥了重要作用。

1998 年，安徽省大部分地区多次遭受强暴雨袭击，八百里皖江全线超警戒水位 88 天。人保省公司根据汛情变化，先后下发 5 个通知，就防灾工作作出安排部署，大批企业财产由于采取了建筑防洪堤坝、疏通排水通道、转移或垫高存放物资等措施，避免和减少了灾害损失。全系统转移、抢救保险财产价值约 73400 余万元。

1999 年，人保省公司下发《关于加强沿淮各地汛前洪水风险防范、保险责任控制的通知》，对防汛防洪工作作出部署。6 月 20 日前，全省各地、市公司对较大的承保标的以及处于地势低洼、易发生洪涝灾害地区的企业，开展了风险检查工作；另外，人保总公司将安徽省黄山市祁门县公司列入鄱阳湖水系防洪协作网成员单位，建立互通防洪信息情报网络。6 月 29 日，人保江西景德镇公司由于得到人保安徽祁门县公司水情情况传真，赢得宝贵的 7 个小时施救时间，转移保险财产近 3 亿元，减少保险财产损失上千万元。灾后，人保江西景德镇公司深有感触地称“一条信息值千金”。

2000 年 1 月 6 日，人保省公司下发《关于转发“中国人民保险公司农业保险业务系统管理办法”的通知》。要求按照公司有关规定制定防灾预案；对于风险较高的标的，签定保险合同时要签定防灾协议，并及时检查协议执行情况。5 月 19 日，人保总公司在安徽省蚌埠市召开淮河流域的河南、安徽、江苏三省人保分公司防洪协作会议，确定淮河流域防洪协作网正式建立并开始运作。6 月 21 日，人保省公司向蚌埠、阜阳、宿州、六安、淮南、亳州、寿县、蒙城支公司印发《关于转发总公司“淮河流域防洪协作网实施方案”的通知》，通知要求上述公司按照实施方案的要求，认真负责地做好此项工作，人保省公司将在近期对网络运行情况进行模拟演练，检查网络运行情况，要求各公司要认真落实，严格责任制，维护人保公司的整体利益，力争减少保险财产的损失。凡参加防洪协作网的公司要在组织机构、人员配备上给予保证，在设备及经费上提供必要的支持。6 月 6 日，人保省公司举行《家庭消防安全常识》赠送仪式，将 9 万份家庭防火宣传图片赠送给省公安消防总队，省公安厅和省广电局领导参加了赠送仪式。7 月，人保省公司组织省内六安、淮南、阜阳、蚌埠、亳州、和宿州 6 个防洪协作网成员单位进行模拟演练，验证了网络运行情况。

2001 年 5 月 11 日，人保省公司成立年度防汛抗灾领导小组，总经理陈思迅为组长，其他领导分别为副组长。

2000 年 5 月中旬，人保省公司总经理室成员率领 4 个调研组，分赴 15 个地市公司和部分县级支公司，就汛期防灾防损工作、“全保会”精神贯彻落实情况、“三个中心”（财务处理中心、业务处理中心、客户服务中心）组建及运行情况、机构体制改革及减员增效有关情况进行深入调研，广泛听取意见和建议。

2002 年，根据气象部门的预测，人保省公司 4 月 25 日下发《关于认真做好汛期防汛抗灾工作的通知》。6 月 24 日，人保省公司下发《关于印发“人保省公司建立专家顾问组的暂行规定”的通知》。“暂行规定”共分十章。6 月 26 日，人保省公司下发《关于做好当前抗灾理赔工作的通知》，对汛期防灾理赔工作进一步作出部署和安排。

2003 年 4 月下旬，人保总公司召开全系统的防汛工作视频会议，部署防汛工作并提出要求。人保省公司下发《关于做好当前汛期防灾理赔工作的通知》。通知要求各级公司在完善防洪预案的基础上做好各类临灾财产的转移工作，将洪涝灾害损失降到最低限度。6 月，安徽省境内出现大范围强降雨过程，形势十分严峻。7 月 2 日，针对淮河汛情防灾情况，人保省公司总经理室专门召开防汛工作会议，成立两个检查组，分赴淮南、蚌埠、宿州、淮北和亳州等 6 个市公司进行防汛工作督查，安排汛期防灾理赔工作。7 月 15 日，淮河堤防出现险情 1398 处，其中重大险情 312 处。截至 7 月 16 日，全省受灾人口 2705.38 万人，转移人口 115.13 万人，受灾面积 3478.49 万亩，经济损失高达 147.34 亿元。灾情发生后，人保省、市、县三级公司成立抗灾理赔小组 32 个，人保省公司领导也分别前往各地，与近 500 名人保干部员工奋战在施救、查勘、理赔第一线。经过查勘，全省有 450 家企事业单位，近 2000 个家庭受灾，报损高达 28786 万元，其中企财险损失约 11582 万元。7 月 18 日，人保省公司以淮河洪水水情呈现几大特点为题，向人保总公司呈报《关于安徽省今年汛期灾情和防灾理赔工作情况的报告》，报告指出，此次灾害性暴雨次数多、强度大；洪水来势猛、水位高；高水位持续时间长、防守难度大；洪涝灾情重、损失大。针对如此重大灾情，人保省公司在总公司的有力支持下，各级公司面对灾情，及时调整和修订防洪预案，编制洪涝风险图，检查防洪措施，实行划线负责，采取了转移、垫高等有效措施，以最大的限度减少保险财产的损失，转移、施救化肥、药品等保险财产 8.5 亿元。是年，人保省公司为了深化经营体制改革，稳定业务经营，防范巨灾超赔风险，下发《关于印发“2003 年全省系统内巨灾超赔保障办法”的通知》。

2003 年人保公司股改后，为探索在新的内部环境和组织架构下，如何提高防汛工作以及整体防灾防汛工作的质量，人保总公司研究制定了《建立防汛分级管理机制》，把防灾防损职责落实在各级公司理赔部门。

2003 年 7 月 12 日，人保省公司以文件《关于安徽省淮河流域行蓄洪区农作物防洪保险试办情况的报告》向总公司汇报相关工作，汇报的主要内容有：防洪基金的建立；行蓄洪区农作物防洪保险实施；支付行蓄洪区农作物保险基金 500 万元的原因。7 月 18 日，人保省公司以文件《关于安徽省今年汛期灾情和防灾理赔工作情况的报告》向总公司报告，反映急需解决的几个问题：由于洪灾范围广、面积大、受灾标的分散，查勘难度大，紧缺查勘用车；防灾费用紧张，淮南平圩电厂、淮南矿务局以及几家大化肥厂、滁州烟厂、热电总厂、西门子冰箱厂等保户的大量物资需要转移，须解决防灾费500万元；一部分受灾保户的财产损失确定后需支付赔款，请求迅速拨付2000万元理赔资金；由于洪涝灾害面积大，赔款大幅攀升，年终的利润完成任务压力大，需调整利润计划考核指标。

2004年，人保总公司印发《中国人民财产保险股份有限公司防灾防损工作管理规定（试行）》，进一步对机构人员设置、主要工作任务、预防费、防灾防损培训以及防灾防损工作报告和考核作出明确规定。5月11日，人保省公司下发《关于认真做好安徽省汛期防灾防损工作的通知》。5月31日，人保总公司召开全系统防灾防损工作视频会议。按照会议精神，人保省公司下发《关于贯彻总公司防灾防损视频工作会议精神意见的通知》，对做好防汛工作提出五个方面具体措施。6月中旬，人保省公司成立2004年防汛领导小组，明确对市公司的分工指导和防汛责任制。6月4日，总公司理赔部夏玉扬副总经理带领防汛检查组到安徽省检查指导。6月14—20日省公司理赔部组成3个检查组共11人，分别对合肥、蚌埠等全省11个重点市分公司防汛组织落实、防洪预案修订、对重点企业开展防汛等工作进行了检查。在检查组的建议下，淮南平圩电厂在汛期来临前，投入500多万元，对沿淮的水泵站进行了改造；阜阳临泉化肥厂在汛前投入30多万元修造了一条长3千米的圩堤。这些措施有效地化解了保险财产遭受水灾的风险。根据中国人民保险公司规定，全省保险公司每年从各险种保费中按比例提取一定数额的“防灾补助费”，作为有关部门开展防灾防损活动的补助费。1980—1990年，全省共支付防灾费用1084.31万元，如数使用。

2004年9月9日，人保省公司下发《关于转发〈中国人民财产保险股份有限公司重大灾害和有重大影响事故理赔处理应急预案〉的通知》。

2005年4月12日，省政府召开全省防汛抗旱工作会议。根据会议精神，人保省公司及时下发《关于认真做好保险财产防灾防损工作的通知》，对防汛工作作出部署和安排。6月，人保总公司把安徽省分公司确定为全国六家“防汛分级管理”的试点分公司之一。省分公司制定了相应的《防汛分级管理指导意见》。确定合肥、安庆、蚌埠公司为安徽省二级“防汛分级管理”的重点公司，三公司率先在省内试运行防汛分级方案，对重点客户和重要保险标的的洪涝风险实施全面跟踪。6月20日，人保省公司再次下发《关于进一步做好汛期保险财产防汛工作的通知》，对汛期防灾检查工作作出强调和布置。6月下旬，人保省公司组成两个检查组分别对铜陵、池州、宣城以及淮河流域的蚌埠、阜阳和淮南等市公司防灾工作进行检查。6月24—27日，人保总公司防汛检查组一行先后对安庆、铜陵、芜湖三家沿江城市进行检查，指导防汛工作。

太保产险省公司防灾防损

1996年6月25日，太保总公司下发关于健全《中国太平洋保险公司防灾档案（财产险）》的通知，对符合下列条件之一的企业保户必须建立防灾档案：有重大灾害事故发生记录的保户；投保资产总额在2000万元以上或投保车辆在40辆以上的保户；危险等级四级以上的工业企业；粮、油、棉、百货等物资集中的仓库；石油、化工产品、易燃易爆品和危险品贮存仓库；其他需要建立防灾档案的单位。

1998年9月4日，太保总公司下发《关于做好灾区保险理赔工作的紧急通知》，该通知针对长江、松花江流域发生特大洪灾的抗洪抢险工作进行部署，对理赔工作提出要求，强调要帮助灾区尽快恢复生产，重建家园，成为当时安徽太保抗洪救灾的指南。

平安产险省公司防灾防损

平安产险于1995年成立专门的风险控制部，主要从事风险评估与防灾防损工作。为保证防灾防损的专业性，平安产险规定新进员工在风险控制岗位须接受三个月全脱产培训。防灾防损人员经过培训后，熟知安徽平安产险防灾防损人员的职责，掌握标准化作业流程，熟悉各种现场查勘，调查问卷的流程与目的，使不同的客户都能享受同等的服务，取得良好的防灾防损效果。

人员架构上，平安公司二级机构设置专职防灾防损工作人员，三级机构设置兼职风险控制人员，截至2004年年底，全系统共有风险控制人员近20人。平安省公司每年聘请一些防灾防损机构专业人士、各行业技术专家对防灾防损人员进行专业再培训，使防灾防损人员处于一种不断提升的过程。并于每年10月份左右召开行业风险管理、防灾防损会议，对各种防灾防损技术进行逐行业探讨，进一步提升防灾防损技术。平安公司作为中国国际减灾委员会成员之一，在灾害防御信息的快捷性和准确性上，和国内外防灾减灾机构保持着密切的联系和合作，与国家气象局、国家地震局、国家防汛指挥部等多家机构有着长期的合作基础，并根据其提供的信息指导防灾减灾方面的工作。与香港丘博进行合作，提出全国汛期洪水预测分布图，为汛期防灾发挥一定的指导作用。

平安公司在每次暴风雨或强对流天气来临前，通过客户风险信息，向可能遭受自然灾害损失的客户发出预警信息，并对客户进行全面回访，对客户的财产进行查勘，建议客户相应增加防洪排涝设备，加固可能易遭受台风影响的保险财产，如广告牌、锌铁棚等，这些措施有效地降低了风险，减少了不必要的损失。在台风来临时，平安公司防灾防损人员一般驻留在台风袭击的正前沿，观测灾害级别与危害，一方面随时准备和客户一起防损救灾；另一方面收集灾害的第一手资料，为今后的防灾防损工作增加经验。 在灾害发生后，防灾防损人员迅速收集第一手资料，为今后的防灾防损工作打下基础，再通过总结与对比，将一些经验转换为可移植经验，供其他防灾防损人员学习参考。

平安公司在2001年建立了专业的客户风险档案，主要分为：客户基础信息、客户风险信息、客户防损信息、查勘信息等内容。客户基础信息包括：客户财产的详细地址、紧急联系方式等内容，方便公司在紧急情况下协助客户做好防灾防损工作。风险信息包括：客户的各种风险状况，如火灾风险、雷击风险、洪水风险、暴雨风险、特殊风险、公众责任风险、地质灾害风险、雇主责任风险等各种风险状况。通常客户风险信息的内容比较全面详尽，储存的信息量较大，比如记录客户的建筑物防火等级、建筑年限、避雷针性能、地震烈度等。为客户设定的风险档案较为详尽，能了解客户哪些消防栓不符合消防要求，哪些财产在十级强热带风暴的影响下会发生损失，最大损失是什么。客户的防损信息包括客户哪些财产需要进行防损工作，已经向客户提出了哪些防损建议，哪些建议已经落实，哪些地方需要进行进一步改善。这样详尽的专业记录，能够帮助防灾防损人员对潜在的风险作出快速、准确的判断，有效防范损失的发生。查勘信息包括三类：A类格式（专职风险控制人员用）；B类格式（三级机构兼职风控人员用）；C类格式（四级机构兼职风控人员用），针对不同等级的查勘人员对标的进行查勘保存相应资料。

天安保险省公司防灾防损

每年3月，天安保险省公司都会根据年度灾情预测，下发防灾防损工作提示，督促各机构建立汛期抗灾防汛领导小组，主汛期建立24小时值班制度，保证灾害发生时在最短时间内接受客户报案。在发生较大范围的自然灾害事故时，查勘时限为一般案件在四十八小时内，重大案件在二十四小时内。同时分公司会在48小时内收到来自各机构的受灾范围、程度、施救措施、估损等书面报告，从而能够迅速掌握全局，确定重点受灾区域和单位，安排重要力量查勘处理。

第五节　其他经营管理环节

保险的事业是人才的事业，人才的事业是培训的事业，人事管理也即人力资源管理与培训是各家公司起步与发展的重要管理环节；随着电脑的普及与应用，电子信息技术构建的各种平台在公司的经营与管理中也已不可或缺，这一切共同编织着各家公司的发展梦、未来梦，最终必将打造出一个个充满时代气息的现代化的公司。

人事管理

人事管理也即现代的人力资源管理，按照人力资源管理要求，编制单位人力资源发展规划，落实进入单位人员的选调招聘、教育培训、考核建档、选拔录用、调度安排、落实待遇和激励等方面的工作。实施人力资源管理，其目的是探索人事管理制度改革的办法和途径、建立和谐的劳动关系，使人力和事业能够相辅相成，最大限度地发挥人尽其事，事得其人，恰当配合，提高员工的整体工作效率，实现公司长久可持续性发展的战略目标。

人保省公司人事管理

20世纪80年代，中国人民保险公司员工组成主要有：从各级人民银行调配，包括各级银行的行长、副行长或中层干部，以及各级银行从事信贷、计划、财务的专业骨干。县级保险公司的骨干力量，其经理和业务、财会人员大部分由当地银行负责配齐；根据国务院办公厅批转的中国人民银行《关于中国人民保险公司组织机构问题的请示》的文件精神，20世纪50年代的部分保险干部归队，从各单位抽回一批有业务经验和领导能力的老干部，并在年龄上适当放宽；社会调入干部，在各级保险机构建立后，从社会上各行业、各部门陆续调进一部分专业干部；经劳动人事部、中国人民银行批准，安徽省人事局、劳动局、中国人民银行安徽省分行联合发出通知，向社会招聘部分干部；各类学校分配的毕业生；部队转业干部和退伍军人。

20世纪90年代，随着改革的不断深化和市场用工制度的改变，人保公司职工来源主要有：国家政策安排和正常的干部调动；符合条件的大学生因工作需要参加的社会招聘；具有一定学历和能力的各类人才参加的社会招聘。

1991年5月28日，人保省公司下发《关于在地、市分支公司实行“三定”的通知》，根据各地市的面积、人口、工农业总产值、年保费收入、职工人均保费情况，对地、市分支公司进行定机构、定编制、定职责划分，确定内设科室限额。安徽省中心支公司划为三种类型，第一种类型：合肥、蚌埠、芜湖、阜阳地区中心支公司，可设科室在14个以内。第二种类型：安庆市支公司以及淮南、淮北、马鞍山、铜陵市支公司，机关科室设置限额在13个以内，宿县、滁州、六安、巢湖四地区中心支公司，可设科室在12个以内。第三种类型：宣城、池州两地中心支公司，可设科室在10个以内，黄山市支公司不直接经营保险业务，机关科室设置比照地区中心支公司第三类标准，科室设置限额在10个以内。在人员编制上，各地、市分公司每年的新增人数，按所辖职工总数的10%掌握，管理机关增人数，每年不得超过全辖增人数的20%。地市分支公司机关人数（不含直接经营人员），不得超过所辖职工总数的20%。地市分支公司机关行政管理，工勤人员与业务人员的比例：行政管理和工勤人员不超过30% ~ 40%，业务管理人员不少于60% ~ 70%。

1991年3月23日，全省人保系统职称评审工作结束。共评出中级职称211人，初级职称966人。同年5月5日，全省人保系统举行业务技术竞赛，全省16个代表队，64名选手参加。竞赛结束，芜湖市、蚌埠市、合肥市公司分别获得团体前三名，池州地区公司获精神文明奖，9个地市公司分别获得团体单项奖，16个人获得个人单项奖，6名选手获系统业务技术能手称号。

1995年2月11日，人保省公司和工会召开表彰大会，授予18个支公司（办事处）为1994年度先进单位称号，29个科室为1994年度先进集体称号，40人为先进工作者称号，17个保险所为先进保险服务所称号，33人为先进专职代办员称号。

1996年2月16日，中国人民保险公司下发《中国人民保险公司关于安徽省公司机构体制改革方案的批复》，正式批准人保安徽省产、寿险机构分设方案。3月20日人保省公司完成了对各地、市级公司分设方案的审批，3月下旬地、市公司完成了对县级公司的分设方案审批，县级公司在4月底前基本分设完毕。5月18日，人保省公司党组下发文件任命全省16个地、市级公司的产、寿险班子成员。9月20日上午，中保财险省公司并同寿险公司在省委小礼堂隆重举行成立揭牌仪式。

1997年7月31日，中保财险省公司根据中保集团制定的《中国人民保险（集团）公司实行劳动合同制暂行规定》下发《中保财产保险安徽省分公司系统实行劳动合同制的实施方案》。各级机构原固定职工和合同制职工，自1997年起，均按规定实行劳动合同制度。中保财险省公司总经理刘政焕10月与各地、市分公司总经理室成员签定了劳动合同（包括纪检组长、工会主任、总稽核）。1997年年底，中保财险省公司表彰“双文明”建设先进单位18个，集体30个，服务所15个，先进个人29人。

1998年，人保省公司加大改革力度，推行了干部竞争上岗和职位聘用办法。实行职工基本工资以外收入同工作业绩、工作质量挂钩；建立以利润为核心的经营目标考核体系，将利润、营业费用、工资总额、固定资产构建，作为指令性资金指标进行考核，实行万元保费工资含量、万元利润工资含量的工效挂钩办法。

1999年，人保省公司对各地、市级公司实行计划指标考核和公司等级考核相结合办法，突出人均保费、人均利润为主的“贡献度”指标，并首次将资产质量指标列为经营目标责任制考核内容。研究并制定了《减员工作实施办法》，切实掌握减员工作的原则和有关规定，建立起能进能出、优胜劣汰的用工机制，加大对广大员工的宣传教育和正确引导，减员和待岗同时推开。1999年度，全省系统减员300人。

2003年，总公司在香港联交所成功挂牌上市，成为中国内地大型国有金融企业海外上市“第一股”，安徽省分公司也顺利完成股改工作。多年来秉持“专家治司、技能制胜”的人才兴司战略，注重专业化团队建设，重视和加强人才培训，培养了一批具有丰富经验的管理人才和技术人才，打造了一支掌握核心技能的专业化员工队伍。高层次、高效能的人才优势，为公司发展，服务客户提供了坚实的人才保证和智力支持。

薪酬管理方面：制定公司薪酬制度，组织落实年度薪酬计划，制定员工薪酬福利保障计划和相关管理制度，监督计划顺利实施。

党团建设方面：制定、落实公司党、团组织建设；负责指导党、团组织建设，积极开展党、团组织活动，加强政治思想工作和精神文明建设教育，为公司发展提供组织思想保证。

教育培训方面：制定员工培训规划，统一管理、落实各类培训活动；负责各级专业技术职务评聘和相关资格认证工作，安排员工出国考察。

中国人寿省公司人事管理

1996年7月人保分业经营后，中保人寿省公司实行人事制度改革，措施主要有："定编、定岗、定责"，精简机构；目标责任制；逐步做到新入司人员试岗制、业务和重要岗位择优上岗制、优化下来人员"待岗制"。在分配制度上体现效率优先，兼顾公平的原则。对现行工资制实行"两块制"。即平时只发50%的职务工资为一块，将各种津贴、补贴等捆在一起与任务或岗位职责挂钩为一块。加大干部交流力度，各管理处室干部分别前往一线公司进行挂职锻炼。

1996年，为全面提升公司从业人员的专业技能，公司举办不同层次的培训班，主要有高层管理人员培训班，电脑、财务系统处理培训班，地、市、县经理培训班，营销管理干部培训班和新进人员岗前培训班等。

1997年，深化改革力度，在用工制度上，全面实行全员劳动合同制；在分配制度上打破公司之间、个人之间的平均主义，实行工资收入与个人工作业绩或岗位职责挂钩；在人事制度上实行干部交流、岗位轮换、机关干部下基层锻炼；对新进人员严格考核，实行试用期制度。

1998年，公司进一步转变县区支公司职能，调整、合并和减少内设行政机构，充实一线人员。推进三项制度改革，加强任期目标责任考核，建立干部能上能下，职工能进能出，分配能多能少，推行以"工效"挂钩为主要内容的分配制度。

按照德才兼备和干部"四化"要求，强化职工风险教育和法制知识培训，增强职工的风险意识和法制观念。加强业务培训，提高管理水平和业务能力。加强对后备干部的培养、考核工作，对各级领导班子进行充实、调整。引进、接收一批急需的计算机专业人才，并从应届大学毕业生中择优录用了一些财会、法律方面的专业人才。

1999年，人寿省公司体制改革进一步深入。对省公司营业部和合肥市公司进行合并，成立新的省公司营业部。省公司营业部作为试点单位，以能力定岗位，以岗位定报酬，并对各地、市分公司的内设机构进行调整、精简，强化集中统一管理。加强在职员工培训，多次举办培训班，提高员工的业务素质和专业理论水平。如党务干部培训班、新条款培训班、专职财会人员电脑应用培训班、电脑网络及硬件管理培训班、营销师资培训班与新人培训班等。

2000年，本着业务有规模，市场有需求，经营有效益的原则，对机构改革进行新的探索，继续深化"三项制度"改革。突破原来按行政区划设立机构的界限，对铜陵、池州公司进行合并。地、市公司中层干部岗位及县、区经理职务实行竞聘上岗。

2001年，人寿省公司本部实行"三定"，对部、室设置作适当调整，加大考核力度，部、室负责人实行竞争上岗；员工实行双向选择，逐步完善"三项制度"，改革各种配套措施。

全省各机构在积极稳妥做好“三定”工作基础上，引入竞争机制，实行按需设岗、按岗聘用、定岗定员，增强员工的危机感和紧迫感；对核保、核赔、财务、电脑岗位继续实行专业技术岗位资格考试和持证上岗制度，将有无上岗资格与个人福利待遇挂钩。

2002年，在上年度“三定”工作的基础上，各级公司进一步深化三项制度改革，加大分配杠杆的调节作用，建立了相应的激励机制。在学历教育方面，人寿省公司与安徽大学联合开办了“企业管理方向研究生课程进修班”。与安徽医科大学合作开办了“医疗保险大专班”。为使教育培训工作有章可循，人寿省公司下发《员工学历教育管理办法》和《员工教育培训管理若干规定》。

2003年年初，通过合理设置机构，明晰部门职能，理顺工作关系，改善了人员结构，加强工作纪律。新进人员一律实行聘用制，面向社会公开招聘了专职讲师、客服代表、信息技术和财务人员。行政后勤服务等岗位使用的各类人员，均实行了社会化用工管理的方式。劳动合同制管理进一步加强，用工过程中产生的劳务纠纷得到了妥善处理。

加强教育培训基础建设工作，建立教育培训体系，制定教育培训大纲，完成个人代理人教育培训体系规划。招聘了部分专职讲师，培养了一批授权讲师，不断提高讲师队伍水平，造就了一支自己的讲师队伍。对于营销人员的培训，实行分级管理，注重效果，增强其针对性，实行分类培训。2003年，分别举办了营销主管、讲师、组训、团险、中介业务管理人员、专管员、客服代表培训班，各类培训班共12期，受训人员2000多人。

2005年，人力资源制度改革实现了全面推进。人寿省公司本部进行完善劳动合同制度及重新签订劳动合同工作，制定《劳动合同管理制度实施细则》，补充制定和修订了《员工学习、培训协议书》《员工保守商业秘密协议书》《员工竞业避止协议书》和《劳动争议调解暂行办法》，编写了《劳动合同管理实施细则有关问题解答》。人寿省公司选择合肥和芜湖公司进行再试点，在修订完善《实施细则》的基础上，再在全省系统内全面实施。

2005年8月1日，人寿省公司在全系统党员中开展以实践“三个代表”重要思想为主要内容的保持共产党员的先进性教育，经过学习动员、分析评议、整改提高三个阶段，使基层党组织建设明显加强、各项工作得到明显促进。

太保产险省公司人事管理

太保安徽分公司的前身为交通银行合肥分行的内设部门，1994年9月与交行脱钩独立运作。当时公司员工多数来自合肥交行，1995年从同业和社会引进部分专业人员，1996年又从大学毕业生中招聘部分人员，所进人员属公司正式员工编制，薪酬和福利待遇按太保总公司下发的人事管理规定进行定职定级。

1995年，太保合肥公司根据太保总公司《关于加强劳动工资和干部统计的通知》

要求，第一次对公司的劳动工资和干部工资进行统计上报工作，并建立了完整的人员编制、职工工资、奖金发放台账。同时，为加强职工队伍管理，制定下发《关于加班、病事假扣发工资、奖金暂行办法》。

1996年3月22日，太保总公司转发人行总行《关于保险代理人管理暂行规定》的通知。1996年4月，太保合肥分公司根据文件精神，制订下发《关于寿险营销员管理的暂行规定》，作为营销管理依据，为促进合肥公司后期人身保险营销工作的健康发展，起到了推动作用。

1997年，太保合肥分公司印发《关于实施中国太平洋保险公司合肥分公司人员考核暂行规定》的通知，规定每年考核一次，考核情况列入聘用、续聘、提薪、转聘、撤职、降薪、解聘辞退的依据。

1998年，太保合肥分公司印发《关于员工离司的有关规定》，对随意跳槽和擅自离岗及档案管理提出了具体要求，进一步规范了劳动用工制度管理。

1999年，中国太平洋保险公司合肥分公司根据太保总公司的《中国太平洋保险公司高级管理人员年休假暂行办法》规定，完善了合肥分公司高级管理人员的年休假制度。

2000年，太保合肥分公司机关党委转发太保总公司《关于在用工机制改革中加强干部管理工作的通知》，在制度上对干部有了明确的管理细则。对团队营销人员的管理，出台了《团体营销业务人员管理暂行规定》。

2001年，太保产险安徽分公司转发《中国太平洋财产保险股份有限公司个人营销管理暂行办法的通知》，要求全辖在个人营销业务管理中严格执行总公司的管理规定。

2002年，太保产险安徽分公司根据太保总公司《个人营销管理暂行办法》，制定《中国太平洋财产保险股份有限公司安徽分公司营销员管理实施细则》和《中国太平洋财产保险股份有限公司营销人员守则》，使营销队伍的管理有章可循。为加强对退休后领导干部的管理，出台《中国太平洋财产保险股份有限公司合肥分公司领导干部退位暂行办法》。

2003年，太保产险安徽分公司制定《中国太平洋财产保险股份有限公司安徽分公司重要岗位轮岗制度暂行办法》《中国太平洋财产保险股份有限公司安徽分公司辖内干部任用管理暂行办法》和《中国太平洋财产保险股份有限公司安徽分公司干部交流暂行办法》。出台《中国太平洋财产保险股份有限公司安徽分公司全员劳动合同制实施方案》《中国太平洋财产保险股份有限公司安徽分公司员工退出工作岗位暂行办法》《中国太平洋财产保险股份有限公司安徽分公司业务类员工管理暂行办法》《新设机构人事用工管理暂行办法》和《关于分支机构费用考核与工资挂钩的有关规定》，印发《职工医疗暂行办法》，转发总公司《关于转发太保集团公司调整员工等级工资标准实施办法》。

2004 年，太保产险安徽分公司根据员工的建议修改完善了《职工医疗保险暂行办法》。为促进业务的发展，制定《关于预发年薪和业务规模挂钩的规定》，印发《业务部门客户经理人管理暂行办法》。

2005 年，太保产险安徽分公司为加强对中心支公司的管理，规范辖内各机构经营行为，下发《中心支公司及以下经营机构管理手册》。在员工转正管理上下发《中国太平洋财产保险股份有限公司安徽分公司员工转制暂行办法》。

太保寿险省公司人事管理

1994 年，原合肥交行保险部改为太平洋保险合肥办事处，1994 年第 3 季度太平洋保险合肥办事处固定职工有 34 人。在薪酬福利待遇方面，保险员工与交通银行员工一样，人均年工资总额 9000 元。工资总额核定不吃“大锅饭”，与经济效益挂钩。养老保险 1994 年 1 月 1 日起执行，按照工资总额的 0.5% 提取。

太保寿险安徽分公司前身为太保合肥分公司人身保险部，人险部于 1995 年 7 月设立，正式员工 4 人，聘用员工 3 人。主要工作为寿险业务管理和柜面内勤工作。

1995 年 10 月，太保合肥分公司寿险引入营销机制，寿险业务走上营销之路；经过招聘、选拔、培训，第一批共 30 名营销员同太保合肥公司签订了劳务合同，融入太保员工队伍，于 10 月 23 日走上营销岗位，成为太保合肥分公司寿险业务的销售成员。1996 年 4 月，第二批招聘 80 人进入寿险营销岗位，自此以后，每年都有新的人员加入营销队伍，随之而来，营销队伍管理、培训体系也有新的举措出台。他们的工资薪酬待遇，根据保费业绩而定，上不封顶，下不保底。

1995 年年底，太保合肥公司根据太保总公司《关于加强劳动工资和干部统计的通知》要求，对干部和员工劳动工资进行统计上报工作，并建立了完整的职工编制、工资、奖金台账。员工薪酬一是工薪制，二是佣金制。另外部分聘用人员采用工薪制付酬标准，但不列入工薪编制，工资从费用中出账。

1996 年年初，为逐步建立营销激励机制，充分调动代理人的积极性，培养和造就业务骨干，太保合肥公司印发《关于寿险代理人职责要求、晋升制度、享受待遇的暂行规定》，对促进人身保险营销业务的快速健康发展，起到推动作用。

1996 年 6 月 28 日，太保总公司落实产、寿险“五分开”的文件下达，太保合肥分公司寿险的人事、财务、业务开始独立运作管理，1996 年 12 月，合肥分公司人身保险部正式员工为 5 人，聘用制员工有 3 人，

1996 年 10 月 3 日，太保总公司下发《中国太平洋保险公司寿险营销管理试行规定》的通知，试行规定共有 13 个方面的管理规定与办法，涉及营销组织架构，营销业务部的监督管理，营销员员的聘用、职责、待遇、晋升、考核、奖惩、解聘等。为各分支机构引入营销机制开辟了道路。

1997年，太保合肥分公司印发《关于实施中国太平洋保险公司合肥分公司员工考核暂行规定》通知，规定每年考核一次，考核情况列入聘用、续聘、提薪、转聘、撤职、降薪、解聘辞退的依据。

1997年8月1日，太保总公司转发交通银行《关于晋升行员等级工资薪级的通知》，太保合肥分公司根据文件精神，自1997年7月1日起，为符合晋升条件的正式员工按新的标准发放薪资。

1998年，太保合肥分公司印发《关于员工离司的有关规定》，对随意跳槽和擅自离岗及档案管理提出了具体要求，进一步规范了劳动用工制度管理。

1998年2月20日，太保总公司印发《中国太平洋保险公司寿险营销业务人员管理规定》及有关津贴、奖励标准的通知，简称个险《基本法》。此规定对1996年印发的原《寿险营销业务人员管理试行规定》进行了修改、补充和完善，加强了对代理人的管理，规范代理业务的操作。8月12日，太保合肥分公司根据总公司制定的《寿险营销业务人员管理规定》和安徽寿险营销实际情况，重新制定了寿险营销业务人员的晋升与考核办法。8月20日《寿险营销业务员培训教学大纲》下发。

1999年，太保合肥分公司根据太保总公司《中国太平洋保险公司高级管理人员年休假暂行办法》的规定，完善了合肥分公司高级管理人员的年休假制度。

1999年7月1日，根据太保总公司的文件精神，再次对在职员工工资进行调整。所有正式编制在册员工，在原有基准工资额的基础上均增加15%。

1999年8月16日，经国家保监会同意，太保总公司在太保寿险系统试行“一人两制”。“一人两制”是指优秀营销员和优秀收展员按正式员工进行管理，同时以支付佣金为主要劳动报酬的一种用工制度的探索。

1999年9月9日，为规范寿险营销员的管理与考核，太保合肥分公司根据总公司的管理办法，制定了太保安徽分公司《寿险营销业务人员管理办法》，简称安徽太保个险“基本法”。

2000年，太保合肥分公司党委转发太保总公司《关于在用工机制改革中加强干部管理工作的通知》，使人事管理在制度上对干部有了明确的管理细则。

2000年7月1日，对于寿险营销业务人员的管理和考核，太保合肥分公司严格按照太保总公司下发的《寿险营销业务人员管理规定》进行切换，简称太保寿险总公司个险“基本法”。

2000年产寿险分业之际，公司加强高级管理人员任职审批制度，进行各高管任职资格清理，分公司“一把手”任职须报保监会审批，地市“一把手”任职须报省保监办（现省保监局）审批。分公司总经理（含副总经理主持）实行年薪制度，“一把手”年薪以外在分公司的其他报酬或获取的其他形式收入要申报总公司；分公司交流干部的薪酬，由派出公司和派入公司协商，确定一家公司申报。

2001年分业以后，太平洋寿险内勤员工按照正式编制人员享受公司待遇，具体包括基本工资、奖金、津贴、福利及公司购买的商业性养老保险、医疗保险以及工资以外的其他收入。

2001年7月26日，太保寿险安徽分公司根据总公司《寿险团体业务人员管理暂行规定》，制定了相应的管理规定，就组织机构管理、业务人员的招聘、职级、考核、福利待遇都作了明确的规定，即安徽分公司团险“基本法”。

2001年12月31日，太保寿险总公司《寿险营销业务人员管理规定》下发，进一步充实、完善2000年下发的个险“基本法”，简称2002版个险“基本法”。太保寿险安徽分公司在2002年1月25日前完成职级切换；切换的业务主管、业务专员、业务经理以上职级的，按规定逐级向分公司和总公司进行了报批和报备。

2002年12月，为了铺设铜陵、宣城、马鞍山新机构需要，太保寿险安徽公司面向全省招聘中支公司和财务负责人，通过接受报名，接收个人简历，个人在分公司组织的评议会上进行陈述，分公司领导班子成员、部门负责人给予评议打分，最后陈忠良、李国聪、段国富、杨波等9人进入太保寿险员工队伍。

2002年3月11日，为落实寿险营销员的各项福利保障，太保寿险总公司制订《寿险营销人员福利保障制度》，简称2002版《福利保障制度》。7月3日，太保寿险总公司印发《基本法管理流程操作手册》。对营销员“基本法”中各项操作流程作出了明确要求，为在营销员管理工作中，能科学、准确和公正地落实管理提供了依据。

2002年7月5日，太保寿险总公司对团险业务人员管理规定进行修订，并下发《团险业务人员管理规定实施细则修订版》。修订版规定的比较具体、完善，在人员管理上具有很好的操作性。10月11日，太保寿险总公司再次下发《团险业务人员管理暂行规定》，要求省级分公司设立团体业务部，并可在团险部内下设二级部，包括业务销售部门。团险业务人员分见习业务员、正式业务员、二级业务经理、一级业务经理、高级业务经理五个等级；使团险业务人员组织管理架构较为清晰。

11月14日，太保寿险安徽分公司根据总公司的文件精神，结合安徽太保的实际情况，制定了《安徽分公司团险人员管理实施办法》。

2003年5月，太保寿险总公司对客户服务专员管理制度进行改革，客户服务专员制度改革的关键是套转考试，套转考试是决定聘用客服专员的主要条件。

2003年太保寿险总公司下发《客户服务专员套转考试实施细则》；规范考试操作流程，把握对参考人员的考核尺度。为此，太保寿险安徽分公司在6月成立领导小组，8月完成套转考试，使原有部分收展人员顺利完成套转。从优秀收展员中经改革套转后成为“客服专员”的人员，属内勤编制，核发固定底薪工资，归分公司客服部管理，目的是提升售后服务水平，兼二次展业工作。

2003年12月，太保寿险安徽分公司管理部室负责人实行述职竞聘上岗制度。使一部分优秀员工进入部门负责人岗位。

2004年初，全司所有分支机构完成客户服务专员管理系统的正式上线管理。公司已形成年较为完善的管理制度。3月26日起，太保寿险总公司将各渠道的销售人员管理“基本法”日常管理操作部分权限、间接佣金管控等下放至各省级分公司。其次为提高对“基本法”执行的有效性，根据“三个转变”的要求，对基本法的日常操作、间接佣金考核、以及检查指导等配套管控办法进行了调整。是年，太保寿险安徽分公司稽核部和个险部组成检查组，落实保监会《关于转发〈关于进一步落实保险营销员持证上岗制度〉的通知》精神，督促检查各分支公司对营销员“转正”必须持证，持证必须通过代理人资格考试，才能享有相应的工资和福利待遇的硬性规定的执行落实情况。

平安产险省公司人事管理

安徽平安产险自1993年成立以来，积极整合社会各方资源，开展了分公司架构优化改革、销售渠道化改革和运营改革等一系列重大举措，加强内部管理，进一步整合资源，为公司持续健康发展提供强有力的支持。

1999年年底，平安产险响应总公司销售改革项目，人力资源项目中，调整后的两核人员的工资结构由三部分组成：70%的固定工资、与KPI指标挂钩的30%的绩效工资、以及相应的岗位津贴，从而理顺两核人员收入结构。在销售培训问题上，明确市场部具体负责销售培训，重点在技能培训上，销售主管的培训是关键。市场部成立培训室，使整个产险的培训工作规范化、系统化。为调动机构员工的积极性，更好地体现“按劳分配”的原则，推行机构分级管理方式。根据绩效高低和贡献大小，调整机构员工的待遇水平，并在固定资产购置等政策方面进行区别对待，体现投入和产出相一致的原则。为适应公司业务多元化发展，根据工作性质和岗位特点进行人员区分管理。干部管理工作的目标是，通过搭建干部管理平台及日常管理工作的开展，帮助直线主管更好地发现、使用、培养并激励优秀干部。平安干部选拔的标准是以业绩为导向，关注能力素质，兼顾职业素养，择优选拔。薪资作为公司一项重要的资源投入，在经营成本中占有举足轻重的地位，关系到公司未来的经营发展优势。为适应市场竞争需要，建立与完善内部竞争机制，激发公司持续发展的内在动力，公司建立了实行以价值创造为导向、以绩效考核为基础、内外勤分开的薪资体系。平安公司所有的岗位都经过岗位评估，通过对岗位职责、设立目的、技能与知识水平的要求，确定其职级与工资区间。不同岗位的职级与工资区间具有跨机构、部门与地域的公平性。

1999年12月，平安公司下发《关于产险三、四级机构负责人选拔、培训的通知》，对三、四级机构负责人的选拔、聘用工作严格管理。新聘的三、四级机构负责人均要由人事部进行资格认定,参加总公司举办的三级机构经理培训班,考核合格者方可上岗。

2000 年 3 月，根据平安公司人力资源的整体改革战略，结合产险的实际情况，制定了中国平安保险公司《产险招聘管理办法》，实行多种考核形式，加重潜质考察。

2000 年 6 月，为适应形势的发展要求，平安公司制定《中国平安保险公司产险 B 类干部管理暂行规定》。要求对三、四级机构负责人的晋升考核工作进行严格把关。

2000 年 9 月，平安公司开展“四定”暨薪酬改革、三级机构模式改革，改组、撤并车险部为产品、客服或其他部门，涉及工资总额（含增量）测算、架构重组、人员（尤其是 B 类干部）精减、员工拉开收入差距等敏感问题。

2002 年，平安公司在全系统实施绩效管理制度，并开始对 B 类以上干部实施 E 化网上作业，以全面检视上年度工作完成情况，指导、改进下一年度工作，并有效落实公司整体计划，提升公司绩效管理水平，完善人力资源规划工作。

2002 年 4 月，为适应市场竞争的需要，深化销售体制改革，建立起具有竞争优势的销售薪酬体制，吸引和保留优秀销售人才，促进销售队伍的建设和管理，确保公司持续稳健发展，平安公司制定新的销售薪酬制度，销售系列人员的薪酬由基本工资、绩效工资和年终奖三部分组成，秉承激励性、相称性、稳定性、吸引性、现实性原则，使销售系列薪酬管理体系更加规范合理。

2003 年 1 月 9 日，为配合分业上市要求，加强后线对业务的支持，平安集团公司将部分产险二级机构的人事行政部分设为人力资源部和办公室。在发展过程中，人力资源部依据现行法律法规并结合公司实际情况进行了先进合理的人力资源管理体系的构建。

2003 年 2 月，为整合销售管理资源，推进产险业务发展，平安省分公司设立公司业务部及渠道管理部，撤销原综合开拓部、室，原市场部大项目室及经纪岗职能、人员划归公司业务部，原市场部银行保险、中介管理及原综合开拓部（室）职能、人员划归渠道管理部。

2004 年 8 月,为配合集团实施针对新渠道的发展战略,进一步整合产险的相关资源,有效地进行渠道管理及市场开拓，平安省分公司设置渠道管理部和客户服务中心两个部门。

2004 年 11 月 22 日，平安集团人力资源部推出“中国平安全国统一招聘网站”，统一公司对外招聘形象，降低招聘成本。

平安寿险省公司人事管理

员工休假制度：1998 年公司总部制定了员工休假管理制度，2001—2002 年连续两年下发文件，通知各分公司做好员工休假管理；2005 年，平安集团对员工休假制度做了修订，员工各类假期共 13 项，并对假期期间的工资待遇作了明确的规定，保证了员工和公司的利益。

潜质人才管理制度：2000 年平安寿险总部下发《关于干部晋升管理办法》，对潜质人才选拔流程及相关操作作了明确的规定，2002 年和 2003 年公司又对干部管理作了补充规定，规范了公司潜质人才的管理。

亲属回避制度：2000 年，平安集团总部制定《中国平安保险股份有限公司亲属回避制度》，并于 2001 年和 2005 年对该制度作了修订，完善了亲属回避制度，对亲属关系、岗位类别、业务系列作了明确的界定，对亲属和任职回避及其他相关管理作了具体的规定。

用工管理规范：为规范用工，防范风险，维护员工和公司利益，根据有关法律法规，平安寿险总部制定了劳动用工管理规范。“规范”对劳动合同管理、入司前管理、入司后管理、离司管理、规章制度管理、特殊用工管理等作了明确的规定，之后寿险总部每年都会根据有关法律法规的变化调整相关规定，以维护公司和员工利益。

薪酬制度：平安寿险安徽总部根据集团总部的规定和制度，制定了寿险薪酬管理制度。寿险薪酬制度体现了导向清晰、体现差异、激励绩效、反映市场、投产优化的薪酬理念 :7:2:1 铁律、调薪幅度的平安薪酬管理铁律。平安寿险薪酬体系与平安寿险的长短期战略、业务目标、企业文化相一致，充分发挥杠杆效应，达到了吸引、保留、激励、发展优秀人才的目的。

绩效问责制度：寿险总部为有效落实绩效文化，贯彻“竞争、激励、淘汰”机制，制定了寿险绩效问责制度。公司通过建立各级人员持续开放的沟通、辅导问题，建立以绩效为导向的竞争、淘汰机制以达到绩效问责目标。规定对绩效问责目标的确定、日常绩效检视与辅导、绩效考核与反馈、绩效结果应用等内容作了详细的规定。经过不断修订，绩效问责制度逐渐完善。

人力资源预算管理制度：为加强人力资源费用预算管理，合理配置人力资源，明确各预算管理单位的管理职责和预算的调整、追加等审批流程，寿险总部制定了人力资源预算管理制度，对人力费用预算作了明确的规定。

组织架构管理制度：平安寿险总部制定《平安人寿组织架构管理办法》。该办法对寿险组织架构管理、岗位管理、组织架构管理的追踪与监控、组织架构及岗位资料的管理与查询等内容作了详细规定，为公司的战略发展奠定了基础。

营销组织管理：销售队伍管理建立以基本管理办法为核心的业务人员管理，严格按照“基本法”对销售人员进行甄选、培训、签约、解约、薪酬、考核、档案管理。并为有效提升业务队伍品质，通过对业务人员的专业技能、职业操守、服务品质等方面进行诚信和职业教育，使业务服务队伍达到专业化、标准化、规范化的运作。同时，建立奖惩机制，制定业务人员品质管理办法，成立公司业务人员品质管理委员会，进行监督和有效管控。

安徽个人营销业务员从成立之初 60 多人，15 年来不断发展壮大，截至 2005 年年末已达 5982 人；拥有个险营销与区域拓展二大销售渠道及队伍。安徽区域拓展队伍与营销队伍相比起步较晚，创建于 2001 年 3 月，初期由分公司保费部负责管理，经历 2001—2004 年艰难的探索，自 2004 年 10 月以来，人力与业绩规模快速发展，人力以平均每年 30% 的速度增长，业绩以平均每年 60% 的速度增长。2005 年，完成新契约年标保达 1.3 亿元，实收续期规模保费近 10 亿元，拥有一支内勤 70 人、外勤 3500 人的业务团队，成为安徽保险市场发展最快的团队之一。业务已涵盖全省，新契约保费规模位列寿险公司前五强。

人员招募：各分支机构根据公司的年度计划和业务发展需要制定增员计划。增员的速度、规模应与当地市场情况、自身管理条件相适应，以保障业务队伍的健康发展。

教育培训：公司员工必须严格参加公司的各项培训。业务人员的培训分为营销学系培训、管理学系培训和师范学系培训。营销学系培训主要为提升业务人员的销售技能、业务水平而设计的，主要包括代理人培训、职前培训、岗前培训、衔接培训等一系列课程；管理学系培训主要为引导业务人员晋升并提升管理技能而设计的课程，主要包括主任、经理管理技能的训练；师范学系培训主要内容为一些专题培训和特色培训。

营销员薪酬制度：1995 年起至 2005 年，安徽平安人寿采用按月发佣的月薪制；薪酬待遇项目主要有四大项，包括个人销售利益、服务利益、增才利益、管理利益，共计达 20 多个小项。

福利保障：业务人员享有四项基本福利保障，包括团体人身意外伤害保险、团体意外伤害医疗保险、平安团体一年定期寿险、团体住院医疗保险。根据业务人员入司年限及层级的不同，部分人员拥有其他福利保障，包括养老公积金、基本养老补贴、个人养老公积金、长期服务奖等。

天安产险省公司人事管理

天安保险省公司自成立之初，即建立健全了人事管理制度、劳动合同管理制度、员工保险保障待遇制度、绩效考核办法、内设部门管理规定、员工离司管理制度、干部晋升前审计和公示制度、员工招聘与岗位任职管理制度、教育培训制度、员工假期制度等。天安保险安徽分公司坚持以人为本，贯彻人才先行、公平公正的原则，认真落实总公司各项人事管理制度。公司系统实行全员劳动合同制，分公司总经理根据总公司（法人代表）授权，依法与员工签订劳动合同，按照人事制度，坚持用工标准，禁止性别歧视，实行亲属回避。公司严格内设部门的管理，各机构内设部门的设立、撤销，均应报上级机构的人事部门批准，并按照总公司分配制度的规定，严格绩效考核，合理给付薪酬。严禁拖欠、克扣、截留员工工资，按照国家和当地的社会保险机构的相关文件要求，给员工及时缴纳住房公积金、养老保险、医疗保险和失业保险，努力为员工提供良好的工作环境，创造事业发展和专业技能培训的机会，坚持公平、合理的分配机制。干部任用坚持“德才兼备”和“任人唯贤”原则，严格考察、培养和使用，坚持集体讨论决定。

新华人寿省公司人事管理

在2002年至2005年期间，分公司先后铺设的三级机构有芜湖、安庆中心支公司，随后设立淮南、宿州、阜阳、马鞍山、蚌埠、巢湖支公司，人员也从原有的百人发展到近四百人，公司规模逐步扩大，业务平台逐步提升。以后又逐步设立了多家四级机构。

在劳动用工制度方面，员工管理遵循以下几点原则：一是合法。劳动用工、劳动时间和薪资福利等涉及员工切身利益的政策措施必须符合国家法律法规的有关政策规定。二是合理。处理任何员工管理问题，都必须有充分的正当理由，坚持以理服人。三是合情。所有新华员工，无论职务高低，都是新华的同事和战友，建立和维护纯洁高尚的合作友谊。

在员工分配制度方面，将员工个人成长紧紧的和组织的成长结合起来，在关注个人绩效的同时也要求每位员工关注组织的整体绩效，做到和谐发展。体现在公司的分配制度上，即将单独个体业绩指标、管理指标与集体整体指标，如整体业绩达成、整体费用控制率、各渠道投入产出比、十三个月继续率等指标相联系，建立立体的指标考核体系，真实反映出绩效水平。

员工教育方面，公司在新人入职、员工转正等均制定规范的操作流程，通过教育培训，达到提升员工思想素质和专业技能的目的，

2002年5月10日，新华总公司下发《新华人寿保险股份有限公司人事考评管理办法（2002版）》，该办法共8章39条，规定了人事考评流程、员工行为考核、即时考核、考评鉴定及成绩运用等。

2002年5月15日，分公司下发《新华人寿保险公司合肥分公司招聘录用管理办法》，对专业、管理职位要求是，具有全日制正规院校学士以上学位，事职须具备大专以上学历。

2002年5月22日，分公司下发《新华人寿保险公司合肥分公司工作时间管理办法》，规定每周标准工作时间为周一至周五，每天工作7.5小时，平均每周工作时间不超过40小时，法定节日按国家有关规定执行。并对日常考勤、请假、加班等进行了详细规定。2002年8月14日，分公司下发《关于员工医疗费管理的有关规定》，公司为后线正式员工、团体和代理正式业务员办理“城镇职工基本医疗保险”和公司内部医疗保险，体现了公司对员工的关怀。

2003年2月25日，分公司下发《合肥分公司员工外派和异地交流管理暂行办法》，

明确了外派和异地交流人员租房费用和生活补助标准。2003 年 8 月 19 日，分公司下发《合肥分公司中心支公司筹备期人力资源管理办法》，规定了机构筹备期间人事管理的相关制度，包括人员配置标准、职责、员工招聘录用程序以及薪酬管理的相关细节。2003 年 8 月 21 日，分公司下发《新华人寿保险公司合肥分公司营销业务人员福利保障暂行办法》的通知，明确对于在职的正式业务人员享受附加意外伤害医疗保障，司龄满一年可享受住院医疗保障。

2004 年，总公司出台了《新华人寿保险公司干部培训管理办法》，目的在于确定框架，规范操作，提高效果，建立专业、高效、富有特色的各类干部教育培训体系，将干部培训与能力开发工作提升到一个新平台。根据总公司对于培训的指导思想，省分公司坚持“前后衔接、内外联合、左右兼顾、上下联动”的组织方针，有组织、有计划、有系统地推进员工教育培训工作。2004 年 2 月 27 日，新华保险安徽分公司下发 2004 年组织架构及岗位配置通知，共设置 9 个部门，并明确了岗位名称。

2005 年 8 月 31 日，分公司下发《新华人寿安徽分公司后线员工薪资标准管理细则》，对于新聘用的员工分成 7 类，对应相应职级，并匹配相应薪酬。2005 年 9 月 12 日，分公司下发《新华人寿安徽分公司部分室负责人岗位竞聘方案》，改革创新干部考察选拔模式，建立“能者上、平者让、庸者下”的用人机制。规定将员工按照级别不同分为五等二十八级，确定了职工发展的四条跑道，即管理职、专业职、销售职和事务职，为每一个发展跑道规划了明确的发展途径，同时在员工管理上坚持规范操作，确保用工规范，切实有效地推进人力资源理念在实际中的应用。

新华保险员工结构统计表

表 3-1-11

年度	正式员工人数（人）	高级职称人数（人）	中级职称人数（人）
2002	133	4	20
2003	194	3	21
2004	309	8	45
2005	367	9	52

泰康人寿省公司人事管理

泰康人寿合肥分公司行政人事部负责公司人事管理工作，依据公司统一政策，负责分公司员工的招聘、录用、异动、劳动合同签订、档案管理的实施；负责中心支公司总经理室成员的招聘、录用、异动、劳动合同签订、档案管理的实施；负责中心支公司员工劳动合同签订和保管；负责中心支公司总经理室成员的任职资格审核和报备；

从招聘、测评、甄选到进行有效的组织与配置，从考核与提升绩效到合理的分配与支付报酬，从有效的诱导、激励到结合组织与个人需要进行有效培训与开发。建立完备的人力资源管理制度和程序，对员工招聘、考核、晋升、调动、离职、绩效管理、薪酬福利、劳动合同、员工奖惩等出台相关制度并严格执行，同时充分考虑人力资源管理中的风险。人事管理不仅仅为了实现业绩提升，也注重内勤和代理人队伍的发展与稳定。

坚持唯才是用的用人理念，建立公平、公正、公开的干部选拔和考核制度，建立能者上、庸者下的干部赛马机制；建立起一支忠诚、团结、高绩效的干部队伍。注重梯队干部的培养，选拔潜力培养干部，帮助其规划职业生涯，提供日常指导、锻炼机会、竞争机制，培育梯队干部队伍。

薪酬制度：公司实行相对统一的薪酬福利政策，员工薪资由基本工资、绩效工资组成，其中基本工资每月固定发放，绩效工资根据员工的每月绩效考核情况浮动发放。每年根据公司当年的业绩状况及员工岗位贡献发放年终奖金。形成以管理和技术职务两项指标为基础的定薪标准，淡化原有的以职级为基础的定薪标准。

福利政策：公司建立了完善的员工福利体系，为员工办理了养老、医疗、失业、工伤、生育等社会保险，定期、补充医疗、家庭保障等附加商业保险以及住房公积金、降温费、制装费、午餐补助、计提工会费等福利项目。

分公司对员工的培训主要以岗位和专业培训为主，建立操作系列、技术系列、管理系列并存，员工多项发展的通道，逐步推动员工指导人制度，帮助员工实现全方位的成长，同时鼓励员工积极参加各种社会承认的职称学习和考试。成立以来，安徽分公司每年组织春秋两季美国寿险管理学会（LOMA）考试工作。

分公司对于营销员培训主要有：营销员岗前培训、代理人资格考试培训、营销员衔接教育和营销员转正培训等。

个人代理人接受公司管理，在公司授权范围内专门从事人寿保险推销、服务、增员、辅导和销售管理等工作，代理人晋升、佣金、福利等均按照公司代理人基本法规定执行。

员工异动：需填写《员工异动建议表》，由本人签字后，按照相关的流程进行审批。异动申请得到最终批准后，异动员工应在原部门/机构办理工作交接，方可到新部门/机构办理入职手续。机构间的异动，调出机构在异动员工办理完工作交接和相关调离手续后，为员工出具“异动员工报到介绍信”，并及时将异动的员工的一级档案、二级档案、劳动合同快递到调入机构人力资源管理部门。

2005年3月，分公司人事行政部制定下发《关于强化员工纪律及行为规范的若干规定》，使员工行为更加规范。2005年11月，下发《依法经营实务手册》。

2002—2005 年泰康人寿安徽分公司员工数量统计表

表 3-1-12

年份	内勤人员数量（人）	合同制外勤员工（人）
2002	72	21
2003	146	46
2004	345	133
2005	363	115

2002—2005 年泰康人寿安徽分公司代理人数量统计表

表 3-1-13

年份	入司人数（人）	离职人数（人）	在职人数（人）
2002	1712	557	1155
2003	5769	2902	4022
2004	11815	8708	7129
2005	7089	7430	6788

信保公司合肥营业管理部人事管理

2002 年，中国信保营业部地方业务三处及合肥业务处有员工 5 人，均由中国人民保险公司调入，其中 3 人从事出口信用保险业务，短期员工 1 人。2003 年员工 7 人，由中国人民保险公司调入 1 人，招聘短期员工 1 人。2004 年员工 10 人，短期员工 3 人，由中国人民财产保险股份有限公司调入 1 人。 2004 年 5 月升格为合肥营业管理部，开始向社会招聘，主要面向高校毕业生。2005 年 11 月，合肥营业管理部内设业务发展处、业务管理处、综合财务处。2005 年员工 12 人，均为大学以上学历，教育背景大多为国际贸易、金融、经济等专业。

人事管理：根据《中国出口信用保险公司司员制管理办法》的规定，公司实行全员劳动合同制，所有员工实行集中统一的劳动合同管理。人事管理实行司员制，司员分为五个等级，即高级司员、一级司员、二级司员、三级司员、四级司员。根据《中国出口信用保险公司短期合同员工管理办法》的规定，对于业务辅助岗位、技术工种岗位、普通工种岗位招聘了部分短期合同员工。

薪酬管理：地方业务处期间，所有人事工作均在信保总公司，人事、劳资、薪酬等由总公司人力资源部直接管理，工资由总公司直接发放至员工；基本养老保险、基本医疗保险等社会保险由总公司办理，地方业务处没有人事管理权限。合肥营业管理部成立后，根据《中国出口信用保险公司薪酬管理制度》的规定，组织落实年度薪酬计划；根据员工司龄和年度考核情况，适时调整员工工资等级；为员工投保基本养老保险、基本医疗保险等社会保险。

信保公司短期合同制员工实行单一的岗位工资制度，工资标准参照市场同类人员的工资水平及岗位工作价值确定，短期合同制员工不实行工龄工资和考核晋级制度；合同期内，按照国家社会保险的有关规定缴交基本养老等社会保险费用。

绩效考核：根据信保总公司规定，每年年初对员工上年度工作进行绩效考核，考核结果分为优秀、称职、不称职。员工等级工资的晋升以年度考核为依据。

教育培训：信保公司主要培训方式包括入司培训、岗位培训、管理培训和通用技能培训。培训工作基本上由信保总公司组织实施，每年8月、9月由总公司组织开展新员工培训，每年组织一次高级管理人员培训，不定期组织业务、财务、行政管理等培训。

2002—2005年安徽信保员工统计表

表3-1-14

年份	正式员工人数（人）	高级职称人数（人）	中级职称人数（人）
2002	4	1	2
2003	5	1	3
2004	7	2	3
2005	9	2	3

华安产险省公司人事管理

2005年，华安保险公司内设机构为人事行政部、计划财务部、车险部、产险部、人身险部及营销管理部，以及总公司派驻分公司稽核监察部。华安产险公司正式员工103人，其中中级职称有15人。

华安公司员工招聘严格执行总公司相关人事管理制度，规范招聘流程，严把人员入司关，对录用人员签订劳动合同并按照《中华人民共和国劳动法》给员工缴纳社保。制定《薪酬福利标准》和《异地干部交流福利待遇管理办法（暂行）》，严格执行制度发放薪酬福利，给符合异地干部交流条件的发放异地干部交流补助。科学制定工作说明书，定岗定级。

2005年5月20日，华安省分公司制定《关于进行筹建期工作绩效考核的通知》，考核内容涉及业务知识技能、政策执行力度、沟通协调能力、工作态度和工作计划完成情况，设立考核权限、考核程序、考核等级与结果使用。考核结果使用与员工的劳动合同签订、薪酬定级等挂钩。8月31日，华安省分公司出台《2005年营销系列薪酬、费用管理考核办法》，规范营销系列员工的薪酬管理，以利润为导向开展销售工作，树立和倡导全员有效销售的意识，加强内部激励机制，增强与外部的竞争能力，充分调动营销人员的工作积极性。明确管理职责、薪酬体系、销售费用和销售系列员工福利待遇。12月20日，华安省分公司印发《关于开展2005年度工作绩效考核的通知》，成立了年度考核领导小组。考核程序有机构核心岗位与普通岗位考核、分公司机关中层干部与一般员工考核。明确了考核结果的评定及运用，考核结果作为干部任免、奖惩、调岗以及薪资调整和年终奖金发放的重要依据。

2005年6月16日，华安省分公司制定《会议管理制度》，会议类型分为内部会议和涉外会议。

信息化建设

保险行业的信息化建设，是保险行业微机应用与网络信息传输的普及与提高的过程。随着电脑软件开发不断升级、应用和网络信息传送的逐步介入，信息化建设在保险行业的业务处理、数据汇集、信息存储、资料保存等方面发挥了人工无可替代的作用，有力地支持了保险业的进一步发展。

人保省公司信息化建设

1985—1990年，电脑在人保公司业务上的应用基本上为空白。数据统计、财务记账等多为手工操作。有的公司虽配有少量386终端，只限于公司文档打字之用。

1991—1996年，人保省公司设立信息科，挂靠在人保省公司计划处。1996年7月产、寿险分业后，人保财险省公司设立信息技术处，实行独立管理运作。随着形势的发展和业务需求，人保全省各地、市公司先后成立了信息技术部门，主要工作是处理保险业务、信息交流、提供经营管理信息，提高了办公效率，为支持保险业务发展、公司的管理发挥了重要作用。

随后，信息技术软件逐步在人保公司业务管理、财务统计方面使用，主要功能是汇总各分支机构的业务、财务报表数据，根据各机构数据汇总生成月度业务、财务分析表，供管理层决策参考。最先采用微机处理的是合肥公司《子女婚嫁、教育金保险业务处理系统》和安庆公司《中国保险业务综合处理系统》处理车辆保险的应用。1991年，人保省公司给部分市级公司配发部分电脑，逐渐应用于业务上的处理。在1992年人保公司城险专业会议上，芜湖市公司介绍了关于电脑化使用与管理上的经验，组织会议代表参观电脑化管理流程和现场操作表演，电脑化试点工作初见成效。在芜湖市公司电脑化使用与管理基础上，全省电脑化使用与管理水平有了新的进展。1993年，人保省公司电脑配置至各市公司的部分区域，少量PC机已用于办公。业务使用主要是以普通字符终端配合针式打印机为主。1994年被安徽省列入“九二”省级50个重点科技项目之一，由人保省公司负责开发，后经安徽省科委鉴定后获得通过，安徽省科委获得科技成果进步二等奖，同时推荐申报全国科技成果评奖。次年被中国人民银行总行授予金融系统科学进步二等奖，参加1995年全国金融系统科技成果展览，并接受国务院李岚清副总理现场观摩。《子女婚嫁、教育金业务处理系统》也于1994年申请安徽省科技委员会验收通过和参加当年省科技成果评奖，获得优秀奖。

1996—2000年，人保省公司分为产、寿险两家公司，人保财险省公司成立了信息技术处，信息工作快速开展，设备规模每年递增，添置普通网络终端和针式打印机用于网点铺设，购买相应的PC服务器和PC机，用于数据存放及全省部分业务处理。以后每年为每个市公司添置PC服务器主机用于公司业务，部分PC机为办公使用，购买网络设备用于搭建全省网络平台。自此人保公司电脑的使用达到普及。在此期间主要开发应用的软件有：1996年使用《法定分保处理系统》处理公司所有业务的承保、理赔业务的分保；1998年使用《人保账务管理系统》处理公司的财务、固定资产和出纳账，生成各类核算、分析、管理和监管报表；1999年省公司自行开发了一套《机动车辆处理系统》，也在全省陆续推广使用；年底人保公司成功组织全省各分支机构对所有应用软件和系统软件应对"千年虫"问题的防范，使公司信息技术应用顺利的跨过2000年世纪大关。此阶段微机硬件设施的完善，大大推动了信息技术在公司管理中的应用水平，为公司经营、管理积累了大量的业务、财务等数据，并对今后软件的开发和应用积累了很多经验，同时也为公司培养了大批信息技术应用型人才。但由于当时所有的应用系统都是独立的，系统间的数据也不能共享，所以数据不一致的现象比较严重。

2002年年初，人保省公司开始全面使用财产险业务综合处理系统，在财产险、保证险、责任险等业务的电脑出单的基础上，逐步实现各险种的电脑保单缮案；同年10月，全面完成财产险业务综合处理系统及核保核赔系统、单证管理系统、数据集中系统、收付费系统和账务系统的升级工作。

2004年后，人保省公司开始做全省业务数据集中，开始购买小型机PC服务器、网络设备，搭建全省业务数据集中平台。电脑设备投资规模开始达到高峰，为人保省公司的业务发展打下了扎实的基础。

中国人寿省公司信息化建设

1991经过电脑操作人员的简单编程，电脑开始用于业务上的管理与承保操作处理，对长险保单进行微机管理，例如将子女教育婚嫁金保险等保单信息和客户资料输入系统内，对未了责任的保险契约进行管理维护。

1996年，人寿省公司投入1500万元购买电子化设备，购置主机137台，终端458台，打印机323台，UPS 107台，配发各分支机构。同时充实电脑信息技术人员队伍，成立微机设备维修中心，适时开发新的应用软件。为微机全面推广应用打下了基础。

1997年，给全省营业网点配备电脑，启用营销管理系统进行管理，管理保单信息及相关客户资料。推广应用财务管理及会计电算化系统；该系统能适应会计科目和会计报表格式的变化；实现财务管理微机化、会计核算电算化、财务报表自动化、信息传输网络化。营业网点全部实施电脑出单，保证了营销业务出单的及时性和规范性。

1998年年初，完成了省分公司和各分支机构总经理室对业务查询系统的开发，同时对宣城、六安、铜陵、安庆等公司进行了综合布线，为全系统微机联网工作打下基础。下半年开始使用业务综合处理系统，该系统最大特点是不需要针对新推出的险种进行系统开发，只需通过重新定义，该系统即能处理已经开展及今后推出的业务品种。加快了电子化建设步伐。

1999年，人寿各市、地公司及县公司的网络全部开通，开始使用代理人管理系统、办公自动化OA系统，为“两个中心”建设提供了网络支持。

2000年，开发应用了设备管理程序，启动了全省办公自动化三级网络系统，完善了CBPS及代理人管理软件功能，进行了银行代收保费的试点工作。完成了设备清理工作,加强电子信息技术应用管理,解决了部分地市公司机构撤并产生的一些技术问题。

2001年，开始构建省级数据信息中心，加速数据集中管理进程，建成全省办公自动化四级网络；电脑软件系统完成营销管理与地方性险种向CBPS的转换过程；同年4月，停止使用旧的财务记账系统，全面启用新的会计核算软件。是年，配合人寿总公司关于业务集中管理、财务软件升级、“核保、核赔、保全、实务、咨询”五个手册的下发、“95519”客服专线开通等方面微机上线需要，人寿省公司电脑处对各地、市公司的微机运行进行现场操作指导，并举办多期培训班，帮助操作人员熟悉新的软件系统的操作。

2002年，全系统电脑设备的配置日臻完善，全省有笔记本51台，PC机139台，终端310台，其他设备合计309台。为进一步发挥现有设备作用，人寿省公司制定下发《设备管理与维护暂行规定》，内容包括设备采购、设备验收、设备入库手续、设备出库手续、设备维护保养、设备调配、设备报废等。同年，按照人寿总公司统一部署，对1997年以前的地方险种进行数据集中编程，将全部老业务转换到CBPS业务系统中，对子女教育婚嫁金保险等业务的上机处理数据进行转换，然后进行核对、打印，为下一步全面落实所有业务数据集中做好准备。

2003年，人寿省公司完成了省、市公司间的网络升级，筹建起省、市两级信息技术服务中心平台，建立服务器局域网，完善报表查询系统，新增了农村网点和县域业务的查询，对“银保通”运行进行测试；对AMIS23.0版进行修改完善；同时完成省级公司财务系统集中，网站正式投入使用。

2004年，完成集团和股份公司的CBPS、CLAF系统和办公自动化系统的升级工作，实现了网速提升，建立远程会议视频系统，收展、“银保通”、单证管理以及与保监会信息对接系统。

2005年，完成404项目IT部分、集团CBPS业务清理、农村营销服务部的联网等方面的CBPS8版升级。截至2005年年底，全省有服务器68台，笔记本电脑90台，PC机278台，终端357台，其他设备合计590台。初步形成办公、业务处理、业务查询、财务管理、信息交流、远程教育电脑信息自动化规模平台。

太保产、寿险省公司信息化建设

1995年年初，太保合肥分公司设置电脑室，仅有PC服务器2台，终端2台，2名电脑操作人员，负责公司办公文档处理，部分寿险保单信息录制和固定格式的保单打印。1996年6月21日，太保总公司批复合肥公司16万元，用于增添电脑设备。

1997年，太保合肥公司增加PC服务器2台、终端1台、票据打印机2台，初步建立起保险业务微机处理系统，电脑微机功能只能进行独立出单、分散管理，不能进行数据集中、独立出报表。年底开始推广启用财产险业务处理和财务应用管理系统。

1998年，随着电脑配置和使用的普及，太保各地分支机构对因特网的应用需求也逐步增加。为加强对各分支机构接入因特网的管理，规范操作行为，太保总公司制定了《中国太平洋保险公司分支机构接入因特网管理办法》。同年4月9日，太保总公司决定组建新的信息网络系统，采用中元金融数据网络公司营运的中国金融数据通信网作为通信线路，另外各公司通过一条64KDDN线路接入当地的金融网交换机。各省、直辖市公司与总公司之间有一条16K永久虚电路，其余分支机构为8K永久虚电路。各公司内部局域网通过一台Cisco2509路由器与中国金融网联通，建立了总、分公司一级网络，总公司与全国66家分公司之间的主干广域网，实现各分公司与太保总公司的信息电子化传输，信息通讯化连接。

1998年9月23日，太保总公司下发《关于全面开展二级信息网络建设的通知》。各地市机构的二级信息网络建设得以加快，使人身险和财产险应用系统得到及时启动应用，实现了省级分公司对下属网点业务和财务的集中管理目的。同年11月4日，太保总公司转发国办和人总行文件《关于认真对待和防范计算机千年虫问题》，太保安徽分公司电脑部及时采取了必要的应对防范措施。

1998年年底，太保安徽辖区内全部完成了二级信息网络建设。1999年，太保总公司在全国范围内所有机构网点均实行了公文电子化传输，使得文档通知传输更方便快捷。

1999年9月，根据太保总公司寿险个人业务部颁布的《中国太平洋保险公司寿险营销业务人员管理规定》，组织开发了《寿险营销业务人员管理信息系统使用手册》，开发的系统从功能上分为5个子系统：人员管理、佣金计算、相关考核、保证金管理、系统维护。从此对营销业务员的信息管理步入了微机管理的时代。

2000年年初，经过努力，太保公司统一了寿险业务管理、实务操作流程、单证领用核销管理制度，随后与计算机进行对接，统一开发了处理应用软件，实现了寿险业务管理，集中核保、核赔的操作。

2001年太保安徽分公司产、寿分业经营后，集团公司重新规划产、寿险公司一、二级网络建设，同意省级产、寿险公司增建、扩建一二级网络。集团公司统一选用CISCO公司的广域网和局域网设备，分公司根据业务情况选择相应型号的产品设备，保障了分业后的产、寿险业务的正常运行。

2001年3月20日，太保寿险总公司拨给省公司费用39万元，用于购置DTU设备和网络线路升级。同时省分公司根据总公司要求，投资35万元进行了二级信息网络升级改造。

2001年5月，太保集团公司下发《太保集团网路增建、扩建总体实施纲要》。6月4日，太保寿险总公司批复安徽分公司网络增扩建方案，同意淮南、芜湖两家支公司增加网路设备，批给费用20万元，替换原先路由器，增加1台局域网核心交换机；太保寿险淮南、芜湖公司也各增加1台路由器。

8月13日，太保集团总公司下发《关于网站管理有关规定的通知》，出台《电子商务网站运行管理暂行规定》《网上业务管理暂行办法》和《网上业务实务流程》。

10月13日，根据太保寿险总公司有关数据集中要求，进行数据试合并和数据库的测试。10月24日，太保省分公司信息技术部完成了整个测试的前期准备工作，并在省分公司和淮南支公司相关部门进行集中测试，获得通过。10月27–28日两天时间实施对淮南电脑数据的正式上收。11月17—18日，实施对蚌埠支公司电脑业务数据的正式上收工作。12月5日，太保寿险安徽分公司下发《电脑数据管理制度》《电脑运行管理制度》和《电脑项目开发制度》，力求保障各机构、各部门微机系统使用运行安全、稳健、有序，保证数据的准确有效，更好地支持业务发展。12月18日，太保集团公司组建开通了卫星数据和语音通信系统，构建现有地面数据通信网的备份战略。该项目是太保公司一项高效综合通信网络工程，主要功能为利用卫星信号召开卫星电视会议，进行远程教育，传输业务数据和长途电话等。

2002年7月19日，太保寿险总公司根据集团公司未来3至5年的IT战略与规划，制定《信息技术工作管理条例》。8月6日，太保寿险总公司下发《信息技术工作达标活动实施办法》，明确了信息技术工作达标要求及目标表。

2003年1月24日，太保寿险安徽分公司对全司二级网络再次全面升速。3月3日，太保寿险总公司下发了《综合人员管理系统、专业中介子系统》操作实务，解决了公司对中介业务发展中的管理、佣金结算和业务统计查询问题。

2004年7月28日，太保集团公司下发《信息编码标准管理暂行办法》。8月12日，太保寿险总公司下发《太保网络电子邮件系统使用管理规定》和《生产系统信息安全管理规范》，为确保公司信息系统安全、稳定运行、防范风险、规范操作提供依据。

2004年，太保集团公司完成CPIC网络项目的IT规划、P-12的完善、推广与应用。1月5日，太保寿险安徽分公司新增3快NM-4T模块，用于分公司中心路由器的网络改造。5月30日，经太保总公司批复，同意安徽分公司增加一台CISCO2650作为主路由器备份设备，增加一块NM-4T模块用于省级分公司核心路由器升级。

2005年1月1日，太保寿险总公司在全系统全面推广上线P-07系统。P-07系统包括：财务会计、管理会计、财务分析、财务台账4大类，共30个模块。其中台账、网上报销等12个核心财务模块，要求采用逐步实施步骤落实上线。自此太保寿险财务全部进入了微机信息化管理时代。1月7日，太保公司OA系统中开始使用“电子文件专用章”，省级分公司公文停止使用实物印章，电子印章的式样、规格与实物印章相同，目的是为进一步加强对印章的管理，防范印章管理中的风险。

2001—2005年，太保寿险安徽分公司电脑设备拥有量（分小型机、终端、PC机）、微机管理人员数量、业务处理系统功能情况下表。

2001—2005年太平洋保寿险安徽分公司信息技术部数据统计表

表3-1-15

项　目		2005	2004	2003	2002	2001
设备	小型机	—	—	—	—	—
	终端	—	5	5	5	5
	PC机	120	200	200	55	50
内设部门名称		信息技术部	信息技术部	信息技术部	信息技术部	信息技术部
人员数量		6	6	5	5	4
研发软件或系统		集中出单系统、录单外包系统、客户服务专员系统、两核系统、财务系统、寿险统计查询系统				

平安产险省公司信息化建设

安徽平安产险公司成立之初，仅有4台台式计算机和2名信息技术管理员。计算机主要用于日常业务出单、文字处理，公司的文档存储依靠软盘和磁带，业务数据传输通过软盘报盘（三级机构由单机拷出送分公司，分公司通过电话线与总公司点对点联网传输）。信息技术电子化程度不高，并且信息传输困难大，安全性低。

1996年7月，平安产险为满足业务发展和办公需求，经过多方调试，在全省实现专线联网。该网络以分公司为核心，通过专线连接到三级支公司，从而实现了全省计算机的数据通信，在此基础上所有 PC 机上线使用集团开发的几类业务系统，实现在线的信息录入、存储和查询。自此，平安产险电子化设备配置也相应大步跟进。专线联网后，公司第一批正式投入使用的联网计算机就达数百台，基本上保证后线员工每人 1 台，前线每个团队 1 台。

1997 年，平安产险正式配置小型机服务器 1 台，并辟出专属、独立的小型机机房，分公司在机房实现全省数据集中，实现财务、业务系统集中处理，从而克服了数据从三级机构传递到集团速度慢、网络拥挤、安全性低等问题。机房和服务器有专人管理，负责数据安全，设备稳定，为后续上线的新的业务系统打下基础。

1998 年，平安产险引进视频会议系统，使用该系统可以和集团、总公司进行直接视频对话。2000 年，公司将视频会议系统向全省推广，先后购买和添置视频会议设备 18 套，实现了分公司和各中心支公司之间的视频会议互联，可以召开全省的视频会议，减少了集中开会的支出，减轻公司会议成本。

2000 年，平安公司上线 EOA（文件处理系统）、IT 问题管理系统、财务辅助系统、资产管理系统等办公自动化系统，此类系统的上线实现了在线的自动化办公，极大的提高了后线支持人员的办公效率，节省了资源。

2001 年，平安产险实现四级机构 VPN 方式网络连接，使所有四级机构能够和集团内部网络连接，实现自动化办公，从而进一步扩展了公司网络规模，提高了四级机构员工的工作效率。

2003 年，平安公司在行业内首家实现全国数据集中，小型机集中到深圳总部，分公司下设系统应用部，负责安徽分公司属下网络硬件管理、应用服务支持和机构端需求支持。平安也是国内最早完成 IT 系统集中的保险企业。

为提高公司 IT 系统的安全性，使 IT 服务在遭受重大灾难后不中断，减少业务损失，之后平安公司又启动了 IT 容灾项目。其主要目的是使用一定的技术手段和设备、制订相应的应对、决策流程，以保证公司的关键 IT 系统能够在诸如火灾、地震、大面积停电等重大灾难发生后，在一定的时间内恢复必要的处理能力，减少灾难造成的 IT 系统瘫痪带来的数据丢失和业务损失等。

2005 年，平安科技成立 PC 标准化服务组，对公司计算机进行统一的标准化安装，杀毒软件的升级，软件和应用程序的统一安装，计算机统一命名，实现所有 PC 机的统一管理，减少了运行风险。

平安寿险省公司信息化建设

网络建设选择 TCP/IP 协议标准，选用 CISCO 品牌路由器和交换机，具有设备性能高、运行稳定、兼容性强等特点。

在深圳、上海两地设电脑中心建设，具有互为灾备功能的核心网络区域，核心网络区域内建立了不同功能分区，各分区之间通过高性能的交换机提供传输通道，通过高性能的防火墙提供安全保护和隔离，为主机和系统提供了网络基础平台。各二级机构同时接入2个电脑中心，配置双路由器、交换机设备，同时工作，提供热备份、无缝切换、负载均衡等网络结构功能。

平安合肥分公司到工行安徽省分行采用128K的DDN连接，PA18电子商务网站以40M带宽接入INTERNET。为业务实时处理、影像传输、财务集中、视频会议、灾难备份、网上金融服务等提供了足够容量的传输平台。

网络线路连接采用不同基础电信运营商的线路进行冗余备份，实现继合肥与总公司电脑中心之间的连接、以及与INTERNET的连接均由不同运营商（中国网通、中国联通）的2条线路构成，大大提升线路可用率，达到99.999%。同时提供VPN联网方式，灵活多样广域网连接。

2001年，平安开始逐步规划和实施产险、寿险的全国数据集中。购置高端存储和高端服务器，建立了大型存储、高速光纤数据交换机和高速磁带库为基础架构的SAN数据网络。数据集中后，平安寿险的所有业务数据都置于华南和华东两个数据中心，使用统一的系统平台和集中的系统管理。

到2003年年末，各信息系统的数据已经实现了在深圳和上海两个数据中心之间实时异地备份。

2004年，中国平安开始制订“IT灾难恢复计划”。2004年12月11日至12日，中国平安保险举行了IT灾难恢复演习，70多名IT恢复人员分成11个工作小组，历经26个小时，将参与测试的17个系统恢复到华东数据中心。12日10时30分，最后一份测试成功的结果到达，IT灾难恢复演习取得圆满成功。

2005年8月，平安产险MIS系统按计划完成了车险承保模块的开发和测试，于8月26日正式上线。该模块上线后，车险承保统计将全面采用MIS系统数据，统计分析指标口径一律以MIS系统数据为准。系统模块上线3个月后，在MIS系统运行稳定的情况下，总公司停止PCIS系统中统计报表的使用。集团信息管理中心系统运营部在上线前完成MIS系统操作初始用户的设置和权限设置工作。

灾难备份采用Veritas Netbackup Datacenter软件实施集中备份。定期将备份磁带送往异地存放。每个月初，将数据库的逻辑备份写入磁带，永久保留。发生故障时，根据实际情况选择适用的恢复方法。

安全管理采用Macfee建立企业级的防病毒体系（包括邮件和因特网接口的病毒检查），采用Netscreen和CheckPoint防火墙进行网络隔离。采用微软的补丁自动升级系统（SUS）对Windows操作系统进行补丁审计，及时有效地弥补了安全漏洞，提高了安全水平。

平安寿险在信息系统技术开发管理制度有:《开发手册》《编程规范》《命名规范》《接口规范》《需求管理》《需求复审指南》《项目复审流程》《压力测试》《用户验收报告》《测试报告单》《测试指南》和《软件质量保证规范》等。

运营维护管理制度有:《系统发布规定》《重大故障处理规定》《数据采集》《数据修改》《系统迁移》《账号申请、变更与清理》《系统监控管理》《防火墙管理规定》《VPN 管理规定》《网路管理规定》《机房管理规定》和《灾难恢复计划》等。

安全管理制度有:《账号密码安全规范》《系统开发安全规范》《个人电脑安全规范》《防火墙安全规范》《服务器安全规范》《防病毒安全规范》《电子邮件安全规范》和《备份安全规范》等。

天安保险省公司信息化建设

天安保险公司及各分支机构根据经营管理和业务需要，均配备了相应的电子设备，公司的统计报表、承保报表、理赔报表、会计报表等均实现了电脑汇总，同时制定完善了微机使用的管理制度与办法。公司推广使用了各险种方面的应用管理软件，使用内部局域网进行多方位的管理工作，推广使用电子邮件及公司 OA 文件系统、VISDA 数据系统、核心业务系统、精友核价系统、法律事务管理系统、邮件管理系统、全省“95505”统一报案系统、网络视频系统等，电子化设备的健全、完备，提高了公司的工作效率和管理水平。

新华保险省公司信息化建设

2002 年，新华保险进入安徽市场，信息化建设起点较高，业务管理、财务管理、办公信息传递已全部实现电脑管理。分公司筹建时，一次性采购网络设备 4 台、UPS 2 台、服务器 2 台、PC 机 21 台、笔记本 2 台、实达终端机 8 台。分公司建有业务系统数据中心，核心业务系统实行省级集中，芜湖开通到合肥的 2M SDH 数据专线。省公司开通两条到北京的 2M SDH 数据专线，实现分公司所有作业职场与总公司的全面联网，财务系统、电子邮件系统集中运行于北京总公司服务器。2003 年，因业务增长，分公司进行职场迁移，增置 2 台服务器、2 台网络设备，电脑网络容量扩展 1 倍，在一定程度上满足了业务发展的需要。同年开设了安庆、淮南两家机构，全省 PC 机数量已达 100 多台。

2004 年，新华省分公司正式启动了银保通项目，利用电脑网络技术开展保险系统与银行系统的无缝对接，实现银行柜面实时出单。经过分公司与银行的密切配合，反复测试，在分公司各部门的积极努力下，下半年新华公司与安徽省工行的银保通系统在业内率先成功上线。

2005 年，新华保险安徽分公司已拥有 PC 客户端 160 台、终端机 21 台、服务器 6 台、电脑专职维护人员 3 名。电脑技术人员除维护全省电脑系统的正常运转外，还担当一定的软件开发工作，自行开发业务综合统计系统，提高了公司各专业岗位的数据统计时效。2004 年年底，公司上线工行银保通系统，新技术的应用给业绩带来了提升，全年银行代理保费收入为 2 亿多元。2005 年，工行银保通业务在银代业务中占比达 93.4%。

泰康人寿省公司信息化建设

2002 年 4 月至 2005 年 12 月期间，分公司使用财务软件平台处理财务数据。随着业务的快速发展，2005 年 12 月 8 日，新的财务全系统在 SAP 系统中顺利完成了 11 月份的财务月结和报表编制工作，标志着 SAP 财务管理信息系统在全系统的上线推广获得了圆满成功。为推进公司信息化建设，2004 年，公司选择了国际领先的 SAP 财务管理信息系统，与全球著名的国际商业机器（中国）有限公司（IBM）合作，同时聘请了神州数码担任项目监理，共同打造满足未来发展需求的现代信息化管理平台。

SAP 财务管理信息系统的实施是一场全新的管理变革，将全面审视现有管理模式，深度优化既定业务流程，重新规划财务领域的应用系统结构。SAP 系统的应用，极大地提高了财务核算质量，增强了财务管理的规范性，促进了财务服务的标准化，提升了多维财务分析能力，在成本控制方面取得了明显的管理效益。

泰康人寿安徽分公司使用的业务系统如下：

个险系统：为美国 CSC 公司的 Life/Asia 系统，2001 年 5 月首先在北京上线，随后全系统推广，是以客户为中心的寿险业务系统；开发和运行平台 – 主机：IBM AS/400； – 数据库：IBM DB2/400； – 开发语言：COBOL

团险与银行保险系统：采用合作开发方式，2002 年上线，随后全系统推广；开发和运行平台 – 主机：IBM RS/6000； – 数据库：IBM Informix； – 开发语言：4GL,C – 中间件：BEA Weblogic

财务（会计）处理系统——SAP 财务信息系统全面上线：2002 年 4 月—2005 年 8 月，使用用友财务软件（网络版），该系统提升了会计数据处理的实效性和准确性，提高了会计核算的水平和质量，更安全，更稳定，为管理信息化打下了基础。

2005 年 9 月起，使用 SAP 财务信息系统。SAP 项目是公司继 CSC 后的又一个重大信息系统项目，给公司的财务带来了一次飞跃。它的成功推广标志着泰康人寿的财务信息系统达到了国际先进水平，泰康人寿的财务管理从此迈向上了新的高度。

网络应用与办公自动化：

从总公司生成系统里提取已经承保保单数据，下发到分公司保单打印服务器中，分公司出单人员通过保单打印客户端程序进行保单打印。

2003 年，分公司上线网络影像扫描系统，分公司下设机构通过扫描系统将投保单扫描影像上传至分公司，由分公司业务管理部统一处理。

2003 年，泰康人寿自行开发公司的 OA 办公自动化系统“领先 E 步”，泰康办公自动化系统包含公司的文件库、新闻、公告、电子邮件等。2005 年，泰康 OA 办公自动化系统进行页面改版及增加了呈批件应用。

2005 年，泰康人寿改造“95522”回访系统，分公司回访人员通过网络电话连接到总公司统一呼叫平台上进行回访。2005 年，泰康上线网络会议系统，加快分公司信息传达的时效性。

泰康人寿安徽分公司软件配置一览表

表 3-1-26

时间	软件名称	软件描述
2002 年 3 月	个 t 人寿险系统 CSC	在系统结构设计上完全体现了以客户为中心的思想，对泰康人寿的管理和业务发展起到了极大地推动作用；基于该系统强大的管理功能而开发的“家庭保单”产品，实现了“一张保单保全家”
2002 年 3 月	BAS 系统	银保业务系统
2002 年 3 月	MSS 系统	为代理人提供全方位的网络技术支持，提升展业效率和管理效率。该系统功能包括：保单管理、客户管理、展业工具、绩效管理、竞赛咨询、公告通知、系统功能、短信服务等功能
2002 年 4 月	OA 办公自动化系统	该系统为员工搭建基础框架，提供公文流转、个人便笺、企业信息发布等办公系统的基本功能
2002 年 4 月	用友财务系统（U8）	该系统实现了财务处理、财务数据的打印集中模式，实现了公司财务处理的大集中，网络化
2002 年 6 月	95522 坐席呼叫系统	接听客户咨询电话，解答客户疑问
2003 年 2 月	短信发送平台	该平台提供短信群发功能
2003 年 6 月	行动巨人 1.0 版本上线	为代理人提供销售支持
2004 年 4 月	影像扫描系统上线	该系统方便保单信息的调取
2004 年 7 月	GMSS 系统上线	该系统为团险系列内外勤员工提供销售支持，系统功能包括销售工具和一些互动功能。
2004 年	BI 一期	该项目梳理了泰康的 KPI 指标体系，建立了企业级的数据仓库和决策支持系统，开始从满足业务向加强管理转变
2005 年 3 月	Mcafee 病毒防护体系	保障公司信息安全
2005 年 3 月	MSS 系统改版	系统改版及新项目开发
2005 年 4 月	OA 自动化系统功能扩展	增强系统的流程设置流程与业务的整合

续表 3-1-26

时间	软件名称	软件描述
2005 年 5 月	前端系统一期上线	整合、统一的流程处理，将工作流与影像紧密结合在一起
2005 年 5 月	BIP 首期报表平台上线	该系统实现个险保单、营销员、首期业绩查询等内容
2005 年 6 月	行动巨人 2.0 上线	对 1.0 版本进行升级并新增功能
2005 年 9 月	SAP 财务管理信息系统上线	SAP 系统替换原有的用友财务软件

信息化管理制度：

《泰康人寿安徽分公司公司短信平台使用管理规定》《泰康人寿安徽分公司个人电脑安全规范》《泰康人寿安徽分公司机房管理规定》《泰康人寿安徽分公司灾难备份和恢复流程》《泰康人寿安徽分公司信息系统重大突发事件处理办法》《泰康人寿安徽分公司网络会议管理制度》《泰康人寿安徽分公司四级机构信息化建设标准》。

信保公司合肥营业管理部信息化建设

2002 年，信保安徽地方业务处拥有台式电脑 2 台、笔记本电脑 4 台；2003 年台式电脑 4 台、笔记本电脑 4 台；2004 年信保合肥营业管理部拥有台式电脑 9 台、笔记本电脑 4 台、视频终端 1 套；2005 年拥有台式电脑 14 台、笔记本电脑 5 台、视频终端 1 套。营业部信息系统建设及管理由信保总部统一安排，由专人负责网络维护和硬件管理。

2002 年，信保公司所有业务单据通过传真向信保总部报批，通过 DOS 系统实施电脑出单。2002 年 8 月，信保总部推出业务系统 2.0 版，短期出口信用保险保单实现在系统上审批，审批后分支机构签章出单，实现网上申报、数据录入、数据统计、业务处理等功能。2002 年 12 月，业务系统 3.0 版出台，增加了对 5 种新产品的支持，同时增加了理赔追偿业务功能，随后仍不断对系统进行升级和完善。2003 年，信保总部推出 OA 办公系统，内容包括信息资料、学习研究、政策指引、企业文化及员工学习交流园地等内容，分支机构可以根据权限上传分支工作动态。2004 年，信保公司财务单独建账，自行核算，使用财务软件实施财务核算，总部通过财务系统对凭证、报表进行审核。2005 年，中国信保总公司推出“信保通”系统，客户可以在网上与中国信保进行各种业务交互，完成限额申请、索赔申请业务，并可享用风险提醒等增值服务。同年，信保总部推出财务、业务收付费核销系统，将财务、业务两个系统进行对接。8 月，合肥营业管理部财务、业务收付费核销系统顺利通过总部验收，该系统开始正式使用。

华安产险省公司信息化建设

2005 年，华安公司在人事行政部设立信息技术室，负责统计与信息化建设工作，配置 PC 机 376 台、电脑技术人员 2 名。

华安公司利用信息化平台建设，积极开展数据采集、系统运行及统计分析管理等工作，确保财务数据真实、完整、准确，并及时向安徽省保险行业协会报送相关数据，夯实财务数据真实性基础。公司建立网络应用体系，实行办公自动化，健全信息化管理制度。华安保险全国统一客服热线为“95556”，华安保险南昌第二电话中心的正式运营，从地理位置上解决电话中心备份问题，为各类产品拓展及华安服务提供更广阔的平台。

大地产险省公司信息化建设

大地产险省分公司拥有计算机数量 80 余台，设综合管理部信息技术岗 1 人，负责管理维护事宜。

第二章　保险监管

自1980年恢复国内保险业务至2005年，人民银行安徽省分行、安徽保监局依据保险基本法律法规，制订辖内法规和实施细则，严格行政执法，履行监管职能。1995年《中国华人民共和国保险法》实施前，国家有关保险的法律法规不健全，保险机构也缺乏有效的自律约束机制。《中华人民共和国保险法》颁布实施后，人民银行依法加大对保险市场的监管力度。2000—2005年，安徽保监局不断完善监管自身制度建设和队伍建设，通过现场检查和非现场检查等监管手段，加大规范市场秩序力度，指导保险机构内控机制建设和行业自律，有力地促进了安徽保险市场有序竞争和良性发展。

第一节　行政执法

保险监管部门依据国家有关保险法律法规，结合本省实际制定配套的实施细则，履行保险监管职能，引导保险市场健康发展，保护保险消费者合法权益。

机构沿革

我国的保险监管工作起步较晚，1985年3月，国务院发布《保险企业管理暂行条例》（以下简称《条例》），明确了中国人民银行是国家保险管理机关。《条例》发布后，各级人民银行开始重视并履行保险监管职能。1986年至2000年9月，人民银行安徽省分行在中国人民银行的法规框架下，制定规范性文件，履行辖区内保险业的监督管理职能。1998年11月18日，中国保险监督管理委员会（简称中国保监会）成立。2000年，中国保监会在安徽设立派出机构，由人民银行安徽省分行代为履行保险监管职责。2000年9月28日，中国保监会设立派出机构“中国保监会合肥保险监管特派员办事处”（简称“合肥保监办”），依照国家有关法律、法规和方针、政策，统一监督管理保险市场，维护保险业的合法、稳健运行，引导和促进保险业全面、协调、可持续发展。合肥保监办下设办公室、机构管理处和稽核检查处3个处室。2003年调整内设机构职能，由机构管理处主要负责监管全省人身保险市场，稽核检查处主要负责监管全省财产保险市场。2004年2月6日，更名为中国保监会安徽监管局（简称“安徽保监局”），设置办公室、财产保险监管处、人身保险监管处、保险中介监管处、统计研究处、人事教育处6个处室。是年8月，依据行政许可法，安徽保监局设立行政许可服务中心作为行政许可事项的统一对外服务窗口，并建立完善工作流程和行政许可议事规则，确保行政许可事项按期高质量完成。

2000—2005年，安徽保险监管机构逐步建立和完善内部管理规章。2000年制定了《中国保监会合肥保险监管特派员办事处工作规则》等27项规章制度。2001年，为加强党风廉政建设，合肥保监办制定完善党委民主生活会等各项制度，下发《关于加强党风廉政建设和纪检监察工作的实施意见》，并从各保险公司聘请了10名特邀廉政监督员，召开了两次特邀廉政监督员会议，加强对监管机关的外部监督。2003年，安徽保监局先后制定《合肥保监办干部考核管理办法》《合肥保监办岗位目标考核办法》《合肥保监办行政问责制暂行办法》。2004年，进一步完善《党风廉政建设责任制实施细则》，制定干部人事制度改革方案、党员干部出国（境）管理等制度。2001—2005年，安徽保监局逐步建立行政许可、信访投诉、对外宣传、检查处罚、重大事件应急处理等多项内部规程和管理办法，全面提升监管干部依法行政的能力。

监管机制

安徽保险监管部门依据不同时期的保险法律法规，按照监管体制安排，不断建立健全保险业市场运行规则，细化并执行监管规章，规范市场秩序，促进安徽保险市场健康持续发展。

自1980年至1995年10月1日《中华人民共和国保险法》颁布前的15年间，国家有关保险的法律法规尚不健全。人行安徽省分行主要依据1982年7月2日施行的《中华人民共和国经济合同法》（简称《合同法》）和1985年3月3日施行的《保险企业管理暂行条例》（简称《暂行条例》）对保险业进行监管。这些法规对计划经济下刚刚起步的保险市场发展起到了规范和促进作用。1995年《中华人民共和国保险法》实施后，人行安徽省分行依据《中华人民共和国保险法》建立完善执法机制，在保险机构市场准入、保险机构高管人员任职管理、保险条款费率管理、保险代理人管理、违规行为查处等方面，制订规章和监管细则，对违反保险法规的行为依法查处和违法追究。

2000年9月，安徽保监局（原为“合肥保监办”）负责安徽保险业的监督管理，在中国保监会制定的规章和规范性文件的框架下，制定完善安徽保险业监督管理的规范性文件，努力为全省保险业创造公平有序的市场竞争环境。在市场准入方面，制定完善行政许可实施规程、保险机构设立及验收标准、基层保险机构建设指引、拟任高管人员审查、高管人员管理、产品备案、保险中介资格考试等制度；在非现场监管方面，制定完善非现场监管规程、监管报表报送、专职监管员等制度；在现场检查及处罚方面，制定完善现场检查操作规程、违法违规行为监管谈话实施办法、信访工作规程等制度，制定规范车险、银行保险、航意险、学平险等重点业务领域市场秩序的相关规范性文件。

信访机制

2001 年，合肥保监办建立起流畅的信访运转机制，制定《信访工作规程》《信访工作规定》，详细规定信访工作的受理、办理、报告、回复及归档程序，安排专人负责信访工作，确保信访投诉件件有着落，事事有结果。全年共受理信访事项 84 件，其中，来信 61 件，来电 13 件，来访 10 件。财产险市场的主要问题是机动车辆保险领域违规现象较多，存在超范围经营等问题；人身险市场的主要问题是长险短做虚增保费规模、销售误导、利用行政手段干预公平竞争、手续费超标等；保险机构方面的主要问题是违规设立机构开展业务、擅自变更营业场所等；合同纠纷方面的主要问题是理赔难现象突出。

2002 年，合肥保监办制定《信访工作规定》，全年共受理 122 件信访件，其中，来信 72 件，来电 8 件，来访 42 件，此外共接受咨询电话 180 多件。财产险市场的主要问题仍然集中在机动车辆保险方面；人身险市场的主要问题集中在误导保险消费者以及学平险方面；中介市场的主要问题是允诺高额返还手续费、不正当竞争方面。

2003 年 9 月，合肥保监办根据中国保监会关于重大上访事件处理办法的有关文件精神，制定《安徽省保险业重大上访事件处理办法》，要求保监办和各保险公司分别成立“重大上访事件应对小组”，处理重大上访事件，实行分级负责、就地解决的原则，在第一时间控制事态发展。对于矛盾可能激化的，应及时通报公安部门依法采取防范和紧急处置措施，防止事态扩大。全年信访反映的主要问题集中于违规经营方面，包括违规设置分支机构、私设代理点、违规异地出单、销售误导、强制学生投保学平险等。

2004 年，安徽保监局建立起省级各保险公司、保险行业协会、保监局三级信访受理体系，及时有效地处理好信访事项。3 月，制定《关于加强安徽省保险业信访工作的实施意见》，要求各省级保险公司加强信访工作领导，主要领导亲自批阅信访件，落实专门负责信访工作的部门和人员，使绝大多数信访问题化解在基层和萌芽状态。全年共正式受理信访事项 100 件，接待各类咨询性来电 500 多件次，切实保护了被保险人利益。是年，为更好地保护保险消费者合法权益、拓宽维权渠道，中国保监会决定选取包括安徽在内的三个省份开展保险合同理赔纠纷处理机制试点工作，安徽保监局下发《关于做好人身保险合同纠纷裁决机制试点工作的通知》，统筹安排试点前期筹备工作。

2005 年 5 月，安徽保监局建立局长信访接待日制度，为保险公司和信访人之间提供一个充分协商、妥善解决问题的平台。全年接待来访群众 20 多人次，办理 6 件信访投诉案，投诉人均对处理结果表示满意。8 月，根据国务院《信访条例》和《保监会信访工作管理办法》的有关规定，安徽保监局制定《安徽保监局信访工作办法》，就机构设置、部门分工、工作流程、工作时限、办理要求及法律责任等做出规范。全年共正式受理信访事项144件，办结116件。针对反映保险公司配合车队弄虚作假欺骗被保险人的多起投诉，为防止引发群体性上访事件，安徽保监局立即与有关责任人监管谈话，对违规行为进行了严肃处罚，有效遏制了风险蔓延。是年7月，经中国保监会批准，安徽人身险合同小额理赔纠纷裁决机制试点工作正式开展，安徽保监局组织召开专门会议，确定试点范围和模式，制定一系列制度，设立人身险合同小额理赔纠纷裁决委员会，在行业内外开展广泛宣传。各公司拖赔、惜赔等现象明显减少，涉及人身险的小额理赔纠纷数量大幅下降，截至2005年年底，人身险合同小额理赔纠纷裁决委员会只收到2起裁决申请。

第二节　保险市场准入监管

市场准入是保险监管机关监管保险市场的起点。保险监管机关贯彻执行国家有关保险的法律法规和政策，逐步建立了机构发展计划事先报告、行政许可工作培训、风险提示、高管人员任职前法规测试、考察谈话、保险条款费率管理等一系列行政许可制度，并在市场准入监管中，支持各类保险企业的业务发展。1999年以前，市场准入监管由人民银行安徽省分行履行。期间，就执法主体问题与安徽省工商行政管理局进行沟通，如1988年12月，两部门联合发出《关于严禁非法经营保险业务的通知》，重申人民银行是国家保险的管理机关，设立保险企业、经营保险业务，必须经人民银行批准并向当地工商行政管理机关申请登记，非保险企业未经特殊批准不得经营保险业务。1999年，经人民银行总行和中国保险监督管理委员会协商同意，人民银行安徽省分行的各分支行继续履行日常保险监管职能，但不再审批或转报新的保险机构、保险条款以及高级管理人员资格审查。2000年，合肥保监办成立后，全面履行市场准入监管职能。同时，根据国务院关于取消和调整行政审批项目的精神，自2001年中国保监会启动行政审批制度改革以来，至2005年共分3批取消行政审批项目。

保险机构准入监管

2000年，合肥保监办做好保险机构行政审批工作，全省共有保险机构265家，其中省级分公司6家，地市级分支机构51家，县级公司208家。同时，对个别公司擅自设立保险分支机构等违法违规问题进行查处，要求各公司深入开展自查自纠，对存在的违规行为坚决纠正，并在今后的经营中做到依法合规。

2001年，根据中国保监会《关于扩大保险经营区域》的文件精神，合肥保监办审核批准平保和太保分支机构的业务经营区域扩大到机构所在地的全辖，改变了原来县级保险市场主体单一的局面。此外，自2001至2002年，针对辖内保险机构反映省内多地工商部门对保险营销服务部、营销职场进行查处的问题，合肥保监办积极与省工商部门沟通协调，分清职责，有效解决执法主体问题。

2002年，合肥保监办从稳定发展的角度出发，确立了分期分批、逐步实施的机构筹建工作总体计划，坚持成熟一批发展一批，不搞一刀切，严禁一哄而上，盲目布点，及时下发《关于加强对保险公司分支机构筹建工作管理的通知》，对可能出现的盲目铺设机构的倾向进行了有效的遏制。同时，合肥保监办进一步加大了机构审批设立步伐，促进全省保险市场体系日趋完善。全年批准新设省级分支机构3家，地市级分支机构12家，保险营销服务部1584家。是年，全省共有各级保险机构307家（不含营销服务部），包括省级分公司10家，地市级中心支公司80家，县级分支机构217家。同年，合肥保监办就清理和审批保险营销服务部问题积极与安徽省工商局沟通，双方达成了一致意见，表示将分清职责，相互合作，共同规范保险营销市场。

2003年，合肥保监办加强保险分支机构筹建指导工作，积极引导、支持符合条件的保险公司设立分支机构。召开保险机构筹建经验交流现场会，选择机构筹建工作质量较高的泰康人寿马鞍山中心支公司作为示范，介绍新机构筹建工作经验，提高机构筹建质量。加大营销服务部的审批力度，进一步完善市场网点布局，全年共批准全省10家保险公司设立1545家保险营销服务部。是年4月，合肥保监办制定《保险许可证管理暂行规定》，明确机构管理处为归口管理部门，对保险许可证的领取、入库、发放、保管、印制、领用、销毁等方面作出规范，加强对保险许可证的管理。2004年，全省共有各级保险机构1690个，其中省级分支机构12个，市级分支机构102个，县级分支机构216个，营销服务部1360个。

2005年3月，为支持、引导全省县域保险市场发展，安徽保监局制定《关于加快安徽省人寿保险公司县域营销服务部发展的实施意见》和《安徽省寿险县域营销服务部经营管理指导意见》，开辟县域营销服务部审批绿色通道，规定寿险县域营销服务部经营管理标准，明确农村寿险营销员持证上岗要求，推动全省县域保险业务健康发展。全年共批设各级保险分支机构（分公司、中心支公司、支公司、营销服务部）84家。截至2005年年底，全省共有各级保险机构1762个，其中省级分支机构16个，地市级分支机构123个，县级分支机构217个，营销服务部1406个。

高管人员任职监管

1998年4月22日，中国人民银行安徽省分行制定《中国人民银行安徽省分行金融机构高级管理人员任职资格审查操作规程》，规定保险公司的高级管理人员包括：分公司的总经理、副总经理；支公司的经理、副经理；办事处、营业部的主任（经理）、副主任（副经理）。高级管理人员任职须事先经中国人民银行地市分行进行初审合格后，报中国人民银行安徽省分行进行审批；在对高级管理人员的任职资格作出批复之前，应与拟任高管进行考察谈话。

2000年，合肥保监办下发《关于加强对保险公司内部机构设置及高级管理人员管理的通知》，对安徽省各保险公司所属地市县级分支机构高级管理人员的任职资格进行登记审查。同时，加强对新任地市级公司高级管理人员任职资格的审查，并按规定进行监管谈话和测试；对县市级分支机构高级管理人员任职资格进行备案，建立安徽省各保险公司高级管理人员任职资格档案。

2001年，合肥保监办根据中国保监会的要求，下发了《关于做好安徽省保险机构高级管理人员任职资格清理工作的通知》，对全省保险机构高级管理人员进行全面清理。清理工作采用保险公司自查、保监办统计与核查相结合的方式，对高级管理人员基本状况进行全面分析，对检查出的擅自任命高级管理人员情况进行处理，并建立各级保险机构高级管理人员电子和手检两套档案。同时，加强对高级管理人员任职审核工作，实行严格的任前审查、任后跟踪制度。

2002年，合肥保监办组织开展全省人身保险机构高级管理人员培训班，有效提高高管人员法律法规意识。2003年，根据中国保监会《保险公司高级管理人员任职资格管理规定》，合肥保监办制定《安徽省保险公司高级管理人员任职资格管理办法》，对保险机构的高级管理人员的任职资格审核、任职资格管理、任职资格取消作出规范。2004年，建立高管人员任职资格测试试题库，内容涵盖保险知识、保险法律法规和管理科学等方面，全面了解拟任高管人员的综合素质，强化合法合规意识。全年核准59名高管任职资格。2005年共核准82名高管任职资格。

条款费率监管

1980—1987年，地方性的保险业务条款和费率由人保省公司自行制定。1988年起，监管部门对保险条款费率进行监管，有效维护了保险市场正常的经营秩序。1988年，根据人民银行总行《关于依法加强人民银行行使国家保险管理机关职责的通知》精神，原开办的业务，除使用保险总公司条款和费率外，地方性基本保险条款和保险费率由人民银行安徽省分行审定，各保险企业不经人民银行审定，不得擅自颁布基本保险条款和制定、更改保险费率。1993年，根据人总行关于全国执行统一保险条款的决定，各公司执行全国统一的条款费率，包括企业财产保险、机动车辆保险、国内船舶保险、国内水路、铁路货物运输保险、国内渔船保险、拖拉机保险、个人养老金保险、城镇集体经济组织职工养老保险、简易人身保险、团体人身保险、子女婚嫁金及教育保险、团体人身意外伤害保险、团体意外伤害保险附加医疗保险等险种。是年4月，规定各保险公司如需变动保险费率时，按《关于对保险业务和机构进一步清理整顿和加强管理的通知》的规定执行。1998年7月，根据人民银行总行《关于清理保险条款具体事项的通知》要求，人民银行安徽省分行对各保险公司省级分公司（管辖公司）正在销售或虽已停止销售但之前销售的保单现在仍然有效的条款进行全面清理。是年8月，人民银行安徽省分行转发中国人民银行总行规定，对人身保险残疾程度与保险金给付比例表、保费型条款转为储金型条款等有关问题进行确定和规范。

1999—2000年，各保险公司统一使用的保险条款及费率由中国保监会制定和管理。1999年1月，中国保监会下发《关于加强机动车辆保险管理的通知》，规定各保险公司未经中国保监会批准，一律不得更改机动车辆保险业务保险条款和保险费率；自4月1日起，各保险公司使用由中国保监会统一监制的车辆险保单，原人民银行批准执行的《机动车辆保险条款》及费率同时废止。是年1月，根据保监会《关于人身保险业务有关问题的通知》要求，各寿险公司人身保险条款费率由各保险公司总公司制定并报保监会备案后才能使用；使用未经核准备案的条款、费率，已签发的人身保险保单，凡在1999年12月31日以前满期或终止的，可按原条件执行到保单满期或终止，凡在1999年末以后满期或终止的，保险公司可与投保人或被保险人协商，在自愿的基础上，将该保单转换为经原中国人民银行总行保险司或中国保监会核准备案的条款、费率的保单，亦可退保；人身保险不允许用协议书的形式承保；停止承保储金型人身意外伤害保险业务。

2001年上半年，为了落实好保险公司条款报备审核工作，合肥保监办对各保险公司使用的保险条款进行了清理，对原人民银行和保监会批准的条款进行备案，废止了未经批准的条款。4月，根据中国保监会下发的《关于加强人身保险产品备案管理的通知》要求，各保险公司开办经中国保监会备案或批准的人身保险产品前，应向当地保监办备案。全年共对38个保险产品履行了报备手续，并对10家保险机构的新型险种进行了验收。

2002年，合肥保监办稳步推进车险条款费率管理制度改革，上半年成立行业车险改革领导小组，做好各项准备工作。12月，组织召开车险条款费率管理制度改革工作会议，就实施改革的具体工作进行部署。是年，从1月1日起，根据保监会《关于人寿保险新型产品信息披露管理的规定》，合肥保监办对保险公司的新型产品信息披露内容实行备案制度；5月，制定《寿险新型产品验收指引》，规定拟开办经中国保监会批准备案的分红保险产品、万能保险产品、投资连结保险产品等新型人身保险产品的寿险公司分支机构须经过开办验收，并对现场验收的程序和标准进行了明确规定。全年共对78个保险产品履行了报备手续，对10余家保险公司分支机构的新型产品进行了验收。

2003年1月1日，全国机动车辆保险管理制度改革正式启动，统一的条款费率被废除，各财产保险公司推出各具特色的差异性条款费率。是年，合肥保监办以合肥、蚌埠为重点地区，通过定期召开车险例会、开展现场检查等方式，及时了解和解决新费率执行、手续费支付等方面出现的新情况、新问题，确保改革顺利推进。

2004 年，合肥保监办指导行业协会探索搭建信息平台，建立机动车风险信息库，探索制定车险费率浮动制度。是年，根据保监会《人身保险产品审批和备案管理办法》，向各公司下发《关于安徽省人身保险产品报告有关问题的通知》，取消对各公司产品的备案许可，同时做好取消备案后的后续监管工作，根据需要要求各家公司向监管部门报告产品目录等信息。是年，安徽保监局继续加强与省工商局沟通协调，在产品条款、营销服务部建设、保险营销员管理等方面，解决执法主体问题，明确了保监局是安徽保险业唯一的主管和监管部门，避免了多头监管给公司发展带来的阻碍。

第三节 保险中介市场监管

20 世纪 80 年代至 90 年代初期，保险监管部门对保险中介市场的监管较为松散，如在代理网点方面，审批和监管规定不明确，城乡保险代理网点由人保各分支公司自行设立，名称叫法不一。随着保险业务发展和保险代理市场的成长，对保险中介机构的监管有了明确的法规，保险监管部门对保险代理市场进行清理整顿，对个人保险代理人实行持证上岗制度，保险中介机构的设立、撤销等有了规定，其监管工作逐步规范化、制度化。

专业保险中介市场监管

1992 年，中国人民银行安徽省分行执行人总行发布的《保险代理机构管理暂行办法》。1993 年 1 月 28 日，人民银行安徽省分行转发人总行《保险代理机构管理暂行办法》，并结合安徽省实际提出贯彻意见，要求各保险机构按规定设立机构和从事经营活动，省人行对各地市管理情况定期或不定期检查。1996 年，根据人总行《保险代理人管理暂行规定》，省人行要求各地市分行在文到之日起一律暂停审批新的专业保险代理机构。1998 年 4 月 6 日，中国人民银行安徽省分行转发人总行《保险经纪人管理规定（试行）》，规范全省保险经纪人管理。1999 年起，保险监管部门对专业中介公司逐步降低市场准入门槛，简化审批程序，促进保险专业中介市场较快发展。

2002 年，安徽保监局按照“松紧结合、引导与检查并重”的思路，加强对保险中介市场的监管和发展引导，着力使保险中介成为保险市场体系的有益补充和重要的组成部分。一方面，加强宣传和引导，积极为保险中介市场发展营造环境；另一方面，加强合规监管力度，要求报送监管报表、重大信息，参加会议，同时加大对保险中介机构的检查力度，重点对 2 家代理公司和 6 家经纪公司进行现场检查，依法严肃处理发现的违法违规问题。

2003 年，安徽保监局加强对保险专业中介机构筹建工作的指导，安排专人指导中介机构的筹建工作，全年共对 9 家中介法人机构的筹建及 7 家中介分支机构的设立工作进行指导，批设 6 家中介机构，有力地促进了专业中介市场的发展。

2004 年，安徽保监局认真贯彻落实中国保监会出台的《保险中介机构法人治理结构指引》《从业人员执业行为守则与道德指引》《保险专业中介会计核算办法》等各项规定，加强保险专业中介监管。是年，对 13 家专业中介机构开展实地调研，全面了解全省专业中介机构的市场定位、经营及内控状况、高管人员及员工管理以及经营中的困难，为确定监管工作重点打下基础。全年共批设 13 家专业中介机构，核准 21 名专业中介高管人员任职资格。在现场检查方面，按照中国保监会要求，制定了以专业机构自查为主、保监局重点处罚的工作思路，基本掌握各专业中介机构在资本金、内部控制制度建设、规章制度执行情况、持证情况等方面存在的问题，并依法进行处罚。是年 6 月，与安徽省地方税务局联合转发了国家税务总局与中国保监会联合下发的《关于规范保险中介服务发票管理的通知》，并制定《安徽省保险中介服务发票管理规定》，要求辖区保险中介机构和保险公司严格按照规定开具和使用保险中介服务统一发票；7 月，下发文件规范兼业代理机构保险中介服务发票工作，明确保险兼业代理机构属保险中介服务统一发票的使用对象，同时加强与省银监局的联系，在银行类兼业代理机构稳步推进保险中介发票的使用。

2005 年，安徽保监局以市场化需求为导向，积极鼓励社会资本投资保险专业中介市场，同时引入投资风险提示制度，引导社会投资者理性投资。探索完善保险中介市场准入与退出机制，整理汇编保险代理、经纪、公估 3 类专业中介机构的筹建、设立申报材料与流程要求，对管理不善、不符合日常监管要求的中介机构严格落实退出机制，全年共批准设立保险代理法人机构 13 家，保险代理分支机构 8 家，保险经纪公司分公司 3 家。截至 2005 年年底，全省共有各类专业中介机构 42 家，其中保险经纪公司 11 家，保险公估公司 5 家，保险代理公司 26 家。组织召开全省首届保险中介培训工作会议，对保险中介法律法规、公文处理、保险中介信息统计工作进行培训，并邀请保监会中介部专家进行专题辅导，取得了良好效果。

2005 年，安徽保监局逐步加大对保险中介市场的规范力度，上半年开展专项现场检查，共对 18 家专业中介机构开展现场检查 20 余次，检查重点包括专业中介机构资本金（出资额）是否真实足额、监管费是否及时上缴、内部管理制度建设及执行情况、保险中介服务业统一发票使用情况等，对部分反映问题较多的机构进行了复查，并依法给予 3 家保险专业中介机构警告、责令改正的行政处罚，对 7 家机构进行监管谈话并下发监管意见书，要求各机构限期整改。7 月，安徽保监局开展全省保险专业中介机构依法缴纳保证金或购买符合条件的职业责任险的监管工作，强化制度落实，有效防范和化解了经营风险。10 月，按照保监会要求，保监局对各专业保险中介机构业务人员持有资格证书的情况进行了检查，督促员工总数持证率未达到 50% 的机构限期整改。11月，保监局组织召开全省保险专业中介工作会议，通报全国、全省保险中介市场发展及现场检查情况，明确要求各保险专业中介机构针对现场检查发现的问题，认真整改，增强依法合规经营意识。是年，针对中介服务统一发票执行情况开展专项检查，检查结果表明统一保险中介发票制度已在全省保险行业内逐渐接受和使用，初步达到了预期政策效果。

保险兼业代理市场监管

1980—1994年，《中华人民共和国保险法》颁布实施前，对保险兼业代理网点的设置、代理形式及代理业务范围无明确规定，保险公司擅自设立兼业代理网点比较普遍。1995—1997年，人行安徽省分行根据《中华人民共和国保险法》《保险代理管理暂行办法》，对保险兼业代理机构进行清理整顿。1996年5月1日，实施《保险代理人暂行规定》，人行安徽省分行下文要求各地市人民银行对全省所有从事兼职保险的代理机构逐一进行调查、清理、登记。1998年5月，按照人总行要求，人行安徽省分行对《安徽省兼业保险代理人审批和管理实施细则》进行修改，并下发至给人民银行各地市分行，要求遵照执行。

2000年12月，根据中国保监会《保险兼业代理管理暂行规定》及《关于保险兼业代理人审核工作及相关事项的通知》，合肥保监办制定《安徽省保险兼业代理人审核管理基本流程（试行）》，同时对上述保监会文件中关于独家代理和转换保险兼业代理关系的规定作出解释，要求保险兼业代理人只能分别为1家财险公司和1家寿险公司代理业务，不得同时代理2家以上（包括2家）财险公司或寿险公司的业务。是年，下发《关于开展保险兼业代理人审核工作的通知》，要求各保险兼业代理人在原代理合同到期时对多家代理关系进行选择，于2001年10月1日之前将代理关系调整到“独家代理”。全年共批准24家保险兼业代理机构代理资格。

2001年6月，合肥保监办开展全省保险兼业代理市场清理整顿工作，要求保险公司对照有关规定认真进行自查和整改，并结合检查对全省保险兼业代理人进行集中审核与清理工作。9月，对合肥、蚌埠等市场进行重点抽查。经查，全省共有兼业代理机构1706家，与各保险公司存在约2570个代理关系，共有122家代理人可以签发保单，部分保险公司和保险兼业代理机构存在违规问题。针对检查发现的问题采取一系列措施，共终止兼业代理关系数109个，回收兼业代理委托书106份。在此基础上，保监办召开全省兼业代理人管理工作会议，对兼业代理市场的规范和发展提出了具体意见。

2002年年初，合肥保监办深入安庆市场开展保险兼业代理市场调研。下半年，根据保监会统一部署，开展全省保险兼业代理机构清理整顿，第一阶段要求各保险公司对兼业代理进行自查自纠，第二阶段对全省几家保险公司进行为期3周的专项现场检查，检查重点包括兼业代理机构管理、业务和财务台账的设立、兼业代理业务情况等方面，对发现的违法违规问题进行了处罚。

2003年，合肥保监办建议对代理机构实行分类审批，即实行分次分批单独申报，适度控制总量；银行、邮政、证券、铁路、民航等管理规范、信誉较好的5类兼业代理机构列入日常审批范围，优先审批，全年共核准209家机构保险兼业代理资格。8月，保监办开始对安徽省保险市场进行集中整顿和规范，分自查自纠、抽查和重点检查、总结验收3个阶段，历时5个多月，保险兼业代理方面重点整顿保险公司对兼业代理机构的管理及兼业代理机构的依法合规经营情况。

2004年，安徽保监局做好兼业代理机构审批工作，截至年底，全省共有兼业代理机构2603家。是年，保监局对5家保险公司的兼业代理业务进行重点专项检查，对发现的违法违规问题，要求立即进行整改，并给予警告或通报批评。

2005年，安徽保监局进一步完善保险兼业代理审批工作流程，全年共核准产险、寿险公司申报的各类保险兼业代理资格247家，截至年底，全省共有各类兼业保险代理机构2401家。

个人保险代理人监管

1996年5月1日，人总行实施《保险代理人管理暂行规定》，1992年11月2日发布的《保险代理机构管理暂行办法》同时废止。是年3月，人行安徽省分行结合安徽省实际，提出贯彻落实《保险代理人管理暂行规定》的意见，对文件下发之前招聘的营销员，按文件要求上报有关材料，否则不予参加人民银行总行组织的营销员资格考试。是年9月，人民银行安徽省分行成立“安徽省保险代理人资格考试组织委员会”，负责全省保险代理人资格考试的组织、管理和协调工作，并下发《关于保险代理人资格考试有关问题的通知》，首次保险代理人资格考试于12月15日上午在全国统一进行。考试由中国人民银行总行统一命题、统一制卷，全省按地、市设16个分考区，考试阅卷及发证工作由人民银行安徽省分行统一组织，个人保险代理人实行持证上岗制度。

1997年5月，中国人民银行安徽省分行下发《关于领取“保险代理人资格证书”及“代理证”的通知》，对“两证”有关事项作出要求，各地市分行对考试合格者颁发“保险代理人资格证书”，代理保险业务必须取得由中国人民银行安徽省分行统一印制的各保险公司为其颁发的“代理证”方能上岗展业；原保险公司订制的代理证或相关证件一律停止使用；保险代理人持“双证”上岗于6月1日开始执行，人行省分行在《安徽日报》刊登公告。12月，中国人民银行安徽省分行转发人总行《保险代理人管理规定（试行）》。1998年2月，中国人民银行安徽省分行转发人总行《关于对保险代理人实行持证上岗的通知》，并结合本省实际情况提出意见，要求自1998年3月1日起，凡从事保险代理业务的人员必须按通知规定办理“保险代理人展业证书”方可开展业务，各保险公司集中到当地人行二级分行领取展业证书，收回原人行省分行印制的“展业证”。1999 年，保险代理人考试工作由中国保监会、中央广播电视大学联合组织，人民银行各分支行不再负责保险代理人考试的报名及考务工作，合肥保监办委托安徽广播电视大学具体落实安徽省代理从业人员基本资格考试考务工作。

2000 年 8 月，合肥保监办筹备组根据保监会《关于发放保险代理人证书有关问题的通知》要求，对通过 1996、1997 年保险代理人资格考试取得资格证书和展业证书的代理人换发新的证书，并向各公司持证人员进行抽查，严禁向未获得资格证书的人员发放展业证书。同时组织全国保险代理人资格考试安徽考区工作，严格要求保险代理人持证上岗。

2001 年 9 月，合肥保监办授权安徽省保险行业协会负责安徽省“保险代理从业人员资格证书”“保险代理从业人员展业证书”“保险经纪从业人员资格证书”和“保险公估从业人员资格证书”的发放、变更及其他日常管理工作，负责安徽省个人保险代理人、经纪人和公估人的部分日常管理工作，根据市场情况制定自律管理规定，协调各类有关代理人、经纪人和公估人管理的纠纷等。加强对保险中介人员考试的管理，组成联合巡察小组，对全省电大考点进行巡考，并对考试舞弊行为进行了严肃处理。全年共举行 4 次保险代理从业人员基本资格考试，同时还完成保险经纪人安徽考点的设立工作。

2002 年 5 月，合肥保监办针对新型寿险产品在销售环节上出现的误导、欺诈行为对行业造成的负面影响，要求公司加强对营销人员的管理，严格营销员持证上岗制度，不持证不许开展业务。对 2002 年 1 月 1 日以后设立的公司，要求营销员必须 100% 持证上岗；对 2002 年前设立的公司，要求 2002 年 5 月 1 日后新招营销员必须 100% 持证。年内所有营销员必须 100% 持证，凡没有持证的，公司要一律清退。7 月，根据保监会要求，对辖内各财产保险公司产险营销员的情况进行专项调研，进一步摸清财产保险营销人员的发展状况，加强对产险营销员的管理。10 月，保监办组织召开营销员管理工作会议，强调进一步加强对营销员的管理，重申营销员 100% 持证上岗的要求。自 10 月起，每月组织保险代理人资格考试的城市由原合肥市扩大到合肥、蚌埠、滁州、阜阳、安庆、芜湖、宣城、宿州等 8 个城市，考试采取就近报名的方式，各地市广播电视大学做好考试服务工作。

2003 年 4 月，合肥保监办对近一年多来保险行业协会保险代理人从业资格证书发放工作的有关情况进行检查。5 月，鉴于全国大部分地区发生非典型肺炎疫情，为保护广大考生及考务工作者的身体健康和生命安全，合肥保监办暂停保险中介从业人员基本资格考试，6 月下旬开始恢复。11 月，合肥保监办进一步加强安徽考区考试保密管理的组织领导并完善相关制度。此外，自 2001 年至 2003 年，针对辖内保险机构反映省内多市工商部门对保险营销员展业等问题进行查处，合肥保监办积极与省工商部门沟通协调，分清职责，有效解决执法主体问题，明确合肥保监办是安徽保险业的主管和监管部门，避免了多头监管给行业发展带来的阻碍。

2004 年 6 月，安徽保监局授权安徽省保险行业协会建立安徽省保险代理从业人员基本资格考试电子化考试中心，电考中心建成后初期实行电考与现有的保险代理从业人员基本资格纸质考试并行，9 月电子化考试中心正式启用。全年全省共组织 16 次保险中介考试，共有 14489 人次参加代理人资格考试，669 人次参加经纪人、公估人资格考试，其中电子化考试中心共组织考试 23 场，参考人员 599 名。6 月，安徽保监局落实中国保监会关于保险营销员持证上岗制度的有关要求，对各寿险公司保险营销员持证目标及落实情况实行定期报告制度，督促各公司在规定期限内落实百分百持证上岗。是年 7 月，安徽保监局与安徽省地方税务局沟通协商，将有关涉农税收中提高营业税起征点的税收政策适用范围扩大到全省保险营销员，将营业税起征点由 2500 元每月提高到 5000 元每月，达不到起征点的一律不征收营业税，从 2004 年 4 月 1 日起执行，有效减轻了保险营销员税收负担。

2005 年 2 月，安徽保监局向全省产险公司明确了保监会有关持证上岗工作的要求，尽快实现全省保险营销员全面持证上岗。5 月，安徽保监局积极探索适应安徽农村保险市场的保险营销员持证政策，按照坚持考试、持证上岗、分类对待的思路，将农村寿险业务发展较好的萧县和舒城两个县城作为试点，实行农村保险营销员持证授予制，向符合条件的农村寿险营销员核发“农村保险代理从业人员资格证书”或“农村保险代理从业人员临时资格证书”。12 月，安徽保监局依据保监会有关精神和授权，积极开展农村保险营销员体制改革试点，结合安徽农村保险营销员实际，制定《安徽省农村保险营销员管理暂行办法》，解决农村地区保险销售和服务问题。

第四节　保险市场监管

保险监管部门主要通过建立完善市场行为准则，采取非现场监管和现场检查等方式，对保险市场行为进行监管，规范保险市场秩序，营造公平有序的市场环境，保护保险消费者合法权益。1980—1990 年，保险市场主体单一，采取相同的保险合同格式、费率标准和统一的程序化操作方式，市场存在的突出问题是部分行政机关、事业单位非法办商业保险。《中华人民共和国保险法》颁布实施前，保险法律法规不健全，保险公司擅自扩大业务范围或利用行政手段强迫企业或个人办理保险业务，或以任何借口擅自提高代理手续费等行为时有发生。《中华人民共和国保险法》颁布实施后至 2005 年年末，保险监督管理的任务越来越重，市场行为监管一直是监管的重要内容。随着保险法律法规逐步建立和完善，保险监管部门进一步建立保险市场行为监管体系，运用信息化等科技手段跟踪检测市场风险。

非现场监管

人民银行安徽省分行监管保险市场期间，受监管人力和条件的限制，多采取报表和稽核监管等方式进行非现场监管。2000—2005年，保险监管部门进一步建立较为全面的报表报送体系和市场监测制度，定期对保险市场进行动态分析，及时防范市场风险及重大突发事件风险，同时加强内控监管，使保险监管更有针对性。

制定市场监测制度

2000年，合肥保监办建立保险报表报送制度，根据保监会要求，下发《关于加强保险监管报表管理的通知》，规范各公司的报表报送制度，明确考核措施，提高报送质量，加强对各公司的非现场监管。

2001年，合肥保监办召开非现场监管工作会议，全面部署和落实全省年度非现场监管工作，明确高级管理人员任职、条款报备、机构重要事项变更、报表管理、重要信息报送等各项非现场监管工作流程，建立了各保险公司非现场监管工作责任人制度，为完善非现场监管工作秩序奠定了基础。是年，保监办初步建立了全省市场分析监测制度，按月度或季度分析全省保险市场运行态势，预警和动态监控市场风险。

2002年，合肥保监办增加《保险公司十大业务报表》《保险公司十大赔案报表》《新型产品业务报表》《保险公司财务指标监管报表》等8个报表，进一步丰富保险监管报表体系。

2003年，合肥保监办制定《保险监管报表考评管理实施意见》，要求各保险公司、保险代理公司以及在安徽省开办业务的保险经纪公司定期报送统一编号的保险监管月报、季报、半年报、年报以及会计决算报表，并建立考评制度，明确未按规定报送报表的法律责任。同时制定《监管基础数据表格管理办法》，内容涵盖保险高管、保险机构、保险产品等方面。是年，保监办建立产、寿市场运行季度分析报告制度，定期对市场进行运行分析和系统监控。

2004年，合肥保监办在市场监测方面，进一步加强对保险市场发展和经营关键指标的分析，包括6大类16项测评指标和3大类7项关注指标，对指标值异常的公司进行重点监管，探索建立有效的风险预警体系；制定产寿险经营指标综合考评办法，对辖区内各保险机构经营情况进行全面掌握；建立保险中介市场报表体系，并对保险中介市场情况进行摸底。在改进监管方面，探索开展人身保险专职监管员制度试点，确定具体监管干部，通过现场监管和非现场监管等方式，全面评价和监控各寿险公司的内控状况、经营情况、偿付能力、风险等级等突出问题，提出监管建议和措施。在行业通报制度方面，定期向全行业通报保险机构信访投诉、行政处罚、保险营销员持证率等情况，促使各保险机构对号入座，主动规范经营行为。

2005年，安徽保监局进一步加强保险业统计数据的开发和管理，建立健全月度、季度、年度统计分析制度，做好市场分析和风险预警，充分发挥非现场监管的功能和作用。全面推行保险专职监管员制度，各专职监管员通过调研、指导、检查等方式深入被监管公司，全面及时了解公司的发展情况，实现对公司的动态监测和风险预警。此外，安徽保监局完成《安徽省人身保险发展的历史与现状》的编制工作，全面地记录全省人身保险业的发展历程。

重点险种监控

2000年2月起，合肥保监办执行保监会关于分红险、投连险、万能险等新型产品的有关规定。2003年，针对平安公司投资连结产品在部分地区引发退保风潮，并在社会上造成不良影响，合肥保监办重点关注投资连结产品风险，组织人员对平安安徽分公司的投资连结产品客户回访、退保以及投诉记录进行现场检查，同时跟踪平安公司对投诉案件的处理情况，重点关注可能引发退保风波的退保和投诉案件，全省平安投资连结产品风险得到了很好的控制，没有引起任何社会波动。2005年11月，根据保监会部署，合肥保监办要求全省寿险公司开展万能险产品宣传材料自查自纠、加强客户回访、加强销售行为管理，并按季度报送万能险产品销售报告，密切防范万能险经营风险。

2004—2005年，安徽保监局对车贷险、房贷险等进行重点监控，防范化解重点险种风险。在车贷险方面，制订加强车贷险风险管理的实施办法，密切跟踪掌握全省车贷险逾期及未了责任的整体情况，督促各公司采取切实措施做好清收工作；争取公检法部门的支持，共同解决车贷险清欠费问题；通过金融监管联席会议推动银行、保险公司、司法部门联合行动，共同打击车主恶意逃废银行债务行为。到2005年年末，各财产保险公司车贷险未到期责任均已基本了结，车贷险风险得到了有效的控制。在房贷险方面，安徽保监局深入调研房贷险业务经营情况，督促建立手续费支付行业标准，加强与省银监局沟通，规范银行代理行为，对控制房贷险风险起到了积极的作用。

2004年，安徽保监局与人民银行、银监局、证监局建立金融监管协作机制，共同签署《金融监管合作备忘录》，加强交叉业务领域的监管合作，防止因监管真空引发市场风险。

重大事件应急处理

2000—2005年，保险监管机构从促进保险业健康发展和维护社会稳定的角度出发，做好风险防范工作，确保各种突发性事件能够得到及时处理。

2002年，合肥保监办要求各保险公司建立重要信息和紧急重大情况的报告制度，上半年在安徽省境内发生的近10起煤矿、交通、风灾、水灾等重大灾害事故，各保险公司均能较好落实要求，在第一时间将事故的基本情况、已经采取和准备采取的应对措施及时报告监管部门。是年，合肥保监办编制行业风险应急处理预案，成立群体性事件应急机构，明确应急工作程序，并要求各保险公司建立健全应急处理预案，提出应对措施，切实做好客户和营销员的稳定工作。

2003年，合肥保监办制定并印发了《安徽省保险业突发事件应急预案》，在全省保险系统建立起多层次、全方位的应急机构，实行应急工作责任制，确保突发事件发生时应急机制能及时启动。面对非典疫情和淮河流域特大洪水袭击，合肥保监办及时组织和领导全省保险业全力应对；在非典疫情发生后，合肥保监办指导全省各保险公司建立理赔绿色通道，实行24小时接待客户咨询和报案制度，为非典患者的保险理赔提供便利，也为广大群众咨询和购买非典保险产品提供周到优质的服务；是年6–7月，淮河流域特大洪水共造成641户企业、19243户家庭、1202辆车辆受灾，水灾造成的保险财产损失达7.6亿元，合肥保监办及时召开全省保险业抗洪救灾工作会议部署工作，特别在查勘理赔环节，省、市、县三级公司组成的50多个查勘理赔小组、近1000名保险职工，全力实现“四快”（快查勘、快施救、快定损、快理赔）、“两优”（服务态度优、理赔质量优）的保险理赔工作，全省保险行业共支付水灾赔款近2亿元，保险保障功能得到充分发挥。

2005年9月，安徽保监局结合行业实际，重新制定《安徽保险业突发事件应急预案》，对全省保险业突发事件的预警、监测和处置作出规定，并向省政府备案。是年，安徽省部分地区发生高致病性“禽流感”疫情，安徽保监局指导行业积极应对，各公司制定应急处理预案和理赔快速通道等，确保禽流感患者理赔服务工作顺利开展。

内控监管

2000年，合肥保监办指导各保险公司加强内控制度建设，建立健全各项管理制度和各项业务规章，加强内部稽核以及建立起比较完善的计算机管理体系，加强核保、核赔两个重要环节的管理。2001年，合肥保监办开展整顿规范市场秩序工作，并指导省保险协会发挥行业自律功能，督促各公司进一步加强管理，深入开展自查自纠，不断完善内控制度，共自查出违规行为8000余起，违规金额4200万元，并进行了认真的整改。2004年，安徽保监局进一步强化保险机构内部控制，督促公司建立健全内控制度，从源头上预防风险。2005年，针对农村基层分支机构管控问题，安徽保监局研究制定《农村营销服务部内部制度建设指引》，加强农村营销服务部内控制度建设，促进规范管理。

现场检查及处罚

现场检查是保险监管部门规范保险市场行为的主要手段之一，保险监管部门综合开展专项重点现场检查、信访检查、回头看检查等多种检查，依法查处违法违规行为。特别是1999年至2000年之间，安徽省保险市场监管出现了真空，各种违规违纪行为时有发生。合肥保监办成立之后，依法加大整顿规范市场秩序的力度，有效遏制了保险市场违规经营行为，为保险业的健康发展营造良好环境。

2000年，合肥保监办采取了一系列有力措施，规范保险市场秩序，重点是根据信访举报件，严肃查处一批严重违法违规行为，涉及违规代理业务、擅自设立保险机构、未经批准违规开展业务等方面。

2001年，合肥保监办根据全省实际情况，制定了整顿规范保险市场秩序工作方案，确定市场主体相对较多、竞争较为激烈、市场秩序也较为混乱的合肥、淮南、蚌埠作为重点地区，人保产险、太保产险、中国人寿、太保寿险为重点公司，机动车辆险、团体人身保险、非法兼业代理机构为重点业务领域，全年共对25家保险公司分支机构开展各类现场检查，依法给予13家分支机构警告、通报批评、罚款等行政处罚，罚款总额计人民币71万元。此外，根据信访举报件，及时查处一批严重违法违规行为，分别予以停业整顿、通报批评、取消高管人员任职资格以及罚款等行政处罚；针对各公司在财政部门、供电部门、烟草系统等单位的行业统保招标中出现的不正当竞争现象，专门下发规范参与保险招标问题的通知，同时召集各财险公司负责人就行业统保问题进行座谈，行业统保恶性竞争的局面得到了有效控制；受保监会委托，合肥保监办分别对个别公司执行保监会处罚情况进行"回头看"检查；协助保监会资金运用检查组对安徽省各保险公司的资金运用情况进行了专项检查，对检查中发现的人保省公司和人寿安徽省分公司由于历史原因所形成的资金运用问题，督促其制定措施进行化解。

2002年5月，合肥保监办全面开展整顿和规范保险市场秩序工作，确定前期监管相对薄弱的巢湖、宣城、宿州、六安、蚌埠等市为重点地区，对人保产险、中国人寿、平安产险及寿险、太保产险及寿险等公司进行专项检查，以查处假账本、假数据、假保单、假赔案、假宣传为重点，突出"打假"特色。整顿工作历时5个多月，共派出30多人次，检查涉及全省6个地市的26家保险机构，对部分保险机构给予罚款、警告、取消高管人员3年任职资格等行政处罚，并对9家机构进行通报批评。对检查中发现的虚假报表、违规支付手续费、现金返还、误导消费等各种违规行为，保监办提出了限期整改的要求。经过5个多月的市场整顿，对市场起到应有的警示作用。

2003年，合肥保监办以解决社会反映强烈、严重侵害被保险人利益的违法违规行为为重点，先后开展了针对车险市场、兼业代理市场、学平险市场和寿险误导消费的专项整治工作。针对现场检查中发现的问题，合肥保监办采取一系列措施，包括对违规公司主要负责人实施监管谈话、对违规整改情况进行"回头看"检查、依法予以行政处罚等，督促公司落实各项整改措施，增强依法经营意识。是年，合肥保监办纪委积极配合省纪委和监察部门开展的清退用公款为个人购买商业保险行动，共清退保费1.2亿元，得到了省纪委的充分肯定。

2004年，安徽保监局加大了现场检查力度，全年共对23家保险分支机构和保险中介机构进行了现场检查，给予7家机构警告，通报批评4家机构，出具监管意见14件，实施监管谈话26次，吊销了1家代理公司保险经营许可证，保险市场秩序进一步好转。

2005年，安徽保监局确定现场检查工作重点，产险市场重点整顿违规退费、现金返还问题，寿险市场重点整顿欺诈误导、违规代理问题。全年有针对性地对马鞍山、芜湖、合肥、蚌埠、阜阳等34家保险机构进行了现场检查，并对16家专业中介机构进行了现场检查，依法给予28家保险机构、3家专业中介机构罚款、警告、责令撤换责任人等行政处罚。

监管重点业务领域

保险监管机关紧紧抓住扰乱市场秩序、影响行业发展的突出问题，不断强化对重点业务领域的监管。

机动车辆保险市场监管

机动车辆保险作为财产险的龙头险种，市场竞争尤为激烈，市场秩序也比较混乱，一直以来都是保险监管机构的重点监管对象。

2000年8月，合肥保监办制定下发关于加强全省车险市场管理的文件，并召开机动车辆保险规范经营座谈会，推动各产险公司贯彻落实具体措施。各公司认真组织开展自查自纠和整改工作，人保、太保、平保等公司以此为契机，共同制订了《安徽省机动车辆保险规范经营的公约》，通过《安徽日报》向社会公告，主动接受社会监督。

2001年，合肥保监办就车险费率市场化改革问题做好舆论宣传，并召开安徽省保险公司总经理联席会议，通报了有关车险费率市场化改革的情况，以提高各保险公司对车险费率改革必要性的认识。

2002年，全省成立车险改革领导小组，保监办负责制订全省车险改革的方针政策，并推动各项改革措施实施，各公司总经理对各自公司车险改革负总责。2月，合肥保监办召开全省保险监管工作会议，向各保险公司提出了明确要求。5月，就车险改革的具体工作进行了部署。11月–12月，保监办派出检查组对合肥车险市场进行了抽查，没有发现严重的违规经营行为；同时，组织各公司开展了多种形式的宣传活动，力争为车险改革创造一个宽松的舆论环境。12月底，保监办专门召开车险条款费率管理制度改革工作会议，就2003年1月1日正式实施改革的具体工作进行部署，并与各公司主要负责人签订了《安徽省车险条款费率管理制度改革责任状》，严禁超标准支付手续费、给客户高额返还等违规行为。

2003年1月1日，全国机动车辆保险管理制度改革正式启动。合肥保监办抓住合肥、蚌埠等重点地区和新费率执行、手续费支付等重点问题，通过定期召开车险例会、开展现场检查等方式，及时解决市场中出现的新情况、新问题。同时，注意把握营运车承保难这个热点问题，认真做好营运车承保工作，避免因公司拒保引发社会问题；及时关注财政车辆统保这个焦点问题，规范保险公司的投标行为，维护车险市场正常的竞争秩序。此外，保监办于2月下发《安徽省车行代理市场整顿规范方案》，本着有利于发展、有利于管理、有利于规范的原则开展了车行兼业代理的审核试点工作，使车险中介市场步入良性发展轨道。由于措施得力，车险改革取得了政府满意、保户认可、保险公司健康发展的效果。

2004年，车险改革逐步走向深入，伴随着新《中华人民共和国道路交通安全法》的执行，各种市场矛盾开始凸现，安徽保监局采取多项措施，确保全省车险市场运行平稳。具体包括：加强与交警部门、各保险公司和社会公众之间的协调沟通，做好强制三者险过渡期的工作；重点关注车险招投标业务，建立车险招投标业务全程监控机制，遏止恶性价格竞争，严厉查处违规行为；加强检查和引导，着力解决营运车投保难问题，避免因公司拒保引发社会问题；探索搭建信息平台，建立机动车风险信息库，实现车辆保险信息与车辆年审、事故处理、交通安全信息共享。

2005年4月，根据保监会有关精神，安徽保监局制定《安徽省加强诚信制度建设提高车险理赔服务质量实施意见》，并指导省保险行业协会制定《安徽省车险理赔服务行业标准》，对车险理赔服务作出统一规定，规定在事实清楚、材料齐备、双方无争议的前提下，2000元以下当日赔付，1万元以内3天内赔付，10万元以内10天内赔付。该标准自2005年5月1日正式实施，安徽省所有财产险公司共同遵守，有力地提高了车险理赔服务质量。是年，安徽保监局加强与省高院联系协调车险三者险赔付问题，改变部分市法院将商业三者险认定为强制三者险的做法，收到较好效果。

防范销售误导行为

销售误导一直是人身保险市场存在的突出问题，为保护被保险人合法权益，维护保险业的良好社会形象，保险监管机构采取一系列监管措施。2000年，合肥保监办认真执行保监会关于加强人身保险新型产品管理的有关文件精神，对防范销售误导行为起到积极作用。2002年，合肥保监办加大对防范新型产品销售误导行为的监管力度，先后下发多个通知，对新型产品信息披露、销售管理、客户回访、制止寿险营销员误导欺诈行为等方面做出明确规定，并提出了“三个百分之百”（营销员持证率达100%、寿险新产品回访率达100%、寿险新产品存量回访率达100%）和防范风险的“八条措施”（增强风险防范意识、实行风险防范责任制、建立客户回访制度、加强对营销人员的管理、规范产品的信息披露、实施新型寿险产品跟踪管理、加强保险宣传、制定风险防范应急预案）。在客户回访方面，保监办要求各保险公司建立客户回访制度，限期对以前承保的业务全面进行回访，尤其是对新型寿险产品更要做到100%回访，回访内容要全面、客观，记录清晰，并定期汇总分析。

2003 年，合肥保监办转发中国保监会《关于加强银行代理人身保险业务管理的通知》，下发《关于加强人身保险新型产品误导防范和客户投诉工作的通知》，将新型产品和银保产品作为防范销售误导风险的重点，特别是抓了客户回访制度建设和落实。10 月，保监办制定《安徽省寿险产品客户回访管理规定》《客户回访工作流程》，要求各寿险公司应对销售寿险产品（重点是新型产品）的投保人进行百分之百回访，同时对回访工作的组织实施、考评机制、回访内容、工作流程进行了详细的规定，全面规范行业客户回访工作；加强日常跟踪监管，将客户回访工作纳入年度整顿规范市场的重点内容，并赴公司了解规定落实情况，有效提高了行业的客户回访工作质量。此外，保监办把容易引发社会问题的投连和分红产品作为重点监管对象，密切关注市场动态，严防出现集体事件引发社会问题。

2004 年，安徽保监局继续加大防范寿险产品销售误导风险力度。一方面，重点抓好新型产品客户回访工作，组织召开客户回访工作会议，在平安人寿安徽分公司举办现场观摩活动，在行业内及时推广经验；实施客户回访工作动态监管，对各公司客户回访工作进行追踪检查，针对发现的问题及时下发监管意见书，推动寿险公司客户回访工作科学化、规范化和制度化。另一方面，加大银行保险市场的监管力度，建立与安徽银监局联席会议制度，定期举行监管联席会议，并联合召开全省银行保险业务工作会议，在规范经营、加强合作、加快发展等方面提出了要求；制定《安徽省银行代理人身保险业务管理暂行规定》，对全省银行保险业务经营进行规范，根据信访举报，对 3 起银行保险业务误导行为进行查处。

2005 年，针对个别寿险公司推出万能险产品具有期缴金额大、保障程度低、专业术语多、容易造成误导的特点，安徽保监局要求相关公司重点防范万能险销售误导风险，防止引发大范围的退保。具体措施包括立即加强对万能保险客户的电话回访，对易引起客户误解的关键性问题解释清楚；对公司有关负责人进行监管谈话，下发监管意见书，要求其规范市场销售行为，防止误导欺诈现象继续发生；加强对销售万能寿险产品人员的培训力度，提高营销员及银行代理人员的业务素质。

短期意外伤害险市场监管

1986 年 5 月，安徽省航运管理局、人保省公司下发《关于恢复保险公司办理旅客意外伤害保险业务的联合通知》，商定自 1986 年 7 月 1 日起将 20 世纪 50 年代由保险公司办理，1959 年交由交通部门负责办理的旅客意外伤害保险业务恢复由保险公司办理。1988 年 1 月，安徽省劳动局、安徽省总工会、人保省公司发出《关于工厂、矿山、企业职工参加团体人身意外伤害保险的联合通知》，要求各工矿企业在加强安全生产管理的同时，积极组织职工参加团体人身意外伤害保险，作为劳动保护的必要补充。是年 11 月，中国人民保险公司马鞍山市支公司开出全省第一张人身意外伤害期满还本保险单，此险种除具备一般人身意外伤害保险的保障性外，还具有储蓄性质。

1998 年 5 月，人民银行安徽省分行转发中国人民银行保险司《关于依法界定责任保险与人身意外伤害保险的通知》，明确界定责任保险和人身意外伤害保险的区分原则。是年 7 月，人民银行安徽省分行转发中国人民银行《关于航空旅客人身意外伤害保险有关问题的通知》，要求自 1998 年 8 月 1 日起，各保险公司的航意险业务一律使用中国人民银行颁布的《航空旅客人身意外伤害保险条款》，各保险公司的原航意险条款同时废止，各保险公司要为其航意险业务代理机构向中国人民银行申领“经营保险代理业务许可证”。是年 9 月，中保人寿保险有限公司安徽省分公司、中国平安保险股份有限公司合肥分公司、中国太平洋保险公司合肥分公司共同成立“合肥市航空旅客人身意外伤害保险共保工作小组”，并达成共保协议，自 1998 年 10 月起，共保小组直接在民航合肥骆岗机场售票厅内设立窗口出售航意险保单，其他代理出售航意险保单的代理点停止出售航意险保单。是年 11 月，人民银行安徽省分行转发中国人民银行《公路旅客意外伤害保险业务有关问题的通知》，通知明确：各地运管局不能规定所有营业性公路客运都进行强制保险，各地运管局不得从事兼业保险代理业务，限制其他保险公司经营旅客意外伤害保险的协议规定无效，公路客运的经营者可投保有关责任保险，意外伤害保险应由旅客自愿向保险公司投保，公路客运车票不能代替保险合同。

2001 年 8 月，针对违规代办学生保险问题，合肥保监办会同安徽省教育厅、安徽省监察厅下发了《关于严禁农村中小学校代办学生保险的通知》，要求严禁各保险公司利用行政手段强制农村中小学生办理保险；指导安徽省保险行业协会召开学平险座谈会，再次强调严禁违规承保学平险业务的监管要求。

2003 年年初，根据保监会《关于加强航空意外保险规范管理有关问题的通知》精神，自 2003 年 3 月 1 日起，安徽省航意险实现电脑联网出单，各公司推出航意险的替代产品。同时，合肥保监办召开航空意外保险工作会议，下发《关于加强安徽省航空意外保险规范管理的实施意见》，在新闻媒体上发布《关于消费者购买航空旅客人身意外伤害保险的公告》，全力规范航空意外保险产品宣传和销售行为。是年，合肥保监办加大学平险市场规范力度，重点整顿学平险市场出现的委托教委或学校代办业务、强制保险等违规问题，具体措施包括：与省监察厅、省教委进行联合发文，从政府和公司两个层面同时规范学平险业务；对违规行为比较突出的芜湖、宣城、安庆等市进行现场检查，依法给予保险机构警示等行政处罚，对违规性质较为严重的个别省级保险公司进行监管谈话，责令加强分支机构内控管理；召开全省规范学平险业务工作会议，对各保险公司规范业务发展提出明确要求。

2004 年 3 月，安徽保监局转发中国保监会《关于加强航空意外保险市场监管的紧急通知》，要求机场以及其他代理点销售的航意险替代产品必须严格执行电脑联网、电脑出单和实施管理，禁止手工出单或委托无保险代理资格的机构销售航意险及其替代产品。同时要求各公司建立健全航意险产品及其替代产品经营管理的内控制度，规范业务发展，保护被保险人合法权益。2005年5月，航意险共保小组的成员进一步扩大，并重新签署航意险自律公约，但由于受航意险替代产品冲击、经营主体增加等多重因素影响，共保小组呈现出更加明显的不稳定性。

第五节 行业自律

保险行业自身管理或自律，主要通过行业内部协作、调节与监督，实行自我约束、自我管理、协调发展。保险行业自身管理的具体实施机构是保险行业自律性组织，其主要职责为组织各保险机构制订行业自律公约，协调各保险企业之间及其他方面的关系，协助并补充国家对保险业的监管，对推动保险业健康发展，起着不可替代的作用。

2001年6月，安徽省保险行业协会组织安徽省各保险公司共同协商制定了《安徽省保险行业自律公约》，经各会员公司签字自2001年6月18日执行。9月5日，合肥保监办将保险代理人、经纪人和公估人资格证书发放、变更及日常管理等中介管理工作委托给安徽省保险行业协会。为此，协会秘书处内设中介管理办公室，配备人员，购置专用办公设备，迅速开展资格证书发放等日常工作。11月23日，协会召开四个专业技术委员会主任会议，讨论通过《安徽省保险行业协会专业技术委员会组成及工作职责》和《安徽省保险行业协会专业技术委员会工作规则》，修订《安徽省财产保险自律公约》《安徽省机动车辆保险自律公约》《安徽省个人人身保险自律公约》《安徽省团体人身保险自律公约》等四项草案，待理事会通过。

2002年4月29日，第一届四次理事会议讨论通过4个专业技术委员会制定的《安徽省财产保险自律公约》《安徽省机动车辆保险自律公约》《安徽省个人人身保险自律公约》《安徽省团体人身保险自律公约》。5月13日，经各公司总经理签字生效，协会发文执行并要求各会员公司迅速落实到所属各级机构，加强行业自律，共同维护正常的保险市场秩序。

2002年9月，为规范财产保险市场的竞争行为，制止不正当竞争，建立和完善自我约束、公平竞争和相互监督机制，维护安徽省保险市场的正常秩序，由省人保公司牵头召开了省人保、太保、平安三家主要产险公司总经理联席会议，经平等、自愿协商，讨论通过《安徽省人保等三家公司共同建立市场行为规范的约定》，对展业、理赔、中介业务、监督协调等方面作出了约定。

2002年11月25日，为加强对保险代理从业人员的管理，规范保险代理行为，树立保险代理从业人员诚信形象，促进保险市场健康发展，经各公司商议制定了《安徽省保险行业协会保险代理从业人员行业管理规定》(试行),对个人代理人的资格管理、执业管理、代理关系变更管理、“黑名单”系统管理、违规处理、审查制度等制定了共同遵守的规定，自 2003 年 1 月 1 日起施行。

2002 年，为达到营销员持证率 100% 的要求，协会增加代理人考试场次。全年组织考试 11 次，通过考试合格人员 8647 人，制作发放资格证书 8855 本，其中新证 8647 本，旧证换新证 208 本。

2003 年 1 月 6 日，根据国家有关法律和中国保监会的各项管理规定，结合安徽省机动车辆保险市场特点，安徽省人保、太保、平保、天安、大众五家财产保险公司共同讨论修改通过《安徽省机动车辆保险自律公约》，提出行业规范要求，经会员公司总经理签字生效执行。对合法的保险中介机构和个人支付佣金或手续费，不得超过该笔业务实收保费的 8% 等。

2003 年 1 月 15 日，为更好地做好保险代理人管理工作，协会秘书处就《保险代理从业人员行业管理规定》(试行)中的转换公司证明、保险代理从业人员审查表的报送、“资格证”的收费标准等具体问题做出了解释说明，并请各公司按规定标准执行。

2003 年 3 月 4 日，协会团险专业技术委员会召开银行业务协调会。会议就当前合肥市银行代理业务中存在着银行代理网点招标问题进行专题研究讨论，并达成六点意见，经各家公司领导签字后生效。3 月 13 日，协会机动车辆专业委员会召开省财政机动车辆保险招标协调会。会议就省财政机动车辆保险招标问题进行专题研究讨论，并达成 7 点意见，经各家公司领导签字后生效。协会要求各家公司要共同维护保险公司自身利益，防止财政招标中恶意竞争、相互诋毁、暗箱操作等违法违规现象的发生，规范机动车辆招标工作中的正常秩序，营造公平、公正的竞争环境。

2003 年 6—7 月，安徽省大部分地区普降大到暴雨，沿长江、淮河地区发生严重洪涝灾害。为全力做好抗洪救灾保险理赔服务工作，协会专门下发《关于在洪灾理赔业务中做好优质服务的几点意见》。要求各会员公司，采取一切必要措施，保证人力、财力、物力供应，全力支持保险查勘、定损、理赔工作，充分发挥保险补偿职能。

2003 年 9 月 28 日，为加强保险行业协会建设，发挥其在保险业改革和发展中作用，中国保监会起草了《中国保监会关于加强保险行业协会建设的指导意见》征求意见稿，安徽省保险行业协会发函至各会员公司，征求意见，于 10 月 16 日将整理汇总出的七条意见反馈至中国保监会。

2004 年，利用安徽省保险行业协会、保险学会换届之际，改革“两会”体制，强化行业自律机制，加强管理指导，进一步发挥协会自律作用，修订形成《安徽省保险行业自律公约》《财产保险自律公约》《机动车辆保险自律公约》《保险代理从业人员“黑名单”管理规定》和《履约保证金管理办法》《自律公约监督执行小组组成及工作方案》等6个文件，针对保险市场的突出问题作出了明确规定，并建立了相应的执行机制和违约处理办法。4月29日，二届三次理事会会议审议了《安徽省航空人身意外伤害保险共保方案》和《安徽省航空人身意外伤害保险自律公约》。会议决定成立“安徽省保险行业协会航空人身意外伤害保险专业技术委员会”，具体组织协调、指导航意险共保工作。6月5日，二届一次常务理事会议审议通过秘书处机构设置及工作职责方案。秘书处部门调整为市场部、中介部、电考中心、宣传部、综合部。后中介部职能分离，并入市场部和电考中心。9月，根据《安徽省保险行业自律公约》，经10家保险公司协商同意，制定了《安徽省保险行业协会履约保证金和违约金管理办法》，进一步增强了自律公约的针对性和可操作性。11月，安徽省保险行业协会组织寿险会员公司协商签订了《安徽省银行代理保险业务自律公约》，规范各公司银行市场行为，明确违约处罚形式及保证金缴纳等规定。

2004年5月19日，根据中国保监会和安徽保监局有关文件精神和要求，协会借鉴全国其他省市电考中心的运作经验，向安徽保监局上报了《关于要求授权建立保险代理从业人员资格电子化考试中心的报告》和《关于建立保险代理从业人员基本资格电子化考试中心的可行性报告》，6月，安徽保监局授权安徽省保险行业协会建立电子化考试中心，9月上旬考试中心软件安装调试完毕，实现了报名、试卷制作与管理、考试、考场监控、评定成绩、证书打印和发放、考生档案管理等。10月22日电考中心正式投入使用。

2004年9月13日，协会制定《安徽省保险行业协会保险代理从业人员基本资格考试电子化考试》实施办法、考场纪律、考试须知、考试机房和考场管理暂行规定四个办法，经安徽保监局批准，于10月9印发给各省级会员公司贯彻执行。

2004年11月4日，为提高依法合规经营意识，加强行业自律，协会召开财产险公司监管、自律工作座谈会，研究解决业务检查中发现的突出问题及落实自律公约的具体措施。会上安徽保监局通报了三季度业务检查情况。

2005年年初，为规范安徽省航意险经营行为，维护航意险市场秩序，省行业协会应原航意险共保小组要求进行调研，随之与11家省级公司分管总经理和业务部门负责人进行磋商，统一需继续实行共保的认识，并成立航意险专业委员会。按照《安徽省保险行业协会专业技术委员会工作规则》规定，航空意外险专业技术委员会，由各省级会员公司分管航意险总经理和航意险业务部门负责人组成，主任采取轮流制。省保险行业协会制定《安徽省保险行业协会专业委员会工作规则》，对专业委员会的组成、职能、职责进行了规范，并在原有4个专业委员会基础上，增设了航空意外险专业技术委员会和中介工作委员会，在各自专业范围内发挥了作用。5月，安徽省保险行业协会组织11家产寿险公司，在合肥市场继续执行航意险市场共保方案，并制定《安徽省航意险自律公约》。是年，省协会组织全省财险会员公司协商通过《安徽省机动车辆理赔服务标准》，受到了省消费者协会及社会各界的广泛好评。是年，省协会先后组织各财产险公司省级分公司对合肥、芜湖两地车险业务、合肥市航意险业务进行自律检查，对查出的问题依法进行处理，维护了自律公约的严肃性。是年，安徽保监局联合省保险行业协会，委托安徽财经大学，在全省8个地市开展保险公司社会满意度调查工作，全面了解行业诚信状况。

2005年1月31日，安徽省保险行业协会二届二次理事会审议通过《安徽省保险行业协会专业技术委员会工作规则》，对专业委员会的组成、职能、职责进行了规范，作为指导专业委员会履行职责的标准。

2005年3月28日，为深入贯彻落实《安徽省机动车辆保险自律公约》，进一步加强车险自律，营造和谐的市场环境，安徽省保险行业协会组织开展车险业务自律检查工作，检查范围为全省各财险公司2005年第一季度车险业务情况；重点检查违规退费或保费回扣、保费或应收保费不入账、账外循环、不按规定支付手续费、以虚假赔案或小案多赔等方式套取资金、未执行报批条款和费率等。检查分自查、重点检查、总结处理三个阶段。

2005年5月11日，安徽省行业协会召开人身险合同纠纷裁决机制试点工作会议，讨论研究启动试点工作的具体方案；在广泛征求意见的基础上，修改、审定了《裁决委员会工作办法》和《裁决规则》；6月23日，举行了由各家省级寿险公司总经理参加的“安徽省人身保险合同小额理赔纠纷裁决机制”签约仪式。7月1日，安徽省人身保险合同小额理赔纠纷裁决委员会正式挂牌，开展工作。7月5日，《安徽省保险行业协会人身保险合同小额理赔纠纷裁决委员会工作办法及裁决规则》（试行）颁布施行。7月27日，协会召开裁决委员会全体委员会议，确定了裁决人员名单，裁决工作手册，裁决申请书、裁决书、答辩通知书、回执等文本内容和格式；8月27日，协会举办“人身保险合同小额理赔纠纷裁决员培训班”，培训结束时向个人颁发了聘书。全年裁决委员会共接待各类投诉十多起，其中属于“裁决规则”范围内的两起，经裁决委员会协调沟通得到了较好解决，没有进入裁决程序。10月22—23日，中国保监会办公厅主任梁涛一行，来安徽省对人身保险合同小额理赔纠纷裁决试点工作进行调研；11月29日，中国保监会在合肥召开了上海、山东、安徽三省市“保险理赔纠纷处理机制”座谈会，会议对安徽省这项试点工作给予充分肯定，并提出进一步完善试点工作的建议。

2005年5月25日，航空人身意外伤害保险专业技术委员会正式成立，并召开了第一次工作会议，会议审议通过了《安徽省航空人身意外伤害保险共保方案》和《安徽省航空人身意外伤害保险自律公约》。

2005年11月15日，安徽省保险行业协会对国家制定中的《机动车第三者责任强制保险条例》《道路交通事故救助基金管理办法》，组织车险专业委员会进行研究讨论，提出修改建议，报中国保监会和中国保险行业协会；同时协会以《关于不能把安徽省保险公司现阶段经营的机动车辆第三者责任保险视为强制保险的意见》文件形式向安徽省高级人民法院建言：要求在《机动车第三者责任险强制保险条例》正式出台前，不能把现阶段保险公司经营的机动车第三者责任保险视作强制保险。

2005 年 11 月，保险行业协会组织航意险自律公约监督执行小组，分别对合肥地区 14 家省级公司 6—10 月经营的航空意外险业务进行了检查，对检查中发现的问题，依据自律公约，分别在业内作出违约处理决定，并报送安徽保监局备案。维护了自律公约的严肃性，维护了航意险市场秩序。

2005 年，安徽省保险行业协会电考中心共组织电子化考试 291 场，参考人员 8205 人，通过人数 4000 人，合格率为 48.75%。共打印、发放代理人资格证书 11982 本，经纪人证书 27 本，公估人证书 36 本。

第六节　服务地方发展

安徽保监局引领全省保险行业积极落实省委、省政府的重大战略举措，不断拓宽服务领域，提升服务能力。

营造良好政策环境

保险监管机构充分发挥桥梁纽带作用，加强与省委、省政府及相关部门的沟通协调，争取制度和政策支持，为保险业发展和保险监管工作创造良好的外部环境。

2001 年，合肥保监办多次向省委省政府领导进行专门汇报，省委常委、常务副省长张平等领导专程到保监办检查指导工作。2002 年年初，安徽省政府组织召开全省保险工作座谈会，会议专门听取各保险公司业务发展情况汇报，充分肯定保险业所取得的成绩以及对地方经济发展所做的贡献。省政府领导走访了省内各家保险公司，亲切看望了保险战线上的广大干部职工。3 月，合肥保监办负责人陪同副省长张平拜会保监会的主要领导，张平对安徽保险业和合肥保监办的工作给予了充分肯定，并在省委、省政府召开的全省金融工作会议上，就今后安徽省金融业包括保险业的发展、改革和监管进行了研究和部署。

2003 年，安徽省委书记王太华、省长王金山、常务副省长任海深等省委省政府领导多次会见合肥保监办领导，听取安徽保险业发展及保险监管工作汇报，对全省保险业在支持地方经济发展和促进社会进步方面做出的重要贡献给予高度评价。是年，省政府吸收合肥保监办参加了省安全生产委员会、省防震救灾办公室、省社会治安综合治理委员会、省防汛抗旱指挥部、省生产救灾办公室等各种抗灾救灾组织，保险业与地方政府的联系进一步密切。

2004 年，安徽保监局加大向地方党政领导请示汇报工作力度，全年共向省委、省政府、省人大、省政协领导专题汇报 20 余次，对提高安徽保险业的影响力、顺利解决保险业发展中遇到的困难和问题起到了积极的作用。是年 7 月，省政府办公厅专门向各市县人民政府、省政府各部门以及各直属机构下发《关于加快全省保险业发展的通知》，出台了支持安徽保险业发展的具体政策。该通知下发后，得到了各市县政府的高度重视，8 个市级政府 11 位领导做出批示，表示认真贯彻落实通知要求，积极支持保险业发展。

推动重点领域保险业务发展

安徽保监局立足省情，多种途径推进保险业在农业保险、责任保险、大项目保险等领域取得突破，主动服务地方经济建设。

安徽省是中国保监会确定的农业保险和责任保险试点省份之一。2004 年，安徽保监局先后向省政府领导专题汇报 10 余次，取得了省政府主要领导对农险的关心和重视；与省发改委、省农委、省财政厅等部门召开了 20 多次座谈会，就财税政策等进行协调沟通；到各保险公司调研 12 次，基本统一了全省保险业对发展农业保险的认识；派出调研组，深入基层农村调研 40 多天。经过一年的努力，部分工作取得阶段性成果，省政府致函保监会申请组建国元农业保险股份有限公司，合肥市政府向保监会提请筹建合肥兴泰相互制农业保险公司，宿州地区烟叶保险试点、岳西县茶叶保险试点、池州森林火灾保险试点工作顺利开展，为商业保险公司开办农业保险积累了经验。

2004 年，安徽保监局主动加强与省安委会、煤监局的沟通，多次召开座谈会，与省安委会在非煤矿山企业、危险化学品生产企业和烟花爆竹生产企业实行强制投保雇主责任保险或意外伤害保险达成一致意见；11 月与省煤监局联合下发《关于建立保险保障机制促进小煤矿安全生产的意见》，从中小煤矿入手推广雇主责任险。向省政府提交《关于发展旅游保险服务安徽省旅游产业的报告》，争取出台相关配套措施，落实旅游责任保险的投保规定。此外，律师责任险、建筑行业责任险、公众产品责任险、医疗责任险的开办范围和规模都有所扩大。

2004 年，安徽保监局积极策应安徽走新型工业化道路的发展战略，推动建立“861”项目保险服务体系，为保险公司全面介入“861”项目创造了条件。具体措施包括制定《安徽保险业策应“861”行动计划实施方案》，提出保险业服务“861”工程的具体任务；与省重点建设项目领导小组、省发改委等有关部门保持密切联系，在开拓农村市场、发展建设工程保险、加强保险宣传等方面与省发改委达成 6 点共识；举行业之力成立“861 项目保险办公室”，做好保险服务。

2005 年，安徽保监局继续推动成立国元专业性农业保险公司，同时引导有条件的商业保险公司开展农险业务，全年全省农险保费收入 118 万元，同比增长 52.76%。是年，保监局与煤监局联合推动中小煤矿投保雇主责任险，与运管局就在全省开展道路旅客运输承运人责任保险达成共识，全年全省责任险保费收入 6127 万元，同比增长 30.44%。是年，积极引导保险业全面介入“861”项目，多次向省委、省政府领导进行专题汇报，主动与省发改委等相关职能部门协调，组织项目建设单位与保险公司交流洽谈，指导保险行业协会牵头建立大型项目共保机制。到 2005 年年底，全省“861”项目保险服务体系基本建立，全省各保险公司共承保“861”工程项目 20 多个，保费收入 4000 多万元，保额达到 200 多亿元。

加强保险宣传

1995 年，《中华人民共和国保险法》颁布实施后，人行安徽省分行组织全省保险企业开展学习、宣传、实施《中华人民共和国保险法》活动。2000 年 6 月，为贯彻落实中国保监会《关于开展保险宣传周活动的通知》精神，合肥保监办组织安徽省各保险公司开展为期一周的保险宣传活动，通过报刊、电视、知识竞赛、街头咨询、赠送《保险知识读本》等一系列活动，形成了全方位、多角度的宣传态势，得到了安徽省委、省政府的高度重视，省政府领导亲自参加了街头咨询活动和保险知识有奖竞赛活动。2002 年，合肥保监办组织各保险公司从 3 月 15 日至 6 月 15 日，开展了为期三个月的“明白保险，真诚服务”大型宣传活动，加大普及保险知识的力度。是年，合肥保监办会同省委宣传部联合召开了全省保险宣传工作新闻通气会，中央驻皖、省、市共 20 多家新闻单位主要负责人参加了会议，会议要求新闻媒体树立大局观念，充分发挥舆论监督作用，同时坚持正确的舆论导向，主动地开展保险宣传，普及保险知识，促进保险发展。是年，新修订的《中华人民共和国保险法》于 2003 年 1 月 1 日起实施，合肥保监办着手做好新法学习宣传活动的准备工作，召开了各保险公司参加的宣传会议，并与安徽卫视《财经特快》栏目合作推出“保险法宣传”专题节目，提高了社会公众对保险业的认识。2003 年，合肥保监办组织和引导各保险公司先后开展了以“发展保险，造福安徽”为主题的“3•15”宣传活动以及“抗击非典，安徽保险业在行动”、“抗洪救灾，安徽保险业全力以赴”等专题宣传活动，充分展示了保险业“服务大局、勇担责任、团结协作、为民分忧”的行业新精神，树立了良好的社会形象。在战胜了淮河流域特大洪涝灾害后，合肥保监办及时组织开展了“洪灾过后话保险”系列宣传活动，进一步唤醒社会民众对保险的社会管理功能的再认识。2004 年 1 月，合肥保监办召开全省保险宣传座谈会，明确了以坚持正面宣传为主的基调。自 2004 年起，合肥保监办与《江淮晨报》合办保险周刊栏目，辟出专版每周定期开展保险行业的新闻宣传。2005 年，安徽保监局与安徽省新闻工作者协会、安徽省保险行业协会联合开展“保险好新闻评选”活动，从 120 篇质量较好的保险宣传稿件中评选出 15 篇授予“保险好新闻”奖，通过报纸、电视、网络等多种渠道广泛开展宣传。是年，安徽保监局开展安徽保险业“十五”发展成就宣传，全面总结和展示行业五年发展成就。

第三章 保险文化

保险文化是指保险企业在发展中逐步形成的一种为全体员工所认同并遵守的、带有本组织特点的使命、愿景、宗旨、精神、价值观和经营理念，以及这些理念在生产经营实践、管理制度、员工行为方式、保险企业对外形象中的体现。保险企业文化是企业持续发展的基石，关系到保险企业的生命力、创造力和凝聚力，唯有选择并具备了适合自身发展的正确的文化时，其成功和发展才会成为可能。

第一节 保险企业文化

企业文化是指企业在长期进行生产活动时，形成的具有自身特色的管理思想、方式、员工意识以及价值观念和规范的总称。而独具特色的企业文化必然成为这家企业不断创新和发展壮大的重要推动力。

企业经营理念

图3-3-1 20世纪90年代中国人民财产保险股份有限公司安徽省分公司办公楼

中国人民财产保险股份有限公司以“人民保险、服务人民”为使命，秉承“以人为本、诚信服务、价值至上、永续经营”的经营理念，弘扬“求实、诚信、拼搏、创新”的企业精神，坚持以市场为导向、以客户为中心，积极履行优秀企业公民责任，为促进改革、保障经济、稳定社会、造福人民提供强大的保险保障。中国人保与共和国同生共长，不仅是技术和实力的象征，更是民族保险业的代表，在国内外享有显著的市场声誉，先后被《欧洲货币》杂志评为“最受信赖保险公司”，在行业首获“中国客户关怀标杆企业”称号。也是率先在全国开通365天24小时服务专线的保险企业，公司的“95518”客户服务中心连续多年被评为“中国最佳呼叫中心”。

中国人寿保险股份有限公司企业文化体系包括核心理念、企业愿景、企业精神、品牌口号、经营理念、服务理念和人才理念。国寿文化的核心理念是“成己为人，成人达己”，简称“双成”理念。中国人寿的企业愿景是：致力于建设成为具有雄厚实力、一流人才、服务优良、国际品牌和现代管理的国际一流金融保险集团。企业精神是：特别能吃苦、特别能战斗、特别能协作、特别能奉献、特别守纪律。中国人寿“五个特别”的企业精神，是中华民族优良传统在企业层面的具体体现，是“双成”理念的内化，成为中国人寿创新发展的动力来源。“相知多年，值得托付”是中国人寿沿用多年的品牌口号，是“双成”理念的外化，是“双成”文化具体化、形象化的表达。广告语是：要投就投中国人寿。经营理念是：“依法合规、创新驱动”，体现的是中国人寿在经营活动中平衡兼顾风险与收益，稳健与创新的辩证思想。“诚实守信，客户至上”是中国人寿基于“双成”文化提出的服务理念，表现出中国人寿的一种自律自信、知人利人的服务态度和行为准则。人才理念是：“以人为本、德才兼备”，其内涵是以事业凝聚人才，以人才推动事业；依靠一流人才建设一流集团，实现人才与企业共同发展、价值共同提升，共圆国寿梦、员工梦。

图3-3-2　分业经营后，中国人寿保险股份有限公司安徽省分公司办公楼

中国太平洋保险企业文化包括太平洋保险的使命、愿景、企业核心价值观、经营理念、服务理念，太平洋保险的绩效文化、和谐文化、合规文化，太平洋保险企业文化的时代特征等。做一家负责任的保险公司，秉承“对客户负责、对员工负责、对

股东负责、对社会负责、对其他利益相关者负责”。愿景是打造以保险业为主、具有国际竞争力的一流金融保险集团，企业核心价值观是诚信天下，稳健一生，追求卓越；以“推动和实现可持续的价值增长”为经营理念；以“用心承诺，用爱负责”为服务理念。以绩效指标衡量业绩表现，以过程管理实现科学发展；以价值贡献决定员工薪酬，以美好愿景激励员工奋进；以合适的制度规范行为，以亲和的氛围增强凝聚，以主动的沟通建立互信，以友好的合作达成共赢；以维护公司的品牌形象为应有职责，以高于合规政策的标准严格要求，以遵纪守法的经营为公司创造价值；将“市场化导向、专业化运作、创新中发展”作为企业文化的时代特征。以效益最大化为核心推动管理变革，以配置市场化为核心体现员工价值；以专业化为核心提升员工素质，以专业化为核心构建管理体制，以专业化为核心提升管理水平；形成创新文化，尊重创新劳动；鼓励创新探索，宽容创新失败。主要广告语：太平洋保险保太平；平日注入一滴水、难时拥有太平洋。

中国平安保险在发展历程中，吸收了中华民族优秀传统文化和西方现代管理思想的精华，定位于造就“以优秀的传统文化为基础，以追求卓越为过程，以价值最大化为导向，做一个高尚和有价值的人”，形成了“诚实、信任、进取、成就”的个人价值观，和“团结、活力、学习、创新”的团队价值观。平安集团贯彻“竞争、激励、淘汰”三大机制，执行“差异、专业、领先、长远”的经营理念。2006年，根据集团综合金融的战略目标，平安文化的发展观进一步描述为追求“领先”的文化。平安公司成立至今的主要广告语包括：“买保险就是买平安”“中国平安、平安中国”“让每个家庭拥有平安”“你的平安、我的承诺”“平安中国、幸福承诺”“平安车险、万元以下、资料齐全、一天赔付”等。

图3-3-3　1993年，平安保险公司安徽省代理处成立

图3-3-4　平安保险公司安徽省代理处员工在益民街办公楼前

图3-3-5　1996年年底，平安产险安徽公司迁入第四处办公实践合肥百花井平安大厦

天安保险股份有限公司以“化险为夷、补天爱人”为企业精神，“以客户为中心”为经营理念，以“奋斗者为本”为核心价值观，以“为社会、客户、员工和股东创造更大价值，赢得市场尊重和社会认同”为公司使命，以诚取信，建立起一整套优质、高效的客户服务体系。天安公司除了向社会奉献富有个性的保险产品外，更致力于创造一种富有生命力的企业文化，以更及时、更全面、更专业、更道德的服务，建设中国保险第一品牌。天安公司训导是“政治坚定，富有理想，敬业爱岗，忠于职守，钻

研业务，精益求精，勤奋高效，开拓创新，文明礼貌，诚实守信，遵纪守法，令行禁止，廉洁奉公，团结互助，艰苦创业，奋力拼搏”。天安的公司之道是“以用人为第一核心，主张和谐是前提，强调纪律是保证，人文关怀是方法，员工至上是指导思想”。

新华保险安徽分公司秉承其总公司“立信于心、尽责至善”的文化内涵，以“勇于迎接竞争，稳健守法经营；脚踏实地创业，服务精益求精；立足以人为本，坚持诚信待人；团结敬业奉献，永葆新华精神”为公司司训，开创了独具新华特色的保险企业文化。

泰康人寿的司训是“求实创新、稳健进取；专业规范、亲和诚信；铸造团队、成就自我；分享成功、奉献社会”。司训32个字，以对仗的形式精准地涵盖了公司的发展战略、企业对外形象、企业哲学和伦理三个必不可少的内容。公司理念是：创新就是率先模仿。泰康人寿的定位是：为日益增长的中产人群及家庭提供全方位健康和财富的管理与服务。企业愿景是：坚持专业化，深耕寿险产业链，从摇篮到天堂，让保险更便捷、更实惠，让人们更健康、更长寿、更富足，让泰康成为人们生活的一部分。主要广告语：“泰康人寿，一张保单保全家”；“一张保单，一辈子的幸福”；“为爱尽责，让家无忧”；“为爱撑起一片天”；“尊重生命，全心为您”。

大众保险股份有限公司（现更名为史带财险）始终坚持恪守“信誉为本，服务大众”的服务宗旨，“诚实，守信，高效，创新”的服务理念。在企业文化建设中，充分结合公司实际，因地制宜，在企业文化建设的具体方式和方法上大胆创新，开创生动活泼的局面，用鲜活的素材充实和诠释核心价值观，从而确保核心价值观得到更好地贯彻和执行，充分调动员工参与的积极性，激活企业文化建设的活力，永葆企业文化的生命力。

中国出口信用保险公司以“诚信、开放、创新”为企业精神，以“责任、团队、奉献”为核心价值观，以“客户至上，服务为本”为经营理念。主要广告语为“分担出口风险、保障收汇安全”，“无忧行天下、有信兴中华”。

中国大地保险提倡“立足大地、携手创业、共享未来”的企业精神，主张公司与员工、与客户关系共生共长、和谐共赢，努力把公司建成国内一流的财产保险公司，建成中国保险业的百年老店，为促进经济发展、建设和谐社会发展做出更大的贡献。广告语是“稳固，所以深远，中国大地保险”。大地保险作为中国再保险集团旗下的大型国有财产保险公司，以雄厚的股东实力为依托，以发挥保险保障功能为基础，以最大程度满足消费者需求为目标，服务于社会和客户。中国大地保险安徽分公司于2005年进驻安徽，秉承为地方经济发展服务、为广大客户提供优质服务、互利共赢的责任和使命，积极发挥保险的稳定保障职能，为安徽经济建设和发展做出不懈努力。

中国太平保险秉承“诚信、专业、价值”的核心价值观，旨在打造世界金融服务的杰出中国品牌。公司使命是：创造富裕的安宁生活。太平保险经营理念：用心经营，诚信服务。管理理念：诚信立司、专业治司、效益兴司、合力强司。太平保险以“自强不息，恪守诚信的民族精神；顽强拼搏，艰苦奋斗的创业精神；认真负责，勇于奉献的敬业精神；团结一致，群策群力的合作精神；开拓创新，争优创先的进取精神”为凝聚力。主要广告语：“盛世中国，四海太平”；“95529，太平伴永久”；“保险就是保太平”。安徽分公司核心经营理念：责任进取，图强创新；协作信任，激情感恩。

华安财产保险股份有限公司立志成为中国民族保险业的先行者，始终将国家利益放在首位，以社会责任和客户利益为重，坚持“责任、专业、奋进”的经营理念，凭借不断创新的精神以及专业开发优势，开拓进取，奋力拼搏，在领导体制、管理制度、客户服务、保险产品等领域取得突破和创新，赢得社会的广泛认同，走出一条富有创新精神和特色的内涵式发展道路。以责任为先，以客户为中心，体现勇于承担社会责任的企业特质。坚持“比出险客户的亲人早到三分钟”的服务理念，倡导“华安保险与您共成长”，与客户、公司、股东共同成长。提出“华安哲学”，即站在四个源头、坚持四个说话、摆正四种关系、反对四种倾向。始于责任、成于专业、勇于奋进，以为国家、为社会提供保险保障为己任，以科学发展观为统领，以战略目标规划为指针，坚持发展为第一要务，坚持结构调整下的协调发展，坚持风险可控下的业务规模扩张，在管理平台、网络布局、业务结构、产品创新、资产管理上取得进展，实现客户利益、员工利益和企业利益的全面丰收，成为一家“受人尊敬的保险企业”，为民族保险业的振兴而努力。心忧天下，志存高远，勇担社会责任。主要广告语为：“95556，贴心服务，华安同行”；“华安保险，保华夏安康”。

安邦财产保险股份有限公司以“实干兴邦，金融报国”为己任，认真贯彻“凭借智慧、遵从规律；随需而变、马上就办；简单高效、团队合作；互联支持、共赢未来”的经营理念；以客户为导向，实践“客户增值、员工增值”的价值观；并以“阳光做事、快乐做人”的行为准则从事经营活动，严格服从监管部门要求，遵从行业自律。主要广告语：“95569，安邦帮您到永久”。

企业内部报刊书籍

中国人寿保险的报刊书籍有：《中国人寿》杂志和《国寿客户报》。

《中国人寿》杂志是由中国人寿品牌和企业文化建设委员会主办，面向中国人寿保险（集团）公司内全系统职工的一本企业内刊。《中国人寿》杂志创办于2000年4月，其办刊宗旨是：紧紧围绕集团的发展战略，坚持正确的思想导向与业务导向，为公司建设具有国际顶级金融保险集团服务。作为中国人寿保险（集团）公司的核心期刊，在中国人寿走向国际顶级金融保险集团的途中，在公司“由知名品牌向杰出品牌转变、由行业品牌向社会品牌转变、由国内品牌向国际品牌转变”的进程中，《中国人寿》

杂志以广阔的新闻视角、生动的现场报道、深入的连线基层、时尚的装帧设计为理念，服务于集团创建学习创新型、资源优化型、成长增值型“三型”企业的发展目标，真实记录中国人寿保险集团的发展历程。

《国寿客户报》的办报宗旨：说客户想听的话、说客户要说的话、说客户能懂的话。创办《国寿客户报》是中国人寿贯彻落实《国务院关于保险业改革发展的若干意见》的具体行动，也是中国人寿切实加强宣传和客户服务工作的一项重要内容。《国寿客户报》由集团公司主办，集团各成员单位协办。目的是要通过更加有效地与客户加强沟通、增进理解、建立信任，不断提高客户服务质量，提升公司品牌形象，普及保险知识，增强公众保险意识，切实促进业务发展。

中国太平洋保险的报刊书籍有：《合肥太保简报》《太平洋保险报》《太平洋营销》和《中国商业保险》。

中国平安保险的报刊书籍有：《中国平安报》《客户服务报》《平安·读者》《平安行销》《精英·平安生活》。

《中国平安报》面向平安系统员工，服务业务一线，弘扬平安企业文化，全面反映经营成果，探讨营销服务理论，活跃公司文化。《客户服务报》服务客户的主要媒体，注重塑造品牌，宣传综合金融理念，普及金融产品，传授理财技能，解答客户疑问。《平安·读者》是文摘类月刊，是上档次、有文化的展业工具，为客户拜访与维护提供最佳话题切入点，比外部文摘类刊物更贴近平安客户群，面向主要城市中产家庭客户、准客户，为中等收入族群精选内容，精准到位，合作方为全国期刊第一品牌《读者》期刊集团，内容质量有保证。《平安行销》是培养平安综合金融客户经理的专业辅导杂志书，每期围绕一个热点专题，从市场、营销、资讯等角度进行全方位、立体性发掘，帮助一线业务人员从焦点、趋势和渠道等方面迅速把脉市场，明确定位，分析真实营销案例，促进营销技巧与能力的提升，提供最新、最重要资讯，同时帮助其不断调整更新职业规划，构建平安行销里的“商学院”。《精英·平安生活》是中国平安与南方报业合办的杂志，面向平安 VIP 客户，是“一本关于生活和生活态度的杂志”。

天安保险的报刊书籍是《天安之道》，总结了公司的成功经验及曲折经历，作为公司实现奋斗目标的观念、思想、文化和体制。

新华保险的报刊书籍主要有：《新华保险报》《新华客服报》《新华营销》《新华人文》。

中国出口信用保险公司合肥营业管理部创办了内部刊物《安徽信保》，内容主要包括信保知识问答、客户之声、案例分析等。

华安财产保险股份有限公司的报刊书籍主要有：《华安保险月刊》《华安人报》和《华安剪报》。其中，1997 年年初创刊的《华安保险月刊》，以保险为视角，以文化为品位，立足企业内部，见证华安文化的形成和发展，积淀华安文化的精髓与辉煌，连续八年获“深圳市十佳企业期刊”称号，获“中国百佳优秀企业内刊”一等奖、深圳市最受读者欢迎内刊奖、优秀企业内刊奖。

教育培训活动、职称评定

1986年9月，人保总公司下属的中国保险管理干部学院首次在皖成人高考中择优录取保险专科生5名，学制2年。到1990年，全省先后有140名干部进大专院校保险、计算机等专业深造，其中，南开大学29名，中国保险管理干部学院45名，其他院校47名，高等专科院校19名。

1987年5月，人保省公司租用安徽省军区干休四所作为省分公司培训基地，按照中国人民保险公司的统一部署，安徽省分公司系统首次进行专业技术职称改革工作。省分公司成立了以副总经理戴藏忠为主任委员，戴纯、樊尚文为副主任委员和有关业务处室负责人等9人组成的“中级经济、会计专业技术职务评定委员会”，负责全省保险系统中级经济、会计专业人员任职资格的评审工作和全省职称评定工作。经过组织准备、宣传动员、复习考试、申报评审、验收总结、聘任兑现工资等几个阶段，历时一年。全省保险系统在岗专业技术人员1806人，获得各类、各级专业技术职务的1391人，占专业人员总数的77.02%。其中，经中国人民保险公司评审委员会确认的高级经济师17人，占专业技术人员总数的0.94%；经中级职称评审委员会确认的中级专业技术职务的有285人，占专业技术人员总数的15.78%；经各地初级评审委员会确认的初级专业技术人员（含员级）1089人，占专业技术人员总数的60.30%。已聘用高级专业职务人员17人，中级专业技术职务人员263人，初级专业技术职称的1069人，首聘期一般为3年。12月20日，人保省公司将人事教育工作分开，单独成立职工教育处，对外同时称保险干训班，配备专职教育干部和专职教师。为了适应教学需要，人保省公司还聘请10多名兼职教师，以保证教学工作正常进行。为强化职工教育工作，全省16个地、市级公司中，阜阳地支公司成立职工教育科，其余15个地、市公司人事教育科均配1名干部专职或兼管教育工作。按照中国人民保险公司要求，制定了《安徽省保险系统干部教育工作规划》（1988年至1990年），将全省保险教育工作逐步纳入经常化、制度化轨道。为确保《七·五教育规划》落实，人保省公司建立了各项制度。

1988年9月，人保省公司开办第二届广播电视大学保险专科班，经过省成人高考，择优录取42名在职保险干部，脱产学习2年。

1989年3月，由中国人民保险公司牵头，与北京农业大学联合开办农业保险高等“专业证书”函授教育。人保省公司设立函授站，负责函授教学的自学、作业、面授辅导、考试4个环节，学制一年半，学员是来自各地、市、县支公司36个单位的业务骨干和部分领导干部，共计37人。是年，人保省公司首批举办“人险科长岗位培训试点班”，采用半脱产培训方式，分阶段的集中面授辅导、考试。按《岗位培训规范》设置的教学计划为9门课程，学期6个月，在岗人险科长12人取得岗位合格证书。

1990年，人保省公司在前阶段试点基础上总结经验，继续试办“国内产险股长、科（办）员岗位培训”，全省保险系统在岗职工996人参加培训。按照《岗位培训规范》设置的教学计划为9门课程，采用脱产与业余相结合的培训形式，以各地、市支公司为单位组织教学活动，成立了岗位培训领导小组，订立了培训制度，组织落实，为培训计划的顺利实施提供保障。截至年底，人保省公司通过各种途径、各类形式培训职工2868人次，占职工总数97.82%；学历教育人数为921，占职工总数31.41%。对照中国人民保险公司《七·五教育规划》中的教育工作重点任务，全省保险系统45岁以下，初中文化程度以下干部125人，仅占5%；有33%干部取得岗位培训合格证书；地、市支公司领导班子成员有42.86%以上达到大专以上文化程度；县（市）级公司经（副）理有22.53%以上达到大专以上文化程度；基本完成中国人民保险公司和省分公司《七·五教育规划》的任务。年底，全省通过自学和“五大”业余学习的186名职工已经取得大学本、专科毕业文凭。人保合肥市支公司1980年以来，先后有51名职工通过自学取得大专及以上学历文凭，占该公司职工总数的20%。

1993年1月10日，应省保险学会邀请，美国天普大学教授段开龄先生到人保省公司作短暂学术交流。段先生在皖期间为人保合肥市公司作了学术报告。2月21日，安徽省保险学会第二次会员代表大会在合肥隆重召开，出席这次会议的代表121人，特邀代表19人，收到学术论文48篇。

2000年2月14日，人保省公司机关召开“人保迈向新世纪，如何谱写新篇章”解放思想学习讨论活动动员大会。3月23日，人保省公司印发《开展“三讲”教育“回头看”活动实施方案》。4月21日，人保总公司对省分公司的机构体制改革方案作出批复，同意合肥市分公司与省公司合并及省公司机关内设机构和人员编制。7月4、5日，人保全省系统《员工行为准则》教育工作总结汇报会在安庆召开，标志着集中开展的“准则”教育活动告一段落。

2003年2月初，人保省公司机关开展以“解放思想，加快发展”为主题的教育活动。5月初，人保省公司对全省系统进一步做好“非典型性肺炎”防治工作提出了具体要求。10月16日起，人保省公司在全省系统开展以“精英在行动”为主题的“笑傲江淮，群英争霸”展业竞赛活动。

1999年，中国人寿全省系统开展文明规范服务活动的考核评比工作，确定15个全省系统文明规范服务示范窗口单位，根据中国人寿保险总公司要求，着力抓好创建示范工作。桐城市支公司被评为全国系统10个文明规范服务示范窗口单位，受到总公司表彰。

2000年，中国人寿保险公司在企业文化建设方面，一是开展职工职业道德教育活动，按照总部的统一部署，在全省系统开展以爱岗敬业，遵纪守法为主要内容的职工职业道德教育活动，围绕“理想信念、认识形势、职责意识、法制观念、服务质量”五个方面，努力提高广大职工的整体素质；二是深入开展争创“双文明”建设竞赛活动，各级公司不断改进工作作风，优化服务质量，推出一系列优质文明服务措施，推广文明用语，实行挂牌上岗，设立客户服务机构，公开服务承诺，设立咨询、投诉电话，改善“窗口”形象，从承保到赔付各个环节都实行规范服务、文明办公，赢得客户的信赖和社会好评。8月中旬，人寿安徽省分公司工会工作部在合肥举行全省系统“计算机汉字录入与纠错”技术比赛，前二名代表安徽省分公司参加总公司举办的“计算机汉字录入与纠错”技术比赛。11月下旬，中国人寿保险安徽省分公司工会工作部在合肥举办全省系统“职工职业道德教育”演讲比赛。

2002年9月25日，中国人寿印发《中国人寿保险公司安徽省分公司企业文化战略规划纲要》，旨在以“成己达人、成人达己”为核心理念，在全系统树立“客户至上、公司为重、共同发展”的价值取向。按照中国人寿保险公司企业文化推广会议精神要求，省公司结合全省系统实际，制定《全省企业文化战略规划纲要》，专门召开全省企业文化推广会议进行部署动员，初步形成企业文化建设的热潮。各级公司认真组织全体党员、干部、职工学习中共十六大精神，深入领会“三个代表”重要思想，结合实际，开展多种形式的思想教育活动。中共十六大召开期间，各级公司组织收听收看会议实况和报道，安排学习座谈讨论，结合自身实际谈感想、抓落实。会议胜利闭幕后，各级工会围绕工作中心，积极抓好“双文明”建设，评选、表彰先进集体和个人，制定《关于进一步加强行业作风建设的实施意见》，全面学习贯彻总公司《关于加强党对工会工作领导的决定》和新《中华人民共和国工会法》，加强工会组织建设和制度建设。深入开展“职工会”和创建“职工之家”活动，履行工会维护、参与、教育、监督职能，推进民主管理和民主监督。

2003年，中国人寿在加快发展和加强管理的同时，高度重视思想政治工作，坚持“两个文明”一起抓，努力弘扬企业文化。各级公司认真组织了职业道德教育、诚信教育、企业文化教育等系列学习教育活动，提高员工队伍的思想素质，优化知识结构。2003年“双文明”建设取得了积极成果，对先进单位和个人的典型经验进行总结和推广，努力营造团结奋进、昂扬向上的环境氛围，促进公司全面发展。为配合形象建设，各级公司还开展丰富多彩的企业文化活动，如举办以“双成”为主题的书画联谊活动，举行大型司歌展示会、司歌比赛，举行升国旗司旗、唱国歌司歌纪念活动，举办“双成”文化有奖征文和演讲活动。公司在进入“全球500强”期间加大宣传力度，公司更名揭牌之际举行向灾区学校的捐赠仪式，尤其是在抗击“非典”和抗洪救灾期间，向灾区捐款捐物，充分体现中国人寿的企业文化建设，取得了良好的社会效果。

1996年12月8日，太平洋保险合肥办事处升格更名为太平洋保险合肥分公司，并举行庆典活动。省委书记卢荣景、省长回良玉、副省长汪洋等安徽省委省政府领导到会并题词祝贺，中国太平洋保险公司总经理林中杰到会讲话。

1999年，全省太保系统开展文明规范服务活动的考核评比工作，确定了15个全省系统文明规范服务示范窗口单位。太保桐城市支公司被评为全国系统10个文明规范服务示范窗口单位，受到总公司表彰。3月，为实现时间过半、任务过半的目标，太保全公司开展了“过双半、游黄山”的劳动竞赛。

2004年4月，太保公司为促进短期人身意外险和家庭财产险的发展，开展劳动竞赛活动。

2005年2月，太保安徽分公司为加快人意险业务的发展，推动人意险销售，决定开展人意险业务竞赛活动，印发《中国太平洋财产保险公司安徽分公司2005年度人身意外险竞赛活动方案》，明确竞赛对象、时间、目标、口号、评比办法，下达安徽分公司营业部等10家中支公司人意险竞赛任务。6月，太保公司对人意险完成任务突出的公司和个人前六名进行通报表扬。

天安保险注重企业文化建设，走文化经营之道，在抓好公司发展与业务建设的同时，还组织专门力量，开展《员工行为规范》《文化发展战略》《规章制度汇编》和《天安文化手册》的学习培训。

2005年5月，泰康人寿省分公司经总公司党委批准，正式成立安徽分公司党委，党组织关系挂靠安徽省直机关工委。党组织成立不久就立刻投入到总公司组织的“保持共产党员先进性教育学习”活动，组织员工学习《保持共产党员先进性教育读本》《保持共产党员先进性教育活动学习材料汇编》、胡锦涛总书记的《树立和落实科学发展观》《中国共产党章程》等。为了加强学习效果，分公司党支部组织全体党员观摩电影《张思德》，通过观看电影对全体党员进行一堂生动的党课教育。通过一系列活动的开展，极大地增强全体党员干部群众的党性素养和综合素质。

2005年，华安财产保险股份有限公司安徽分公司组织两核专业技术考试，开展电脑系列专业技术职务任职资格申报，以及政工专业资料申报评审工作。4月8日至9日，华安财产保险股份有限公司安徽分公司前往江苏分公司进行内部服务流程专题学习。4月23日，华安公司筹备组举办第一期新员工培训班，35名新员工全面系统地学习公司发展历程、企业文化、经营理念、内控管理制度、两核知识等。6月18日至19日，华安公司举办为期两天的首期客户经理培训班，共有28名客户经理潜质人员参加了此次培训。

文化活动

1986年4月，人保省公司在当涂县举办“安徽省保险系统首届职工乒乓球比赛”，14个地市公司和省公司机关共24个男女乒乓球队85名运动员（其中女运动员28人）参赛。经过角逐，男子团体一、二、三名分别被合肥市支公司、滁县地区中支公司、巢湖地区中支公司男队夺得。铜陵市支公司、省公司机关、合肥市支公司获团体一、二、三名。男、女单打冠亚军和第三名被其他单位的代表夺得。12月，人保省公司系统工会举办“安徽省保险系统首届职工书画展”，各地市公司共选送136幅作品，展示96幅。

1987年12月，人保全省保险系统首次工会工作会议在安庆市召开，各地市公司分管工会工作的党组成员或工会主任共22人参加会议。会后，各级公司和工会组织进入全面恢复时期。

1988年8月，人保省公司在全省系统内选拔歌手举行歌赛会。至11月，全省11个地市公司选送22名歌手演唱的44首歌曲录音，其中新创作歌曲7首。12月获演唱奖的8名歌手在省公司进行专场汇报演出。演出后，省公司在获奖歌手中选出6名歌手组成保险公司代表队，参加省金融系统首届“金融之声”歌赛会。9月，省公司承办的安徽省银鹰桥牌协会成立，同时举办保险杯桥牌赛。经过顽强拼搏，省人保公司代表队获得团体冠军。为了更好地掀起全省保险职工爱司敬业精神，省公司在全省保险系统广泛开展征集《保险公司司歌》和《金融之歌》歌曲活动，全省共征集新歌新曲12首，向总公司选送3首。

1989年3月至4月，人保省公司工会工委举办“安徽省保险系统第二届职工书画展”，展出作品127件。5月，安徽省保险系统第二届职工乒乓球赛在铜陵市举行，15个地市公司和省公司机关派出29支男女代表队共75名运动员参赛。11月至12月，人保省公司工会工委在合肥举行“安徽省保险系统首届职工象棋比赛”，13个地市公司选派25名运动员参赛。

1990年3月，为庆祝人保省公司迁址新办公大楼和省全保会召开，在省公司新大楼举行全省保险系统首次文艺调演。蚌埠市支公司、铜陵市支公司、合肥市支公司、芜湖市支公司、省公司机关等单位演出了《大合唱》、小品《猪嘴酒》、相声《灯谜》、舞蹈《白毛女》等节目。6月，人保省公司组队参加在青岛举行的华东片保险系统篮球赛，并获得华东片赛区亚军。人保省公司还组织全省保险系统业务技术比赛（人身险），分为笔试、演讲、口试三个方面进行，对优胜代表队进行表彰，优胜个人授予全省保险系统技术能手称号。当年，人保省公司根据中国人民保险总公司要求，在全省开展保险先进县活动，并制定达标标准14条，涉及主要业务险种。

1994年，太平洋保险公司为庆贺公司成立三周年，制作第一部电视广告片“太平洋保险保太平”，由中央电视台第一套节目于1994年4月21日—4月27日21：56分

（晚间新闻前）播出，重播时间为次日中午 12:10 分。太保总公司发放小张年历宣传卡，年历宣传卡正面为 1995 年年历，并配以“太平洋保险保太平”广告语及帆画面，背面是公司简介及主要险种介绍。1994 年 4 月 23 日，《合肥晚报》刊登傅锡寿会见太保公司总经理林中杰。安徽省省长傅锡寿、副省长汪洋会见并宴请了中国太平洋保险公司总经理林中杰，省长傅锡寿表示，保险公司还是多几家为好，可以扩大保险覆盖面，赔付也快一些。林中杰对省、市政府几年来支持和帮助驻肥单位—交通银行合肥分行表示感谢，他说中国太平洋保险公司今后在投资信贷等方面要加强与省、市政府的友好协作。太平洋保险公司广泛征集太平洋保险公司司歌，合肥办事处的广大干部员工积极参加。通过总公司的评定赛选产生三首司歌，即沈阳分公司的“太保之歌”、杭州分公司的“太平洋保险之歌”、廊坊代办处的“太平洋保险之歌”，大家纷纷咏唱，在合肥办事处每天的晨会上形成一道亮点。

1995 年太平洋保险公司开展创建青年文明号活动，制定实施方案。积极贯彻执行团中央和中国人民银行中青联发文件，推进保险事业的健康发展，培养造就跨世纪的青年人才，实施跨世纪青年文明工程。太保合肥办事处从 1995 年起广泛开展创建“青年文明号”活动。活动宗旨：“青年文明号”是以青年为主体，在各项工作中创造工作成绩，体现高度职业文明的青年集体，旨在组织和领导青年在本职岗位上恪尽职守，文明从业，开拓进取，无私奉献，树立适应社会主义市场经济要求的敬业意识、法纪观念、创业精神，展示当代保险青年的精神风貌，在社会树立良好的太保形象。

太平洋保险公司为了庆祝公司成立四周年及配合《中华人民共和国保险法》出台的宣传，更好地树立公司的社会形象，总公司在中央人民广播电台第一套节目每天早上 6:20—6:25 时段（新闻和报纸摘要前）发布“风调雨顺、国泰民安、太平洋保险保平安”的广告语，自 1995 年 4 月 17 日 –7 月 16 日，连续播出三个月。保险法颁布后，从 1995 年 7 月 1 日起，太保公司开展了形式多样的宣传活动；同时在内部开展保险知识竞赛。太平洋保险公司加大重大理赔宣传报道，亚太 2 号卫星失事（1995 年 1 月 26 日升空爆炸），太平洋保险公司赔付 1.6 亿美元，报道在《人民日报》（海外版）1995 年 3 月 29 日刊载，公司开展事件持续宣传。此新闻在国内外众多媒体宣传，安徽也在《合肥晚报》报道。

1996 年年末，太平洋保险公司为加强荣誉体系建设，首次开展寿险营销工作“优秀集体和优秀个人”评选工作。

1997 年 3 月，中国太平洋保险公司合肥分公司货运险科被共青团合肥市委、中国人民银行合肥分行授予 1995 年度市级“青年文明号”称号。太保公司连续三年在全省开展“99 关爱工程”活动，活动的主要内容紧紧围绕“优质服务”“业务竞赛”“员工培训”三个环节展开，提高业务质量和服务水平，稳定员工队伍，为广大的客户提供最优质的服务。太保公司为帮助特困企业献爱心，所有员工们捐献出一日工资，捐款2530元。太保合肥分公司还出资协助安徽省残联，举办第二届“太平洋保险杯”安徽省残疾人知识大奖赛。8月，太保公司开展“奋战四个月，确保完成产险二千万”竞赛活动。

1998年，太保公司在产险部门开展“流动红旗”“小黄牌”，业务员中开展“每月三星”“每月后三名”评比活动。3月，太保公司实施“四个一”工程（产险业务部门每年至少发展一个实收保费50万元以上的大保户、一个实收保费3万元以上的代理网点、每名产险正式员工年内至少增员一名正式聘用标准的产险业务员、每名产险员工年内至少向总经理室提出一项合理化建议）、大保户公关、新险种开发（开设创意奖、开发奖、个人业务规模奖、推广奖）、应收保费催收激励机制。1998年9月，太保公司开展龙腾虎跃“百日劳动竞赛”活动。

1998年8月14日—18日，中保人寿保险省分公司在15楼多功能大厅举办中保人寿保险安徽省分公司第一届职工书画摄影展，共展出作品101件，其中书法作品48件，美术作品18件，摄影作品35件。经专家和评选委员会的共同评选，共有19件作品获得各项奖项。

2000年，省、市公司开展以中国人寿保险为主题的诗歌、绘画、文艺演出、保龄球比赛等群众文体活动，丰富职工业余文化生活，深入开展了文明规范服务和创优评先活动。在总公司举办的文艺调演（录相带）和职工书画比赛中，几次获得优异成绩。

2001年9月28日，中国人寿保险安徽省分公司工会工作部在合肥举行全省系统“迎国庆”保龄球比赛。

2002年8月20—21日，中国人寿保险安徽省分公司工会工作部在合肥举行全省系统羽毛球比赛。前三名代表安徽省分公司参加总公司举办的羽毛球比赛。

2002年10月中旬到11月中旬，人保财险安徽省分公司在全省系统集中开展了“人民保险服务月”活动。10月30—31日，人保财险安徽省分公司举办全省系统内以“人保精神颂”为主题的演讲比赛。

2004年8月25日开始，人保财险安徽省分公司在全省系统组织开展以“灿烂明天”为主题的“搏击学幼险，金秋谱华章”营销活动。10月至次年2月，人保财险安徽省分公司在全省系统开展了2004年度“全程守护，人保真情”意外险、家财险营销活动。

2005年1月1日—12月31日，人保财险安徽省分公司开展了以“自豪吧，人保营销精英”为主题的个人代理营销业务竞赛。2005年1月1日—3月31日，人保财险安徽省分公司在全省系统内开展了以“全程守护”为主题之《行动在春天》营销竞赛活动；2005年4月1日—6月30日，开展以“群英聚会”为主题之《挑战红五月》营销竞赛活动；2005年9月1日—10月31日，开展以“灿烂明天”为主题之《金秋摘硕果》营销竞赛活动；2005年12月1日—12月31日，开展以“佳节有礼”为主题之《迎接2006》营销竞赛活动。

2005年，中国人寿省公司举办“人寿省公司系统职工第三届书画摄影作品展”，全省系统职工积极参与，共收到书画摄影作品94件，经领导、职工和专家的共同评选，共评出获奖作品33幅。

太平洋寿险公司2005年开展“关爱工程”活动，以“关爱服务在太保”为主题，投入一定人财物，使公司、客户双受益。同年，公司还开展了“开门红”“四五联动”“保持先进性，关爱送基层”和“综合提升百日竞赛”活动。

2005年4月和8月，太平人寿省分公司分别在合肥稻香楼宾馆及华伦瑞雅国际大酒店成功举办两届“至尊酒会”，参加人员为取得优异成绩的个险代理人。4月16日，太平人寿省分公司在巢湖举办第一次员工拓展训练。5月14日“母亲节”，太平人寿省分公司个险策划“我陪母亲游合肥”活动，46位老人愉快游览安徽省会合肥市著名景点。8月15日，时任富通国际驻中国代表处首席代表黎果赴太平人寿省分公司指导工作。9月10日，为庆祝太平人寿安徽分公司首届教师节的到来，分公司在合肥市植物园举办了主题为“我与自然有个约会”的游园活动。10月26日—28日，太平人寿省分公司个险首届业务高峰会在天柱山成功举行，总公司副总经理吕培建、沈漪以及分公司总经理室成员出席本次会议。本届高峰会共产生56名展业能手、10名优秀营业组主管、3名优秀营业部主管，来自合肥第四营业部的韩永凤荣膺会长。11月18日，太平人寿省分公司在合肥市体育场举办了隆重的一周年庆典，恭贺公司年度总保费过亿、市场份额稳居第四、代理人持证率全省第一等“众喜临门”。司庆活动主要分为：特别晨会和趣味运动会两部分。12月3—4日，太平人寿省分公司在巢湖军分区举办第二期内勤员工拓展培训班，个险部、团险部及后援部门相关员工参加。

第二节　保险业诚信建设

诚信是市场经济的基石。诚信建设是社会信用体系的重要组成部分，直接关系到行业兴衰和广大被保险人的切身利益，对保障人民生活、促进经济发展、构建和谐社会具有重大意义。

为改善保险行业社会形象，提升保险行业服务水平，安徽保监局着力加强行业诚信建设。2004年，安徽保监局全面启动安徽保险业信用体系建设，制定下发了《安徽省保险信用体系建设实施纲要》及2004年度实施细则和考评办法，跟踪检查信用体系建设工作落实情况。3月15日，安徽保监局召开全省保险信用体系建设动员大会，举行“安徽保险业诚信服务承诺签名”活动，1600多名保险从业人员参加会议，在社会引起广泛好评。是年，安徽保监局在全省行业内开展“发展进步奖”“服务社会勇担责任特别贡献奖”“诚信服务奖”评选活动，委托省城调队对公司服务满意度进行了调查，共对合肥市1850户居民进行入户调查，150个企业单位进行上门调查，并对各公司进行明察暗访，诚信服务奖最终评选出中国人寿合肥分公司、大众保险合肥分公司两个年度先进单位；同时，在行业内通报诚信建设测评结果，要求公司查找不足，提高诚信服务水平。是年，安徽保监局大力开展“诚信保险、服务社会”主题宣传活动，塑造诚实守信的保险行业形象。

2005年，安徽保监局着力探索建立诚信建设的长效机制，确定了2005年诚信建设的八项重点工作，完善诚信服务奖考评办法；加强社会监督，要求全省各保险公司在营业网点普遍张贴“投保指南”和“服务承诺”，公布保监局监督电话和公司客服电话；联合省保险行业协会，在全省8个地市开展保险公司社会满意度调查工作，摸清行业诚信现状，为下一步更好地开展诚信建设工作提供依据。是年，安徽保监局大力加强行业车险理赔服务建设，有力地提高了车险理赔服务质量。

中国人保财险安徽省分公司始终把“诚信”的思想融合于企业文化建设之中，通过文化建设来树立企业良好形象，取得社会的认同和尊重。在日常工作中，注重各级公司营业场所的诚信建设，以期在企业内部形成倡导诚信、推广诚信、实践诚信的价值体系。1991—2005年间，人保省公司始终秉承“以诚信促发展”的经营理念，对外树立“客户至上”的思想，努力提高理赔质量，加快理赔速度，在公司内部树立起“诚信为本，创新经营”的企业商德。自2002年3月15日起，人保省公司开展“明白保险，真诚服务”宣传活动，旨在保护消费者权益，倡导明明白白消费。

中国人寿保险安徽省分公司开展信用体系建设，打造公司诚信品牌形象。各级公司层层动员，广泛宣导，联系工作实际，结合“双成”文化建设，大力倡导诚信理念，培育诚信文化，优化服务品质，提升公司品牌形象。省公司本部开展“建四型机关，创五优部室，做六好员工”活动，市、县公司也都将诚信学习教育活动作为公司建设的一项重要内容，采取各种形式推动信用建设深入开展，诚实守信已逐步成为各级公司和广大员工的自觉行动。

中国平安人寿安徽分公司自成立以来，从企业人格化的角度，结合平安的企业文化内涵和行业特征，构建以诚信为基础的“企业公民行为模型”。积极响应安徽保监局的号召，投身于保险业诚信建设；成立专门的诚信建设小组，制订相关制度规范公司员工和业务员行为，力求创造良好的诚信建设氛围。

泰康人寿安徽分公司参加安徽保监局在合肥市府广场举办的“明明白白买保险”宣传咨询活动；聘请客户担任“泰康人寿品牌监督员”，接受社会公众监督，听取客户意见；在新生活广场大厅悬挂“服务承诺”和“投保指南”牌；公司投保指南提醒客户在购买保险产品时，依法保障自己的权益，列举13大项内容，并做详细说明。

大众保险安徽分公司恪守信誉为本的宗旨，贯彻保险监管机构的政策要求，对内贯彻诚信服务理念、微笑服务理念、限时服务理念，利用报刊媒体公布服务承诺，多形式多角度进行客户回访，严肃奖惩机制，特别针对社会普遍关注的业务人员的业务宣传和理赔服务问题，针对性的定标准，找不足，诚信建设成果较好。2004年，获得“诚信服务奖”，并在多次监管部门的暗访中按对外公布的承诺到达现场。

中国出口信用保险公司安徽分公司开展诚信教育。组织员工学习《保险诚信教育读本》《保险职业道德教育读本》和《保险法律法规诚信要求摘要》等教材，营造“诚信光荣，失信可耻”的企业文化；邀请客户代表讲课，听取客户对诚信的要求；向客户发放《中国信保合肥营业管理部诚信工作调查问卷》，调查诚信状况；对客户经理、理赔、财务等关键岗位的人员制定岗位诚信守则，明确诚信的具体要求；将诚信体系建设与业务实际密切结合，完善各项制度，规范业务流程，着力提高服务水平。

华安财产保险股份有限公司安徽分公司为积极贯彻落实安徽保监局的会议精神，坚持以“诚信”建设为基础，采取有效措施大力推进诚信建设，全面落实诚信建设的各项工作任务和要求，敢于正视现实问题，认真查找存在问题的隐患，及时堵住漏洞，从源头上治理，着力提升保险行业的社会形象，为构建和谐安徽作出积极的贡献。

第三节　公益活动

公益活动是从长远着手，出人、出物或出钱赞助和支持某项社会公益事业的公共关系实务活动。热心公益、参与公益是每个企业都应尽的社会责任。多年来，伴随着中国保险行业的迅猛发展和壮大，保险业在社会公益慈善事业等方面做出了诸多努力和贡献，不仅赢得了社会各界的肯定与赞誉，也提升了行业的社会形象。同时，保险企业在积极参与社会公益实践中也与时俱进，结合各自的战略定位和企业文化，逐步形成了各有所长的“公益特色”。

1997年，中国人寿在金融系统率先发起捐资40万元设立安徽兴皖育才高教奖学金；9月18日，又捐资15万元，援建金寨县希望小学。经统计，中国人寿全省各级公司捐助希望工程、救助失学儿童、资助特困生高考、资助各地、市、县举办中学生运动会等不同形式的活动，共达120多万元。公司系统积极响应省委、省政府和当地政府的号召，确定扶贫、解困联系点，在全系统多次发起捐资、捐物、送温暖活动，共捐资80余万元，捐赠衣被12367件。同时，人寿公司还大力支持社会福利事业的发展，1997年年初，与省残疾人联合会达成协议，为残疾人三项康复，烈军属、伤残军人提供福利性保险；积极投入城市基础设施建设和创建活动，如合肥市为实行垃圾袋装化，省公司一次就捐赠标准塑料袋10万只；全省共出资60多万元，用于城市道路灯箱、公益广告、垃圾箱的修建、安装和灭蚊、灭蝇、灭鼠等药品的认购，有力地支持全省城市的创建工作。1998年，长江流域发生特大洪涝灾害，中国人寿全省各级公司发扬中华民族传统美德，一方有难八方支援，纷纷伸出了援助之手，共捐资100多万元；同时，又响应总公司号召，积极开展“奉献爱心、紧急助学”的捐款活动，全省系统共捐款34.58万元。1999年，中国人寿各级公司深入开展争创“青年文明号”等竞赛活动，努力改进工作作风，推出了系列优质文明服务措施，赢得了客户的信赖和社会好评。经团中央和中央金融工委批准，人寿蚌埠分公司营业部被继续认定为全国“青年文明号”单位，此外有6个公司和4个部门被评为省级青年文明号，有10名员工获省级“青年岗位能手”称号。1999年6月全省沿江地区遭受特大洪涝灾害，中国人寿公司职工积极投身抗洪救灾工作,公司领导深入灾区慰问查灾,各级机构踊跃捐款捐物，及时给付赔款，以实际行动支援灾区人民恢复生产、重建家园，树立良好的社会形象。2000年中国人寿与省教委联合开展暑期向中、小学生赠书活动。2002年6月，中国人寿安徽省分公司工会工作部、团委组织全省系统广大职工、工会会员、团员青年积极参加总公司工会转发的中国金融工会全国委员会、共青团中央金融工作委员会、中国儿童少年基金会联合发出的倡议，为让更多的失学孩子带着希望的笑容走进校园“零钱慈善”捐款活动，共捐款7581.50元。2003年12月，根据省委、省政府《关于组织开展生产自救对口支持工作的通知》，按照中国人寿安徽省分公司总经理室的要求，工会工作部组织省公司本部全体职工捐款6710元，公司拨款4.33万元，合计5万元，购买救灾物资支持蚌埠市五河县申集镇抗洪救灾。2005年，中国人寿安徽省分公司工会工作部分别组织为东南亚海啸灾民捐款8375元，为全省受灾灾区捐款8621元。

1996年12月8日，太平洋保险合肥办事处升格更名太平洋保险合肥分公司，为省希望工程、合肥市再就业工程捐赠给省人民政府40万元，合肥市政府20万元，合计60万元。1997年1月8日，中国太平洋保险合肥分公司独家捐资20万元，用于兴建安徽省池州市东至县大渡口镇新丰村太平洋希望小学，这是安徽省第一所由保险公司赞助兴建的小学。3月，公司货运险科被共青团合肥市委、中国人民银行合肥分行授予1995年度市级“青年文明号”称号。3月22日，太保公司赞助15万元，用于合肥市全民健身活动，并在当日启动合肥市全民健身运动会。6月1日，为合肥市儿童福利院幸运小学捐赠师生平安保险300份，每份保额5000元，这所小学的两名孤残儿童得到捐赠2万元医疗救治费。开展“真情捐赠小黄帽工程”，由太平洋保险公司合肥分公司赞助，省关心下一代工作委员会、合肥市交警支队联合参加，在“六一”儿童节之际，省政府副省长杨多良到场，向合肥市3000多名中小学生，免费赠送保护中小学生交通安全措施的“小黄帽”。

1997 年 7 月至 1999 年 7 月，中国太平洋保险公司合肥分公司连续三年在全省开展“99 关爱工程”活动，活动的主要内容紧紧围绕“优质服务”“业务竞赛”“员工培训”三个环节展开，提高业务质量和服务水平，稳定员工队伍，为广大的客户提供最优质的服务。为帮助特困企业献爱心，所有员工们捐献出一日工资，捐款 2530 元。太保合肥分公司还出资协助安徽省残联，举办第二届“太平洋保险杯”安徽省残疾人知识大奖赛。1998 年 9 月，安徽省遭遇百年不遇的洪水灾害，太保合肥分公司积极参加安徽省抗洪救灾捐助活动，职工们先后三次捐款，共计 16593 元，捐赠过冬棉衣 456 件。12 月，太保合肥分公司的所有员工，在元旦、春节来临之际，踊跃捐款，向合肥市 100 个特困家庭献爱心，用捐款买了大米和色拉油，一户一户的赠送，同时还向这 100 名特困户赠送总保额 30 万元的人身意外伤害保险。2001 年 3 月，太保合肥分公司荣获中国太平洋保险公司 2000 年度车险效益进步奖；2004 年 11 月，摘中国太平洋财产保险股份有限公司人意险桂冠，攀香格里拉顶峰，人意险销售竞争业务开拓入围奖。12 月，合肥分公司荣获中国太平洋保险（集团）股份有限公司、中国太平洋财产保险股份有限公司、中国太平洋人寿保险股份有限公司 2004 年“百舸争流”产寿联动业务竞赛“业务推动奖”“优秀团队奖”。2004 年，被评为安徽省地方税 A 级纳税信用纳税人。2005 年 12 月，太保产险安徽分公司党委荣获中国太平洋保险（集团）股份有限公司“先进党组织”称号，被评为安徽省地方税 A 级纳税信用纳税人。太保安徽分公司荣获中国太平洋财产保险股份有限公司 2005 年度车险优秀经营管理奖。

中国平安人寿合肥分公司 2000 年 7 月 7 日组织希望小学学生开展了“开心果夏令营”活动；9 月 1 日，公司捐助的蚌埠市五河县申集平安希望小学正式成立；10 月，公司被全国绿化委员会授予“捐资护林优秀单位”。2002 年，中国平安人寿合肥分公司向市红十字会捐赠一台捐血车。2003 年 10 月，公司被安徽工商授予“诚实守信承诺单位”。2004 年 7 月，平安向灾区的平安小学捐赠 3000 套桌椅和电脑、电视机、VCD 等教学用品；9 月 6 日，中国平安人寿安徽分公司捐助的阜阳市颍上县南照平安希望小学正式成立。2005 年 3 月，中国平安人寿安徽分公司被安徽省价格认证中心授予“价格诚信承诺单位”；10 月，公司向“春蕾计划”捐款 6000 元，12 月，公司为海啸捐款共计 1.2 万元；当年，中国平安人寿安徽分公司被安徽省消费者协会授予“安徽消费维权 20 年贡献奖”。

天安保险股份有限公司在开业之初，就从注重社会效益，勇于承担社会责任的角度出发，从开业费用中节省出 15 万元，在安徽大学设立了天安奖学金，资助那些品学兼优的贫困学生完成学业。总经理室还每年前往学校看望受助学生，勉励他们自强自立，学有所成，早日成长为祖国的栋梁之材。2003 年年初，在了解到一些困难群众面临过冬的难题时，天安公司又号召员工开展“扶贫济困送温暖”活动，短短几天，就收到员工捐赠的衣物72件，为灾区、贫困地区群众送去天安人的一片爱心。2004年国庆前夕，带着对安徽贫困山区儿童的一片深情，公司总经理等一行到安庆市潜山县昆仑小学，向在校学生捐赠了100套学习用品。在俭朴而隆重的捐赠仪式上，公司代表作了热情洋溢的讲话，介绍天安保险的总体情况，表达天安保险热心公益事业，心系贫困儿童的拳拳之心。2005年8月，在全系统认真开展保持共产党员先进性教育活动期间，天安保险安徽省分公司举行“春蕾行动”爱心捐赠活动。全体员工在公司党委书记、总经理的带领下，慷慨解囊，献出天安人对失学女童的一片爱心。“春蕾计划”是1989年在全国妇联领导下，由中国儿童少年基金会发起并组织实施的一项救助贫困地区失学女童重返校园的社会公益事业。公司决定每月资助一名失学女童，育祖国春蕾，护世纪花朵，让春蕾女童重返校园学习，并将这一活动列为公司党建及精神文明建设工作的一项内容，建立春蕾女童资助档案，对每位被资助的女童的家庭地址、家庭成员及生活困难程度等进行逐个登记。

2002年5月，在泰康人寿合肥分公司的开业庆典上，分公司向全省57名劳动模范赠送保额630万元的人身保险。11月，泰康人寿合肥分公司在四牌楼邮局门前举办“珍惜健康、珍爱生命”大型义诊活动。2003年2月19日起，泰康人寿合肥分公司和安徽电视台共同策划的“援助失学女童活动”宣传片正式在安徽电视台播放，此次活动共援助失学女童40名，全部款项均由分公司员工自发捐款筹集。2月25日，分公司总经理室成员分两路奔赴全椒、枞阳、金寨、固镇亲自送去捐款。7月，淮河流域遭受严重洪灾，13日，带着公司全体员工的爱心，泰康人寿合肥分公司总经理室驱车百余里，亲赴怀远受灾一线，将凝聚着总公司、分公司、中心支公司伙伴一片爱心的5.3万元现金送到了战斗在抗洪和业务一线伙伴们手中。2004年2月，安徽省人民政府正式下发《关于对中国保监会合肥保监办和有关保险公司予以表彰的通报》，在新近成立的保险公司中，泰康人寿合肥分公司是唯一一家受到表彰的保险公司。3月，公司在三八妇女节期间邀请妇科专家为泰康客户举办了“女性健康讲座”。2005年1月，公司获得3.15万人问卷调查组委会颁发的“2004年3.15万人问卷调查消费者满意品牌”奖牌。合肥福利院的小朋友们在福利院相关人员的带领下，接受由泰康人寿合肥分公司全体员工捐赠的学习用品和现金。9月，泰康人寿安徽分公司党委响应省政府关于开展抗洪救灾向灾区捐赠的倡议，累计向灾区捐款10312元。2005年12月，公司获得安徽省保险行业协会颁发的“2005年诚信保险文明窗口”称号。

2002年，大众保险合肥分公司参加“明白保险，真诚服务”大型保险宣传活动。2003年5月，大众保险慰问抗击“非典”一线的医务工作者，公司向安徽省卫生厅捐款10万元。2004年8月，组织“大众保险杯”珍爱生命演讲比赛；2005年1月，大众保险获得“安徽保险业2004年度诚信服务奖”；5月1日，大众保险举办道路交通安全法讲座。

2005 年 1 月，中国出口信用保险公司安徽分公司合肥营业管理部党支部开展“奉献爱心资助贫困学生”活动，给安徽省怀远县找郢乡新庄小学的学生唐占伟、唐秀秀兄妹捐去助学款，并派出一名代表前往新庄村进行慰问，鼓励他们努力学习，以知识改变命运。2005 年 2 月，安徽省政府下发了《安徽省人民政府关于对中国保监会安徽监管局和有关保险公司予以表彰的通报》，对中国信保合肥营业管理部在内的多家保险公司予以表彰。

2005 年 3 月 14–16 日，太平人寿安徽分公司在合肥市百盛广场开展“3•15 大型户外咨询活动”。5 月 20 日，太平人寿安徽分公司召开媒体座谈会暨“千手观音”承保签字仪式，赠送保额 1200 万元的保险。5 月至 6 月，公司针对“六一”儿童节及整个 6 月，举办了“快乐成长六月旋风”系列活动。其中，“太平宝宝涂涂卡大赛”历时两个月，社会反响热烈，得到上万名小朋友的热情参与，参赛年龄最小的选手仅有 3 岁，最大的也只有 6 岁。6 月 11 日，中国传统的端午佳节，时任太平人寿淮南中心支公司筹备处负责人姚惠敏带领员工到医院看望一位因考试第一天患急性阑尾炎住院并进行手术的特殊高考考生葛某，并送去粽子、奶粉、水果、鲜花和慰问金，预祝该考生早日康复。

“社会责任感”是华安公司的企业行为准则，也是全体华安人共同追求的目标。华安财产保险股份有限公司切实履行自身在防灾减损、助推经济、稳定社会等方面所承担的社会责任，积极地奉献爱心、回报社会。2005 年 5 月 23 日，华安财产保险股份有限公司安徽分公司深入豫皖边界的六安金寨县汤汇镇列宁小学开展帮扶活动，现场向列宁小学捐款 3 万元和部分教学器材。

第四节　保险社团活动

保险社团组织是保险业发挥社会管理功能，创新社会管理方式的重要载体，是保险业实现自我管理自我约束的重要平台。1979 年中国第一个保险社团组织——中国保险学会成立，标志着中国保险社团组织建设跨出了第一步。随着国内保险业的发展和市场经济的逐步确立，一批保险学会、保险协会相继成立，为服务行业发展，架起企业与政府、企业与企业沟通的桥梁，同时监督和约束企业经营行为，建立起行业自律机制，发挥了积极作用。

保险行业协会活动

安徽省保险行业协会成立于 2001 年 6 月 18 日，是由安徽省各商业保险公司自愿结成的行业性自律组织，是非营利性社会组织。

2004 年 3 月 15 日，根据中国保险行业协会《关于开展百万保险营销人员诚信服务承诺签名活动的通知》要求，安徽省保险行业协会在全省范围内组织开展诚信服务承诺签名活动。协会配合安徽保监局在安徽大剧院召开“安徽省保险信用体系建设”动员大会，各省级分公司总经理室成员、部门经理、业务人员、营销员等共1600多名代表参加了此次会议，会后在剧院广场上举行千人签名活动。围绕活动主题，安庆市协会办事处举办了“诚信、维权”客户联谊会和大型文艺演出；芜湖、滁州、蚌埠、铜陵办事处组织了诚信服务动员大会和保险宣传咨询活动；宿州、阜阳等地举行了聘请行风监督员活动。活动期间，全省保险行业共设保险宣传点60个，印发各类宣传材料16万份，制作横幅标语128条，宣传展板105块，全省共有近3万名营销人员在诚信、服务承诺签名册和条幅上签名。

2004年4月底，秘书处组织开展了走访会员公司活动，就“如何针对安徽省保险市场热点问题，做好行业自律工作”，与各保险公司的领导和业务部门负责人共同进行了分析和探讨，听取了保监局相关处室负责人的意见。在征求意见的基础上，经过反复、认真地讨论修改，最后形成了新的《安徽省保险行业自律公约》《安徽省财产保险自律公约》《安徽省机动车辆保险自律公约》《安徽省保险代理从业人员“黑名单”管理办法》《安徽省保险行业协会履约保证金和违约金管理办法》《安徽省保险行业自律公约监督执行小组组成及工作方案》。9月8日，经各会员公司总经理签字生效，由协会印发给各会员公司贯彻执行。修改后的自律公约，建立了相应的执行机制，对保险市场存在的突出问题，作出了违约处理办法和规定，具有一定的针对性和可操作性。

2004年8月27日，协会和学会共同建立了“安徽保险网”。安徽保险网共设置了八个主页面，分别是：会员公司、市场动态、保险顾问、营销服务、理论研讨、险种推介、保险监管、协会与学会，并初步具备了代理人信息查询和网上咨询互动功能，为关心保险事业的读者提供信息和资料，为代理人信息查询和网上咨询，提供了方便。

2004年9月9日，协会在全省开展保险业“发展进步奖”“服务社会勇担责任特别贡献奖”“诚信服务奖”评选活动，并制定评选方案，印发各会员公司对照参评。根据评选方案，决定在2005年4月15日，评选出本次活动获奖名单。

2004年9月27日，安徽省保险行业协会与《江淮晨报》联手创办了“保险周刊”专版，每周一在《江淮晨报》A ~ 13版出版。通过新闻媒体宣传报道省内保险业重大动态，解读保险政策，宣传保险品牌、保险知识，引导保险消费、诚信服务，扩大社会影响，提高社会公众保险意识。

2004年10月15日，为展示安徽保险业“服务大局、勇担责任、团结协作、为民分忧”的行业新形象，激发广大员工的斗志和士气，协会组织承办了“发展安徽保险、服务地方经济”演讲比赛。此次演讲比赛共评出一等奖1名、二等奖2名、三等奖3名、优胜奖6名。

2004 年 11 月，安徽保监局联合省协会，举办全省保险系统“发展安徽保险、服务地方经济”演讲比赛，辖内 11 家省级保险公司及保监局共 12 个单位参加，此次活动将学习贯彻保监会派出机构工作会议精神推向一个新高潮，进一步牢固树立了加快发展思想。是年，省保险行业协会与省消防协会共同举办“第三届安徽科技论坛——消防与保险互动协调发展研讨会”，形成《专家建议书》，向省政府有关部门就实施强制火灾公众责任险提出立法建议，推动火灾公众责任保险发展。

2005 年 1 月 19 日，安徽保监局主办、安徽省保险行业协会承办的安徽保险业首届“保险之春”文艺会演在稻香楼宾馆举行。安徽保监局、省级十一家会员公司选送共 18 个节目，进行了精彩的表演。

2005 年 3 月 15 日，为加强诚信建设，安徽保监局、安徽省保险行业协会、江淮晨报共同策划出版四个版面的“保险周刊 3•15 特刊”，邀请了省消协、保险学术专家、学者共同讨论保险诚信问题; 组织省级十一家会员保险公司向社会公开承诺: 真诚服务、诚信保险，展示了安徽省保险业诚信服务的形象。

2005 年 3 月 30 日，为搭建保险公司和项目建设单位的交流平台，学习宣传工程保险知识，召开由安徽保监局主办，安徽省保险行业协会承办“安徽保险业服务‘861’行动计划暨工程保险研讨会”。安徽保监局领导与省发改委领导、省产险公司负责人和 7 个市的项目办、13 家重点企业代表出席会议。会上国家工程保险专家作了工程保险理论与实务的专题报告，安徽省发改委“861”办公室主任介绍了“861”行动计划的实施情况，重点通报了 20 个重大项目建设进展和投资情况。

2005 年 5 月 19 日，安徽省保险行业协会召开新闻发布会，向社会正式公布《安徽省机动车辆保险理赔服务标准》，对理赔环节和时限进行规范和约束，省级各财产险公司总经理、理赔部门负责人，省、市主要新闻媒体相关人员出席了新闻发布会。

2005 年 11 月 3 日，安徽保监局、安徽省保险行业协会联合召开协会办事处秘书长会议，部署在合肥、芜湖、蚌埠、滁州、淮南、马鞍山、铜陵、安庆、阜阳九市开展保险诚信问卷调查工作。此次诚信调查共印发问卷 9600 份，与安徽财大、安大金融技术学院等大专院校合作，登门走访了 8000 户居民和 1600 个单位，分别就投保、售后、理赔三大环节十五项内容进行了问卷调查。

2005 年，保险协会在全省开展 “诚信保险先进单位”“诚信保险文明窗口”“诚信保险先进个人”评比活动；在次年 3 月 10 日，召开了“诚信建设表彰大会”，对 4 个诚信保险先进单位、30 个诚信保险文明窗口、100 名诚信保险先进个人进行了表彰。

保险行业协会刊物

2001 年 7 月，安徽省保险行业协会会刊——《安徽保险信息交流与参考》第一期正式出刊，该刊为月刊，每月 20 号左右发行。截至 2005 年 12 月 30 日，共出刊 53 期。《安徽保险信息交流与参考》主要为省内各会员公司提供保险业的各类信息，本省各家保险公司的业务统计数据，力求以新、快、准为刊物特色，给各会员公司交流信息，掌握动态，收集资料提供一方全新的领地。

2002 年年初，为进一步办好《安徽保险信息交流与参考》，安徽省保险行业协会召开了有关人员会议，对原刊物的版面和内容进行了较大幅度的修改，顺利地完成了与老版衔接。

2003 年 11 月 26 日，协会秘书处在滁州市召开《安徽保险信息交流与参考》信息员、数据员会议。会议明确了进一步做好《安徽保险信息交流与参考》的编辑工作，完善建立信息、数据网络，更好地为各会员单位做好信息服务。2004 年，《安徽保险信息交流与参考》由原来每月 20 日左右出刊，提前至每月 10 日左右。2005 年，《安徽保险信息交流与参考》更名为《安徽保险信息》。

2002年年初，协会编印了2001年工作年报，截至2005年12月30日，共出刊4期。《工作年报》集中展现了安徽保险业取得的成绩，宣传安徽保险业在构建社会主义和谐社会，服务地方经济中所做的重要贡献。

保险学会学术活动

安徽省保险学会成立于 1987 年 10 月 24 日，学会成立后，紧密围绕安徽保险市场发展实际，积极开展各种形式的保险理论探索和学术活动，并承担中国人民保险公司部分重点课题研究。

1987 年，人保省公司杨春荣撰写的“浅谈保险与财政”一文，获 1978—1985 年安徽省社会科学优秀成果三等奖。

1989 年，安徽省保险学会和人保省公司共同举办了农村保险理论研讨会，会议征集论文 39 篇，编辑出版了《安徽农村保险理论研讨会专辑》。

1990 年，安徽省保险学会组织会员编写了一些保险专著，如《人身保险》《农业保险》《保险统计计划学》《保险会计分析》《安全生产管理普及教材》《道路交通心理学》等。其中，《人身保险》《农业保险》已作为全国金融系统电大保险教材，《寿险数理》一书已作为中国保险管理干部学院的精算教材及有关院校的精算课程教学参考书，《道路交通心理学》一书获 1990 年华东地区优秀政治理论图书一等奖。同年，学会组织保险调研报告评比活动，活动期间共收到调研报告 77 篇，经过评选，评出了一等奖 1 名、二等奖 2 名、三等奖 6 名、鼓励奖 15 名，并编辑、出版了《安徽省保险公司调研报告评比专辑》。另外，学会上报参评的《庆祝中的回顾与展望》调研报告，在中国保险理论研讨会上被评为二等奖。

1994 年，学会承担的《人保产权改革的理论探讨及阶段性目标》课题获全国重点课题研究三等奖。

1995 年，学会承担的《建立以核保核赔为主要内容的承保理赔制度》课题研究，获全国重点课题研究二等奖。

1997年10月22日，安徽省保险学会召开第三次会员代表大会暨理论研讨会，会上收到论文26篇。

1998年，安徽省保险学会举办“安徽省保险学会第三届保险科学优秀成果”评奖活动，收到论文64篇，评出了特等奖、一等奖、二等奖和优秀奖，并编辑出版了《安徽省保险学会第三届保险科学优秀成果论文集》。

1999年6—10月，安徽省保险学会组织开展了全省中青年保险论文评比活动，收到征文89篇。经过专家、学者组成的评委会评审，评出一等奖2名、二等奖5名、三等奖11名，并编辑出版了《99安徽中青年保险论文集》。

2000年3—8月，安徽省保险学会联系保险市场的发展实际，在全省开展“入世”对保险业的影响及对策研究征文活动，收到论文38篇，经评委会评出了一等奖1名、二等奖5名、三等奖7名，并编辑出版了《安徽省保险学会“入世”研究专辑》。

2001年下半年，安徽省保险学会专门召开了“发展安徽责任保险”和“安徽省补充医疗保险”两个专题研讨会，邀请各家保险公司相关部门负责人和高等院校的专家、学者和相关单位代表，共同研讨安徽保险市场发展中的热点、难点问题，探寻保险业发展中遇到的新问题及解决问题的新思路。

2001年，安徽省保险学会在全省范围内组织开展“保险经营创新”研究征文活动，征集论文70多篇，评出一等奖1名、二等奖2名、三等奖9名，编辑出版了《2001年安徽省保险“经营创新”研究论文专辑》。

2002年3月，为促进寿险业发展过程中深层次问题的研究，安徽省保险学会与《江淮晨报》一起邀请五家寿险公司企划部负责人，围绕“如何提高寿险公司核心竞争力”“寿险人本化服务”“寿险市场格局将如何变化”等议题召开研讨座谈会，收到了较好的效果。

2002年6月，根据合肥保监办的要求，安徽省保险学会邀请全省保险界专家、领导及相关院校专业学者，围绕“明白保险 真诚服务”这一群众关注的议题进行专题座谈。

2003年8月，安徽省保险学会组织了“保险市场竞争与规范”学术座谈会，围绕“国内保险市场竞争手段落后的主要表现、如何走出保险产品靠价格竞争的误区、解决保险展业中误导客户的问题、车险市场竞争态势分析与对策”等议题展开了深入讨论。在随后的保险学术刊物上，就提高服务质量、诚信经营等方面进行报道，在媒体上给予引导。

安徽省保险学会自成立以来，为促进学会发展，采用请进来、走出去的办法，积极参与省内社团组织以及与外省保险学会间的学习交流。

1987年10月27—29日，针对全国保险机构设立已达县级的情况，在华东地区保险学会联络处牵头联系下，安徽省保险学会主办了华东地区第一次保险理论研讨会。会上就“人民保险如何在竞争中求得巩固和发展”这个中心命题进行探讨，收到了预想的效果。

1988 年 5 月，学会参加了在杭州举行的华东地区第二次保险理论研讨会，征集的论文编入论文集，并在会上进行了交流。

1989 年，学会参加了华东地区人身保险理论研讨会、人身保险专项课题定稿会、中国保险学会理论研讨暨论文评选会、华东地区第三次保险理论研讨会。

1993 年 5 月 5 日，安徽省保险学会在黄山举办了全省保险管理干部理论研修班，聘请中国保险学会副秘书长、中国金融学院教授叶奕德，南开大学教授刘茂山为研修班学员授课。

1997 年，学会参加省委调研组召开的关于“社团组织的发展状况及其对思想政治工作产生的影响”专题调研会。

1997 年 6 月 14 日，安徽省保险学会承办了“中国保险学会全国各地保险学会秘书长工作会议”，对以后如何开展好保险学术活动取得了统一的意见。

1999 年，学会参加了“内地、香港保险业务交流研讨会”。

1999 年 5 月，学会参加了在无锡召开的华东地区保险学会工作交流会。

1999 年 9 月 20 日，学会参加了在巢湖半汤召开的江苏、安徽两省金融理论研讨会，重点研讨有关防范化解金融风险方面的课题。

1999 年 9 月，安徽省保险学会在合肥举办安徽省保险业 50 周年座谈会，庆祝中华人民共和国保险业的 50 华诞。邀请安徽保险界的相关知名人士参加，话 50 年来保险业发展的坎坷与辉煌，议全省保险意识方面的变化和现状，展望 21 世纪中国保险业的发展前景。

2000 年 4 月，学会参加了在江西召开的华东地区保险学会工作交流会。

2001 年 10 月底，学会参加了中国保险学会与复旦大学、新加坡再保险业务在上海主办的中国保险研讨交流会，了解国内外保险研究尤其是“9•11”事件后的国际保险界的动态，开阔了与会人员的视野。

2002 年 6 月，学会参加了安徽省金融学会召开的联席会议，交流了金融、保险理论学术活动的经验、做法，并就如何做好学会工作与金融系统的学会进行了座谈。

2002 年 11 月底，学会根据安徽省社科联的通知，派员参加在浙江举行的全国社科联第七次学会工作会议，会上就“改革创新求发展，开拓学会新局面”一文进行宣讲发言。

2003 年 3 月，安徽省保险学会召开了各会员公司业务和宣传部门负责人、《合肥晚报》《江淮晨报》主编参加的宣传、贯彻新保险法座谈研讨会，对新的保险法的贯彻学习起到了推动作用。

2003 年，安徽保险学会牵头、组织召开了华东地区保险学会工作交流暨学术研讨会，围绕学会建设及其他相关问题进行了深入的探讨，推动了学会的工作。

2003 年，安徽省保险学会与安徽省社科联联合组织了全省保险理论科研活动，收到保险监管部门、各会员公司、中国科大、安大、安徽财大等高等院校重点课题报告 11 篇和各类论文共 70 余篇，最终评出一等奖 1 名、二等奖 6 名、三等奖 15 名和鼓励奖若干名，并编辑、出版了《保险业发展新思考》一书，共 45 万字。

2004 年元旦，为了利用安徽省保费收入突破 100 亿元的契机，展示安徽保险业的精神风貌，保险学会组织省内报刊媒体记者，对安徽保监局领导和七家省级会员公司总经理进行专访。访谈录以“安徽保险业跨越 100 亿元回眸 • 总经理访谈”形式，在《中国保险报》系列刊出，反响较大。

2004 年 5 月 28 日，学会派员参加福建保险学会举办的“华东地区保险理论研讨会暨保险学会工作交流会”，征集的论文编入论文集并在会上进行了交流。

2004 年 12 月，安徽省保险学会与安徽省科协、安徽省消防协会联合举办“第三届安徽科技论坛——消防与保险互动协调发展研讨会”。研讨学术委员会对征集的论文进行评选，评出一、二、三等获奖论文 28 篇，优秀论文 14 篇，编辑出版了《第三届安徽科技论坛——消防与保险互动协调发展研讨会论文集》。

2005 年 4 月 25 日，学会派员参加上海保险学会举办的“华东地区保险理论研讨会暨保险学会工作交流会”，学会工作情况及征集的论文在会上进行了交流。

2005 年 12 月 26 日，学会派员参加安徽省消费者协会组织举办的“和谐社会构建——安徽消费热点、难点、重点问题专家论坛”，征集的论文在会上进行了交流并编入论文集。

保险学会刊物

安徽省保险学会于 1987 年 10 月创办了会刊《安徽保险》，是安徽省唯一的研究保险理论、探讨保险实践的综合性期刊。创办之初主要是从社会主义改革开放初级阶段和实际出发，面向保险工作实践，开展保险理论研究，探讨保险体制改革，宣传国家保险工作的方针和政策，反映保险企业的经营管理情况，交流保险工作经验，传递国内外保险信息，介绍风险管理、防灾防损、安全生产和各种保险知识，报导保险界典型人物和事迹，选登与保险有关的各种题材的文艺作品，为探索有中国特色的社会主义保险新路子，促进全省保险事业的持续发展服务。

《安徽保险》经过试刊，1988 年 6 月办理了内部期刊登记手续，从当年第二期开始正式内部发行，为季刊；1994 年，改为双月刊，每期 48 个页码，印数 3000 份，后增至 4000 份，发行范围为省内会员公司，另有部分刊物寄送各省、市兄弟学会以及各大专院校相关专业和研究机构。2003 年，《安徽保险》进行改版，加强组稿、约稿，完善栏目设置和封面设计。截至 2005 年年底，《安徽保险》共编辑出版了 108 期。

附 录

安徽省人民政府令

第51号

《安徽省机动车辆、船舶法定保险暂行规定》已经一九九四年一月七日省人民政府第二十六次常务会议通过，现予发布施行。

省长 傅锡寿

一九九四年二月三日

安徽省机动车辆、船舶法定保险暂行规定

第一章 总 则

第一条 为了促进安全运输，保障交通事故和意外事故中受害方的合法权益，维护社会秩序，根据国家有关规定，制定本规定。

第二条 本规定适用于在安徽省境内登记领取牌证的机动车辆（含营业性运输拖拉机）和从事营业性运输的机动船舶。军用车辆、船舶和残疾人专用的机动车辆除外。

第三条 机动车辆实行车辆损失和第三者责任保险及其附加车上人员责任保险、承运货物保险；营业性运输船舶实行船舶损失和碰撞责任保险；摩托车、简易机动三轮车和既从事农田作业又从事运输的拖拉机，实行第三者责任保险。

第四条 省人民政府确定中国人民保险公司安徽省分公司负责全省机动车辆、船舶法定保险业务工作，设在各地、市、县的中国人民保险公司分支机构或其代理机构具体负责经办所辖区的机动车辆、船舶法定保险业务。

第五条 车辆、船舶的所有人或经营人（以下称投保方），必须到车辆、船舶登记地的中国人民保险公司分支机构或其代理机构（以下称保险方）办理保险。

投保方新置的车辆、船舶，应当自登记领取牌证之日起十五日内办理保险手续。

第六条 公安、交通、农机、船检、港监部门，应当协助保险方做好承保和防灾理赔工作。

第二章 保险金额与保险费

第七条 单位拥有新置车辆、船舶的保险金额，可以按照投保时重置价值确定；单位原有车辆、船舶的保险金额，可以按投保时实际价值确定，也可以由投保方和保险方协商确定；个人拥有或者个人承包单位的车辆、船舶的保险金额，按照投保时实际价值确定；第三者责任保险、车上人员责任保险、承运货物保险以及船舶碰撞保险的保险金额由投保方和保险方协商确定。

第八条 车辆、船舶保险费，按照中国人民银行批准的保险费率执行。

第三章 保险方责任

第九条 参加保险的车辆（以下称保险车辆）由于下列原因造成损失的，保险方应当负责赔偿：

（一）洪水、破坏性地震、地陷、崖崩、雪崩、泥石流、冰陷（经交通管理部门允许行驶的冰面）；

（二）雷击、暴风、龙卷风、雹灾；

（三）碰撞、倾覆、火灾、爆炸；

（四）隧道坍塌、空中运行物体坠落；

（五）整车失窃（含挂车单独失窃）三个月以上；

（六）载运保险车辆（有驾驶人员随车照料）的渡船遭受自然灾害或者发生意外事故。

第十条 投保方使用保险车辆发生意外事故，致使第三者遭受人身伤亡或者财产直接损失，应由投保方承担责任的，保险方按有关规定负责赔偿。

投保方使用保险车辆发生意外事故，致使本车上的人员遭受人身伤亡，应由投保方承担的赔偿责任，保险方在保险单确定的限额内负责赔偿。

投保方使用保险车辆发生本规定第九条第一、二、三、四项所列的保险事故，致使本车上装载的货物遭受直接损失，应由投保方承担的赔偿责任，保险方在保险单确定的限额内负责赔偿。

第十一条 参加保险的船舶（以下称保险船舶）由于下列原因造成损失的，由保险方负责赔偿：

（一）八级以上（含八级）大风、洪水、海啸、地震、崖崩、滑坡、泥石流、冰凌、雷击；

（二）火灾、爆炸、碰撞、搁浅、触礁、倾覆、沉没；

（三）航行中船舶失踪六个月以上；

（四）摊负的共同海损牺牲和费用。

第十二条　保险船舶与其他船舶、码头、港口设备、航标、桥墩等建筑物发生碰撞责任事故，致使被碰撞物体、船载货物遭受损失或者造成人员伤亡，依法应由投保方承担责任的，保险方在保险单确定的限额内负责赔偿，但不包括本船舶上的人员和财产，事故善后事宜由投保方负责处理。

第十三条　保险车辆、船舶发生保险责任范围内的事故（以下称保险事故）时，投保方采取施救、保护措施所支出的合理费用和船舶救助费用，保险方应当负责赔偿。赔偿金额不超过该车辆、船舶的保险金额。

第十四条　保险车辆、船舶发生第三者责任事故或者碰撞责任事故时，投保方自行承诺或者支付赔偿金额超过保险方应予赔偿的部分，由投保方自行承担。

保险方赔偿后，对受害第三者因病情变化或其他原因所需增加的费用不再负责。

第四章　除外责任

第十五条　保险车辆、船舶由于下列原因造成的经济损失或者赔偿责任，保险方不负责赔偿：

（一）战争、军事冲突或暴乱；

（二）不具备安全行驶、适航条件；

（三）酒后驾驶、无驾驶证或无有效驾驶证驾驶以及使用明火烘烤、人工直接供油；

（四）投保方或者车辆驾驶员、船舶船长的故意行为；

（五）保险车辆本车上的人员因疾病、殴斗、自残、自杀、犯罪行为所致的本人伤亡；

（六）保险车辆违法载货或因包装紧固不善，装载遮盖不善造成的货物损失；

（七）保险车辆、船舶发生意外事故，致使投保方停业、停驶的损失及其他各种间接损失。

第十六条　保险车辆、船舶的下列损失和费用，保险方也不负责赔偿：

（一）自然磨损、朽蚀、轮胎自身爆裂及自身机械故障；

（二）清除航道、清除污染；

（三）其他不属于保险责任范围内的损失和费用。

第五章　投保方义务

第十七条　投保方投保后，应当按照国家规定的费率按年向保险方一次交纳保险费，并如实申报保险车辆、船舶的技术状况。

第十八条　投保方应当做好保险车辆、船舶的保养、维修工作，保持保险车辆、船舶技术状况完好；改变保险车辆、船舶的权属或者用途的，应当事先通知保险方，并申请办理批改手续。

第十九条　保险车辆、船舶发生保险事故后，投保方应当采取合理的施救、保护措施，并立即报告事故处理机关，同时通知保险方。保险车辆在外地发生保险事故的，应当在发生事故后及时通知事故发生地的保险机构，并请其协助通知保险方。保险船舶发生保险事故的，应当在船舶到达第一港口后四十八小时内向港监部门提交事故报告。

第二十条　投保方索赔时，应当向保险方提供保险单、事故证明、县级以上医院医疗诊断证明或伤残证明、事故调解或者裁决（判决）结案书、损失清单和其他有关单据。

第二十一条　保险车辆、船舶发生保险责任范围内的损失，应当由第三方负责赔偿的，投保方应当先向第三方索赔。如投保方直接向保险方提出赔偿请求，保险方可以按照本规定先予赔偿，但投保方必须将向第三方追偿的权利转让给保险方，并协助保险方向第三方追偿。

第六章　赔偿处理

第二十二条　保险车辆、船舶发生保险责任范围内的损失或者费用支出，保险方应当按下列规定赔偿：

（一）全部损失，按保险金额赔偿；保险金额高于出险当时车辆、船舶重置价值时，以不超过出险当时的重置价值为限。

（二）部分损失，其中投保时按重置价值确定保险金额的车辆、船舶，按实际修理费用和施救、救助费用赔偿；投保时保险金额低于出险当时重置价值的车辆、船舶，按保险金额与出险当时的重置价值比例赔偿修理费用和施救、救助费用。

第二十三条　保险车辆发生第三者责任事故时，对按限额投保的，保险方在限额范围内按其实际损失赔偿；对按无限额投保的，保险方按其实际损失赔偿。保险车辆发生车上人员责任事故、承运货物责任事故以及保险船舶发生碰撞责任事故时，保险方在保险单确定的限额范围内按其实际损失赔偿。

第二十四条　保险车辆、船舶发生保险事故遭受损失后的残余部分，由投保方与保险方协商作价后，可折归投保方，并在赔款中扣除。

第二十五条　保险车辆、船舶发生保险事故后，保险方应当自投保方报案之日起十五日内审查核实。赔款金额一经确定，保险方应当在十日内赔偿结案。

第二十六条　凡在本省行政区域内发生机动车辆交通事故逃逸案件的，当地中国人民保险公司应预付伤者抢救期间的医疗费、死者的丧葬费，并有权向抓获的逃逸者及其所在单位或者机动车辆的所有人，追偿其预付的所有款项。

第七章　奖励与处罚

第二十七条　保险车辆、船舶在保险期限内未发生保险事故赔款，投保方在下年度续保时，保险方应当按下列比例退还投保方上年度缴纳的保险费，主要用于奖励驾驶人员和安全管理人员：

（一）续保前一年无赔款的，退还百分之十；

（二）续保前连续两年无赔款的，退还百分之十五；

（三）续保前连续三年以上无赔款的，退还百分之二十。

保险车辆、船舶超过一辆（艘）的，退还保险费按辆（艘）分别计算。

第二十八条　保险车辆、船舶在保险期限内因驾驶人员责任发生事故赔偿的，由驾驶人员按下列规定承担部分赔款，赔款额最高不超过五千元：

（一）负次要责任的，承担百分之二；

（二）负同等责任的，承担百分之四；

（三）负主要责任的，承担百分之六；

（四）负全部责任的，承担百分之八。

第二十九条　保险车辆发生交通事故逃逸案件，公安机关抓获后认定其负全部事故责任的，保险方最高赔付事故经济损失的50%。

第三十条　违反本规定，不参加保险的车辆、船舶，公安机关和交通、农机部门不予检验发证，车辆不准上路行驶；船检部门不予验船，港监部门不予签证，船舶不准出港航行。

公安、交通、农机、船检和港监部门违反本规定，擅自给未参加保险的车辆、船舶发证、签证的，发生交通事故时，由有关责任部门承担事故赔偿责任。

第三十一条　无有效保险凭证而使用车辆、船舶的，除补交当年保险费及利息外，应自纳费之日起每迟延一日，按应交保险费的2‰交纳滞纳金。

第三十二条　保险方不承担本规定第三章规定的保险责任，拒绝赔款的，投保方有权索取应得赔款，同时保险方应当按赔偿金额的10%偿付违约金；迟延赔款的，自迟延之日起，保险方应当按照中国人民银行当时对企业一年期短期贷款利率支付违约金。

第三十三条　投保方不履行本规定第五章规定的义务，发生保生事故时，保险方有权拒绝赔偿或自书面通知之日起终止保险合同。

第三十四条　投保方在投保或者索赔时有隐瞒、谎报或者欺诈行为的，保险方有权不予赔偿或者追回已付的保险赔款；触犯刑律的，由司法部门依法追究刑事责任。

第三十五条　投保方从事故处理结案之日起，三个月内不向保险方索赔并提供本规定第二十条规定的证明和有关资料，或者自收到保险方书面通知领取赔款之日起一年内不领取赔款的，按自愿放弃索赔权处理。

第三十六条　投保方和保险方发生争议时应协商解决；协商不成的，可以申请有关仲裁机关仲裁或向人民法院起诉。

第八章　附　则

第三十七条　境外组织驻安徽省的商社办公处和外资企业事业等单位及其外籍员工的机动车辆，按国家有关对外国人的机动车辆实行第三者责任强制保险的规定办理保险。

第三十八条　本规定自发布之日起执行。

安徽省人民政府令

第52号

《安徽省旅客意外伤害保险暂行规定》已经一九九四年一月八日省人民政府第二十七次常务会议通过，现予发布施行。

省长 傅锡寿

一九九四年二月三日

安徽省旅客意外伤害保险暂行规定

第一章　总　则

第一条　为加强公路、内河交通管理，保障旅客生命财产安全，促进社会安定，根据国家有关规定，制定本规定。

第二条　凡在安徽省境内搭乘客运汽车以及客运、渡运船舶的旅客（以下称投保方），均应办理旅客意外伤害保险。

前款所称客运汽车以及客运、渡运船舶，是指从事营业处公路客运以及水路客运、渡运的单位或个人拥有的汽车以及船舶。

第三条　省人民政府确定中国人民保险公司安徽省分公司负责全省旅客意外伤害保险业务工作，设在各地、市、县的中国人民保险公司分支机构或其代理机构具体负责经办所辖区的旅客意外伤害保险业务。

第四条　公安、交通、船检、港监等部门，应当协助保险方做好承保和防灾理赔工作。

第五条　各地中国人民保险公司分支机构或其代理机构（以下称保险方）委托当地从事营业性公路客运以及水路客运、渡运的单位或个人在投保方购买车、船票时，代办旅客意外伤害保险，保险方不另签发保险凭证。

第六条　旅客意外伤害保险的保险金额，不论全票、半票、免票（只限儿童）和舱位等级，一律为每人人民币二万元，其中死亡伤残保险金额一万元，意外伤害医疗保险金额一万元。

第七条　旅客意外伤害保险的保险费，包括在车、船票票价内，按下列比例计收：

（一）搭乘客运汽车的，按票价的百分之二计收；

（二）搭乘客运、渡运船舶的，按票价的百分之三计收。

第八条　公路客运以及水路客运、渡运单位应按代办协议规定，将代收的保险费按月划转当地中国人民保险公司分支机构。个体客运汽车以及客运、渡运船舶经营户，应按照核定的客位逐年向保险方缴纳固定数额的保险费（保险费额表附后）。

第九条　旅客意外伤害保险的期限，从投保方持有效车、船票并经验票登上车、船，或在中途登上车、船并购得车、船票后开始，至旅程终点离开车、船时为止。

第十条　投保方所乘车、船在旅程中途因故停驶，而改乘公路客运或水路客运、渡运部门指定的其他车、船的，在继续旅程中，保险仍属有效。

投保方在旅程中途自行离开车、船，不再随同原车、船旅行的，其保险效力于离开车、船时即告终止。但经公路客运或水路客运、渡运部门签字证明原票有效的，从投保方重新验票登上车、船时起，保险效力即行恢复。

第十一条　投保方在保险有效期内，遭受意外事故时，公路客运或水路客运、渡运部门应采取紧急措施进行抢救，并立即报告当地公路、航运管理部门及保险方。

第十二条　投保方在保险有效期内，因发生意外事故遭受伤害须治疗的，保险方应根据实际情况给付医疗费用，其数额以不超过意外伤害医疗保险金额为限。

第十三条　投保方在保险有效期内，因意外事故死亡、伤残或丧失身体机能的，除依照本规定第十二条规定给付医疗费用外，另由保险方按照下列规定给付保险金：

（一）死亡的，给付死亡伤残保险金额全数；

（二）伤残或丧失身体机能的，按照中国人民保险公司《人身保险意外伤害残疾给付标准修订办法》的规定，给付全部或部分保险金。

第十四条　投保方因下列原因遭受伤害的，保险方不承担赔偿责任：

（一）疾病、自杀；

（二）殴斗或犯罪行为；

（三）战争或军事冲突；

（四）意图骗领保险金或医疗费用的欺诈行为。

第十五条　投保方随身携带的行李物品，因发生意外事故遭受损失，保险方不负赔偿责任。

第十六条　驾驶员酒后驾驶、无驾驶证或无有效驾驶证驾驶客运汽车以及客运、渡运船舶，发生交通事故导致旅客意外伤害的，保险方可先给付医疗费用或保险金，并有权向有关责任单位或责任人追偿。

第十七条 客运汽车以及客运、渡运船舶营运时，不得超过核定载客数。否则，发生交通事故导致旅客意外伤害的，保险方只按核定载客数与实际载客数的比例给付医疗费用或保险金，剩余部分由责任单位或责任人负责赔偿。

第十八条 投保方或其受益人申请给付保险金时，应当向保险方提供县级以上医院医疗诊断证明、公路客运或水路客运、渡运部门的证明文件、居住地政府的户籍证明和身份证等其他有关证明材料。

第十九条 投保方发生保险事故后，保险方应当自发生保险事故之日起十五日内审查核实，给付金额一经确定，保险方应当在十日内给付结案。

第二十条 投保方从意外事故发生之日起一年内不向保险方申请给付保险金的，或者自收到保险方书面通知领取保险金之日起一年内不领取保险金的，按自愿放弃权益处理。

第二十一条 保险方不承担本规定第十二条、第十三条规定的保险责任，拒绝给付保险金的，投保方有权索取应得保险金，同时保险方应当按应付金额的10%偿付违约金。

第二十二条 公路客运以及水路客运、渡运单位或个人违反本规定，未按期如数向保险方缴纳保险费的，公安、交通部门不予验车发证，船检部门不予验船，港监部门不予签证，汽车、船舶不准营运。

公安、交通、船检和港监部门违反本规定，发生交通事故时，由有关责任部门承担事故赔偿责任。

第二十三条 投保方与保险方发生争议时，应当协商解决子协商不成的，可以申请有关仲裁机关仲裁或向人民法院起诉。

第二十四条 本规定自发布之日起执行。

个体客运、渡运船舶旅客意外伤害保险费额表

保额：每位一万元

核定客位（人）	年交固定保费（元）	
	客船	渡船
12～20	265	160
21～40	360	225
41～80	520	385
81～120	1310	835
121～250	1785	1100
251以上	2610	1625

个体客运车辆旅客意外伤害保险费额表

保额：每位一万元

核定客位（人）	年交固定保费（元）
小三轮	330
10 座以下	440
11 ～ 19 座	825
20 ～ 39	1375
40 ～ 59	1925
60 以上	2750

安徽省公安厅
安徽省交通厅
安徽省农业机械管理局
安徽省保险公司
文件

皖保发字〔94〕第57号

关于贯彻实施安徽省人民政府第51、52号令的联合通知

各地、市公安处（局），交通局，农机局，保险公司，省航运局：

安徽省省长傅锡寿一九九四年二月三日签署了第51、52号省政府令，发布施行《安徽省机动车辆、船舶法定保险暂行规定》《安徽省旅客意外伤害保险暂行规定》，这是为安徽省经济发展服务的两个重要规定，也是完善安徽省社会保障体系的一项重要措施。实行机动车、船法定保险和旅客意外伤害保险，对于加强安徽省公路、航运交通安全管理，保障机动车、船意外事故中受害人的合法权益，维护社会安定，促进交通安全，减少国家和人民生命财产损失有着极其重要的作用。为了贯彻实施两个规定，现就有关问题联合通知如下：

一、大力开展法定保险的宣传工作。宣传法定保险是搞好交通、航运管理和保险的一项重要工作，全省各地公安、交通、航运、农机、保险等部门要高度重视两个规定的宣传工作，相互支持，通力合作，因地制宜地运用各种形式搞好宣传工作，使社会各界都能了解两个规定的意义和作用。

二、把法定保险工作纳入车、船管理范围。各地公安、交通的车辆、运输和航运管理部门必须严格执行省政府第51.52号令关于确定中国人民保险公司安徽省分公司负责全省机动车辆、船舶法定保险和全省旅客意外伤害保险业务工作，设在各地、市、县的中国人民保险公司分支机构或代理机构具体负责经办辖区内的机动车辆、船舶法

定保险和旅客意外伤害保险业务的规定。属于法定保险对象的车辆、船舶都必须按规定在中国人民保险公司设在当地的保险机构办理法定保险。法定保险实施前，已在其它保险企业办理保险的车、船，俟保险期满后，一律在人保公司办理法定保险。

凡是未在中国人民保险公司办理法定保险的车辆、船舶，公安、交通、农机部门不予检验发证，车辆不准上路行驶；船检部门不予验船、港监部门不予签证、船舶不准出港航行，汽车、船舶不准营运。各地的车辆、船舶、运输管理部门必须将上述规定纳入车辆、船舶管理范围，并建立相应的制度，以确保法定保险工作的施行。

三、健全法定保险网点，方便投保。机动车辆、船舶法定保险工作量大，涉及面广，各级保险公司在经办法定保险工作中，除对续保车、船实行由人保营业机构就近办理法定保险手续外，还必须在车船管理部门健全法定保险网点，对业务量大的车辆、船舶管理部门，要设立常年法定保险专柜，业务量小的，也要在年审期间设立专柜或代理点，与车、船管理部门联合办公，以便于法定保险规定的实施，方便新入户的车辆、船舶投保。对此，各地公安、交通、航运、农机部门要给予积极配合。

四、加强联系、密切配合，共同做好法定保险工作。各地人保公司应在车、船管理部门的配合下，在近期对所辖地区内的机动车辆、船舶保险情况进行一次全面的调查，在此基础上，健全法定保险档案。对目前尚未保险的车、船，应会同公安、交通、航运、农机等有关部门，按规定督促其办理法定保险。对新入户的车、船，应在发证前办理保险手续。当地人保公司对续保车、船应在到期20天以前发出书面续保通知书。发现漏保、脱保的，应书面通知车、船管理部门，商请他们配合。车、船管理部门要切实把好年审（检）关、入户关。

公安交警人员上路、港航监督人员在内河检查、纠正违章，在查验有关证件的同时，应检查其是否持有有效的保险凭证，对确实没有参加保险的，应要求其就近办理短期法定保险手续。

鉴于公路、轮船旅客意外伤害保险一般采取按月缴费的形式，为防止少数客运企业和客运个体户拖欠保险费而致保险失效，各地公安交通（航政）管理部门在对客运车船年审时，必须要求其提供当地人民保险公司出具的参加旅客保险及缴费情况的证明，否则不予年审。

五、严肃法纪，确保法定保险的健康发展。各级人保公司不得拒绝保户按规定办理投保手续，不得拖延或拒绝保户应得的赔款，违者应承担相应的经济责任。公安、交通、农机、船检和港监部门违反规定，擅自给未参加保险的车辆、船舶发证、签证的，发生交通事故时，由有关责任部门承担事故赔偿责任。

以上通知请认真贯彻执行。

附件：1.《安徽省机动车辆、船舶法定保险暂行规定》

2.《安徽省旅客意外伤害保险暂行规定》

一九九四年二月十九日

中国人寿部保险营销员管理办法

第一章 总 则

第一条 为了对委托的保险营销员进行统一、规范、科学的管理，根据《中华人民共和国保险法》等法律、法规和规章，特制定本办法。

第二条 本办法中所称“保险营销员”是指符合保险监管部门制定的《保险营销员管理规定》，具有保险营销员资格，与公司签订《保险营销员保险代理合同》，向公司收取代理手续费，并在公司授权范围内代为办理个人人身保险业务的个人。本办法中所称“津贴”“奖”“奖励”是指保险营销员达到公司相应的委托代理标准时，公司支付的委托报酬。本办法中所称“代理职级”是指保险营销员达到公司规定的委托代理标准时所对应的代理级别。本办法中所称“代理职责”是指达到一定代理级别所应履行的相应职责。本办法中相关用语简称如下：“代理职级”简称为“职级”，“代理职责”简称为“职责”，“代理职级评估和认定”简称为“考核”，“代理职级提升”简称为“晋升”，“代理职级下降”简称为“降级”。

第三条 保险营销员从事的一切业务活动必须遵守国家的法律、法规、规章和公司的相关规定。

第四条 本办法及相关文件内容，均不直接或间接构成公司与保险营销员之间存在劳动关系或劳动合同关系的依据。

第二章 组织架构

第五条 各级分公司设立的保险营销员管理部门，为保险营销员管理工作的职能部门，接受上级公司保险营销员管理部门的指导监督。

第六条 市分公司或县支公司营销服务部为保险营销员管理的基本单位，依次下设营销区、营销处和营销组。分别由区经理职级、处经理职级和组经理职级主管履行管理职责。

营销团队的称谓为：公司营销服务部名称＋营销团队名称

第三章 人员招募

第七条 保险营销员签约的基本条件：

（一）年龄在 18 ～ 50 周岁之间；

（二）具有高中（含）以上学历或同等学历；

（三）品行端正，身体健康，具有完全民事行为能力；

（四）持有“保险代理从业人员资格证书”。

第八条 有下列情形之一者不得签约：

（一）有不良嗜好，有犯罪记录的；

（二）因违反《保险营销员管理规定》而被公司或其他保险公司解除保险代理合同的。

第九条 待签约人员必须提供下列材料：

（一）填写“保险营销员登记表”；

（二）本人最高学历证明原件和复印件，身份证原件和复印件；

（三）“保险代理从业人员资格证书”原件；

（四）近期一寸免冠照片；

（五）公司认为必需的其他资料。

第十条 保险营销员签约程序如下：

（一）待签约人员由推荐主管进行初审后，填写《保险营销员登记表》，再由公司审核确认。

（二）符合条件的待签约人员应按公司要求参加培训，并通过培训考试。

（三）待签约人员需由保险代理合同规定的两名保证人对其提供担保。

（四）待签约人员应向公司交纳一定数额的保证金。与公司签订《保险营销员保险代理合同》后，由公司核发“保险营销员展业证”。保证金在保险代理合同有效期间由公司负责保管，保险代理合同终止后，如无债务问题则无息全额返还。

（五）各分公司保险营销员管理部门应按《保险营销员个人档案管理暂行办法》为保险营销员建立个人档案。

第四章 职级与职责

第十一条 保险营销员分为两个系列：

（一）业务系列：包括业务员、业务主任、业务经理、高级业务经理四级。

（二）主管系列：包括组经理、处经理、区经理三级主管，分别管辖营销组、营销处和营销区。组经理级主管分设组经理、高级组经理和资深组经理三档；处经理级主管分设处经理、高级处经理和资深处经理三档；区经理级主管分设区经理和高级区经理两档。

第十二条 业务系列和主管系列之间可以相互转换：

（一）业务经理和高级业务经理符合业务主任晋升组经理条件的可申请转为组经理。

（二）各级主管可根据本人业绩转为业务主任、业务经理或高级业务经理。当主管个人业绩达到所转换职级维持考核条件，可提出转换系列申请。组经理转系列为业务经理或高级业务经理须任组经理满 12 个月。

第十三条　业务系列人员和主管系列人员转换系列的程序：

（一）由本人填写《保险营销员转换系列职级变动申请审批表》，向公司书面提出转换系列申请。

（二）保险营销员转换系列由市分公司或其上级分公司审核批准（业务系列人员转换主管系列必须通过晋升组经理综合测评和培训考试合格），再由公司根据本人最近考核结果确定其转换系列后的相应职级，并在其所在营销服务部予以公布。

第十四条　业务系列与主管系列人员的职责：

（一）业务系列人员（业务员、业务主任、业务经理、高级业务经理）的职责：

1. 寻找准客户（包括：接洽、需求分析、设计投保方案、方案讲解），销售保险单（包括：促成和递送保单），协助客户缴纳保险费，完成业务考核指标；

2. 为保户提供售后服务（包括保户回访、协助保户缴纳续期保险费、满足保户相关保单服务需求和协助公司处理保全和给付事宜等）；

3. 参加公司有关会议和培训等活动，向公司汇报代理业务情况；

4. 执行公司的有关规章制度，完成公司交办的其他相关事项。

（二）组经理职级主管的职责：

1. 同业务系列人员的职责（1–4 项）；

2. 直辖组业务系列人员的辅导、培训和陪访；

3. 积极主动推荐新人；

4. 培育组经理；

5. 对直辖组业务系列人员进行日常活动管理；

6. 协助上级主管实施团队日常管理。

（三）处经理职级主管的职责：

1. 同组经理职级主管的职责（1–6 项）；

2. 对直辖组经理进行经营管理与辅导；

3. 积极发展组织，培育组经理、处经理；

4. 确保直辖处各项经营目标的达成；

5. 制定与实施直辖处发展计划，组织直辖处的经营管理。

（五）区经理职级主管的职责：

1. 同处经理职级主管的职责（1–5 项）；

2. 对直辖的处经理进行经营管理与辅导；

3. 积极发展组织，培育组经理、处经理和区经理；

4. 确保直辖区各项经营目标的达成；

5. 制定与实施直辖区发展计划，组织直辖区的经营管理。

6. 地区公共关系的建立与维护。

第五章 管辖关系与培育关系

第十五条 组经理级主管管辖营销组，处经理级主管管辖营销处，区经理级主管管辖营销区。

各级主管与其直接管辖的业务系列人员组成该主管的直辖组，处经理（或区经理）级主管的直辖组及其直接管辖的营销组构成该主管的直辖处，区经理级主管的直辖组及其管辖的营销组、营销处构成该主管的直辖区。

第十六条 营销员与其推荐的新签约人员之间形成推荐关系，推荐关系可以为多重。关于新人的组织归属有如下规定：

（一）主管推荐的新人，归入该主管的直辖组；业务系列人员推荐的新人，暂归入推荐人直属主管的直辖组；

（二）业务系列人员晋升为组经理时，与其具有多重推荐关系的业务系列人员均回归至其辖下；若被推荐人先于推荐人晋升为主管，被推荐人及与其具有多重推荐关系的业务系列人员均不再回归给推荐人。

第十七条 培育关系有三种情形：培育组、培育处和培育区。

（一）培育组

培育组关系包括直接培育组、间接培育组。直接培育组是指各级主管直辖组中培育出新的组经理。

当主管 A 直辖的业务系列人员 B 晋升为组经理时，B 及与其有推荐关系的业务系列人员组成新的营销组，A 与 B 形成直接培育组关系，A 直接培育 B。若 B 直接培育组经理 C，则 A 与 C 形成间接培育组关系。若 C 直接培育组经理 D，则 A 与 D 形成多重培育组关系。

（二）培育处

培育处关系包括直接培育处、间接培育处。直接培育处是指处经理级或区经理级主管的直辖处中培育出新的处经理。

当主管 A 辖下组经理 B 晋升为处经理时，B 的直辖组、与其具有培育关系的各档营销组构成新的营销处；A 与 B 形成直接培育处关系，A 直接培育 B。若 B 直接培育处经理 C，则 A 与 C 形成间接培育处关系。

（三）培育区

培育区是指区经理级主管直辖团队中培育出新的区经理。

当区经理级主管 A 辖下的处经理 B 晋升为区经理时，B 的直辖处、与其有培育关系的各档营销处构成新的营销区。此时，A 与 B 形成培育区关系，A 培育 B。

第十八条　有关培育组关系和利益的说明

培育组关系成立的前提是培育者为主管且被培育者职级为组经理级。

（一）主管 A 直接培育组经理 B，B 直接培育组经理 C，A 对 B、B 对 C 享有直接培育组利益，A 对 C 享有间接培育组利益；若 B 降级至业务系列或转系列，A 与 B、B 与 C 不再具有培育组关系，培育组利益不再发放，但 A 与 C 的间接培育组关系不变，A 仍然享有 C 的间接培育组利益；此后，若 B 再次晋升为组经理，A 与 B 重新建立直接培育组关系，A 按第三年度的津贴比例提取 B 的直接培育组津贴；但 B 对 C 的直接培育组关系与直接培育组利益均不再恢复；

（二）组经理 A 直接培育组经理 B，B 直接培育组经理 C，若 B 先于 A 晋升为处经理，A 与 B、A 与 C 的培育组关系终止；此后，当 B 降级为组经理时，A 对 B、A 对 C 的培育组关系和培育组利益均不再恢复。

第十九条　有关培育处关系和利益的说明

培育处关系成立的前提是培育者为处经理或以上职级，且被培育者职级为处经理级。

（一）主管 A 直接培育处经理 B，B 直接培育处经理 C，A 对 B、B 对 C 享有直接培育处利益，A 对 C 享有间接培育处利益。若 B 降级至组经理级或转系列，则：

1.A 与 B、B 与 C 不再具有直接培育处关系，直接培育处利益不再发放；A 与 C 的间接培育处关系不变，A 仍然享有 C 的间接培育处利益；

2. 若 B 降级为组经理，A 与 B 恢复 B 晋升处经理前的培育关系，原培育关系为直接培育关系的，培育津贴按第三年比例发放；否则，原培育关系对应的利益保持不变；

3. 若 B 再次晋升为处经理，A 与 B 重新建立直接培育处关系，A 按第三年度的津贴比例提取 B 的直接培育处津贴；但 B 对 C 的直接培育处关系与直接培育处利益均不再恢复。

（二）处经理 A 直接培育处经理 B，B 直接培育处经理 C，若 B 先于 A 晋升为区经理，A 与 B、A 与 C 的培育处关系终止；此后，当 B 降级为处经理时，A 对 B、A 对 C 的培育处关系和培育处利益均不再恢复。

第二十条　有关培育区关系和利益的说明

培育区关系成立的前提是培育者和被培育者均为区经理级主管。

（一）区经理 A 培育区经理 B，当 B 降级至处经理级或转系列，则：

1.A 与 B 不再具有培育区关系，A 不再享有 B 的培育区津贴；

2. 若 B 降级至处经理级，A 与 B 恢复 B 晋升区经理前的培育关系，培育津贴按第三年比例发放；

3. 若 B 重新晋升为区经理，A 与 B 重新建立培育区关系，A 按第三年度津贴比例提取 B 的培育区津贴。

（二）区经理 A 培育区经理 B，当 A 降级至区经理以下职级或转系列时，A 与 B 的培育区关系终止；此后，A 再重新晋升为区经理，A 对 B 的培育关系与培育利益也不再恢复。

第二十一条 同步晋升（降级）的处理

具有推荐关系的业务主任职级及以上职级的业务系列人员同时晋升或转系列为组经理时，彼此建立培育组关系；具有培育关系的同档主管同时跨级晋升（降级）时，彼此仍建立培育关系。

第二十二条 业务主管的管辖关系

同级的各档主管互不管辖；区经理级主管管辖与其有培育关系的各档组经理和处经理，处经理级主管管辖与其具有培育关系的各档组经理。

组经理直辖组人员晋升为组经理时，彼此不再具有管辖关系，新晋升的组经理归属上级主管管辖，原组经理与其建立培育组关系；当原组经理晋升为处经理时，重新管辖其培育的组经理。

处经理管辖的组经理晋升为处经理时，彼此不再具有管辖关系，新晋升的处经理归属上级区经理管辖，原处经理与其建立培育处关系；当原处经理晋升区经理时，重新管辖其培育的处经理。

第二十三条 主管降级的处理

（一）组经理降级至业务系列、转系列或解约时，其直辖组人员回归其直接培育人；直接培育人不存在的，回归至原直接培育人的上一级培育人，依此类推。如无培育人存在的，组织归属由公司统一安排。

（二）处经理降级为组经理级、转系列或解约时，其营销处归属其直接培育人管辖，直接培育人不存在的，归属上一级培育人，依此类推。如无培育人存在的，组织归属由公司统一安排。

（三）区经理降级为处经理级、转系列或解约时，其营销区归属其直接培育人管辖。如直接培育人不存在，组织归属由公司统一安排。

第二十四条 未经双方直接主管、直接培育人及公司同意，各级主管与业务系列人员的组织归属、管辖关系和培育关系一律不得变动。

第六章　委托报酬

第二十五条　各级保险营销员可以享受的委托报酬如下表所示：

项目名称	业务员	业务主任	业务经理	高级业务经理	各档组经理	各档处经理	各档区经理
佣　金	√	√	√	√	√	√	√
展业津贴			√	√			
新人津贴	√	√					
潜力新人奖	√	√			√		
推荐新人奖	√	√	√	√	√	√	√
伯乐奖		√	√	√	√	√	√
直辖组津贴					√	√	√
培育组津贴					√	√	√
培育组经理奖					√	√	√
绩优组经理奖					√		
责任津贴						√	√
培育处津贴						√	√
辅导津贴						√	
直辖区津贴							√
培育区津贴							√

公司对核发各项津贴和奖金之前终止保险代理合同的人员，不予支付各项津贴和奖金。

第二十六条　各级业务系列人员享受的委托报酬

（一）佣金——按《保险营销员代理手续费支付规定》执行。

（二）新人津贴

从新人签定代理合同当月起的6个月内，每月按其当月FYC计发新人津贴。营销员解约后重新签约者不享受新人津贴。签约时非业务员职级人员不享受新人津贴。

时间	当月FYC（元）	新人津贴（元）
1～3个月	1200（含）以上	800
	600（含）～1200	400
	300（含）～600	300
4～6个月	600（含）以上	400

1．新人津贴发放可与早会参与率、培训参与率，以及新人培训完成情况等挂钩，具体内容分公司可以自行确定。

2. 每月15日（含）以前签约的新人，新人津贴发放起始月为当月。每月15日以后签约的新人，新人津贴发放起始月为新人签约的次月。

（三）潜力新人奖

新人在签订代理合同后第7 ~ 9个月和第10 ~ 12个月达到以下条件，则在第10个月和第13个月时，公司分别按照以下标准向该新人计发潜力新人奖。

时间	FYC（元）	累计直接推荐举绩人力	潜力新人奖（元）
7～9个月	2400	1人	800
10～12个月	2400	2人	1000

营销员解约后重新签约者可享受潜力新人奖。累计直接推荐的当期举绩人力是指新人签约后直接推荐的，在第7 ~ 9个月和第10 ~ 12个月举绩且在核发该奖项时留存的人力。

（四）推荐新人奖

1. 若新人签订代理合同满3个月并晋升为业务主任，则在第4个月时，按该新人前3个月累计FYC的10%，向直接推荐人计发推荐新人奖；并在第7、10、13个月时，分别按该新人前3个月累计FYC的10%、6%、6%，向直接推荐人计发推荐新人奖。

2. 若新人在签订代理合同后的第4 ~ 6个月晋升为业务主任的，则在第7个月时，按该新人前6个月累计FYC的10%，向直接推荐人计发推荐新人奖；并在第10、13个月时，分别按该新人前3个月累计FYC的6%，向直接推荐人计发推荐新人奖。

3. 若新人在签订代理合同满6个月仍未晋升为业务主任，不向直接推荐人发放该奖项。

4. 推荐新人奖发放期间，若直接推荐人晋升或转系列为主管，该奖项继续按上述规定发放；在核发该奖项之前新人或直接推荐人终止代理合同的，推荐新人奖停发。推荐解约营销员重新签约的不享受推荐新人奖。

（五）伯乐奖

若新人签定代理合同后第7 ~ 12个月的个人累计FYC达到4800元，且最近一次考核达到业务主任职级维持条件（或当前职级高于业务主任），则向其直接推荐人发放1000的伯乐奖。在核发伯乐奖之前新人或直接推荐人终止代理合同的，不发放该奖励。针对同一个新人，公司只发放一次伯乐奖。推荐解约营销员重新签约的不享受伯乐奖。

（六）展业津贴

按照业务经理、高级业务经理当月FYC一定比例计发。

展业津贴 = 当月FYC × 展业津贴比例 × 业务品质考核系数

当月 FYC（元） Q=1000	展业津贴比例（%）	
	业务经理	高级业务经理
12000（含）以上	12	14
8000（含）～12000	8	10
4000（含）～8000	6	8
2000（含）～4000	3	4

或

当月 FYC（元） Q=1200	展业津贴比例（%）	
	业务经理	高级业务经理
14400（含）以上	12	14
9600（含）～14400	8	10
4800（含）～9600	6	8
2400（含）～4800	3	4

或

当月 FYC（元） Q=1500	展业津贴比例（%）	
	业务经理	高级业务经理
18000（含）以上	12	14
12000（含）～18000	8	10
6000（含）～12000	6	8
3000（含）～6000	3	4

第二十七条 各档组经理享受的委托报酬

（一）佣金，同业务系列人员。

（二）推荐新人奖，同业务系列人员。

（三）伯乐奖，同业务系列人员。

（四）直辖组津贴

按各档组经理直辖组当月达成的 FYC（含本人 FYC）计发直辖组津贴。

直辖组津贴 = 本组当月 FYC × 直辖组津贴比例 × 主管管理品质考核系数（可选）

当月本组达成 FYC（元）	组经理 直辖组津贴比例	高级组经理 直辖组津贴比例	资深组经理 直辖组津贴比例
45000（含）以上	19%	20%	20%
27000（含）～45000	16%	17%	17%
13000（含）～27000	14%	15%	15%
7000（含）～13000	12%	12%	12%
4000（含）～7000	8%	9%	9%

4000 及以下	5%	6%	6%

（五）培育组津贴

	第 1 年	第 2 年	第 3 年及以后
直接培育组	13%	8%	6%
间接培育组	4%	4%	4%

（六）绩优组经理奖

依各档组经理直辖组中当月举绩的人数（含本人），按下表发放绩优组经理奖。

直辖组当月举绩人数（含本人）	绩优组经理奖（元）
达到 12 人	1000
达到 8 人	500
达到 5 人	300

（七）培育组经理奖

当主管的直辖组人员初次晋升为组经理时，向该主管发放 1000 元培育组经理奖，分别在新组经理晋升当月和新组经理任职满 6 个月且达到组经理维持考核条件时各发放 500 元。

在同步晋升情况下，该奖项发放给直接培育人。

核发培育组经理奖时，如果该主管降级至业务系列，则不予发放。

第二十八条　各档处经理享受的委托报酬

（一）佣金，同业务系列人员

（二）推荐新人奖，同业务系列人员

（三）伯乐奖，同各档组经理

（四）直辖组津贴

按各档处经理直辖组当月达成的 FYC（含本人 FYC）计发直辖组津贴。

直辖组津贴 = 本组当月 FYC × 直辖组津贴比例 × 主管管理品质考核系数（可选）

当月本组达成 FYC（元）	各档处经理 直辖组津贴比例
45000（含）以上	24%
27000（含）～ 45000	20%
13000（含）～ 27000	16%
7000（含）～ 13000	13%
4000（含）～ 7000	9%
4000 及以下	7%

（五）培育组津贴，同各档组经理

（六）培育组经理奖，同各档组经理

（七）培育处津贴

直接培育处津贴：主管直辖的组经理晋升为处经理时，自晋升当月起，按新处经理直辖处当月 FYC 的一定比例计发直接培育处津贴。

直接培育处津贴 = 直接培育处经理（新处经理）直辖处当月 FYC × 直接培育处津贴比例

间接培育处津贴：主管直接培育的处经理直辖的组经理晋升为处经理时，自晋升当月起，按新处经理直辖处当月 FYC 的一定比例计发间接培育处津贴。

间接培育处津贴 = 间接培育处经理（新处经理）直辖处当月 FYC × 间接培育处津贴比例

	第 1 年	第 2 年	第 3 年及以后
直接培育处	5%	4%	3%
间接培育处	3%	2%	2%

（八）辅导津贴

辅导津贴＝按各档处经理直辖处（除其直辖组、直接培育组和间接培育组）当月 FYC 合计 × 辅导津贴比例

	处经理	高级处经理	资深处经理
辅导津贴比例	2%	2.5%	3%

（九）责任津贴

根据各档处经理直辖处当月达成的 FYC 和举绩人力计发责任津贴。

责任津贴 = 责任津贴基数 × 举绩人力系数 × 主管管理品质考核系数（可选）

当月直辖处 FYC（元）	责任津贴基数（元）		
	处经理	高级处经理	资深处经理
64000（含）以上	1000	1200	1500
32000（含）～ 64000	800	1000	1200
10000（含）～ 32000	600	800	1000

主管直辖处月举绩人力	举绩人力系数（%）
达到 70 人（含）	150
达到 50 人（含）	130
达到 30 人（含）	110
达到 20 人（含）	90
达到 10 人（含）	70
10 人以下	0

第二十九条　各档区经理享受的委托报酬

（一）佣金，同业务系列人员

（二）推荐新人奖，同业务系列人员

（三）伯乐奖，同各档处经理

（四）直辖组津贴，同各档处经理

（五）培育组津贴，同各档处经理

（六）培育组经理奖，同各档处经理

（七）培育处津贴

直接培育处津贴：各档区经理直辖的组经理晋升为处经理时，自晋升当月起，按新处经理直辖处当月 FYC 的一定比例计发直接培育处津贴。

直接培育处津贴 = 直接培育处经理（新处经理）直辖处当月 FYC× 直接培育处津贴比例

间接培育处津贴：各档区经理直接培育的处经理直辖的组经理晋升为处经理时，自晋升当月起，按新处经理直辖处当月 FYC 的一定比例计发间接培育处津贴。

间接培育处津贴 = 间接培育处经理（新处经理）直辖处当月 FYC× 间接培育处津贴比例

	第 1 年	第 2 年	第 3 年及以后
直接培育处	6%	5%	4%
间接培育处	4%	3%	3%

（八）培育区津贴

各档区经理直辖的处经理晋升为区经理时，自晋升当月起，每月按新区经理直辖区当月 FYC 的一定比例计发培育区津贴。

培育区津贴 = 直接培育区经理（新区经理）直辖区当月 FYC× 直接培育区津贴比例

	第 1 年	第 2 年	第 3 年及以后
直接培育区	1.5%	1%	1%

（九）直辖区津贴

按各档区经理直辖区当月达成的 FYC 计发直辖区津贴。

直辖区津贴＝区经理直辖区当月 FYC 合计 × 直辖区津贴比例 × 主管管理品质考核系数（可选）

直辖区当月 FYC 合计（元）	直辖区津贴比例
400000 及以上	2%
200000（含）～ 400000	1.5%
200000 以下	1%

（十）责任津贴

按各档区经理直辖区当月达成的 FYC 和举绩人力计发责任津贴。

责任津贴 = 责任津贴基数 × 举绩人力系数 × 主管管理品质考核系数（可选）

当月直辖区 FYC（元）	责任津贴基数（元）	
	区经理	高级区经理
400000（含）以上	2600	3000
200000（含）～ 400000	2200	2600
100000（含）～ 200000	1800	2200

主管直辖区月举绩人力	举绩人力系数（%）
达到 180 人（含）	150
达到 140 人（含）	130
达到 100 人（含）	110
达到 80 人（含）	90
达到 60 人（含）	70
60 人以下	0

第七章　品质管理

第三十条　主管管理品质考核系数

（一）主管管理品质考核系数包括会议培训参与率、举绩状况、综合持续率等指标，具体内容各省级分公司可以自行确定。

（二）挂钩项目

各档组经理：主管管理品质考核系数与直辖组津贴挂钩。

各档处经理：主管管理品质考核系数与直辖组津贴、责任津贴挂钩。

各档区经理：主管管理品质考核系数与直辖组津贴、责任津贴、直辖区津贴挂钩。

（三）系数区间

主管管理品质考核系数区间在 0.7 至 1.2 之间。默认值为 1。

第三十一条　业务品质考核系数

（一）业务品质考核系数包括会议培训参与率、综合持续率等指标，具体内容各省级分公司可以自行确定。

（二）挂钩项目

业务品质考核系数与业务经理、高级业务经理展业津贴挂钩。

（三）系数区间

业务品质考核系数区间在 0.7 至 1.2 之间。默认值为 1。

第八章　考　核

第三十二条　按季度考核，每年 1、4、7、10 月为考核月。业务员和考降业务主任按月滚动考核。

第三十三条　考核包括职级维持考核和晋升考核。

业务系列人员达到晋升条件的可以申请晋升；达到职级维持条件，则维持该职级不变；否则给予降级处理。

主管系列人员达到晋升条件的可以申请晋升；达到职级维持条件，则维持该职级不变；主管若有连续 2 次达不到职级维持考核条件，则给予降级（档）处理。

第三十四条　考核回算

（一）维持考核：主管直接培育出新团队，对培育者进行维持考核时，将直接培育团队业绩、人力、架构按以下三种情况进行回算。

被培育者为组经理时，回算给培育者直辖组考核，回算 4 个考核季，第 1、2 考核季按 100%，第 3、4 考核季按 40%。

被培育者为处经理时，回算给培育者直辖处考核，回算 8 个考核季，第 1—4 个考核季按 100%，第 5—8 个考核季按 40%。

被培育者为区经理时，回算给培育者直辖区考核，回算 12 个考核季，第 1—4 个考核季按 100%，第 5—8 个考核季按 70%，第 9—12 个考核季按 30%。

说明: 被培育处经理的直辖组、被培育区经理的直辖处作为直接培育团队进行回算。被培育处经理的管辖组数作为培育者直辖处考核的管辖组数回算，被培育区经理的管辖处数作为培育者直辖区考核的管辖处数回算。

（二）晋升考核：在主管晋升考核时，被培育平级团队仅算为培育者的培育数（架构数），被培育团队在培育者晋升考核期内的业绩及人力均不计入培育者的晋升考核。当直接培育团队数大于考核要求数时，最近培育出的一个 FYC 最高的团队的业绩、人力按以下两种情况进行回算。

被培育者为组经理时，回算给培育者直辖组考核，最多回算两个考核季。即若第 1 个考核季回算后培育者仍未达到晋升考核要求，则第 2 个考核季，被培育者仍可参与培育者晋升回算。

被培育者为处经理或区经理时，回算给培育者团队考核，最多回算四个考核季。即若第 1 个考核季回算后培育者仍未达到晋升考核要求；则第 2 个考核季，被培育者仍可参与培育者晋升回算；若培育者仍不能晋升，则在第 3 个考核季，被培育者可按 40%的比例参与培育者晋升回算；若培育者仍旧不能晋升，则在第 4 个考核季，被培育者仍可按 40%的比例参与培育者晋升回算。

（三）回算架构和人力时，如非整数，则四舍五入。

（四）从被培育者晋升当期开始计算回算时间。

第三十五条　有效人力是指最近 3 个月累计 FYC 达到 1Q 的人员。

第三十六条　推荐、培育均为累计数量，已经解约、降级，或晋升上一职级的不予计算。

第三十七条　已按照《保险营销员信用品质管理办法》开展营销员信用评级工作的分公司，应将信用品质考核结果纳入营销员综合测评。若在考核月（即 1 月、4 月、7 月和 10 月）时营销员的信用评级级别低于 A 级（不含），则视为当期综合测评不合格，不予晋升。

第一节　各级业务系列人员的考核

第三十八条　业务员的考核

（一）业务员达到下列条件，可以申请晋升业务主任

1. 任业务员满 3 个月；

2. 个人最近 3 个月累计 FYC 达到 1Q；

3. 个人最近 3 个月累计新单件数达到 2 件；

4. 通过综合测评和培训考试。

（二）业务员连续 3 个月 FYC 为零或签约起 9 个月内不能晋升为业务主任，则解

除代理合同。

第三十九条 业务主任的考核

（一）业务主任的职级维持条件：

1．个人最近3个月累计FYC达到1Q（Q＝1000元或1200元或1500元）；

2．个人最近3个月累计新单件数达到2件；

3．个人最近3个月综合持续率达到80%。

如营销员签约不足14个月，则持续率不作为考核要求，下同。

（二）如晋升业务主任后首次职级维持考核时任职时间不足3个月，延至下一考核季。

业务主任达不到职级维持条件，不降级为业务员，调整为考降业务主任。考降业务主任达到业务员晋升业务主任的条件，则恢复为业务主任。

考降业务主任连续3个月FYC为零或6个月内不能晋升为业务主任，则解除代理合同。

（三）业务主任达到下列条件，可以申请晋升业务经理

1．任业务主任满12个月；

2．个人最近3个月累计FYC达到9Q；

3．个人最近3个月累计新单件数达到6件；

4．个人最近3个月综合持续率达到85%；

5．通过业务主任晋升业务经理的综合测评和培训考试。

第四十条 业务经理的考核

（一）业务经理维持考核：

1．个人最近3个月累计FYC达到6 Q；

2．个人最近3个月累计新单件数达到6件；

3．个人最近3个月综合持续率达到80%。

（二）业务经理晋升高级业务经理的条件

1．任业务经理满12个月；

2．个人最近3个月累计FYC达到15 Q；

3．个人最近3个月累计新单件数达到9件；

4．个人最近3个月综合持续率达到85%；

5．通过业务经理晋升高级业务经理的综合测评和培训考试。

第四十一条 高级业务经理的职级维持考核

1．个人最近3个月累计FYC达到12 Q；

2．个人最近3个月累计新单件数达到6件；

3．个人最近3个月综合持续率达到80%。

第二节　各档组经理的考核

第四十二条　业务主任、考降业务主任满足下列条件，可晋升为组经理：

1．任业务主任及以上职级满3个月；

2．个人最近3个月累计FYC达到4Q；

3．个人最近3个月综合持续率达到80%；

4．直接推荐且可回归的有效人力达到3人；

5．通过晋升组经理综合测评和培训考试。

第四十三条　组经理的考核

（一）组经理的维持条件：

1．个人最近3个月累计FYC达到2 Q；

2．直辖组（含主管本人，下同）有效人力达到3人；

3．直辖组最近3个月累计FYC达到7 Q；

4．直辖组最近3个月综合持续率达到80%；

5．通过组经理综合测评和培训考试。

（二）组经理晋升高级组经理的条件：

1．任组经理满3个月；

2．个人最近3个月累计FYC达到4 Q；

3．直辖组有效人力达到4人；

4．直辖组最近3个月累计FYC达到10 Q；

5．直辖组最近3个月综合持续率达到80%；

6．直接培育组经理1人；

7．通过组经理综合测评和培训考试。

第四十四条　高级组经理的考核

（一）高级组经理维持考核的条件：

1．个人最近3个月累计FYC达到2 Q；

2．直辖组有效人力达到4人；

3．直辖组最近3个月累计FYC达到8 Q；

4．直辖组最近3个月综合持续率达到80%；

5．直接培育组经理1人；

6．通过组经理综合测评和培训考试。

（二）高级组经理晋升资深组经理的条件：

1. 任高级组经理满 3 个月；
2. 个人最近 3 个月累计 FYC 达到 4 Q；
3. 直辖组有效人力达到 4 人；
4. 直辖组最近 3 个月累计 FYC 达到 10 Q；
5. 直辖组最近 3 个月综合持续率达到 80%；
6. 直接培育组经理 2 人；
7. 通过主管综合测评和培训考试。

第四十五条　资深组经理的考核

（一）资深组经理维持考核的条件：
1. 个人最近 3 个月累计 FYC 达到 2 Q；
2. 直辖组有效人力达到 4 人；
3. 直辖组最近 3 个月累计 FYC 达到 8 Q；
4. 直辖组最近 3 个月综合持续率达到 80%；
5. 累计培育组经理 2 人，其中直接培育组经理 1 人；
6. 通过主管综合测评和培训考试。

（二）资深组经理晋升处经理的条件：
1. 任资深组经理满 6 个月；
2. 个人最近 3 个月累计 FYC 达到 2 Q；
3. 直辖组有效人力达到 4 人；
4. 直辖组最近 3 个月累计 FYC 达到 12 Q；
5. 直辖组最近 3 个月综合持续率达到 80%；
6. 培育组经理累计达到 4 人，其中直接培育组经理至少 3 人
7. 拟组建处团队有效人力达到 20 人。
8. 通过综合测评和培训考试。

第三节　各档处经理的考核

第四十六条　处经理的考核

（一）处经理维持考核的条件：
1. 个人最近 3 个月累计 FYC 达到 1 Q；
2. 直辖组有效人力达到 4 人；
3. 直辖组最近 3 个月 FYC 达到 10 Q；
4. 直辖组最近 3 个月综合持续率达到 80%；
5. 直辖处有效人力达到 20 人；

6. 直辖处最近 3 个月累计 FYC 达到 50 Q；
7. 管辖组经理至少 3 人，其中直接培育组经理至少 2 人；
8. 通过主管综合测评和培训考试。

（二）处经理晋升高级处经理的条件：
1. 任处经理满 6 个月；
2. 个人最近 3 个月累计 FYC 达到 2 Q；
3. 直辖组有效人力达到 4 人；
4. 直辖组最近 3 个月 FYC 达到 12 Q；
5. 直辖组最近 3 个月综合持续率达到 80%；
6. 直辖处有效人力至少 20 人；
7. 直辖处最近 3 个月累计 FYC 达到 62Q；
8. 直接培育处经理 1 人；
9. 通过主管综合测评和培训考试。

第四十七条　高级处经理的考核

（一）高级处经理维持考核的条件：
1. 个人最近 3 个月累计 FYC 达到 1 Q；
2. 直辖组有效人力达到 4 人；
3. 直辖组最近 3 个月 FYC 达到 10 Q；
4. 直辖组最近 3 个月综合持续率达到 80%；
5. 直辖处有效人力达到 20 人
6. 直辖处最近 3 个月累计 FYC 达到 50 Q；
7. 管辖组经理至少 4 人；
8. 直接培育处经理至少 1 人；
9. 通过处经理综合测评和培训考试。

（二）高级处经理晋升资深处经理的条件：
1. 任高级处经理满 6 个月；
2. 个人最近 3 个月累计 FYC 达到 2 Q；
3. 直辖组有效人力达到 4 人；
4. 直辖组最近 3 个月 FYC 达到 12 Q；
5. 直辖组最近 3 个月综合持续率达到 80%；
6. 直辖处管辖有效人力至少 20 人；
7. 直辖处最近 3 个月累计 FYC 达到 62Q；
8. 直接培育处经理 2 人；

9．通过主管综合测评和培训考试。

第四十八条　资深处经理的考核

（一）资深处经理维持考核的条件：

1．个人最近 3 个月累计 FYC 达到 1 Q；

2．直辖组有效人力达到 4 人；

3．直辖组最近 3 个月 FYC 达到 10 Q；

4．直辖组最近 3 个月综合持续率达到 80%；

5．直辖处有效人力达到 20 人；

6．直辖处最近 3 个月累计 FYC 达到 50 Q；

7．管辖组经理 4 人；

8．培育处经理 2 人，其中直接培育处经理至少 1 人；

9．通过主管综合测评和培训考试。

（二）资深处经理晋升区经理的条件：

1．任资深处经理满 12 个月；

2．直辖组有效人力达到 4 人；

3．直辖组最近 3 个月 FYC 达到 12 Q；

4．直辖组最近 3 个月综合持续率达到 80%；

5．直辖处最近 3 个月累计 FYC 达到 62 Q；

6．培育处经理 4 人，其中直接培育处经理至少 3 人；

7．拟组建区团队有效人力至少 100 人；

8．通过主管晋升综合测评和培训考试。

第四节　各档区经理的考核

第四十九条　区经理的考核

（一）区经理维持考核的条件：

1．直辖处有效人力达到 20 人；

2．直辖处 3 个月累计 FYC 达到 50Q；

3．直辖处最近 3 个月综合持续率达到 80%；

4．直辖区有效人力达到 80 人；

5．直辖区最近 3 个月累计 FYC 达到 320 Q；

6．管辖处经理 3 人，其中直接培育处经理至少 2 人；

7．通过主管综合测评和培训考试。

（二）区经理晋升高级区经理的条件：

1．任区经理满 12 个月；

2．直辖处有效人力达到 20 人；

3．直辖处最近 3 个月 FYC 达到 62Q；

4．直辖处最近 3 个月综合持续率达到 80%；

5．直辖区有效人力至少 100 人；

6．直辖区最近 3 个月累计 FYC 达到 400 Q；

7．直接培育区经理 1 人；

8．通过主管综合测评和培训考试。

第五十条　高级区经理的考核

高级区经理维持考核的条件：

1．直辖处有效人力达到 20 人；

2．直辖处最近 3 个月 FYC 达到 50 Q；

3．直辖处最近 3 个月综合持续率达到 80%；

4．直辖区有效人力达到 100 人；

5．直辖区最近 3 个月累计 FYC 达到 320 Q；

6．管辖处经理 4 人，其中直接培育处经理至少 1 人；

7．直接培育区经理 1 人；

8．通过主管综合测评和培训考试。

第九章　法律责任和解约处理

第五十一条　保险营销员在公司授权范围内，以公司名义代理个人人身保险业务的行为所产生的法律责任，由公司承担。

第五十二条　保险营销员超出公司授权范围或在保险代理合同终止后仍以公司名义进行的活动，除经追认的以外，公司不承担责任；公司被司法机关裁定承担民事责任后，有权依法追究保险营销员的责任。

第五十三条　保险营销员违反法律、法规及公司的有关规章制度，不履行保险代理合同义务或违反保险代理合同规定，给公司造成损失的，应当承担赔偿责任。

第五十四条　保险营销员不履行保险代理合同义务或违反保险代理合同规定，公司有权解除保险代理合同。

第五十五条 保险代理合同终止后，保险营销员应按照《保险营销员解约处理办法》与公司办理交接手续。

第十章　附　则

第五十六条　名词释义：

（一）FYC：包括个险长险主险、附加险和短期险的首年佣金或手续费。公司将定期公布列入 FYC 统计范围的短期险和附加险产品列表。

（二）新单件数：指新签发的个险长险主险保单件数与短期险保费折算件数之和。

短期险当月保费每累计 600 元折算为 1 件，但折算件数不超过自然件数或卡折数。公司定期公布列入件数统计范围的险种。

（三）举绩人力：指当月新单件数大于零的持证人力。

（四）综合持续率公式：

$$\text{3个月保费（或件数）综合持续率} = \frac{\text{本月之前的第16个月—第14个月承保的且一直有效的长险保单保险费（或件数）}}{\text{本月之前的第16个月至第14个月承保的长险新单保险费（或件数）}} \times 100\%$$

$$\text{综合持续率} = 70\% \times \text{保费持续率} + 30\% \times \text{件数持续率}$$

1．持续率按件数计算的，不应包括冷静期撤单及发生理赔终止保险合同件；持续率按保费计算的，不应包括趸交、冷静期撤单件及发生理赔终止保险合同件。

2．保险费为每一保单年度所交保险费。

当保险费为半年交时，保险费＝半年交保险费 ×2

当保险费为月交时，保险费＝月交保险费 ×12

3．上述公式也适用集体综合持续率的计算。

（五）Q：是保险营销员在连续 3 个月中 FYC 的累计数。Q 值每年由公司根据寿险市场形势与业务发展状况进行测算确定。

（六）综合测评：包括履行职责、管理水平、执行公司政策、主管个人及所辖人员违规情况等内容。

第五十七条　本办法由公司总裁室负责解释。

编纂始末

根据省政府的统一部署，安徽保监局承担《安徽省志·保险志（1986—2005）》编纂任务。2009年7月，安徽保监局启动《安徽省志·保险志》编纂工作，由安徽保监局统一领导，安徽省保险学会具体承担编修工作，驻皖相关各保险机构共同参与。安徽保监局成立了编纂委员会。编委会主任由安徽保监局主要领导担任，成员由保监局及相关单位领导组成；编写组组长、主编由安徽保监局办公室主任担任，成员由保监局和保险学会相关人员组成。

安徽保监局对《安徽省志·保险志（1986—2005）》编纂工作非常重视，拟定编纂纲目报省地方志办公室审定，2009年7月，召开启动会。会上布置了编写任务，对各公司提供资料和参写的人员进行培训。各参编公司成立小组或指定专人，负责本公司资料和数据的收集整理工作。2010年3月，安徽保监局根据编写需要，专门下发《关于做好〈安徽地方志保险篇〉编写工作的通知 》。借鉴兄弟省做法，拟定产、寿险志稿模板和产、寿险“安徽省保险业务数据统计表”，发给各参编公司，并提出具体要求。2017年7月，编写组对17个参编单位的资料进行认真审阅并开始总纂。总纂由李殿平、桂鸿寿执笔，采取了边纂写、边补充、边核实方式，保监局办公室及时进行工作协调。经过积极努力，2011年春节前完成初稿。

2011年春节后，编写组对初稿进行认真的审读，发现存在章节畸重畸轻，内容和数据缺失及错误过多问题。在保监局指导下，学会专门召集人员进行研究，确定分章节进行初稿资料补充和修改。在一位执笔同志重病情况下，余高安、张庆斌分别承担产寿险内容，保监局办公室承担监管章节修改补充工作。修改人员采取分别约请相关公司的形式，有针对性的组织补充数据和资料，得到相关参编单位的大力支持，郭为民、杨林、熊治家参与部分工作，2012年12月底完成修改稿。

2013年5月，安徽省保险学会印刷《安徽省志·保险志（1986—2005）》二次修订版，送省地方志办公室审阅。2013年12月20日，安徽保监局在合肥召开志稿评议会，来自省地方志办公室、省人大法工委、省档案局、省金融学会专家对志稿进行评议，给出了书面修改意见。

2014年3月至9月，保险学会根据评议专家的意见，在驻皖人保财产、中国人寿公司大力支持下，组织张艺农、徐扬对《安徽省志·保险志（1986—2005）》评议稿进行进一步修改，对文字和资料进行整理补充，将机构沿革内容发给相关公司核实确认。2015年12月新一届学会成立，安徽保监局调整《安徽省志·保险志（1986—2005）》编纂机构和人员。在安徽保监局办公室副主任孟灯旺的统一指导下，由保险学会副秘书长卢兴祥具体负责组织《安徽省志·保险志（1986—2005）》后续编纂和修改工作：组织夏益国、李殿平、陈潺、张在来、丁旭东、谷晶、徐婷婷等全面进行分章整理修改，组织各参编单位进行资料补充和内容核实，纂写概述和各章节的小序，收集补充照片和附录资料，补写凡例和编纂始末，完成《安徽省志·保险志（1986—2005）》编纂和审核审定工作。

2017年2月3日，安徽保监局向省地方志办公室报送《安徽省志·保险志（1986—2005）》送审稿。省地方志办公室对送审稿提出初审、核审、复审意见，反馈给保险学会，由谷晶对其进行修改、补充、完善。2018年1月31日，省地方志办公室主任郭德成、巡视员刘成典、省志处处长吴良琴、责任编辑张军，安徽保监局王珊珊，保险学会秘书长王献良，保险学会徐炜、谷晶、张在来在泰康人寿安徽省分公司对志稿进行会审。会后，谷晶、张在来根据会审意见最终定稿。

《安徽省志·保险志（1986—2005）》编纂出版是集体智慧的结晶。安徽保监局原党委书记、局长李迎春、胡皖、张辉烨多次就编纂工作作出批示。保监局办公室程长虹、赵皖平、孟灯旺在编纂工作中，大力推动，积极参与，作出重要贡献。保险学会李殿平、卢兴祥在组织资料收集和编撰中发挥重要作用。安徽大学外语学院傅悦对目录进行了英文翻译和审核。本志编纂过程中还得到省地方志办、人民银行合肥中心支行等单位的大力支持。各参编单位给予积极配合，多次报送大量珍贵史料，对志稿的资料进行核实，并提出修改意见和建议，为志稿的编纂奠定了基础。在《安徽省志·保险志（1986—2005）》出版之际，谨向为《安徽省志·保险志（1986—2005）》编纂工作作出贡献的所有单位和同志，致以最崇高的敬意和诚挚的感谢！

《安徽省志·保险志（1986—2005）》编辑室

2018年1月